Melanie Würth

EL OTRO (Y) YO.
PERCEPCIÓN, REPRESENTACIÓN Y CONSTRUCCIÓN DE ESPACIO EN EL ESPAÑOL DE LA CIUDAD DE BUENOS AIRES

FREIBURGER ROMANISTISCHE ARBEITEN

Band 16

Melanie Würth

EL OTRO (Y) YO.

PERCEPCIÓN, REPRESENTACIÓN Y CONSTRUCCIÓN DE ESPACIO EN EL ESPAÑOL DE LA CIUDAD DE BUENOS AIRES

rombach verlag

Este libro ha sido publicado con la ayuda de la Karl Jaberg-Stiftung Bern y el Instituto de Lengua y Literaturas Hispánicas de la Universidad de Berna (in memóriam Jacques Comincioli).

Gedruckt mit freundlicher Unterstützung der Karl Jaberg-Stiftung in Bern und des Instituts für spanische Sprache und Literaturen der Universität Bern (in memoriam Jacques Comincioli).

FNSNF
SCHWEIZERISCHER NATIONALFONDS
ZUR FÖRDERUNG DER WISSENSCHAFTLICHEN FORSCHUNG

b
UNIVERSITÄT
BERN

Bibliografische Information der Deutschen Nationalbibliothek

Die Deutsche Nationalbibliothek verzeichnet diese Publikation in der Deutschen Nationalbibliografie; detaillierte bibliografische Daten sind im Internet über <http:/dnb.d-nb.de> abrufbar.

Umschlag: Bärbel Engler, Rombach Verlag KG, Freiburg i.Br./Berlin/Wien
Herstellung: Rombach Druck- und Verlagshaus GmbH & Co. KG, Freiburg i.Br.
Printed in Germany
ISBN 978-3-7930-9936-9

«Pienso en el ambiente distinto de nuestra voz, en la valoración irónica o cariñosa que damos a determinadas palabras, en su temperatura no igual. No hemos variado el sentido intrínseco de las palabras, pero sí su connotación. Esa divergencia, nula en la prosa argumentativa o en la didáctica, es grande en lo que mira a las emociones.»

Jorge Luis Borges, *El idioma de los argentinos*, 1928

Agradecimientos

Quiero expresar mi gratitud a varias personas que –de diversas maneras– me han acompañado en el proceso de realización de esta tesis.
Mi más sincero agradecimiento va dirigido a Yvette Bürki, directora de mi tesis, por todo su asesoramiento profesional durante estos años, pero también por su apoyo personal, su confianza y su entusiasmo por mi trabajo. Asimismo, le agradezco a Yvonne Riaño, codirectora de la tesis, su mirada geográfica en un debate interdisciplinario que ha sido sumamente enriquecedor para esta investigación. Además, quiero agradecer a Julia Zullo y a todo el equipo del Instituto de Lingüística de la Universidad de Buenos Aires su ayuda en la recopilación del corpus. A todos los informantes que han participado en este estudio les agradezco su disponibilidad, su tiempo y su voz. Debo dar las gracias, también, a varias personas que me han brindado enorme ayuda en cuestiones técnicas: a Hanna Ruch, por su tiempo y su paciencia en el trabajo con *R*, a Curdin Derungs, por su soporte en la elaboración de los mapas en *QGIS*, y a Nathalie Schüürmann, por todas las horas de transcripción.
Asimismo quiero agradecer a los editores de la Freiburger Reihe Romanistischer Arbeiten la oportunidad de publicar esta tesis en su colección, y expreso mi gratitud al Fondo Nacional Suizo por el subsidio del proyecto de investigación y a la Karl Jaberg Stiftung Bern así como al Instituto de Lengua y Literaturas Hispánicas de la Universidad de Berna por la ayuda económica concedida para esta publicación.
Esta tesis no podría haber sido realizada sin el apoyo de mi entorno personal. Estoy profundamente agradecida a todos mis amigos, por su apoyo mental y sus mimos, por escucharme y soportar mi inquietud y mi nerviosismo durante este largo período. En especial, gracias a Inés, por haberme ofrecido su casa en un momento muy difícil, a Katja, por el intercambio y las charlas en este último año en Buenos Aires, a Rolf, por su cariño y por estar siempre, und ganz besonders Flavia, einer Weggefährtin, die mich mit viel Pragmatismus und in unzähligen Gesprächen unermüdlich motiviert hat. Nicht genug danken kann ich meiner Familie, meinen Brüdern Manuel und Matthias für die technische Hilfe und insbesondere meinen Eltern, die mich in diesen Jahren bedingungslos unterstützt und in meiner Arbeit bekräftigt haben, auch wenn der Inhalt meines Schaffens nicht immer einfach zu verstehen war. Meiner Gotte Imelda und meinem Götti Felix möchte ich unter anderem für die grosse finanzielle Unterstützung danken. Y por último, mis infinitas gracias a Guido, mi compañero y crítico mordaz, por la inmensa ayuda, por el sostén, por la comprensión y por creer en mí siempre. *'Cause I don't shine if you don't shine.*

Índice

Índice de figuras

Parte I
Contexto, marco teórico y metodología

1. Introducción

«Basta el examen de un álbum de fotografías de Buenos Aires, por bien ejecutado que esté, para llegar a la conclusión, acaso un tanto melancólica, de que las calles y barrios de nuestra bien amada ciudad se diferencian menos por lo que son, que por la imagen que nos han legado los años»

Jorge Luis Borges, *Lyra* XXV, 207-209, diciembre de 1968

Recorrer las calles de Buenos Aires no solo supone ubicarse en una retícula de extensión abrumadora en constante movimiento; andar por Buenos Aires también implica chocarse con estilos arquitectónicos múltiples, con avenidas que trazan límites, con imágenes heterogéneas de la segregación espacial y de realidades sociales muy distintas –expresiones materiales de la ciudad global superdiversa que reflejan un atavío de influencias culturales, que marcan oposiciones entre la ciudad del consumo y la ciudad del desamparo y la marginalidad (Montes 2014: 196), y, en tanto testigos de múltiples procesos de transformación urbanística, establecen una relación entre el pasado y el presente.
Estas dinámicas, sin embargo, no solo se manifiestan en la estructura material del espacio urbano sino también en los imaginarios colectivos de los que lo habitan y en sus discursos sobre la ciudad:

> los espacios urbanos no son solo la suma de sus componentes físicos, sino que están construidos también con ladrillos de materiales intangibles: retazos de crónicas inconclusas, recuerdos que se asientan en lugares determinados, huellas de rincones, temblores y tonalidades con los que se configuran los mapas afectivos de cada urbe. Así, detrás de cada elemento físico, agazapada tras cada pieza urbana, descansa incansable una batería inarticulada de imágenes, racionalidades y operaciones tanto o más compleja que la propia ciudad material [...] (Greene 2008: 3).

Compenetrada por memorias y significados (Lynch 1960: 1), la ciudad imaginada se recrea continuamente a través de la interacción de sus habitantes, su práctica social y espacial y su intercambio comunicativo con el "otro" dentro de un determinado contexto. Es decir, cada sujeto dentro de la ciudad, mediante su representación y su uso del espacio material en relación con los demás habitantes, contribuye activamente a componer una trama múltiple y dinámica, propia de cada urbe en particular (Certeau 1984: 93). De este modo, los habitantes construyen, negocian y atribuyen significado simbólico a lugares, configuran fronteras mentales y desarrollan una elevada sensibilidad y reflexividad acerca de los elementos cargados de significado social y espacial –entre ellos, especialmente, del uso de la lengua (Mac Giolla Chríost 2007: 15).

La construcción de la identidad en el español de Buenos Aires está hecha, al igual que la propia arquitectura porteña, de los más diversos estilos, colores y geometrías que, en la suma de sus diferencias, conforman inexplicablemente ese único y a la vez complejo paisaje urbano en constante cambio y movimiento, con sus pedazos de historia bajo las fachadas. La conciencia de ese yo porteño como elemento de identificación colectiva, parece sin embargo, por momentos, solo funcionar plenamente a partir de la percepción de la diferencia con ese otro, marca de la distancia cultural, simbólica e histórica que acompaña tanto al desarrollo urbano como a la mutabilidad incansable de la lengua. Casi irónicamente, esa honda percepción del yo de Buenos Aires (esa sensación de pertenencia de "lo porteño") se escinde a partir de dos realizaciones distintas de su rasgo fonético más emblemático, el yeísmo rehilado: el "[ʃ]o" y el "[ʒ]o", que implica no solo una distancia y una resemantización social y geográfica, sino que traza (así como la avenida Rivadavia, la avenida más larga de Buenos Aires, que recorre la ciudad de oeste a este y la divide en norte y sur) una línea divisoria entre un "yo" y el "otro" (yo).

Sobre todo en la ciudad postmoderna superdiversa, los procesos de migración, la segregación del espacio, la confrontación entre lo global y lo local y la desterritorialización vinculada con las nuevas tecnologías de comunicación se ven plasmadas en distintas prácticas de habla relacionadas con estilos de vida, identidades urbanas y preferencias de consumo en un sistema de distinción (Irvine 2001), en el que la producción y la puesta en valor de recursos materiales y simbólicos individuales y sociales (como, por ejemplo, la forma de hablar) adquiere fundamental importancia (Bulot y Tsekos 1999: 10; Coupland 2007: i; Eckert 2008: 454; Blommaert 2010: 43).

Esta situación tiene varias implicaciones para los estudios sociolingüísticos: en primer lugar, comprender y analizar el uso de la lengua en el espacio sumamente dinámico de la metrópolis contemporánea requiere enfoques teóricos así como también procedimientos metodológicos interdisciplinarios que, al complementar y ampliar la investigación sociolingüística, abren nuevas posibilidades en el análisis de la variación lingüística en la ciudad. En segundo lugar, es imprescindible estudiar el significado social de variables y estilos lingüísticos en su total riqueza y con sus múltiples dimensiones (Jaworski, Coupland y Galasiński 2004: 5; Eckert y Rickford 2001) , lo cual precisa un estudio detallado de los aspectos subjetivos de la variación lingüística, es decir, de las percepciones, representaciones y actitudes que se manifiestan en distintos grupos sociales frente a determinadas variedades lingüísticas en la ciudad y que ayudan a comprender procesos de delimitación social y geográfica, de identidades espaciales dinámicas y cambiantes, de modelos culturales y sistemas ideológicos diferentes. Examinar lo que los propios hablantes *piensan*, *sienten* y *opinan* sobre el uso de la lengua en su contexto urbano –es decir, sus conocimientos y reflexiones metalingüísticos– se ha convertido en una dimensión cada vez más relevante y reconocida en el campo de la Sociolingüística (Urbana) actual (Jaworski, Coupland y Galasiński 2004; Preston 2004; Anders, Markus y Lasch 2010; Caravedo 2014; Cramer y Montgomery 2016).

En Buenos Aires, esta conciencia metalingüística se manifiesta de manera particularmente pronunciada. El uso de la lengua no solo sirve como indicador importante de la localización sociogeográfica de una persona en el paisaje cognitivo de los habitantes de la ciudad; las expresiones metalingüísticas –referencias directas o indirectas a determinados estilos, comentarios sobre diferencias percibidas en el uso del habla, estilizaciones y parodias– son fenómenos muy comunes y forman parte del humor popular diario de los hablantes porteños. Estas representaciones, además, se encuentran fuertemente arraigadas en el espacio de la ciudad a través de un lugar de referencia crucial para el porteño –el barrio:

> A porteño's sense of place and urban identity is related immediately to his or her barrio. [...] Urban growth during the nineteenth and twentieth centuries melded the various neighbourhoods together into a huge urban expanse, one part seemingly indistinguishable from another. However, the barrios and their edges and boundaries remain, celebrated in poetry and tango, and reinforced by fierce rivalries between neighbourhood sports teams, political affiliations, ethnic divisions, and traditional attitudes. Indeed, the essence of the barrio has remained relatively unchanged for over 100 years (Keeling 1996: 211).

Originados y delineados en los procesos de transformación urbana (sumamente complejos) de Buenos Aires, los barrios constituyen un sistema de referencia fundamental y persistente en el imaginario colectivo y en la construcción identitaria de los habitantes de la ciudad. Dado su valor casi mítico, los usos del barrio van mucho más allá de su aspecto puramente urbanístico, arquitectónico y espacial:

> ¿Quién no usó alguna vez la muletilla "muchacho del barrio" para indicar la simpleza, la viveza o la extracción social de una persona? ¿Quién no utiliza a determinados barrios como signos de identidad, prestigio o desvaloración? Podemos convertir que el barrio es un *lugar común* en la ideología de los habitantes de la ciudad, pues tiene una determinada eficacia para referir de un modo sintético a diversos aspectos de la realidad. Su sola mención encierra todo un mundo de significaciones (Gravano 1991: 66).

Visto así, el barrio actúa como elemento espacial constituyente en la construcción de identidades sociales en la ciudad, y, como tal, sirve también como punto de referencia y rasgo emblemático para remitir a distintos significados –en otras palabras, valores indexicales– de diversa naturaleza, entre los que, particularmente, figura el uso del habla como práctica social. Dada esta importancia en la sociedad de Buenos Aires y su inminente relación con las variedades lingüísticas en la ciudad, el barrio constituirá un aspecto central (o, si se quiere, hasta el punto de partida) para la investigación que realizaremos aquí.

El enfoque central del presente trabajo radica en los propios hablantes porteños, su saber metalingüístico y su construcción y percepción colectivas del espacio urbano que habitan. Desde una perspectiva interdisciplinaria, complementando un planteamiento sociolingüístico con conceptos teóricos y herramientas metodológicas de la Geografía Cultural, tenemos por objetivo indagar en las representaciones mentales que los habitantes de distintos barrios de Buenos Aires tienen de su paisaje lingüístico; en su percepción y evaluación de determinados rasgos semióticos (sobre todo lingüísticos, pero también no verbales) asociados con diferentes prácticas sociales en la ciudad; en su identificación con, o distanciamiento de, ciertos estilos; y, por último, el uso estereotipado de las diferencias lingüísticas para referirse de forma general a determinados sectores sociales dentro de la urbe. Nos planteamos entonces las siguientes interrogantes: *¿Qué representaciones tienen personas de diferentes barrios de Buenos Aires de su ciudad y de las diferencias sociales que en ella existen, y cómo relacionan esto con distintas formas de hablar? ¿Difieren estas representaciones según el barrio de residencia de la persona y la identificación local que muestra al respecto? ¿Cuáles son los rasgos lingüísticos más salientes para los diferentes grupos sociales y cómo se evalúan por parte de los hablantes? ¿Pueden cambiar los significados sociales que se les atribuyen? ¿Hay rasgos lingüísticos vinculados con ciertas zonas o lugares dentro del espacio urbano? ¿Qué estereotipos geosociales y lingüísticos se presentan en los distintos barrios?*

Estas expresiones metalingüísticas –en relacion con las consecuencias de profundas transformaciones socioculturales y espaciales que han tenido lugar en la ciudad de Buenos Aires– proporcionarán información fundamental acerca de los significados sociales de la variación lingüística en la estructura urbana, revelarán fronteras y categorías geográficas, sociales y simbólicas e indicarán sistemas ideológicos y procesos de negociación espacial y lingüística en una metrópolis latinoamericana cada vez más segregada y fragmentada, tambaleante entre globalización y reivindicación de lo local.

Nuestro trabajo se divide en dos partes, de las cuales en la primera se establece el contexto, el marco teórico y la metodología aplicada para la investigación. En primer lugar (capítulo 2), se establece el estado de la cuestión respecto de estudios centrados en la percepción y la construcción de significado a través de la variación lingüística en el ámbito de la Sociolingüística, particularmente con referencia al contexto urbano de Buenos Aires.

A continuación se elabora el marco teórico del trabajo (capítulo 3), donde se comenta, primero, el vínculo entre tres conceptos fundamentales para nuestro estudio –el espacio como producto social, la ciudad como lugar de conexión y de diferencia y la lengua como medio de expresión y elemento de construcción del espacio urbano– para luego entrar en algunos aspectos teóricos más específicos, relevantes para un estudio de la perspectiva de hablantes legos sobre la variación lingüística en la ciudad. Siguen a este dos capítulos que proporcionan el contexto geográfico y lingüístico para nuestro trabajo: en primer lugar, se aborda la transformación de la ciudad de Buenos Aires desde los inicios de su urbanización (a finales del siglo XIX y principios del XX) hasta la actualidad (capítulo 4); y en segundo lugar se presenta un breve panorama del español bonaerense, particularmente en lo que se refiere a los rasgos más relevantes para este trabajo (capítulo 5). Esta sección se completa con un anticipo de algunos datos empíricos para contemplar la variedad porteña desde una perspectiva subjetiva de sus propios hablantes –en concordancia con los principales fines esbozados para este trabajo.

El procedimiento metodológico que se ha aplicado para la recopilación y el análisis del corpus (capítulo 6) da cierre a esta primera parte del estudio.

En la segunda parte del trabajo, de acuerdo con los diferentes procesos metodológicos previamente descritos, que a su vez determinarán la estructura del análisis, expondremos en cinco capítulos los resultados obtenidos en el estudio empírico: el primero se dedica a presentar de manera cuantitativa y gráfica las principales segregaciones y categorizaciones que los hablantes porteños realizaron en el momento de delimitar las diferencias lingüísticas en el espacio urbano (capítulo 7). El capítulo siguiente (capítulo 8) se ocupa con más profundidad y, por tanto, cualitativamente, de las representaciones que salen a la luz en los mapas mentales esbozados por los hablantes de diferentes barrios de la ciudad. En el capítulo 9 se analizan de modo cuantitativo las actitudes frente a y la localización geográfica de algunos rasgos fonéticos y léxicos seleccionados, también en relación con el barrio de residencia de los informantes. El objetivo del capítulo sucesivo (capítulo 10) es indagar en el fenómeno de la estilización y presentar tanto los rasgos que aparecen en la reproducción (suscitada y espontánea) de otras voces así como los significados y valores indexicales que reflejan los elementos estilizados. El capítulo 11, finalmente, analiza algunos procesos a través de los cuales determinados rasgos lingüísticos adquieren significados distintos en el contexto de la negociación y la competencia espaciales, sociales y lingüísticas en Buenos Aires.
El trabajo concluye con un último capítulo (capítulo 12) que retoma los objetivos expuestos para esta investigación, sintetiza y discute los resultados obtenidos mediante los distintos procedimientos metodológicos. Además, sitúa los resultados en el contexto actual de la investigación sobre el español de Buenos Aires y de los estudios perceptivos en el ámbito hispano y, especialmente, latinoamericano, donde contribuirá a ampliar los conocimientos en esta línea de análisis cada vez más relevante en la Sociolingüística contemporánea.

2. Estado de la cuestión

La compleja estructura de las sociedades actuales, marcada por la movilidad, por espacios virtuales creados por los medios de comunicación y la fragmentación y la multidimensionalidad del espacio urbano, sobre todo en las grandes metrópolis, impone nuevas interrogaciones para la Lingüística de hoy en día y obliga a abordar la lengua en el contexto espacial desde una perspectiva transdisciplinaria. Esto también supone replanteamientos metodológicos; se hace cada vez más pertinente completar los métodos lingüísticos tradicionales con los de las ciencias sociales, especialmente de la Sociología, de la Antropología, de la Psicología Social y de la Geografía Cultural. Como indican Lopes y Reich (2009: 1-2), en la Sociolingüística Urbana actual –y particularmente con respecto al ámbito latinoamericano– hacen falta conceptos teóricos y métodos empíricos adecuados y elaborados en cooperación con otras ciencias sociales para realizar estudios lingüísticos en el contexto de los grandes centros urbanos.
A continuación definiremos brevemente el estado de la cuestión para nuestro trabajo, mencionando las líneas de investigación más relevantes para el estudio que hemos llevado a cabo, muchas de ellas resultantes de enfoques y avances interdisciplinarios.

En los últimos años (a partir del *spatial turn*) ha crecido el interés por los estudios lingüísticos basados en una reconceptualización del espacio. Producto de esta nueva consideración del espacio en relación con la lengua es el libro *Language and space* (Schmidt y Auer 2010; Lameli, Kehrein y Rabanus 2010), que ofrece diferentes aproximaciones teóricas así como metodológicas acerca de estas interrelaciones, abriendo las puertas para una serie de trabajos –sobre todo en el campo de la Sociolingüística– que consideran el espacio ya no como marco topográfico objetivo o variable para la difusión de fenómenos lingüísticos, sino que le atribuyen un protagonismo mucho más importante en la comunicación, por ejemplo en cuanto a la construcción de identidades socioculturales o locales y para la percepción y la categorización del "otro" en relación con determinados espacios o lugares concretos (Maehlum 2000; Johnstone 2010; Britain 2011). Además, en un contexto postmoderno extremadamente globalizado, en el que fronteras nacionales e identidades lingüísticas adoptan significados más complejos, condicionados sobre todo por el fenómeno de la compresión espacio-temporal (Giddens 1990), y donde influencias globales actúan como elementos constitutivos en los procesos de construcción de localidad, la lengua ha de considerarse y de conceptualizarse en constante movimiento y no como entidad fija en un territorio determinado. Como indica Blommaert (2010: 4-5), en la era de la globalización, *«the mobility of people also involves the mobility of linguistic and sociolinguistic resources, that 'sedentary' or 'territorialized' patterns of language use are complemented by 'translocal' or 'deterritorialized' forms of language use, and that the combination of both often accounts for unexpected sociolinguistic effects».*
Este nuevo enfoque se refleja en los diversos trabajos que se centran en el impacto de la globaliza-

ción en fenómenos lingüísticos y vinculan la Sociolingüística con el concepto de la superdiversidad (Blommaert y Rampton (2011), Blommaert (2010) y Rampton y col. (2015); véase también el volumen *Spanish in the Global City* de Lynch [en preparación]).
Es en este contexto donde los espacios urbanos –centros de transformación económica, tecnológica y cultural y lugares de producción de nuevos estilos de vida y de innovaciones lingüísticas, como hemos visto– adquieren cada vez más atención, y la perspectiva sociogeográfica sobre la ciudad también se plantea en la Sociolingüística (Johnstone 2010, 2004), lo cual demuestra el gran número de publicaciones que abordan la cuestión de la lengua en la ciudad (véase, por ejemplo, Bulot y Tsekos (1999), Mac Giolla Chríost (2007), Krefeld (2008) y Löffler y Hofer (2010), para nombrar solo algunos)[1]. El foco de interés en cuestiones urbanas ha repercutido también en la Romanística, donde para lo que concierne a la variación sociolingüística en la dinámica de las metrópolis latinoamericanas se pueden nombrar los trabajos de Ploog y Reich (2005) y Reich y Ploog (2006), los diversos trabajos en el volumen de Reich (2009) y el estudio de Caravedo (2012), algunos de ellos adoptando ya un enfoque perceptivo (sobre el que volveremos en breve).

Ha de destacarse, además (aunque con ello ya adelantamos algunos aspectos teóricos), que el estudio del significado en la variación sociolingüística, cuyas bases se sentaron con el trabajo de Labov (1966), en las últimas décadas ha sufrido un cambio paradigmático desde un enfoque cuantitativo y macrosociológico hacia una noción más amplia y constructivista del significado, un proceso que Eckert (2012) divide en *«three waves of variation study»* (cf. *Marco teórico*, 3.4.2). En la primera onda, los estudios basados en el trabajo pionero de Labov analizaban la relación entre variabilidad lingüística y las mayores categorías demográficas (clase, edad, sexo, etnicidad) a través de métodos cuantitativos y cuestionarios que visualizaban patrones regulares de la estratificación social de rasgos lingüísticos, contribuyendo, así, a reflejar la difusión de los cambios lingüísticos en el espacio social (Eckert 2012: 88). Mientras que estos estudios interpretaban el significado social de la variación sobre la base de categorías macrosociológicas, en lo que constituye la segunda onda, se empezaron a emplear métodos etnográficos para acercarse a las dinámicas locales de la variación (Eckert 2012: 90). Los trabajos centrados en redes sociales de Milroy (1980), por ejemplo, resultan de esta corriente, así como también los estudios etnográficos sobre adolescentes en un contexto escolar en el área suburbana de Detroit de Eckert (1989, 2000). Los estudios tanto de la primera como de la segunda onda entendían el significado de una variante como marcador de identidad directamente relacionado con los grupos que la empleaban. La tercera onda, en cambio, que surge como consecuencia de los resultados de los trabajos anteriores

1 También habría que mencionar el hecho de que en 2012 se haya organizado en Berlín el 19. *Sociolinguistics Symposium*, una conferencia internacional que contaba con más de 1100 participantes y algunos de los más renombrados sociolingüistas, y que se propuso como tema, precisamente, *Language and the City* (http://www.sociolinguistics-symposium-2012.de/). Cabe destacar también el *Urban Space Research Network* (www.usrn.de), un grupo de científicos de varias disciplinas que comparten el interés por las dinámicas actuales en el espacio urbano. Para el ámbito suizo ha de mencionarse la red de investigación interdisciplinaria URPP *Language and Space*, que se fundó en 2013 y en el marco del cual actualmente se están realizando diversos proyectos de investigación interdisciplinaria (http://www.spur.uzh.ch/). En el contexto del proyecto de investigación en el que se inscribe esta tesis, además, se ha organizado en 2015 el congreso interdisciplinario *Transcultural urban spaces: where Geography meets Language*, que despertó gran interés entre geógrafos y lingüistas a nivel internacional (http://www.kas.unibe.ch/tcc2015/).

(entre ellos, particularmente, los estudios etnográficos mencionados de Eckert), enfoca los significados sociales de las variables lingüísticas, considerándolas no como índices categóricos y estáticos, sino como elementos de prácticas sociales (*styles*, cf. *Marco teórico*, 3.4.1) a través de las cuales los hablantes se posicionan dentro de un paisaje social y donde la variable adquiere significado en el contexto de la interacción y solo se refiere de manera indirecta a grupos o categorías (Eckert 2012: 93-94). Además, la variación no solo refleja, pero también construye significado y, por ende, puede actuar como motor para el cambio social (Eckert 2012: 98). Entre los trabajos que se dedican a estudiar la variación sociolingüística desde esta perspectiva, se pueden nombrar los estudios de Campbell-Kibler (2006, 2008), Eckert (2008), Moore y Podesva (2009) y Podesva (2011) así como también Bürki (2014).

Con la incorporación de aspectos espaciales en la investigación lingüística y la creciente importancia de la perspectiva subjetiva en los estudios de la variación (Moreno Fernández 2012; Caravedo 2014), han surgido varios trabajos que desde diversos acercamientos estudian lo que los hablantes piensan y dicen sobre la lengua, es decir, se interesan por la perspectiva émica de los hablantes legos para analizar el significado social que estos atribuyen a determinados fenómenos de la variación lingüística. Estos trabajos pueden distinguirse, en líneas generales, en los que se centran en las ideologías lingüísticas (Schieffelin, Woolard y Kroskrity 1998; Irvine y Gal 2000; Coupland y Jaworski 2004; Eckert 2008), los estudios actitudinales (Garrett 2001; Garrett, Coupland y Williams 2003; Garrett 2010) y los que se inscriben en el campo de la Dialectología Perceptiva (Preston 1982, 1989, 1999a; Preston y Niedzielski 2000; Long y Preston 2002; Preston 2010b), que pone el foco de interés en cómo el espacio condiciona la percepción y la evaluación de hablantes legos respecto de determinados fenómenos de la variación lingüística (véase aquí sobre todo los trabajos más recientes, centrados particularmente en espacios urbanos (Romanello 2002; Hofer 2002; Fridland, Bartlett y Kruez 2004; Fridland y Bartlett 2006; Boughton 2006; Pustka 2006; Cramer 2010), así como el más reciente volumen de Cramer y Montgomery (2016)). Aunque estos enfoques implican distintos ejes teóricos y diferentes procedimientos metodológicos, las confluencias e intersecciones entre ellos demuestran que el estudio de la conciencia y el control lingüísticos pueden (y tienen que) abordarse desde múltiples ángulos, incluyendo múltiples dimensiones o niveles. La conciencia y el control lingüísticos están integrados en un sistema de poder que influye sobre la percepción social de la lengua (Babel 2014: 606-607).

Ahora, en la lingüística alemana, los estudios acerca de la percepción y de las representaciones mentales de los hablantes se encuentran ya muy asentados (cf. el panorama que ofrecen Lameli, Purschke y Kehrein (2008: 55-56); Auer (2004) y Krefeld y Pustka (2010)). En la Romanística también se encuentran numerosos trabajos con un enfoque perceptivo o actitudinal, sobre todo en la dialectología italiana (cf. el resumen de Krefeld y Pustka (2010: 10)), pero también en la lingüística francesa, esta línea de investigación ha suscitado mucho interés (Pustka 2006). En el ámbito hispano, sin embargo, estas investigaciones son aún relativamente escasas (cf. Díaz-Campos y Navarro-Galisteo 2009: 179) y se concentran en su mayoría en la variación diatópica y en el contraste entre el español peninsular y el americano (Díaz-Campos y Navarro-Galisteo 2009; Brade 2010; Caravedo 2007, 2014), entre las variedades de la Península (Moreno Fernández y Moreno Fernández 2002) o entre los países del continente hispanoamericano (Guzmán 2010; Boomershine 2006; Alfaraz 2002; Alfaraz 2014; Rojas 2012; Avilés y Rojas 2013)[2]. Guzmán (2010) y Alfaraz (2002) muestran la importancia del análisis de la percepción en combinación con las actitudes lingüísticas para comprender los vínculos entre variación lingüística y dinámica social (cf. Guzmán (2010) para la percepción del español cubano por hablantes en el caribe y Alfaraz (2002) para la percepción de la misma variedad por hablantes en Miami). Moreno Fernández y Moreno Fernández (2002) también apuntan hacia la escasez de bibliografía en el campo de la investigación perceptiva o actitudinal para el ámbito hispano. Por lo tanto, no sorprende que algunos de los trabajos más recientes con este enfoque provengan de la romanística alemana, que en el marco de la lingüística variacional viene trabajando intensamente en dicho campo (cf. Postlep (2010), quien se ocupa de la percepción y de las actitudes lingüísticas en el *continuum* diatópico aragonés-castellano-catalán). Prueba del todavía insuficiente desarrollo de esta línea de investigación en los estudios hispánicos es el dossier especial publicado por la revista *Dialectología* en 2011 sobre producción, percepción y actitud[3], en el que, no obstante, no se encuentra ninguna contribución acerca de la lengua española.

Con todo, los estudios perceptivos en el ámbito hispanoamericano están en auge: los trabajos de Caravedo (2009b, 2012), de Garatea (2009) así como de Bürki (2014) abordan explícitamente la percepción en combinación con la actitud lingüística partiendo del espacio urbano como constructo sociocultural en el contexto de las variedades habladas en la ciudad de Lima. Babel (2014), por su parte, examina cómo los hablantes de Santa Cruz, Bolivia, a partir de sus estereotipos (que pueden distorsionar la percepción efectiva) establecen vínculos indexicales entre determinadas variantes fonéticas y grupos sociales (provenientes de diferentes regiones del país).

En lo que se refiere a la variedad argentina, que por su parte se encuentra ampliamente documentada[4], se pueden nombrar algunos estudios sobre la identidad lingüística, como, por ejemplo, los de Rojas Mayer (1980) respecto de la provincia de Tucumán, de Blanco, Otero y Rigatuso (1977) acerca de Bahía Blanca y Boretti de Macchia y Ferrer de Gregoret (1977) y de Donni de Mirande (1979) en el departamento de Rosario. Todos estos trabajos ya más antiguos se refieren también a la perspectiva pluricéntrica sobre la lengua, analizando las actitudes de hablantes argentinos respecto de su variedad en contraste con el español europeo o con otras variedades americanas. Los trabajos con nuevos enfoques sociolingüísticos y una metodología variada o multidimensional en relación con la percepción lingüística y la representación acerca de la variación interna de la lengua, en cambio, son muy escasos, con algunas excepciones: Kubarth (1986) analiza las actitudes lingüísticas hacia ciertas variables características del español de Buenos Aires (precisamente, la palatal rehilada, la elisión de la sibilante en posición final de palabra y el lunfardo) desde una perspectiva diastrática y observa no solo diferencias entre hombres y mujeres

2 Estos últimos se enmarcan en el proyecto *Linguistic Identity and Attitudes in Spanish-speaking Latin America – LIAS* (Chiquito y Quesada Pacheco 2014).

3 Véase http://www.publicacions.ub.edu/revistes/dialectologiaSP2011/ [20/05/15]

4 El español de Argentina ha sido objeto de estudio de una larga serie de trabajos lingüísticos, entre los que cabe mencionar sobre todo los de Fontanella de Weinberg (Fontanella de Weinberg 1944, 1973a, 1978, 1983, 1986, 1992a,b, 1993, 2000a), los de Donni de Mirande (Donni de Mirande 1986, 1991, 1992a, 2000), los de Wolf y Jiménez (Wolf y Jiménez 1977; Wolf 1984), los de Kubarth (Kubarth 1986, 1988) y, más recientemente, los de Colantoni (Colantoni 2008; Colantoni y Rodríguez Louro 2013) y de Di Tullio y Kailuweit (2011), para nombrar solo algunos de los estudios que se han realizado sobre el español de Argentina y, particularmente, de Buenos Aires.

en cuanto a la conciencia del prestigio y de la estigmatización de algunas variantes, sino también la percepción de determinados barrios como representativos para ciertos usos lingüísticos (Kubarth 1986: 195-196). Entre los estudios más recientes, Rodríguez Louro (2013) investiga las actitudes de los hablantes porteños hacia su propia variedad desde una perspectiva cualitativa, a través de encuestas con preguntas abiertas.

En cuanto al estudio de la percepción, han de mencionarse los trabajos de Rohena Madrazo (2013, 2015), quien presenta un análisis fonético de la variación actual en la realización de la palatal rehilada en el español de Buenos Aires, en el que incluye un experimento de percepción para poder relacionar la producción lingüística con la percepción de la variante en cuestión y situar los resultados en el contexto social. El fenómeno del ensordecimiento de la palatal rehilada también es analizado por King (2009), quién descubre algunas diferencias en la percepción de la variante según el barrio de residencia de los informantes (cf. también nuestra discusión en el cap. 5.1.1). Asimismo, Colantoni (2008, 2013) examina la situación sociolingüística de las variantes sordas y sonoras del yeísmo rehilado y el fenómeno de la coronalización en el español de Buenos Aires, integrando en los dos estudios una parte sobre aspectos perceptivos.

Ahora bien, aparte de estos estudios, que proporcionan información muy relevante acerca de la percepción y la evaluación de la palatal rehilada –sin lugar a duda uno de los rasgos más característicos de la variedad bonaerense, desde nuestro conocimiento, no existen hasta el momento investigaciones que examinen de manera sistemática la percepción y las actitudes que los hablantes de Buenos Aires manifiestan no solo hacia su variedad como tal, sino frente a las diferencias que se presentan en un nivel intravarietal e intraurbano. Es decir, no se ha examinado, hasta ahora, la perspectiva subjetiva de los hablantes porteños respecto de las divergencias que conciban en los usos lingüísticos dentro de su propia variedad y dentro de su espacio urbano. Tales datos, sin embargo, pueden revelar información muy valiosa sobre la construcción de identidades socioespaciales, categorizaciones, procesos de inclusión y exclusión así como modelos culturales que subyacen en estos procesos. Aquí es donde reside el valor de nuestro trabajo. Con el objetivo de analizar la percepción, las representaciones y las actitudes lingüísticas en relación con los procesos de transformación en el espacio urbano de Buenos Aires, nuestra investigación nuestro trabajo es uno de los primeros en analizar los significados sociales y geográficos dentro de una variedad urbana según los planteamientos de la Dialectología Perceptiva y de la "tercera onda" sociolingüística en la metrópolis latinoamericana y, de este modo, contribuirá a cubrir los huecos que todavía existen en la Sociolingüística latinoamericana en cuanto al estudio de los aspectos subjetivos hacia la variación lingüística y la lengua en el contexto social.

Al complementar conceptos teóricos y metodológicos de la Sociolingüística y de la Geografía Social, además, crea un puente empírico entre estas disciplinas. Creemos que así como la concepción del espacio en toda su dimensión puede tener un aporte fundamental para el análisis lingüístico, los significados de la variación lingüística también pueden ser de gran interés para los estudios geográficos, donde el lenguaje usualmente no es un foco de atención, a pesar de su importancia central para la construcción de lugar en contextos urbanos. La colaboración y la cooperación interdisciplinaria no solo es muy enriquecedora en los dos sentidos; es imprescindible para la comprensión científica de las dinámicas sociales en ciudades contemporáneas de gran talla como Buenos Aires.

3. Marco teórico

A raíz de la urbanización progresiva, de los movimientos incesantes hacia los grandes núcleos metropolitanos y la trascendencia de las ciudades y las megalópolis modernas para los procesos económicos globales, el espacio urbano determina cada vez más nuestra vida y nuestra comunicación y constituye el marco para procesos socioculturales extremadamente complejos. Las dinámicas de las grandes ciudades plantean cuestiones importantes para el debate sobre sustentabilidad política, económica y geográfica, pero también sobre las implicaciones sociales y culturales que pueden llegar a tener estos nuevos aspectos de la urbanidad. Segregación y fragmentación, inestabilidad, movilidad, migración, territorialización y desterritorialización, re- y desvalorización de espacios, desigualdad e identidades sociales inconstantes son fenómenos sociales, económicos, y geográficos que no solo se reflejan en la fisionomía de la ciudad sino también –y de manera particular– en la memoria colectiva, los imaginarios y el discurso acerca de ella. La lengua, como veremos más adelante, no sólo expresa estos desarrollos en su variación, sino que desempeña una función mucho más activa en la construcción y la representación de un espacio –en este caso concreto, del urbano– creado, amoldado y transformado en la interacción constante por los que lo habitan (Johnstone 2004: 69; Britain 2011: 69). El análisis de esta construcción discursiva del espacio urbano y su aplicación al caso de la metrópolis de Buenos Aires presupone un acercamiento teórico a tres conceptos amplios que desde sus inicios, aunque con distinta intensidad en distintas fases históricas, se encuentran entrelazados: *espacio* o *espacialidad*, *ciudad* o *urbanidad* y *variación lingüística* (Löw 2008: 9; Britain 2011: 73; Johnstone 2010: 2). El desarrollo de una concepción de la ciudad va de la mano con las diferentes teorías del espacio en Geografía Humana, que a su vez, repercutirán en la Dialectología y la Sociolingüística Variacionista (Britain 2011: 73). Estos paralelos históricos (de los que aquí mencionaremos los más relevantes) nos sirven como fundamento para definir las líneas teóricas en las que se inscribirá nuestro trabajo.

3.1. Acerca de *espacio*, *ciudad* y *lengua*

En los años setenta, en las ciencias sociales se sientan las bases para una concepción moderna del espacio. Hasta esta época, el espacio se comprende como una especie de *«container»* para la actividad humana, definido de manera absoluta a través de la geometría euclidiana (Hubbard, Kitchin y Valentine 2004: 4). Antes de los años sesenta, el foco de la Geografía Humana apuntaba hacia el estudio de regiones y su singularidad, pero, como señala (Massey 1984: 2), de una manera esencialmente descriptiva. Este período coincide con la era de la Dialectología tradicional, que también se centraba en regiones, en áreas y fronteras dialectales y que ha producido gran cantidad de material descriptivo (Britain 2011:

73). La década de los sesenta corresponde al período de la «revolución cuantitativa» (Hubbard, Kitchin y Valentine 2004: 4; Britain 2011: 74; Massey 1984: 2), en el que la Geografía se redefine como ciencia espacial superpositivista regida por una manía de «cuantificar todo lo cuantificable» (Massey 1984: 2). La noción de espacio era la de una superficie en la que se desarrollan los procesos mensurables; el interés en particularidades de espacios se reemplazó por la búsqueda de regularidades espaciales, y fenómenos que no se podían someter tan fácilmente a la cuantificación perdieron importancia (Hubbard, Kitchin y Valentine 2004: 4; Massey 1984: 2). En la Dialectología, este también era un momento fuertemente cuantificado (Britain 2011: 74), iniciado con los trabajos de Labov (1963, 1966) que «marcan una nueva etapa en el modo de abordar los fenómenos de la variación» (Caravedo 2014: 21). Sus experimentos se replicaron en una serie de estudios urbanos que tenían como objetivo establecer patrones regulares de la estratificación socioeconómica de formas lingüísticas (Eckert 2012: 88). Varios sociolingüistas usaron los modelos de difusión espacial de la Geografía Humana (Johnstone 2010: 6; Britain 2011: 74), llenando casillas definidas por categorías macrosociológicas y de este modo tratando a los hablantes como *«human tokens»*, como haces de características demográficas (Eckert 2012: 88). Significativo es el hecho de que este período, que se conoce también como "primera corriente" sociolingüística (*first wave of variation study*) denominada por Eckert (2012) (cf. *infra*, 3.4.2), también fuera un momento notoriamente *urbano*, como señala Britain (2011: 74). En su mayoría, los trabajos variacionistas se concentraron en ciudades, porque es allí donde se consideraba que ocurrían las cuestiones sociolingüísticas candentes (Britain 2011: 74). Al mismo tiempo, no obstante, dado que el análisis cuantitativo de variables sociales como edad, sexo o clase social requería mantener constantes otros factores, el espacio, que no se creía relevante para el estudio lingüístico dentro de la ciudad, fue en gran parte ignorado (Britain (2011: 74), véase también las observaciones de Caravedo (2012: 7) acerca del mismo aspecto en el contexto latinoamericano). De este modo, dejando de lado el enfoque geográfico sobre la ciudad, «*the urban turn in dialectology represented an anti-spatial turn too, a turn which has in many respects lasted right to the present day*» (Britain 2011: 74). Según Massey, este momento representa el período de la separación conceptual quizás más grande entre científicos sociales y geógrafos (Massey 1984: 3). La Geografia encontró un nicho en la cuantificación y en los modelos espaciales, a diferencia de otras disciplinas que «*forgot about space altogether*» (Massey 1984: 3). En Lingüística, los dialectólogos estudiaban la lengua en el espacio (considerado como marco físico) y los sociolingüistas se dedicaban al análisis de la heterogeneidad en la sociedad (Britain 2011: 75).

En los años setenta, no obstante, se efectúa un cambio que tendrá consecuencias importantes para la Geografía Humana como disciplina y para la noción de espacio en general que perdura hasta hoy en día. Se empiezan a cuestionar los modelos cuantitativos e, inspirado por las perspectivas de la conducta de la Psicología y la Sociología, se argumenta que no puede haber procesos espaciales sin contenido social, que no puede considerarse lo espacial como esfera independiente (Massey 1984: 3). Surge la idea del espacio como constructo social (Massey 1984: 3). Pero si no hay procesos y leyes puramente espaciales, la Geografía se queda sin su objeto de estudio y se ve obligada a reorientarse y a traspasar lo que había considerado las fronteras de su disciplina (Massey 1984: 3; Britain 2011: 75). Recién hacia finales de los años setenta y principios de los ochenta, la Geografía Humana «se socializa» (Cox 2005: 178, citado por Britain (2011: 75)) y vuelve a encontrar su lugar. Las ciencias sociales se ven enfrentadas con una fase de reorientación fundamental de la época moderna a la posmodernidad (Schmid 2010: 23), de lo «histórico» a lo «espacial» (Schmid 2010: 62): es el momento del *spatial turn* (término que se remonta al geógrafo Edward W. Soja (Soja 1989)), durante el cual el concepto de "espacio" y las cuestiones espaciales se convierten en centro de interés de casi toda investigación social. «*Space makes a difference*» se convirtió en lema general (Britain 2011: 75). Se (re)descubre la disciplina de la Geografía Humana como enriquecedora e inspiradora para nuevos debates transdisciplinarios y se entiende el espacio como base de la práctica cultural, como producto de la interacción entre los que lo habitan y como el constructo dinámico marcado por los procesos socioculturales y de negociación constante de relaciones de poder, como veremos a continuación.

3.2. El espacio como constructo social

El giro espacial que experimentan las ciencias sociales en la segunda mitad del siglo XX tiene sus raíces sobre todo en las transformaciones sociales incisivas que conllevan los procesos de globalización, el desarrollo de nuevas tecnologías y la creciente urbanización a nivel mundial (cf. el concepto de *time-space compression* de Harvey (1989)), que promueven una profunda reestructuración de la relación entre individuo, sociedad y espacio (Freytag 2014: 12) y, por lo tanto, dan lugar a un extenso debate acerca de nociones y enfoques para abordar la categoría del espacio. A continuación expondremos algunos de los desarrollos teóricos de la Geografía Humana que han encontrado aplicación directa en el análisis de la relación entre espacio y lengua y, por lo tanto, serán especialmente relevantes para nuestra investigación.

A finales de los años sesenta y sobre todo en la década de los setenta, como reacción al paradigma positivista y los modelos cuantitativos, en la Geografía Humana se produce un cambio conceptual y se empiezan a formar nuevas líneas teóricas centradas en la descripción de prácticas y procesos sociales desde un enfoque más cualitativo y más constructivista en el abordaje del espacio (Johnstone 2010: 7). Por un lado, se desarrolla una corriente geográfica influenciada por las teorías marxistas, iniciada principalmente por la obra de Henri Lefebvre, uno de los precursores para las concepciones modernas del espacio. En su obra *La production de l'espace* (1974), el sociólogo y filósofo marxista francés define el espacio como producto social y como resultado de los aspectos materiales y simbólicos a través de los cuales lo constituyen los que viven en él (Schmid 2010: 204): «L'espace (social) est un produit (social)» (Lefebvre 2000 [1974]: 35). Dividiendo esta producción del espacio en tres dimensiones o procesos dialécticamente conectados –la «práctica espacial», «las representaciones del espacio» y los «espacios de representación» (*«la pratique spatiale», «les représentations de l'espace», «les espaces de représentation»* (Lefebvre 2000: 42-43)), que desde un punto de vista fenomenológico se refieren, respectivamente, a un espacio «percibido», «concebido» y «vivido» (*«perçu», «conçu», «vécu»* (Lefebvre 2000: 42-43))–, Lefebvre sienta las bases para entender el espacio no como mero contenedor para la actividad humana, sino como constructo de la práctica social (Schmid 2010: 225).

El enfoque de la Geografía marxista reside, como señala Johnstone (2010: 8), en el proceso social a través del cual se crean, se mantienen y se negocian espacios, y desde la perspectiva marxista, estos procesos se forman por las relaciones económicas y sus residuos históricos, una idea que en los años ochenta se critica como demasiado determinista y se amplía por la búsqueda de concepciones de espacio más orientadas hacia las experiencias subjetivas de los que viven en un espacio y hacia la manera en que estas experiencias influyen en las prácticas sociales, sobre todo en lo que concierne al carácter híbrido y particular de la identidad y a la relación de individuos con *space* y *place* (Massey 1984).
Otra dirección teórica que se origina en los años setenta como respuesta al paradigma cuantitativo de las ciencias espaciales es la Geografía Humanista (marcada sobre todo por las obras de Buttimer (1971), Buttimer y Seamon (1980) y Buttimer (1993), entre otras, así como los trabajos de Entrikin (1976), Tuan (1977) y Relph (1981)), que coloca el individuo y su conciencia, sus sensaciones, pensamientos, y por tanto también sus actitudes, percepciones y experiencias en el centro de la reflexión geográfica (Cresswell 2013: 109). Planteando conceptos como *space* y *place*, *sense of place* y *home*, esta corriente se empeña en describir la interacción de individuos con su entorno desde una perspectiva subjetiva, ya que, según esta idea, los aspectos físicos de un espacio siempre están mediados por la experiencia individual (Johnstone 2010: 10). El espacio pues ya no se considera como una serie de coordenadas geográficas, sino como una composición de *«smells, sounds, scenes and emotions that are shaped by repeated ways of interacting»* con este lugar (Johnstone 2010: 10). De este modo, por ejemplo, *«[w]e experience a region, sometimes, partly through the sounds of a dialect»* (Johnstone (2010: 10), haciendo referencia a Mugerauer (1985)). Esta noción de *«being in the world»* de los individuos (Cresswell 2013: 110) –la descripción de la percepción del entorno físico, de valores, de la subjetividad y de aspectos del lenguaje– requiere, evidentemente, el planteamiento de técnicas metodológicas completamente diferentes a las que se empleaban en las ciencias espaciales cuantitativas (cf. las reflexiones de Buttimer y Seamon (1980: 13) al respecto). De este modo, se desarrolla una serie de métodos cualitativos para el trabajo de campo, para la observación participante y la interpretación de datos narrativos así como también de productos culturales, todos ellos raras veces usadas en la Geografía Humana antes de mediados de los setenta, pero –gracias a los avances de esta línea teórica– muy comunes en los estudios geográficos de hoy en día (Cresswell 2013: 110-111).

Los enfoques geográficos postmodernos y postestructuralistas que surgen a partir de los años ochenta (con los trabajos de Soja (1989, 1996) y de Foucault (1984)), finalmente, tienen en común la idea de que el espacio se convierte en lugar a través del discurso que, en el sentido de Foucault, corresponde a todas las prácticas que involucran el lenguaje (Johnstone 2010: 11). Es por medio de estos *«ways of talking»* –que surgen de y evocan determinadas representaciones– que los habitantes de un espacio comparten, imponen o negocian significados espaciales (Johnstone 2010: 11). Este *cultural turn*, también llamado *linguistic turn* por la importancia que se le da a la lengua y a las formas de representación (así como modos de hablar, teorías intelectuales, música popular o paisajes urbanos (Knox y Pinch 2010: 3)) ha tenido mucho impacto en las ciencias sociales (Knox y Pinch 2010: 320), ya que, si todas nuestras experiencias están filtradas por una serie de valores culturales particulares, *«words are not neutral but have powerful underlying assumptions and meanings»* y el análisis de la cultura se vuelve fundamental para entender lenguaje y discurso (Knox y Pinch 2010: 3).

Ahora, inspirados en el modelo tridimensional del espacio como producto social y de la práctica de los que lo habitan, y partiendo desde un enfoque humanista pero también constructivista del espacio, aunque sin perder de vista nunca su componente material, en este trabajo entenderemos el espacio como constructo social constituido por tres niveles igualmente importantes: el *material*, el *social* y el *simbólico* (cf. Britain 2011: 70-73). En primer lugar, el espacio ha de concebirse en su aspecto físico, geométrico y objetivo, desde su posición determinada en el sistema de coordenadas fijo hasta su morfología material que determina la práctica social (Britain 2011: 70). La materialidad del espacio consiste, por lo tanto, en el espacio que se ve, que se toca y se huele; la experiencia del individuo nunca ocurre independientemente de esta dimensión física. En segundo lugar, el espacio es profundamente social: la apropiación de espacios, su manipulación, las actividades, las interacciones y las relaciones que se establecen –que tienen lugar– en el espacio así como las instituciones y los actores políticos que condicionan las acciones de los individuos hacen del espacio un producto social (Britain 2011: 70). Como tal, el espacio a su vez influye, nuevamente, en las prácticas espaciales (en las rutinas, los movimientos o las preferencias locales de los individuos, por ejemplo). La manera en la que un espacio está socializado, construido y también materializado a través de las actividades individuales e institucionales impone tanto limitaciones de conexión como también restricciones de autoridad: reglas y leyes establecidas, fronteras económicas y relaciones de poder que determinan quién tiene acceso a determinados ámbitos específicos o puede ejercer determinadas actividades locales en determinados tiempos (Britain 2011: 71, refiriéndose a Pred (1977: 208)). De este modo, nuestras interacciones e intervenciones en el espacio pueden, por un lado, acercar o conectar lugares y sus habitantes y, por otro, crear distancias o establecer fronteras y delimitaciones (Britain 2011: 71). Por último, la dimensión simbólica del espacio se refiere a la manera en la que los individuos perciben determinados espacios y lugares y les adjudican valores, imágenes y significados, que asimismo influyen en el comportamiento espacial, porque la percepción de un lugar como aterrador (como *no-go-area*, por ejemplo) o como atractivo, familiar o relajado tendrá un impacto directo no solo en nuestra práctica espacial concreta (nuestra decisión de frecuentar o evitar un lugar en un determinado momento) sino que, al estar estrechamente vinculada con la percepción de las personas que viven en tal lugar también condicionará nuestra actitud frente a estos grupos sociales y nuestra disposición de entrar en contacto con ellos (Britain 2011: 71). Al llenar con significado los objetos del espacio físico, la dimensión simbólica solapa todo lo material y abarca, pues, los valores, las tradiciones, las representaciones y las ideologías de los que lo habitan (Schmid 2010: 222-223).
Se establece entonces una relación dialéctica y simultánea entre los tres formantes espaciales, entre la dimensión material, social y simbólica, que al mismo tiempo es sumamente dinámica y en constante proceso de transformación. La espacialidad, en este sentido, constituye *«an ever-evolving combination of the physical, the social and the perceptual with none able to exist independently of another»* (Britain 2011: 73). Esta concepción del espacio –que se repetirá de manera un poco más concreta en el abordaje del espacio urbano como objeto de estudio– constituirá la base para nuestro trabajo y, finalmente, será

fundamental para comprender el papel que ejerce la lengua en estos procesos de construcción espacial en la ciudad (en nuestro caso, en Buenos Aires).

3.3. La ciudad: espacio de conexión y de diferencia

En tanto centros de atracción para grandes flujos migratorios y descomunales estructuras de asentamiento, las ciudades y megalópolis modernas determinan cada vez más nuestra vida y nuestra comunicación. La urbanización acelerada e incesante y el hecho de que vivir y sobrevivir en núcleos urbanos que alcanzan proporciones inmensas e incontrolables sean la realidad diaria de la mayoría de la población mundial de hoy en día hacen que la ciudad se convierta en uno de los objetos de estudio centrales de diversas disciplinas. Con ello, en distintos momentos de la teoría urbana y desde distintos enfoques científicos han surgido múltiples estrategias para definir la ciudad y las dinámicas sociales extremadamente complejas del espacio urbano (García Canclini 1997: 71)[1]. En este trabajo, nos acercamos a la ciudad como objeto de estudio desde dos concepciones: en primer lugar, como espacio en su dimensión material, social y simbólica y, en segundo lugar, como espacio de conexión y de diferencia, característica que se hace particularmente palpable en el contexto de la ciudad global superdiversa.

3.3.1. La ciudad como espacio físico, social y simbólico

Como ya hemos indicado en la introducción a este trabajo, y de acuerdo con el enfoque humanista y constructivista que hemos adoptado aquí, la ciudad pensada espacialmente ha de considerase también como constructo geográfico y social en tres dimensiones dialécticamente vinculadas: en primer lugar, la ciudad constituye un espacio geopolítico marcado por ciertas características topológicas y arquitectónico-culturales «ligadas a una historia y a una tradición urbanística y cultural que se continúa y evoluciona a través del tiempo» (Caravedo 2012: 8). La materialidad de la ciudad consiste, por lo tanto, en la estructura planificada, en las calles, edificios y lugares que actúan como referencia y como restricción para los movimientos de un individuo, en delimitaciones físicas como zonas centrales y periféricas, así como también en los distritos administrativos –los barrios– determinados microespacios con sus fronteras internas (Caravedo 2012: 8). En segundo lugar, el espacio urbano responde a un orden social: «las ciudades son quienes habitan en ellas» (Caravedo 2012: 9). Como ya hemos visto, la ciudad reúne individuos de diversos orígenes que se encuentran en redes sociales más o menos densas, que se identifican con o se distinguen de diferentes grupos sociales y crean, de esta manera, estilos de vida o identidades distintas que se manifiestan en las prácticas de interacción de las que participan día a día dentro del espacio urbano (Bürki 2014: 4). Y por último, en su dimensión simbólica, la ciudad es un lugar de imaginaciones y de representaciones (Bridge y Watson 2000b: 7), donde los elementos físicos

1 García Canclini menciona, entre ellas, la definición de la ciudad como oposición a lo rural, una concepción de la ciudad como «núcleo de la modernidad» frente al «campo», una dicotomía que en la historia de Argentina y de Buenos Aires, como es sabido, tuvo una importancia fundamental (cf. Svampa (1995) y también Jauretche (2007: 23), quien define "civilización y barbarie" como la «zoncera madre» de todas las zonceras argentinas).

del espacio urbano se cargan de significados que sus habitantes les asignan y que van construyendo a través de sus experiencias personales y memorias compartidas. Es decir, dichos significados no son solo individuales, sino que forman parte de una construcción colectiva que se transmite de generación en generación y que condiciona la práctica social y la percepción del "otro" (Caravedo 2012: 8). Dado que, en cierto modo, la urbe representa un objeto enigmático y demasiado complejo, sus habitantes estructuran y categorizan el espacio en su representación (es decir, construyen y constantemente adaptan su mapa mental) para orientarse en ella, lo cual implica la producción y la reproducción de suposiciones, mitos e interpretaciones que pueden estar muy distorcionados de la "realidad" y contener valores tanto positivos como negativos (García Canclini 1997: 131; Bridge y Watson 2000b: 8). El mecanismo central que entra en funcionamiento en estos procesos de diferenciación entre lo propio y lo ajeno es la percepción, particularmente cuando se trata de la división y la construcción de espacios a través del uso del habla (Caravedo 2012: 9), un aspecto sobre el que volveremos en profundidad un poco más adelante.

3.3.2. La ciudad superdiversa

Además de su dimensión material, social y simbólica, la ciudad se caracteriza también por una gran cantidad de personas que viven en un territorio (relativamente) limitado, por la densidad en la que conviven dentro de este espacio, y la heterogeneidad de individuos y de grupos que se encuentran en la urbe (Mac Giolla Chríost 2007: 15). *«Cities have in common the fact that they make people more physically accessible to one another, in more or less shared, limited space»* (Hannerz 1980: 243). Cabe subrayar aquí dos aspectos inherentes a la vida urbana que están relacionados entre sí y que son fundamentales para nuestro trabajo: la conexión y la diversidad (Mac Giolla Chríost 2007: 14 y ss.). En tanto espacio de proximidad, de copresencia y de encuentro, la ciudad reúne una multiplicidad de mundos sociales e identidades urbanas distintos y dinámicos (Mac Giolla Chríost 2007: 17). Sin embargo, es recién en el encuentro, en la interacción con el "otro", con el *«stranger»* (Mac Giolla Chríost 2007: 15) donde se muestra la diversidad, donde se negocian jerarquías sociales y apropiaciones espaciales. Esta presencia del "otro" es clave para la formación de identidades urbanas, para la percepción y la evaluación tanto de uno mismo como de otros grupos sociales o de formas de hablar, así como para el desarrollo de representaciones sociales y espaciales y, de este modo, para la práctica social, como veremos a lo largo de este trabajo.

Durante los años setenta y ochenta, debido al pensamiento marxista en ese momento predominante en la investigación urbana, la división espacial y social de la ciudad se comprendía mayormente como consecuencia de fuerzas económicas y relaciones de clase, lo cual se reflejaba en un modelo de la ciudad dual, socialmente polarizada entre un sector alto cada vez más pudiente y la clase baja cada vez más pobre, distanciados también espacialmente (cf. por ejemplo los trabajos de Castells (1974, 1985, 1989)). La polarización social se postulaba como un efecto inevitable de la reestructuración capitalista global, un proceso que se reflejaba en las ciudades a través de la segregación social y espacial de las clases sociales. Esta distancia espacial, como señala Castells (1985: 20), lleva a que «los dos mundos van a

ignorarse cada vez más recíprocamente, hasta que acaben por desarrollar mitos, temores y prejuicios, a menudo vinculados a las barreras de clase y de grupo étnico».
Ahora bien, aunque no cabe duda de que la polarización social todavía es una peculiaridad marcada y muy visible de la metrópolis contemporánea (y Buenos Aires, especialmente, destaca como un caso paradigmático de este modelo, como veremos más adelante), la concepción binaria de la ciudad es algo simplista y no reconoce la heterogeneidad y la complejidad de la diferencia (Gibson 1998: 302) y los diversos accesos a recursos o redes que los habitantes pueden tener dentro de la misma comunidad (Bridge y Watson 2000a: 254). Particularmente las influencias multifacéticas de los procesos de globalización, que repercuten en la ciudad en fenómenos de segregación y fragmentación, de inestabilidad, movilidad y migración, de valorización y degradación de espacios, de inclusión y exclusión, originan dinámicas cada vez más complejas de construcción de identidades entre fuerzas globales y locales, entre fragmentos urbanos extremadamente globalizados (de tal modo que incluso pueden tener más en común con partes de otras ciudades a nivel mundial) y otros sectores que se encuentran completamente excluidos de estos procesos (cf. Bridge y Watson 2000a: 254-255; Sassen 1996: 49). La ciudad de hoy es, por lo tanto, un espacio sumamente heterogéneo o superdiverso (Vertovec 2007; Blommaert y Rampton 2011; Rampton y col. 2015): *«the contemporary city is a variegated and multiplex entity —a juxtaposition of contradictions and diversities, the theatre of life itself»* (Amin y Graham 1997: 418). No por eso pierde en importancia la observación de Castells citada arriba; al contrario, si bien la división de distintos grupos sociales dentro de la ciudad no responde a un modelo dual de dos clases geográficamente separadas, la heterogeneidad urbana actual típicamente provoca comportamientos de auto-aislamiento, reflejados en la construcción de "murallas", de edificios o barrios privados que segregan el espacio urbano mediante fronteras físicas con el objetivo de preservar y defender determinados espacios (Allen, Massey y Pile 2005: 99), prácticas que a su vez implican «mitos, temores y prejuicios» (Castells 1985: 20) acerca de un "otro" socialmente construido.

Identidades espaciales

Las diferencias que se perfilan en el espacio urbano, desde luego, no son solo de índole económica, sino que se constituyen y se multiplican a través de varias dimensiones, vinculadas entre sí en sistemas complejos y fluidos. Como indican Bridge y Watson (2000a):

> Differences are constructed in, and themselves construct, city life and spaces. They are also constituted spatially, socially, and economically sometimes leading to polarization, inequality, zones of exclusion and fragmentation, and at other times constituting sites of power, resistance, and the celebration of identity. Difference is constituted in all spatial relations but the particularity of the city is that it concentrates differences through its density or people and lived spaces, through the juxtaposition of different activities and land uses and through its intensities of interaction an interconnections. Differences are not simply registered at the social, cultural, or econonomic level, they are also constituted symbolically with groups inscribing spaces and zones with particular meanings and discursive practices which may or may not be visible to outsiders. Different subjects and subjectivities are also constituted in the imagined spaces of the city and differential power relations are inscribed

on urban bodies (Bridge y Watson 2000a: 251-253).

Estas diferencias se construyen en todos los niveles del espacio –en lo material, en lo social y en lo simbólico. Dicho esto, evidentemente, la distinción no se deja concertar mediante límites bien definidos (aunque más adelante en este trabajo veremos que en las representaciones sociales sí se muestran fronteras asombrosamente tajantes, tanto materiales como también sociales y simbólicas), sino que los ciudadanos habitan identidades múltiples en espacios y temporalidades urbanas múltiples, y estas identidades a su vez constituyen, crean y transforman los lugares de la ciudad, que de esta manera enmarcan y posibilitan la construcción de diversos significados y prácticas sociales (Bridge y Watson 2000a: 253).

Ahora, si, como hemos señalado anteriormente, el espacio ha de considerarse como una construcción social, «la distinción entre medio físico y medio social tiende a desaparecer y el entorno pasa a ser no solo el escenario de la interacción sino [...] un elemento más de la interacción» (Valera y Pol 1994: 4). Es decir, la función del entorno no se reduce a la de un marco físico para la práctica social, sino que se establece una relación de «diálogo simbólico» entre individuos y grupos con el espacio, en el que este les transmite a sus habitantes determinados significados sociales que ellos interpretan y reelaboran (Valera y Pol 1994: 4). Sobre esta base, se construye una identidad social que puede derivarse de un sentimiento de pertenencia o afiliación a un entorno o un lugar concreto, junto con el significado valorativo y emocional asociado a esta pertenencia (Valera y Pol 1994: 3 y 5). Las categorías que pueden reconocerse como significativas son, con distinto nivel de abstracción, la «ciudad», la «zona», el «barrio», e incluso pueden ser espacios más reducidos, como por ejemplo manzanas concretas dentro de un barrio (Valera 1997: 18). Según Valera y Pol, la identidad social urbana, que se encuentra en la línea del concepto de *place-identity* desarrollado por Proshansky (1978), consiste en un «conjunto de cogniciones referentes a lugares o espacios» que el individuo habita y en función de los cuales desarrolla «vínculos emocionales y de pertenencia a determinados entornos», frente a otros de los que no se siente parte (Valera y Pol 1994: 6). Este «depósito cognitivo» vinculado al espacio también se puede entender en el sentido de la representación social (y socioespacial), concepto sobre el que volveremos más adelante (cf. *infra*, 3.4.4).

3.4. La lengua, medio de expresión y elemento de construcción del espacio urbano

Partiendo del enfoque humanista y constructivista del espacio urbano como producto social, constituido y modelado constantemente por los que habitan en él, sus experiencias y sus representaciones culturales (Johnstone 2004: 69), la lengua adquiere un papel fundamental, porque es en y mediante la lengua donde se expresan las complejas dinámicas sociales que constituyen el espacio social urbano (Le Page y Tabouret-Keller 1985: 248). La lengua es, pues, central para entender el funcionamiento de la ciudad; y la ciudad es significativa para los procesos que ocurren en la lengua:

> A city is a place of talk. It is built and held together by language. Not only do its inhabitants spend much of their energies communicating with one another; in their conversation they are all the time reasserting and reshaping the basic concepts by which urban society is defined. If one listens to city talk, one hears constant reference to the institutions, the times and places, the patterns of movement and the types of social relationship that are characteristic of city life (Halliday 1978: 154).

Esta afirmación de Halliday de finales de los años setenta integra varios aspectos de la función de la lengua en la ciudad: el espacio urbano se construye a través de la lengua, a través de la interacción de sus habitantes y sus variedades lingüísticas, y es en esta interacción donde se define lo urbano, donde se marcan territorios, pertenencias o fronteras. Como elemento de identidad y parte de las prácticas sociales, la lengua actúa, entonces, como medio de construcción de significado socioespacial. Y una Sociolingüística Urbana no solo contribuye a comprender el papel y la especialidad del espacio urbano para la práctica lingüística; explotando las discrepancias múltiples y complejas de la vida urbana, también nos permite concebir el papel de la lengua en la construcción de diferencia y de desigualdad así como para las relaciones entre prácticas e ideologías lingüísticas (Bulot y Tsekos 1999: 10). Para ello, sin embargo, es necesario que no limite su terreno a la mera descripción de formas lingüísticas de grupos diferentes (en el sentido de la Lingüística Variacionista) o del funcionamiento de las variedades en el seno del espacio urbano (entendido como marco físico, en el sentido de la Dialectología Urbana), sino que se interese por la *urbanidad* como tal, es decir, por todas las dimensiones sociales, económicas, históricas y geográficas de la ciudad en tanto espacio vital y lugar de producción y de puesta en escena de diversos recursos materiales y simbólicos (Bulot y Tsekos 1999: 13).

La cuestión del significado social y su naturaleza local se ha convertido en uno de los asuntos clave de la lingüística actual (Campbell-Kibler 2006: 3). Según Eckert (2008: 454-455), en los estudios variacionistas cuantitativos centrados en el significado de determinadas variables relacionadas con categorías demográficas abstractas y realizados metodológicamente a través de cuestionarios a gran escala, el poder de la variación para la construcción de significado social quedaba desapercibido o en un plano implícito (Eckert 2008: 454; Campbell-Kibler 2006: 3). Sin negar el valor de estos estudios, Eckert (2004b, 2008) declara que hay que examinar los comportamientos e ideologías que subyacen en estas generalizaciones y los significados que los hablantes atribuyen a diferentes variantes lingüísticas y manifiesta, en consecuencia, la necesidad de que *«ultimately the variation (and the entire linguistic) enterprise must be integrated into a more comprehensive understanding of language as social practice»* (Eckert 2008: 453). De esta manera, la lingüista inicia lo que se entiende como la "tercera onda" (*«third wave»*) de la Sociolingüística, que entiende el estilo social como «germen de la variación y de la construcción de nuevos significados» y en la que el aspecto de la cognición social adquiere más importancia (Caravedo 2014: 11) (cf. *infra*, percepción):

> Viewing linguistic variation as carrying social meaning rather than straightforwardly reflecting social address involves an important theoretical shift. If variation may be used strategically to convey particular kinds of meaning which impact a social situation, it means that rather than merely reflecting the social world, language is in fact central to constructing it (Campbell-Kibler 2006: 5).

Esto quiere decir que no hay una relación directa entre variables lingüísticas y determinadas categorías sociales o demográficas, sino que los elementos lingüísticos forman parte de un proceso de construcción del mundo social, un proyecto en conjunto al que contribuyen todos los actores y en el que las variables actúan como «índices indirectos» de dichas categorías (Eckert 2008: 455; Campbell-Kibler 2006: 5).

En un contexto superdiverso, dinámico y globalizado como el que se implanta en la metrópolis contemporánea y que se define por inestabilidad, transformación, movilidad, aceleración, desigualdad e identidades cambiantes, la investigación lingüística se desprende cada vez más de la idea de la lengua como entidad delimitada social y geográficamente y se concentra, en cambio, en los modos variables en que rasgos lingüísticos individuales con asociaciones sociales y culturales identificables se agrupan cuando personas establecen un acto de comunicación (Blommaert y Rampton 2011: 4). La lengua se entiende pues como repertorio lingüístico (Wardhaugh 2006: 131) o como *«mobile complex of concrete resources»* (Blommaert 2010: 47) que en su combinación constituyen diferentes formas de hablar o estilos, como veremos a continuación.

3.4.1. Estilos o *ways of speaking*

La producción lingüística corresponde, por un lado, a lo que sería lo material del espacio, lo que se percibe, se escucha, se ve, la diversidad de usos del habla que se encuentran en la ciudad. Al mismo tiempo, como hemos visto, la variación en la producción lingüística siempre es social y simbólica y su estudio no puede realizarse independientemente del contexto social (Caravedo 2014: 19). Según la teoría de *Acts of Identity* de Le Page y Tabouret-Keller (1985), la elección (consciente o inconsciente) de determinados rasgos lingüísticos siempre tiene como objetivo identificarse con un determinado grupo social y, como agrega Auer (2007: 6), distinguirse de otros: *«the individual creates for himself the patterns of his linguistic behavior so as to resemble those of the group or groups with which from time to time he wishes to be identified, or so as to be unlike those from whom he wishes to be distinguished»* (Le Page y Tabouret-Keller 1985: 181)[2]. Motivados por un sentido de pertenencia (*«sense of belonging»* (Coupland 2007: 122), que puede ser social como también local), los hablantes desarrollan un estilo lingüístico que los posiciona dentro de la estructura socio-geográfica del espacio urbano, entendido no como realidad topológica y objetiva que condiciona la forma de hablar de los individuos, sino desde una visión constructivista como categoría culturalmente definida: *«Nicht die Struktur des Raums schafft sprachliche Unterschiede, sondern unsere dialektalen kognitiven Landkarten sind Ordnungsstrategien, mit denen wir das 'Chaos' der Heteroglossie bewältigen»* (Auer 2004: 160). En la densidad y la heterogeneidad demográfica del contexto urbano, no es el espacio que determina el estilo, como era suposición común en los análisis de dialectos rurales, pero ciertos lugares o zonas de la urbe pueden llegar a formar parte constitutiva de un estilo, como veremos un poco más adelante.

2 Al enfocar el abanico de actos de identificación, partiendo de una pluralidad de identidades y transformando la variable sociolingüística de síntoma en símbolo, la teoría de Le Page y Tabouret Keller anticipa aspectos importantes para una visión constructivista sobre la identidad social, como señala Auer (2007: 4).

La noción de estilo en Sociolingüística se remonta al concepto laboviano de estilos contextuales (Labov 1966, 1972) que, partiendo de la idea de que el habla natural sale a la luz cuando una persona no controla su forma de hablar, se refería a una dimensión lineal de la variación de un mismo hablante (*intra-individual speech variation*) según la atención que le prestara al habla en determinadas situaciones o contextos y limitando la acción estilística a la manipulación de estatus en la jerarquía socio-económica (Coupland 2007: 7; Rickford y Eckert 2001: 3; Eckert 2008: 456). En los años setenta y ochenta, trabajos en Psicología Social muestran la importancia de la actitud del hablante frente a su destinatario para su estilo lingüístico y dan lugar a dos conceptos teóricos que les atribuyen a los destinatarios un papel central para la producción estilística (*Communication Accommodation Theory* de Giles (1973) y *Audience Design* de Bell (1984)). Según estas concepciones, el hablante acomoda su forma de hablar en relación con un interlocutor, tanto en una situación comunicativa de contacto inmediato o por influencia de grupos sociales hipotéticos que pueden actuar sobre una persona y provocar variaciones estilísticas (Rickford y Eckert 2001: 4). Coupland (1980), en cambio, coloca el foco de atención sobre el hablante mismo y trata la variación estilística como una presentación dinámica del *self*, poniendo énfasis en la dimensión identitaria del estilo (Rickford y Eckert 2001: 4):

> [s]tyle refers to ways of speaking – how speakers use the resources of language variation to make meaning in social encounters [...], how speakers project different social identities and create different social relationships through their style choices, and how speech-style and social context interrelate (Coupland 2007: i).

En este sentido, el estilo, evidentemente, implica mucho más que «*saying the same thing in different ways*» (Auer 2007: 12; Coupland 2007: 88; Eckert 2008: 456), ya que la variabilidad lingüística es un recurso estratégico para la clasificación social de uno mismo y la construcción de identidades o afiliaciones sociales en la interacción con otros (Eckert 2004b: 43). Es decir, «*different ways of saying things are intended to signal different ways of being, which includes different potential things to say*» (Eckert 2008: 456). Entendiendo la variabilidad lingüística como recurso y adjudicándole un carácter performativo, muchos sociolingüistas se alejan de la idea de la "comunidad de habla" y prefieren el concepto de *community of practice* que corresponde a un «*social doing*» en lugar de un «*structural being*» (Coupland 2007: 49), porque la construcción de significado ocurre en la interacción, mediante múltiples contactos y asociaciones en densas redes sociales y a través de procesos simbólicos que conectan individuos con grupos y sitúan grupos en el contexto social en el que adquieren significado (Eckert 2000: 34-35). Y se plantean pues interrogantes tales como en qué manera los hablantes al alinearse con o disociarse de diferentes grupos en distintos momentos y en distintos lugares adoptan rasgos lingüísticos diferentes; cuáles son estos recursos concretos y qué significados implican; cómo los hablantes tratan de participar o no de situaciones comunicativas, cómo actúan o juegan con signos lingüísticos de pertenencia grupal y qué sensaciones y actitudes desarrollan frente a determinados estilos o elementos estilísticos (Blommaert 2011: 59).

No obstante, es importante resaltar aquí que tales «repertorios» estilísticos (Wardhaugh 2006: 131; Coupland 2007: 82; Blommaert 2010: 102) no consisten en catálogos predefinidos de los que un hablante pudiera elegir libremente, sino que los hablantes disponen de determinados recursos lingüísticos en virtud de su socialización dentro del espacio urbano y, por lo tanto, tienen un control limitado sobre los significados de su forma de hablar. Los recursos concretos de un hablante, así, coinciden con su situación y su posición en la estructura social: una persona con gran movilidad social tendrá un repertorio lingüístico más amplio, mientras que los recursos de un hablante en una situación marginal tendencialmente serán más reducidos o más descalificados (Blommaert 2010: 47). Al mismo tiempo, los hablantes disponen de un conocimiento metalingüístico que les permite adoptar una perspectiva crítica respecto de los significados sociales de su propio estilo o del estilo de otras personas y, de este modo, contextualizar su uso del habla para fines varios. Esta conciencia y la capacidad de construir contextos sociales de manera activa son, a su vez, recursos socio-cognitivos para hacer uso de la variación lingüística (Coupland 2007: 105).

La noción de estilo aquí expuesta, que involucra de igual manera la identidad del hablante como la influencia de sus destinatarios y, por ende, hace imposible separar cuestiones de relación social de las de identidad social (Coupland 2007: 80-81), corresponde, segun indica Coupland, a una nueva dimensión histórica: si la sociedad de hoy en día se caracteriza por un alto grado de movilidad (social y geográfica), por complejidad, fragmentación, contradicciones y desarraigo, la vida social parece constituirse cada vez más por una serie de opciones de estilo que se seleccionan dentro del marco de posibilidades y restricciones económicas (Coupland 2007: 29). La epistemología de la construcción social es pues una respuesta a estas características de la época posmoderna (o *«late-modernity»*, según el autor): *«We might say that social life is more obviously amenable to being socially constructed in late modernity, and this brings language and discourse more clearly into perspective»* (Coupland 2007: 30). Según Coupland, el mismo término *style* representa en nuestros tiempos una palabra de moda que se refiere a efímeras costumbres, maneras de vestirse o de comportarse, se orienta al consumo y permite la identificación social activa. Estudiar el significado social a través del estilo sociolingüístico entonces *«gives us a way of understanding social identities and social relationships with sufficient flexibility and dynamism to capture some of the qualities of late-modern social life»* (Coupland 2007: 30).

Dadas las múltiples facetas que puede tener un estilo, hoy en día se entiende como «fenómeno holístico multidimensional» (Auer 2007: 11), que incluye tanto rasgos lingüísticos (*speech styles*, en el sentido de *ways of speaking* de Hymes (1972) o *communicative styles* de Auer (2007)) como también rasgos no verbales como el lenguaje corporal o preferencias estéticas, conectando diferentes sistemas estilísticos y tipos de construcciones ideológicas compartidas e interpretadas por los hablantes (Eckert 2008: 456). Se manifiesta en todos los niveles de la práctica social y crea, por tanto, organizaciones semióticas similares al concepto de *Lebensstil* de Weber o de *habitus* de Bourdieu (Agha 2007: 147; Auer 2007: 12)[3].

3 Bourdieu (1982: 35-42) relaciona el papel de la lengua en la sociedad con un poder simbólico en un mercado donde la capacidad competitiva de los actores se decide por el valor de sus capitales –económicos (es decir, bienes propiamente materiales), culturales (conocimientos, habilidades y otras adquisiciones culturas) y simbólicos (prestigio acumulado u honor). En este contexto, el comportamiento lingüístico varía según los recursos que un hablante tenga a su disposición y el valor que determinadas competencias adquieran en un mercado específico, siempre sobre la base de presuposiciones fundamentales compartidas (Bourdieu 1982: 14). Este comportamiento, sin embargo, depende del *habitus* de una persona, es decir, de un conjunto de disposiciones que influyen a un actor para que accione y reaccione en determinados

Particularmente en las ciudades –espacios de extraordinaria densidad y heterogeneidad social, como hemos visto–, el estilo es un elemento activo de distinción y de negociación de espacios, en una dimensión material, social y simbólica: la "puesta en escena" de un estilo va de la mano con la apropiación de determinados lugares, marcados y simbolizados a través de los rasgos estilísticos relevantes y específicos de un grupo (diferentes estilos arquitectónicos, formas de consumo o la señalización del espacio a través de *graffiti* serían ejemplos de esta delimitación de territorios socioespaciales) (Dangschat y Blasius 1994: 18). Y la urbanidad no solo se caracteriza por la coexistencia de tales lugares, sino también a través de la superposición de pretensiones territoriales de actores distintos, lo cual convierte el espacio urbano en un lugar de constante negociación y conflicto entre estilos y posicionamientos sociales –que implican relaciones de poder (Dangschat y Blasius 1994: 19; Bourdieu 1991: 28-29).
La variación lingüística corresponde, por lo tanto, a una práctica social (Eckert 2001: 43) que, junto con otros rasgos no verbales, es percibida por el colectivo como expresión de una territorialización en el espacio. Si, como constata Eckert (2008: 456), la práctica estilística siempre surge desde una determinada ideología, cualquier desplazamiento estilístico (*«stylistic move»*) es el resultado de una interpretación del mundo social, de sus elementos y significados, y de un posicionamiento de una persona respecto de este mundo.
Para que la producción de significado a través del estilo sea exitosa, éste tiene que ser interpretado socialmente, lo cual presupone un conocimiento compartido sobre constelaciones de rasgos semióticos y su relación con determinados grupos sociales o espacios (Auer 2007: 13). La práctica estilística implica pues siempre producción e interpretación de estilos al mismo tiempo (Eckert 2008: 456). Parte de la competencia social es la capacidad de entender los enlaces indexicales de un estilo y de saber leer las diferencias y los significados sociales que traza (Coupland 2007: 1). Más aún, el proceso de producción de un estilo empieza cuando un individuo *percibe* el estilo de otra persona o de un grupo social a través de determinados elementos. Una vez que estos elementos se reconocen, se aíslan y se les atribuye un determinado significado, se convierten en recursos que pueden ser incorporados o no en un estilo individual. De este modo, *«reading the meaning of a style is inherently a contrastive exercise»* (Coupland 2007: 1). Es decir, cualquier estilo en todas sus facetas forma parte de un sistema de distinción, tanto social como espacial, en el que se opone a otros estilos o a otros significados sociales posibles y sirve para crear un contraste entre un "nosotros" y un "ellos" (Irvine 2001: 22). Es decir, *«style may characterize an individual, but only within a social framework and depending on social evaluation, and interacting with ideologized representations»* (Irvine 2001: 21). En el discurso ocurre entonces una transición metafórica a través de la cual un rasgo lingüístico o un estilo llega a representar una categoría

modos, generando prácticas, percepciones y actitudes (Bourdieu 1982: 12). El hecho de que, según Bourdieu (1982: 12-13), las disposiciones constitutivas del habitus sean adquiridas a través de un proceso gradual de inculcación (por el entorno social y la educación), estructuradas en el sentido de que inevitablemente reflejan las condiciones sociales en las que fueron adquiridas y, por último, incorporadas y por ende duraderas, no siempre objetos de reflexión y modificación consciente, demuestra que los hablantes no podemos elegir nuestro estilo lingüístico libremente *«out of the closet»* (Coupland 2007: 90), que no podemos librarnos tan fácilmente de las asociaciones ideológicas inherentes a nuestra forma de hablar ya que son el resultado de un proceso lento de socialización en estilos normativos y aceptados para nuestro grupo social específico.

social (fenómeno que Coupland (2007: 112) denomina *framing* y al que Irvine (2001) se refiere con el término *iconización*).

Como –particularmente en el contexto superdiverso de la metrópolis– el espacio que representa el marco para la producción de significado es sumamente dinámico, lo son también los estilos, que se adaptan constantemente a los procesos sociogeográficos en la ciudad. La geografía del espacio urbano, su transformación histórica, la movilidad, lugares de contacto social, conflictos, estigmatización o procesos de apropiación del espacio condicionan continuamente la percepción del "otro" sobre la base de su estilo (entre otros aspectos, su uso del habla). De este modo, la dimensión espacial se agrega a la serie de elementos estéticos y lingüísticos que se perciben como indexicales de un determinado grupo social. Además, dada la heterogeneidad de mundos sociales y, por lo tanto, los diversos elementos estilísticos que ofrece el espacio urbano, también pueden surgir prácticas híbridas, como veremos en breve. Para comprender mejor estos procesos, sin embargo, es necesario abordar primero la cuestión de producción de significado en la variación lingüística que, según Eckert, consiste en «*how linguistic styles are constructed: what kinds of meanings can variables have, and how do they combine to yield the larger meanings of styles?*» (Eckert 2008: 458).

3.4.2. Socioindexicalidad

La práctica social en la que los hablantes elaboran su uso del habla, mueven y adaptan constantemente su estilo y producen y reproducen significados ocurre entre el nivel macrosociológico y las categorías individuales (Eckert 2008: 463). Para analizar el proceso mediante el cual índices no referenciales, como son los rasgos lingüísticos, pueden evocar o construir significado social, Eckert recurre al concepto de niveles indexicales (*orders of indexicality*) planteado por Michael Silverstein (2003). Silverstein (2003: 217-229) se basa en la tripartición de *indicador*, *marcador* y *estereotipo* desarrollada por Labov (1972: 178-180), según la cual *indicadores* representan variables dialectales que distinguen categorías sociales o geográficas pero que no llaman ninguna atención y no figuran en la variación a través del continuum de formalidad (Eckert 2008: 463). *Marcadores* y *estereotipos*, en cambio, son variables que provocan atención suficiente como para salir entre las categorías de variación estilística (por lo tanto, se consideran variables *salientes*), y la única diferencia entre los dos reside en el grado de conciencia, porque mientras que los estereotipos se emplean en la discusión metapragmática, no es ese el caso de los marcadores (Eckert 2008: 463)[4]. En el modelo de Silverstein, *indicador* corresponde a un índice de primer orden que indica, simplemente, «*membership in a population*» (Eckert 2008: 463), por ejemplo, de una determinada ciudad, que puede estar estratificada en clases sociales. Pero la evaluación social de una población siempre puede interiorizarse en la variabilidad dialectal propia de los hablantes para indicar determinados estilos (Eckert 2008: 463). En este momento, el rasgo lingüístico se convierte en *marcador*, en índice de segundo grado, y actúa en función de un posicionamiento del hablante en

4 Es por eso que Eckert rechaza la adaptación progresiva propuesta por Johnstone, Andrus y Danielson (2006) que distingue tres niveles de indexicalidad y que equivale *indicador*, *marcador* y *estereotipo* a índices de primero, segundo y tercer grado de indexicalidad (Eckert 2008: 473).

el mundo social. Según Eckert (2008: 463), lo particular de la noción de *marker* de Silverstein es la integración ideológica (*«ideological embedding»*) del proceso a través del cual se establece y reestablece el enlace entre forma y significado. Visto así, la participación en el discurso implica interpretar continuamente las formas en el contexto y asignar en el momento el valor indexical a los elementos lingüísticos (Eckert 2008: 463). De este modo, un elemento con un valor indexical (lo que Silverstein (2003: 193) denomina *«n-th order usage»*) siempre puede ser reinterpretado y, así, adquirir un valor *n + 1st*, resultado de un desplazamiento ideológico, *«a sidestepping within an ideological field»*, y, una vez establecido, se dispone a nuevas reinterpretaciones (Eckert 2008: 463-464). A partir del concepto del campo ideológico fluido y cambiante que constituye el marco para este proceso de reinterpretación del valor indexical de variables lingüísticas, Eckert desarrolla su idea del campo indexical (*ideological field*), que define como una «constelación de significados ideológicamente vinculados» y compara con un *«embodiment of ideology in linguistic form»* (Eckert 2008: 464). Esto quiere decir, contrariamente a las concepciones tradicionales, que las variables lingüísticas, que pueden ser de cualquier naturaleza (fonéticas, morfosintácticas, léxicas o pragmáticas) no tienen un significado fijo, sino que aluden a campos indexicales cuyos valores están en constante proceso de cambio, porque los hablantes usan las variables no solamente para reflejar o reafirmar un lugar particular en el mapa social, sino también para hacer desplazamientos ideológicos (Eckert 2008: 464). Como los valores indexicales de las variables lingüísticas son parte esencial y representación del sistema ideológico de una sociedad, cualquier significado asociado con una variable está basado en cuestiones ideológicas fuertemente salientes (Eckert 2008: 465).

Puesto que el valor indexical de una variable solo es efectivo en la interacción y en una situación de contraste y de interpretación, la elección de los significados del campo indexical que se asocian con una determinada variable depende tanto de la perspectiva del oyente como del estilo (verbal y no verbal) en el que está integrado. Más aún, los oyentes juzgan el uso del habla de una persona a partir de una indexicalidad presupuesta (Eckert 2008: 466) –fenómeno que veremos más concretamente en el análisis de nuestro corpus. Es importante mencionar, además, que una misma variable es usada para hacer movimientos ideológicos por diferentes personas, en situaciones diferentes y con muy distintos objetivos. Por lo tanto, su significado jamás va a ser uniforme a través de diferentes grupos, comunidades o poblaciones (Eckert 2008: 466-467).

Bricolaje

Dada la heterogeneidad de mundos sociales y, por lo tanto, los diversos elementos estilísticos que ofrece el espacio urbano, también pueden surgir prácticas híbridas o estilos de tipo «bricolaje» (Eckert 2008: 457), incorporando elementos salientes de un estilo en otro, con el objetivo de construir nuevos significados, que a su vez modifican el paisaje semiótico de la ciudad. El término de *bricolaje* se remonta al concepto de Levi-Strauss (1966; 1969), adaptado luego en la investigación del estilo relacionado a subculturas (Hebdige 1981; Clarke 2006). En este contexto, se entiende como

> the re-ordering and re-contextualisation of objects to communicate fresh meanings, within

> a total system of significances, which already includes prior and sedimented meanings attached to the objects used. Together, object and meaning constitute a sign, and, within any one culture, such signs are assembled, repeatedly, into characteristic forms of discourse. However, when the bricoleur re-locates the significant object in a different position within that discourse, using the same overall repertoire of signs, or when that object is placed within a different total ensemble, a new discourse is constituted, a different message conveyed (Clarke 2006: 149).

Esta práctica es restringida por los significados ya existentes de los signos dentro de un discurso; los objetos, el "material" usado para congregar un nuevo estilo o adoptar otro significado a un estilo existente no solo tienen que estar a disposición, sino que, además, ya tienen que estar cargados de significados en un sistema lo suficientemente coherente para que su relocación y su transformación se entiendan como tales (Clarke 2006: 149). Generalmente, los elementos apropiados se basan en prácticas de otros grupos que a través de los mismos expresaban (o todavía expresan) su propio estilo. De este modo, se dan procesos de bricolaje con significados muy distintos o incluso opuestos: transformación y re-significación, re-evaluación y apropiación de estilos (o elementos estilísticos) previamente descalificados, yuxtaposiciones de realidades aparentemente incompatibles (Clarke 2006: 150; Hebdige 1981: 106).
Según Eckert (1996: 4, 2008: 458), los estilos lingüísticos también representan un proceso de bricolaje, aunque su construcción quizás no siempre ocurre de manera tan consciente como en el caso de la vestimenta en las prácticas de la subcultura, por ejemplo. Pero el agente estilístico asimismo se adueña de recursos de un paisaje sociolingüístico amplio, donde no solo la interacción directa pero también los estereotipos mediáticos funcionan como fondos proveedores de rasgos semióticos, y los recombina para crear un estilo distintivo. Este nuevo estilo, además de exponer una evidente identificación individual dentro de un paisaje semiótico más extenso, constituye el medio para la construcción de esta identificación: *«[i]t is precisely the process of bricolage that allows us to put together meanings to construct new things that are us and that place us in relation to the rest of the world»* (Eckert 1996: 4-5).

Como ya se ha indicado, los valores indexicales y los procesos de construcción de significado aquí expuestos solamente logran funcionar si son percibidos como tales e interpretados correctamente por parte de un interlocutor sobre la base de conocimientos compartidos en una sociedad. Por eso, a continuación nos adentraremos un poco más profundamente en el proceso de la percepción.

3.4.3. Percepción

«To be is to be perceived»[5]. La percepción, un mecanismo cognitivo a través del cual un individuo aprehende «los objetos del mundo en el que nace, y que le permitirá interactuar con los otros miembros de la sociedad específica que le ha tocado compartir» (Caravedo 2009a: 23), siempre sucede a través de la interacción en el marco de una práctica y de una determinada red sociales (Gumperz 1982: 13-14).

5 Lema de la película *Film* (1965) del dramaturgo Samuel Beckett, inspirado por el dicho *Esse est percipi (aut percipere)* del filósofo irlandés George Berkeley.

Como ya señalamos, en la heterogeneidad y la densidad del espacio urbano, se encuentran individuos de diferentes barrios, miembros de diversas redes y con diversas prácticas sociales. Así, en la interacción que tiene lugar en el marco de una determinada práctica social, se realiza un acto de reconocimiento del otro (lo que Coupland (2007: 112) denomina *targeting*) y se divide lo percibido entre lo propio y lo ajeno. Este reconocimiento se basa en un conjunto de rasgos semióticos distintivos, entre los cuales figuran los lingüísticos.

Al tratarse de una actividad mental estimulada por el habla de otra persona y, a su vez, repercutiendo directamente en el habla propia (por ende constituye un elemento fundamental para el análisis de la variación), la percepción está estrechamente interrelacionada con la producción lingüística (Caravedo 2013: 14, 2014: 77). El carácter difícilmente observable de la percepción, su lado subjetivo y los problemas metodológicos que ello ocasiona han privilegiado durante largo tiempo los estudios basados en la producción, mientras que el análisis de los aspectos subjetivos de la lengua quedaba reducido a los estudios actitudinales, lo cual no invalida el hecho de que la percepción sea un fenómeno central en la actividad lingüística, pues no solo interviene en el reconocimiento y la valoración de las variedades en sí mismas (no existen variedades si no son percibidas), sino que es punto de partida para el aprendizaje, el uso comunicativo y la reflexión metalingüística, sea la del especialista, sea la del hablante común (Caravedo 2009b: 178). Así, también desempeñará un papel esencial para la presente investigación, por lo cual en lo que sigue explicaremos algunos aspectos importantes para la comprensión del análisis que llevaremos a cabo, basándonos sobre todo en el concepto de la percepción en la cognición lingüística que propone Caravedo (2009a, 2010, 2013, 2014) y limitándonos a un contexto monolingüe (prioritario aquí puesto que los datos de nuestro corpus se concentran en las variedades del español en Buenos Aires).

Fases cronólogicas y direcciones de la percepción

La adquisición de la percepción, tanto en el sentido de capacidad cognitiva como mecanismo concreto, se desarrolla, según plantea Caravedo (2014: 79), en tres etapas distintas en la que el individuo se encuentra frente a diferentes procesos sociales: a) una fase *primaria*, que corresponde al período adquisitivo infantil; b) una fase *secundaria*, de aprendizaje escolar; y c) una fase *terciaria*, que a lo largo de la vida del individuo se mantiene relativamente estable (Caravedo 2014: 79-80). En la fase primaria, el individuo recién nacido es confrontado con una primera entidad lingüística a través de la variedad local que adquirirá (Caravedo 2010: 15). Se pone en funcionamiento un proceso de percepción *interna*, de máxima intensidad, en el que el niño reconoce una diversidad de estímulos sonoros, producidos por las personas que lo rodean, y los sitúa en el espacio, identificando las fuentes de emisión (Caravedo 2014: 83-84, 109). De este modo, ya desde esta primera etapa cognitiva, el sonido, es decir, el lenguaje, está ligado a un espacio físico: tiene un lugar y una ubicación concreta (Caravedo 2014: 84). Además, el *input* lingüístico que recibe el individuo en esta etapa ya está entrelazado con un sistema de valores, producto de la asociación afectiva del primer interlocutor: los padres son «los primeros maestros que comunican a los descendientes su conjunto de preferencias: el qué decir, el qué no decir, el cómo decirlo, a quién, en qué situación», sin que haya ningún margen de elección (Caravedo 2010: 15). Esta primera variedad que recibimos, junto con su sistema valorativo, tendrá una importancia crucial en tanto punto de referencia para el desarrollo de la percepción lingüística posterior y filtro para el reconocimiento y la evaluación de variedades ajenas con las que nos toparemos en nuestra interacción social: «a partir de aquí, todo se observará y se procesará e incluso se evaluará a través de la primera variedad adquirida en nuestra infancia» (Caravedo 2013: 11).

En la fase secundaria, que corresponde a la etapa escolar y a un proceso de crecimiento en la extensión de las relaciones sociales, el niño empieza a interactuar con otros individuos fuera del ambiente familiar y, de este modo, tiene la posibilidad de confrontar la variedad interna con otras variedades distintas. La percepción interna se complementa con la «percepción externa» (Caravedo 2009a, 2010, 2013, 2014), proceso en el cual el niño aprende a auto-observarse, a conocer y reforzar los patrones locales y a extender el conocimiento a los patrones ajenos de otras comunidades, siempre en referencia al primer modelo adquirido mediante la percepción interna. Confrontando la variedad vernácula con otras variedades, el individuo también comenzará a valorar de modo específico tal o cual fenómeno en particular, lo cual puede provocar un ajuste del uso del habla propio. Con la inmersión en la escuela recibe, además, instrucción específica y la evaluación de los maestros con lo que se agudiza su capacidad autoperceptiva y se mide lo recibido en la fase primaria a través de la información metalingüística normativa (Caravedo 2013: 12, 2014: 86, 110). La adquisición de la percepción externa es gradual, teniendo su momento más importante en la pre-adolescencia y en la adolescencia, que es cuando «se refina la percepción en el sentido micro-grupal, y se expresa con toda su intensidad en el modo de percibir las variedades y de producir los propios estilos discursivos como identificadores grupales» (Caravedo 2014: 87). El modelo familiar deja de ser la única referencia, de ahí que se produzca cierto distanciamiento del sistema primario y una «reorganización del vernáculo» (Caravedo 2014: 87, refiriéndose a Labov (2001)).

En la fase terciaria, por último, el individuo se inserta en una sociedad adulta y en el mundo ocupacional y profesional, lo cual implica nuevamente una ampliación de las fronteras de relación grupal y la confrontación con una comunidad más extensa (Caravedo 2014: 87). El conocimiento de la lengua alcanza estabilidad, y la propia variedad deja de percibirse de modo tan consciente, convirtiéndose (para el individuo) en una modalidad neutra (Caravedo 2014: 88). Es por ello que los hablantes a menudo concebimos solo las variedades ajenas como peculiares, mientras que el vernáculo nos parece "normal" (es decir, consideramos "no tener acento"). Sin embargo, cuando en la interacción con el entorno social se produce un contraste o una disparidad entre la percepción interna y externa, vuelve a ponerse en juego la auto-percepción (Caravedo 2013: 13). Este tipo de percepción supone «el desarrollo de una conciencia de la propia variedad o de ciertos fenómenos asignados a ella», e implica «auto-observarse, reconocerse» (Caravedo 2013: 13). En una sociedad en la que se manifiestan diversas variedades, por ejemplo, por contraste de una variedad ajena con referencia a la propia, la percepción vuelve a cumplir una función diferenciadora y actúa sobre el sistema valorativo del hablante, originado en una evaluación positiva o negativa de la propia variedad (Caravedo 2013: 13). Si la propia variedad se considera desfavorable, se puede producir, a mediano o largo plazo, una modificación de esta misma a través de la imitación o la adaptación de estilos ajenos (o, como indica Caravedo (2013: 13), «lo que se cree que son») o, en casos extremos, incluso se pueden desarrollar sentimientos muy negativos como inseguridad, menosprecio de lo propio o vergüenza, vinculados no solo con el uso del habla sino también con una identidad social. Por el contrario, si un hablante adjudica un valor peyorativo a la variedad ajena (relacionada con un grupo determinado), muy probablemente controlará su propio estilo evitando tales rasgos e indicando, así, su distanciamiento frente a lo que juzga negativamente (Caravedo 2014: 111). Asimismo, si el hablante se autodefine positivamente en comparación con otros, buscará mantener o hasta reforzar los elementos que considera constitutivos de su propia variedad, lo cual puede llegar a representarse en un sentimiento de seguridad o de orgullo y en una actitud de superación o hasta soberbia (Caravedo 2013: 13-14, 2014: 111). Dichos procesos de percepción se harán evidentes en varios ejemplos de este trabajo, como veremos más adelante.

Mecanismos cognitivos de la percepción

Sobre todo en la fase de adquisición lingüística, pero también en las otras etapas de percepción anteriormente descritas se ponen en juego tres mecanismos cognitivos esenciales, según indica Caravedo (2014: 56): *captación*, *fijación* y *(re)producción*. La captación, en primer lugar, corresponde al proceso de «acceso sensorial» a partir del cual el individuo aprehende la variedad específica de una lengua, la del entorno social en el que le ha tocado nacer (Caravedo 2014: 56). El mecanismo de la captación implica atención, que consiste en «la dirección consciente de la percepción hacia un objeto determinado o hacia un punto o un aspecto de él» (Caravedo 2014: 57). Evidentemente, la atención es limitada, es decir, un individuo no es capaz de concentrarse en la totalidad de características sensoriales, lo cual lleva a una atención selectiva de algunos fenómenos determinados y, al mismo tiempo, a la marginación de otros (Caravedo 2014: 57-58). Una vez cumplida la fase adquisitiva, en la que el hablante se centra en los elementos constantes de la variedad, los fenómenos a los que prestará atención en la segunda y en la tercera fase serán aquellos que considera salientes y que vincula con ciertos grupos sociales a los que quiere pertenecer o de los que intenta diferenciarse (Caravedo 2014: 58). Tal vinculación entre fenómenos lingüísticos y grupos sociales se realiza mediante procesos de categorización que dan lugar a la formación de prototipos sociales (Caravedo 2014: 58).

Mientras que la atención significa una reducción del material que un individuo recibe como *input* mediante una selección entre varias posibilidades, la fijación, en segundo lugar, se refiere al proceso a través del cual lo seleccionado queda almacenado en la memoria (Caravedo 2014: 59). Este proceso le permite al hablante reconocer, comparar y evaluar los datos percibidos posteriormente. Además, tal como la atención del niño hacia ciertos usos lingüísticos aceptables es dirigida por un sistema de valores que le es transmitido desde su entorno social inmediato, los datos que se fijan como relevantes en la memoria del hablante también pasan por este filtro normativo desarrollado a partir de la adquisición de la variedad (Caravedo 2014: 59). Si bien la fijación es un mecanismo individual, dentro de un grupo social determinado, ciertos usos regulares que conforman el patrón colectivo y cultural de la comunidad de habla se transmiten de modo relativamente uniforme de generación en generación y, de este modo, llegan a formar parte de una memoria colectiva (Caravedo 2014: 59), un concepto que se asemeja al de la representación social, comentada más adelante (cf. *infra*, 3.4.4). No solo se fijan en esta memoria colectiva los usos aceptables de una variedad; parte de este patrón transmitido es, asimismo, la aversión hacia otras variedades distintas, resultado de una herencia cultural y –dada su fijación muy temprana– muy difícil de erradicar en la adultez (Caravedo 2014: 61). Como dice la autora, en estos casos, «la percepción del que evalúa tales variedades, por efecto de la fijación memorística, se congela y se perpetúa arbitrariamente en determinados fenómenos que se convierten en salientes, en desmedro de otros que pasan desapercibidos» (Caravedo 2014: 61).

Atención y fijación son pues dos mecanismos muy entrelazados en la percepción. A través de estos recursos, el individuo puede reconocer los rasgos lingüísticos salientes y los atribuye a determinados hablantes o grupos sociales –lo cual coincide con el concepto de *first-order indexicality* propuesto por Silverstein (cf. *supra*, 3.4.2)– como marcas de identidad frente a las cuales los hablantes del exogrupo presentan reacciones emocionales, es decir, actitudes positivas o negativas (Caravedo 2014: 61).

El resultado de captación y fijación, por último, es la reproducción, que se puede entender como una manifestación de la variedad aprendida, es decir, de lo que el hablante ha captado y fijado como patrón lingüístico (Caravedo 2014: 61). El término, según Caravedo, enfatiza el aspecto mimético que supone la actividad en el proceso adquisitivo de la lengua, en el que el niño reproduce el input que aprehende, pero también se refiere a una «tendencia general humana a querer ser como los otros, a hablar como los otros [...], que está también en la base de la naturaleza comunicativa y social del lenguaje», porque al compartir los usos lingüísticos con otros establecemos una base común para un grupo; la imitación del otro con el fin de recibir su aceptación y de llegar a una comunicación más íntima constituye una manera de identificación y de vinculación sociales (Caravedo 2014: 62, citando a Tomasello (2008: 282)).

Características de la percepción

Para comprender de qué manera incide la percepción lingüística en la construcción del espacio social es necesario contemplar, además de los mecanismos cognitivos, las características de este proceso mental. Caravedo (2014: 99) destaca tres calidades de la percepción que en su conjunto ayudarán a comprender la aparente arbitrariedad en la concepción y la valoración de fenómenos lingüísticos: la percepción es *selectiva*, *orientada* y *diversa*. Según la autora, todo proceso de percepción tiene, en primer lugar, un inherente carácter selectivo, debido a la incapacidad de los seres humanos de aprehender de modo exhaustivo todos los detalles de su entorno o de una lengua. Lo percibido es, más bien, producto de un «mecanismo selectivo de percepción que enfoca unos elementos mientras desenfoca otros»[6] (Caravedo (2009a: 25), refiriéndose a Moreno Fernández (2012: 92); véase también Krefeld y Pustka (2010: 14)). Este mecanismo de «enfoque y desenfoque» (Caravedo 2014: 99), donde entra en función la atención (cf. *supra*) se explica a través de tres tipos de datos con los que se enfrenta el individuo en el proceso de percepción: sensoriales, mnemónicos y conceptuales (Caravedo (2014: 100), adoptando la teoría filosófica de Landi (1995) a la percepción lingüística). Al escuchar una variedad lingüística

6 Pensemos, a este respecto, en el personaje del famoso cuento de Borges, *Funes el memorioso*, quien recordaba cada instante y cada detalle de su vida pero «no era muy capaz de pensar –pensar es olvidar diferencias, es generalizar, es abstraer» (Borges 1944b: 122).

concreta en una situación determinada, el individuo recibe un *input* de elementos fónicos, que percibe sensorialmente, pero no es capaz de captarlos todos ni de retenerlos de manera íntegra en la memoria (Caravedo 2014: 100). Solo fijará y almacenará en la memoria los datos mnemónicos, aquellos filtrados de todo lo percibido mediante un proceso de reducción de la materia recibida (Caravedo 2014: 100). Dado el carácter complejo, dinámico y cambiante de la lengua, tal fijación (es decir, "estabilización") de sonidos, construcciones, rasgos lingüísticos vinculados con situaciones, lugares, tiempos o personas específicas supone «cierta deformación perceptiva, cuando no alguna pérdida informativa respecto del dato sensorial» (Caravedo 2014: 101). Después de haber fijado estos elementos, el hablante establece, nuevamente, una reducción de tipo cualitativo, conservando en la memoria solo lo pertinente, lo central o lo prominente respecto de otras variedades lingüísticas (Caravedo 2014: 101). Este proceso de conceptualización implica pues la transición desde la mera percepción sensorial, limitada posteriormente por el proceso de la fijación de los datos mnemónicos, hacia lo interpretativo o imaginativo, mediado por un paso inferencial que siempre abarca un factor social (Caravedo 2014: 102). Esto significa que, por un lado, no todos los grupos sociales perciben ni valoran de la misma manera el mismo rasgo lingüístico (es decir, la percepción de determinados rasgos como salientes es arbitraria entre distintos grupos sociales), y, por el otro lado, que si bien la percepción es un fenómeno individual, a su vez existe una gran «coincidencia perceptiva» entre los hablantes de una comunidad de práctica o de un grupo social respecto de lo que consideran rasgos sobresalientes de una variedad así como de su reacción o sus actitudes frente a estos rasgos, condicionadas por el sistema de valores que los individuos adquirieron en su socialización primera (Caravedo 2009b: 178, 2014: 102). En el contexto del espacio urbano, esto implica que

> [n]o todos los rasgos de una lengua son objeto de percepción, pues la atención del hablante solo se puede concentrar en algunos puntos, precisamente aquellos en que se asocia una forma con un espacio mental negativo o con un grupo minusvalorado en relación con una ubicación en el espacio urbano (Caravedo 2012: 12).

Esto nos lleva a la segunda característica de la percepción: la selección de ciertos rasgos y el hecho de que otros pasen desapercibidos no dependen de las propiedades de los fenómenos mismos, sino que la percepción que un individuo tiene de otra variedad está orientada hacia solo algunos aspectos de esta misma a través de agentes externos y sociales de su entorno (la familia, el ambiente escolar, la comunidad con sus distintos interlocutores y, como veremos más adelante, también –en gran medida– los medios de comunicación) (Preston 2011; Caravedo 2013: 8, 2014: 105). De este modo, la percepción deja de ser un mecanismo arbitrario y se convierte en un fenómeno social (Caravedo 2014: 105).
Por último, como ya hemos indicado líneas arriba, la percepción a su vez es de carácter diverso. Puesto que el proceso perceptivo no es un hecho de captación sensorial pura sino que comprende asimismo el plano mnemónico y conceptual, como hemos visto, cada hablante puede seleccionar individualmente los rasgos salientes o pertinentes de lo que recibe como *input*, es decir, de las variedades con las que se encuentra (Caravedo 2013: 9, 2014: 107). En el proceso de fijación y de conceptualización, esta percepción individual «performa», «parcela» y hasta cierto punto «falsifica» lo observado, pero no de modo absolutamente arbitrario, sino dirigido u orientado (Caravedo 2014: 107).

Aplicados al contexto concreto del espacio urbano, lugar de conexión y de diversidad, como hemos visto, los aspectos y los mecanismos de la percepción aquí expuestos serán de gran relevancia, porque sugieren que los hablantes (en su concepción de la ciudad y de las variedades lingüísticas que encuentran en ella) presentarán convergencias y al mismo tiempo divergencias respecto a los rasgos percibidos como salientes y las actitudes que manifiestan al respecto. Y son justamente estas coincidencias y discrepancias –los elementos seleccionados, las percepciones de carácter colectivo y las diferencias entre diferentes grupos sociales– las que revelarán sistemas ideológicos, modelos culturales o representaciones sociales distintas y, por lo tanto, proporcionarán conocimientos importantes acerca de la estructura geosocial de la ciudad.

3.4.4. Representaciones sociales

La percepción de las variantes lingüísticas está directamente vinculada con las representaciones de los hablantes, es decir, con su saber extralingüístico: conocimientos culturales, sociales y geográficos independientes de la percepción concreta, que le permiten al hablante interpretar y contextualizar lo que escucha y lo que ve (Schmid 2010: 216; Auer 2007: 13; Krefeld y Pustka 2010: 11). Es decir, así como representaciones fonológicas, sintácticas y semánticas producen realizaciones lingüísticas y permiten la comprensión de estas, los hablantes crean representaciones en relación con diferentes lenguas o variedades de una misma lengua que a su vez entran en la producción y permiten percibir sus marcas diasistemáticas (Krefeld y Pustka 2010: 11). Esto es fundamental para el uso del habla como elemento del estilo, ya que, como se ha mencionado, solo a través de la percepción y de la interpretación social por otros hablantes puede un determinado rasgo lingüístico funcionar como marca de identificación o distanciamiento (Auer 2007: 6). Si bien la representación se forma independientemente de la actividad cognitiva perceptiva, la percepción, en cambio, nunca puede estar desvinculada de la representación, porque el depósito cognitivo actúa como un filtro que se superpone al proceso de percepción. Al mismo tiempo, la percepción siempre nutre, condiciona y modifica nuevamente las representaciones (cf. Krefeld y Pustka 2010: 12). Bourdieu subraya la importancia de esta «forma de organización de conocimientos individuales» [en su reedición de *Ce que parler veut dire* (1982)] (Krefeld y Pustka 2010: 11):

> La théorie la plus résolument objectiviste doit intégrer la représentation que les agents se font du monde social et, plus précisément, la contribution qu'ils apportent à la construction de la vision du monde, et, par là, à la construction même de ce monde, à travers le travail de représentation (à tous sens du terme) qu'ils ne cessent d'accomplir pour imposer leur vision du monde ou la vision de leur propre position dans ce monde, de leur identité sociale (Bourdieu 2001: 300).

Ahora bien, si este depósito mental es compartido dentro de un grupo social (construido y negociado en la interacción) se habla de representaciones sociales. Este concepto, desarrollado inicialmente en el ámbito de la Psicología Social por Farr y Moscovici (1984) y Jodelet (1982, 1989) ha tenido en las últimas décadas un desarrollo conceptual y metodológico importante en varias disciplinas (De Alba 2011:

7). En términos muy generales, según Jodelet (1989: 5), la representación social es «una manera de interpretar y de pensar nuestra realidad cotidiana». Concierne un conocimiento que se constituye a partir de nuestras experiencias individuales, pero también de las informaciones, de conocimientos y modelos de pensamiento que recibimos y transmitimos de generación en generación a través de la tradición, la educación y la comunicación social (Jodelet 1989: 5). Este bagaje cultural y social, a su vez, mediatiza nuestro comportamiento, nuestras relaciones sociales y nuestra percepción del entorno que nos rodea (De Alba 2004: 134, 2011: 6). En relación con el espacio urbano, las representaciones sociales son, en primer lugar, el producto mental de procesos sociales, económicos, políticos, culturales e históricos de la ciudad que se transforma en el tiempo, como también de memorias asociadas a determinados lugares o pertenencias socio-territoriales dentro de la urbe. Según Valera (1997: 4), si un depósito cognitivo está vinculado al espacio, y si este espacio por ser «prototípico» o «paradigmático» de una categoría urbana funciona como rasgo constituyente de un determinado estilo, también se puede entender en el sentido del concepto de *place-identity* desarrollado por Proshansky (1978) que consiste en un «conjunto de cogniciones referentes a lugares o espacios» que el individuo habita y en función de los cuales desarrolla «vínculos emocionales y de pertenencia a determinados entornos», frente a otros de los que no se siente parte (Valera y Pol 1994: 6).

Por otra parte, como veremos a continuación, a través de los sistemas de representación también se produce significado –determinados elementos (verbales o no verbales) funcionan como símbolos para determinados grupos sociales o zonas urbanas y se perciben, interpretan y evalúan como tales (Hall 1997: 16).

3.4.5. Actitud

Por último, en la dimensión del espacio vivido, en el nivel de la producción de significado, la lengua funciona como símbolo de una identidad sociocultural: un determinado estilo, percibido y contextualizado por otros hablantes, adquiere un valor simbólico y refleja una posición dentro de la estructura sociocultural y espacial del espacio urbano. El estilo se convierte en símbolo social y espacial. En el proceso perceptivo selectivo y en base a las representaciones sociales, estas variantes se evalúan, y así se desarrollan actitudes positivas o negativas frente a ellas.

En términos amplios, la actitud hoy en día ya no se entiende únicamente como la respuesta frente a un estímulo lingüístico en el sentido de *«disposition to react favourably or unfavourably to a class of objects»* (Sarnoff 1970: 279), sino como un proceso de construcción cognitivo, afectivo y conductual. La actitud tiene un componente cognitivo en el sentido de que implica creencias (acertadas o no) sobre un determinado objeto –un rasgo lingüístico, una variedad lingüística o los hablantes de cierto grupo social (Hernández-Campoy 2004: 30; Bizer 2004: 246), es afectiva porque involucra sentimientos y emociones (negativas o positivas) que tienen por objeto el uso del habla, y está vinculada con una conducta, es decir, crea una predisposición a actuar de determinada manera frente al objeto de la actitud (Garrett, Coupland y Williams 2003: 3). Esta concepción tanto mentalista como conductista de la actitud implica varias consecuencias metodológicas: si se entiende la actitud como estado mental interno, invisible y difícil de medir sino a través de inferencias y suposiciones a partir del comportamiento y los testimonios de los hablantes (López Morales 2004: 287), y al mismo tiempo como conducta externa y más observable y medible, es necesario realizar pruebas de diferente naturaleza, tanto directa como indirecta, que se complementen y que nos proporcionen información más global y más diferenciada (cf. *Metodología*, cap. 6.10.3).

«Toda valoración presupone la percepción» (Caravedo 2013: 7). Como señala Caravedo (2013: 7), para estudiar las actitudes lingüísticas hay que centrarse necesariamente en la percepción, ya que esta funciona como mecanismo básico de la valoración (sin que la percepción necesariamente tenga que implicar una valoración). Es imposible desarrollar una actitud negativa o positiva acerca de un elemento producido si este no se percibe como fenómeno saliente. Los elementos seleccionados por el oyente en el proceso de percepción están interrelacionados con sus representaciones mentales (Hernández-Campoy 2004: 30). Es decir, el hablante percibe y evalúa el estilo de otro hablante, y los rasgos que percibe como salientes son en buena parte resultado de sus experiencias anteriores, sus creencias sociales registradas como parte de sus representaciones mentales, que a su vez condicionarán su reacción afectiva y conductual con respecto a la forma de hablar de otra persona. A través de este proceso construye significado social (Coupland 2001b: 202). Siendo los estilos –o determinados elementos de ellos– portadores de un valor socio-indexical (véase *infra*), usados, justamente, para manifestar una posición en la estructura social y espacial, la actitud negativa o positiva hacia un estilo surge por una complejidad de factores relacionados con inclinaciones sociales y representaciones adquiridas a través del entorno social o la propia experiencia en el encuentro con el otro. El estilo de otro hablante es evaluado de forma cognitiva y mental en relación al estilo propio, en un continuum entre solidaridad y distancia social (Coupland 2001b: 202). Como ya constataba Trudgill (1975) en los años setenta, «nos agradan y desagradan los acentos por lo que *representan*, y no por lo que *son*» (1975: 37-38, citado por Hernández-Campoy (2004: 41)).

Además, según la perspectiva (interna o externa) desde la cual se valore cierto grupo social, una misma variante o un mismo estilo pueden ser afectados por actitudes positivas o negativas (Moreno Fernández 2005: 178). A este respecto, Caravedo también resalta que un mismo fenómeno de la misma lengua no siempre es percibido de igual manera por los hablantes de la comunidad y, además, puede ser valorado con una actitud muy diferente (Caravedo 2013: 9). Esto no significa que la actitud sea necesariamente arbitraria o individual, sino que la valoración lingüística puede estar motivada y colectiva, transmitida por un patrón de valoraciones comunitarias que el hablante recibe tras el aprendizaje de su lengua (Caravedo 2013: 6) y que puede ser modificada por su formación y por el grupo social con el que se quiera identificar (véase *Social Identity Theory*, *infra*). La valoración de elementos de una lengua, de un grupo social o de un espacio se remontan, pues, a la representación social que se va formando a lo largo de la vida de un individuo y que actúa como filtro para la percepción que tiene de su entorno. Relacionadas estrechamente con las representaciones sociales, las actitudes también son transmitidas, y en su creación entran diversos factores, lo cual será de especial relevancia para nuestro trabajo:

> Attitudes are learnt, which is why parents and education become very influential factors in

> this respect, their influence being such that the attitudes originated in these social milieus happen to be particularly resistant. Other socializing factors to consider are friends, peers and the mass media, especially television nowadays (Ammon 2005: 400).

Tras comprender la importancia del entorno social y de los medios de comunicación para la formación y el mantenimiento de actitudes lingüísticas y sociales (Garrett 2001: 629), es fundamental no solo analizar qué tipo de actitudes se presentan en hablantes de un determinado espacio, sino, precisamente, tratar de ver qué efectos y consecuencias pueden tener estas en la conducta social y, también, entender qué es lo que determina y define estas actitudes (Garrett, Coupland y Williams 2003: 13).

En el marco de los estudios de actitudes lingüísticas, sobre todo los que utilizan el método indirecto, se han identificado y definido varias dimensiones valorativas recurrentes, agrupadas en macrodimensiones (Garrett 2010: 39-46; Rojas 2012: 141) que mayormente se refieren a criterios de corrección o competencia, de similitud, de estatus social y de agrado (para resumen de las dimensiones propuestas por diferentes autores, véase Rojas (2012: 141). En cuanto a la *competencia*, mencionada por muchos hablantes como criterio de justificación para cierta forma de hablar, es importante señalar que aunque en muchos estudios se suele equivaler el nivel de instrucción con la clase social o el poder económico (Blas Arroyo 1995) en nuestro caso no funciona esta igualación, porque en la sociedad de Buenos Aires, debido a la accesibilidad de la educación, la clase alta y económicamente más poderosa no necesariamente es la clase con mayor nivel de instrucción (volveremos sobre esta discrepancia en el análisis de los datos, donde veremos que hay varias menciones de los hablantes en este sentido). Además, cabe mencionar que el "hablar más culto" no siempre es valorado positivamente, sino que, como es sabido, un rasgo "menos correcto" o no precisamente estándar puede adquirir un «prestigio encubierto» (Moreno Fernández 2005: 43) y ser altamente valorado, por cuestiones de solidaridad grupal, por distanciamiento o por "marcar calle", mayormente entre hablantes masculinos que a nivel privado y generalmente de modo subconsciente, están más preocupados por adquirir prestigio del tipo encubierto y por manifestar su identificación grupal que por conseguir una posición social (Moreno Fernández 2005: 178; Hernández-Campoy 2004: 41-42).

Por lo que concierne a la *similitud*, tiende a suponerse que, en general, se desarrollan actitudes más favorables hacia estilos o rasgos que se parecen más a la variedad o al estilo propio, porque al identificarse con un grupo social, un hablante adapta su uso del habla y lo valora positivamente por una tendencia a un *favoritismo intragrupal*. De este modo, si el hablante percibe un rasgo o un estilo como diferente, no tendrá una base para la identificación y desarrollará una actitud menos favorable al respecto (Edwards 2009: 26-27; Myers 2010: 326-328). Si bien concordamos con esta observación, nos parece importante aludir a lo que constata Caravedo (2013: 13) al estudiar la percepción y las actitudes lingüísticas sobre todo en contextos de migración: la variedad propia, aunque elemento de identificación grupal, no siempre es valorada de manera positiva. Muy a menudo, una auto-evaluación negativa conduce, a la larga, a una modificación de los propios usos de la lengua (Caravedo 2013: 13). Sin embargo, un determinado rasgo estigmatizado, al funcionar como elemento de identificación, también puede provocar una especie de prestigio encubierto. La valoración, en este caso, puede resultar ambigua, como también podremos observar en nuestros datos.

Puesto que el objetivo de nuestro trabajo es establecer una relación entre la construcción social del espacio urbano y la percepción de las formas de hablar y ya que, precisamente, determinadas zonas o barrios de la ciudad pueden formar parte de un estilo y, por ende, entran en su valoración, la *ubicación geográfica* actúa, aquí, como otra dimensión valorativa. Además, en el caso de Buenos Aires, la zona o el barrio de residencia, a diferencia del nivel de instrucción, están estrechamente relacionados (aunque no equivalentes, por supuesto) con el estatus socioeconómico de sus hablantes. Por lo tanto, el posicionamiento de una persona dentro del espacio urbano por medio de su forma de hablar muchas veces implica también actitudes positivas o negativas al respecto.

3.4.6. Estereotipo

Al reflejar un sistema de distinción, de exclusión y de inclusión, relacionado con actitudes positivas o negativas, no sorprende que determinados elementos de un estilo se usen metonímicamente para designar de manera generalizada a todo un grupo social o una cierta zona dentro del espacio urbano (Auer 2007: 6):

> Social stereotypes are cases of metonymy – where a subcategory has a socially recognized status as standing for the category as a whole, usually for the purpose of making quick judgements about people (Lakoff 1987: 71).

El proceso de estereotipación reduce, pues, el sistema complejo del estilo a algunos rasgos (con más valor indexical) que adquieren un carácter emblemático. Se trata de una representación generalizada y exagerada de un grupo social basado en el conocimiento cultural y social compartido que resulta en estereotipos socioespaciales y lingüísticos (Pümpel-Mader 2010: 35). El término *estereotipo* viene del lenguaje de la imprenta de finales del siglo XVIII, donde significaba «'fest miteinander verbundene Druckzeilen' im Unterschied zu 'beweglichen Lettern'». En 1922, Walter Lippmann lo usó por primera vez para la «Bezeichnung kulturell vorgeprägter Einstellungen, Meinungen oder Überzeugungen» (Pümpel-Mader 2010: 9). Quasthoff introdujo el concepto en la lingüística germánica con el significado de *«'verbaler Ausdruck einer auf soziale Gruppen oder einzelne Personen als deren Mitglieder gerichtete Überzeugung in Form eines Urteils, das in ungerechtfertigt vereinfachender und generalisierender Weise, mit emotional wertender Tendenz, einer Klasse von Personen bestimmte Verhaltensweisen zu- oder abspricht'»* (Pümpel-Mader 2010: 10). Los estereotipos se manifiestan en diferentes niveles, tanto en el discurso (particularmente metalingüístico) de los propios hablantes, en la imitación consciente de formas de hablar de otros grupos sociales, en construcciones populares de varias dimensiones así como también en el discurso mediático, por ejemplo en programas cómicos de radio y televisión (Rampton 1999: 423; Coupland 2001a). En estrecha relación con la representación social, tal como las actitudes, los estereotipos también se adquieren a través del entorno social y del discurso cultural y mediático. Al ser un "puñado" reducido de rasgos aplicados a determinados grupos sociales, sirven para la organización cognitiva y para la constitución y el refuerzo de identidades sociales (Pümpel-Mader 2010: 36).

Según la teoría de identidad social (*Social Identity Theory* desarrollado por Tajfel y Turner en los años setenta (1978; 1979)), la construcción de la identidad social sucede a través de tres procesos centrales: *categorización, identificación* y *comparación* (Kristiansen 2001: 134). De este modo, el individuo segmenta, clasifica y ordena su entorno social en categorías (grupos o entidades cognitivas) que le permiten moverse en el mundo social y le sirven como sistema de orientación o de referencia para encontrar su lugar en la sociedad (Tajfel y Turner (1979: 40), citados por Kristiansen (2001: 134)). La identidad social se define pues como *«that* part *of an individual's self concept which derives from his knowledge of his membership of a social group (or groups) together with the value and emotional significance attached to that membership»* (Tajfel (1978: 63), citado por Kristiansen (2001: 134-135)). Este posicionamiento social puede estar vinculado, como ya hemos mencionado respecto del estilo, con el espacio, cuya función en este caso no se reduce a la de un marco físico para la práctica social, sino que se establece una relación de «diálogo simbólico» entre individuos y grupos con el espacio, en el que este les transmite a sus habitantes determinados significados sociales que ellos interpretan y reelaboran (Valera y Pol 1994: 4). Sobre esta base, se construye una identidad social que puede derivarse de un sentimiento de pertenencia o afiliación a un entorno o un lugar concreto –categorías como la «ciudad», la «zona», el «barrio» (Valera 1997: 18)–, junto con el significado valorativo y emocional asociado a esta pertenencia (Valera y Pol 1994: 3-5). Esta identificación con una categoría social y espacial (endogrupo) luego entra en una relación de comparación con otros grupos relevantes (exogrupos) en la que el endogrupo se suele evaluar de forma más favorable. Si este no es el caso, dado que el individuo aspira a conseguir o mantener una identidad social positiva, si un grupo social se percibe como desprestigiado o estigmatizado, el individuo o se esmerará en salir del grupo existente e identificarse con otro grupo más positivamente valorado o, muy frecuente en contextos de exclusión social donde no resulta tan fácil cambiar de categoría, intentará revalorizar el grupo en el que se encuentra (Kristiansen 2001: 135). Ahora bien, la identificación con un grupo obliga a diferenciarse de otro, lo cual ocurre, como hemos visto, a través de diferentes estilos, tanto estéticos como –y en particular– lingüísticos. En el proceso de estereotipación, como ya hemos señalado, estos estilos se reducen a algunos elementos salientes, porque se recalca la similaridad con el endogrupo (homogeneizándolo) y se acentúan y se exageran las divergencias con los exogrupos (que a su vez se homogeneizan como entidad). Es decir, *«stereotypes arise from a process of categorization. They introduce simplicity and order where there is complexity and nearly random variation»* (Tajfel 1969: 82-83, citado por Kristiansen (2001: 137)). En este proceso, la lengua tiene un papel fundamental, porque las formas lingüísticas actúan no solo como *«**markers** of social categories»*, sino también como *«**makers** of social categories»* (Kristiansen 2001: 140): el estereotipo lingüístico consiste en una serie limitada de rasgos que los hablantes perciben como salientes y que acentúan y exageran para marcar diferencia. Por lo tanto, la diferenciación implica la *necesidad* de variantes lingüísticas salientes, distinguidoras en la dimensión social (Kristiansen 2001: 141). Para que algunos rasgos puedan adquirir valor saliente, el hablante necesariamente tiene que desentenderse de otros. Es decir, simplificar la complejidad lingüística y reducirla a algunos elementos con valor indexical siempre implica la elisión de otros rasgos (mecanismo al que Irvine (2001: 33) se refiere con el término *erasure*).

El uso de un estereotipo lingüístico determinado (o de uno de sus elementos) puede referirse metonímicamente a toda una categoría social y, asimismo, a los estereotipos sociales asociados con esta categoría. Por esta razón, especialmente en los medios de comunicación, [...] *«in some cases, accent is used as a shortcut for those roles where stereotype serves as a shortcut to characterization»* (Lippi-Green 1997: 84, citado por Kristiansen (2001: 142)). Aunque, evidentemente se refiera aquí al uso del estereotipo para un personaje ficticio que representa toda una categoria social, esta estilización, es decir, el uso de los rasgos salientes de un estilo de manera performativa y concreta, también sirve entre los hablantes como *shortcut* para la caracterización de todo un grupo social.

3.4.7. Estilización

La estilización, un concepto que se origina en Bajtín[7] es una "puesta en escena", una *performance*, una proyección de personas, identidades o estilos conocidos, muy a menudo con fines lúdicos, que es artificial y que no suele pertenecer al repertorio lingüístico del hablante que la pronuncia: *«single utterances can be stylized when speakers are being studiedly "artificial" or "putting on a voice"»* (Coupland 2007: 346). Como constructo artificial y por lo tanto excepcional, la estilización puede incluir *«a clustering of features such as code-switching or crossing, exaggerated or marked pronunciation, laughter, verbal play, use of informal expression, and body language. Stylization thus rests on non-literal and ironic uses of language»* (De Fina 2007: 75). Es decir, las expresiones estilizadas suelen ser realizaciones enfáticas e hiperbólicas del estilo de determinados grupos sociales y se representan a través de caricaturas o imitaciones (Coupland 2007: 154). Tal imitación siempre implica un distanciamiento; en todo momento el hablante dejará claro que el estilo que está imitando no corresponde a su forma de hablar propia. Al representar un estilo o una identidad de un grupo al que se quiere hacer referencia, la estilización tiene, como constata Coupland (2007: 154), una naturaleza fundamentalmente metafórica, porque pone en juego valores semióticos estereotipados asociados con grupos, situaciones o tiempos y saca al hablante y su enunciado del contexto de habla inmediato. Además, la estilización funciona como modo metacomunicativo que invita a reflexionar sobre la propia variedad y los significados identitarios de usos del habla propios. Asimismo, estimula en los oyentes procesos de comparación y de reevaluación social, sea desde un punto de vista meramente estético, lingüístico o incluso moral (Coupland 2007: 154). Es por estas razones que la estilización requiere receptores familiarizados con el contexto cultural y social en el que ocurre, capaces de leer el valor semiótico de un estilo proyectado y dispuestos a juzgarlo o a "jugar el juego" (Coupland 2007: 154). Por último, dado el carácter performativo y creativo de la estilización, se trata de un ejercicio que precisa aptitud y aprendizaje, y algunos hablantes

7 En el criticismo literario y cultural de Mijaíl Bajtín, se entiende la estilización como «imagen artística del lenguaje de otro» (Bajtín (1981: 362), citado por Coupland (2007: 149)), por un lado, y como forma subversiva de una expresión a varias voces: *«our speech... is filled with others' words, varying degrees of otherness or varying degrees of "our-own-ness", varying degrees of awareness and detachment»* (Bajtín (1986: 89), citado por Coupland (2007: 150)). A diferencia de esta noción, que considera la estilización inherente a cualquier uso de la lengua, Coupland (2004: 249) propone establecer una distinción conceptual entre *estilo* y *estilización*, que es la que expondremos a continuación y que nos servirá de base para este trabajo.

y grupos se muestran más hábiles para la estilización que otros. Esto se mostrará de igual manera en nuestros datos, donde la estilización es un fenómeno recurrente y de gran interés, como veremos más adelante (cf. *Estilización*, cap. 10).

En resumen, la lengua actúa como elemento fundamental y medio de expresión de la construcción del espacio social: se expresa en lo percibido, lo concebido y lo vivido; en lo material, en las representaciones y en lo simbólico –tres dimensiones dialécticamente vinculadas a través de las cuales se produce el significado social y espacial. Este proceso se da de manera intensificada en el contexto urbano superdiverso, que en nuestro caso es la ciudad de Buenos Aires, con actualmente alrededor de tres millones de habitantes.
Ahora bien, el interés de nuestro trabajo reside en el análisis de la percepción, de la representación y de las actitudes frente a las variedades lingüísticas de Buenos Aires. Por eso, nuestro estudio se centrará en el valor socioindexical y los campos indexicales que se construyen a partir de determinadas variables, es decir, nos adentraremos en la dimensión émica, en la perspectiva subjetiva y el metadiscurso de los hablantes acerca de la variación lingüística en su espacio urbano. De ninguna manera supone eso quitarle importancia a la producción lingüística para la construcción del espacio urbano a través del lenguaje. Al contrario, el análisis se basa en el corpus de datos de producción recopilado en 2009, que ha mostrado una distribución sociogeográfica de determinados fenómenos lingüísticos y, por lo tanto, sirve como punto de partida para investigar la perspectiva subjetiva que los hablantes muestran al respecto. La dimensión émica del lenguaje se muestra sumamente productiva si se parte de un enfoque constructivista con el objetivo de sacar a la luz las imágenes que los habitantes de diferentes barrios de Buenos Aires tienen de su espacio urbano y cómo reflejan éstas las representaciones socioespaciales y lingüísticas que existen en la ciudad.

3.5. Dialectología Perceptiva

El interés por cómo hablantes legos perciben y valoran determinadas variedades lingüísticas ha tenido un auge importante en la lingüística moderna. Si bien los inicios de una perspectiva subjetiva acerca del lengua datan de la mitad del siglo XX (Preston 1999b: xxvi, 2009: 180)[8], hasta los años ochenta del siglo XX, la variación lingüística se solía analizar casi exclusivamente desde la producción. En una ponencia en 1966, Hoenigswald hizo una primera alusión a la relevancia de la perspectiva de hablantes no expertas para las disciplinas lingüísticas modernas. Hoenigswald (1966: 20) defendía la opinión de que además de investigar *«what goes on»*, es decir, los fenómenos de producción lingüística, era necesario tomar en cuenta *«how people react to what goes on»*, es decir, las reacciones que provocan determina-

8 Preston menciona los estudios japoneses (Inoue 1977/8; 1978/9; 1995) y holandeses (Weijnen 1946; 1968) como los principales antecedentes de su trabajo. Estos estudios tenían como objetivo comparar la perspectiva de hablantes no expertos con los resultados de la dialectología tradicional, buscando qué variedades los hablantes percibían como similares o diferentes de su propia forma de hablar (Preston 1999b, 2009).

das formas lingüísticas, así como *«what people say goes on»*, es decir, las expresiones metalingüísticas acerca de los mismos fenómenos. Por falta de soluciones metodológicas, sin embargo, recién veinte años después, a partir de los trabajos pioneros de Dennis Preston (1989), la Sociolingüística empezó a centrarse cada vez más en la base cognoscitiva de los propios hablantes y su influencia en la dirección de la variación y del cambio, considerando la percepción como «puente entre el mundo mental y el mundo exterior» (Caravedo 2006: 113). La percepción, un proceso cognitivo, selectivo y emotivo, como hemos visto, es pues de igual importancia para el investigador como la propia "realidad" lingüística, porque saca a la luz representaciones sociales, prejuicios, procesos de construcción de identidades e imaginarios colectivos.

Preston (1999) define las bases y los intereses de un nuevo paradigma que él denomina *folk linguistics*[9] sobre los tres componentes mencionados por Hoenigswald, clasificándolas en su famoso triángulo de *folk linguistics* (Preston 1999b: xxiii). En este modelo, completa *«what people say»* (a), *«how people react to what is said»* (b) y *«what people say about»* (c) con (a') los factores cognitivos, interaccionales o geográficos que rigen la producción lingüística (y que, según Preston, son objeto de estudio de disciplinas como la Dialectología tradicional, la Sociolingüística o la Etnografía), y (b' y c') las creencias, las actitudes y estrategias que regulan las actitudes lingüísticas y el discurso metalingüístico, es decir, aspectos como contextos históricos, representaciones sociales o estereotipos culturales (Preston 1999b: xxiv). Preston esquematiza, pues, las estructuras que subyacen en los comportamientos de la comunicación en su totalidad (Anders 2010: 25). El enfoque del campo de *folk linguistics* que propone se concentra en los componentes (c y c') de este triángulo, es decir, en la percepción de la variación lingüística y en lo que hablantes legos dicen sobre ella, así como los conceptos cognitivos (por ejemplo, constructos mentales de *"place"* y *"space"*, o sea, mapas mentales de áreas lingüísticas), los conocimientos lingüísticos y metalingüísticos y los imaginarios que los hablantes tienen: *«what people say about what goes on (and what lies behind their statements) [...] is the stuff of folk linguistics»* (Preston 1999b: xxiv), aunque, más tarde, también se han ido incluyendo cada vez más los estudios actitudinales (Krefeld y Pustka 2010: 15). La Dialectología Perceptual, según especifica Preston, representa el interés dialectológico-sociolingüístico-variacionista en aspectos de *folk linguistics*: *«what do nonspecialists have to say about variation? Where do they believe it comes from? Where do they believe it exists? What do they believe is its function?»* (Preston 1999b: xxv). De este modo, la Dialectología Perceptual busca encontrar respuestas a las siguientes interrogantes (Hundt, Anders y Lasch 2010: XI):

- *¿Cómo se imaginan hablantes legos el espacio lingüístico? ¿Cuáles son los mapas mentales que tienen al respecto?*

  Se trata de indagar en los conocimientos que permitan a los hablantes situar determinadas variedades lingüísticas en el espacio geográfico y, al mismo tiempo, de qué modo influye el espacio geográfico en la percepción lingüística. Se investigan las características de mapas mentales dibu-

9 En la actualidad, los términos *folk linguistics* y *perceptual dialectology* se suelen usar como sinónimos, aunque Preston define *perceptual dialectology* como subdisciplina del campo más amplio de *folk linguistics* (Preston 1999b: xxiv).

jados, las estrategias con las que se trazan y la función que cumplen para los hablantes (Hundt, Anders y Lasch 2010: XI).

- *¿Cuáles son los rasgos lingüísticos salientes para hablantes legos de una determinada comunidad?*

  El objetivo aquí es analizar a través de qué rasgos lingüísticos los hablantes relacionan a otros hablantes con una determinada variedad y un determinado lugar. Al ser saliente, una forma lingüística entra en el proceso de categorización social y puede funcionar como elemento desencadenante para evaluaciones y actitudes acerca de variedades o sus hablantes (Hundt, Anders y Lasch 2010: XII).

- *¿Cuáles son los rasgos lingüísticos que hablantes legos de diferentes lugares asocian con otras variedades?*

  Las formas mencionadas explícitamente para describir una forma de hablar a veces se distinguen de los rasgos realmente percibidos, es decir, los hablantes suelen escuchar lo que piensan saber sobre una determinada variedad, por lo cual pueden llegar a producirse relaciones inverosímiles entre rasgos lingüísticos y grupos sociales (Hundt, Anders y Lasch 2010: XII).

- *¿Cuáles son las representaciones sociales que subyacen en la percepción y las actitudes acerca de determinadas variedades?*

  Puesto que las actitudes respecto de diferentes variedades no se determinan por rasgos inherentes al lenguaje, sino que se forman y se refuerzan por la influencia de factores exralingüísticos, es preciso tomar en cuenta los conocimientos que los hablantes tienen más allá de las características meramente lingüísticas o geográficas de una forma de hablar para completar la imagen de la conceptualización de variedades lingüísticas.

Para contestar estas preguntas, Preston (1999b: xxxiv) desarrolló cinco pasos metodológicos de gran arraigo en los estudios perceptivos: *draw-a-map*, una técnica del ámbito de la Geografía Cultural (véase *infra, Metodología*) que les pedía a los informantes trazar fronteras lingüísticas sobre un mapa de base, *"correct" and "pleasant"*, donde los informantes ordenan regiones según los criterios de corrección y agrado[10], *degree of difference*, donde los informantes clasifican regiones según el grado de diferencia de la variedad propia, *dialect identification*, donde los informantes asignan muestras de habla natural a determinadas regiones y, por último, *qualitative data*, que consiste en conversaciones abiertas sobre cuestiones del uso del lenguaje, hablantes, regiones y tópicos relacionados (Preston 1999b: xxxiv). Los primeros trabajos de Dialectología Perceptual no incluían ningún tipo de estímulo auditivo[11]. Los

10 Como señala Preston, este tipo de clasificaciones también eran comunes en la Geografía Cultural. Se emplean también en los estudios actitudinales, aunque ahí los informantes generalmente no solo revelan sus representaciones internas acerca de diferencias lingüísticas, sino que evalúan estímulos auditivos concretos en el momento (Preston 1999b: xxxiv).

11 Esta deficiencia metodológica ha sido criticada, entre otros, por la Lingüística Perceptiva-Variacional alemana (Krefeld y Pustka 2010: 14). Estos autores critican la falta de datos auditivos en varios trabajos que se consideran "perceptivos"

estudios más recientes, sin embargo, observaron la reacción de los informantes respecto de estímulos auditivos como parte integral de su metodología y fueron borrando los límites entre Dialectología Perceptual y los estudios actitudinales: *«[...] any study of responses to regional speech is an integral part of the perceptual dialectology enterprise»* (Preston 1999b: xxxviii, 2010a: 91) (véase, a este respecto, la taxonomia de Preston (2010b: 24)).

En los últimos años, se reconoce cada vez más la relevancia de estudios perceptuales para la Lingüística moderna. De acuerdo con Hundt, Anders y Lasch (2010: XIII-XV), en primer lugar, la comparación entre los datos de producción lingüística y los mapas mentales de hablantes no expertos, es decir, entre fronteras dialectales objetivas y subjetivas, permite descubrir y ayuda a entender desarrollos recientes que pueden ser de interés para la Dialectología tradicional. En segundo lugar, el enfoque perceptivo esta muy relacionado con el campo de la Sociolingüistica porque comparte con él el interés por los factores extralingüisticos que determinan el uso de la lengua. Sin embargo, en la Dialectología Perceptual pierden importancia las variables sociolingüísticas tradicionales como sexo, edad, clase y nivel de instrucción y se hace mayor hincapié en la función identitaria y de distanciamiento (endogrupo vs. exogrupo o *in-group* vs. *out-group*) (Hundt, Anders y Lasch 2010: XIV) que puede tener un estilo lingüístico, en la clasificación social y geográfica de un hablante a través de su forma de hablar y, por último, las asociaciones, actitudes o estereotipos que se crean acerca de hablantes o grupos sociales a partir de determinados modos de hablar. En tercer lugar, la Dialectología Perceptiva se interesa por la conciencia de los hablantes respecto de su variedad propia y acerca de variedades ajenas –un factor fundamental para el cambio lingüístico. Estudiar la conciencia lingüística permite pues emitir pronósticos sobre posibles cambios lingüísticos. Y finalmente, los estudios perceptivos también tienen relevancia política-social: dado que, como señalan Hundt, Anders y Lasch (2010: XIV-XV) la conciencia lingüística es condición previa para cualquier construcción identitaria y que la concepción de la lengua es sumamente relevante para nuestra práctica social, es palpable que en los estudios lingüísticos modernos no se pueden dejar de lado los factores subjetivos que condicionan la variación y la percepción lingüística.

Como hemos visto, comprender la ciudad como producto social y analizar la perspectiva subjetiva de los hablantes acerca de su espacio y de los diferentes usos del habla que en él perciben, evalúan y emplean como elementos identitarias requiere un enfoque teórico interdisciplinario. Los conceptos lingüísticos y geográficos aquí presentados nos ayudarán a examinar la construcción de espacio a través de la lengua en la ciudad de Buenos Aires en múltiples dimensiones y escalas. Para ello, también necesitamos un complejo metodológico que vaya más allá de las distintas ramas de la Lingüística y que combine técnicas de varias disciplinas, como veremos a continuación.

aunque los informantes en ningún momento se confrontan con una muestra de habla real (entre ellos, los trabajos de *"perceptual mapping"* de Preston (1989)) y proponen diferenciar más precisamente entre los conceptos de *percepción* y *representación*.

4. Contexto sociodemográfico –aspectos de la transformación urbana de Buenos Aires

Con alrededor de 13 millones de habitantes, la Región Metropolitana de Buenos Aires (RMBA)[1] constituye una de las ciudades latinoamericanas más importantes a nivel geográfico, cultural como también lingüístico, si bien en el contexto mundial (en la red de *global cities* (Sassen 1991)), debido a su localización periférica solo juega un papel secundario y por lo general es situada entre un *«second tier»* de ciudades globales que actúan como nodos regionales en la economía mundial (Crot 2006: 231; Sassen 2005; Sarlo 2000). Pero en la estructura del espacio urbano de Buenos Aires se refleja la compleja dinámica de la metrópolis superdiversa de hoy en día: la materialidad del espacio visualiza fragmentación, inestabilidad, movilidad, valorización y degradación de lugares, desigualdad e identidades sociales cambiantes y se convierte así en testigo y representación de los procesos sociales, políticos y culturales que moldearon la ciudad y se anclaron en la memoria colectiva de sus habitantes (Gorelik y Silvestri 2002: 437). Esta espacialidad –en su dimensión material, social y simbólica y en constante proceso de "devenir"– es fundamental para captar la situación lingüística que hoy en día se presenta en la urbe. Como constata Britain (2011: 72), no podemos comprender la evolución lingüística de una ciudad sin apreciar su espacialidad y la manera en que esta se ha desarrollado. Buenos Aires, en este sentido, tiene una historia agitada. Durante un poco más de un siglo, ha sufrido una serie de transformaciones urbanas que han marcado de forma significativa el mapa de la ciudad. La nueva configuración urbana que surge después del fin de la dictadura militar, es decir, a partir del año 1983, y que particularmente en la década de los 90 conduce a varios cambios socioculturales, contrasta radicalmente con la imagen de la ciudad moderna que se consolidó en la primera mitad del siglo XX (Gorelik y Silvestri 2010: 301). Por lo tanto, cabe volver atrás y contemplar la evolución del espacio urbano desde el fin del siglo XIX, momento que consideramos el punto de partida para la urbanización y la consolidación de la metrópolis de Buenos Aires.

4.1. Urbanización y metropolización en Buenos Aires

A finales del siglo XIX, los procesos de industrialización y urbanización europeos se extienden a las ciudades latinoamericanas, donde se inicia un crecimiento demográfico y geográfico explosivo. Sobre todo las áreas urbanas ya existentes se expanden y se convierten en espacios metropolitanos y centros

1 *Buenos Aires* designa, por un lado, la Región Metropolitana de 4.400 km2 y 12 Mio. de habitantes (Gran Buenos Aires) y, en segundo lugar, una provincia autónoma de 200 km2 con 3 Mio. de habitantes en el centro de esta región, la capital argentina (Ciudad Autónoma de Buenos Aires) (Gorelik y Silvestri 2010: 301). Las transformaciones urbanas y sociales descritas a continuación se refieren generalmente a la Región Metropolitana como zona de aglomeración urbana.

de aglomeración (Luczak 2010: 36). Estas ciudades empiezan a formar parte de la dinámica del proceso de urbanización global, presentando una nueva dimensión de la concentración poblacional en un espacio reducido, lo cual conlleva una expansión espacial y provoca una serie de consecuencias sociales, económicas, ecológicas e infraestructurales problemáticas.

En Buenos Aires, los procesos de urbanización se inician a principios del siglo XX, condicionados, básicamente, por tres factores: la inmigración masiva desde Europa, la migración desde el interior del país hacia los centros urbanos y el crecimiento natural de la población industrializada (Luczak 2010: 36). Después de la independencia en el siglo XIX, los países latinoamericanos con una producción agraria desarrollada logran integrarse en la economía mundial, exportando materia prima y productos agrícolas hacia Europa y convirtiéndose, al mismo tiempo, en un mercado importante para los bienes de consumo exportados desde el viejo continente. Entre 1870 y 1930, Argentina experimenta una prosperidad económica debido a la exportación de productos a granel al mercado europeo, de ahí que Buenos Aires se convierta en el punto final de las rutas marítimas transatlánticas (Luczak 2010: 38). Para satisfacer la necesidad de mano de obra para la producción agraria e industrial floreciente y con el objetivo de atraer inversiones y capital externo, Argentina sigue una política de apertura económica y de desregulación estatal, lo cual fomenta la inmigración y da lugar a flujos migratorios masivos de procedencia europea, sobre todo italiana, y un vertiginoso crecimiento de la población urbana: cuando a mitad del siglo XIX, Argentina contaba alrededor de 100'000 habitantes, en 1905 alcanza el millón y en 1947 los tres millones de habitantes, la mayoría de ellos asentados en Buenos Aires (Luczak 2010: 39; Willhelmy y Borsdorf 1985: 200; Germani 1964: 185). Mientras que los inmigrantes de finales del siglo XIX se alojan mayormente en la ciudad ya existente, en antiguos edificios coloniales o en viviendas urbanas colectivas (conventillos), las generaciones siguientes, representantes de una clase obrera más propicionada social y económicamente, empiezan a construir casas unifamiliares en la periferia urbana. La red de carreteras y ferrocariles, adensada constantemente, posibilita el vivir en zonas más alejadas. Buenos Aires expande su superficie y consolida un anillo de barrios suburbanos, que se convierten en una parte social, arquitectónica y espacial integrada e integrativa de la ciudad (Luczak 2010: 40). No hay que subvalorar el papel de un elemento clave de la ciudad latinoamericana: la estructura reticulada, herencia de la ciudad colonial, que funciona como base de planificación urbana y facilita, por lo tanto, una expansión igualada e integrada del espacio (Gorelik 1993: 110). A raíz de este período de inmigración y urbanización, Buenos Aires se convierte en un crisol cultural, en una ciudad marcada por la influencia europea, anhelando los patrones de las ciudades del mundo occidental, entre ellas sobre todo París, que sirve como modelo para la planificación urbana. La fase progresiva se caracteriza a la vez por la concentración de población y la expansión geográfica del área urbana. La constante ampliación de la red de transporte público permite la formación de suburbios, la construcción de casas familiares y, por lo tanto, de barrios relativamente homogéneos. De esta manera, el urbanismo estatal de principios del siglo XX, junto con la ampliación de instituciones estatales y la sustancial mejora en el nivel educativo de la población, sienta las bases para la consolidación de una clase media integrada, fenómeno único en el contexto latinoamericano de este momento (Gorelik y Silvestri 2010: 302). Barrios, suburbios y zonas urbanas se conectan equivalentemente a través del sistema de transporte y la vialidad reticulada,

se crea una red de espacios públicos –avenidas, parques, plazas– que funcionan como espacios de encuentro y de comunicación, que se caracterizan por su valor de identificación y que reflejan y refuerzan el espíritu abierto de la sociedad argentina de aquella época (Luczak 2010: 49).
Las primeras décadas del siglo XX, que Losada (2008) denomina la *«belle époque»* de la historia de Buenos Aires, representan el momento culminante de la integración de Argentina en la economía mundial. En el marco de la difusión acelerada de tendencias y consumos entre distintas regiones del mundo y el avance del capitalismo y los cambios en la estructura social de Buenos Aires, el acceso a los capitales tanto culturales como económicos se amplía notablemente (Losada 2008: XXV). Por consiguiente, en las clases sociales altas crece el interés por marcar un estatus de burguesía distinguida y, además, esta distinción social se reelabora y se reafirma permanentemente con el fin de mantener su exclusividad. La alta sociedad se ve obligada a «refinarse en todo sentido, es decir, en sus gustos musicales, gastronómicos y artísticos, a fin de despojarse de sus rasgos de oligarquía y estar a la altura de los principales polos de referencia de su época (fundamentalmente Francia e Inglaterra)» (Losada 2008: XXV). Se afianza una «aristocracia» que se manifiesta en sus propios «escenarios urbanos»: el palacio del Jockey Club en la calle Florida, el Hipódromo, los parques de Palermo, el nuevo Teatro Colón, los palacios de la plaza San Martín, Barrio Norte y de manera más incipiente, Recoleta. Es el período en que el estilo de vida europeizado de las élites se convierte en el punto de referencia en lo que concierne a los «modales, los gustos y aficiones para quienes aspiraban a construir un estatus prestigioso» (Losada 2008: XXVII-XXVIII) y Buenos Aires se presenta como la capital sofisticada y cosmopolita de una nación moderna:

> During its golden age of Argentina's development, two powerful mythologies arose that have shaped development ideologies and policies to this day: the myth of Europeanness, which argued that Buenos Aires represented the civilized, modernized European world while the interior remained barbaric and backward, and the myth of that which is good for Buenos Aires is good for Argentina. In other words, the entire country should aspire to develop in the image of the sophisticated, cosmopolitan, europeanized capital (Keeling 1996: 203).

Buenos Aires se forma y se refuerza pues como centro demográfico y funcional de Argentina[2] y adquiere estatus de ciudad global, marcada por su orientación hacia los modelos europeos y la integración de diferentes capas sociales en la estructura urbana gracias a la variedad cultural de los inmigrantes, la política estatal, la creación de una red de infraestructura y de instituciones sociales y culturales y su aspecto arquitectónico y espacial. Gran parte de estos rasgos estructurales persisten y siguen visibles en la ciudad hasta hoy en día (Luczak 2010: 41). Una de las características que tienen su origen en esta época es la polarización temprana del espacio urbano entre un norte "europeizado" y un sur "más proletario y abandonado" por la avenida Rivadavia, sobre la que volveremos más adelante (cf. *Categorías y divisiones espaciales*, cap. 7.1).

2 Debido a su índice de primacía peculiarmente alto, Buenos Aires frecuentemente se considera como ejemplo paradigmático de lo que se entiende como *primate city* (Waugh 2002: 405; Bosco y Salim 2012: 65).

4.2. La ciudad durante el peronismo

La crisis económica y la segunda guerra mundial modifican las condiciones comerciales con Europa y obliga a los países latinoamericanos a establecer una industria propia que sustituya las importaciones. El fin del modelo agroexportador y las medidas económicas tendientes a favorecer la industrialización dan inicio a profundos cambios en Buenos Aires: la creciente desocupación rural y falta de movilidad social frente a la necesidad de mano de obra en las industrias centradas en los núcleos urbanos y la atractividad de la ciudad con sus nuevas posibilidades socio-económicas provoca el desplazamiento de millones de personas del campo a la ciudad (Barrios 2008: 2). El número de habitantes en la capital crece de 5 millones en el año 1947 a 6.5 millones en el año 1960, lo cual representa un 34 por ciento de la población argentina (Luczak 2010: 43). Si bien contribuye a un mayor desarrollo urbano, esta ola migratoria genera a su vez aglomeración, desempleo y miseria urbana. La ciudad se masifica, y la planificación urbana tiene dificultades en desarrollar una red de servicios que resista al nivel de ocupación espacial de todos aquellos recién llegados que buscan un lugar donde quedarse. Al localizarse la actividad industrial sobre todo alrededor del Riachuelo[3] en el sur de la ciudad, los inmigrantes se asientan sobre todo en zonas más alejadas (que posteriormente comprenderían el Gran Buenos Aires), fundando barrios marginales (Luczak 2010: 43; Crot 2006: 239). Por lo tanto, la fisionomía de Buenos Aires sufre un gran cambio.

Este proceso de transformación está estrechamente vinculado, además, con el contexto político del gobierno peronista de 1946 a 1955[4]: los trabajadores que se habían sumado al proceso productivo industrializador y que modifican en gran medida los centros urbanos, constituyen la base social sobre la cual el peronismo se va a sostener. Consciente del potencial electoral de las masas de trabajadores del campo, Perón promueve la migración desde el interior hacia la ciudad.

En el discurso político del peronismo, la cuestión social ocupa un lugar central y perdurable. En la Constitución reformada en 1949 enuncia el «derecho a la vivienda», lema bajo el cual Perón afronta la situación precaria de escasez de vivienda en la ciudad. Desde el gobierno se construyen viviendas destinadas a los sectores de menos recursos, se facilita el acceso masivo a la casa propia, se mejoran las condiciones de vida de los sectores bajos y medios y se estimula, a su vez, la industria de construcción (Aboy 2003: 2). Mediante la producción empírica de vivienda obrera por parte del Estado, el peronismo sabe captar y canalizar modelos urbanos y fuerzas sociales movilizadores diferentes:

> por un lado, la aspiración de ascenso social cuyo emblema sería «el sueño de la casa propia» y, por otro, los idearios de igualación social y conciliación de clases. Uno y otro sueño fueron canalizados por el peronismo y ambos fueron asociados con sendas tipologías de vivienda. De este modo, la vivienda individual en lote propio fue apta para encarnar un

3 La denominación *Riachuelo* se refiere al río Matanza que marca la frontera sur entre la capital y la provincia de Buenos Aires.

4 La figura del entonces coronel Juan Domingo Perón empieza a ascender y a adquirir conocimiento público con el golpe militar contra el gobierno conservador de Ramón Castillo en 1943. Como candidato del Partido Laborista, triunfa en las elecciones democráticas y asume la presidencia en 1946 (Birle, Klaus y Pagni 2010: 459).

> horizonte de anhelos emparentado con el ascenso social y la conquista de la respetabilidad burguesa, mientras que la aspiración igualadora encontró su cristalización en el barrio obrero construido en base a pabellones exentos, materialización emblemática de una ciudad de iguales (Aboy 2003: 2).

Al democratizar el acceso a la vivienda, entendida como un derecho de los trabajadores y sus familias, el peronismo favorece pues una transformación del significado social del habitar (Aboy 2003: 10). Este hecho, propiciado por la urgencia que ejerce la presión poblacional sobre la ciudad, además de tener una importancia material, adquiere un valor simbólico: poder acceder a una vivienda significa poder acceder a la ciudad, a la vida cultural de la urbe. La clase obrera se convierte en parte integrativa del desarrollo socioespacial de Buenos Aires (Luczak 2010: 44). Si la construcción de viviendas obreras opera significativamente en el plano simbólico y afectivo, cumpliendo con el sueño de la casa propia para quienes jamás se lo hubiesen imaginado, también da lugar a la leyenda negra, expandida por los sectores opositores, según la cual los nuevos habitantes eran delincuentes y vagos y, por falta de costumbre, rompían el equipamiento de las nuevas casas (Barrios 2008: 15). El estereotipo del individuo del interior como un ser tosco e ignorante (que recibe el nombre de «cabecita negra», como veremos más adelante), muy probablemente nace a raíz de un recelo frente al otro como portador de una nueva identidad de carácter público y urbano, y el desplazamiento de los sectores medios y altos de la centralidad político cultural (Barrios 2008: 16).

Al mismo tiempo, en el centro de la ciudad se realiza un proceso importante de densificación espacial en forma de edificios altos, un nuevo tipo de vivienda demandado sobre todo por amplios sectores de las clases medias y altas. Sin una planificación urbanística coherente, sobre el sistema cuadrícula vinculante se desarrolla una estructura arquitectónica discontinua entre edificios bajos más antiguos y nuevas construcciones de varios pisos, habitadas por las capas medias y altas que permanecen en las zonas centrales de la ciudad (Luczak 2010: 45). A este respecto, la evolución de la estructuración socioespacial en Buenos Aires se distingue de la de otras metrópolis latinoamericanas. Si bien durante el período de la política de industrialización de los años 40 y 50 tiene lugar un proceso de suburbanización considerable, los protagonistas de este no son los sectores medios y altos sino, como hemos visto, los trabajadores inmigrantes. Gracias a la política estatal peronista, en Buenos Aires en este momento no se produce una marginalización socioespacial tan pronunciada como la que se da en otras ciudades latinoamericanas en el contexto de la migración del campo hacia los centros urbanos. Por consecuencia de que hasta la década de los 90, las capas medias y altas permanecen en el área del centro de la ciudad (que en el marco de la expansión del sector terciario se traslada levemente hacia el norte), los procesos de sucesión, es decir, la ocupación de zonas centrales abandonadas por sectores sociales más bajos y la consiguiente devaluación y hasta marginalización de las mismas, tan típicos para las metrópolis latinoamericanas, en Buenos Aires tienen muy poca importancia en este momento (Luczak 2010: 46). La estructura socioespacial de Buenos Aires se caracteriza más bien por una diferenciación y heterogeneidad funcional y social a nivel de barrio o incluso de manzana. La compacidad, el alto grado de mezcla funcional y arquitectónica a una escala reducida y la homogeneidad del espacio construido sobre la base de un sistema reticulado son pues los factores que determinan el patrón integrativo del

espacio urbano bonaerense y que hacen posible que el centro, los subcentros y los barrios se mantengan a lo largo de este período como lugares de integración e identificación (Luczak 2010: 49).
Al principio de la década de los 70, la inmigración, hasta ese momento relativamente constante, empieza a cesar y la fase de expansión urbana concluye. El proceso de desindustrialización hace que los complejos industriales se trasladen hacia las zonas Sur y Oeste del conurbano, suponiendo impactos desfavorables para éstas. El mapa urbano de Buenos Aires sufre nuevamente cambios fundamentales. Se van perfilando nuevos fenómenos de una fragmentación espacial, proyectando ya un modelo de la ciudad mucho menos integrada (Luczak 2010: 49; Gorelik y Silvestri 2010: 303). Estos desarrollos se ven reforzados por la conducta económica y social del gobierno militar, a pesar de que las medidas aplicadas en este tiempo servían para disimular los problemas socioeconómicos y urbanos.

4.3. La ciudad durante la dictadura militar

El último gobierno militar empieza en 1976, con el golpe de Estado y el nombramiento de Jorge Rafael Videla como presidente de facto, y perdura hasta el año 1983. Durante esta década, se desmontan el intervencionismo estatal y los mecanismos de subvención creados durante la época peronista y se implanta una política urbana represiva y neoliberal, fingiendo progresión económica y disimulando el déficit económico del Estado de esta época (Luczak 2010: 51). A través de la política urbanística se intenta mantener de forma radical y autoritaria el control sobre el espacio público. Con el objetivo declarado de crear una ciudad «linda y pura», surge el deseo de «ordenar» la sociedad y se construye una fachada detrás de la cual se esconde el terrorismo de Estado y varios centros de tortura, un hecho del cual gran parte la sociedad recién toma conciencia hacia finales de los años 70, con el comienzo de las actividades de las famosas *Madres de la Plaza de Mayo* (Gorelik y Silvestri 2010: 307). La reducción de mecanismos de subvención, el empeoramiento constante de la situación socioeconómica sobre todo de las capas sociales bajas, junto con la política urbana represiva provoca, finalmente, un cambio importante en los procesos de suburbanización y en las condiciones para el crecimiento urbano. Prescindiendo de acceso al mercado de viviendas, las clases inferiores se ven obligadas a migrar hacia la periferia de la ciudad, donde surgen cada vez más barrios o zonas marginales. Por un lado, pues, las diferencias socioespaciales y la polarización se agrandan, por otro lado, se observa una homogeneización social en determinadas áreas urbanas. Mientras que los grupos sociales marginados se trasladan cada vez más hacia la periferia, las áreas centrales se revalorizan, se densifican, y se van convirtiendo en áreas exclusivas para los sectores sociales medios y altos (Luczak 2010: 52).
En el marco de la política urbanística del gobierno militar, se llevan a cabo varios proyectos muy discutidos, entre ellos la construcción de una autopista que conecta el conurbano con el centro de la ciudad (Gorelik y Silvestri 2010: 306). Esta medida va en contra de la planificación urbana tradicional, puesto que facilita el acceso y, por tanto, el tráfico hacia el núcleo urbano. Además, el proyecto implica el desalojo de varias cuadras de superficie habitable o incluso de barrios enteros, una decisión que tendrá una fuerte connotación política y social. Realizada bajo el gobierno militar, la autopista representa la imagen de la destrucción tanto del patrimonio cultural como de la identidad urbana. Así, pues, la

relación entre progreso social y auge tecnológico, entre democracia y modernización, sufre una ruptura importante que tendrá sus repercusiones en el pensamiento social y el mapa mental de los habitantes porteños.

La caída de la dictadura en 1983 implicó a su vez importantes transformaciones sociopolíticas y culturales en el área urbana de Buenos Aires. Por un lado, la apertura del espacio público da lugar a una planificación urbana descentralizada; por otro lado, la inversiones en el sector privado se concentran en la renovación y la revaloración de barrios tradicionales como por ejemplo Palermo o Recoleta. No obstante, la vuelta a la democracia también revela los descuidos y las dificultades de una planificación urbana incoherente (Gorelik y Silvestri 2002: 446). La asimetría entre las áreas en el norte y en el sur aumenta de manera descontrolada, lo cual conduce a procesos de concentración de capital y de sectores sociales altos en el norte, mientras que en el sur se vacían las zonas industriales y se manifiestan cada vez más los problemas estructurales de estas regiones. Surgen asentamientos precarios, conocidos como villas miseria[5], en barrios tradicionales como San Telmo o Almagro, un fenómeno que traerá consigo un nuevo escenario geográfico en el área metropolitana, además de muchas confrontaciones sociales violentas. La ciudad empieza a marcarse por una polarización social y una segmentación funcional de determinados sectores urbanos y sociales. Esta situación se agrava aún por la hiperinflación heredada de las políticas neoliberales del gobierno militar que resultó en la reducción de las actividades económicas, la sustitución parcial de la moneda nacional por el dólar estadounidense, en la disminución de los salarios reales y, por consiguiente, en el aumento del desempleo y de la pobreza (Cueto y Luzzi 2010: 34-35). El Estado deja de garantizar los derechos sociales principales tales como la salud, la educación o las pensiones, llevando a finales de la década de los 80 a un empeoramiento de las condiciones de vida de gran parte de la población urbana (Cueto y Luzzi 2010: 35). Los años después de la dictadura militar, lejos de convertirse en una época de prosperidad, constituyen un período de transición hacia otra etapa de profundas transformaciones sociales y económicas que preparan el terreno para un nuevo desembarco de las políticas neoliberales.

4.4. La ciudad en los años 90

La política de apertura y el sistema económico ultraneoliberal de los años noventa representan un cambio político e ideológico radical y una nueva etapa de modernización para Argentina. Como reacción a la situación económica regresiva, se aplican varios reajustes estructurales a base de un modelo neoliberal con el objetivo de superar el estancamiento económico de las décadas anteriores. El peso se cotiza a la par del dólar estadounidense a fin de estabilizar el valor monetario. Las medidas menemistas de desregulación, liberalización y privatización resultan, en un primer momento, en la consolidación y la

5 *Villa miseria* tradicionalmente designa las áreas precarias de Buenos Aires, predominantemente ubicadas en el sur de la ciudad (Suárez, Mitchell y Lépore 2014: 35). Actualmente, la adición *miseria* se tiende a elidir, porque la miseria está implícita en el término *villa*. En el discurso de las autoridades también figura *villas de emergencia*, un eufemismo que presupone cierto estado temporal o pasajero (Lardone 2007: 88).

estabilidad esperadas: la economía vuelve a crecer y se crean condiciones atractivas para una nueva generación de inversores extranjeros en el sector de servicios. La privatización de la mayoría de las empresas estatales conduce, sin embargo, a una creciente globalización y extranjerización de la economía argentina (Luczak 2010: 53). El contexto económico financiero internacional favorece el que los años iniciales de la década de los noventa resulten positivos para el ingreso de capitales a Argentina y permite que en una primera fase se alcance cierta estabilidad económica, construida, sin embargo, sobre la base muy frágil de inversiones privadas y sin contribuir a la producción de divisas propias (Tessi 2004: 141). El principio del fin de esta situación de expansión económica se empieza a indicar a partir del 1995, con las diferentes crisis en el mercado global que tienen como consecuencia la reducción de los ingresos de divisas por la venta de materias primas en Argentina. La reapreciación del dólar estadounidense encarece el precio de los bienes producidos localmente. El endeudamiento aumenta constantemente, la crisis se expande y culmina, finalmente, en el colapso económico, financiero e institucional de 2001 (Tessi 2004: 142).

Las medidas estructurales de un Estado que actúa en interés de la ganancia privada provocan un nivel de desempleo en el sector industrial imposible de compensar por los nuevos puestos de trabajo creados en el sector de servicios (Luczak 2010: 54). Se inicia un proceso de transformación de la estructura social bonaerense que dejará huellas profundas para las décadas siguientes. La clase media característica para Argentina parece derrumbarse: la redistribución de los recursos del sector público hacia el sector privado, el endeudamiento externo, la disminución de los derechos sociales, la falta de una intervención estatal a favor de los estratos de la población más vulnerables y la persistencia de la regresión económica llevan al empobrecimiento de gran parte de los sectores medios. Esta «nueva pobreza» (Kessler 2002: 272) es más difusa y más escondida que la pobreza estructural y modifica *«both the face and use of the city by ripping the continuity and homogeneity of the urban fabric and generating increasing disparities between rich, poor, and impoverished areas»* (Prévôt Schapira 2002: 37-41; Crot 2006: 232). Los sectores afectados negativamente por la crisis se ven obligados a adaptar sus hábitus a la nueva realidad –muy ajena al pensamiento social hasta este momento– y a buscar estrategias para frenar el constante descenso y mantener su capital cultural y social (Kessler 2002: 276), situación que influye mucho en la manera cómo perciben y estiman ellos mismos su posición dentro de la jerqarquía social.

No obstante, a pesar de las repercusiones negativas en sectores amplios de la clase media, la reforma neoliberal también produce sus «ganadores» (Svampa 2000: 3): durante la década de los 90 surge una nueva y exitosa clase media-alta que asimila los comportamientos de consumo, el estilo de vida y la cultura internacionalizada de capas análogas en países desarrollados, sobre todo en EE.UU. y Europa (Luczak 2010: 55). Los nuevos modelos de conducta de los grupos benficiados por la política menemista se manifiestan, sobre todo, en el proceso de suburbanización.

Debido a la influencia estatal cada vez más reducida y la privatización de casi todo el sector de servicio público, el gobierno se desprende de los instrumentos que le permitirían un control político y urbanístico. Las intervenciones estatales para crear condiciones de producción sociales ya casi no tienen lugar, y las inversiones públicas en la infraestructura urbana y la construcción de viviendas sociales disminuyen sustancialmente (Luczak 2010: 56). La planificación urbana del espacio público queda en manos de iniciativas privadas de revalorización de barrios o sectores urbanos determinados como, por ejemplo, la renovación de la antigua área portuaria Puerto Madero en el sur de la ciudad, un proyecto urbano prestigioso y conforme a los patrones globales, emblemático para los desarrollos de la década en cuestión (Gorelik y Silvestri 2010: 318).

La polarización social anteriormente descrita, paralelamente a la política de derregulación del Estado, se ve reflejada notablemente en el espacio urbano, creando una creciente polarización socioespacial. De este modo, en algunas áreas urbanas surgen fenómenos de la modernización como edificios de oficinas, centros comerciales, *gated communities* suburbanos o bloques de apartamentos, relacionados la mayoría de ellos con inversiones privadas. Estas zonas hacen visibles las pautas que marcan la cultura global. Por el otro lado, determinadas áreas urbanas se degradan y los asentamientos precarios tanto dentro de la ciudad como en la periferia se vuelven más presentes y significativos (Luczak 2010: 56).

4.5. Las transformaciones socioespaciales de la ciudad en el marco de la globalización

La nueva situación urbana en Buenos Aires se acentúa, además, por los procesos de globalización que "tocan fondo" en la ciudad[6]. El crecimiento de la inversión del exterior a partir de los años 90 ha contribuido de modo fundamental y en un lapso temporal muy breve a la transformación de la base económica y la estructura territorial de la ciudad (Ciccolella y Mignaqui 2002: 312). Mientras que ciertos segmentos de la ciudad, sobre todo en barrios con un estatus socioeconómico alto, se entrelazan con los elementos transnacionales y transculturales homogeneizantes de la economía, de la política y de la cultura global, gran parte de la población del área urbana se ve excluída de estos procesos (Ciccolella y Mignaqui 2002: 309). Los sectores privilegiados destacan por estilos de vida modernos y cosmopolitas y contrastan cada vez más con las zonas menos favorecidas que quedan fuera de estos desarrollos, lo cual aumenta las diferencias y las tensiones sociales (Scholz 2002; Heineberg 2006: 354-355).

4.6. La ciudad en el siglo XXI: fragmentación y diversidad

Según Prévôt Schapira y Cattaneo Pineda (2008: 75), «el término *fragmentación* recobra todo su sentido en contraste con la historia de una ciudad que fue concebida como una "máquina de reformar", destinada a modernizar el país y a integrar a sus habitantes». Se trata, pues, de un fenómeno estre-

6 Es necesario señalar aquí que la influencia económica y territorial que los procesos de globalización ejercen sobre Buenos Aires han de entenderse en relación con las estructuras institucionales locales, las prácticas sociales y las decisiones políticas, como enfatiza Crot (2006: 229). Estos factores endógenos han sido al menos igual de cruciales para la producción y la transformación del espacio urbano como el impacto de la globalización. Según la misma autora, el nuevo escenario fragmentado de Buenos Aires «*is invariably interpreted as the spatial corollary of the processes of social dualization induced by the neoliberal reforms of the 1990s, together with the pressures induced by globalization*» (Crot 2006: 231).

chamente relacionado con la historia política y socioeconómica del país, «y con las respuestas, tanto individuales como colectivas, de negociación, de adaptación y de instrumentalización de sus diferentes avatares» (Prévôt Schapira y Cattaneo Pineda 2008: 75).

Al finalizar la década de 1990 ya no queda duda de que Buenos Aires ha experimentado transformaciones socioterritoriales de trascendencia que se pueden relacionar directa o indirectamente con los procesos globalizantes (Torres 2001: 7). Como respuesta a la situación de desestabilidad en el espacio urbano en los años 90 y de manera reforzada en los años después de la crisis económica, los diferentes sectores sociales desarrollan distintas «estrategias para vivir» (Arizaga 2000: 27): los más pobres sufren degradación y exclusión de lo público y quedan marginados en asentamientos precarios. Al mismo tiempo, en estos sectores menos privilegiados se generan tendencias hacia la revaloración de la cultura local y la identificación con los barrios tradicionales como polo opuesto a la homogeneización global, intensificando, así, la fragmentación y las divergencias sociogeográficas en el espacio urbano (Ciccolella 1999: sin paginación; Torres 2001: 7).

Los estratos altos, en cambio, sustituyen las carencias de los servicios públicos por su privatización dentro de espacios cerrados, donde tienden a reproducir las condiciones de vida de países avanzados. La «suburbanización de las élites» es un fenómeno muy característico para las metrópolis latinoamericanas (Torres 2001: 9). Los sectores de altos ingresos o bien se trasladan a los barrios prestigiosos en el norte de la ciudad, muy a menudo a barrios cerrados o torres de lujo, o bien se alejan de la capital y se asientan en urbanizaciones privadas en la periferia, en busca de un ambiente residencial homogéneo[7]. En la Zona Norte de la ciudad se observa un establecimiento explosivo de «*gated communities*»; algunos de ellos alcanzan dimensiones enormes y constituyen ciudades prácticamente autónomas con una infraestructura completa (Luczak 2010: 58)[8]. De ahí que la autosegregación de las clases altas en proceso de suburbanización no responda solamente a la necesidad de seguridad, sino también refleja un deseo de distanciarse como grupo social del resto de la ciudad y de vivir un estilo de "entre iguales" (Luczak 2010: 58). Las urbanizaciones cerradas ya no se rigen por la planificación urbana estatal, sino que dependen por completo de las inversiones del sector inmobiliario, que comercializa la vivienda en paquete con determinadas instalaciones de consumo, de ocio, de educación y de salud y crea, por lo tanto, un determinado estilo de vida relacionado con una zona residencial (Luczak 2010: 58). A diferencia de la idea de la identidad urbana basada en la interacción con múltiples "otros", la identidad en la urbanización cerrada se refuerza a través del contacto entre "iguales" y se intenta definir y construir un "nosotros" sobre la base de sistemas de valor comunes y con el motivo de enfrentar la realidad cambiante y las transformaciones fuera del *gated community* (Arizaga 1999: 48). De este modo, la ciudad –es decir, el espacio público– se percibe como espacio confuso, caótico, violento e inseguro (Arizaga 1999: 48).

En los sectores medios, fuertemente amenazados por los ajustes de los modelos económicos de las

7 En comparación con otras ciudades latinoamericanas, la suburbanización de las élites en Buenos Aires ocurrió en un momento relativamente tardío y aún continúa años después de la crisis (Guevara 2014: 125).

8 Guevara (2014: 125) y Ciccolella (2012: 19) estiman la extensión de las urbanizaciones cerradas en el área de la RMBA cerca de 500 kilómetros cuadrados.

últimas dos décadas, sin embargo, el consumo cultural aparece como una táctica de inclusión en tanto elemento de distinción de clase (Arizaga 2000: 27). En la amplia franja que comprende la clase media, tal vez como reacción a la suburbanización de los grupos sociales superiores, se produce un reciclado de ciertos barrios tradicionales con fuerte carga simbólica, como por ejemplo Caballito, Belgrano, Núñez, Barracas, etc. (Arizaga 2000: 30). Estamos, pues, ante una variedad de mundos sociales cuyos estilos de vida y usos del espacio refieren directamente a su lugar en esta nueva estructura urbana y cuyas características esenciales son la fragmentación espacial, la delimitación marcada y el bajo nivel de comunicación entre los diferentes grupos (Arizaga 2000: 27).

Esta nueva situación modifica notablemente la morfología espacial de Buenos Aires; el espacio urbano, caracterizado por «nuevos enclaves urbanos» y una arquitectura excluyente (Ciccolella y Mignaqui 2002: 311), se muestra extremadamente fragmentado, tanto geográfica como funcional y socialmente. Este modelo corresponde cada vez más al modelo norteamericano de la «ciudad difusa» (Dematteis (1998), citado por Crot (2006: 231) que el prototipo europeo de la ciudad social y físicamente «compacta» hacia el que Buenos Aires tradicionalmente se orientaba (Ciccolella y Mignaqui 2002: 311). Por consecuencia, se minimiza o incluso se evita el contacto con otros grupos sociales, y el aislamiento voluntario basada en una identidad común concebida lleva a la construcción del "otro", del *stranger* maximizando su alteridad (Arizaga 2000: 27). La diversidad así creada se manifiesta en una serie de prácticas sociales –entre ellas, el uso del habla– y en los espacios en los que estas prácticas tienen lugar (Ciccolella y Mignaqui 2002: 312). Por lo tanto, el hecho de vivir en un determinado barrio o en una determinada zona crea una sensación de pertenencia y de identificación con un grupo y un estilo de vida, es decir, implica un valor social muy fuerte y junto con el estilo de vida y la forma de hablar crea un imaginario tanto social como geográfico del espacio urbano de la metrópolis.

La reestructuración territorial que ocurrió en Buenos Aires a principios del siglo XXI remonta al modelo neoliberal de los años 90. En los años después de la crisis, las tendencias de suburbanización y de segmentación han sido complementadas por la renovación de áreas centrales de la ciudad y la densificación y la expansión de estas zonas hacia el este y el sureste. Al mismo tiempo han ido empeorando las condiciones de vida en los sectores residenciales de las clases bajas, lo cual incrementó la heterogeneidad de la estructura de la población (Guevara 2014: 126). Esto se debe también a un nuevo flujo de inmigración. A partir de los comienzos del siglo XXI, Buenos Aires recibió un gran número de inmigrantes no solo desde el interior del país, sino primordialmente provenientes de los países limítrofes y del Perú, que nuevamente originó un considerable crecimiento demográfico (Cerrutti y Maguid 2007: 77)[9]. Los "nuevos" migrantes se instalaron sobre todo en los barrios social y económicamente vulnerables en la en la periferia o en las villas, cambiando así otra vez el perfil demográfico de la ciudad (Guevara 2014: 127-128; Cerrutti 2009). Simultáneamente, al principio del milenio, Buenos Aires experimentó un *boom* del turismo internacional, que a su vez conllevan procesos profundos de gentrificación en

9 Según Guevara (2014: 126), entre 2004 y 2009 se asentaron en Argentina 750'000 migrantes de forma legal. 80% de ellos provienen de los países Paraguay, Bolivia y Perú. Véanse también los informes del INDEC. Censo Nacional de Población, Hogares y Viviendas, 2010.

determinados barrios[10].

Con todo, al comienzo del siglo XXI, Buenos Aires se presenta como ciudad dual[11]. La ciudad está experimentando un proceso de expansión material de su espacio globalizado y un incremento de los lugares comunes de la globalización (hoteles internacionales, centros comerciales, *megastores*, suburbios privados, restaurantes y locales exclusivos, verticalización de la ciudad, gentrificación y estilos de vida marcados por los patrones de diseño globales), es decir, refleja los *«symptoms of a peripheral megacity strongly marked by the penetration of the global economy»* (Ciccolella y Mignaqui 2002: 324). Pero al mismo tiempo, se lleva a cabo un proceso de profunda polarización social, de exclusión y de fragmentación socioterritorial (Ciccolella y Mignaqui 2002: 324). No obstante, este dualismo no resulta en dos mundos opuestos. Más bien genera una «variedad de universos sociales cuyos estilos de vida y usos del espacio refieren directamente a su posición en esta nueva estructura ocupacional y tiene como características esenciales la fragmentación, la marcada delimitación y el bajo nivel de comunicación entre estos universos» (Arizaga 2000: 27).

10 San Telmo, por ejemplo, se hizo famoso como destinación para el turismo *gay*, lo cual implicó un mayor uso del inglés en el barrio y dio impulsos para la legalización de igualdad de matrimonio en 2010.

11 El informe *La dimensión social en el modelo territorial* del Ministerio de Desarrollo Urbano de la Ciudad de Buenos Aires (Ministerio de Desarrollo Urbano 2012) presenta datos numerosos, gráficos y mapas acerca de la situación socioeconómica actual de la metrópolis y refleja la dicotomía entre norte y sur en varias dimensiones (véase http://ssplan.buenosaires.gov.ar/dmdocuments/Informe%20aspectos%20sociales%20MT.pdf [21/01/16].

«El habla bonaerense constituye una variedad del español con una fuerte personalidad, que permite distinguirla con facilidad de los usos de las otras grandes capitales hispánicas» (Fontanella de Weinberg 2000a: 37). Por sus particularidades lingüísticas, debidas a factores geográficos e históricos singulares así como por la importancia cultural de Buenos Aires en el mundo hispano, esta variedad se encuentra extensamente documentada, como ya hemos señalado (cf. *Estado de la cuestión*, cap. 2). El objetivo de este capítulo entonces no es el de abarcar el español porteño en su diacronía, sino el de remarcar sus aspectos más característicos, que nos ayudarán a entender los procesos sociolingüísticos que analizaremos en este trabajo. Luego de describir dichos rasgos, en un segundo lugar nos interesa contemplar el español bonaerense desde una perspectiva émica: la percepción de los propios hablantes de su variedad y las actitudes que manifiestan al respecto nos servirán como marco para el estudio de fenómenos perceptivos y actitudinales intravarietales.

5.1. El español porteño —variedad urbana por antonomasia

El español de Buenos Aires se asigna a una región lingüística denominada *español rioplatense*, que abarca el área metropolitana, las provincias sureñas de Argentina y gran parte del territorio de Uruguay (Fontanella de Weinberg 1944: 120, 1993: 179). Debido a la hegemonía económica y cultural de la capital, por un lado, y a sus rasgos muy característicos y fácilmente reconocibles en el mundo hispano, por otro, la variedad bonaerense generalmente se percibe como prototípica para el español argentino (Fontanella de Weinberg 2000a; Lipski 2007).

Tal como se presenta hoy en día, el español porteño no puede entenderse separadamente del espacio que ocupa, ya que el desarrollo del área urbana hacia una metrópolis global ha sido un elemento constitutivo para la evolución del uso del habla en la ciudad. Los procesos de transformación urbana anteriormente expuestos, particularmente los distintos flujos migratorios, que en sus respectivos momentos marcaron de manera decisiva la materialidad del espacio y acentuaron las divergencias demográficas y culturales entre la capital y el interior del país, han dejado huellas notorias en el español actualmente hablado por los porteños. Por esta razón, se coincide en marcar el período a partir de 1880 en adelante como etapa trascendental para el español porteño de hoy en día (Donni de Mirande 1991; Fontanella de Weinberg 1992b):

> De 1580 a 1700, de llegada del español y posterior asentamiento; de 1700 a 1800, caracterizada por la constitución de una variedad regional, fruto de un proceso de koeinización; de 1800 a 1880, en que se cumple un proceso de estandarización y de 1880 en adelante,

> con la aparición de un nuevo perfil lingüístico, dominado por el multilingüismo y el multidialectalismo ocasionados por la inmigración europea masiva, primero, y luego por las migraciones internas y de países vecinos (Donni de Mirande 1991: 55).

En el transcurso de su urbanización temprana y vertiginosa, pues, la ciudad de Buenos Aires ya a principios del siglo XX se destaca por un multilingüismo característico de la ciudad global (Rampton y col. 2015) y que constituirá el sedimento para la variedad (o las variedades) habladas hoy en día en la capital argentina. Los grandes cambios políticos, sociales y culturales de esta época además van acompañados por la estandarización de algunos patrones lingüísticos y sociolingüísticos que hacen el español de Buenos Aires tan especial en el ámbito hispánico. A continuación se resumirán entonces sus rasgos más significativos en los niveles fonético, morfosintáctico y léxico, poniendo énfasis en algunos fenómenos que tendrán particular relevancia para nuestro trabajo.

5.1.1. Características fonético-fonológicas

En el plano fonético-fonológico, dos son los procesos que han recibido especial atención por parte de los lingüistas aficionados al español de Buenos Aires: el ensordecimiento de la palatal rehilada [ʒ] y el debilitamiento consonántico de /-s/ (Donni de Mirande 1992a: 401-402), fenómenos que, dada su relevancia para la variación sociolingüística en el habla porteña de hoy en día, aquí también merecen mención detallada.

Yeísmo rehilado

Quizás uno de los rasgos más salientes –y probablemente también el más estudiado– del español de Buenos Aires (Colantoni 2013: 316) es el yeísmo rehilado, es decir, la fusión de las palatales /ʝ/ y /ʎ/ (de las grafías <ll> e <y>) en /ʝ/ y su pronunciación característica mediante un sonido postalveolar fricativo asibilado [ʒ], «como resultado del estrechamiento de la fricación con producción de un zumbido característico» conocido también como *žeísmo* (Donni de Mirande 1991: 46). El rehilamiento del fonema, atestiguado en Buenos Aires desde principios del siglo XIX (Fontanella de Weinberg 1973b: 367)[1], a comienzos del siglo XX está establecido como la realización normal, sustituyendo a /ʝ/, sobre todo en los centros urbanos, desde donde se fue extendiendo hacia las zonas del interior.

De 1930 en adelante, se han registrado realizaciones sordas del yeísmo rehilado, indicios del principio de un proceso de ensordecimiento del sonido prepalatal fricativo sonoro [ʒ] a un sonido prepalatal fricativo sordo [ʃ] (Zamora Vicente 1949: 9-11; Guitarte 1955: 270; Fontanella de Weinberg 1992c: 379; Donni de Mirande 1991: 60; Noll 2002: 182), una evolución que ha dado lugar a una larga serie de estudios que se ocuparon de los aspectos fonéticos, sociolingüísticos y, más adelante, perceptuales de este fenómeno. Queda entendido que en un primer período, el ensordecimiento de [ʒ] ha sido impulsado por las hablantes femeninas jóvenes de las clases medias y bajas, como indican particularmente los

1 Para los orígenes del fenómeno, véase Fontanella de Weinberg (1973b, 1992b), Guitarte (1991), Donni de Mirande (1991) y Noll (2002).

estudios de Zamora Vicente (1949), Wolf y Jiménez (1977) y Wolf (1984). Así, en 1949, Zamora Vicente distingue tres grupos de sonidos: una variante sonora, una variante sorda y un grupo intermedio de «características vacilantes», pero con tendencia al ensordecimiento. Clasifica el segundo grupo como el más numeroso, y señala que

> [e]s el que asedia al oído castellano en cuanto este se introduce por los barrios populares de Buenos Aires. El del tranvía, el café, la calle. Es –importa hacerlo notar– el de la clase de nivel medio cultural de la ciudad y de la zona suburbana (Zamora Vicente 1949: 11).

Wolf y Jiménez (1977), por su parte, analizaron el avance del fenómeno del ensordecimiento a partir de un corpus de 36 personas de ambos sexos y divididos en tres grupos etarios, y pudieron demostrar que las variables edad y sexo son claramente significativas para el cambio lingüístico, siendo las hablantes femeninas de la edad más joven las que manifiestan mayor porcentaje de ensordecimiento (Wolf y Jiménez 1977: 300-301). No obstante, en el mismo grupo pudieron detectar un comportamiento muy diferente en las adolescentes de clase alta frente a las jóvenes de otras clases sociales, lo cual indica la importancia del factor sociocultural, aspecto que las autoras se proponen a estudiar más en detalle (Wolf y Jiménez 1977: 301). De esta manera, en un estudio de tiempo aparente y tiempo real, Wolf (1984) pudo comprobar una diferencia notoria entre la clase alta y las clases media y baja respecto del fenómeno: mientras que para el grupo de los jóvenes de clase media y baja, el cambio /ʒ/ > /ʃ/ ya es casi completo y los porcentajes de ensordecimiento de los hombres han alcanzado los de las mujeres, en la clase alta, aunque representa un sector reducido en número, por el contrario, se perfila un nuevo desplazamiento hacia la sonoridad, por lo que la autora induce que «el yeísmo sordo es propio de un nivel social inferior» (Wolf 1984: 182-184). Del mismo trabajo resultan, además, divergencias en cuanto a la percepción del fenómeno: mientras que los hablantes que ensordecen no parecen mostrar conciencia al respecto, «para la sonorización, el factor clase es absolutamente prominente y tan importante como indicador social [citando el concepto de Labov (1972: 314)] que determina para los jóvenes de ambos sexos de clase alta, un absoluto rechazo del ensordecimiento» (Wolf 1984: 185). Dicho esto, la autora supone que la noción del ensordecimiento del yeísmo como discriminador social también puede crear conciencia en la clase media de la existencia de este marcador y, tal vez, «la incorporación de la distinción en el conjunto de la normativa escolar»[2]. Aunque el ensordecimiento estaba muy extendido, no se ha podido comprobar, ni en el estudio sincrónico ni en el estudio diacrónico, un desplazamiento completo de la variante sonora por la variante sorda, por lo que la autora concluye que, en definitiva, no se puede hablar de un cambio lingüístico (que implicaría un reacomodamiento del sistema con la desaparición de la forma anterior) y que se trata de un fenómeno que probablemente nunca lleve a una transformación total. La autora concluye, pues, que la «variación del yeísmo rioplatense consiste en

2 Como anécdota, Wolf (1984: 177) cuenta la historia de un viaje de fin de curso de alumnas de colegios de clase alta en 1978, en el que las jóvenes se burlaban de una chica de otro colegio que se llamaba Gilda: «“šilda, vení nena. šilda, te digo que te cašes”, siempre con esa /š/, que hacían cuando querían imitar a una persona “mersa” [‘que considera ordinario, vulgar y de mal gusto’ (DIEA, *s.v. mersa*])». Véase, en comparación, los ejemplos (2) y (3) en el capítulo 10.2 de este trabajo, que dan cuenta tanto de una burla muy similar así como, efectivamente, de un discurso normativo escolar en ciertos sectores de la ciudad.

que en algunas épocas aparece ensordecido o sordo para cierto sector social, y en otras épocas, ocurre lo mismo, pero para el sector opuesto» y que, más que como cambio lingüístico, el fenómeno debe entenderse en una situación de «variación estable».
Fontanella de Weinberg (1978), por el otro lado, entiende el ensordecimiento de las palatales en el español bonaerense como «cambio lingüístico en marcha», señalando, al mismo tiempo, que si se encuentra en un estado avanzado, un cambio puede generar estigmatización y dar lugar a un nuevo proceso de corrección o de movimiento contrario en ciertos sectores. Esto explicaría, según la autora, la sonorización de /ʃ/ que observa como predominante en los hablantes de alto nivel educacional y ocupacional (Fontanella deWeinberg 1978: 245).

En estudios más recientes, el fenómeno de ensordecimiento vs. sonorización del yeísmo rehilado ha sido estudiado sobre todo con métodos de análisis instrumental tanto en lo que concierne a su variación acústica como también acerca de aspectos de percepción. Chang (2008) estudia los grados de ensordecimiento de /ʒ/ en un corpus de 11 informantes. Mientras que ya no encuentra ningún efecto significativo de la variable del sexo de los hablantes, sí puede comprobar que los hablantes nacidos después de 1975 casi exclusivamente usan variantes sordas o ensordecidas, por lo que concluye que *«the change from [ʒ] to [ʃ] is already complete»* (Chang 2008: 62). Además de las variables edad y sexo, también examina el efecto del barrio de origen de los hablantes, pero no encuentra una correlación significativa entre el barrio y el ensordecimiento de la palatal[3]. Rohena Madrazo (2011, 2015) en cambio, ha podido comprobar que el área de residencia (considerado en su estudio como representante de una clase social) sí actúa como factor significante en el avance del ensordecimiento, suponiendo, sin embargo, que se trata de un desfase en el cambio aún en vigor hacia la variante sorda (Rohena Madrazo 2011: 66). En su estudio más reciente a partir de un corpus de 16 hablantes encuentra la variante sonora solamente (pero en un grado bastante extremo, según menciona el autor) en una hablante femenina de Recoleta que aparentemente tenía un estatus socioeconómico muy alto, incluso para este mismo barrio, por lo que señala la necesidad de una investigación más exhaustiva para determinar los motivos detrás de las diferencias tan notorias en el grado de sonorización de la palatal rehilada entre los hablantes jóvenes de clase alta y para examinar qué significado social estos hablantes indexicalizan con dicho comportamiento (Rohena Madrazo 2015: 310). En este sentido, concuerda con Colantoni (2008), quien, a partir de un estudio preliminar de reacción subjetiva detecta patrones distintos en la percepción de la variante sonora entre los hablantes de las diferentes clases sociales y destaca que se precisarían más datos sistemáticos para poder analizar este fenómeno.

En síntesis, si bien la variante sorda [ʃ] hoy en día es claramente predominante entre la generación de hablantes jóvenes de Buenos Aires, no se puede hablar de un cambio lingüístico completo. Al contrario, las dos variantes se encuentran en una relación sociolingüística compleja (Colantoni 2008: 80) que

3 Chang indica a este respecto la necesidad de estudiar más barrios para poder concluir que no existen diferencias locales dentro de la ciudad (Chang 2008: 61), un aspecto del que nos ocuparemos en este trabajo, aunque siempre desde un punto de vista émico y perceptivo.

apunta más bien a una situación de variación estable –hecho que será trascendente para el presente trabajo.

Aspiración y elisión de /s/

La pronunciación de la sibilante en un contexto implosivo es otro fenómeno del español bonaerense que ha incentivado a varios estudios lingüísticos y en particular sociolingüísticos (Fontanella de Weinberg 1973a). La caída y aspiración de /s/ final de sílaba, popularmente designada con la metáfora *comerse la ese* (Correa y Couto 2012: 167), no es exclusiva del español de Buenos Aires. Al contrario, constituye un fenómeno sumamente extendido en todo el mundo hispano y va desde la retención plena en todas las posiciones hasta la elisión completa (Donni de Mirande 2000: 14; Caravedo 2001). En la región bonaerense, que, como es sabido, es seseante, ya desde el siglo XVI se registra el debilitamiento de la /s/ implosiva (a final de sílaba y palabra). A lo largo de los siglos XVIII y XIX, el fenómeno se generaliza y se extiende a todos los niveles sociales, un proceso que algunos autores relacionan con la influencia concomitante de la inmigración masiva de origen italiano a fines del siglo XIX y primera mitad del XX» (cf. Donni de Mirande 1991: 56, 62; Lipski 2007: 189). Actualmente, cuando el fonema /s/ aparece en contexto preconsonántico predomina la aspiración sobre la pérdida, que está sociolingüísticamente estigmatizada (Lipski 2007: 189; Coloma y Colantoni 2012: 122). En posición prevocálica y final absoluta, que es la que más nos interesa aquí, se presenta una variación múltiple en la que intervienen varios factores de carácter extralingüístico como el estatus socioeconómico, el nivel de formación, el sexo, la edad y el registro de un hablante (Donni de Mirande 1992a: 403; Fontanella de Weinberg 1973a: 53, 2000a: 39). En las clases socioeconómicas superiores y los registros más formales prepondera la realización [s] de la sibilante, mientras que la aspiración o elisión de /s/ aparece en estilos más espontáneos y se considera una variante más estigmatizada o popular (Lipski 2007: 189; Correa y Couto 2012: 167). Además de aparecer más numerosamente en la generación joven, esta variante es más frecuente entre los hombres que entre las mujeres, dado que se trata de un rasgo desprestigiado y las mujeres habitualmente se muestran más sensibles frente a una articulación más cuidada y usos de mayor prestigio (Fontanella de Weinberg 1973a: 58, 2000a: 39).

El fenómeno de la sibilante en posición implosiva se encuentra pues en una situación sociolingüística compleja de «causación múltiple» (Donni de Mirande 1991: 63), lo cual ha sido expresado ya en 1950 por Bertil Malmberg:

> La pronociation du *s* implosif est probablement le chapitre le plus difficile du consonantisme argentin. Il y a à peine deux personnes qui prononcent exactement de la même façon, et c'est à peine si la même personne prononce deux fois de suite le même groupe de façon absolument identique. Aucun autre phénomène phonétique n'est à tel point soumis à l'influence du degré de culture du sujet, du caractère stylistique de l'énoncé et des habitudes individuelles (Malmberg (1950: 59), citado por Fontanella de Weinberg 1973: 51).

Si partimos de una noción de estilo no en el sentido laboviano (como lo emplea el autor citado) sino tal como lo hemos definido para este trabajo (cf. *Marco teórico*, 3.4.1), esta afirmación no ha dejado de tener vigencia hasta hoy. La sibilante en posición final de palabra presenta un *continuum* de variación entre la realización completa [s] y la pérdida absoluta [ø], incluidos los diferentes grados de aspiración [h] e incluso algunos aspectos que conciernen al lugar de articulación de la sibilante (como veremos más adelante en este trabajo) mediado por diversos factores extralingüísticos. Teniendo en cuenta el potencial de construcción de significado que ofrecen estas variantes, resultará sumamente interesante examinar su grado de saliencia así como la conciencia metalingüística y las reacciones actitudinales que los hablantes presentan al respecto.

5.1.2. Particularidades morfosintácticas

En el nivel morfosintáctico, el español de Buenos Aires destaca sobre todo por una característica también muy llamativa que, aunque tampoco es exclusiva de esta variedad, en el área rioplatense indudablemente presenta mayor arraigo (Donni de Mirande 1992b: 656): el voseo. Si bien no se encuentra en el centro de atención de nuestra investigación, al manifestarse en muchos de los ejemplos que se presentarán a lo largo de este trabajo, merece una breve mención.

El voseo

Originado en el español medieval y conservado en Argentina por la lejanía geográfica y el escaso contacto cultural de Buenos Aires con los virreinatos americanos y la península[4], el voseo hoy en día está totalmente generalizado y aceptado en todos los niveles sociolingüísticos del habla bonaerense (Donni de Mirande 1991: 47; Lipski 2007: 194). El voseo en Buenos Aires consiste en el uso general del pronombre *vos* por *tú* como forma de tratamiento uniforme y no marcada socialmente (voseo pronominal), así como en el paradigma verbal con las formas del voseo no diptongadas en segunda persona singular del presente (*vos cantás, vos tenés, vos vivís, vos sos*) y en el imperativo singular (*cantá, tené, viví*) en todos los estratos sociales (voseo flexivo) (Lipski 2007: 194; Donni de Mirande 1991: 47). También afecta el presente de subjuntivo, donde hay oscilación entre las formas tuteantes (*cantes, tengas, vivas*) y las formas voseantes (*cantés, tengás, vivás*) (Donni de Mirande 1992b: 660). El uso de estas últimas está algo estigmatizado, sobre todo en el nivel culto, pero entre los jóvenes y en contextos informales aparece con bastante frecuencia (Donni de Mirande 1992b: 660)[5].
Como hemos señalado, la caracterización más destacada del voseo bonaerense es su extensión a todos los niveles sociales y a todos los estilos. Esta generalización total del *vos* para el trato de confianza, de tal modo que no existe ningún tipo de alternancia o contraste con *tú*, tanto en la lengua oral como en la escrita, es relativamente reciente, dado que se produjo en la segunda mitad del siglo XX (Donni de Mirande 1991: 51-52). En la actualidad, se da un uso generalizado en todos los estilos orales y escritos,

4 Para la evolución del voseo, véase Lapesa (1981: 579-583, 1968) y Fontanella de Weinberg (1977), entre otros.
5 Fontanella de Weinberg adjudica una especialización sintáctica y semántica al uso de las formas voseantes y tuteantes del presente de subjuntivo, señalando que en usos propiamente subjuntivos se emplea la variante tuteante, mientras que como imperativos negativos pueden usarse las dos formas. Según la autora, la forma *no cantés* tiene un valor semántico de 'orden tajante', mientras que *no cantes* es más bien una 'orden cortés' (Fontanella de Weinberg 2000b: 51).

incluidos los registros más cuidados como el de los empleados en los medios de comunicación, en la política, en la publicidad o en la enseñanza (Donni de Mirande 1991: 52-53).

5.1.3. Particularidades léxicas

El léxico del español hablado en Buenos Aires es el resultado de una base predominante constituida por el léxico hispánico y una serie de contactos lingüísticos a través de los cuales se han incorporado indigenismos, africanismos, galicismos y, en particular, un caudal amplio de italianismos. Sobre todo la inmigración masiva desde Europa, mayormente de origen italiano, pero también el gran influjo de la lengua y la cultura francesa en la segunda mitad del siglo XIX y principios del XX, que fue recibida con una actitud favorable entre muchos intelectuales argentinos, han incidido marcadamente en la introducción de este tipo de préstamos (Fontanella de Weinberg 2000a: 53). El intenso contacto lingüístico entre el español y el italiano (teniendo en cuenta los aspectos demográficos causados por la inmigración, descritos en el capítulo anterior) originó un número muy elevado de préstamos del italiano en el léxico porteño, sobre todo en lo que se refiere a los ámbitos de la vida familiar y cotidiana (como, por ejemplo, los términos muy frecuentes *pibe*, *chau* o *laburo*), de los calificativos personales (como, por ejemplo, *capo* o *chanta*), de la vida marginal y, particularmente, al campo semántico culinario (Fontanella de Weinberg 2000a: 54-55). El componente italiano también tuvo un rol importante en la creación del lunfardo, fenómeno que presentaremos en la sección siguiente.
El proceso de modernización tecnológica y de universalización global que ocurrió en el siglo pasado y que tuvo como consecuencia lingüística la difusión del inglés llevó a la introducción de una gran cantidad de préstamos de esta lengua en el español bonaerense, sobre todo en los campos especializados de la ciencia, la tecnología y el mundo comercial así como en el ámbito deportivo (Fontanella de Weinberg 2000a: 55). Además, en el transcurso de la urbanización de Buenos Aires y, más acentuadamente, en la transformación social que implicaron los cambios políticos y económicos de los años noventa, surgieron nuevos grupos de clase alta y media alta con un estilo de vida que se aparta totalmente de los tradicionales y que encuentra en el inglés la fuente para muchas innovaciones léxicas (de modo que el inglés hoy en día cumple la función que ejercía el francés hace un siglo atrás, potenciado aún por la fuerza de los medios masivos de comunicación) (Fontanella de Weinberg 2000a: 55-56).

5.1.4. El lunfardo

Como hemos adelantado, el contacto lingüístico entre el español y el italiano (junto con otras lenguas de inmigrantes) en el ambiente social y étnicamente heterogéneo de los arrabales y de los sectores marginados de la ciudad de Buenos Aires alrededor del fin del siglo XIX tuvo un impacto fundamental en el desarrollo de otro fenómeno específicamente porteño: el lunfardo[6]. En sus orígenes muchas veces defi-

6 El lunfardo también ha sido objeto de varios trabajos lingüísticos, entre los que se pueden mencionar a Teruggi (1978), Fontanella de Weinberg (1983), Gobello (1996), Conde (2011), Engels y Kailuweit (2011) y Wunderlich (2014), entre otros, además de los varios diccionarios editados por la Academia Porteña del Lunfardo (http://www.lunfardo.org.ar/

nido como *jerga* asociada con la "mala vida" (Conde 2011: 22), hoy en día el lunfardo se considera más bien como una expresión popular, un vocabulario del habla popular, un sociolecto (Wunderlich 2014: 31) o una variante diafásica coloquial (Conde 2011: 44)[7] no necesariamente definida por el ambiente carcelario o los prostíbulos. Los componentes que contribuyeron a la formación de este fenómeno particular son complejos: en primer lugar, en sus inicios surge de un ámbito marginal de estratos bajos, en los hogares de los inmigrantes y su interacción entre varias lenguas y dialectos en los suburbios y en los conventillos, desde donde más tarde se ha ido expandiendo, teniendo un fuerte impacto en el léxico del habla coloquial de toda la ciudad de Buenos Aires y hasta toda la región rioplatense (Conde 2011: 45). En segundo lugar, se supone que en su fase original también cumplía la función de un lenguaje secreto y, como tal, de un elemento de identificación y de cohesión de grupo (Wunderlich 2014: 29). Lo que distingue el lunfardo de otras expresiones populares es, además, su extraordinaria cantidad de voces tomadas de otras lenguas distintas del español (Conde 2011: 45). Y por último, tanto Wunderlich (2014: 29) como también Conde (2011: 43) subrayan su marcado carácter lúdico, relacionado con el juego con la lengua, con el fin de mostrarse original e individual y, así, de destacarse del habla común (Wunderlich 2014: 29). En este proceso, tanto los intelectuales que retomaron este vocabulario pero también los medios culturales –entre ellos, en particular, el tango, pero más adelante también otros estilos musicales como el rock argentino– han contribuido de manera fundamental a la difusión y la evolución del léxico del lunfardo y de sus innovaciones, de modo que algunos de sus términos –aunque no todos, como todavía veremos– han ido perdiendo su connotación social y se han establecido como expresiones comunes en el habla popular de los porteños (Lipski 2007: 197; Conde 2004: 11-22; Kubarth 1986: 206).

Pero el lunfardo no es un fenómeno exclusivamente del pasado. Partiendo de la idea de que se encuentra en un constante proceso de evolución, tanto forman parte de su léxico «aquellas palabras que han caído en desuso como las que fueron resignificándose con el paso del tiempo y los neologismos que se incorporaron en forma paulatina y hoy siguen vigentes en el habla popular argentina» (Conde 2011: 9). De este modo, el lunfardo se entiende como un repertorio dinámico de términos importados –constantemente enriquecido por nuevas expresiones (de otras variedades hispánicas o de campos semánticos diversos como, por ejemplo, el fútbol, el ambiente de la delincuencia, diferentes estilos musicales, tribus urbanas o el discurso mediático (Conde 2004: 14)[8]– y, por lo tanto, estrechamente vinculado con las prácticas sociales en el espacio urbano de Buenos Aires. Su uso, alternativo al de la lengua estándar, es, al mismo tiempo, un «modo de situarse con relación al poder que esta representa,

[16/05/16]). No se trata aquí de presentar la diacronía de este fenómeno, ampliamente estudiada y documentada (cf. los autores citados), pero cabe mencionar algunas características de su función en el habla porteña ya que, como veremos en nuestro análisis, constituye una referencia común para los hablantes de Buenos Aires.

7 No se trata tampoco de un dialecto en el sentido de una variedad regional de una lengua, ya que no es posible hablar completamente en lunfardo, sino que este se incorpora en el habla coloquial como marca diafásica, de ahí que solo se pueda hablar "con lunfardo" (Conde 2011: 28).

8 Según esta concepción, también se definen como lunfardismos anglicismos como *sorry* o *heavy*, por ejemplo, términos que no todos los hablantes considerarían como tales, como señala Wunderlich (2014: 108-109), pero que a su vez dan cuenta de la existencia de diferentes nociones del lunfardo entre los hablantes porteños, un aspecto sobre el que volveremos más adelante en este trabajo.

una manera de eludir los tabúes a través del lenguaje y una cierta forma de resistencia» Conde (2011: 9). Es decir, contiene una elevada cuota de rebeldía, de cohesión de grupo, de identificación local pero también un fuerte aspecto lúdico. De esta manera, el lunfardo se suma a otros rasgos lingüísticos propios del español de Buenos Aires, con el aporte de un «caudal léxico imaginativo y lleno de matices» (Conde 2011: 14) que, actuando como marca de identidad fortalece un sentido de pertenencia como porteño y, al mismo tiempo, sirve para distinguirse dentro de la ciudad entre los que "usan el lunfardo" (o determinado lunfardo) y los que no lo hacen, abarcando aspectos lingüísticos y sociales muy complejos (Kubarth 1986: 205).

5.2. El español porteño desde una perspectiva émica

Acorde con el enfoque principal de nuestro trabajo, para cerrar este capítulo queremos adentrarnos, ahora, en la perspectiva de los propios hablantes porteños sobre su variedad[9]: nos interesa saber particularmente, cuáles son los rasgos que perciben emblemáticos para el español de Buenos Aires en su conjunto, cómo se construye esta sensación de pertenencia y qué asociaciones o actitudes manifiestan al respecto.

De manera asombrosamente nítida, los rasgos lingüísticos que los hablantes de Buenos Aires mencionan para definir su variedad se pueden reducir a cinco aspectos fundamentales. En primer lugar, concerniente al nivel fonético, se destaca exclusivamente (con 8 menciones es el único rasgo fonético concreto que aparece) la realización característica de la **palatal rehilada**, expresada de manera general como «[ʃ]e[ʃ]eo», como «marcar la [ʃ]» o el «[ʃ]o» o «la pronunciación de la doble ele como "[ʃ]"», en algunos casos incluso a través de ejemplos como «[ʃ]o», «po[ʃ]o» o «ca[ʃ]e».

En segundo lugar, en un nivel morfosintáctico, se remite reiteradamente (en 9 ocasiones) al **voseo**, sobre todo como fórmula de tratamiento, pero en algunas ocasiones también con referencia a sus formas verbales. La designación de este rasgo se mezcla, sin embargo, con la alusión a una característica pragmática:

(1) Acá te tratan de vos: "qué hacés, cómo andás". Y vos vas a Uruguay, por ejemplo, y te tratan "cómo estás tú", te dicen (hablante masculino, 31 años, Avellaneda).

(2) Ah, el tuteo, el, no, el voseo en vez de tuteo también es una diferencia muy marcada con otros idiomas (hablante femenina, 28 años, Recoleta).

(3) El porteño te tutea. Excepto quizás una relación laboral con un jefe, bueno. Pero es más de tutear, del vos (hablante femenina, 29 años, Caballito).

(4) Ah claro. Sí, el tuteo un poco más, ¿no? (hablante masculino, 33 años, Zona Norte).

9 Presentaremos aquí algunos ejemplos de nuestro corpus, en el que los 60 informantes respondían a las preguntas de ¿qué es para vos el habla porteña? ¿Cómo se caracteriza? Con ello nos adelantamos a la parte metodológica en la que se explicará el proceso de recopilación de los datos. Véase, al respecto, el capítulo 6.10.3.

Estos ejemplos muestran que se percibe el voseo como elemento particular del español bonaerense, estableciendo una oposición entre el voseo y el tuteo –o entre *vos* y *tú*– como fórmulas de tratamiento (ejemplos (1) y (2)). Al mismo tiempo, se relaciona la variedad bonaerense con un trato más informal, expresado a su vez a través del «tuteo» (ejemplos (3) y (4)), que en este caso pues no se refiere al uso de un determinado pronombre de tratamiento sino a un aspecto pragmático, como bien se ve en el ejemplo (3).

El tercer elemento con el que los hablantes porteños califican su variedad corresponde a un nivel suprasegmental: en 14 ocasiones se define el español de Buenos Aires mediante una elevada **velocidad de habla**, en algunos casos asociada con el ambiente de la ciudad:

(5) La porteña porteña, no la argentina, es que hablamos muy, muy rápido. Hablamos muy, muy rápido (hablante femenina, 28 años, Recoleta).

(6) Por lo general acá en Buenos Aires la gente vive acelerada, habla rápido, todo rápido, todo ya, todo ya, listo, arreglémoslo. Sí. Así más acelerada (hablante femenina, 27 años, Caballito).

(7) Hablan mucho más rápido. Si yo voy al interior, me encuentro que hablan mucho más lento. Y... yo soy demasiado acelerada, entonces necesito que me hablen rápido también. Si no, como que me pongo nerviosa (hablante femenina, 25 años, Villa Urquiza).

(8) Pero sí después sí, creo que sí que tenemos una canchereada, que hay una velocidad, un ritmo que es un poco también el ritmo de la ciudad (hablante masculino, 30 años, Avellaneda).

Se desprende de estos ejemplos que se establece un límite entre la ciudad de Buenos Aires y el interior de Argentina (puesto que la frontera entre lo urbano y lo rural representa un deslinde sumamente simbólico en Argentina, no sorprende que el uso del habla del interior figure como primera referencia de distinción para los porteños) y que la velocidad de habla se percibe como un rasgo típicamente porteño y urbano. En nuestras entrevistas, en las que también incluimos algunas preguntas sobre la imagen que tienen los habitantes de Buenos Aires de su ciudad, el ritmo acelerado, junto con la densidad poblacional y el tránsito excesivo fue uno de los elementos más frecuentemente mencionados para caracterizar la urbe. Esta sensación de la ciudad se refleja en la percepción de la forma de hablar, que se entiende como consecuencia de la forma de vida que impone el espacio urbano.

En cuarto lugar, y de manera más numerosa, la variedad porteña se caracteriza por parte de sus hablantes a través de **rasgos léxicos**. De manera sobresaliente, dos son los términos que aparecen con carácter emblemático: *che* (con 9 menciones) y *boludo* (con 19 menciones):

(9) Pero el porteño sí. El boludo, el che boludo (hablante masculino, 31 años, Caballito).

(10) Eh, lo típico del español de Buenos Aires, hay una cosa, hay palabras típicas como el che o el boludo (hablante masculino, 30 años, Villa Urquiza).

(11) Y... el che, me imagino que debe ser el che, boludo... (hablante femenina, 27 años, Villa Urquiza).

(12) El che y el boludo. Básicamente es eso. O se resume en eso (hablante masculino, 33 años,

Avellaneda).

(13) El lenguaje del porteño, el che, viste, por ejemplo, como para decir algo. Es cierto, uno lo usa, no? "Che, vos, bol..." el boludo, ¿no? Que supuestamente hace unos años era como algo despectivo y ahora uno se trata de boludo como si... (hablante femenina, 30 años, La Boca).

De manera sumamente notoria, los rasgos léxicos concretos que se mencionan como emblemáticos para el español porteño se limitan a la interjección *che*[10] y el vocativo *boludo* (término con el significado de 'tonto, imbécil, poco avispado' pero que como fórmula de tratamiento se usa en situaciones de confianza (DIEA, *s.v. boludo*; Conde 2004, *s.v. boludo*), sobre el que volveremos en la parte de análisis de este trabajo), en muchos casos expresos en forma de colocación. A diferencia de *che*, el uso de la palabra *boludo* como fórmula de tratamiento es mucho más reciente, encontrándose el término en un proceso de pérdida paulatina de su carga peyorativa para convertirse en un «simple vocativo casi amistoso» (Bordelois 2011: 146), lo cual se refleja en el ejemplo (13), donde la hablante de La Boca reflexiona precisamente acerca de esta transformación semántica de la palabra.

En quinto lugar, finalmente, el elemento más mencionado como característico de la variedad bonaerense desde la perspectiva de sus hablantes es el **lunfardo** (con 23 menciones), un fenómeno que en gran parte también corresponde a un nivel léxico, pero que como expresión popular o sociolecto, como hemos visto, engloba dimensiones más complejas, que se revelan también en varios ejemplos que aparecen en nuestro corpus y que a su vez muestran diferentes nociones del mismo fenómeno entre los hablantes de Buenos Aires. Primero, el lunfardo se entiende como fenómeno propiamente porteño y urbano, como se ve en los ejemplos (14), (15) y (16):

(14) El lunfardo es bien porteño (hablante masculino, 29 años, La Boca).

(15) El lunfardo. Usamos muchas palabras que son propias de la capital federal. Ni siquiera del interior (hablante femenina, 30 años, Villa Urquiza).

(16) Porque nosotros usamos mucho el lunfardo. En pavadas[11], en pavadas, viste lo que es una charla informal, entre amigos. Y... y sí, sí, es... el porteño usa mucho el lunfardo (hablante masculino, 29 años, La Boca).

El uso del lunfardo, que implica un cambio de registro en cierto grado consciente y activo, se percibe pues como rasgo que separa la ciudad de Buenos Aires del resto del país y, asimismo, funciona como elemento de construcción de una identidad colectiva entre los porteños. Debido a sus orígenes, anclados en la representación de los hablantes porteños, el lunfardo reiteradamente se relaciona con el arrabal, con una mezcla cultural, con lo popular, y la inmigración europea como elemento constitutivo del español de Buenos Aires (y del lunfardo) representa una parte de dicha identidad colectiva aún muy

10 *Che* como interjección y vocativo ya está registrado en el español argentino desde principios del siglo XIX, y acerca de su origen existen diferentes teorías. Algunos suponen que se remonta a una interjección *¡ce!* de origen español, mientras que otros le atribuyen un origen indígena, particularmente guaraní (Rosenblat 1962; Malmberg 1964; Dishman 1982; Bertolotti 2010).

11 *Pavada*, 'acción o dicho poco inteligente o poco serio', 'cosa de poca importancia' (DIEA, *s.v. pavada*).

vigente (ejemplos (17) y(18)).

(17) Tenemos una forma de hablar medio arrabalera, por llamarla de una manera, que evidentemente se nota. En cuanto a lo lingüístico me parece que eso es lo más característico del porteño. El uso de ciertos lunfardos, me parece que va por ese lado (hablante masculino, 28 años, Villa Urquiza).

(18) Pero yo sí creo que hay un nivel de mix, digamos, de revuelto, que sí se puede entender en todo... te lo entiende cualquiera. Este... O sea, hay cosas del, del lunfardo porteño que son mezcla de... usos italianos y castellano, españoles y castellano, eh francés y castellano, ingl... (hablante masculino, 33 años, La Boca).

Al mismo tiempo, la mención del lunfardo en plural («ciertos lunfardos» en el ejemplo (17)) indica que desde la perspectiva de los hablantes no necesariamente existe una sola definición del fenómeno, sino que puede adquirir distintas nociones. En los enunciados (19) y (20), por ejemplo, se usa el término *lunfardo* no exclusivamente para el contexto porteño, sino que se amplía su significado y se usa más bien en el sentido de un habla coloquial popular o incluso de una variedad diatópica («su propia estructura, su propia lingüística») propia de cada lugar o de cada ciudad y a través de la cual uno se define y se diferencia de otros lugares u otras ciudades:

(19) Y como que inventamos palabras. No sé, como que tenemos un lunfardo muy particular (hablante femenina, 28 años, Recoleta).

(20) Bueno, como todas las ciudades tiene su propio, su propia estructura, su propia lingüística, su propio lunfardo. Como... y lo que por ahí la diferencia de las otras... (hablante masculino, 30 años, Recoleta).

Ahora, dentro del contexto urbano de Buenos Aires, también nos encontraremos con varias nociones locales distintas del lunfardo que surgieron en el transcurso de su evolución, de su difusión a través de todo el territorio de la ciudad y los diferentes procesos de modificación y de apropiación que actuaron sobre él (véase ejemplo (22), también volveremos más en detalle sobre algunas concepciones sociogeográficas del lunfardo dentro de Buenos Aires en el capítulo 8, donde examinaremos las representaciones que los habitantes manifiestan acerca de la variación lingüística en su urbe a través de los mapas mentales que trazan). El cambio y la transformación constantes son pues elementos inherentes del lunfardo, como señalan los ejemplos (21) y (22):

(21) Bueno, yo creo que está el tema del lunfardo que es algo que queda y que... no es algo estanco, digamos que se moderniza (hablante femenina, 29 años, Villa Urquiza).

(22) Y... históricamente el lunfardo era lo... lo tip-... pero me parece que se perdió también, o sea... no hay UN lunfardo. Hoy hay una mezcla de... qué sé yo, sí, hay algunas cosas, más... no sé, porque... qué sé yo, hay palabras que se siguen utilizando, y hay otras que no... que fueron mutando, qué sé yo. Pero hay, hubo cosas más modernas, que tienen que ver con... con esa tradición de... de, digo, diversificar el lenguaje, no sé si es la palabra, de... modificar el lenguaje... (hablante masculino, 29 años, Recoleta).

Así como el lunfardo para los porteños tiene un fuerte componente tradicional relacionado, además, con ciertos sectores geográficos y sociales de la ciudad (el arrabal, la marginalidad, los estratos populares), también perciben su transformación y su modificación constante, en la que no solo influyen los procesos sociales y culturales que se dan en la ciudad, sino que también actúa como factor importante la propia creatividad lingüística y el placer de jugar con la lengua que se adjudican los hablantes (cf. ejemplo (22)), un factor que ya hemos mencionado líneas arriba. Al mismo tiempo, las transformaciones demográficas recientes, sobre todo la nueva corriente migratoria desde los países latinoamericanos limítrofes y del Perú, que aportan a la ciudad de Buenos Aires no otras lenguas de contacto sino mayormente variedades regionales del español (aunque el español de los inmigrantes de origen indígena a veces se encuentra en una situación de diglosia con las lenguas indígenas), a menudo se perciben como un factor amenazante para el porteño:

(23) Eh... Y, hay una mezcla tan... yo creo que como siempre, no. Ya no es el lunfardo de antes, pero también tenemos una invasión cultural muy grande (hablante femenina, 29 años, La Boca).

(24) Hay, obviamente hay una identidad que hoy por hoy con toda la inmigración interna y con la inmigración que tenemos de países limítrofes, o sea, obviamente ves que hay una evolución, un cambio, ¿no? (hablante femenina, 29 años, Villa Urquiza).

Entre los hablantes de Buenos Aires se puede observar una cierta aversión frente a determinadas variedades particulares del español, que aparecen consideradas como inferiores o menos correctas, más aún cuando muestran interferencias de sustratos indígenas[12]. Es interesante notar que, a diferencia de la inmigración de América Latina, la inmigración china y coreana[13], igual de importante en términos de número de personas, no se menciona en absoluto en ningún momento de nuestro corpus. Esto demuestra que los grupos migratorios de procedencia asiática no se perciben como amenazantes, ni cultural ni lingüísticamente, y confirma la representación y la saliencia del inmigrante latinoamericano como el "otro" (López García 2013; Grimson 2005).

A su vez, si bien no con la misma actitud negativa, la globalización y los medios de comunicación también se perciben como factores influyentes y, en cierto modo, como cambio para la identidad y la tradición porteñas:

(25) Históricamente, el lenguaje que más caracterizaba Buenos Aires era el lunfardo. Ahora se perdió eso, porque se perdió parte de la identidad, y es una mezcla más de... lo que quedó de ese lunfardo, con algunas palabras... de la revolución tecnológica. [...] Supongo que será una modificación del lenguaje, producto de la pérdida de la identidad de... tradición porteña, con... la modernidad de conceptos que vienen a través del internet, de la televisión, las redes sociales y eso (hablante masculino, 29 años, Recoleta).

No es casual que las percepciones orientadas hacia diferentes aspectos que pueden ejercer un papel

12 López García (2013) da varios ejemplos de este fenómeno.

13 A este respecto, véase el trabajo de Vetter (2010), quien estudió el español de hablantes chinos en Buenos Aires y ofrece una descripción detallada de la diáspora china en la ciudad.

en la transformación de lo "porteño" se enuncien por hablantes de distintos barrios en la ciudad. Este contraste socioespacial en la percepción lingüística de los hablantes de Buenos Aires será objeto de un análisis detallado en el presente trabajo.

Lo que cabe retener, en síntesis, es la construcción de una identidad colectiva entre los porteños a través de su modo de hablar –calificado con atributos tales como «confianzudo», «canchero» o «pícaro» y relacionado con una sensación de «complicidad» mediante «códigos unificadores», que implica un "yo" o un "nosotros" urbano que se delimita del "otro", mayormente considerado rural, pero que, a su vez, se diversificará y se deconstruirá cuando la percepción se centre en el contexto dentro de la ciudad, como veremos en nuestro análisis.

6.1. Situación del procedimiento metodológico: un análisis cualitativo...

Punto de partida y base determinante para toda planificación metodológica son las interrogantes de investigación. Por eso, para exponer y detallar el diseño de la metodología aplicada es indispensable volver sobre las principales interrogantes de este trabajo. En el marco del estudio de la construcción del espacio urbano a través de la lengua, nos ocupan cuestiones tales como ¿Qué representaciones tienen personas de diferentes barrios de Buenos Aires de su ciudad y de las diferencias sociales que en ella existen, y cómo relacionan esto con distintas formas de hablar? ¿Difieren estas representaciones según el barrio de residencia de la persona y la identificación local (*place identity*) que muestra al respecto? ¿Cuáles son los rasgos lingüísticos más salientes para los diferentes grupos sociales y cómo se evalúan por parte de los hablantes? ¿Hay rasgos lingüísticos vinculados con ciertas zonas o lugares dentro del espacio urbano? Y ¿qué estereotipos geosociales y lingüísticos se presentan en los distintos barrios?
Estas preguntas de investigación, centradas en la perspectiva subjetiva y las representaciones de los hablantes, corresponden al enfoque constructivista planteado en el marco teórico de este trabajo. El concepto del constructivismo social (Berger y Luckmann 1966) parte de la idea de que los conocimientos de una persona del mundo que la rodea se forman siempre y únicamente a través de sus experiencias, su historia personal y la interacción social y con el objetivo de examinar en profundidad estas representaciones para dar cuenta de los modelos culturales e ideologías subyacentes. Los significados de estas experiencias son variados y múltiples y obligan al investigador/a la investigadora a examinar la complejidad de perspectivas en lugar de restringir significados en categorías predeterminadas (Creswell 2003: 8). Evidentemente, esto requiere una metodología primordialmente cualitativa. El análisis cualitativo, procedimiento metodológico típicamente asociado con el paradigma constructivista –en oposición al positivismo–, busca descubrir mundos «desde dentro» (Flick, Kardorff y Steinke 2010: 14), desde la perspectiva del sujeto, aclarar estructuras y relaciones, estudiar casos individuales y situarlos en un contexto más amplio, y con ello contribuir a una mejor comprensión de realidades sociales (Flick, Kardorff y Steinke 2010: 14). Esto significa, al mismo tiempo, que la metodología cualitativa prescinde de un método por antonomasia, sino que se caracteriza por un espectro de técnicas de distintos campos que se eligen según las interrogantes o la tradición científica (Flick, Kardorff y Steinke 2010: 22). Asimismo, el análisis se realiza siempre sobre la base de los datos recopilados, sin tener que formular necesariamente una hipótesis inicial que quede por comprobar, como se suele hacer en un enfoque cuantitativo. Más aún, durante la exploración de los datos pueden modificarse las interrogantes y los objetivos o

incluso pueden surgir nuevas preguntas que merecen ser consideradas. Con la reflexividad del investigador/de la investigadora (teniendo en cuenta siempre su propia perspectiva en la reconstrucción de información) y el fin de descubrir, explorar, interpretar y contextualizar, el análisis cualitativo es, pues, un proceso heurístico y circular (Meindl 2011: 26-27). El propósito del investigador/de la investigadora es pues el de encontrar sentido de (o interpretar) los significados que otras personas manifiestan acerca del mundo en el que viven (Creswell 2003: 9). Por lo tanto, a diferencia de métodos cuantitativos, que operan con más cantidad de datos, técnicas estandarizadas y conceptos más objetivistas y normativos (Flick, Kardorff y Steinke 2010: 14), el análisis cualitativo «se acerca más» al fenómeno estudiado (Flick, Kardorff y Steinke 2010: 17) y proporciona imágenes más concretas en lugar de cuestionarios normalizados. Particularmente en momentos y contextos donde la vida social se constituye por formas y estilos de vida múltiples y heterogéneos, se requieren estrategias metodológicas que permitan ver y entender la visión de los actores, sus construcciones subjetivas y sociales del mundo (Flick, Kardorff y Steinke 2010: 17).

...complementado por métodos cuantitativos

Ahora bien, aunque el enfoque principal y primordial de nuestro trabajo es claramente cualitativo, no pretendemos tomar posición en el hasta hoy permanente debate paradigmático e ideológico (Kuckartz 2014: 27) entre estructuralistas y positivistas con sus respectivas metodologías cualitativas y cuantitativas muchas veces consideradas incompatibles. Nos identificamos más bien con una nueva línea de investigación que surge a partir de los años ochenta y noventa del siglo XX, cuando, debido a problemas de investigación cada vez más complejos, científicos de diversos ámbitos empiezan a situar datos cuantitativos en el contexto del individuo o, por el otro lado, a completar la perspectiva individual con números y resultados estadísticos (Creswell y Plano Clark 2011: 21), sentando de este modo las bases para el desarrollo de diseños metodológicos mixtos[1]. Este «tercer movimiento metodológico» (Teddlie y Tashakkori 2009: 5) o *«third research paradigm»* (Johnson, Onwuegbuzie y Turner 2007: 129) subsigue los desarrollos de la investigación primero cuantitativa y luego cualitativa y se define como

> the type of research in which a researcher or team of researchers combines elements of qualitative and quantitative research approaches (e.g., use of qualitative and quantitative viewpoints, data collection, analysis, inference techniques) for the broad purposes of breadth and depth of understanding and corroboration (Johnson, Onwuegbuzie y Turner 2007: 114).

Los diseños metodológicos mixtos se basan en una posición epistemológica más pragmatista (Cherryholmes 1992), que implica un enfoque que no se centra tanto en los métodos, sino que parte de los problemas e interrogantes de investigación para encontrar desde ahí los acercamientos metodológicos (múltiples) más adecuados para responder a las cuestiones planteadas, sin someterse a ninguna restricción paradigmática: *«there is a concern with application –"what works"– and solutions to problems»*

1 Con este término nos referimos al término inglés *Mixed Methods Research.*

(Creswell 2003: 11). Reconociendo que cada método tiene sus limitaciones, la investigación pragmatista se desata pues del dualismo entre análisis cualitativos y cuantitativos y se permite elegir y aplicar las técnicas y los procedimientos que más cumplen con sus necesidades y propuestas y, de este modo, abre las puertas para el desarrollo de diseños mixtos y múltiples (Creswell 2003: 12). Este tipo de complejo metodológico implica la selección libre de técnicas de un *continuum* entre cualitativo y cuantitativo, aplicadas o secuencial o simultáneamente (es decir, o bien los resultados de un determinado método sirven para desarollar o proporcionan información para otro posterior, o bien un método puede estar incorporado en otro para arrojar luz sobre distintas dimensiones o unidades de análisis (Creswell 2003: 16; Flick 2008: 80). La triangulación así lograda no solo permite comprobar la validez de las técnicas seleccionadas en un nivel metodológico; decididamente, la combinación de diferentes procedimientos de colección y análisis de datos concede diferentes perspectivas sobre el objeto de estudio.
En nuestro caso, donde la cuestión principal es la construcción del espacio social a través de la lengua, un proceso multidimensional que ocurre en todos los niveles lingüísticos e implica representaciones mentales y posiciones ideológicas cuya examinación no es tarea fácil, la triangulación metodológica se hace aún más relevante. Un análisis de estas dinámicas complejas requiere una metodología multidimensional, transdisciplinar y complementaria (Ploog 2009: 282) que permita estudiar la perspectiva subjetiva de los hablantes en su máxima profundidad, situar su discurso en un contexto más amplio, deducir sus representaciones del espacio urbano y de sus variedades lingüísticas y, al mismo tiempo, encontrar tendencias o estructuras más generales de su percepción de la lengua. Nada más pertinente entonces que un diseño de investigación mixto.

Inspirados por los trabajos de Dialectología Perceptiva que desde los años ochenta han combinado exitosamente métodos de Sociolingüística, de Sociología y de Geografía Urbana elaboramos un procedimiento metodológico cuyo enfoque principal es claramente cualitativo, pero que incluye también un análisis cuantitativo. En uno de sus trabajos más recientes, Preston (2010b: 4) destaca la necesidad de realizar formas de investigación *«both perceptually and conceptually oriented»* para indagar lo que personas no expertas piensan sobre lenguas y variedades. Es decir, la reacción frente a una variante lingüística siempre se filtra por los conceptos (o representaciones) preexistentes que el hablante tiene acerca de las variedades de su espacio o determinados rasgos salientes. A su vez, estos conceptos se han ido formando a base de percepciones anteriores de diferencias lingüísticas (Preston 2010b: 2) (cf. *Marco teórico*, 3.4.3). Una metodología completa apunta entonces, según propone Preston en su taxonomía de dos modos de Dialectología Perceptual (6.1), tanto a los conceptos mentales como a la percepción instantánea de una variante lingüística, emplea métodos conscientes e inconscientes y trabaja con técnicas que usan estímulos de lengua hablada (*external*) y otras que no utilizan ningún tipo de input auditivo (*internal*) (Preston 2010b: 5).
En esta taxonomía, Preston conecta dos formas de percepción lingüística (consciente y subconsciente) con el procedimiento que se aplica para analizar la perspectiva subjetiva de una persona acerca de fenómenos lingüísticos (o bien observando la reacción directa frente a un estímulo de lengua hablada o bien apuntando a la parte más conceptual sin estímulo previo) y clasifica entre estas coordenadas

Two Modes of PD		Production Source	
		External	Internal
Regard Type	Conscious	Identification	Same-different
		Discrimination & Comprehension	Hand-drawn
		Discourse	Evaluations
			Imitations
			Discourse
	Subconscious	Misdirection	Discourse
		Matched-guise	
		Discourse	

Cuadro 6.1.: *Two modes of Perceptual Dialectology*, adaptado de Preston (2010b: 24). Marcados en gris los métodos aplicados en este trabajo.

diferentes métodos (frecuentemente usados en estudios perceptivos y actitudinales) que mejor sirven para alcanzar los diferentes aspectos de la percepción lingüística[2]. Aún así, el autor mismo expresa sus recelos acerca de esta clasificación:

> I have misgivings because, as I have pointed out all along, I believe the conscious and subconscious to be at work in any data gathering setting and that those regard types may be contradictory. More importantly, I believe language regard may in one setting or even at another time in the same setting reflect contradictory responses even within the same regard type; in short, I do not believe we can get at a real language attitude (or ideology, or folk concept, e. g. Coupland (2007: 99)) any more than we can get at so-called authentic samples of speech. Language regard is surely as various as language performance, and, like performance, stems from a reservoir (i. e., a repertoire) of various (and conflicting and changing) cultural beliefs about language and language variety. In PD, therefore, as in all folk linguistics, we have a better chance of a more complete understanding if we consider this entire tapestry of possibilities and not just the isolated occurrence of one or several expressions of language regard (Preston 2010b: 24).

De acuerdo con la reflexión de Preston, la perspectiva subjetiva sobre el lenguaje es un objeto de análisis sumamente complejo. La percepción de la variación lingüística y las actitudes que un hablante presenta al respecto son filtradas por las representaciones y los modelos culturales que la persona tiene, estrechamente entrelazados con su posición en la estructura geográfica y social dentro de la ciudad y, por lo tanto, extremadamente dinámicas y en constante proceso de adaptación y negociación de identidades y lugares. Como bien dice el autor, solo a través de distintas técnicas aplicadas en diferentes niveles de la conciencia de las personas nos podemos acercar a un conocimiento más diferenciado de lo que los hablantes piensan –y dicen– sobre los usos de la lengua (en nuestro caso, en el espacio urbano de

2 Para ejemplos detallados de las diferentes opciones de combinación de estos métodos, véase (Preston 2010b: 6-24). Más adelante precisaremos las técnicas aplicadas en este trabajo (destacados en la tabla) y las situaremos en el marco del esquema aquí presentado.

Buenos Aires) y a encontrar explicaciones sobre el porqué de tales comportamientos.

6.2. Diseño de investigación

A partir de la taxonomía de Preston para la Dialectología Perceptual y con la idea de un diseño metodológico mixto en el que un estudio primordialmente cualitativo se complementa con un enfoque cuantitativo, realizamos entonces el complejo metodológico expuesto en el cuadro 6.2 y que comentaremos en las páginas que siguen.

6.3. Selección de barrios

El componente geográfico de la percepción lingüística en el espacio urbano es uno de los intereses primordiales de nuestro trabajo. Por eso, el barrio, que no solo funciona como un indicador de la estratificación económica en la ciudad sino que, como hemos visto en varias ocasiones, también ejerce un papel fundamental en la construcción de la identidad y el estilo de quienes lo habitan, constituye el punto de partida para la recopilación de nuestro corpus. Definir el barrio como variable principal del análisis nos permitirá examinar en qué manera la percepción de ciertos fenómenos en el uso del habla de los porteños difiere según la posición que un hablante ocupe en el área urbana.

En base a la transformación urbana de Buenos Aires en el siglo XX y especialmente en las últimas tres décadas, se seleccionaron seis barrios (y partidos del primer cordón del conurbano de la Provincia de Buenos Aires) que por su historia pueden considerarse emblemáticos para ciertas formas de vida en Buenos Aires y que, además, están localizados en diferentes zonas geográficas del área urbana. Todos los barrios escogidos aquí fueron mencionados asimismo por los propios hablantes en el momento de hablar sobre las diferencias socioculturales que ellos notaban en la ciudad[3]. Se seleccionaron entonces los siguientes seis barrios/partidos: Villa Urquiza en el noroeste de la ciudad, Recoleta en el noreste, Caballito en el centro, La Boca y San Telmo (tratados como una zona) en el sureste, y los partidos de San Isidro (incluido el barrio de Olivos en Vicente López) en Zona Norte y Avellaneda en Zona Sur del conurbano.

Villa Urquiza

Situado en el noroeste de Buenos Aires, con alrededor de 85 mil habitantes y una densidad de casi 16'000 habitantes por km^2, Villa Urquiza (que debe su nombre actual al primer presidente constitucional de la Argentina, don Justo José de Urquiza) es un barrio que se consolidó durante el proceso de extensión de la ciudad de Buenos Aires como barrio suburbano industrial y que luego se convirtió en un barrio de residencia característico donde tradicionalmente predominaba la casa sobre los depar-

3 Estas observaciones provienen de Würth (2009).

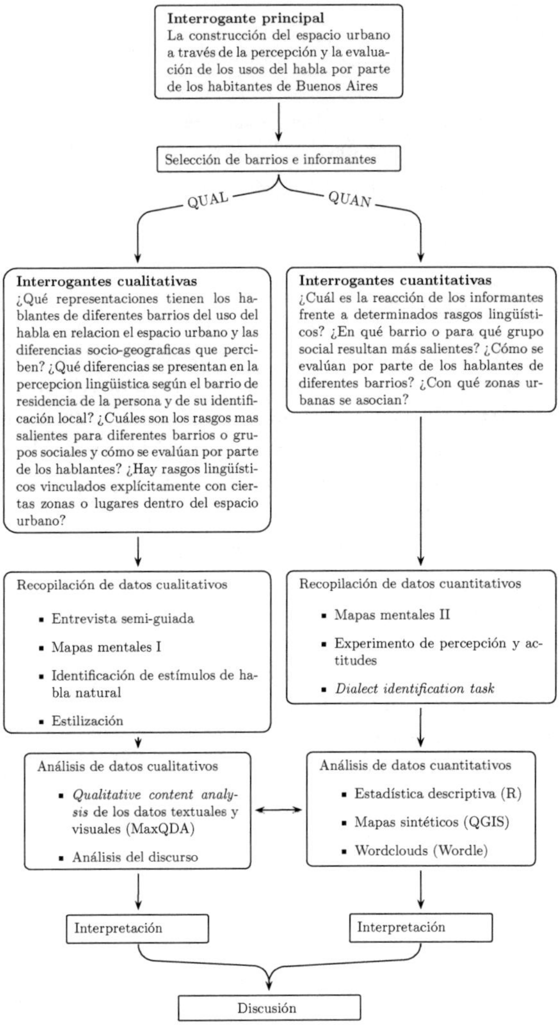

Cuadro 6.2.: Diseño de investigación

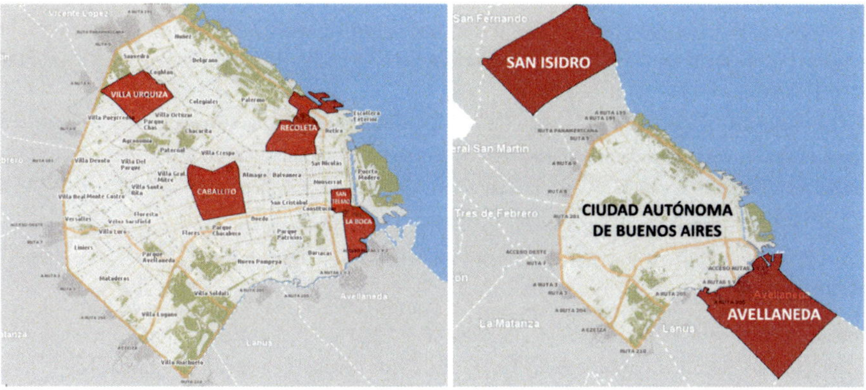

Cuadro 6.3.: Barrios y partidos seleccionados (mapas adaptados de https://www.buenosaires.gob.ar/laciudad)

tamentos[4]. Entre 1970 y 2001, sufrió un incremento poblacional significativo debido a movimientos migratorios intraurbanos desde el centro hacia los barrios en el norte de la ciudad. En los últimos años, «la reactivación de la industria de la construcción y la actividad inmobiliaria, lejos de distribuirse equilibradamente en la geografía urbana», se concentró notoriamente en los barrios de este sector[5]. Este aumento de intensidad edificatoria fue cambiando visiblemente la fisionomía de Villa Urquiza y desató conflictos urbanos con la población previamente localizada, interesada en mantener el perfil tradicional del barrio y preocupada por la reducción de la disponibilidad de espacios verdes (Guevara 2014: 126)[6]. Por su localización geográfica alejada del (micro-)centro, Villa Urquiza se considera parte de un conjunto de zonas en el noroeste que pueden entenderse como «subcentros» laborales y comerciales de la ciudad (Gobierno de la Ciudad de Buenos Aires 1999: 40).

Caballito

Caballito (cuyo nombre proviene de una pulpería instalada en 1804 en la esquina de las actuales Rivadavia y Emilio Mitre y reconocida por su veleta en forma de caballito) en el centro geográfico de la ciudad, también es un barrio residencial tradicional, pero con alrededor de 170 mil habitantes hoy en día presenta una densidad poblacional muy superior al promedio porteño (25'000 habitantes por km^2)[7]. Tal como se ha señalado para Villa Urquiza, en esta zona últimamente también se observa un auge de las actividades de construcción, sobre todo en edificios altos, hecho que está cambiando de forma evidente

4 http://www.buenosaires.gob.ar/laciudad/barrios/villa-urquiza [04/04/16].
5 http://www.atlasdebuenosaires.gob.ar/aaba/index.php [04/04/16].
6 Las transformaciones mencionadas y los cambios fisionómicos de Villa Urquiza se ven reflejados, por ejemplo, en la siguiente nota: http://www.telam.com.ar/notas/201403/56075-villa-urquiza-es-el-barrio-porteno-que-mas-crecio-en-altura.html [25/02/15].
7 http://www.buenosaires.gob.ar/laciudad/barrios/caballito [04/04/16].

la estructura del barrio tradicional. La gran actividad constructora de viviendas muestra que Caballito se está consolidando como sitio predominante para la construcción residencial orientada a los sectores de clase media y media-alta (USIG 2007).

En el imaginario social, según Cosacov (2014: 46), Caballito ha quedado «asociado a un "barrio de clase media"», ubicado en la división social «en el "medio" de un norte identificado como "rico" [...] y un sur más obrero y popular». Esta representación también juega un papel central en la percepción de uso del habla en el espacio urbano, como veremos más adelante.

Recoleta

Situado en el noreste de la ciudad, con alrededor de 165 mil habitantes, Recoleta (que debe su nombre a un convento llamado Convento de los Padres Recoletos instalado en el barrio a fines del siglo XVIII (CEDEM 2004: 6)) también es uno de los barrios con mayor densidad poblacional de Buenos Aires (aproximadamente 28'000 habitantes por km^2)[8], si bien últimamente se registra una disminución en la cantidad de habitantes (CEDEM 2004: 17). Tradicionalmente, el barrio de Recoleta constituye una de las zonas más prestigiosas de la ciudad porque, como hemos visto, la historia del barrio estuvo ligada fuertemente a la actividad residencial de los sectores de altos ingresos (CEDEM 2004: 55), lo cual fomentó el desarrollo de una buena conexión de la zona con la red de transporte público y la convirtió en epicentro de las áreas con mayor valor del suelo (Cosacov 2014: 55). Por su ubicación geográfica favorable, su atractivo comercial y turístico y su buen enlace de comunicaciones, en la actualidad, el mercado inmobiliario de la Ciudad de Buenos Aires juega aún más a favor de la valorización del barrio. Después de la devaluación causada por la crisis en 2001, cuando los precios del metro cuadrado en la ciudad disminuían drásticamente, en Recoleta volvieron a subir, incluso a niveles más altos que en los años anteriores al 2001 (CEDEM 2004: 16).

La estructura urbana de Recoleta –viviendas suntuosas y edificios de departamentos exclusivos– refleja la larga tradición como zona residencial y comercial de los sectores de mayores ingresos, característica por la cual el barrio se ha anclado en la representación social como símbolo marcado de un determinado estatus socioeconómico, cultural e incluso político.

La Boca y San Telmo[9]

La Boca, un barrio con alrededor de 43 mil habitantes y una densidad de 14'000 habitantes por km^2 y que debe su nombre a que se sitúa precisamente en la zona en donde el Riachuelo (o el Río Matanza) desemboca en el Río de la Plata[10], es, quizás el barrio cuyas imágenes más representan a la ciudad de

8 http://www.buenosaires.gob.ar/laciudad/barrios/recoleta [04/04/16].

9 Debido a algunas dificultades no previsibles en el reclutamiento de informantes provenientes del barrio de La Boca, decidimos establecer una zona en el sur de la ciudad que abarcara, además de La Boca, el barrio vecino de San Telmo. Somos conscientes, sin embargo, que a pesar de su localización muy cercana se trata de dos barrios históricamente distintos, con distinta representación en el espacio urbano, situación que tendremos en cuenta y sobre la que volvermos en nuestro análisis.

10 http://www.buenosaires.gob.ar/laciudad/barrios/laboca [04/04/16]

Buenos Aires en el exterior. La zona pertenece a una franja en el sur de la ciudad que a partir del siglo XX vivió un gran desarrollo industrial y fue poblada por los sectores trabajadores que en el curso de la inmigración desde Europa se asentaron en la zona portuaria, ocupando los caserones que dejaron los sectores tradicionales al trasladarse hacia el norte. En los así denominados conventillos, casas de inquilinato compartidas en las que cada cuarto era alquilado por una familia o un grupo de personas y se compartía la cocina y el baño, se mezclaban migrantes de diversos orígenes que habían llegado a la Argentina.

San Telmo, por su parte, el barrio colindante con La Boca, tiene alrededor de 23 mil habitantes y una densidad de 20'000 habitantes por km^2, se considera el segundo de los "barrios del puerto"[11].

La estructura urbana de los barrios en el sur de la ciudad es el resultado de una compleja superposición de procesos sociales y económicos que se traducen en lo territorial. Así, por ejemplo, las reestructuraciones socioeconómicas desde los años setenta y el subsecuente colapso de la industria, que llevaron a una desorganización social de la zona vulnerable del sur y a la fragmentación de los barrios obreros, e hicieron crecer vertiginosamente los asentamientos precarios (llamados *villas miseria* (Gorelik y Silvestri 2010: 314; CEDEM 2003)). Por otro lado, los procesos de renovación urbana de las áreas centrales implicaron la modernización, densificación y extensión del área central hacia el este y el sudeste incorporando progresivamente barrios como Puerto Madero, San Telmo, La Boca o Barracas. Así, barrios (o sectores de barrios) caracterizados por una tradición popular e importante presencia de establecimientos industriales, empiezan a incorporarse en los segmentos más dinámicos del mercado inmobiliario local y están en proceso de convertirse en enclaves turísticos, comerciales y residenciales de alto nivel (Guevara 2014: 125-126).

Estos barrios deben ser entendidos, por lo tanto, como el recorte de distintos paisajes que, sin embargo, en su conjunto forman un paisaje singular y característico de la ciudad. En este sentido, encontramos varios elementos que cumplen un rol primordial en la estructura urbana de esta área: el Riachuelo, el puerto, el aislamiento de la ciudad, los grandes equipamientos urbanos, los grandes espacios de las estaciones de carga, las estaciones y vías de tren y la red de tránsito pesado y las autopistas urbanas (Gorelik y Silvestri 2010: 364).

Zona Norte: Olivos y San Isidro

San Isidro es un partido del conurbano en el norte de la ciudad y parte de la Zona Norte, un área que en los últimos años se caracteriza sobre todo por la construcción de asentamientos privados de estatus social elevado y que funciona así como punto de atracción para procesos de suburbanización y movimientos de migración de los sectores con alto poder adquisitivo desde la ciudad[12]. También se relaciona frecuentemente con la oligarquía acomodada y terrateniente que vive en el norte. El barrio

11 http://www.buenosaires.gob.ar/laciudad/barrios/santelmo [04/04/16].

12 En la actualidad, se estima que las urbanizaciones cerradas ascienden en la RMBA a 540 unidades y representan más del doble de la superficie de la Ciudad Autónoma de Buenos Aires, alrededor de 500 km2. El grueso de las mismas se ubican en el eje norte, en los partidos de Pilar, Tigre, Escobar y San Isidro (Ciccolella 2012: 19).

de San Isidro es paradigmático para estos procesos y muchas veces se estereotipa a la gente y la forma de hablar de sus habitantes (cf. Würth 2009: 61; CEDEM 2004). Sin embargo, aunque las clases de mayor nivel sociohabitacional se mantienen «estables», no es una zona exclusiva del sector alto, sino que representa cierta heterogeneidad social e incluso lugares de asentamientos precarios, mencionados reiteradamente por los habitantes de esta área.

Zona Sur: Avellaneda

En el sureste de la capital, comunicado con ella principalmente a través del Puente Pueyrredón que cruza el Río Matanza, también conocido como Riachuelo, se encuentra el partido de Avellaneda, constituido por las localidades Avellaneda Centro, Crucesita, Dock Sud, Gerli, Piñeiro, Sarandí, Villa Domínico y Wilde. Esta zona, con alrededor de 330 mil habitantes[13], tiene una larga tradición industrial relacionada con la ganadería, la producción de aceites comestibles, los saladeros, a los que en el siglo XX se sumaron los frigoríficos, la construcción del gigantesco depósito comercial del Mercado Central de Frutos y las obras del puerto. A partir de los años 1960, debido a transformaciones de la estructura económica, las grandes industrias fueron desapareciendo y dieron lugar a la instalación de fábricas más pequeñas que junto al polo petroquímico son los que hoy sostienen la economía de la región[14].
Ahora bien, si contemplamos la estratificación socioeconómica de Buenos Aires, representada en el cuadro 6.4, se nos presenta una especie de *continuum* entre norte y sur en el que se agrupan los barrios aquí descritos[15]. Aunque el criterio socioeconómico no constituye una variable incluida en nuestro análisis, cabe tener en mente esta imagen para entender la función que ejerce el barrio para remitir no solo a determinadas prácticas, sino también a ciertos estratos sociales.

6.4. Selección de informantes

Para cada barrio seleccionado se entrevistaron 10 personas, con una edad aproximada de 30 años, nativas de la Ciudad de Buenos Aires. En vista de que las metrópolis latinoamericanas hoy en día se caracterizan por grandes flujos migratorios, no solo desde el interior hacia los centros urbanos, sino también –como en el caso de Buenos Aires– de países limítrofes como Perú, Bolivia y Paraguay, para este trabajo se toman en cuenta únicamente personas nacidas en Buenos Aires y que hayan vivido al menos dos tercios de su vida en la ciudad[16]. Según los resultados de Würth (2009) es de esperar que entre hombres y mujeres de un mismo barrio se muestren representaciones y actitudes sociales y lingüísticas diferentes respecto del espacio urbano, y que la estilización de distintas formas de hablar

13 http://www.mda.gob.ar/index.php?s=49 [25/02/15].
14 http://www.uiavellaneda.org.ar/2008/avellaneda_historia.asp [25/02/15].
15 Nótese que estos datos son del año 2012 y que los números indicados no corresponden a los ingresos actuales.
16 Por supuesto que no se pueden pasar por alto los procesos de migración y su importancia para la imagen colectiva del espacio urbano y la percepción lingüística, como veremos en el discurso de varios de los informantes, pero no lo consideramos como variable para nuestro trabajo, porque sería abrir un nuevo campo de investigación sin fin.

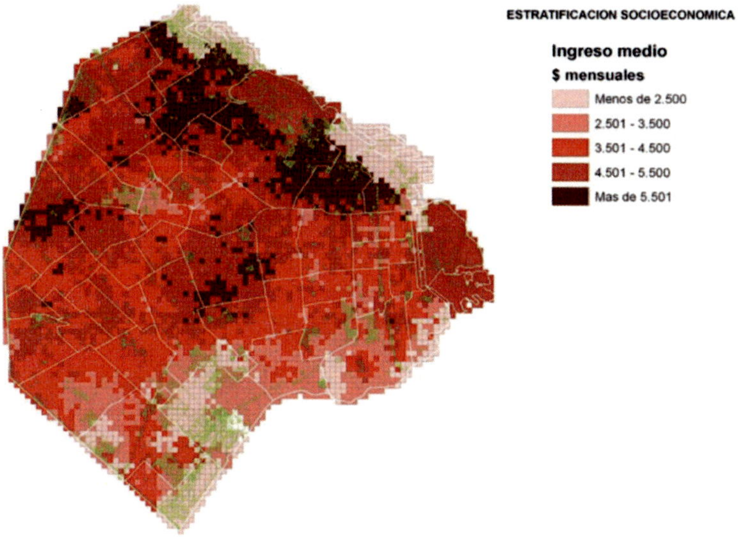

Cuadro 6.4.: Estratificación socioeconómica de la ciudad de Buenos Aires (Ministerio de Desarrollo Urbano 2012: 28)

también difiera respecto del sexo de la persona que realiza la imitación. Por eso, se seleccionaron para cada barrio cinco hombres y cinco mujeres, lo cual da un total de 60 informantes. Dado el enfoque primordial cualitativo de nuestro trabajo, evidentemente no es el objetivo disponer de una muestra cuantitativamente representativa del total de la población que habita en cada uno de estos barrios. En primer lugar, se trata de delimitar clasificaciones y tipologías mediante un análisis profundo y detallado del muestreo. El análisis cuantitativo incorporado se hará con los datos de los mismos 60 participantes y proporcionará información adicional generalizada acerca de la percepción y de las actitudes lingüísticas de estas personas. Además, puesto que estamos interesados en un estudio sincrónico, nos limitamos a un solo grupo etario de personas que nacieron todas al final o inmediatamente después de la dictadura militar (1976-1983). Tal como se ha mostrado, el período tras la dictadura significa para Buenos Aires un momento político, económico y sociocultural muy peculiar y forma una generación que vivió conscientemente el sistema económico neoliberal y las profundas consecuencias de su colapso. Por eso, las representaciones y las percepciones que este grupo tiene del espacio urbano son de gran interés para nuestro trabajo. Partiendo de los criterios del barrio de residencia y de la edad, los informantes se seleccionaron aleatoriamente, a través de la propia red de contactos (*"friend of a friend"*, método basado en (Milroy 1980), citado por Tagliamonte (2006: 21)) establecida durante varias estadías en Buenos Aires (véase la tabla de informantes en el apéndice A.1). Todos los datos fueron anonimizados y se están usando aquí con la aprobación explícita de parte de los informantes[17].

A continuación, se presentarán en detalle los métodos aplicados para investigar la percepción, las representaciones y las actitudes lingüísticas de los hablantes porteños, de la manera como se llevaron a cabo cronológicamente en la charla con los informantes. Puesto que era muy probable que a lo largo del proceso de recopilación de datos, el grado de conciencia de los informantes respecto de las cuestiones planteadas y de los fenómenos lingüísticos tratados aumentaría, este orden se estableció con la intención de alcanzar el menor grado de condición previa posible para cada técnica realizada.
Para cada paso metodológico, se explicarán las interrogantes que se pretenden contestar con el método empleado y de qué modo se integran y se combinan técnicas distintas y enfoques cualitativos y cuantitativos, tanto para la recopilación como para el análisis de los datos.

6.5. Entrevista semi-guiada I: sobre el barrio, la ciudad y el español de Buenos Aires

¿En qué grado se identifican personas de diferentes zonas de la ciudad con su barrio de residencia? ¿Qué imágenes tienen de la ciudad de Buenos Aires, de las diferencias geosociales y lingüísticas que en ella existen? ¿Qué es para ellos el habla porteña?
La entrevista en sus múltiples formas es una de las técnicas más frecuentes en el análisis cualitativo, sobre todo cuando se trata de ver las experiencias y las opiniones de diferentes personas acerca de un tema general (Meier Kruker y Rauh 2005: 62). Vinculada estrechamente con las ideas del comprensivismo de Max Weber, la entrevista cualitativa ofrece la posibilidad de preguntar por motivos, interpretaciones y puntos de vista personales en una manera abierta y discursiva (Hopf 2005: 350). La calidad de los datos así recopiladas, no obstante, depende en sumo grado de la planificación y la realización de la entrevista, así como de la relación y la confianza que la persona que la lleva al cabo logre establecer con su informante.
El tipo de entrevista y el grado de estructuración de las preguntas depende –lógicamente– de las interrogantes de la investigación, pero también del número de informantes que se desee alcanzar y la profundidad que se pretenda conseguir en la charla (cf. Meier Kruker y Rauh 2005: 64). Con vistas a los objetivos planteados para este trabajo, centrados en la perspectiva subjetiva de los hablantes de Buenos Aires, decidimos realizar aquí una entrevista semi-estructurada basada en un guión de preguntas (véase apéndice A.2). Esta estructura nos servía de hilo conductor en la conversación con los informantes pero permitía, al mismo tiempo, que se desarrollara una charla natural y espontánea.
La entrevista constaba de dos partes: la primera, que abarcaba los tópicos del barrio, de la ciudad y de la lengua hablada en Buenos Aires, se realizaba al inicio de la sesión con el/la informante, y la segunda,

17 Firmando una declaración de consentimiento, los informantes nos cedieron el derecho de usar y publicar la información recopilada para fines científicos.

sobre el habla como elemento de identificación en el espacio urbano (véase *infra*, 6.10), se efectuaba después de los métodos de mapas mentales y de estilización y representaba el cierre del procedimiento metodológico.

Debido a sus etapas previamente planeadas, a su estructura relativamente fija y los roles de interacción predefinidos, Hermanns (2005: 363) le atribuye a la entrevista un carácter dramático. Acorde con esta definición, presentaremos a continuación la planificación de la entrevista aquí realizada y detallaremos la hoja de ruta seguida en cada sesión con los diferentes informantes.

6.5.1. Presentación y contexto

La relación con el o la informante empieza a establecerse mucho antes de la entrevista propiamente dicha. En el momento de contactar a las personas a las que les solicitamos una entrevista, las hemos informado acerca del tema y de los objetivos del trabajo, les hemos explicado por qué entran en la selección de informantes, cuáles eran nuestras expectativas y cuál era el tiempo calculado para la conversación (véase también el guión en el apéndice A.2). Es importante, además, tener conciencia del grado de experiencia de los informantes así como del interés o del afecto que pueden mostrar respecto del objeto de estudio (Meier Kruker y Rauh 2005: 63). En nuestro caso, salvo una persona que tiene formación en lingüística (pero que no trabaja en la misma línea de investigación), todos los informantes eran personas inexpertas en el tema. Por razones diferentes –el nivel de educación, la formación profesional o el entorno social, por ejemplo–, algunas personas le daban más importancia al tema, mientras que para otros, el objeto de estudio era algo bastante ajeno. En varias ocasiones, convencerlos a participar, hacerles entender que su opinión era importante para el trabajo o quitarles el miedo de decir algo "equivocado" no era tarea fácil. Ahí es donde el entrevistador/la entrevistadora tiene que mostrar sensibilidad y comprensión, crear incentivos y, al mismo tiempo, evitar exponerse manteniendo una posición política, sociocultural y económica propia (Hermanns 2005: 364). Asimismo, debe definirse previamente el rol que uno adopta como entrevistador/a hacia lo que dicen los participantes. Aquí optamos por fingir una cierta "ingenuidad intencionada" (*«deliberate naiveté»* (Kvale y Brinkmann 2009: 30-31; Hermanns 2005: 364)) para cederles a los informantes el papel del iniciado y así proporcionarles más seguridad y confianza. Por esta misma razón, todas las 60 entrevistas realizadas para la recopilación de nuestro corpus se hicieron de forma individual y –siempre que fuera posible– en casa de la persona entrevistada o, si no, en un lugar público no demasiado concurrido.

La charla entera con cada informante (salvo el experimento de percepción, cf. *infra*) se recordó con una grabadora Olympus LS-11. Puesto que no incluimos en nuestro trabajo los aspectos proxémicos y kinésicos, no era necesario efectuar una videograbación, que, además, hubiese incomodado demasiado a los participantes.

6.5.2. Transcurso y ejes temáticos I

Luego de una fase de entrada en la que se registraron los datos personales de cada persona (nombre, edad, educación y profesión), la primera cuestión, como se desprende del guión, concernía al **barrio**

de residencia de las personas entrevistadas. Hablar del barrio, de las asociaciones e imágenes que este provoca en los informantes y la identificación que sienten al respecto no solo nos permite comprender su ubicación en el espacio urbano y estimar el arraigo que manifiestan respecto de este lugar, sino que también era un aspecto del que los informantes podían hablar con facilidad y, de este modo, servía para establecer confianza y seguridad.

Del lugar del barrio se pasaba al espacio más amplio de la ciudad; se les pedía a los informantes que describieran sus impresiones de Buenos Aires hoy en día y se les preguntaba en qué sentido, según ellos, se hacían geográficamente visibles las diferencias sociales en la urbe. Con el motivo de considerar el lugar que ellos mismos se atribuyen dentro de la escala social de la ciudad (en un país donde históricamente la clase media constituía el motor de la sociedad), también se les preguntaba si se podían encasillar en una clase social.

Después de estos dos tópicos relacionados con el espacio sociogeográfico, el último punto tratado en esta primera parte de la entrevista semi-guiada se refería a la lengua. Para ver el grado de conciencia lingüística general y las actitudes de los hablantes frente a la variedad hablada en Buenos Aires, se les solicitaba a los informantes que explicaran qué era, para ellos, el habla porteña y a través de qué elementos se caracterizaba. A partir de este punto, y para ir un poco más al grano, les preguntábamos si se podía hablar de **una** forma de hablar de Buenos Aires y, si respondían negativamente, cuáles eran las diferencias que veían dentro de la ciudad –una pregunta que servía de puente para iniciar la tarea de los mapas mentales, que comentaremos a continuación.

6.6. Mapas mentales: quiero que me dibujes un mapa...

¿Cuáles son las representaciones que los habitantes de diferentes barrios tienen de su espacio urbano y de las diferencias en el uso del habla dentro de la ciudad? ¿Dónde ven diferencias, qué fronteras lingüísticas trazan, qué barrios incluyen o excluyen en las áreas dibujadas, y cómo los caracterizan? ¿Qué términos se usan para denominar los distintos sectores? ¿Y con qué frecuencia aparecen?

Después de haber dirigido la atención del/de la informante sobre la lengua en Buenos Aires y esbozadas sus primeras reflexiones o menciones sobre las diferencias que puede haber en cuanto al uso del habla en el espacio urbano, llegó el momento de introducir una tarea práctica y de ver estas construcciones mentales representadas sobre papel, en un método que Preston (1999b: xxxiv) denomina *«draw-a-map task»*[18].

El interés científico por cómo crean las personas imágenes del espacio que habitan no es un fenómeno reciente (De Alba 2011: 2). Desde principios del siglo XX, la orientación espacial del ser humano

18 La expresión *mapa mental* es usada con frecuencia tanto para hacer alusión a la representación mental que una persona tiene de un determinado espacio como también para indicar la técnica de trazar esta imagen y el resultado de este proceso. Por más detallado que sea, un dibujo siempre constituye una proyección y por ende una simplificación de la imagen mental, como aún veremos más adelante. Para no equiparar los dos conceptos, decidimos emplear aquí los términos *representación* para referirnos a la imagen mental abstracta y *mapa mental* o *cartografía mental* para mencionar los dibujos concretos.

se convierte en una cuestión cada vez más importante y en objeto de estudio para la Geografía, la Psicología y la Planificación Urbana (Günzel 2010: 239). Sin embargo, el estudio experimental de mapas mentales no surge antes de la mitad del siglo XX, en el campo de la Psicología Cognitiva (De Alba 2011: 2). Tolman (1948) se sirve del término *cognitive map* para describir el comportamiento sistemático de ratas en su entorno y está convencido de que este *«purposive behaviorism»* funcionaría de igual manera para el ser humano (Günzel 2010: 240). Después de los experimentos de Tolman, el estudio de la orientación espacial se retoma en los años cincuenta, con un enfoque más cognitivo: Lynch (1960) es el primero en usar el concepto de mapas mentales y la técnica de dibujar esquemas sobre un papel para analizar las representaciones que habitantes de una ciudad se forman de su espacio (De Alba 2011: 2). Con vistas a cuestiones urbanísticas, el autor se dedica al aspecto visual de ciudades, al significado de su paisaje y sus transformaciones (Riaño 2014: 27). La imagen dibujada refleja la relación de los habitantes con su espacio de vivencia, de trabajo y de ocio:

> Moving elements in a city, and in particular the people and their activities, are as important as the stationary physical parts. We are not simply observers of this spectacle, but are ourselves a part of it, on the stage with the other participants. Most often, our perception of the city is not sustained, but rather partial, fragmentary, mixed with other concerns. Nearly every sense is in operation, and the image is the composite of them all (Lynch 1960: 2).

Su trabajo *The Image of the City* puede considerarse como estudio precursor y muy inspirador para el desarrollo teórico y metodológico en materia de estudios urbanos, y por su metodología innovadora y las ideas para analizar las representaciones del espacio urbano, ha motivado una serie de investigaciones acerca de la ciudad en varias disciplinas, como, por ejemplo, el urbanismo, la arquitectura, la psicología, o la geografía (Lynch y Jackson 1998; De Alba 2009: 12, 2011: 2). Con el desarrollo de las ciencias cognitivas, el concepto de "mapa cognitivo" empieza a tratarse sistemáticamente para investigar cualquier tipo de información vinculada espacialmente (Downs y Stea 1982; 1985). La representación mental que remite al espacio se convierte en objeto de estudio (Günzel 2010: 242):

> Cognitive mapping is a process composed of a series of psychological transformations by which an individual acquires, stores, recalls, and decodes information about the relative locations and attributes of the phenomena in his everyday spatial environment (Downs y Stea 1973: 7).

Milgram y Jodelet (1976) realizaron un estudio sobre las representaciones de París en el contexto de esta línea de investigación, tratando los mapas mentales como representaciones sociales y considerando, además, los significados sociales, culturales e históricos de la ciudad como factores que entran en juego en la formación de imágenes sobre ella (De Alba 2011: 3). Ya en el trabajo de Gould (1972) sobre preferencias en cuanto a zonas residenciales en Estados Unidos, en el que evalúa imaginarios colectivos sobre regiones y ciudades, destaca el factor cualitativo de mapas mentales (Günzel 2010: 245). En consecuencia, la investigación mediante mapas mentales se ocupa cada vez más de los significados, sentimientos y valores que influyen en la percepción de espacios y condicionan la práctica espacial, como lo repite el geógrafo Rob Kitchin más tarde, en los años noventa: *«Cognitive maps [...] are not just a set of spatial mental structures denoting relative position, they contain attributive values and meanings»* (Kitchin 1994: 2). Esta idea del aspecto evaluador y simbólico es clave para nuestro trabajo. Uno de los pioneros en emplear mapas mentales en la lingüística, concretamente para el estudio de la percepción de la variación dialectal, fue Dennis Preston (Preston 1989; Long y Preston 2002) quien, interesado en los conocimientos de personas no expertas sobre las variedades lingüísticas, desarrolló la disciplina de la Dialectología Perceptiva (*Perceptual Dialectology*, a veces también llamada *Folk Linguistics*), un cambio de enfoque de la producción a la percepción de fenómenos lingüísticos. Partiendo de la pregunta de cómo perciben y valoran los hablantes de un determinado espacio las variedades lingüísticas propias y ajenas, sentó el fundamento teórico y metodológico para una larga serie de trabajos vinculados con otras disciplinas, como por ejemplo, la Sociolingüística, la Etnografía, la Psicología, la Antropología Social y la Geografía.

Desde el punto de vista de la Geografía Social, el método de dibujar mapas mentales en su forma clásica no le facilita al/a la informante ninguna información adicional (administrativa, topográfica o por ejemplo referencias a puntos significativos de la urbe, como edificios conocidos, monumentos, etc.) que pueda condicionar su gráfico. Es decir, al/a la informante se le presenta una hoja en blanco sobre la que desarrollará su esquema. Teniendo en cuenta las reflexiones de Lameli, Purschke y Kehrein (2008) sobre la importancia del mapa de base para los resultados de los mapas mentales, nosotros procedimos de la misma manera: les presentábamos a los informantes una hoja en blanco, les pedíamos que dibujaran un esquema de la ciudad y que marcaran allí las zonas donde ellos notaran diferencias en la forma de hablar. En un segundo paso, se les pedía que explicaran su mapa y que argumentaran por qué habían delimitado sus áreas, y según qué criterios. Por último, tenían que caracterizar cada una de las áreas delimitadas con una palabra.

El hecho de que el/la informante se vea enfrentado/a a la hoja en blanco y que no tenga ningún punto de referencia para dibujar el mapa puede ser muy exigente y hasta desbordante. Además, el resultado depende mucho de la facilidad de esquematizar y abstraer de la persona entrevistada. No pocas personas incluso se expresaron en este sentido y se disculparon por su «incapacidad para dibujar» («Ah, me mataste», «Yo para los dibujos soy cero», «Soy muy malo dibujando. Muy malo.», «No tengo ni idea.», «Si tuviera que dibujar la capital, en mi cabeza en realidad no sé bien cómo estaría.»). Sin embargo, este método representa la forma "más pura" del mapa mental, puesto que cualquier información mínima ya significaría una influencia para el resultado. Por otra parte, es justamente la abstracción y la simplificación lo que puede resultar interesante, porque permite ver el grado de complejidad de la imagen que una persona tiene de la ciudad, las jerarquías sociogeográficas que marca (de qué tamaño dibuja los barrios, por ejemplo, o la proporción del barrio de residencia en relación con toda el área de la ciudad), y la simplificación junto con la clasificación de las zonas delimitadas mediante una expresión, a su vez, pueden sacar a la luz varios estereotipos sociales, geográficos y lingüísticos:

> The sketch map is not the mental map, but its schema that, given his abilities, the subject is able to draw. Far from being a group of unconnected, dis-united signs, the maps form structures where the elements are related to one another. In spite of distortions, omissions or additions, the map shows how each resident conceives his city. The sketch, thanks to

> its nature as free projection, allows the subject to express aspects of his representation of the space that could not be materialized in any other medium. They make it possible to observe the imaginary dimension of social representation, those archaic, utopian, mythical, fantastical and emotive elements linked to certain territories (De Alba 2011: 5).

En un segundo paso, ahora sí, les presentábamos a los informantes un mapa de base con las fronteras administrativas de los barrios de Buenos Aires, sobre el cual se les pedía que marcaran nuevamente las mismas zonas de diferencias en la forma de hablar:

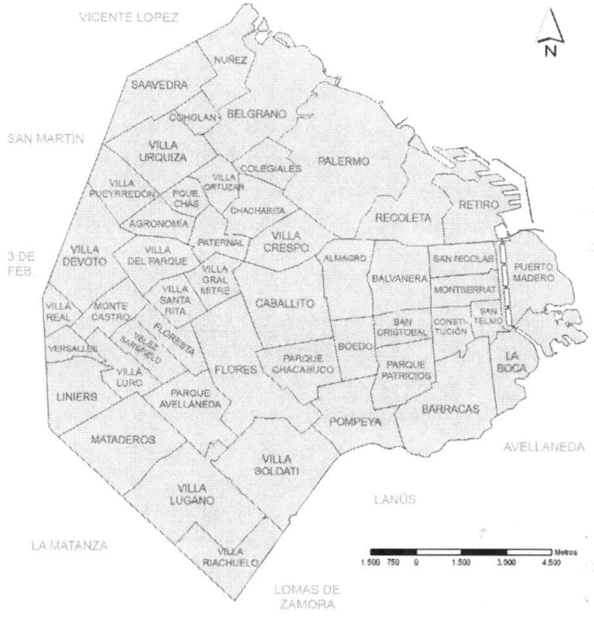

Cuadro 6.5.: Plantilla para realizar el mapa mental II (adaptado de http://mapoteca.educ.ar/)

La elección de los barrios como referencia se debe al hecho de que, como hemos visto, el barrio constituye un elemento de identificación central para los habitantes de Buenos Aires y, en segundo lugar, a que nuestro objetivo era, precisamente, investigar las representaciones y los estereotipos acerca de distintos modos de hablar vinculados a determinados sectores sociogeográficos. El proceso de trazar los dos mapas mentales iba acompañado por una charla con la persona entrevistada, durante la cual ella argumentaba acerca de su dibujo y nosotros preguntábamos o le pedíamos más precisiones a este respecto. Esta metacomunicación también fue grabada para complementar el análisis del material gráfico.

6.6.1. Análisis

El resultado de esta tarea son 120 mapas, 60 dibujados sobre una hoja en blanco y 60 con la referencia de los barrios. Dadas sus diferencias de formato, estos mapas se prestan para dos tipos de análisis diferentes: los primeros, trazados sin ninguna referencia, se analizarán de manera cualitativa. Considerándolos como texto, se estudian desde una perspectiva de análisis de discurso visual, de acuerdo con un modelo desarrollado por Riaño (2014: 16) sobre la base de los métodos de análisis visual de Rose (2012). Primero se observará la imagen como representación: ¿Qué es lo que muestra? ¿Cuál es el contexto del dibujo? ¿Qué es lo que se visualiza o no se visualiza en la imagen? Segundo, se estudiará el dibujo como práctica social: ¿En qué manera se organizan los objetos en la imagen? ¿Cuál es la relación entre ellos? ¿Se pueden distinguir jerarquías a través de la distribución espacial o el tamaño de los objetos? Estos primeros dos pasos de análisis servirán de base para la interpretación de la imagen y para responder a nuevos interrogantes tales como: ¿Cuáles son los significados que implica? ¿Qué importancia tienen los objetivos trazados para los informantes? ¿Por qué? ¿Y qué significan en un contexto más amplio, comparados con mapas de otros barrios? ¿Se pueden ver diferencias en los mapas dibujados por personas de diferentes barrios?

El análisis de las cartografías mentales no se podrá efectuar independientemente de los metadiscursos verbales que los hablantes enunciaron en el momento de trazar su esquema, ya que este proceso estaba integrado en la entrevista. Al estar en constante interacción con la entrevistadora, los informantes no siempre se sentían obligados a anotar toda la información sobre papel, sino que podían dar explicaciones adicionales acerca de lo que estaban dibujando –información complementaria esencial para la comprensión de los mapas.

Como hemos visto, el segundo tipo de mapas tiene la referencia geográfica determinada de la distribución barrial de Buenos Aires. Esta base de comparación nos permitirá realizar diferentes tipos de análisis cuantitativo. En primer lugar, se ha creado un documento en el que para cada barrio se alistan todos los términos mencionados por todos los informantes (tanto los que se anotaron en los mapas como los que se mencionaron en el metacomentario). Para tener datos comparables, algunas de las expresiones se han resumido bajo un mismo término genérico (así, por ejemplo, *cheto*, *chetón*, *chetada* o *re cheto* se agruparon todos bajo *cheto*), siendo conscientes de que esta labor interpretativa de nuestra parte implica una generalización de los datos, necesaria, evidentemente, para poder ver tendencias más globales. A partir de este documento y mediante el programa *Wordle*[19], se representa la respectiva frecuencia de los términos mencionados (que puede variar considerablemente dado que no todos los barrios son igual de salientes y, por tanto, no provocan la misma cantidad de designaciones) para cada barrio en un *wordcloud*. Después, sobre la base del mismo documento y con ayuda del Sistema de Información Geográfica libre y de Código Abierto (QGIS)[20], se han creado mapas sintéticos de diferentes términos o grupos de términos que nos resultaron de especial interés y la frecuencia con la que

19 www.wordle.net.
20 www.qgis.org.

se emplearon para denominar los diferentes sectores o formas de hablar de la ciudad. De este modo, la visión profunda que se consigue de las representaciones individuales se verá completada por una imagen general de la representación del espacio urbano y sus variedades lingüísticas.

6.7. Test de identificación: percepción, valoración y localización de algunos rasgos lingüísticos seleccionados

¿Qué actitudes hay respecto de determinados rasgos fonéticos y léxicos? ¿Puede una variante lingüística aislada de su contexto de habla ser cargada de valor social y provocar reacciones favorables o desfavorables? ¿Pueden determinadas variantes lingüísticas ser localizadas dentro del espacio urbano? ¿Difieren estos resultados según el barrio de residencia o el sexo de los informantes?

En la caracterización o estilización que los porteños hacen del uso del habla de determinados sectores sociales o geográficos dentro de la ciudad se observa, por un lado, que los rasgos lingüísticos que utilizan de manera explícita (si bien el grado de explicitud metalingüística puede variar) son casi exclusivamente de índole fonética y léxica y, por el otro, que destacan algunos elementos que se usan con mayor frecuencia y de manera repetitiva por casi todos los hablantes. De este modo, en nuestras entrevistas anteriores hemos podido determinar la mención de varios vocablos (Würth 2009: 86) así como referencias reiteradas a la realización sonora de la palatal rehilada («hablan todos tipo "[ʒo]"», «mucho el "[ʒo]" (Würth 2009: 60-61)), a la pérdida de la /s/ final («se comen las eses» (Würth 2009: 60)) y, aunque con menor frecuencia, a la calidad vocálica («[...] pronuncian... estiran más las vocales finales», «tienen como otra forma de decir las vocales» (Würth 2009: 60)). Además, como veremos más adelante, el estilo asociado con un sector en el norte de la ciudad (estereotipado como «cheto»), muy a menudo se caracteriza como «más nasal» –expresión metalingüística que podría estar vinculada con determinada realización del sonido postalveolar fricativo así como con ciertas particularidades en la pronunciación de las vocales.

Con el objetivo de poder comparar estas menciones discursivas con la reacción de nuestros informantes cuando los mismos rasgos aparecen en un contexto aislado, se ha elaborado un experimento con estímulos fonéticos y léxicos que consta de una parte de formato *matched guise* y de un *dialect identification task* (véase su descripción más adelante). El método de «pares falsos» (*matched guise*), desarrollado por el psicólogo social canadiense Wallace Lambert en los años sesenta, se empleaba inicialmente para investigar las actitudes de hablantes en comunidades bilingües (Garrett, Coupland y Williams 2003: 51). Se empleaban grabaciones de personas que manejaban de manera fluida las dos lenguas y se les pedía a los informantes que valoraran a las personas escuchadas según una serie de características a través de una escala de diferencial semántico dada (Sancho Pascual 2013: 100). De este modo, se hacía creer a los informantes que estaban calificando hablantes diferentes y no rasgos lingüísticos y se asumía, así, que la evaluación de diferencias en la forma de hablar era inconsciente. Más adelante, se empezó a utilizar este mismo método para analizar las actitudes no solo hacia diferentes lenguas, sino también respecto de distintas variedades de una misma lengua, hacia distintos acentos o estilos (Sancho Pascual 2013: 103). La idea de esta técnica era mantener constantes todos los factores de habla espontánea que pudieran distraer o condicionar la reacción de los participantes (tono de voz, entonación, velocidad), fijar su atención en las variedades lingüísticas (Edwards 1999: 103) y, de este modo, inferir de forma indirecta su actitud acerca de la variable independiente.

Cabe aclarar que el empleo de *matched guise techniques* plantea algunos problemas (cf. Fasold 1996: 240-241; Garrett, Coupland y Williams 2003: 57-61; Clopper y Pisoni 2004: 318): en primer lugar, como también señala Preston (2010b: 24) comentando su taxonomía de Dialectología Perceptiva, la evaluación de los estímulos nunca sucederá de forma totalmente inconsciente, porque es muy probable que los jueces se den cuenta de que están escuchando siempre las mismas voces y que lo que cambia son las variantes lingüísticas. Establecer una oposición entre métodos «conscientes» e «inconscientes» es pues algo ingenuo, porque así como factores inconscientes influyen en lo que dicen los informantes en entrevistas lingüísticas y un análisis de discurso puede llegar a descubrirlos, un experimento de *matched guise*, examinando muchas veces rasgos salientes o incluso estereotipados, nunca llegará a ser completamente inconsciente. Se trata, como dice Preston (2010b: 5), más bien de un *continuum* entre dos campos metodológicos. En segundo lugar, la rutina de evaluar una serie de estímulos repetidos puede resultar cansadora para los participantes, y al mismo tiempo puede exagerar los contrastes percibidos entre las variantes en comparación con una situación de habla natural. A su vez, también puede haber imprecisión en la imitación de ciertos rasgos por los hablantes con los que se hace la grabación de los estímulos, creando, así, un problema de autenticidad, más aún si lo que se imita es solo un rasgo fonético en cuestión y todas las demás características de la variedad (otras variantes fonéticas, entonación, léxico, etc.) quedan eliminados (Garrett, Coupland y Williams 2003: 59). A pesar de estos puntos críticos, *matched guise* sigue siendo el método más empleado para el estudio de actitudes lingüísticos, principalmente porque es un diseño riguroso y elegante para investigar las actitudes privadas de los participantes, porque, a diferencia de métodos directos donde el hablante suele responder mucho más en consideración a lo que es socialmente aceptado, con el método indirecto es más probable que salgan a la luz las evaluaciones internas. De este modo, en nuestro trabajo también decidimos incluir un experimento con pares falsos porque nos parecía la técnica más adecuada para contestar la pregunta de si determinadas variantes lingüísticas –independientemente de su contexto o del estilo verbal y no verbal del hablante– provocan una evaluación positiva o negativa. Con un enfoque cuantitativo y apuntando hacia los aspectos subconscientes de la percepción (se clasificaría en la taxonomía de Preston (2010b: 24) como «subconsciente» y «externo»), este test contribuye de manera esencial a la triangulación de nuestros datos. No solo nos permite examinar el grado de percepción, las actitudes y las alusiones geográficas que los informantes manifiestan respecto de los rasgos en cuestión; comparando los resultados adquiridos con diferentes métodos también podremos ver si los factores que llevan a su uso metalingüístico son internos o más bien externos, es decir, si realmente se perciben las diferencias entre las respectivas variantes o si su mención metalingüística es motivada por una tradición oral (cf. Preston 2004: 79).

Como ya hemos señalado en la parte teórica (cf. 3.4.5), en el marco de los estudios de actitudes lingüísticas que utilizan el método de pares falsos, se han definido varias dimensiones valorativas recurrentes, agrupadas en macrodimensiones (Garrett 2010: 39-46; Rojas 2012: 141) que mayormente se refieren a criterios de corrección o competencia, de similitud, de estatus social y de agrado (para un resumen de las dimensiones propuestas por diferentes autores, véase Rojas (2012: 141). Para nuestro trabajo, optamos por cuatro dimensiones generales, que habían sido mencionadas por los propios hablantes en entrevistas anteriores y nos sirvieron de base para armar la prueba: la *instrucción o competencia* que se asocia con un grupo social o un determinado estilo o rasgo lingüístico, la *similitud* percibida en una forma de hablar respecto a la propia, el *agrado* suscitado por las diferentes modalidades del hablar y su *ubicación geográfica* dentro del espacio urbano de Buenos Aires. Veamos, ahora, las variables que se incluyeron en test de identificación.

6.7.1. Variables

Yeísmo rehilado

El yeísmo rehilado, como hemos visto, constituye un fenómeno general y muy característico del español porteño. El proceso de ensordecimiento de la palatal rehilada /ʒ/ a /ʃ/ ha ocupado y fascinado a varios lingüistas interesados en el español de Buenos Aires. Tal como hemos señalado en el capítulo introductorio, hoy en día, la variante sorda se ha extendido sobre gran parte del espacio urbano, induciendo a algunos científicos a considerar el desplazamiento por cumplido (véase el capítulo 5.1.1 y Chang (2008: 62)). Nosotros, sin embargo, concordamos con Rohena Madrazo (2008, 2011), quien afirma que la realización sonora sigue vigente y que, precisamente, el área de residencia actúa «como factor significante en el avance del cambio» (Rohena Madrazo 2011: 10), una hipótesis que ya hemos indicado en otro trabajo anterior, en el que hemos podido comprobar que la variante sonora de la palatal rehilada se presenta exclusivamente en las zonas norteñas de la ciudad (Würth 2009: 70). Colantoni (2008: 80), asimismo, señala que las dos variantes se encuentran en una «relación sociolingüística compleja». Por estas razones, resulta interesante ver de qué manera los participantes de diferentes barrios perciben y, sobre todo, evalúan esta variante y si la atribuyen a determinadas zonas de la ciudad.

Sibilante /s/ en posición final de palabra ante pausa

Como hemos dicho, en el español rioplatense, la sibilante /s/ presenta una aspiración muy marcada y común en contexto preconsonántico (Fontanella de Weinberg 1973b; Barrios 2002). A diferencia de regiones debilitadoras del fenómeno (como el Caribe, según Caravedo (2001)), en el español de Buenos Aires la aspiración y la elisión de la sibilante en posición prevocálica y final absoluta presentan connotaciones sociales y distinguen a hablantes de variedades con más o menos prestigio social, es decir, se perciben como rasgos salientes y estimatizados (Kubarth 1986: 206; Correa y Couto 2012: 167). Por lo tanto, esperando que arroje resultados de percepción y de valoración y con el fin de investigar si existe una variación según el barrio de residencia de los participantes y si se relaciona con ciertas zonas urbanas, incluimos esta variante en nuestro experimento.

Apertura vocálica de -o final

En cuanto a la calidad vocálica, no conocemos ningún trabajo que se haya ocupado de estudiar la pronunciación de la vocal final dentro del español porteño. Nos parece llamativo, no obstante, que sea un rasgo mencionado varias veces por los propios hablantes a la hora de referirse metalingüísticamente a la forma de hablar de determinados barrios, particularmente del área norteña de la ciudad. También se trata de un elemento que aparece en la estilización: en nuestro trabajo anterior (Würth 2009) hemos podido observar que cuando los hablantes imitan a una persona de las zonas mencionadas, evidentemente tienden a recurrir, entre otros rasgos, a una pronunciación más abierta de algunas vocales finales, particularmente en el caso de la /o/, por ejemplo en palabras como *yo* (junto con una realización sonora de la palatal rehilada) o *tipo* (una muletilla empleada de manera estereotipada para caracterizar el estilo de determinados grupos sociales). Para comprobar este fenómeno, hemos hecho algunas medidas aleatorias del formante F1, cuya frecuencia se relaciona con la apertura de la vocal, en la /o/ final en los datos de habla natural y de imitación que teníamos a disposición (de Würth 2009). Para ello, hemos analizado el espectograma de las muestras auditivas en Praat 5.3.31 (Boersma y Weenink 2012), definiendo manualmente la vocal y calculando el punto medio del F1 mediante el análisis de los formantes que ofrece el programa. De este modo, hemos podido observar que, en efecto, en los ejemplos de imitación de la forma de hablar de los sectores en el norte de la ciudad se suele subir la frecuencia del F1 de la /o/ final por un promedio de 80 hertz, en el caso de hablantes femeninas aún un poco más. Si bien se trata de pruebas al azar, estos resultados indican que los hablantes porteños perciben algunas peculiaridades o diferencias en la realización de la vocal –un fenómeno que queremos indagar mas detalladamente sometiendo esta variable a nuestro test de percepción.

Variables léxicas

Los datos recopilados en nuestros trabajos anteriores (Würth 2009), revelan que para caracterizar la manera de hablar de otros sectores urbanos, los hablantes mencionan sobre todo rasgos fonéticos (o suprasegmentales) y determinados vocablos (lo cual confirma la observación de Lenz (2010: 100) de que los rasgos lingüísticos salientes son mayormente de naturaleza fonética y léxica). Por esta razón, decidimos completar los tres estímulos fonéticos descritos con algunos estímulos léxicos, todos ellos palabras del habla porteña recogidas en Würth (2009) como elementos metalingüísticos para referirse a variedades en el uso del habla en la ciudad. En todos los casos, se trata de expresiones del habla coloquial, algunos de ellos lunfardismos "tradicionales" (como, por ejemplo, *morfar*, *piola* o *laburo*), otros son anglicismos usados como expresiones populares (*cool*, *please*, *heavy*, *top*), y varios actúan en función de vocativo (*boludo*, *man*, *gato*, *loco*, *amigo*) o de muletilla (*tipo que*, *please*)[21].

21 Para su significado en el habla porteña, véase el listado en el apéndice A.3.

Si bien analizar la localización geosocial y la valoración de expresiones léxicas a partir de estímulos de una sola palabra presenta dificultades porque, evidentemente, el léxico nunca es completamente separable de su entorno pragmático, nos interesa, justamente, estudiar si hay términos que independientemente del contexto provocan actitudes favorables o desfavorables y son atribuidas a determinadas zonas urbanas.

Estímulos

El experimento desarrollado contenía 58 estímulos en total, 28 fonéticos y 30 léxicos (cuadros 6.9 y 6.10). Para examinar las variables fonéticas se crearon tres pares falsos: ʃ/ʒ, -s/-ø y o/ɔ. Todos los estímulos fonéticos se grabaron con dos voces, una masculina y una femenina, y los hablantes nativos reclutados para la grabación, de la misma edad que nuestros informantes, se pusieron a disposición para producir las dos variantes de cada variable[22]. En el caso del yeísmo rehilado, se utilizaron las palabras *ayer* y *llegamos*, dos vocablos muy frecuentes que proporcionaban las dos grafías (<y> y <ll>) que en el español de Buenos Aires se realizan mediante un sonido postalveolar fricativo, una vez en posición inicial de la palabra en sílaba átona y una vez en el medio de la palabra en sílaba tónica[23]. Los pares falsos creados así se diferenciaban únicamente en la sonoridad de la palatal rehilada, como comprueba el espectrograma generado en Praat (aquí para el ejemplo del estímulo *ayer* recordado por la voz femenina) (cuadro 6.6). Se divisa aquí que la frecuencia fundamental o F0 (simbolizada en azul),

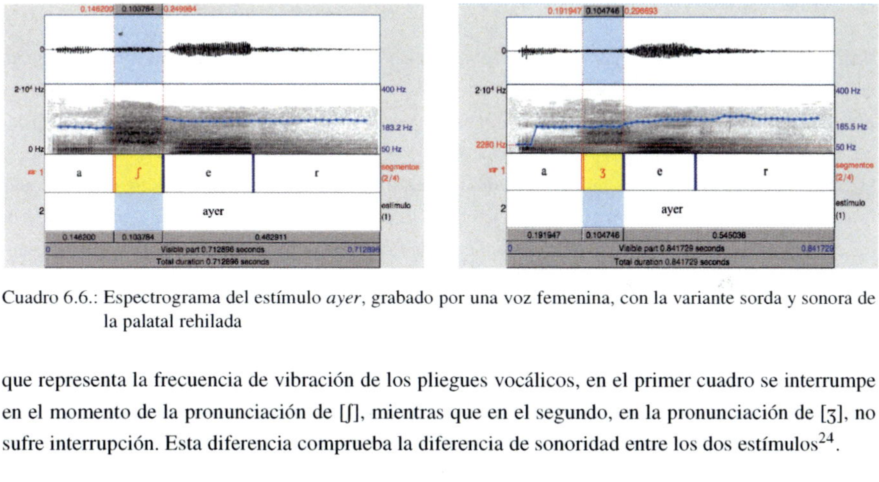

Cuadro 6.6.: Espectrograma del estímulo *ayer*, grabado por una voz femenina, con la variante sorda y sonora de la palatal rehilada

que representa la frecuencia de vibración de los pliegues vocálicos, en el primer cuadro se interrumpe en el momento de la pronunciación de [ʃ], mientras que en el segundo, en la pronunciación de [ʒ], no sufre interrupción. Esta diferencia comprueba la diferencia de sonoridad entre los dos estímulos[24].

22 Agradecemos a los miembros del Instituto de Lingüística de la Universidad de Buenos Aires su colaboración y su disposición para realizar las grabaciones para el experimento.

23 Para este trabajo, no obstante, no analizaremos las diferencias en la percepción de las variantes según su posición en la palabra o el contexto fonético en el que aparecen, dado que no se consideran relevantes para los objetivos de la investigación.

24 No era la intención aquí medir el grado de sonoridad, ni tampoco analizar la percepción del mismo en un *continuum* entre dos variantes. Lo importante para nuestro experimento era disponer de un par falso entre una variante sorda y una

Para la segunda variable, la /s/ a final de palabra y absoluto, se utilizaron las expresiones *vamos*, *como es* y *hacelo vos*, también muy comunes en el habla porteña, y se grabaron 3 pares falsos que se diferenciaban en la producción o la elisión de la sibilante final, reproducidos todos por una voz femenina y una voz masculina, lo cual resulta en un total de 12 estímulos. La creación de estas grabaciones fue claramente la que resultó menos dificultosa para los hablantes. Véase el espectrograma de Praat para el estímulo *vamos* recordada por una voz femenina (cuadro 6.7). Estos dos cuadros revelan la diferencia

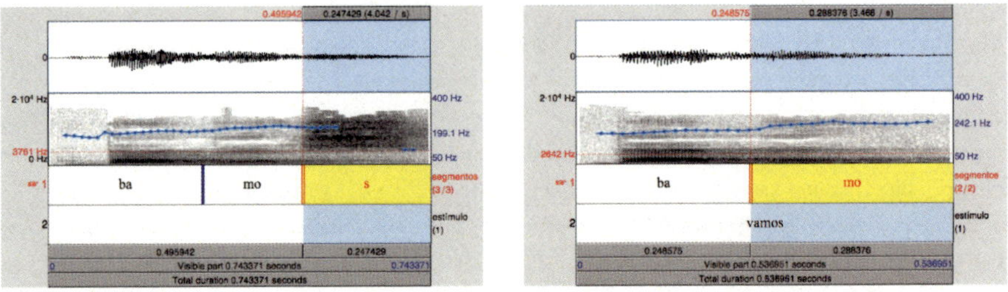

Cuadro 6.7.: Espectrograma del estímulo *vamos*, grabado por una voz femenina, con la variante de la sibilante realizada y elidida

entre la realización y la elisión de la sibilante, sin que se modifique la voz o la calidad de la vocal precedente.

Para examinar la apertura de la vocal final /o/, finalmente, se utilizaron las palabras *tengo* y *pasado*, ambas expresiones de uso común, pero que no se emplearon metalingüísticamente por los hablantes para referirse a la calidad vocálica (para evitar la influencia de una posible carga semántica de la palabra). Siendo este rasgo el menos evidente de los tres elementos fonéticos incluidos en el experimento, la grabación de los estímulos con diferente grado de apertura vocálica de /o/ final constituyó la tarea más difícil. Distintas irregularidades en la entonación de las palabras recordadas nos obligaron a sintetizar los estímulos mediante el método de *cross-splicing* de Praat, cortando la variante de la vocal y pegándola luego a la misma palabra de base. Nos aseguramos, así, que la entonación quedara constante y que la apertura de la vocal se distinguiera en cada par falso por un mínimo de 80 hertz (que es la escala por la que suele aumentar la frecuencia de F1 de /o/ en las pruebas realizadas en ejemplos de estilización lingüística, como hemos señalado anteriormente). El espectrograma de las dos variantes (ejemplificado con la palabra *tengo*, grabada por la voz femenina) se presenta en el cuadro 6.8.
Midiendo los formantes de las dos variantes a través de Praat, la frecuencia de F1 en la vocal /o/ cerrada alcanza un promedio de 528 hertz, mientras que en la vocal /o/ abierta sube a 670 hertz, lo cual nos asegura que disponemos de un par falso con una diferencia significativa en la apertura de la vocal final.

De las tres variables fonéticas aquí presentadas, se generan entonces los siguientes 28 estímulos foné-

sonora.

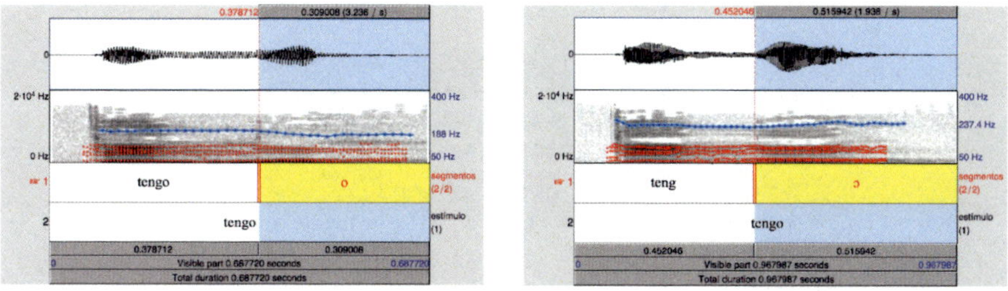

Cuadro 6.8.: Espectrograma del estímulo *tengo*, grabado por una voz femenina, con la variante de la /o/ cerrada y abierta

ticos:

Estímulos fonéticos

rasgo	variantes	♂	♀
palatal rehilada	sorda	[ʃeɣámos]	[ʃeɣámos]
		[aʃér]	[aʃér]
	sonora	[ʒeɣámos]	[ʒeɣámos]
		[aʒér]	[aʒér]
apertura vocálica de -o	cerrada	[téngo]	[téngo]
		[pasáðo]	[pasáðo]
	abierta	[téngɔ]	[téngɔ]
		[pasáðɔ]	[pasáðɔ]
sibilante final	producción	[bámos]	[bámos]
		[kómo és]	[kómo és]
		[aséloβós]	[aséloβós]
	elisión	[bámo]	[bámo]
		[kómo é]	[kómo é]
		[aséloβó]	[aséloβó]

Cuadro 6.9.: Estímulos fonéticos utilizados en el experimento de percepción

A los estímulos auditivos se agregaron los siguientes 30 estímulos léxicos presentados por escrito, o de manera aislada o bien integradas en frases cortas (para su significado, véase la tabla en el apéndice A.3):

Estos vocablos, además, funcionaban como elementos de "distracción", es decir, servían para disminuir la posibilidad de entender el patrón de las variantes fonéticas.

6.7.2. Procedimiento

Para analizar de manera sistemática la reacción de los informantes frente a las variables descritas, los 58 estímulos creados se integraron con un orden de aparición arbitrario (pero de manera que nunca se siguieran inmediatamente dos variantes de la misma variable) en un cuestionario en línea realizado mediante SoSci Survey (Leiner 2014) y puesto a disposición en www.soscisurvey.de. Para ello, se

Estímulos léxicos

boludo	man	please	a full	heavy	top
cool	morfar	piola	chabón	laburo	loco
gato	de una	mal	onda	tipo que	lija
bárbaro	manzana	guita	canchero	limón	limar
llanta	mango	tarado	zafar	cabeza	amigo

Cuadro 6.10.: Estímulos léxicos utilizados en el experimento de percepción

utilizaba un portátil de modelo ASUS X201E y unos auriculares AKG K450. Antes de empezar el experimento propiamente dicho, los informantes leyeron las instrucciones para evaluar los estímulos y contestaron algunas preguntas acerca de sus datos personales y su estilo de vida.

Como anteriormente explicado, el experimento consistía en dos tareas diferentes que responden a las dimensiones valorativas establecidas para nuestro trabajo (competencia, agrado, similitud y ubicación geográfica): un test actitudinal de tipo *matched guise* y una variante de *dialect identification test*. En primer lugar, cada estímulo debía ser evaluado según 4 pares de criterios: *culto* vs. *vulgar*, *agradable* vs. *desagradable*, *familiar* vs. *extraño* y *"cheto"* vs. *"negro"* (somos conscientes de que este último par corresponde a denominaciones despectivas, pero como, por un lado, constituye una oposición popular muy común, como veremos más adelante, y, por el otro, el objetivo es, precisamente, investigar estos estereotipos en la percepción lingüística de los porteños, nos parece justificado incluirlo aquí, aunque sí, en todos los casos encomillado para que no se lea como algo naturalizado). En el caso de los estímulos léxicos, que aparecían sin muestra auditiva, se agregó el criterio *masculino* vs. *femenino*, con el fin de examinar si ciertos términos se relacionan más con un estilo de hablar femenino o masculino. La evaluación de los estímulos se hacía mediante un cursor deslizante que se podía mover entre los dos opuestos de cada par de adjetivos (6.11). Si el/la informante no sabía calificar el estímulo o le parecía neutro, el control se dejaba en el medio[25].

En segundo lugar, los mismos estímulos escuchados o leídos tenían que situarse dentro de un mapa de la ciudad de Buenos Aires. Los participantes podían elegir entre tres zonas –norte, centro y sur– divididas anteriormente sobre la base del mapa socioeconómico de Buenos Aires (Ministerio de Desarrollo Urbano 2012: 28). De acuerdo a donde consideraran que se usa una determinada variante fonética o un determinado vocablo en el espacio urbano, se podía marcar una, dos o las tres zonas (6.11).

Las dos tareas se presentaban pues de manera siguiente en el cuestionario:

El experimento duraba alrededor de 30 minutos y, una vez finalizado, se completaba con algunas preguntas acerca de la impresión general que tenían los informantes al respecto y de cuáles eran los criterios en los que prestaban atención para cumplir las tareas. Este tipo de control nos permitía detectar posibles irregularidades en la ejecución del experimento así como peculiaridades o elementos muy llamativos

25 No diferenciamos entre una calificación del estímulo como "neutro" y el no saber evaluarlo, porque consideramos que si no puede atribuirse una variante a ninguno de los dos criterios, significa que para este/esta informante no resulta saliente, lo cual equivaldría a una calificación neutra.

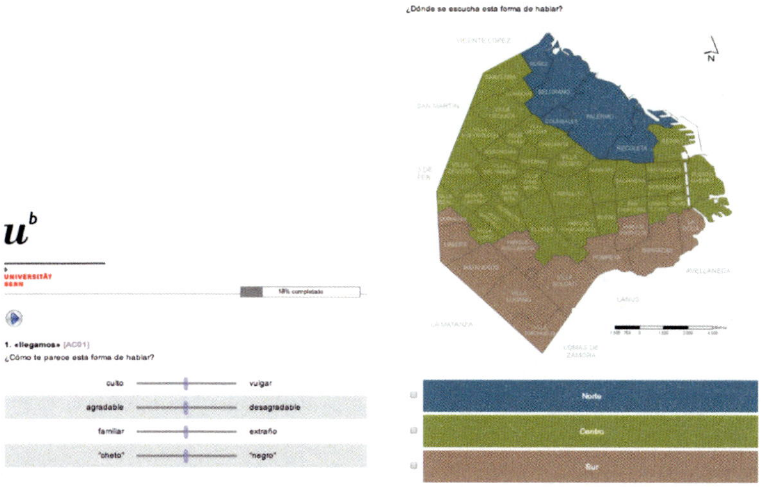

Cuadro 6.11.: *Matched guise* y *Dialect recognition test*

en la reacción de los informantes.

Toda la información recopilada quedó guardada en el servidor de SoSci Survey, de donde luego se pudo bajar en diferentes formatos para someterla al análisis cuantitativo.

6.7.3. Análisis de los datos del experimento

El análisis de los datos del experimento se efectuó mediante el programa estadístico R (*R. A Language and Environment for Statistical Computing* 2012). La primera parte, es decir, la tarea de pares falsos, proporcionó para cada estímulo y cada par de criterios un porcentaje con el que fue calificado en el continuum entre los dos adjetivos, representando el 0 % y el 100 % los extremos y el 50 % una posición neutra o indiferente en el medio. A partir de esta información numérica, se estudió la evaluación de cada una de las variables fonéticas dependientes (el yeísmo rehilado, la /s/ final y la apertura vocálica de /o/) en función de las variables independientes (primordialmente el barrio de residencia, pero también el sexo de los informantes, el sexo de la voz grabada y la palabra utilizada para el estímulo). Las variables léxicas dependientes se analizaron en función del barrio de residencia y del sexo de los informantes. Los resultados obtenidos mediante un análisis estadístico descriptivo se representarán en forma de histogramas, indicando siempre los pares de criterios de evaluación y el punto medio entre los dos.

De la segunda parte del experimento, de la tarea de ubicación geográfica de los estímulos, disponemos de datos de otro formato, porque el diseño de la pregunta en el cuestionario permitía varias opciones de respuesta (ubicación del estímulo en solo 1, en 2 o en las 3 zonas geográficas). La información extraída de estas respuestas es pues de carácter binario (1 o 0), según si un determinado estímulo se asociara o no con cada una de las tres zonas urbanas. A partir de estos datos se calculó la frecuencia con la que cada opción ("solo norte", "norte y centro", "solo centro", "centro y sur", "solo sur", "norte y sur", "norte, centro y sur") aparecía para cada estímulo y se representará también en histogramas.

6.8. Identificación de estímulos de habla natural: ¿De qué barrio puede ser esta persona?

¿Pueden situarse hablantes de diferentes barrios de la ciudad de Buenos Aires dentro del espacio urbano a causa de su forma de hablar? ¿Cuáles son los rasgos lingüísticos en los que los informantes de diferentes zonas se fijan para hacer tal ubicación? ¿Qué actitudes implícitas se observan respecto de las diferentes formas de hablar?

Con la idea de completar el experimento de percepción, en el que, como hemos señalado, se empleó la técnica de *matched guise* con sus respectivas ventajas y desventajas (entre ellas, cierta "artificialidad" de los estímulo que puede resultar irritante para los informantes), hemos agregado en nuestra recopilación de datos diez grabaciones de habla natural de aproximadamente 1 minuto cada uno (fragmentos que tenían como temática la ciudad de Buenos Aires), de 10 hablantes porteños, 5 mujeres y 5 hombres, de cinco barrios diferentes (San Isidro, Caballito, La Boca, Avellaneda y Recoleta, material sacado de entrevistas realizadas para nuestro trabajo anterior (Würth 2009)). A partir de estos estímulos se solicitaba a los hablantes que trataran de ubicar a la persona escuchada en el espacio urbano de Buenos Aires, que explicaran su respuesta y que, de ser posible, indicaran elementos llamativos de la respectiva forma de hablar.

Si bien en la evaluación de estos estímulos por parte de los informantes evidentemente entran muchos factores no separables, tales como el tono de voz, la velocidad, la entonación y una combinación de rasgos fonéticos, morfosintácticos y léxicos, por lo que el método no sirve tanto para rastrear variantes salientes concretas (salvo que el/la informante las mencione explícitamente), esta charla sobre la imagen que revelan los informantes de las voces escuchadas y su reacción al respecto proporciona información valiosa acerca de las representaciones lingüísticas en el espacio urbano. Aún así, dado el carácter diverso de estos datos y las dificultades de análisis que resultaron de ello, decidimos no incluir este material en el presente trabajo.

6.9. Estilización: imitar a una persona que hable distinto...

¿Cuáles son los rasgos lingüísticos más estereotipados para la forma de hablar de determinados sectores sociogeográficos? ¿Cómo se representan en la estilización lingüística? ¿Aparecen diferencias en la imitación por parte de informantes de distintas zonas urbanas?

La estilización lingüística, que se entiende aquí (en el sentido de la definición que plantea Coupland

(2001a, 2004, 2007)) como la proyección evidenciada de una persona, un grupo social o un sector geográfico a través de la "puesta en escena" de su forma de hablar o los rasgos más salientes de ella (cf. *Marco teórico* 3.4.7), pone en juego los valores semióticos estereotipados e ideológicos que se asocian con otros grupos, situaciones o lugares (Coupland 2007: 154) y, por lo tanto, constituye un proceso reflexivo de comparación y reevaluación social que ayuda a comprender los modelos culturales, los estereotipos y actitudes que hay en una comunidad de práctica. Por esta razón, varios son los estudios que han abordado este fenómeno desde un enfoque sociolingüístico (cf. Bell (1999), Coupland (2001a, 2004), Deppermann (2007), Eckert (2008), Chun (2007), Sclafani (2009), Johnstone (2011) y Bürki (2014), para nombrar solo algunos) tanto analizando distintas situaciones de interacción entre hablantes "comunes" como también en contextos literarios y mediáticos o en programas humorísticos, que suponen una estilización aún más performativa y sobre todo, planificada. El análisis de estos tipos de estilización se ha establecido como recurso muy importante en la investigación sociolingüística, y también ocupará una parte importante de este trabajo (cf. 6.9.2). No obstante, aquí agregaremos otra clase de estilización: la imitación como procedimiento metodológico, que llamaremos *estilización suscitada* y que en cuanto a su producción difiere esencialmente de los fenómenos mencionados arriba, como veremos a continuación.

6.9.1. Estilización suscitada

La tarea de imitar o caricaturar la forma de hablar de otros grupos sociales como método de recopilación de datos se asemeja a técnicas empleadas en la lingüística forense (Clopper y Pisoni 2004: 318) y ofrece nuevas perspectivas para los análisis sociolingüísticos, variacionistas y perceptivos interesados en el significado de determinados rasgos para la construcción de espacios lingüísticos y sociales (Preston 1992: 327). Si la imitación de otros estilos suele darse en la interacción diaria dentro de una comunidad de práctica, ¿por qué no podrá servir también como recurso sistemático –un método interno y consciente, según la taxonomía de Preston– para estudiar los elementos lingüísticos (y a veces incluso extralingüísticos) estereotipados anclados en la representación social (Clopper y Pisoni 2004: 318; Purschke 2010: 152)?

El objetivo aquí es analizar la imitación lingüística de una manera "estandarizada" a partir de la lectura de un mismo texto que se presentó a todos los informantes pidiéndoles que imitaran un estilo dentro del espacio urbano que notaran diferente de su propia forma de hablar. De esta manera, no solo se dispone de datos de imitación de (casi) todos los informantes, sino que el texto predefinido, que contiene elementos a los que se quiere prestar especial atención, servirá como base de comparación, permitiendo cotejar mejor qué rasgos son objeto de modificación en el cambio de un estilo a otro. Este método de investigar la estilización lingüística aún se ha empleado con mucha menos frecuencia[26], probablemente

26 Preston (1992) estudió las caricaturas suscitadas de *talking black* y *talking white*, pero de manera abierta, sin presentarles a los informantes un texto de base. En estudios más recientes, Evans (2002), analizando la imitación de variedades norteñas y sureñas del inglés americano y Purschke (2010), investigando la imitación de un dialecto alemán en cambio, emplean, además de la imitación abierta, textos predefinidos y listas de palabras a partir de los cuales se efectuó la

debido a que implica varias cuestiones metodológicas: en primer lugar, la selección de una base textual para suscitar la estilización, si bien puede ayudar al/a la informante (ya que no tiene que "inventar" su imitación), asimismo puede impactar su *performance*. Si se opta por un texto escrito en una variedad estándar, se corre el peligro de que no resulta estimulante para realizar una imitación de otro estilo. Por el contrario, si el texto presenta elementos demasiado locales, a su vez puede llegar a condicionar demasiado al/a la informante tanto en la elección del objeto de imitación como de los rasgos que enfatiza. En segundo lugar, el éxito del método depende en sumo grado de la disposición de los informantes a aceptar la tarea propuesta, más aún en una situación de entrevista grabada, y de su capacidad general de reproducir otro estilo lingüístico (Purschke 2010: 153). En tercer lugar, los rasgos que surgen en la estilización pueden ser de diferente índole (fonéticos, morfosintácticos, léxicos y suprasegmentales, así como también pueden aparecer expresiones fijas o sintagmas a través de los cuales se estructuran el conocimiento metalingüístico o los estereotipos de los hablantes legos (Purschke 2010: 153)). Además, precisamente debido al hecho de que los hablantes habitualmente no presenten un dominio completo de la variedad ajena, han de preverse "errores" o irregularidades en la imitación, pero es justamente en esta imprecisión o simplificación que pueden encontrarse pautas tanto acerca de la saliencia de determinados rasgos en la construcción de estereotipos lingüísticos como también, al mismo tiempo, sobre la influencia que ejerce la variedad propia en la percepción de variedades ajenas.

Un elemento fundamental para la disposición de los informantes a entregarse a la tarea de la imitación es la costumbre que tiene esta actividad en la interacción día a día que exista en una determinada sociedad. En Buenos Aires, se ha podido comprobar que el procedimiento metodológico da muy buenos resultados (cf. Würth 2009), lo cual indica que para los porteños, la imitación de otra forma de hablar no resulta demasiado extraña. Más aún, en nuestro corpus aparecen varias referencias a que se trata de una práctica muy común y frecuente en la comunicación cotidiana. Esta capacidad y disposición metalingüísticas de los porteños no podían ser desaprovechadas para nuestro trabajo.

Procedimiento

A partir de un texto anteriormente preparado que contenía las variables lingüísticas en las que ponemos un enfoque primordial en este trabajo (el yeísmo rehilado, la sibilante a final de palabra y absoluto y la vocal /o/ a final de palabra) en diferentes contextos, así como algunos vocablos que pudieran resultar salientes, les pedíamos a nuestros informantes una primera lectura "normal" (según su punto de vista, sin darles pauta ninguna) y, en segundo lugar, que imitaran a una persona de otro barrio (a su elección) dentro de la ciudad. El texto que nos servía de base era el siguiente (en negrita las grafías que representan las variables en cuestión):

> Ca**ll**ate bolud**o**, no sabé**s** lo que me pas**ó** a**y**er. Al final, fuimo**s** con lo**s** chico**s** al cumpleaño**s** de Anahí. Salg**o** de casa tip**o** die**z**, había que ir **y**a cenad**o**. Cuestión que **ll**egamo**s**, chupamo**s**, vinit**o** de acá, birrita de a**ll**á, nada, qué sé **y**o, tod**o** bien. **Yo** estaba lo má**s** piola, onda,

imitación.

pensando que después cada uno colaboraba, viste. Sí, vos te reís, pero me tuvo que bancar cincuenta mangos Pablito, con lo rata que es. No da, ¿entendés?

Se trata de un texto coloquial que tiene elementos léxicos y modismos mencionados por los informantes (cf. Würth 2009) para referirse metalingüísticamente a diferentes grupos sociogeográficos, de modo que ofrece lecturas distintas. Obviamente, los rasgos integrados a propósito no eran los únicos que podían sufrir modificaciones; el análisis habrá que tener en cuenta también los cambios en otros elementos fonéticos, que pueden proporcionar información igual de importante. Los incentivábamos a los informantes a exagerar su imitación y a jugar con el texto y les comunicábamos que, si lo consideraran necesario, también podían modificarlo, por ejemplo mediante el uso de otras palabras o cambiando las estructura sintácticas.

Análisis

De las dos lecturas grabadas de cada informante se hizo una transcripción ortográfica (para las pautas de transcripción, véase 6.10.1), indicando en forma de cuadro los elementos que entre la lectura "regular" y la imitación sufren algún tipo de modificación (con una transcripción fonética de los rasgos que corresponden a este nivel lingüístico) (cf. la tabla *estilización suscitada* en el apéndice en línea[27]). Puesto que los informantes podían elegir libremente el objeto de su estilización, el análisis de estos datos consiste, en primer lugar, en examinar cuál es el estilo que preferentemente se imita, tanto desde una visión general como para cada barrio analizado. En segundo lugar, la comparación de las dos lecturas, es decir, los rasgos (fonéticos, morfosintácticos, léxicos así como suprasegmentales) modificados entre la lectura considerada "normal" y la estilización arrojará información sobre los elementos salientes usados de manera estereotipada para referirse a distintos grupos sociales o zonas urbanas, a su vez de forma general y, en un segundo paso, diferenciada según el barrio de residencia de nuestros informantes.

6.9.2. Estilización espontánea

Además de los datos de estilización "estandarizados", resultantes de un procedimiento metodológico específico, también analizaremos aquí, como hemos adelantado líneas arriba, los pasajes de estilización espontánea que nuestros informantes produjeron en el transcurso de la entrevista semi-guiada. A diferencia de la imitación suscita, aquí se trata de enunciados completamente libres que surgieron desde la reflexión metalingüística (ya que el tema de la conversación giraba alrededor de las diferencias en el uso del habla en la ciudad) como recurso de los informantes para referirse a un estilo sin mencionar explícitamente rasgos específicos. Este tipo de estilización también nos permitirá examinar cuáles son los estilos que con más frecuencia se imitan (en general y por parte de los informantes de los distintos

27 Las tablas *estilización suscitada* y *estilización espontánea*, en las que se presenta el panorama completo de todas las ocurrencias de los dos tipos de estilización con sus respectivos archivos de sonido se encuentran en línea en https://blog.rombach-verlag.de/?p=2058 (estilización suscitada) y https://blog.rombach-verlag.de/?p=2057 (estilización espontánea).

barrios), cuáles son los rasgos que se manifiestan con función de estereotipo, esta vez de manera automática y sin ser condicionados por un texto de base, y comparar tales elementos con los que surgieron en la estilización suscitada. Además, puesto que (a diferencia de la imitación suscitada) estos fragmentos aparecen en el transcurso de la entrevista, es decir, intercalados en la conversación entre informante y entrevistadora, siempre implican un contexto comunicativo inmediato del que el informante se disloca a través de su cambio de voz. Esta dislocación significa un distanciamiento del hablante del estilo que imita, proceso mediante el cual se posiciona a sí mismo y proyecta identidades sociales, modelos culturales y sistemas ideológicos (Coupland y Jaworski 2004: 32). En otras palabras, los rasgos que se emplean en la estilización de diferentes usos del habla, junto al discurso metalingüístico que rodea la imitación, abren una serie de campos indexicales (cf. Eckert (2008) y *Marco teórico*, 3.4.7) que serán de primordial interés para nuestro trabajo.

Análisis

Para obtener un panorama de los casos de estilización espontánea que surgieron en nuestro corpus, todos los fragmentos de imitación (codificados así con ayuda de *MaxQDA*) se agruparon con su contexto de aparición (en la tabla *estilización espontánea* en el apéndice en línea), ordenadas en primer lugar, por el grupo de referencia (es decir, el grupo o el sector geográfico cuyo estilo se imita) y, en segundo lugar, por el barrio de residencia de las personas que realizan la estilización. Se incluyeron aquí todos los enunciados en los que claramente se trata de un discurso imitado (propio o ajeno), es decir, donde hay un cambio de voz evidente (o una énfasis que señala la imitación), por más corto que fuera el pasaje. De esta manera, no se tuvieron en cuenta fragmentos de discurso referido sin alteración de voz, ni tampoco consideramos como estilización la sola *mención* de un determinado rasgo lingüístico aislado, de una palabra o de un sonido, por ejemplo (aunque no siempre ha sido tarea fácil delimitar entre la imitación y la mera mención de un elemento). Si un/a mismo/a informante presenta varios casos de estilización, se registraron separadamente siempre que se refirieran a fenómenos distintos. Las imitaciones repetidas de un mismo rasgo, en cambio, se alistaron juntas y se contaron como una sola ocurrencia. Los fragmentos estilizados se transcribieron en su mayoría fonéticamente (con una transcripción amplia centrada en los rasgos que aparecen estilizados y no en el grado en el que se manifiesta un determinado fenómeno), salvo cuando el elemento imitado era claramente de orden léxico o morfosintáctico, y se clasificaron entre rasgos fonéticos y suprasegmentales, rasgos léxicos y rasgos morfosintácticos. Por último, se señala la posición de la persona que realiza la imitación respecto del grupo estilizado, los valores indexicales que proyecta a través de los rasgos estilizados, y las actitudes que presenta al respecto. También se incluyen en la tabla las respectivas grabaciones para cada fragmento de estilización. En su totalidad, este alistado nos permitirá sacar conclusiones sobre la estilización espontánea que aparece en el discurso metalingüístico de nuestros informantes; nos permitirá ver qué grupos se estilizan de qué manera (a través de qué rasgos) y cuáles son las actitudes e ideologías que se reflejan en tal práctica.

6.10. Entrevista semi-guiada II: sobre el habla como elemento de identificación, estereotipos y estilos de vida

¿Cuánta conciencia tienen los hablantes porteños de su propia forma de hablar dentro del espacio urbano? ¿Se identifican a través de su uso del habla? ¿Qué estereotipos nombran respecto de distintas variedades? ¿Cómo relacionan las diferencias en el uso del habla con los medios de comunicación y distintos estilos de vida? ¿Cuáles son los procesos de construcción de identidades sociales y geográficas que reflejan?

El procedimiento de recopilación de datos concluía, finalmente, con la segunda parte de la entrevista semi-guiada, en la que se hablaba de modo más explícito sobre la lengua como elemento de identidad y sobre las actitudes y estereotipos que hay acerca de diferentes usos del habla en la ciudad de Buenos Aires. Con este motivo, se conversaba con los informantes acerca de su conciencia respecto de su propio uso del habla, respecto del grado con el que se identifican con su forma de hablar, de los estereotipos lingüísticos que conciben en el espacio urbano y del papel de los medios de comunicación en la representación y el fomento de estos estereotipos (véase la segunda parte del guión en el apéndice A.2). Además, también se investigaba la relación entre los usos de la lengua y determinados estilos de vida, consultándoles a los informantes si vinculaban ciertas preferencias culturales y de consumo (como la música o marcas de vestimenta) con ciertas formas de hablar. La idea de este cierre –un método interno y consciente, para seguir la taxonomía de Preston– era llegar al grano de nuestro objeto de estudio y ver los aspectos de percepción, de representación y de actitud así como de construcción de identidades espaciales en el discurso metalingüístico más explícito de nuestros informantes.

6.10.1. Administración de los datos textuales

En su total, el procedimiento metodológico duró alrededor de 1.5 horas con cada hablante (1 hora de conversación y aproximadamente media hora para el test de percepción en línea), la conversación fue grabada (con excepción del experimento), y el material completo se transcribió con ayuda del programa de transcripción F4 (Dresing y Pehl 2015)[28]. Acorde a los objetivos de investigación, salvo las lecturas de la tarea de estilización, en las que las variables que resultaran llamativas se transcribieron fonéticamente, se optó por una transcripción textual respetando las siguientes pautas basadas en Kuckartz (2010: 44-45), Dresing y Pehl (2013: 21-23) y Calsamiglia Blancafort y Tusón Valls (2001: 361):

a) La entrevistadora se señala con las iniciales "MW", cada informante se identifica con un código (generado por Sosci Survey) y con la información acerca de su sexo y su barrio de residencia.

b) Cada enunciado (regido por la estructura de la entrevista semi-guiada) se marca con un párrafo aparte. Al final de cada párrafo se ingresa una marca temporal. Enunciados más largos también se estructuran con marcas temporales.

---

28 https://www.audiotranskription.de/f4.htm.

c) Se utiliza la ortografía estándar, salvo cuando se quiera señalar algún rasgo lingüístico de especial interés para el análisis. En ese caso se usarán los símbolos del Alfabeto Fonético Internacional (IPA).

d) Se transcribe literalmente. Palabras repetidas y frases o palabras cortadas, así como enunciados de comprensión y afirmación («mhm», «ehm», «sí», «eso», «ah», etc.) también se anotan.

e) No se incluye información proxémica ni kinésica.

f) Se usan los signos de puntuación españolas.

g) Se emplean los siguientes códigos de transcripción:

(...)	Pausa
...	Frase cortada
-...	Palabra cortada
(inent.)	Fragmento inentendible
MAYÚSCULA	Énfasis
[ ]	Comentarios o fragmentos emitidos por la entrevistadora
" "	Fragmentos de estilización espontánea del/de la hablante, comentado en paréntesis
// //	Alrededor de un fragmento indica que se solapan los enunciados del/de la informante y de la entrevistadora.

La transcripción de cada hablante se guardó en un archivo textual (.rtf). Antes de empezar el análisis cualitativo, todos los textos fueron uniformados, revisados y corregidos por un hablante nativo del español de Buenos Aires.

6.10.2. Análisis de contenido cualitativo

Los datos textuales generados mediante el procedimiento metodológico aplicado se sometieron a un análisis de contenido cualitativo, un procedimiento desarrollado en los años 1980 por el psicólogo Philipp Mayring (Mayring 2002). Se trata de un método (o mejor dicho, un conjunto de métodos) para el análisis textual estructurado, que consiste en el estudio sistemático de textos a través de una codificación del material en varias fases hasta desarrollar un sistema de categorías que constituye el punto de partida para la interpretación (Mayring 2002: 114). La reflexión sobre el texto desde un enfoque hermenéutico, su comprensión y su clasificación son pues aspectos centrales de este procedimiento. Con el objetivo de entender el material analizado siempre en su contexto comunicativo determinado, el análisis de contenido cualitativo trabaja de manera sistemática, con reglas de análisis textual previamente establecidas y un modelo cronológico que determina las diferentes unidades o fases de codificación y de análisis. De este modo, el texto se estructura en categorías bien definidas y fundadas sobre la base de las interrogantes de la investigación. A través de este proceso se pretende realizar un análisis lógico y comprensible, cuyos resultados se pueden comparar con otros estudios en el sentido del concepto de la triangulación (Mayring 2010: 48 y ss.).

Regido por el esquema de las fases de análisis de contenido cualitativo (según los pasos del procedimiento denominado *«inhaltlich strukturierte qualitative Inhaltsanalyse»* porque se estructura a partir de una entrevista semi-guiada (Kuckartz 2012: 50, 77 y ss.)) y con ayuda del programa MaxQDA (*MAXQDA, Software für qualitative Datenanalyse*)[29], partiendo siempre de las interrogantes como eje central de nuestra investigación, desarrollamos entonces el patrón cronólogico para la categorización, la codificación y el análisis de nuestro material representado en el cuadro 6.12.

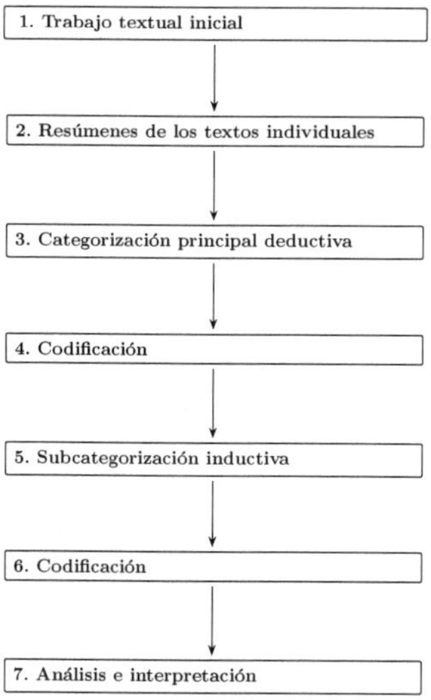

Cuadro 6.12.: Patrón cronológico para el análisis de contenido cualitativo

En la primera fase, definida como **trabajo textual inicial**, realizamos un primer acercamiento a nuestro material a través de la lectura completa de todas las entrevistas para adquirir una visión global del texto, siempre teniendo en mente los objetivos de la investigación, los principales temas de interés y las primeras hipótesis al respecto. Después de esta lectura amplia y minuciosa, que implicó no solo la observación en cuanto al contenido, sino también una inspección formal del texto, se marcaron los párrafos o pasajes más sobresalientes, palabras clave así como también fragmentos complejos o inentendibles, información que se anotó en forma de *memos* puntuales vinculados con el texto.

La segunda fase consistió en realizar **resúmenes** sistemáticos y muy comprimidos de las características de cada texto, es decir, de cada entrevista individual. A partir de las preguntas de la entrevista semi-guiada (que constituyeron las principales categorías para nuestra codificación) se elaboró para todos los informantes una ficha que resumía los aspectos más importantes para los siguientes temas:

29 http://www.maxqda.de/.

a) **Contexto**: situación socio-geográfica del/de la hablante, formación, contexto laboral

b) **Formalidad**: características lingüísticas, palabras llamativas, metáforas

c) **Barrio**: descripción del barrio, identificación

d) **Ciudad**: descripción de la ciudad, principales temas, transformaciones

e) **Español porteño**: descripción de la variedad, rasgos específicos

f) **Variedades dentro del porteño**: principales diferencias, relación con el espacio

g) **Mapas mentales**: tipo de clasificación, variedades que se nombran

h) **Experimento de percepción**: reacciones

i) **Entrevista semi-guiada II**: particularidades, actitudes, estereotipos

El catálogo de resúmenes así realizado nos permitió en cualquier momento del análisis recurrir a las características principales de cada informante y, así, no perder la visión global sobre el material abundante.

En una tercera fase, se estableció la estructura de **categorización principal**, que en nuestro caso correspondía a las preguntas del cuestionario que guiaban la entrevista, ya que estas naturalmente ya implicaban una clasificación temática de los textos. Se trata pues de un proceso de categorización deductiva según las categorías predefinidas en la planificación de la recopilación del corpus, basadas en las interrogantes principales de la investigación. A partir de esta estructura, en un quinto paso se realizó una primera **codificación** de todo el material.

Una vez establecidas las categorías principales, comenzó el trabajo de análisis textual detallado: a partir del material y de los aspectos particulares que se presentaban en el marco de cada eje temático, es decir, mediante un procedimiento inductivo, se elaboró un **sistema de subcategorías** diferenciadas (véase las diferentes categorías de codificación en el apéndice A.4), delimitadas mediante una breve definición y un ejemplo prototípico en el caso de que pudieran causar confusión en futuras etapas del trabajo. Sobre la base de estas categorías, se realizó una segunda **codificación** del material completo, que corresponde con la fase seis de nuestro procedimiento, pero que consistió en varias vueltas de recategorización y recodificación aún hasta una etapa muy tardía de análisis.

El material estructurado de esta manera se sometió, en una séptima y última fase, al proceso de análisis y de interpretación en el que, considerando nuevamente las interrogantes de la investigación pero también las categorías y los aspectos que resultaron de manera inductiva desde el texto, se delimitaron estructuras temáticas en el material, análisis de dependencias entre categorías, se seleccionaron y se resaltaron más detalladamente algunos puntos, y en algunos casos también se cuantificaron los datos para una comparación entre diferentes grupos de hablantes. El objetivo del análisis de contenido cualitativo realizado aquí no era ni el de resumir completamente el material para establecer una tipología (Kuckartz 2012: 118) de nuestros informantes ni tampoco el de cuantificar todo el material codificado (lo cual en muchos casos al no poder definirse un valor de la categoría no hubiese sido posible), sino que nos prometimos de nuestro análisis poder arrojar luz sobre aspectos de la percepción de diferentes usos del habla en Buenos Aires, de representaciones y actitudes que los hablantes de distintos lugares en la ciudad manifiestan frente a estas diferencias así como de procesos de construcción de identidades sociales y espaciales a través de la lengua. En esta dirección, el análisis de contenido cualitativo constituyó un método muy poderoso para estructurar y organizar el material, para detectar aspectos relevantes y poder realizar comparaciones y explicaciones, siempre con la variable del barrio de residencia como elemento vertebrador y base de comparación para el análisis y la interpretación de los resultados.

6.10.3. Análisis del discurso

Mediante el análisis de contenido cualitativo explicado arriba se filtraron diversos aspectos muy valiosos para la temática de este trabajo, todos ellos representados por enunciados concretos de los informantes entrevistados. Estos fragmentos textuales, que configuran el "discurso sobre la ciudad" y a su vez la "ciudad como texto" merecen un examen detallado, que se efectuará a través de un análisis del discurso. Para ello, nos basamos, principalmente, en la pautas establecidas por Gee (1999), cuyo enfoque teórico constructivista basado en el estilo como conjunto semiótico que produce significado social mediado por distintos modelos culturales locales coincide en sumo grado (aunque con algunas divergencias respecto de la terminología empleada) con la posición que hemos tomado aquí. De este modo, partiendo de la construcción de significado situacional a través del discurso, se plantean las siguientes preguntas principales para el análisis (basadas en Gee (1999: 93 y ss.)):

- ¿Qué sistemas semióticos se hacen relevantes en el discurso? ¿De qué manera se remite a ellos?
- ¿Qué estilos entran en juego en la situación discursiva? ¿Cómo se mencionan?
- ¿Cuáles son los significados que se construyen a través de los distintos elementos discursivos?
- ¿En qué manera se vinculan los significados construidos con lugares, grupos sociales, instituciones o prácticas sociales relevantes en la situación discursiva?
- ¿Qué modelos culturales o sistemas ideológicos se reflejan a través de la enunciación?
- ¿Qué discursos o interacciones previas se reproducen en la enunciación (en un sentido intertextual)?
- ¿Qué tipo de relaciones e identidades sociales se establecen (sobre la base de conocimientos socioculturales compartidos y con sus determinados valores indexicales)?

Estas cuestiones nos servirán para examinar cómo se hace uso de la lengua para construir significados, para marcar fronteras y establecer categorías y divisiones sociales y geográficas, en el caso concreto de los fragmentos discursivos de los que disponemos en nuestro corpus, siempre desde una perspectiva metalingüística y metapragmática.

En síntesis, el diseño metodológico mixto presentado aquí, que abarca técnicas y modos de análisis sobre todo cualitativos pero también cuantitativos de diferentes disciplinas y que apunta a distintos niveles de la conciencia de los hablantes, nos permitirá desarrollar una imagen amplia y diferenciada sobre los procesos de construcción de espacios a través de la percepción, las representaciones y las actitudes que los hablantes manifiestan acerca de la variación lingüística en la ciudad de Buenos Aires.

Parte II
Análisis

7. Categorías y divisiones espaciales

En lo que sigue presentaremos los resultados obtenidos del estudio sistemático (cualitativo y cuantitativo) del amplio corpus textual y la gran cantidad de datos de diferente índole que nos ha proporcionado el complejo metodológico aplicado para los objetivos de este trabajo. De este modo, la estructura del capítulo se rige principalmente por los diferentes métodos empleados. Sin embargo, no corresponde del todo a la cronología de la entrevista realizada para la recopilación de los datos donde, como hemos explicado, se realizaron primero los mapas mentales sobre la hoja en blanco y, en un segundo paso, los que se trazaron sobre la base de la división de barrios, por una cuestión de lógica y de evitar lo mejor posible la condición de los informantes. Dicho esto, el orden en el que se presentarán los resultados es distinto: en primer lugar, se expondrán las representaciones que los hablantes muestran respecto del espacio urbano y de los usos del habla desde una perspectiva general y cuantitativa. Los mapas sintéticos y los *wordclouds*[1] elaborados a partir de la segunda tarea de mapas mentales (con la división de los barrios) proporcionarán un panorama general de construcciones y segregaciones espaciales que será de mucha importancia –si no imprescindible– para la comprensión de las representaciones individuales que se analizarán desde un enfoque cualitativo. En segundo lugar, pues, se introducirán brevemente las imágenes y asociaciones de los informantes en relación con su respectivo barrio de residencia y con la ciudad en general, para luego examinar en detalle las representaciones que se refieren a los usos del habla que los informantes de los diferentes barrios distinguen dentro del espacio urbano –las cartografías mentales que se trazaron sobre la hoja en blanco, sin ningún tipo de información previa. Luego, nos adentraremos en los rasgos lingüísticos particulares que han sido objeto de nuestro test de percepción para ver de manera cuantitativa su vinculación con el espacio urbano y las actitudes. Uno de los recursos del que los informantes se sirven para establecer divisiones espaciales y diferencias lingüísticas es, como veremos a continuación, la estilización espontánea, que se verá comparada con los resultados de la estilización provocada como tarea de la entrevista. Y el anáisis cerrará, finalmente, con la investigación del discurso final de la entrevista, un poco más explícito, que retoma muchos de estos temas y nos permitirá volver sobre algunos patrones en común y conclusiones más amplias respecto de ideologías y modelos culturales que subyacen en las actitudes y los estereotipos lingüísticos.

El análisis del comportamiento metalingüístico de los hablantes de Buenos Aires saca a la luz diferentes tipos de construcción del espacio urbano, manifestados en categorías geográficas, sociales y lingüísticas de las que los hablantes se sirven para determinar las diferencias que perciben en las variedades lin-

1 Aquí nos limitaremos a presentar los ejemplos de mapas y *wordclouds* más relevantes para comentar e ilustrar determinados aspectos específicos. El corpus completo de mapas sintéticos (mapas mentales II), *wordclouds* y representaciones individuales (mapas mentales I) está a disposición en el apéndice en línea, https://blog.rombach-verlag.de/?p=2056.

güísticas dentro del espacio urbano. Como bien señalan Preston y Niedzielski (2000: 56), al reconocer o establecer áreas o fronteras lingüísticas, los hablantes legos recurren a «protocolos» que sobrepasan su efectiva percepción de rasgos meramente lingüísticos. De este modo, el «hablar diferente» a menudo se caracteriza mediante términos regionales (áreas o zonas, por ejemplo), así como a través de los hablantes prototípicos ubicados en estas áreas (Preston y Niedzielski 2000: 57). Asimismo, los hablantes tienden a distinguir entre lo que entienden como un uso del habla "normal" o "cotidiano" en contraste con un estilo "presuntuoso" o *"snob"* (Preston y Niedzielski 2000: 57). "Corrección" (*«correctness»*) y "agrado" (*«pleasantness»*) se presentan, además, como criterios muy productivos en la segmentación y la categorización del espacio lingüístico, reflejando las dimensiones socio-psicológicas de poder (o competencia) y solidaridad en la evaluación de personas y relaciones sociales (Coupland 2007: 94). Como constata Coupland (2007: 94), se hace evidente que los significados sociales de variedades lingüísticas no se limitan a una pertenencia de clase, por lo que las designaciones de las diferencias concebidas por parte de los hablantes tampoco se atienen (solamente) a esta dimensión. Al contrario, determinados estereotipos grupales destacan como factores muy predominantes en la clasificación y la categorización de áreas y variedades lingüísticas, constituyendo estos a su vez solo una parte en un conjunto difuso de posibilidades de designar un "habla diferente" (Coupland 2007: 94). La atribución de significado social a distintas variedades lingüísticas es pues siempre multidimensional y se puede reflejar en un abanico de categorías y designaciones en diferentes niveles (Coupland 2007: 94). Estas representaciones se han ido formando, como hemos visto, a través de experiencias individuales y colectivas en este espacio y reflejan, por lo tanto, imaginarios compartidos por los hablantes, aunque más o menos pronunciados y desde diferentes puntos de vista (que veremos más detalladamente en el estudio de los mapas individuales). En este capítulo nos ocuparemos entonces de analizar algunas de estas segregaciones y construcciones generales que constituyen el marco para luego entrar en las representaciones individuales de cada barrio[2].

7.1. "Norte" vs. "sur"

Al inicio de este trabajo hemos visto que Buenos Aires es una ciudad cuya organización espacial se encuentra estrechamente relacionada con los sectores socioeconómicos: siendo los barrios cercanos al Río de la Plata y hacia el norte de la ciudad las áreas en las que generalmente viven y trabajan los sectores medios y altos, a medida que aumenta la distancia respecto del río y del norte tiende a descender paulatinamente el nivel socioeconómico de la población (Cerrutti y Grimson 2008: 83). Esta dicotomía geográfica tradicional tiene su origen en el desarrollo urbano, y durante el siglo XX se ha ido consolidando en la memoria colectiva, produciendo «un sentido territorial en degradé con algunas

2 Salvo indicado de otra forma, los mapas sintéticos y los *wordclouds* aquí empleados se refieren pues siempre a los datos de todos los 60 informantes de nuestro corpus. También cabe recordar que las categorías presentadas en adelante representan las respuestas de los informantes a la pregunta por las diferencias que ellos percibieran en el uso del habla en la ciudad – incentivo para las dos tareas de mapas mentales, como se ha explicado en la metodología.

fronteras imperceptibles –aunque significativas– y otras más evidentes» (Cerrutti y Grimson 2008: 83). Dentro de la ciudad de Buenos Aires, la frontera imaginaria de esta división entre "norte" y "sur" ha sido constituida, desde siempre, por la avenida Rivadavia[3], que atraviesa la ciudad y la separa de oeste a este. Varios ejemplos de nuestro corpus reflejan esta dicotomía, anclada en la representación de los porteños y, por lo tanto, fundamental para la percepción y la clasificación de diferentes estilos dentro del espacio urbano:

(1) Pero para mí sí es clara la diferencia entre la parte norte por decirlo de una manera y la parte sur (hablante femenina, 28 años, Caballito).

(2) Supongamos que Avenida Rivadavia pasaría por acá. Porque eso es fundamental. Esto sería el sur, esto sería el norte de la capital (hablante masculino, 28 años, Villa Urquiza).

(3) Sí, la ciudad en realidad está muy polarizada entre lo que es el norte y el sur (hablante masculino, 30 años, San Telmo).

El significado de estas categorías "norte" y "sur" va mucho más allá de una mera división geográfica del espacio. "Norte" y "sur" funcionan como entidades semióticas, implican diferencias respecto de estatus social, de la materialidad del espacio público y de sensaciones de seguridad, significan inclusión y exclusión y, según dicen los hablantes porteños, también se reflejan en el uso del habla:

(4) Pero sí, la ciudad cambió en eso, digamos, hay diferencia social, no es lo mismo de San Juan para el norte, que de San Juan[4] para el sur. De Rivadavia para el norte, que de Rivadavia para el sur. Son dos ciudades distintas. Una todavía tiene barrio y la otra no. Una todavía tiene sectores populares, la otra no. O sea, los tiene, pero mucho más reducidos. [...] Una es más glamorosa, con más guita[5], etcétera. La otra está como más vulgar (hablante masculino, 29 años, Recoleta).

(5) En el nivel de vida, en todo, en realidad. Te das cuenta en una persona, no decís "esta persona es de tal barrio" pero sí por ahí las zonas, si es zona norte, si es Belgrano, te das cuenta. Por la manera de vestir, por la manera de hablar, por la manera de manejarse y dirigirse al otro. Eso sí para mí es como, te das cuenta (hablante femenina, 28 años, Caballito).

(6) Hay una zona del norte donde la gente vive mejor, en mejores condiciones. Este, donde las calles están más limpias, donde hay mejores condiciones de salud, donde hay espacios verdes y demás, que está bien desarrollado y en la parte sur... que la verdad es que está bastante mal. [...] Pero sí, esta ciudad está polarizada y eso se ve reflejado en no solo en el lenguaje sino en un montón de otras cosas (hablante masculino, 30 años, San Telmo).

La división del espacio urbano entre "norte" y "sur" se repite –de manera más o menos explícita, como veremos más adelante– en las representaciones sociales de los habitantes de todos los barrios de Buenos

3 Grimson (2013: 86) ilustra la consistencia de esta frontera mental citando a Borges (1944a: 182): «Nadie ignora que el Sur empieza del otro lado de Rivadavia. [...] Quien atraviesa esa calle entra en un mundo más antiguo y más firme».

4 El hablante se refiere aquí a la avenida San Juan, que corre paralelamente a la avenida Rivadavia, pero se encuentra a unas cuadras más en el sur de la misma.

5 *Guita*, 'dinero' (DIEA (2008) *s.v. guita*).

Aires. Sin embargo, la definición de estas categorías es dinámica y puede cambiar –o reducirse a un barrio o ampliarse a toda una zona– según la posición (social o geográfica) de una persona en la ciudad y los puntos de referencia a los que acuda para orientarse. Más que simples direcciones geográficas, "norte" y "sur" tienen que entenderse pues como construcciones sociales con un carácter performativo (Grimson 2013: 88).

De manera un poco más general y cuantitativa, el mapa 7.1, basado en el segundo tipo de mapas mentales (que tenían como referencia las divisiones barriales) refleja las áreas que los hablantes diferencian en la dicotomía "norte" vs. "sur" e indica, de este modo, para cada barrio de la ciudad el porcentaje con el que fue clasificado con uno de los dos términos ("norte" o "sur"), tomando en consideración el total de 59 mapas de todos los informantes.

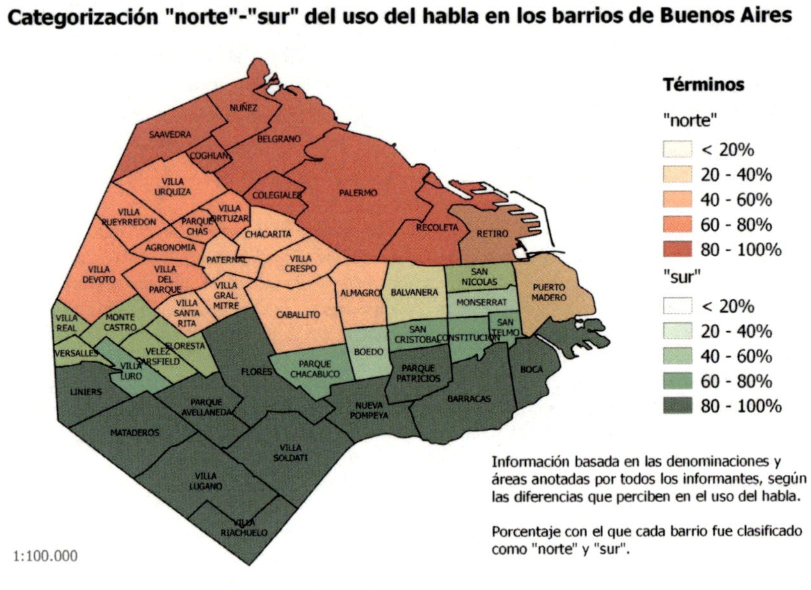

Cuadro 7.1.: Categorización "norte"-"sur" del uso del habla en los barrios de Buenos Aires

En este mapa se puede observar un área extensa en el sur que casi exclusivamente se designa como "sur", mientras que el territorio considerado emblemático para el "norte" aparece reducido a una franja en el noreste. Evidentemente se constituye una clara oposición entre las dos categorías, expresión, según Grimson (2013: 88), de la dicotomización persistente de la vida social en un nivel simbólico que es constitutivo para la cultura y la política urbanas. De ahí que la oposición binaria entre "norte" y "sur" represente la «naturalización geográfica de una oposición social, histórica y contingente» (Grimson

2013: 88).

No obstante, se puede ver que la frontera que las divide es dinámica; no se traza siempre por el mismo lugar en el mapa, sino que hay barrios geográficamente situados en el medio que a veces se incluyen en el "norte" y otras veces se perciben como parte del "sur". Por ejemplo, el área que comprende los barrios Villa Urquiza, Villa Pueyrredón, Villa Ortúzar, Parque Chas, Agronomía, Villa Devoto y Villa del Parque en el noroeste se destaca del resto de los barrios en el medio. Se trata de una zona que aparentemente aún se considera más "norte", aunque no pertenece a la franja emblemática que engloba los barrios desde Recoleta hasta Saavedra.

Otro barrio que sobresale en la división "norte"-"sur" es el barrio de Flores, un distrito relativamente grande ubicado en el centro de la ciudad y marcado en este mapa claramente como del "sur". Al fijarnos en el mapa del barrio[6], podemos ver que el barrio es atravesado por varias avenidas, entre ellas, la avenida Rivadavia. Esto explica el hecho de que en el lenguaje popular, el barrio generalmente se divida en "Flores" y "Bajo Flores", siendo este último mayormente asociado con un sector social más bajo (también volveremos sobre este barrio más adelante)[7].

Ahora bien, no todos los informantes separan el área de la ciudad en dos partes. Algunos optan por una división tripartita en "norte", "centro" y "sur". Para una mejor visualización, hemos representado esta información en tres mapas, representados en el mapa 7.2. Este cuadro nos permite comparar en qué grado los diferentes barrios se incluyen en cada sector. Puesto que a veces la división es bipolar entre "norte" y "sur", como hemos visto, y a veces se establece un *continuum* entre "norte", "centro" y "sur", los porcentajes con los que los barrios del centro se clasifican como tales alcanzan solo un máximo de 50 %. Así como hemos podido determinar una franja emblemática para el "norte" y un área extensa caracterizada casi siempre como "sur", en la zona del centro observamos que los barrios más emblemáticos para esta área son los que coinciden con el centro geográfico del la ciudad: Caballito, Villa General Mitre, Villa Santa Rita, Almagro, Villa Crespo, Paternal y Chacarita. La centralidad de estos barrios luego se verá reflejada también en las representaciones individuales. Lo que se manifiesta de manera notoria es que el sector determinado como "centro" se solapa en mayor grado con el sector "norte" que con el área "sur", lo que significa que la división principal del espacio urbano generalmente se hace a lo largo de la misma línea imaginaria; que, por lo tanto, el "sur" siempre es el "sur"; y que en el "norte" a veces se diferencia entre "norte" y "centro". Sin embargo, hay una zona de solapa entre los sectores "norte" y "sur": los barrios de Puerto Madero y de Retiro se incluyen con un 40-60 % y 60-80 %, respectivamente, en la franja "norte" y con un 20-40 % en la zona denominada "sur". Esto se debe, principalmente, a la heterogeneidad de estos barrios. Puerto Madero[8], por un lado, es

6 Véase http://www.buenosaires.gob.ar/laciudad/barrios/flores [23/03/16].

7 Por una cuestión técnica en la realización de los mapas sintéticos (cf. *Metodología*, 6.6), no se representan aquí diferencias dentro de un mismo barrio. Es decir, si bien los informantes en varias ocasiones separaron el barrio de Flores en dos partes, esta división no se muestra en el mapa, sino que las designaciones asociadas con Bajo Flores se consideraron para el barrio en general, y en los casos donde se dibujaron fronteras dentro del mismo barrio se tomó en cuenta la denominación que se refiere a la parte delimitada en mayor tamaño. Por esta razón, en algunos mapas (entre ellos, el que acabamos de ver), el barrio de Flores sobresale levemente en la división que se establece.

8 Véase http://www.buenosaires.gob.ar/laciudad/barrios/puerto-madero [23/03/16].

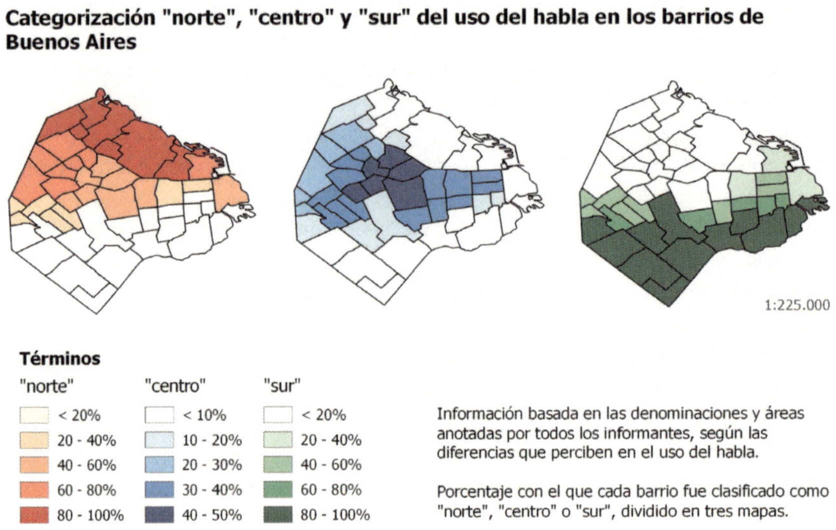

Cuadro 7.2.: Categorización "norte", "centro" y "sur" del uso del habla en los barrios de Buenos Aires

un barrio cuya renovación con inversiones privadas constituía un gran proyecto de prestigio y de perfil globalizado de las políticas de urbanización de los años 90, pero que terminó en una especie de fortaleza hipermoderna de edificios comerciales en el centro de la ciudad (Gorelik y Silvestri 2010: 317-318), al lado de barrios como La Boca o San Telmo que se consideran parte del "sur". Y por otro lado, Retiro[9], un barrio que abarca una zona que se considera parte del mencionado "Barrio Norte", incluye un área de estatus socioeconómico muy alto, y otra zona alrededor de la estación de trenes donde se encuentra la Villa 31, uno de los asentamientos precarios más grandes (o sobre todo más conocidos, justamente por su ubicación central) de Buenos Aires. Probablemente, Retiro es el lugar de mayor contraste social de la ciudad, una situación que se refleja en la división que los hablantes hacen del espacio y que repentinamente es objeto de discusión en las entrevistas:

(7) También esa parte de la Capital Federal en Retiro porque es, una de las villas más grandes de la Capital Federal, o sea, tenés un contraste social totalmente opuesto. O sea, cruzás y tenés Puerto Madero, tenés el Sheraton de Libertador tenés Avenida Libertador y a una cuadra está la villa. Y es inmensa, casas de tres pisos (hablante femenina, 29 años, Caballito).

9 Véase http://www.buenosaires.gob.ar/laciudad/barrios/retiro [23/03/16].

Las segregaciones que los hablantes establecen entre "norte" y "sur" sobre la base de criterios socioeconómicos comprueban que, más que categorías geográficas, las indicaciones "norte" y "sur" son parte de una construcción social formada históricamente y que hoy en día actúa de manera constitutiva para una serie de oposiciones basadas en distintos criterios que se establecen entre estos dos polos. No obstante, tal como (o justamente debido a que) "norte" y "sur" no pueden entenderse como puntos cardinales en el sentido meramente geográfico, dichas relaciones y categorías no siempre coinciden plenamente con la dicotomía comentada, como veremos en este capítulo, sino que también han de entenderse con toda su dinámica y complejidad a partir del análisis de las respuestas de los hablantes (a la pregunta por las diferencias lingüísticas que perciben dentro de la ciudad).

7.2. Clase social

Una de las categorías en las que los hablantes de Buenos Aires se apoyan más frecuentemente para determinar diferencias en el uso del habla en la ciudad es la clase social, estrechamente vinculada, como hemos visto, con la dicotomía geográfica. Veamos algunos ejemplos de cómo nuestros informantes determinan las variedades lingüísticas en relación con la división social:

(8) Y te das cuenta si es una persona de guita o... y al revés también. O sea cuando una persona que... como de bajos recursos, no sé, hablan distinto. Y los que somos, nos consideramos de clase media también hablamos distinto (hablante femenina, 33 años, Caballito).

(9) Sí, creo que en Capital hay zonas, hay digamos partes que creo que diferencian ahí un poco entre lo que es la clase social, ¿no? La... mejor dicho, la clase que tiene cada uno: clase media, clase baja y clase alta. Pero que ahí en esos tres escalones tenés, no sé, modismos, idiolectos y ¿dialectos? Que van de punta a punta. O sea, no es lo mismo como habla una persona desde clase baja que vive en un precario, en un... la villa que como habla un tipo de, no sé, de la clase alta. Ya las tonadas sin irse... estando dentro de Buenos Aires, dentro de Capital ya cambia un montón (hablante masculino, 27 años, Avellaneda).

(10) Y por esto... división de clases. En las clases sí hay diferentes formas de hablar y diferentes formas de... sí, de comunicarse con otra persona (hablante masculino, 28 años, Olivos).

(11) Pero va relacionado un poco con las clases sociales, me imagino, ¿no? (...) La clase media capaz que tiene eso de... de hablar un poco más correcto, ¿no? Y la clase alta tiende a tirar más palabras en inglés. Y la clase baja tiende a deformar por completo y muchas palabras y usar muchas palabras callejeras, ¿no? O carceleras, no sé. Utilizan muchos... sí, ese tema (hablante masculino, 30 años, Villa Urquiza).

Se observa en estos ejemplos que los hablantes establecen fronteras lingüísticas a través de la categoría de la clase social, distinguiendo mayormente entre "clase alta", "clase media" y "clase baja", relacionadas con un poder socioeconómico (ejemplo (8)), y a veces vinculadas con el aspecto geográfico, como en el ejemplo (9). Entre los enunciados presentados aquí, solo un hablante (ejemplo (11)) especifica las diferencias en el uso del habla que asocia con las tres categorías establecidas, y hace una división interesante: mientras que caracteriza la "clase alta" con una tendencia de emplear más anglicismos y relaciona la "clase baja" con una «deformación» del habla y el uso de un vocabulario «callejero» y «carcelero», en la "clase media" ubica un estilo «más correcto». Esto quiere decir que hay una discrepancia entre el criterio de corrección y el sector socioeconómico más dominante, un fenómeno que aún veremos en detalle más adelante.

Ahora bien, el concepto de "clases" y de "estructura social" está muy arraigado en la sociedad argentina y en su lenguaje cotidiano. Sin embargo, se trata de un término difícil de precisar y que puede asumir muchos significados, como señalan Cueto y Luzzi (2008: 10), quienes, encargándose de describir el cambio de la estructura social argentina a partir del fin de la dictadura militar se plantean la cuestión: «¿en qué pensamos cuando hablamos de clases?». Esta pregunta no solo es relevante para el análisis científico; también entra en vigor cuando se contempla la perspectiva subjetiva de los actores sociales respecto de la estructura social, porque

> las clasificaciones que [las ciencias sociales] proponen conviven con las que los actores sociales producen en su vida cotidiana, las cuales expresan su manera particular de concebir el mundo social, su posición en él y su relación con los otros (Cueto y Luzzi 2008: 12).

En principio, como indican las mismas autoras, la determinación de clases sociales está asociada a una posición específica dentro de la estructura de relaciones económicas vigente en la sociedad en un momento histórico determinado, marcada por elementos esenciales como la categoría de ocupación desempeñada (Cueto y Luzzi 2008: 10). Al mismo tiempo, distintas definiciones de clase comparten la idea de que los elementos compartidos por los miembros de una misma clase se traducen en formas parecidas o comunes de pensar y de actuar, reflejadas, por ejemplo, en cuestiones de preferencia cultural, en orientaciones políticas o tipos de movilización características de una determinada clase (Cueto y Luzzi 2008: 11). De este modo, si se parte de una comprensión de las clases como grupos efectivamente existentes, la configuración de las desigualdades se prolonga en «una identidad compartida, en una concepción común de la sociedad y en formas específicas de acción conjunta» y se define por una serie más compleja de determinadas características comunes (la categoría ocupacional, el nivel de instrucción, el acceso a recursos materiales y simbólicos, etc.) además de la dimensión subjetiva de la conformación de un grupo (Cueto y Luzzi 2008: 11-12). Cada clase social se constituye, así, en relación con las demás, y un análisis de las clases implica considerar las relaciones que los diferentes grupos sociales establecen entre sí –relaciones que «son siempre relaciones de poder» (Cueto y Luzzi 2008: 12).

En tanto que se vinculan con un sistema de valores, normas y actitudes y, por ende, con la percepción de las diferencias en el uso del habla en la ciudad, estas concepciones subjetivas de la estructura social así como la posición propia que los individuos se adscriben dentro de ella, más que una mera clasificación sobre criterios socio-económicos, son esenciales para nuestro trabajo[10]. Como hemos visto en el capítulo sobre la transformación urbana, los procesos políticos, económicos y demográficos que ocurrieron

10 Para referirnos a las diferencias de clase, sin embargo, nos servimos de los términos «clase alta», «clase media» y «clase baja» del modelo establecido por Germani (1987) como ya hemos señalado al principio de este trabajo.

en Buenos Aires desde los inicios del siglo XX hasta la actualidad no solo transformaron la fisionomía del espacio urbano, sino que también tuvieron repercusiones decisivas en la estructura social de la ciudad. Por consecuencia de la concentración de poder y de posesión en los sectores más beneficiados y el aumento del desempleo y la exclusión social en los estratos más pobres, se amplía y se agudiza la brecha entre la clase alta y la clase baja. Además, los integrantes de la clase media, un sector que en Argentina se había establecido e instalado con cierta amplitud, se vieron afectados de modo particular por los procesos de reestructuración en los años 90 y la crisis del 2001, enfrentando al inicio del siglo XXI una situación de empobrecimiento, segregación y vulnerabilidad. Sin embargo, dado que los polos extremos de la estructura social se encuentran cada vez más alejados y la clase media, difícil de definir al presentarse cada vez más heterogénea, desde la perspectiva subjetiva sigue siendo la categoría de referencia para la mayoría de los habitantes de la ciudad, como muestra la reflexión del hablante de La Boca en el ejemplo (12):

(12) Lo que pasa que acá es muy amplio el término de... ¿Clase media te referís vos? ¿Así clase de poder adquisitivo? Acá es muy amplio el, la clase media. Lo que pasa es que está muy marcada acá la clase pobre, y la clase rica, la brecha es enorme. Y entramos todos en la clase media (hablante masculino, 32 años, La Boca).

Las respuestas de nuestros informantes a la pregunta de si se encasillan en una clase social refleja esta situación: 9 personas dicen que no se pueden encasillar en ninguna clase social. 31 personas se inscriben en la clase media, 6 en la clase media-baja, 3 en una clase "trabajadora" y 3 personas –todas habitantes del barrio de Recoleta– se ubican en una clase "media-alta" o "privilegiada".

Dicho esto, contemplemos el mapa sintético de cómo nuestros informantes distinguieron las formas de hablar en la ciudad sobre la base del criterio de la clase social (mapa 7.3). A primera vista, este gráfico presenta una división del uso del habla entre "clase alta", "clase media" y "clase baja" muy coincidente con la que se hace sobre el criterio geográfico entre "norte", "centro" y "sur". La franja caracterizada emblemáticamente como "norte" corresponde al sector que se asocia con una "clase alta", siendo Recoleta el barrio más frecuentemente etiquetado como tal. El polo opuesto, es decir, el área determinada como "clase baja", en grandes líneas también equivale a la zona caracterizada como "sur" (véase el caso del barrio Retiro, que, por las razones ya mencionadas, se coloca prácticamente con igual frecuencia en los dos sectores contrarios). A diferencia de la división geográfica, sin embargo, que se perfila como bastante homogénea, en la división basada en las clases sociales se presenta una imagen mucho más heterogénea. No son los barrios más sureños los que más frecuentemente se clasifican como "clase baja", sino que son los distritos Mataderos, Parque Avellaneda, Parque Chacabuco y Nueva Pompeya los que –para nuestros informantes– resultan ser más emblemáticos para este sector social. Además, hay que contemplar un poco más en detalle los porcentajes: solo el barrio de Recoleta alcanza un porcentaje claramente mayor como "clase alta". Los barrios mencionados característicos para el sector social "bajo" reciben esta etiqueta con apenas un porcentaje de 50%. Esto se debe a que la mayor parte del territorio de la ciudad se clasifica mayormente como "clase media" (con la excepción de Recoleta, todos los barrios se ubican por lo menos con un 20% en este sector). Comparando esta

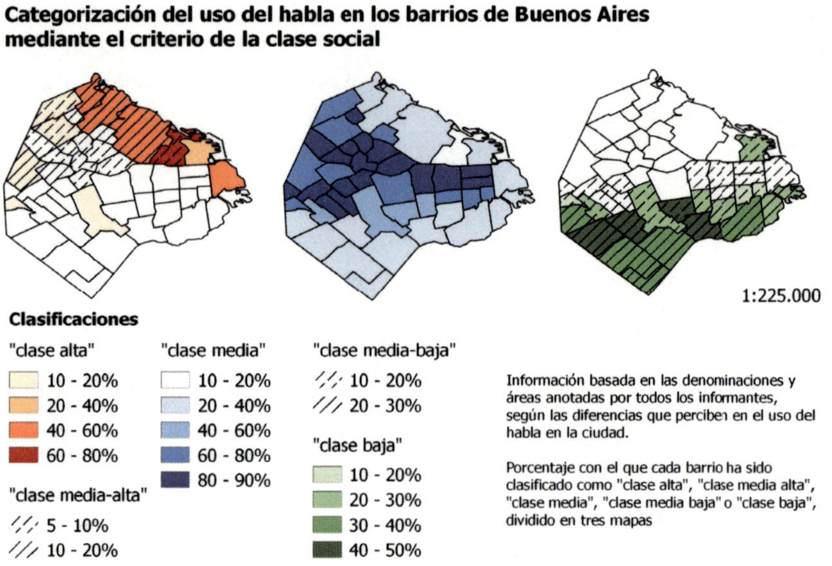

Cuadro 7.3.: Categorización del uso del habla en los barrios de Buenos Aires mediante el criterio de la clase social

distribución con la que se basa en categorías geográficas, se observa que en la primera, el área clasificada como "centro" recibe porcentajes menores, porque se establece una dicotomía preponderante entre "norte" y "sur", mientras que en lo que concierne a las clases sociales, no se realiza una separación tan bipolar, sino que el sector predominante es el que corresponde a la "clase media". A esto se suma, además, el hecho de que la división basada en la clase social sea aún más diferenciada, especificando, aparte de los tres sectores mencionados, una "clase media-baja" y una "clase media-alta", categorías que tienen su origen en una definición de sectores según el índice de nivel socioeconómico (Cueto y Luzzi 2008: 15).

En lo expuesto hasta ahora hemos visto que, en síntesis, los informantes recurren a dos tipos de categorías generales para determinar las diferencias que perciben en el uso del habla en la ciudad: la dicotomía geográfica "norte"-"centro"-"sur" y una división basada en diferencias de clase social. Por un lado, estas categorías se constituyen y se definen mutuamente, y por el otro lado, no obstante, difieren en lo que concierne a la percepción del "centro" geográfico y de la "clase media", siendo esta última mucho más amplia que su equivalente geográfico. Pero aún con distinto grado de polarización (y más adelante veremos algunos ejemplos más concretos de esta división espacial y social), corresponden a una percepción binaria de la práctica social vinculada con el espacio –incluida la forma de hablar. De este modo, se opone el norte "rico", "limpio" y "glamoroso" a un sur "pobre", "popular" y "vulgar" con sus respectivos lenguajes propios.

En su mayoría, los comentarios metalingüísticos se mantienen en un plano relativamente abstracto, confrontando la forma de hablar del "sur" o de la "clase baja" con la del "norte" o de la "clase alta", pero por lo general sin diferenciarse demasiado. Se especifica esta polarización social en forma de la oposición de estilos más concretos, constituidos por elementos lingüísticos y estéticos, asociados con determinados barrios emblemáticos y, de este modo, utilizados metonímicamente para referirse a las construcciones sociales de "norte" vs. "sur" o de "clase alta" vs. "clase baja". Las diferencias lingüísticas actúan, así, como *«iconic representations of the social contrasts they index –as if a linguistic feature somehow depicted or displayed a social group's inherent nature or essence»* (Irvine 2001: 33). De este modo, a continuación se expondrán dos estereotipos sociales opuestos que aparecen en nuestro corpus como representación concreta de esta dicotomía y que arrojarán, como veremos, algunos recursos o rasgos lingüísticos más específicos.

7.3. "Cheto" vs. "cabeza"

La zona considerada emblemática para el "norte" y la "clase alta", como ya se ha mencionado, es la franja ubicada en el noreste de la ciudad que abarca los barrios Belgrano, a veces Núñez, Palermo y, particularmente, Recoleta y la denominación popular "Barrio Norte"[11]. La caracterización que los informantes hacen del estilo de este sector se ve reflejada en el *wordcloud* elaborado a partir de la suma de denominaciones (levemente unificadas, cf. *supra, Metodología*) que aparecieron en el segundo tipo de mapas mentales para cada barrio. Veamos, primero, el ejemplo de Recoleta, claramente el barrio más estereotipado para el "norte" social. El *wordcloud* 7.4 representa las designaciones que los hablantes enunciaron para clasificar la forma de hablar de este barrio. Se hacen evidentes aquí las tres categorías – geográficas, sociales y lingüísticas– que los informantes usan para caracterizar las diferencias que notan en el uso del habla. Aparte de la designación muy palpable de Recoleta como "norte", sobresalen varias expresiones que se refieren al nivel socioeconómico («estatus social alto», «clase alta») de los habitantes de este sector y su calificación estereotipada como «chetos», con los atributos «presumido» o «paquete» (coloquial para 'alguien que se viste y se comporta de manera elegante' (DIEA, *s.v. paquete*)). *Cheto* es un vocablo que viene de la palabra lunfarda *shusheta*, derivada del genovés *sciuscetta* ('delator, confidente'), con el significado de 'joven vestido a la moda, elegante, pisaverde, refinado', o también 'petimetre, persona que cuida excesivamente de su compostura'. De ahí en español se hizo *concheto*,

11 El término "Barrio Norte" no determina una entidad administrativa oficial, sino que se trata de una expresión popular común y muy frecuente para referirse a una zona de estatus socio-económico alto que incluye Recoleta y una parte del barrio de Retiro. Es significativo para lo que hemos aclarado respecto de las categorías geográficas como construcciones sociales el uso de "norte" en esta denominación popular (cf. Grimson 2013: 87). Al ser un constructo social, no pueden determinarse exactamente sus fronteras (Grimson 2013: 88). Véase, por ejemplo, http://.buenos-aires-argentina.info/barrio-norte.html o http://.barrio-norte.com/mapa.html [20/03/16].

Cuadro 7.4.: *Wordcloud* del barrio de Recoleta, todos los informantes

con el significado de 'una persona que es frívola y tiene mucho dinero o se comporta como si lo tuviera' (DIEA, *s.v. concheto*), 'joven o adolescente que tiene o simula tener un alto nivel económico, viste con ropa moderna o de marca, escucha la música y concurre a los lugares de moda, haciendo ostentación permanentemente' y 'de modales y costumbres refinados' (Conde 2004, *s.v. concheto*). Según el mismo autor, el término surgió alrededor de los años setenta como denominación para una «muchacha avispada y astuta» (Conde 2004, *s.v. concheto*). Posteriormente, se produjo la masculinización del término y por aféresis se dio *cheto*, con el mismo significado. Se trata de un estereotipo social y claramente geográfico respecto de las personas que viven en los barrios norteños de la ciudad[12], como se verá reiteradamente en este trabajo, por ejemplo cuando describamos las representaciones en los mapas mentales que dibujaron los informantes.
Además de la ubicación geográfica, los rasgos estereotipados del "cheto" son de naturaleza tanto no verbal como verbal. En el plano extralingüístico, por ejemplo, se lo caracteriza con un aspecto físico más "blanco" y "rubio", determinadas preferencias estéticas (p. ej. marcas de ropa) y musicales (música internacional, electrónica), tipos de deportes (p. ej. el rugby) o ciertas prácticas de tiempo libre. Al mismo tiempo, se le atribuye claramente una determinada forma de hablar: en el *wordcloud* de Recoleta destacan varias caracterizaciones del estilo lingüístico que se vincula con este sector social. Sobresalen, por ejemplo, las expresiones «más nasal» o «papa en la boca», pero también la mención menos específica de «otra tonada». De estos fenómenos nos ocuparemos en detalle un poco más adelante, después de haber expuesto el estilo que en la dicotomía geográfica y social construida entra en oposición con el estilo que representa el "norte".

Encontrar un barrio representativo para el "sur" tal como el ya mencionado caso de Recoleta para el constructo social del "norte" es una tarea mucho más difícil. Si nos basamos en uno de los barrios más mencionados por los hablantes para concretizar la dicotomía "norte"-"sur", La Boca aparecería entonces como el "polo opuesto" a Recoleta en su función emblemática, a pesar de su ubicación en el sureste de la ciudad, es decir, geográficamente muy cerca de su antónimo en el norte. La ubicación de La Boca en el "sur", junto con un estatus socio-económico y un nivel de educación más bajos («clase baja», «clase media-baja», «precario»; «menos educación») es muy notoria, como se aprecia en el *wordcloud* de La Boca (7.5). Además, la construcción de la categoría "sur" no solo se realiza en oposición al "norte", sino que se le atribuye también una localización periférica respecto de un "centro", que no necesariamente corresponde al centro geográfico de la ciudad, sino que se localizaría más en el este, cerca del Río de la Plata, constituyendo el núcleo de unos (semi)círculos concéntricos desde el río hacia los límites de la ciudad y los cordones del Gran Buenos Aires (cf. el esquema ilustrativo de Grimson 2013: 86). El hecho de que en términos propiamente geográficos, La Boca se encuentre en el sureste, lindante con el Río de la Plata y con el supuesto "centro" y que, aún así, se clasifique como

12 Este arraigo geográfico es tan fuerte y tan convencionalizado que hasta el Diccionario integral del español de la Argentina (DIEA) del año 2010 da como ejemplo para el uso de *concheto* como sustantivo: *Es un concheto de* ***barrio norte*** (DIEA, *s.v. concheto*, la negrita es nuestra). Véase, por ejemplo, la página http://inciclopedia.wikia.com/wiki/Cheto [20/03/16] (muy coloquial), que ilustra la construcción popular de este estereotipo.

Cuadro 7.5.: *Wordcloud* del barrio de La Boca, todos los informantes

«marginal» o «parecido al conurbano» (probablemente también por influencia de la cercanía con el Riachuelo) es solo una evidencia más de que las categorías geográficas funcionan como «significantes sociales», como dice Grimson (2013: 88).

Por el otro lado, si se contempla la oposición "centro" vs. "periferia" (o noreste vs. suroeste) descrita por Grimson (2013: 86), habría que comparar el estilo asignado a Recoleta con el que se relaciona con un barrio que se encuentre en la parte geográficamente opuesta de la ciudad. Por esta razón decidimos incluir aquí también el *wordcloud* de Mataderos (gráfico 7.6), un distrito ubicado en la periferia suroeste que, como hemos visto en el mapa sintético respecto de la clasificación social (7.3) es, además, uno de los barrios que más frecuentemente se consideran como "clase baja". Al observar los dos *wordclouds* que resumen las designaciones de los barrios de La Boca y Mataderos, respectivamente, podemos ver que a grandes rasgos presentan una imagen muy parecida. Al igual que La Boca, Mataderos se ubica claramente en el "sur" y se considera un barrio «marginal», «precario» y de «clase baja». El estereotipo social que se encuentra en la caracterización de estos barrios no aparece tan explícitamente marcado como lo es el "cheto" para el "norte". Sin embargo, los términos «más cabeza» y «tumbero» que surgen en los dos *wordclouds* se refieren a un estilo que representa el "sur" o la "clase baja" en la dicotomía sociogeográfica, como aún veremos en varias ocasiones a lo largo de este trabajo.

La expresión «cabeza» frecuentemente se usa en combinación con el término «negro» para referirse de modo despreciativo a una 'persona de un origen modesto (DIEA, *s.v. negro*). Las dos denominaciones se remontan a la época del desarrollo industrial durante el peronismo de los años cuarenta, cuando las personas de ascendencia indígena y de clase social baja que con el fuerte incremento de la migración interna desde otras provincias se trasladaban a la ciudad de Buenos Aires pasaban a ser denominadas «cabecitas negras», por alusión a su aspecto físico y por analogía al nombre popular de cierto pájaro de plumaje negro en su cabeza (Frigerio 2006: 86; James 2012: 6; Conde 2011: 500). Esta construcción cultural desdeñosa y xenofóbica (James 2012: 6; Conde 2011: 500) fue el resultado de un momento decisivo para la estructura sociodemográfica de Buenos Aires: con la aparición de los obreros de tez morena se veía amenazada la "blanquedad porteña" y «surge una nueva categoría que se inserta dentro de los esquemas cognitivos referentes a las clasificaciones raciales» (Frigerio 2006: 86). Frigerio insiste en la connotación racial del término *cabecita negra* «para entender su popularidad y su efectividad como arma estigmatizante» (2006: 87). Aunque en la medida en que durante la segunda mitad de la década del 1950 los "cabecitas" se veían confinados espacialmente a las villas miseria, la denominación *cabecita negra* pasó a ser reemplazada, lentamente, por el mote *villero*[13] (Frigerio 2006: 87), el término *negro* permanece aún varias décadas después. Actualmente se usan los vocablos *negro*, *negro cabeza* o simplemente *cabeza* para referirse a cualquier 'persona de extracción social humilde, especialmente la

13 El uso de la categorización de *villero* para las personas que vivían en las villas miseria, es decir, en los asentamientos precarios de Buenos Aires, hoy en día tampoco es exclusivo para este contexto, sino que se extendió, de manera que sobre todo en un sentido despectivo, *villero* puede referirse también a cualquier persona de los estratos sociales bajos. Funciona, por lo tanto, como sinónimo o complemento de *negro*. Así, se escuchan de igual manera *negro* y *villero* para estereotipar a un mismo grupo, e incluso la combinación de *negro villero*.

Cuadro 7.6.: *Wordcloud* del barrio de Mataderos, todos los informantes

que es tosca y tiene poca cultura' (DIEA, *s.v. cabecita negra*)[14].

Según Frigerio, *negro* parece ser «el término más vigente, que engloba y a la vez trasciende a sus precedentes *cabecita negra* y *villero*» (2006: 87). Lo que sí se conserva, sin embargo, es su arraigo geográfico. Al ser las zonas del sur y del oeste los destinos de mayor migración desde el interior del país, en el imaginario colectivo se ubican los estereotipos del "negro" y del "villero" mayormente en estos sectores urbanos, como más adelante también podremos observar en las representaciones individuales. El estereotipo del "negro" o "villero" o "cabeza" también incluye varios elementos estilizados verbales y no verbales: se refiere a personas de estratos sociales bajos, muchas veces inmigrantes del interior de Argentina o de países limítrofes y/o habitantes de villas miseria. Se les atribuye, asimismo, preferencias estéticas, como por ejemplo, zapatillas deportivas y una gorra, y, muy particularmente, musicales –existe una fuerte relación del estereotipo del "negro cabeza" con la cumbia villera (más adelante volveremos sobre este aspecto). Algunas de las expresiones con las que se caracteriza su forma de hablar aparecen de manera notoria en el *wordcloud* para La Boca: «menos s», «habla distinta» o «menos correcto», por ejemplo, así como la mención de varios vocablos usados como vocativos.

Por último, sobresale en el *wordcloud* el atributo social «tumbero» (col. 'preso, generalmente condenado a prisión perpetua, que se caracteriza por su agresividad y violencia', 'de los tumberos o relativo a ello' (*"el ambiente tumbero / el código tumbero"*) (DIEA, *s.v. tumbero*)), asimismo relacionado con cierto estilo de hablar[15]. La "jerga tumbera" corresponde al uso del habla común en el ámbito carcelario y se caracteriza sobre todo por el uso de determinado léxico influenciado por las letras de la cumbia y la jerga de la cárcel, así como por determinados lunfardismos que siguen teniendo la connotación de ser de los ambientes más bajos. Asimismo, el ambiente marginal de la delincuencia a través de los procesos de resignificación y de «camuflaje lingüístico» ha contribuido varias unidades léxicas al lunfardo (Conde 2011: 90). Conde (2011: 501-502) adscribe la divulgación del lenguaje de estos ambientes marginales (en la ciudad de Buenos Aires y especialmente en el conurbano bonaerense) a la emisión de diversos programas de televisión de carácter testimonial grabados en cárceles (como, por ejemplo, *Policías en*

14 Conde (2004) entiende estos términos como lunfardismos y los define de la siguiente manera:

Cabecita (m. y f.) 'provinciano que en la década de 1940 se radicó en Buenos Aires o sus alrededores ante el florecimiento industrial y la apertura de nuevas fuentes de trabajo'; 'provinciano, especialmente si es de tez oscura', 'persona humilde', 'peronista, seguidor de la doctrina del general Juan Domingo Perón' (forma abreviada de la expresión *cabecita negra*, de iguales significados, por alusión al nombre popular dado a ciertos pájaros, que poseen en su cabeza un plumaje de color negro) (Conde 2004, *s.v. cabecita*).

Cabeza (m. y f.) (adj.) 'perteneciente a la clase baja', 'vulgar, rústico, tosco', 'ignorante, de bajo nivel cultural'. *Estar vestido cabeza*: 'estar mal vestido' (Conde 2004, *s.v. cabeza*).

Negro, -a (adj.) 'natural del interior de la Argentina, generalmente de tez morena'; fórmula de tratamiento afectivo y algunas veces despectivo. Conde hasta se atreve a definir las expresiones extremadamente despectivas *negro barato* y *negro de mierda* 'persona muy humilde', 'persona desconfiable', 'mala persona' como elementos del lunfardo porteño (Conde 2004, *s.v. negro*).

15 Sirvan como ejemplo de esta construcción social algunos blogs individuales:
http://blogs.20minutos.es/enguerra/2010/02/05/diccionario-autumbero-a-argentino/ o
http://virgulilla.wordpress.com/2009/11/05/lunfardo-villero-lenguaje-tumbero-y-otras-yerbas/ [20/07/15].

acción[16]) así como de algunas miniseries como *Okupas*[17] y, particularmente, *Tumberos*[18].

Se establece pues una oposición entre dos estilos, reducidos de manera estereotipada a las designaciones "cheto" vs. "nego", "cabeza" o "tumbero". Varios son los casos en nuestro corpus que se refieren a este contraste, que nos va a acompañar durante todo el trabajo. Véanse algunos ejemplos:

(13) El cheto, el negro, y lo que hay en el medio (hablante masculino, 28 años, Caballito).

(14) Hay mucho, sí, porque hay mucha clase social, está muy marcada, está muy determinada, el negro le dice "cheto" al cheto, y el cheto le dice "negro" al negro, y está muy junto todo también (hablante masculino, 29 años, San Isidro).

(15) Y hay mucho prejuicio también. Y ese es el problema. Porque el estereotipo está ahí en que exista, pero si te guiás por el estereotipo y te lleva al prejuicio y no te acercás a una persona porque "ah no, es un negro de mierda y me va a robar" es como que, no está bueno. Como que... caer en eso (hablante femenina, 28 años, Recoleta).

(16) Hablando de inseguridad particularmente que es algo que acá trata de distinguir clase, viste, al que le importa la inseguridad es cheto, al que no le importa es porque es un negro, entonces. [...] Y también de dónde están. Por eso, viste, si hablás así, hablás cheto, seguro sos del norte y si hablás medio cabeza y no decís ni una ese seguro sos o del sur o de La Matanza que es el nuevo sur, aunque no esté tan tan al sur, es lo que antes era el sur. Qué sé yo (hablante masculino, 32 años, La Boca).

(17) La música que escucha... uno, es cheto y la música que escucha el otro es negro, porque es así. Y el intermedio está en el intermedio (hablante masculino, 31 años, Avellaneda).

Se construye una dicotomía muy notoria entre dos estereotipos que metonímicamente representan los dos polos extremos de la estructura social, muy enfrentados entre sí, como demuestra el ejemplo (14) y relacionados con un estilo estético, lingüístico y musical (ejemplos (16) y (17)). Se refleja aquí un modelo cultural en el que el "cheto" con sus respectivos elementos semióticos estereotipados representa la capa social más alta ubicada en el norte, oponiéndose al "negro" o "cabeza", a su vez con su estilo característico, relacionado con los estratos más bajos, ubicados en el sur y asociados con la violencia y la inseguridad (ejemplos (15) y(16)). La mayoría de los hablantes, como ya hemos visto, se ubica en el medio de la estructura social y se diferencia claramente de estas dos designaciones. Sin embargo, más adelante daremos más precisiones sobre esta afirmación, cuando indaguemos en las actitudes que los hablantes muestran al respecto. En breve también volveremos sobre algunos elementos lingüísticos concretos que actúan en la construcción de esta dicotomía, pero detengámonos primero en la división

16 http://www.eltrecetv.com.ar/policias-en-accion [20/03/16].

17 *Okupas* es una serie escrita por Bruno Stagnaro y producida por *Ideas del sur* en el año 2000. Véase, al respecto: http://www.lanacion.com.ar/39436-okupas-tv-de-alto-nivel y http://www.lanacion.com.ar/1836989-okupas-a-15-anos-de-su-estreno [11/04/16].

18 *Tumberos*, de la misma productora, se filmó en la ex cárcel de Caseros y se emitió en 2002. Véase, al respecto: http://lapantallaargentina.blogspot.com.ar/2009/07/tumberos.html y http://www.lanacion.com.ar/440448-tumberos-cronicas-desde-el-encierro [11/04/16].

geográfica de las formas de hablar que los informantes establecen a través de los estereotipos sociales mencionados, representada en el mapa 7.7. Este mapa muestra, por un lado, que la franja de los barrios

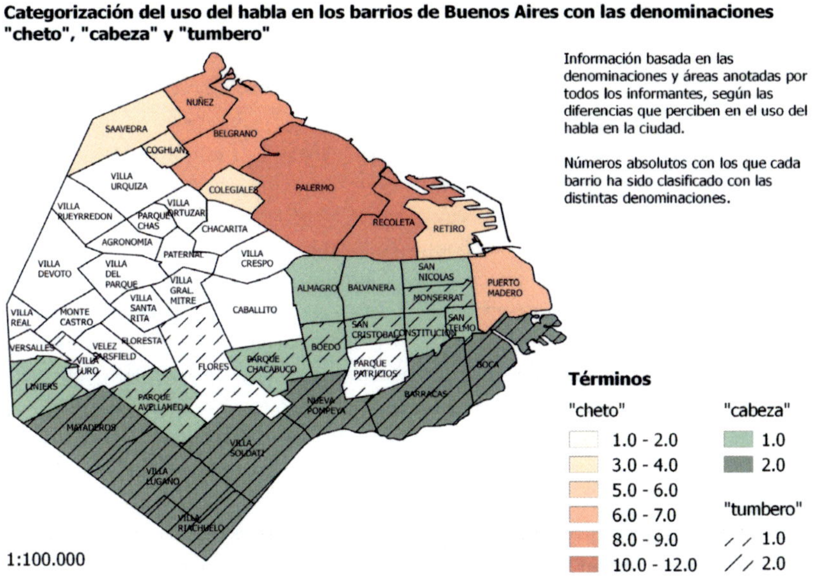

Cuadro 7.7.: Categorización del uso del habla en los barrios de Buenos Aires como "cheto", "cabeza" o "tumbero"

en el norte de la ciudad, ya varias veces comentada, claramente es la que con más frecuencia se asocia con el estereotipo social o la forma de hablar "cheta" (dado que el término se usa para designar tanto el grupo social como también el estilo lingüístico y estético, pocas veces es posible distinguir entre los dos). No obstante, la ubicación del estereotipo social no se limita a estos barrios emblemáticos, sino que –aunque con menor frecuencia– aparece en un área mucho más amplia que abarca varios de los barrios lindantes y hasta algunas zonas en el centro. Por el otro lado, las expresiones "cabeza" y "tumbero" (que asimismo pueden referirse tanto al estereotipo social como a una forma de hablar), mucho menos frecuentes, se relacionan particularmente con la franja de los barrios en la periferia sur de la ciudad, pero también aparecen en los barrios alrededor del microcentro. A pesar de las intersecciones en algunos barrios en el centro, que indican que estas zonas se perciben como más heterogéneas, el mapa permite ver una dicotomía tajante entre dos estereotipos sociales y su respectiva forma de hablar, representadas en dos áreas geográficas opuestas dentro del espacio urbano. A continuación describiremos de qué manera los rasgos de estos estilos entran como elementos constitutivos en la dicotomía social y geográfica mencionada, fundamentándolo con enunciados concretos de nuestro corpus y, en algunos casos, ilustrando la división geográfica de los fenómenos en cuestión a través de un mapa sintético a base de las designaciones que hicieron nuestros informantes.

7.4. "Ay sorry gordo" vs. "eh guacho"

Para analizar, ahora, los rasgos lingüísticos a través de los cuales se construye la oposición sociogeográfica en Buenos Aires, es necesario volver sobre los tres *wordclouds* presentados aquí y examinar las referencias que destacan en ellos. Todas las alusiones a diferencias lingüísticas que comentaremos a continuación son enunciados metalingüísticos (*«metalinguistic I use»*, en términos de Preston (2004: 78)) con diferentes grados de especificación: en algunos casos, se trata de referencias a rasgos lingüísticos concretos, en otros, de comentarios más generales o metáforas a las que se recurre para describir un determinado uso del habla. Las denominaciones vagas pero muy frecuentes de «otra tonada», «habla distinta» o también «modismos» por ejemplo, que se encuentran en los tres *wordclouds* (aunque más notoriamente en el de Recoleta) demuestran que si bien el estilo lingüístico se percibe como divergente (tanto en un nivel tonal como léxico), muy a menudo no se realiza una diferenciación más detallada. Esto significa que algunos hablantes pueden tener una conciencia no especificada en absoluto de algunas diferencias generales que encuentran en una forma de hablar (en contraste con el uso del habla propio), pero no son capaces de (o tal vez se resistan a) determinar qué es lo que les permite identificar tal estilo como peculiar (Preston 2004: 78).
Por el otro lado, varios ejemplos en los tres *wordclouds* dan cuenta de una conciencia metalingüística más específica, revelada en diferentes rasgos (algunos de ellos muy concretos) que se refieren a determinados formas de hablar. El estilo relacionado con el barrio de Recoleta, en primer lugar, aparece caracterizado muy notoriamente a través de la "muletilla" «tipo que» o el vocativo «gordo», que apuntan a las dimensiones léxica y pragmática, y mediante la expresión «papa en la boca» o la representación de la variante sonora del sonido postalveolar fricativo asibilado [ʒ][19] en el nivel fonético o suprasegmental. La forma de hablar de los barrios que representan el "sur", en cambio, se caracteriza en el plano léxico-pragmático sobre todo por una serie de vocativos («boludo», «eh guacho», «gato», «eh amigo», «eh loco», «eh chabón» y «piba» o «pibe»), y en el nivel fonético por medio del enunciado «menos ese», muy evidente sobre todo en el caso de La Boca, y, un poco menos frecuente, de la variante sorda de la palatal rehilada [ʃ][20]. A continuación se examinarán los elementos de los dos estilos en los distintos niveles lingüísticos.

En la dimensión léxica, la construcción del estilo lingüístico estereotipado para el "norte", como hemos dicho, se caracteriza por dos expresiones sobresalientes: el vocativo «gordo» y la "muletilla" «tipo que». Se trata de vocablos extremadamente estereotipados que se usan de forma metonímica para clasificar a un grupo social entero, a menudo en combinación con anglicismos (como *«sorry»* o *«please»*), por

19 Debido a que el programa no permite el uso de símbolos fonéticos, en el *wordcloud* se representa mediante "zh".
20 Por la misma razón, en el *wordcloud* se representa mediante "sh".

ejemplo:

(18) En Recoleta "gordo" o "ay, sorry" [imita] (hablante femenina, 26 años, La Boca)

(19) Ay... Recoleta es como tipo más "tipo más nada" [imita] cómo te lo pongo, eh... (hablante masculino, 30 años, Avellaneda).

(20) "Ay sorry gordo" [imita], esas cosas así. Es como algo muy, como, es el, como la frase así como que me resuena a mí, ¿no? (hablante masculino, 30 años, Villa Urquiza).

La estilización reiterada, prácticamente idéntica, del uso del habla en el "norte" por parte de personas de diferentes barrios indica el alto grado de estereotipación de estos términos y su difusión en toda el área urbana. Este conocimiento compartido de los porteños y su capacidad de deducir de un rasgo lingüístico individual a todo un sector social o geográfico, independientemente de si ello corresponde a un uso del habla real, es lo que hace posible la construcción de significado a través de elementos lingüísticos. El uso de préstamos del inglés es un fenómeno que generalmente se vincula con el estilo ubicado en el "norte" (como se presenta también mediante la expresión «más inglés» en el *wordcloud*) e implica la representación de que este sector tiene mayor dominio del inglés, pero también la percepción de estas zonas urbanas como "más globalizadas" o (cultural y económicamente) "más orientadas hacia afuera". Sin embargo, las referencias al inglés que se encuentran en nuestro corpus en las menciones metalingüísticas respecto del estilo en cuestión no son diversas, sino que se concentran en algunas pocas palabras o expresiones que aparecen reiteradamente y que, de este modo, adquieren una función emblemática como estereotipo para todo el estilo lingüístico de este sector. El ejemplo (20), en el que el hablante menciona la expresión «ay sorry gordo» declarando que es «la frase así como que me **resuena** a mí» (la énfasis es nuestra), comprueba de manera aún más evidente que se trata de la representación estilizada de un discurso presente (es decir, «resonante») en el espacio urbano de Buenos Aires, que, reiteradamente recitado, puede actuar como factor externo (cf. Preston 2004: 79) para el comportamiento metalingüístico de los hablantes. Algo parecido ocurre con la la "muletilla" «tipo que», estereotipada frecuentemente en combinación con «nada» (incluso en la forma estilizada «tipo naa», que también aparece en el *wordcloud* y que implica una posible alusión a un debilitamiento de /d/ intervocálica así como a alguna peculiaridad en la vocal final que aún será objeto de discusión).

El estilo que en la dicotomía social y geográfica se opone a la forma de hablar del "norte" también está constituido por varios vocablos con función de vocativo, como ya hemos indicado haciendo referencia a los *wordclouds* de La Boca y de Mataderos. Si bien entre los dos barrios hay alguna diferencia en cuanto a la frecuencia con la que aparecen los distintos términos, en los dos casos sobresalen «gato» y «eh guacho», particularmente, así como «eh loco», «eh chabón» y «boludo».

El vocablo *gato* con los significados 'ladrón que entra subrepticiamente en una casa o comercio y permanece escondido hasta que encuentra la ocasión propicia para realizar el robo', 'prostituta sofisticada, de categoría', 'prostituta de categoría, con frecuencia una modelo que hace apariciones en los medios de comunicación y los lugares públicos de moda', 'cliente de la prostituta', 'homosexual pasivo', 'sirviente', y también 'persona de cualidades inferiores' (DIEA, *s.v. gato*; Conde 2004, *s.v. gato*; Conde 2011: 470) tiene sus orígenes en el ámbito carcelario ("tumbero"), de donde su uso se expandió al habla coloquial, como vocativo muy despectivo y ofensivo, empleado especialmente contra policías (Conde 2011: 502).

Guacho, un préstamo del quechua (*wacha*, 'indigente', 'huérfano') que a través del habla rural entró en el lunfardo rioplatense, donde puede designar a un adolescente, a veces con intención sexual ('joven sexualmente apetecible') o con una connotación negativa ('miserable, vil, de mala entraña') (Conde 2004, *s.v. guacho*; Conde 2011: 240-241) se utiliza con la misma función apelativa, al igual que *loco* y *chabón*, usados como fórmulas de tratamiento muy frecuentes (Conde 2004, *s.v. loco*. En el cap. 9 volveremos sobre algunos de estos términos).

Al contemplar los ejemplos (21), (22), (23), (24) y (25) abajo, resulta llamativo que en la estilización del uso del habla del "sur", estos vocativos pocas veces se usan solos, sino que casi siempre aparecen en combinación con la interjección «eh»:

(21) Y después, bueno, todo ese dialecto más de cumbia, de "eh chabón, eh loco, vieja" [imita], qué sé yo. Que por ahí se da más en estos, creo yo, en estos barrios más de clase social más baja, más orilleros (hablante femenina, 29 años, La Boca).

(22) Y en cambio los otros que usan esas palabras, hablan todo... "eh, amigo" [imita] o qué sé yo (hablante femenina, 25 años, Villa Urquiza).

(23) Tenés otro sect... los sectores más vaguines más cabeza que hablan "eh guacho, se va a pudrir, la concha de tu madre" [imita], así (hablante masculino, 29 años, Recoleta).

(24) En las clases populares el "eh, gato, eh" [imita] (hablante masculino, 30 años, Recoleta).

(25) El universo de palabras que manejan es muy acotado, digo hay muchas palabras que tienen muchísimos significados para todo lo mismo, te dicen "boludo", "guacho", "gato", "gato" es para todo, "eh gato" de acá "eh gato"de allá "eh gato" de acá "eh gato" de allá. [...] La parte de La Boca, ribera, así, más ahí al río, "eh eh eh, gato" [imita] (hablante masculino, 30 años, Avellaneda).

La interjección *eh* se presenta pues como un suplemento prácticamente imprescindible para el funcionamiento y la interpretación de la indexicalidad de los términos mencionados. Palabras más generales y con menor connotación sociogeográfica, como, por ejemplo, *loco* (21) o *amigo* (22) solo se convierten en elementos indexicales para el estilo determinado en el "sur" si se les antepone la apelación. El valor indexical de «eh» es tal que hasta puede llegar a ejercer esta función de manera individual, como muestra el ejemplo (24).

Un caso sobresaliente en el habla porteña es el de *boludo*, quizás el término hoy en día más extendido como forma de trato entre los jóvenes en toda el área urbana de Buenos Aires, y por esta razón, también una de las expresiones más empleadas en el mundo hispano para referirse metonímicamente al español porteño (véase su aparición en el *wordcloud* de La Boca). A pesar de que el vocablo –proveniente del lunfardo, con una clara carga peyorativa– puede usarse como un insulto con el significado de 'tonto', 'imbécil', 'poco avispado', entre los adolescentes y los jóvenes que lo utilizan en su trato cotidiano indica un alto grado de intimidad y su significado equivale al de *flaco* o *loco* (Conde 2004, *s.v. boludo*; Conde 2011: 497-499).

A pesar de su función representativa para el español de la ciudad de Buenos Aires en su conjunto, en primer lugar, y de su uso muy extendido en toda el área urbana, en segundo lugar, nuestros informantes claramente asocian el vocablo *boludo* con el "sur" y, por lo tanto, con una forma de hablar aparentemente considerada como "más popular" y más marcada por el lunfardo (véase el ejemplo (25)). Al mismo tiempo, sin embargo, con una pronunciación levemente distinta (de la vocal final /o/), el término se usa también de modo estereotipado para estilizar al "norte":

(26) "Sí le dije a Facu que tal y tal cosa [bolɔ]" [imita un tono nasal] o sea... "qué bueno que estuvo" [imita] viste, es un tono más... más Mauricio Macri[21], digamos, últimamente (hablante masculino, 29 años, Recoleta).

(27) Quizas acá pecamos de "[bolɔ]" [imita] aunque puede ser que esté cayendo en el estereotipo (hablante femenina, 28 años, Recoleta).

Este fenómeno se puede observar también en el *wordcloud* de Recoleta, donde no aparece la expresión "boludo", pero su variante "boló"[22]. En este caso, no es la palabra en sí la que indica una connotación socio-geográfica, sino su pronunciación saliente y su contextualización, que le pueden asignar significados o campos indexicales completamente opuestos (véase también los resultados que este término arrojó en el experimento de percepción, 9.2.2).

Además de las mencionadas características léxicas, la dicotomía entre los estilos socio-geográficos en Buenos Aires se construye principalmente mediante rasgos fonéticos. A continuación presentaremos entonces los elementos fonéticos que más frecuentemente aparecen como característicos de determinadas formas de hablar (representados en los *wordclouds* que hemos visto hasta ahora) y veremos de qué manera funcionan como categorías de la oposición social y geográfica establecida.

7.5. «La papa en la boca»

Si volvemos a contemplar el *wordcloud* del barrio de Recoleta, una de las designaciones que saltan a la vista es la metáfora "papa en la boca" –un recurso metalingüístico al que se recurre con gran frecuencia para caracterizar el estilo estereotipado del "norte" sin nombrar rasgos explícitos, como reflejan los siguientes ejemplos de nuestro corpus (la negrita es nuestra):

21 El empresario Mauricio Macri fue presidente del gobierno de la ciudad de Buenos Aires de 2007 a 2015, y fue electo el 22 de noviembre de 2015 como presidente de la República Argentina. Mauricio Macri generalmente se asocia con una clase alta y muy poderosa, y su forma de hablar se menciona reiteradamente como estereotípica para este sector social.

22 Conde (2004, *s.v. boló*) define *boló* como una alternativa de *bolú*, una forma apocopada de *boludo*. Según nuestra opinión, *boló* también puede haberse dado por un debilitamiento de la /d/ intervocálica y una pronunciación más abierta de la vocal final /o/.

(28) Supuestamente gente de la clase alta. Hablando así, "gordo, que hacés cómo andás" [imita un tono nasal], como hablar con una **papa en la boca** (hablante masculino, 30 años, Caballito).

(29) Acá le decimos que hablan con la **papa en la boca**, viste esta gente que fuerza un poquito la entonación (hablante masculino, 30 años, San Telmo).

(30) Eh, bueno, ¿viste la expresión de la **papa en la boca**? Que dicen como que "hablan medio" [imita] más gangoso. Ese es el tema. Hablan como más gangoso (hablante femenina, 33 años, Caballito).

(31) **La papa en la boca**. Básicamente (hablante femenina, 28 años, Recoleta).

(32) ¿Cómo hablan? Como una **papa en la boca**, que es lo que se dice (hablante masculino, 26 años, Recoleta)

(33) El famoso **papa en la boca** (hablante masculino, 28 años, Villa Urquiza).

El hecho de que se trate de una metáfora tan común y corriente en el uso metalingüístico a través de toda el área urbana permite concluir que la "papa en la boca" es un modismo presente en el discurso popular de la ciudad. Los comentarios de nuestros informantes («Acá le decimos», «¿viste la expresión de la papa en la boca?», «dicen como que "hablan más gangoso"», «que es lo que se dice», «el famoso papa en la boca») también aluden claramente al anclaje de la expresión en la representación social si se trata de caracterizar el estilo de los sectores en el "norte" y que, de este modo, actúa como factor externo sobre el metalenguaje (Preston 2004: 80), como también lo hemos visto en el caso de algunos elementos léxicos. Un ejemplo tajante de este fenómeno se da en la publicidad para las papas fritas de la marca Lay's Restó[23], en la que se hace uso de la metáfora de la "papa en la boca" presentándola como elemento clave entre dos estilos opuestos: «con una papa en la boca, Miguel se convierte en Mike»[24] y «con una papa en la boca, Mercedes se convierte en Mecha»[25]. Mientras que «Miguel» y «Mercedes»

23 Véase https://.youtube.com/watch?v=F6eOxO3RF7A y https://.youtube.com/watch?v=nebg0ZrMN8g [20/01/16].

24 https://.youtube.com/watch?v=nebg0ZrMN8g: 00:09. Véase el texto de la publicidad:
Miguel es un pibe de barrio.
– «Vieja.» Trabaja de 9 a 6. Y cuando se cruza con el portero dice cosas comunes como esta:
– «Pecho frío.»
Pero con una papa en la boca, Miguel se convierte en Mike.
– «Nah, ¿en serio me decí[s̺]? ¡Qué divague!»
– «Ay qué horror. Esa remera con esos *[ʒ]eans* no combina, *man*.»
– «¿Qué te pasa?»
– «¡Colorada, man!»
– «No se dice "ma[ʒ]a", se dice "traje de baño".»
– «¡Norma, divino ese canario!»
Probá las nuevas Lay's Restó. Son irresistibles, son gruesas, y tienen cáscara, bol[ɔ].

25 https://.youtube.com/watch?v=F6eOxO3RF7A: 00.10. Véase el texto de la publicidad:
Mercedes es una chica de barrio.
– «Mami.»
– «Ca[ʃ]ate, gil.»
Trabaja de 9 a 6. Y cuando se encuentra con la vecina dice cosas comunes como esta:
– «[ø]toy re fisura.»
Pero con una papa en la boca, Mercedes se convierte en Mecha.
– «¡Qué paquetería estas pulseras! ¡Mirá estos colores, un fueg[ɔ]! ¡Morí!»
– «¡Ay no, gordo, qué horror, estos señores son re malos!»
– «¡Ay, no no no no, qué plato lo que me estás contand[ɔ]!»

sugieren localidad, «más barrio» (véase *infra*) y lunfardo, expresado con los términos *pecho frío* ('imperturbable, carente de amor propio o de emoción', 'cobarde, pusilánime' (Conde 2004, *s.v. pecho*)) y *fisura* (apócope del adjetivo *fisurado, -a*, 'drogado', 'quebrantado emocionalmente', 'extenuado, agotado' (Conde 2004, *s.v. fisura*)), «Mike» y «Mecha» implican "norte", clase alta, y cierta afectación, representada por varios rasgos léxicos (los vocativos *gordo* y *boló*, los anglicismos *man* y *congrats*, y palabras estereotipadas como *colorada*, o *traje de baño*, algunas de las que aún veremos más adelante) y fonéticos (la realización sonora de la palatal rehilada [ʒ] y una variante más abierta de la /o/ final, por ejemplo en «en seri[ɔ]» o, al final, en «bol[ɔ]». Al mismo tiempo, los personajes «con la papa en la boca» se representan como bastante ridículos, causando asombro entre las personas de sus respectivos entornos.

Esta parodia es tan efectiva porque los porteños la saben interpretar sobre la base de su representación social y, además, se identifican con lo que simboliza. A través de la difusión masiva de la publicidad, este discurso entra nuevamente en el metalenguaje, como ilustra el siguiente ejemplo:

(34) Bueno, en la publicidad se ve bastante eso. Por ejemplo, bueno, sobre todo con el, últimamente yo veo que con el lenguaje más de Recoleta se utiliza como para segmentar demográficamente, dirigir un comercial o burlarse de eso. Sobre todo con la burla. Por ejemplo el de la papa en la boca, de las frenchitas, no, la de Lay's. Digamos, todos sabemos que está muy instalado en nuestro, en la microcultura urbana de la ciudad de Buenos Aires la manera de hablar y las diferencias que hay entre una y otra. En las clases populares el "eh, gato, eh" [imita], esas cosas, las zapatillas, la gorra, el corte de pelo es muy fuerte, es muy fuerte (hablante masculino, 30 años, Recoleta).

Este hablante de Recoleta muestra una conciencia muy pronunciada respecto del anclaje de las diferencias en el uso del habla en la memoria colectiva de los porteños así como en cuanto a la estilización humorística como recurso para establecer una «segmentación» demográfica. Menciona explícitamente la publicidad de Lay's Restó como ejemplo de esta parodia, la cual, según su perspectiva, se refiere primordialmente a la forma de hablar de Recoleta.

Después de haber visto el arraigo y la recurrencia de la metáfora de la «papa en la boca» en la representación social porteña y su interacción con el discurso mediático, nos interesa, ahora, la difusión geográfica del fenómeno en la división espacial que hicieron nuestros informantes, reflejada en el mapa 7.8. Dado que la metáfora en cuestión no tiene un polo contrario concreto, en este mapa se encuentra representada de modo individual y, por lo tanto, en números absolutos, ya que no puede calcularse un porcentaje de aparición entre dos o varios términos por barrio. Si bien el número total de menciones de la metáfora no es muy alto (recuérdese que para la elaboración del mapa sintético solamente se consideraron las designaciones anotadas sobre el papel y el metacomentario pronunciado respecto de la tarea de mapas mentales II), aún así se hace muy evidente la concentración de la metáfora en la franja

– «¡Gordo, qué horror!»
– «¿En serio? ¡Ay, *congrats*, gord[ɔ]!»
Probá las nuevas Lay's Restó. Son irresistibles, son gruesas, y tienen cáscara, bol[ɔ].

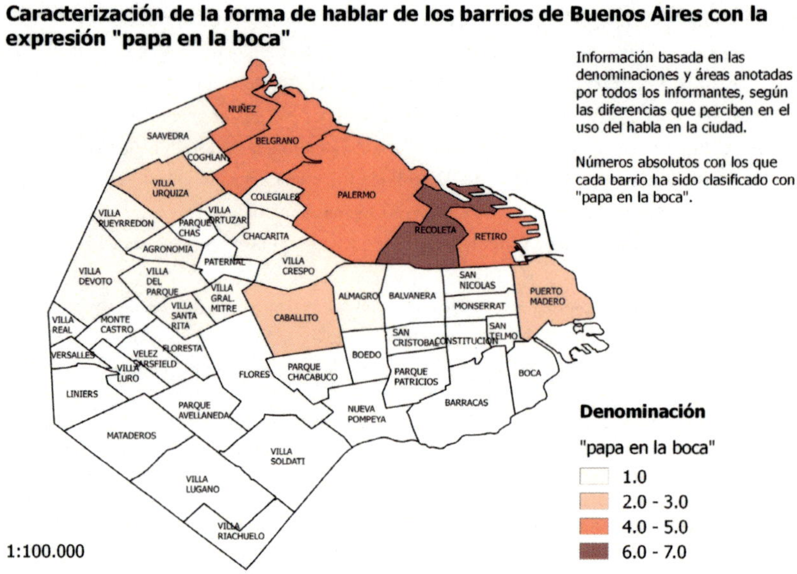

Cuadro 7.8.: Categorización del uso del habla en los barrios de Buenos Aires con "papa en la boca"

(ya conocida) de los barrios del "norte", en especial Recoleta –donde más frecuentemente aparece la denominación–, Retiro, Palermo, Belgrano y Núñez. En segundo lugar, se observan tres núcleos que también son caracterizados más de una vez con la metáfora: Puerto Madero, Caballito y Villa Urquiza, lo cual indica que el estilo de estos barrios a veces también se puede relacionar con la característica de la «papa en la boca». Pero: ¿cuáles son estas características? ¿A qué se refiere un/una hablante cuando dice que alguien habla como «con una papa en la boca»?

7.5.1. Nasalidad

Una descripción metalingüística que repetidamente va aparejada con la metáfora expuesta es la caracterización del estilo de los sectores sociales en el "norte" como «más nasal», como se desprende del *wordcloud* para Recoleta («más nasal») así como también de algunos de los ejemplos presentados arriba ((28) y (30)). La alusión a cierta nasalidad se da o bien en forma de un comentario explícito al respecto o bien –y muy a menudo– a través de una estilización de dicha manera de hablar:

(35) Sí, "[ʒ]eno", es como que se congestiona viste, una persona congestionada "que habla así nasal" [imita]. [...] te re das cuenta (hablante femenina, 33 años, Caballito).

En este ejemplo, el comentario sobre la nasalidad es sostenido por la imitación y un tipo de parodia comparando la voz estilizada con un «estar congestionado». La distancia que la informante establece de esta manera entre el estilo que caracteriza y su propia forma de hablar se refuerza aún más en la segunda parte, donde declara la obviedad de esta diferencia («te re das cuenta»).

En el mapa 7.9 se representa el aspecto geográfico de la nasalidad percibida, es decir, cuáles son los barrios que metalingüísticamente han sido clasificados con un modo de hablar «más nasal». Al igual

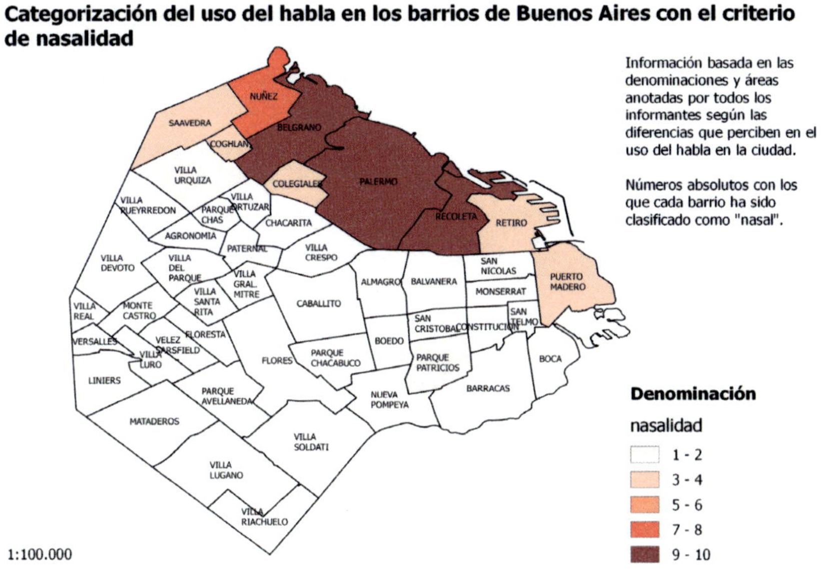

Cuadro 7.9.: Categorización "nasal" del uso del habla

que en el mapa que muestra la distribución de la metáfora de la «papa en la boca», la designación «más nasal» también está representada en números absolutos con los que aparece en cada barrio. Comparando los dos mapas, se puede observar una imagen muy similar. Además, la frecuencia con la que se usan las dos designaciones es casi igual, solo mínimamente mayor en el caso de la «nasalidad». Sin embargo, su difusión geográfica presenta algunas divergencias: mientras que en el caso de la «papa en la boca», la designación se refiere a toda la franja "norte" pero con una clara concentración en Recoleta, la característica de la «nasalidad» se atribuye de manera equivalente a Recoleta, Palermo y Belgrano. Salvo el barrio de Núñez, cuyo estilo también es clasificado con relativa frecuencia como «nasal», los barrios lindantes ya reciben esta denominación con menor frecuencia, y los así llamados "núcleos" que hemos señalado en el mapa respecto de la «papa en la boca» no sobresalen de igual manera en cuanto al criterio de la «nasalidad». En cambio, la designación aparece (aunque solo una vez) en el barrio de Parque Patricios, expresada por parte de un informante que vive en La Boca y que determina en algunos barrios en el sur de la ciudad ciertas áreas de inversión y de residencia de «nuevos ricos» con un estilo parecido a los que se ubican en el "norte".

En síntesis, sin entrar demasiado en las representaciones individuales, que nos ocuparán más adelante, podemos constatar que la designación «nasal», aunque más frecuente para los tres barrios mencionados en el "norte", se limita prácticamente a la franja de los barrios entre Puerto Madero en el este y Saavedra en el norte, mientras que la metáfora de la «papa en la boca», si bien con una evidente concentración en Recoleta, se aplica a una zona un poco más amplia dentro del espacio urbano de Buenos Aires. A pesar de estas diferencias, los dos mapas muestran claramente que las dos designaciones metalingüísticas están muy vinculadas y se refieren a un mismo modo de hablar percibido, categóricamente, en el "norte" de la ciudad.

7.5.2. La realización de la palatal rehilada –«un recorte demográfico»

Ahora bien, todavía cabe preguntarse cuáles son los rasgos lingüísticos a los que se debe la percepción de un estilo «más nasal», parecido a hablar como con una «papa en la boca». Los comentarios metalingüísticos de nuestros informantes dan una pista concreta al respecto (indicada ya en el ejemplo (35)): el uso de las realizaciones del sonido postalveolar fricativo como categoría de división espacial.

El hecho de que tanto la variante sonora como la variante sorda de la palatal rehilada aparezcan en los tres *wordclouds* expuestos (representados a través de "sh" y "zh") como rasgos explícitos para describir los determinados usos del habla demuestra que (al menos para una parte de los hablantes) se trata de un rasgo muy saliente[26]. De este modo, varias son las referencias metalingüísticas explícitas acerca del fenómeno, sobre todo entre los hablantes de los barrios norteños:

(36) Va haciendo como un recorte demográfico como decís la "ll" (hablante masculino, 30 años, Recoleta).

(37) ¿Cómo hablan? ¿Cómo hablan en la pronunciación? Yo creo que la base de todo está en la "y" y la "ll". Capaz en algunos barrios la pronuncian más... a medida que te alejás de Recoleta, como el, hace más fuerza en el tipo "[ʃo]" [imita] (hablante masculino, 26 años, Recoleta).

Los ejemplos (36) y (37) revelan la indexicalidad que los hablantes adscriben a la variable: según la realización del sonido postalveolar fricativo, uno pertenece a un sector demográfico determinado, siendo Recoleta el «núcleo» de este estilo. La mayoría de los hablantes de Recoleta o Palermo se muestran muy conscientes de esta variante, probablemente porque les sirve como elemento de identificación, sabiendo, al mismo tiempo, del rechazo que puede causar en otras áreas de la ciudad (fenómeno que observaremos aún en varias ocasiones). Como aún veremos más en detalle, la indexicalidad de la va-

26 Es necesario distinguir, sin embargo, entre la mención explícita del rasgo y su percepción en el habla, que examinaremos por medio de un método que apunta a la percepción más inconsciente del mismo en el capítulo 9.

riable no se percibe ni se interpreta de igual manera por todos los hablantes –«it indicates demographic categories not directly but indirectly, trough their association with qualities and stances that enter into the construction of categories» (Eckert 2008: 455). Dicho esto, contemplando la difusión geográfica

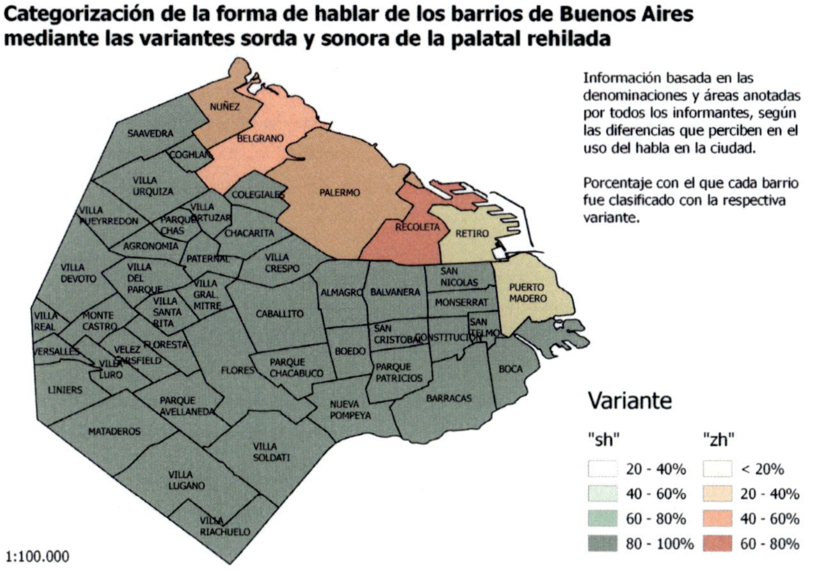

Cuadro 7.10.: Categorización del uso del habla en los barrios de Buenos Aires mediante las variantes sorda y sonora de la palatal rehilada

del uso metalingüístico de las dos variantes, el mapa 7.10 muestra la frecuencia con la que éstas se mencionaron para cada barrio (representada en porcentajes). Se observa, en primer lugar, una división notoria entre los barrios de la franja del "norte" (Puerto Madero, Retiro, Recoleta, Palermo, Belgrano y Núñez) como área exclusiva designada mediante la variante sonora. Todos los demás barrios de la ciudad siempre se clasifican con la variante sorda. En segundo lugar, el territorio metalingüísticamente caracterizado con [ʃ] incluso es un poco más amplio aún; en el caso de algunos barrios del "norte", se solapan las dos designaciones (así, por ejemplo, en Puerto Madero y Retiro, donde predomina la variante sorda, o en Palermo, Belgrano y Núñez, donde la variante sonora se menciona más frecuentemente). El único barrio casi exclusivamente caracterizado con [ʒ] es Recoleta.

El hecho de que el área donde metalingüísticamente aparece la variante sonora de la palatal rehilada coincida en sumo grado con la que hemos podido delimitar para la «nasalidad» y la «papa en la boca» permite suponer que hay una relación entre los tres tipos de referencias que se hacen en el metalenguaje, aunque seguramente no se puede delimitar la realización sonora [ʒ] como único factor que influye en la percepción de este estilo como «nasal» o parecido a una «papa en la boca», como veremos más adelante. Sin embargo, se trata de un rasgo que nos seguirá ocupando a lo largo de este trabajo.

7.6. «Comerse la ese»

Dentro de la dicotomía socio-geográfica entre "norte" y "sur" (construida, entre otros, por estilos lingüísticos), uno de los rasgos frecuentemente mencionados en oposición a una realización sonora del fricativo postalveolar asibilado es la elisión de la /s/ final, como se puede observar en los *wordclouds* de La Boca y de Mataderos («menos ese»), y como muestran también los siguientes ejemplos:

(38) En la zona sur, en la zona de La Boca y Barracas, se comen la ese final. Eso es una característica re típica (hablante femenina, 28 años, Recoleta).

(39) Uno ya le entra por el oído y se da cuenta "eh gato que hacé[ø], vo[ø]" [imita], o sea suprimir letras, sacar las eses es totalmente de acá. O sea, sacate todas las eses a todas las palabras que puedas y sos de acá (hablante masculino, 27 años, Avellaneda).

(40) Utilizan capaz menos eses, por una cuestión de cancherear[27]. No porque no lo sepan usar. Pero en vez de decir "pibas" dicen "la[ø] piba[ø]" [imita] (hablante femenina, 30 años, Villa Urquiza).

«Comerse la ese» es otra metáfora usada como recurso metalingüístico, pero a diferencia de «papa en la boca», que se refiere a una forma (una «tonada») general, en este caso particulariza en un rasgo lingüístico específico.

Puesto que la estigmatización social de la elisión de la sibilante final no es un fenómeno reciente en el español de Buenos Aires, la conciencia marcada de los porteños al respecto no sorprende[28]. De manera palpable, a través de comentarios metalingüísticos explícitos o la imitación de la elisión (a veces simultáneamente a un cierre de la vocal precedente), utilizan la variable para construir la oposición "norte" vs. "sur", lo cual se refleja también en el mapa sintético 7.11. De ahí se desprende que no solo se usa la elisión de la sibilante para caracterizar la forma de hablar del "sur", sino que se construye una oposición entre «más ese» y «menos ese» en forma de un *continuum* desde los barrios del "norte" hacia el sur, estableciendo una franja situada en el medio que entre un 60 % y un 80 % se caracteriza por la elisión de la sibilante, siendo toda la franja de los barrios en el sur la que más frecuentemente (con un 80 %-100 %) se designa con esta variante. Los barrios en el "norte", por otro lado, se especifican entre el 80 % y el 100 % como con «más ese», lo cual, en el contexto dado de la oposición construida entre las dos variantes, significa que en la representación de los informantes, en esta zona no hay elisión de la /s/ final. Tanto Puerto Madero en el este como toda un área de barrios en el noroeste quedan exentos de esta clasificación, lo cual indica que esta zona no se considera emblemática para ninguna

27 *Cancherear*, 'actuar o hablar de un modo arrogante y soberbio' (DIEA, *s.v. cancherear*).

28 Véase, por ejemplo, Kubarth (1986) o Fontanella de Weinberg (1973b) (sobre la elisión de /s/ en Bahía Blanca, en la provincia de Buenos Aires).

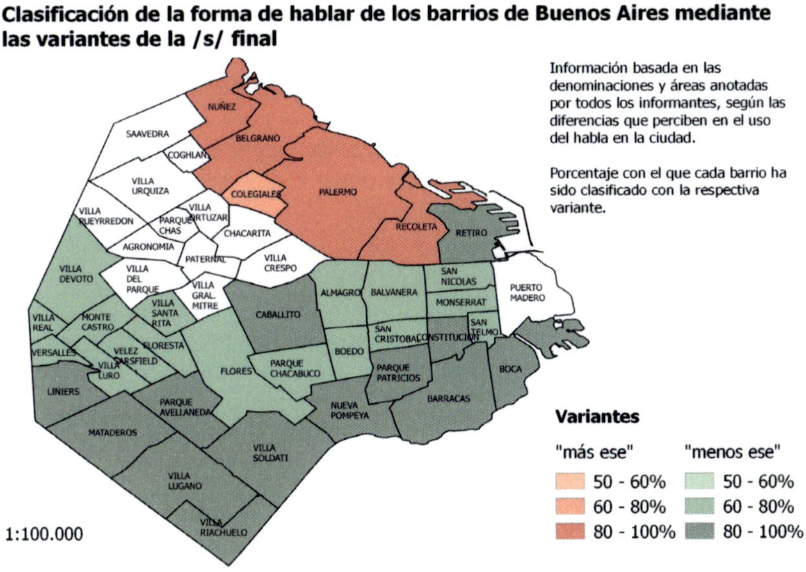

Cuadro 7.11.: Categorización del uso del habla en los barrios de Buenos Aires mediante las variantes de la /s/ final

de las dos variantes en cuestión. Por el otro lado, dos son los barrios que sobresalen ligeramente en el degradé: Retiro, un barrio que debido a su fuerte heterogeneidad social, como hemos visto, suele designarse con rasgos contrarios y se ubica algunas veces en el "norte" y otras veces en el "sur". En el caso de Caballito, la designación más frecuente con «menos ese» en comparación con los barrios que lo redondean resulta algo asombrosa, dado que el estilo de este mismo barrio también ha sido descrito varias veces como «nasal» (cf. 7.9). Ello insinúa que, o bien el barrio se percibe como heterogéneo en cuanto a sectores sociales y formas de hablar, o bien que las representaciones de Caballito, como se analizará en el capítulo sobre las cartografías mentales, difieren entre los informantes de los distintos barrios.

Puesto que, como ya hemos visto, la caída de la /s/ final en el español de Buenos Aires constituye un rasgo socialmente estigmatizado, la oposición que se establece entre la realización y la elisión de la sibilante final muy a menudo va de la mano con referencias (implícitas o explícitas) a un «hablar bien» o «hablar mal», respectivamente. Este aspecto normativo inherente a ciertos elementos lingüísticos también se expresa como categoría de división espacial, como veremos a continuación.

7.7. "Más correcto" vs. "menos correcto"

El criterio de corrección se presenta como recurso frecuente al que se recurre para dividir los usos del habla en el espacio, como se observa en las expresiones que aparecen en los *wordclouds* de Recoleta («más correcto») y de La Boca y Mataderos («menos correcto»). Al contemplar la distribución geográfica de las dos designaciones (mapa 7.12), se expone una imagen evidentemente muy parecida al mapa que hemos visto respecto de las variantes de la sibilante final. Se ve, claramente, que toda la parte "norte" se relaciona mayormente con una forma de hablar «más correcta» (con la excepción del barrio de Retiro, por las razones ya reiteradamente señaladas), incluido Puerto Madero y, en este caso, San Telmo, un barrio generalmente asociado con el "sur". Por el otro lado, se destaca un amplio sector en el sur que se vincula uniformemente con un estilo «menos correcto», mientras que el área de los barrios en el noroeste, al igual que en el caso de la sibilante, no se clasifican según este criterio. No cabe

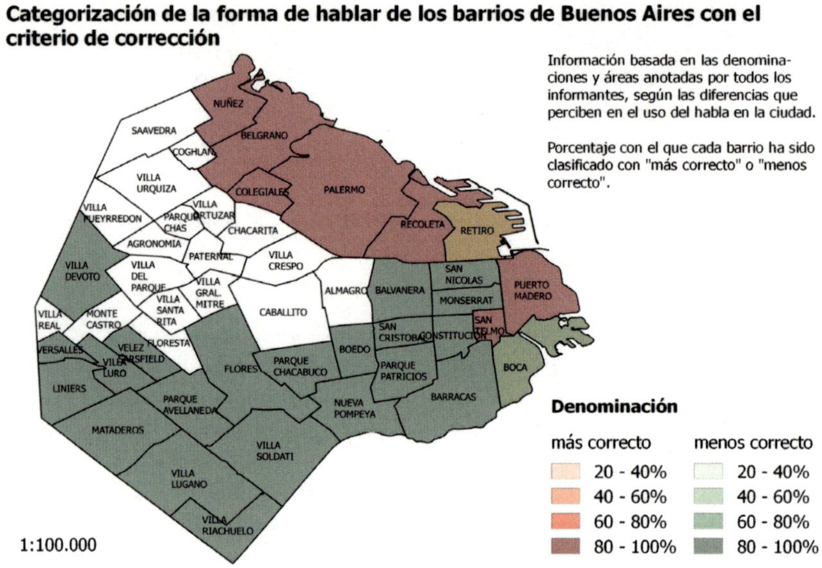

Cuadro 7.12.: Categorización del uso del habla en los barrios de Buenos Aires según el criterio de corrección

duda de que el criterio de corrección lingüística –sobre todo en lo que concierne al "sur"– responde a la representación de la segregación espacial por la clase social, que a su vez implica la representación de cierto poder socio-económico y acceso a la educación. Al mismo tiempo, dado que, como hemos visto, Argentina se destaca desde los inicios del siglo XX por una amplia clase media con acceso general a la educación, resulta algo sorprendente la separación tan marcada de los barrios del "norte" cuya forma de hablar se considera como «más correcta». También contrasta esto con el ejemplo (11) que hemos comentado líneas arriba. Veamos, pues, algunos enunciados de nuestro corpus que comentan esta división:

(41) En el sur es más básico y en el medio es más... ¿No?, y del medio para arriba digamos es más o menos igual, pero en el sur lo noto un poco más básico digamos. Porque justamente está la gente con menos recursos, menos educación digamos (hablante femenina, 25 años, Villa Urquiza).

(42) Acá [señalando una zona que marcó en el sur del mapa] respetan menos las estructuras del lenguaje correctas, eh (...) que tiene mucho modismo, y mucho código, eh... y que es mu-... por ahí mucho más informal, o desp-... o desprolijo. Te diría que en... Núñez, Belgrano, [...] Palermo, [...] Recoleta, ¿no? Retiro olvidate. Hasta acá, es como... la parte más cuidada. N-... no quiero decir que ma-... que tengan mejor manejo del lenguaje, pero sí digo que... es una parte más alfabetizada que... tiene más recursos en el manejo, [...] sí me parece que hay una parte escolarizada que vive más en este tipo de barrios. Núñez, Belgrano, Palermo, Recoleta. Después, un lenguaje mucho más marginal, en Retiro, en Montserrat, en San Telmo, en Constitución, no conozco mucho Balvanera y San Cristóbal, ni Parque Patricios, pero me imagino que debe estar más o menos en lo mismo, que se podría dividir esta zona (hablante masculino, 30 años, Caballito).

(43) Y yo creo que todo responde a lo social, ¿no? o sea, porque el lenguaje, o sea, de esta gente de clase alta, por así decirlo, es como un... que ni siquiera es un lenguaje refinado, ¿no? Porque (...) yo creo que el... tener un lenguaje refinado o poder hablar bien, poder armar una oración que tenga peso, depende también de la formación que uno tenga, de si leyó o no leyó. [...] Y bueno esta zona, sí, acá te das cuenta realmente la falta de educación, ¿no? Que es fundamental para poder hablar bien. [...] Acá en estas zonas te das cuenta que acá falla. [...] Y en estas zonas medias, ¿no? [...] Deben reunir un poco de todo, no? Del lenguaje refinado, de la formación académica de cada persona, eh, con, estas mezclas dialectales de los... las zonas con bajos recursos (hablante femenina, 30 años, La Boca).

Varios son los aspectos que se reflejan en estas aclaraciones. En primer lugar, se confirma la división tripartita entre “norte”, “centro” y “sur”, aunque en el ejemplo (41) no se diferencia el «medio para arriba» y en el ejemplo (43) solo se menciona la oposición entre los barrios en el “norte” y algunos que se ubican en el “sur”. En segundo lugar, los tres ejemplos se refieren al “sur” como área «marginal», «informal» y de «bajos recursos», donde la «falta de educación» se manifiesta en el uso del habla «más informal» o «desprolijo» (42). En tercer lugar, se perfila la zona en el “norte”, constituida por los barrios Núñez, Belgrano, Palermo y Recoleta, como un área «más cuidada», «más alfabetizada», con «más recursos en el manejo del lenguaje» (42) y donde se suele ubicar un «lenguaje más refinado». Esta representación puede tener sus orígenes en la transformación urbana y en el hecho de que esta zona (particularmente Recoleta y el constructo “Barrio Norte”, de donde se expandió la construcción del “norte” hacia los otros barrios) históricamente constituye el lugar de la aristocracia y, por lo tanto, de las élites no solo políticas y económicas sino también culturales (cf. el resumen de la aristocracia porteña de la *Belle Époque* comentada en el cap. 4 y Hora y Losada (2011: 615-616)).
En los dos ejemplos que se refieren a este lenguaje «refinado», no obstante, dicha alusión se relativiza

inmediatamente («no quiero decir que tengan mejor manejo del lenguaje» y «que ni siquiera es un lenguaje refinado»), lo cual sugiere un cierto cuestionamiento de la representación mencionada (y ciertas actitudes implícitas, de las que nos ocuparemos más adelante), manifestada también en los siguientes ejemplos:

(44) En la informalidad, también el nivel de educación influye, eh... que no quiere decir que uno sea mejor que otro, ¿no? Ehm, porque de hecho hay mucha gente que tiene la posibilidad de acceder a un mejor nivel educativo y sin embargo los escuchás hablar y decís "cerrá la boca porque..." ¿no? Pasa (hablante femenina, 28 años, Caballito).

(45) No sé si tiene que ver con riqueza o pobreza, si... tanto, porque realmente hay un... digo, me parece como que en los dos... en los dos extremos hay un vaciamiento muy grande. La gente que vive en una situación muy vulnerable o muy compleja, obviamente que tendrán menos tiempo a detenerse, eh... de... a pensar cómo hablo, cómo digo esto, cómo digo aquello, son por lo general gente que habla solamente un idioma también, digo, tienen un universo lingüístico mucho más acotado. Pero también en los estratos más altos y más vacíos también sucede eso. [...] Hay muchísima gente de clase alta que tiene un lenguaje muy empobrecido. [...] Entonces digo, hay, hay en los dos, digo, si lo ponemos así un poco más cualitativo o más en profundidad me parece que hay vaciamiento del lenguaje tanto en el que dice "tipo nada" como el que dice "gato" todo el día. Y en el medio están todos los matices (hablante masculino, 30 años, Avellaneda).

La cuestión del "medio" que menciona el hablante en el último ejemplo nos lleva a otro mapa, que puede entenderse complementario al mapa que representa la categoría de corrección (7.12): otro criterio según el cual se determinan las diferencias en el uso del habla de la ciudad es el de la normalidad, es decir, se marcan las zonas donde se considera que la forma de hablar es «más normal» o «más común» (estas dos designaciones se han sintetizado, como lo hemos explicado en la sección 6.6.1 en el capítulo metodológico). El perfil del mapa 7.13, que representa las designaciones «más normal» y «más común» en números absolutos, comprueba, claramente, que se determina un "intermedio" geográfico y social, acentuado en el noroeste geográfico de la ciudad, donde la forma de hablar resulta menos saliente, mientras que son los barrios en el noreste y en el sureste geográfico los que más se relacionan con usos del habla más llamativos o estereotipados para los dos polos extremos de la dicotomía sociogeográfica. La comparación de este mapa con el mapa 7.12 también demuestra que, evidentemente, en la representación de los porteños, «más correcto» no equivale a «más normal», y viceversa.

7.8. «Bolivianos» y «paraguayos»

Ahora, en lo que concierne al criterio de corrección y de normalidad, entre nuestros informantes se formula en varias ocasiones un factor que se considera influyente para ciertos «cambios en el porteño tradicional»: la presencia de determinados grupos migratorios. Tal como ya hemos visto en los capítulos introductorios, las variedades regionales del español de países limítrofes como Bolivia o Paraguay así como también del Perú, en tanto estimadas como inferiores, a veces se perciben como amenazantes para

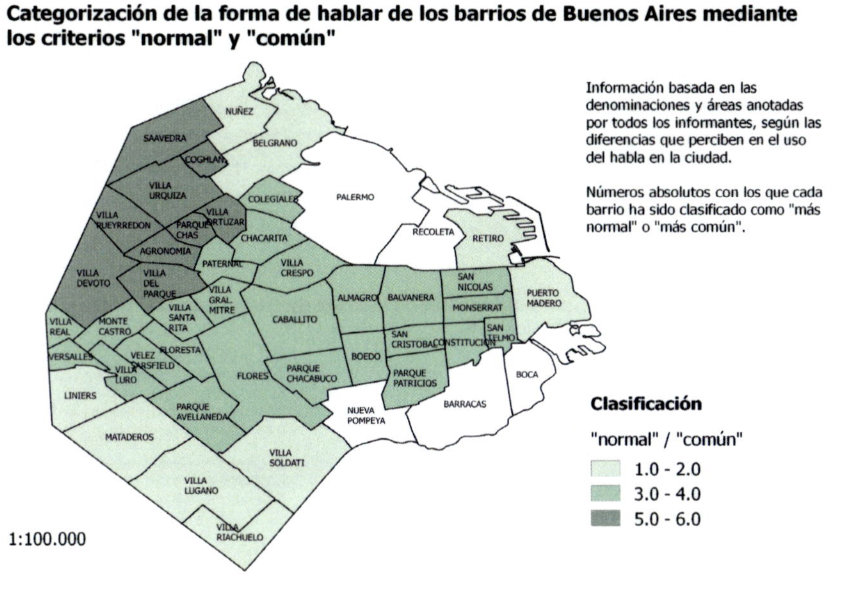

Cuadro 7.13.: Categorización del uso del habla en los barrios de Buenos Aires como "más normal" o "más común"

la identidad y el habla porteñas. En la división espacial que los informantes realizaron en los mapas mentales, la influencia cultural y lingüística de estos grupos migratorios se utiliza como criterio para determinar diferencias en el uso del habla en la ciudad (véase los *wordclouds* de La Boca y Mataderos, donde aparece «cultura boliviana» y «cultura paraguaya»). Esta influencia social y étnica se asocia de manera general con la parte sureña del área urbana, destacándose algunos barrios emblemáticos:

(46) Sí, está más marcado, es (...) eh (...) por ejemplo todo lo que es esta parte del centro, Balvanera, Once, este (...) Constitución, ahí es como que también hay, como decía antes, hay como un foco muy de gente de otros lugares, y ahí se pierde un poco por ahí la (...) el porteño en sí como porteño (hablante masculino, 28 años, Caballito).

(47) Sí. Acá está Liniers donde te dije Bolivia. Mataderos, Lugano, Soldati, bueno, ahora sí, agrego Pompeya que me había olvidado, Barracas, La Boca. [...] Bueno, después también está Once que estaría como acá. Que también hay mucho peruano. Se habla distinto. Mucha gente en la calle también. Mucha, en Once (hablante femenina, 33 años, Avellaneda).

Esta representación del "sur" como más marcado por la influencia de grupos migratorios de países limítrofes, con especial énfasis en algunos barrios determinados, también se observa en el mapa sintético (mapa 7.14). La imagen en este mapa habla por sí misma: son únicamente los barrios en el sur de la ciudad los que se asocian con grupos migratorios, mayormente con inmigrantes procedentes de Bolivia. La influencia paraguaya, en cambio, se ubica particularmente en Villa Riachuelo, en La Boca y en algunos barrios del así llamado "Microcentro". Sorprendentemente, no aparece ninguna referencia a los inmigrantes peruanos, cuyo número hoy en día ya no es menor en comparación con los inmigrantes bolivianos y paraguayos (Cerrutti 2009: 17). Sin embargo, los resultados de la categorización de nuestros informantes sugieren que no constituye un grupo tan saliente para el "nuevo inmigrante" en Buenos Aires. Lo que se observa al contemplar el mapa 7.14 junto con los enunciados de los informantes al

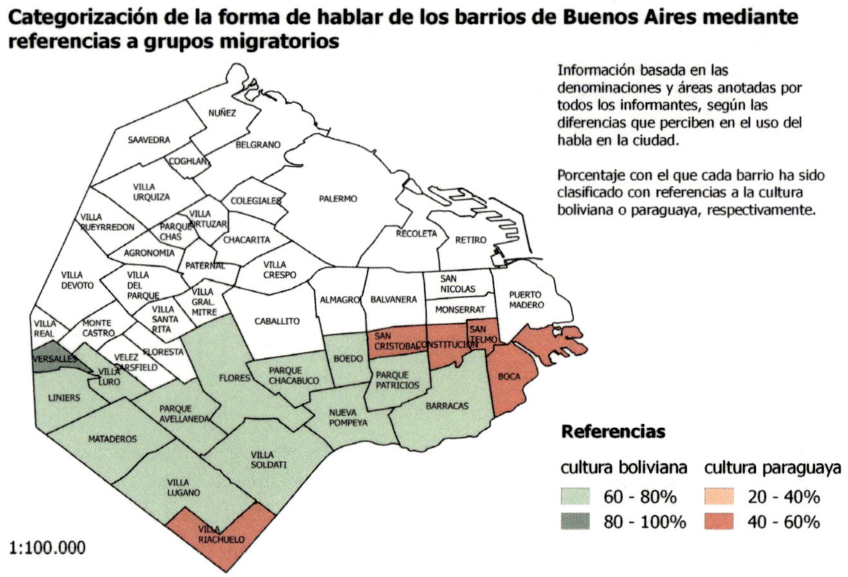

Cuadro 7.14.: Categorización del uso del habla en los barrios de Buenos Aires con referencias a grupos migratorios

respecto es que, por un lado, hay una asociación general de la influencia de la inmigración latinoamericana en el "sur", y esto sugiere que se trata de un factor –explícita o implícitamente– vinculado con todas las clasificaciones (sociales y lingüísticas) que hemos visto que se atribuyen a esta zona urbana. Por el otro lado, determinados grupos migratorios también se asocian más concretamente con ciertos lugares en la ciudad, por ejemplo a través de referencias a la materialidad del espacio (p. j. la plaza o la estación en el caso de Once, la estación y el mercado de Liniers, la estación de Constitución). En las representaciones individuales veremos algunos ejemplos más específicos acerca de este aspecto.

Por último, pero no por eso menos importante, es imprescindible mencionar una última dicotomía general con la que nos toparemos varias veces a lo largo de este estudio y que es fundamental para una comprensión global de la construcción de identidades sociales y geográficas a través de la lengua: la "barrialidad".

7.9. "Barrio" vs. "barrio barrio"

Ya en la introducción a este trabajo hemos hecho alusión a la función trascendental que cumple el barrio en la representación de los hablantes porteños. En la parte teórica también hemos señalado que el barrio actúa como referente para la construcción de una identidad social dentro de la ciudad –que el antropólogo Gravano (1991: 67) define como «identidad barrial», cuyo criterio supremo de pertenencia es el arraigo, que semánticamente se opone a los advenedizos, a "la gente de paso", a la "gente nueva" a la que no se conoce porque "no es de acá" (Giménez 2009: 204). El «eje axiológico» de la identidad barrial se define, según Gravano (1991: 75) por un «conjunto estructurado de valores presentes en la ideología sobre el barrio» (Gravano 1991: 75), dividido en tres dimensiones: una dimensión simbólica, una dimensión temporal y una dimensión que consiste en el concepto de "barrialidad". El nivel simbólico, en primer lugar, se refiere a la construcción de relaciones de oposición semántica, proceso inherente a la formación de una identidad social, como ya se ha mencionado. Al atribuir ciertos valores al propio barrio, los habitantes construyen cierta homogeneidad en el endogrupo y acentúan, así, la divergencia respecto de exogrupos que tienen como referente a otros barrios. En la dimensión temporal, en segundo lugar Gravano (1991: 76) observa que los habitantes subordinan los significados de lo que para ellos es su barrio en el presente a lo que el barrio era "antes": el barrio hoy es tranquilo porque *antes* era mucho más tranquilo; es obrero porque *antes* era mucho más obrero, es solidario porque *antes* era mucho más solidario (Giménez 2009: 204). Por lo tanto, «el barrio es un barrio solo porque "antes" era más un barrio que "ahora"», es decir, el pasado se opone a un "ahora" más negativo y el "antes" sirve para reforzar o establecer parámetros de valoración (Gravano 1991: 76). Puesto que este "antes" (que Gravano (1991: 80) llama «época base de la identidad barrial») remite a una época en gran parte indeterminada y mítica en el tiempo cronológico (no es una mera referencia al pasado, ni siquiera es parte del pasado entendido como historia lineal del barrio), más que un «cronos» representa un «ethos» mediante el cual el barrio adquiere modalidades distintivas e identidad como tal (Gravano 1991: 80). Lo "barrial", por lo tanto –y con esto nos encontramos en la tercera dimensión establecida por el autor– no es solo un espacio valorizado, sino también la «temporalidad cuasi-mítica de un pasado prestigioso que parece diluirse en la medida en que va llegando al presente» (Giménez 2009: 204). Esto implica que los significados con los cuales el barrio se define como "barrio barrio" corresponden a valores concebidos como positivos de un "antes" en oposición a valores considerados negativos del "ahora", que simultáneamente definen el significado de lo que es el "cambio" o el "progreso" (Gravano 1991: 82). Entendido así, lo "barrial" entra, a su vez, en una oposición semántica con lo "no barrial" que implica "progreso", "adelanto", cambios que pueden ser de orden material, social y simbólico y que para los habitantes suponen la pérdida de los valores tradicionales como, por ejemplo, la familiaridad, la tranquilidad o la confianza entre vecinos. Según Giménez (2009: 204) esto

> ilustra con claridad el carácter constructivo, y no solo reproductivo, de la memoria colectiva. Esta no se presenta como un simple registro del pasado, sino como una reconstrucción frecuentemente mítica o imaginaria del mismo, en función de los intereses del presente (Giménez 2009: 204).

Dada la importancia de la barrialidad para la identificación geográfica y social de los porteños, esta aparece también como categoría para la división espacial y lingüística, como demuestra el mapa 7.15. De manera palpable se presenta nuevamente una frontera nítida: por un lado, la franja de los barrios

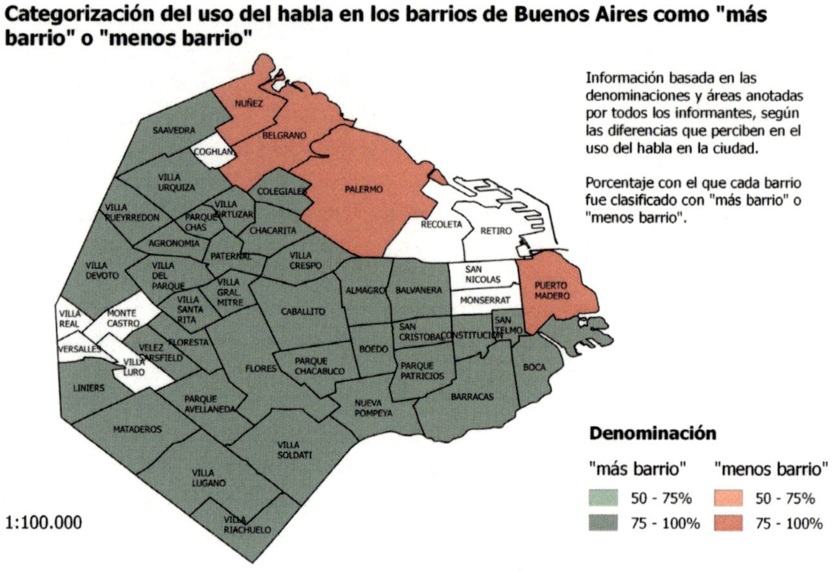

Cuadro 7.15.: Categorización del uso del habla en los barrios de Buenos Aires como "barrio" o "menos barrio"

en el "norte", entre los que son los barrios de Núñez, Belgrano, Palermo y Puerto Madero los que más frecuentemente se clasifican como "menos barrial" (es decir, no solo no reciben la designación de "barrio barrio" sino que se oponen al resto del territorio urbano como áreas donde ya no se percibe esta característica) y, por otro, la gran mayoría del espacio urbano que, según los hablantes, conserva su identidad barrial. Excluidos de las dos calificaciones quedan, por un lado, Recoleta, Retiro y los barrios que constituyen el "Microcentro", tal vez por su heterogeneidad, y en el caso particular de Recoleta, porque se entiende como barrio tradicional, pero debido a su transformación y su situación demográfica actual, hoy en día ya no se relaciona con este atributo. Al mismo tiempo, destacan algunos barrios en el oeste y el barrio de Coghlan en el norte de la ciudad que tampoco están calificados como "barrios barriales", lo cual indica que se trata de zonas menos salientes en lo que concierne a este criterio.

Los elementos constitutivos de la barrialidad que hemos mencionado líneas arriba también se reflejan en la manera en la que nuestros informantes (significativamente, los de Villa Urquiza, Caballito y La Boca, es decir, de los barrios dentro de la ciudad que según el mapa 7.15 entran en la franja designada como "más barrial") hablan de su respectivo barrio:

(48) Y a mí lo que me viene a la mente es justamente es muy lo que llamamos "barrio". Es muy barrio porque se mantiene eso de, no hay muchos edificios (hablante femenina, 27 años, Villa Urquiza).

(49) Eh, que aunque vive mucha gente tiene algo, conserva algo del barrio clásico donde se conoce al vecino y las casas grandes. Eso. Me parece que es lo más lindo (hablante femenina, 33 años, Caballito).

(50) Sí, para mí lo que tiene La Boca es que es barrio barrio. Barrio de verdad donde está la vecina en la calle, el perro, los gatos. Que te conocés, que te saludás, es otra la interacción que hay con la gente. Que por ahí en otros barrios que tienen más tránsito, no sé por qué cómo será, pero es diferente (hablante femenina, 29 años, La Boca).

Para el porteño, lo barrial como cultura no se reduce a vivir en un barrio sino que implica apropiarse de y producir los significados que este horizonte simbólico contiene, como competencias para expresarse, mediante representaciones y prácticas, en distintos contextos espacio-sociales. Su sentido de lo renovador se asume como lo crítico, impugnador y contrario a la estabilidad y el orden formales, institucionales y hegemónicos (Gravano 2008: 6). La "barrialidad" se trata, por lo tanto, de una categoría de vital importancia para la representación social de y por lo porteños, representación con la que a lo largo de este trabajo nos encontraremos en varias ocasiones, particularmente cuando analicemos los mapas mentales de los informantes y, sobre todo, en la estilización espontánea, donde surgirá la oposición "tener calle, tener barrio", asociada geográfica y culturalmente a los sectores del "sur" en oposición a los del "norte".

8.1. El barrio –elemento de identificación

En la introducción a este trabajo hemos expuesto la trascendencia de los barrios de Buenos Aires para la identificación social en la urbe como uno de los factores fundamentales que nos han llevado a plantear nuestra investigación y a proponer el barrio como variable principal para el análisis de la percepción de las variedades lingüísticas en la ciudad. Por esta razón, y conscientes de que de ninguna manera se puede considerar al barrio como una entidad homogénea, se revelarán a continuación algunos aspectos de la perspectiva subjetiva de nuestros informantes acerca de su respectivo barrio de residencia. Porque

> para los habitantes, el barrio se [define] a partir de atributos o rasgos diacríticos cargados de contenido valorativo. Esto [lleva] a distinguir entre el «barrio referencial», entendido simplemente como espacio físico habitado, y «lo barrial» como valor, es decir, como espacio valorizado (que supone la representación, la apropiación y los usos del barrio por parte de sus habitantes (Giménez 2009: 203).

Estas representaciones, recopiladas a través de preguntas explícitas en la primera parte de la entrevista semi-guiada, echarán luz sobre el grado de arraigo local de los hablantes en los seis barrios seleccionados para esta investigación, mostrarán el posicionamiento que realizan de su respectivo barrio en la estructura geográfica y social de la ciudad, y revelarán cuáles son los elementos a través de los que se construye la identificación barrial. De este modo, nos servirán de contexto para ver y comprender luego las diferencias en el comportamiento respecto de la variación lingüística en el espacio urbano de Buenos Aires.

Tal como hemos señalado en la metodología, uno de los criterios a priori para la selección de los informantes era el tiempo que estos llevan viviendo en el mismo barrio, un elemento clave, evidentemente, para la representación que un hablante desarrolla acerca de su espacio. De este modo, la mayoría de los informantes ha pasado gran parte de su vida en el mismo barrio, y solo 8 personas de la muestra pasaron menos de 5 años en el lugar donde vivían en el momento de la entrevista.

Al observar las asociaciones mencionadas por los hablantes acerca de sus respectivos barrios, sobresalen algunas diferencias entre las distintas zonas y el modo en que los que las habitan se identifican con ellas. A partir de los comentarios de los informantes, hemos definido 5 categorías de criterios a través de los cuales se establecen estos lazos: a) la *materialidad* del espacio, que implica cualquier referencia a elementos físicos como calles, plazas, edificios o monumentos, etc.; b) la *ubicación geográfica* del barrio, que corresponde a la localización del distrito en su totalidad dentro del territorio de la urbe; c) *características demográficas*, que pueden ser alusiones a la clase social o a determinados grupos étnicos que se sitúan en el barrio, así como la percepción de diferentes estilos de vida o incluso un carácter particular que se asocia con sus habitantes; d) *características históricas*, que se refieren no tanto a la historia de la estructura material (aunque, evidentemente, se solapa con esta), sino a conceptos más abstractos como la barrialidad o la tradición que se adjudica a un barrio; y e) *asociaciones personales y emotivas*, que engloban todo tipo de experiencias personales a través de las cuales los informantes se vinculan con el barrio, como también la mención de una sensación de tranquilidad o de seguridad relacionada con el área de residencia. Estas categorías representan la espacialidad en todas sus dimensiones –material, social y simbólica. El cuadro 8.1 muestra la frecuencia con la que los diferentes tipos de asociaciones fueron mencionados por los hablantes de cada barrio (cabe señalar aquí que las diferencias entre las categorías no siempre son nítidas y que un enunciado a veces puede ser codificado de manera doble o múltiple porque se refiere a más de una categoría a la vez).

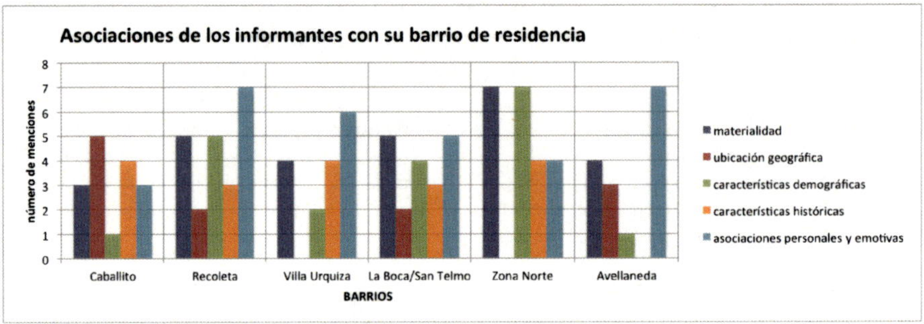

Cuadro 8.1.: Categorías de asociaciones de los informantes con su barrio de residencia

Uno de los criterios más mencionados para caracterizar el barrio es la **materialidad del espacio**. Los hablantes se refieren a la estructura física del lugar donde viven o bien de forma general («casas bajas», «espacios verdes», «calles empedradas», tipos de edificios o de arquitectura) o bien señalando lugares concretos, atribuyéndoles un valor simbólico como punto de referencia de su memoria y elemento de identificación. En Zona Norte, donde con más frecuencia se nombra el criterio material, predomina la caracterización general de la zona como barrios de «casas bajas». En Avellaneda, el partido en la zona sur del conurbano, en cambio, no se hace referencia a la arquitectura de la vivienda, sino que, además de una mención del carácter industrial del barrio, se nombran sobre todo las calles, tanto respecto a su estado de mantenimiento como a la calle como tradicional punto de encuentro:

(1) Y mi barrio... [...] ponele toda mi secundaria es como que vivía en la calle de las Flores, toda la escuela, todo el colegio vivía en la calle de las Flores a la tarde. Desde las cinco de la tarde hasta las diez de la noche. Ese es un lugar característico (hablante femenina, 33 años, Avellaneda).

La identificación con el barrio se caracteriza aquí a través de la materialidad de la calle, un lugar concreto que para esta hablante ejercía una función social importante y, de esta manera, se incorporó en la memoria individual o colectiva.

La importancia de elementos materiales como escenarios urbanos para la identificación barrial también se observa entre los hablantes de Recoleta, pero en este caso se refiere sobre todo a determinadas plazas («la plaza de mi casa para mí es... la plaza...», «Recoleta para mí es como mi patio, es mi casa. Relaciono plazas, jugar, pasear»). Más que la calle, aquí es pues la plaza la que está ligada a la memoria y despierta sentimientos, recuerdos, y una sensación de familiaridad en el barrio. Además, los hablantes de Recoleta mencionan algunas esquinas específicas y emblemáticas para su barrio («se me viene a la cabeza Santa Fe y Pueyrredón, Pueyrredón y Las Heras, Callao y Santa Fe»), lugares que representan su historia y su arquitectura característica, muy positivamente connotada para los hablantes del barrio:

(2) Bueno, La Recoleta es un barrio muy lindo, a mí me parece, muy residencial, muy de casas bastante paquete[1], si querés. Es como... edificios antiguos, bastante afrancesados. Tenés el cementerio de Recoleta, es un punto turístico bastante importante en la ciudad (hablante femenina, 28 años, Recoleta).

De este ejemplo se desprende una actitud muy favorable de una hablante que sin duda presenta una fuerte identificación con su barrio. Los elementos materiales a los que se refiere, el estilo de las casas y el cementerio de Recoleta remiten, por un lado, al desarrollo del barrio como lugar de las élites y de la oligarquía, orientadas hacia el modelo urbanístico y arquitectónico de París (cf. *Transformación urbana*, 4) y, por otro lado, reflejan la importancia que la hablante le da para el resto de la ciudad.
Al presentar las huellas de la génesis urbana y al anclarse en la memoria de los habitantes de la ciudad, la materialidad pues siempre tiene un inherente componente histórico. Esto se observa también en los barrios de La Boca y San Telmo, donde las referencias a la materialidad comprenden sobre todo el tipo de edificación. Así, las personas que viven en San Telmo aluden particularmente a los edificios antiguos y al casco histórico del barrio, que hoy en día también constituye un sitio muy turístico. Los habitantes de La Boca, asimismo, mencionan reiteradamente la historia del barrio reflejada en la arquitectura («el estilo de conventillos que hay acá en La Boca», «partes más coloniales»). El tipo de edificación de esta área remite entonces a una historia muy distinta de la que se refleja en Recoleta. En ambos casos, los habitantes son conscientes de ello y utilizan los respectivos aspectos materiales como elementos de identificación con el barrio. En el caso de La Boca, sin embargo, se apunta a su vez a cierto deterioro en áreas donde se nota una falta de inversión en estructura, lo cual demuestra que el barrio también se percibe como algo precario o abandonado (3). Al mismo tiempo, el tipo de construcciones que se encuentran en La Boca y en San Telmo revelan la historia particular de estos barrios, vinculada a la hibridación cultural, al arrabal, y al tango que nació en estas zonas (ejemplo (4)):

(3) Hay partes que no, que son, que es más, más colonial digamos, y a esa parte todavía no llegó, hay demasiados galpones, viejos, que muchos están desal-... o sea, están desocupados, no hay empresas que quieran invertir plata (hablante masculino, 29 años, La Boca).

(4) San Telmo tiene una identidad, tiene una identidad muy fuerte, muy ligada al tango, muy ligada

1 *Paquete*, 'que se viste y se comporta de manera elegante', 'que tiene un estilo muy elegante' (DIEA, *s.v. paquete*).

al arrabal, este... muy por el tipo de construcciones que hay (hablante masculino, 30 años, San Telmo).

En Villa Urquiza y en Caballito se presentan menos referencias a la materialidad del barrio. El tema que predomina aquí es la enorme actividad de construcción que se registra en esta zona y que, según los hablantes, provocó grandes cambios en la fisionomía de sus barrios, un proceso que en el caso de Villa Urquiza es fomentado aún por la extensión de la red subterránea.

Caballito, en cambio, destaca claramente en cuanto a las asociaciones que se refieren a la **ubicación geográfica** del barrio frente al resto de la ciudad. En reiteradas veces (constituyendo la categoría más importante entre las asociaciones acerca de este barrio) se subrayan la centralidad y la accesibilidad del barrio, características que los hablantes de Caballito relacionan con cierta comodidad:

(5) Estás cerca de todos lados, es como el centro, era el centro de antes, Caballito (hablante femenina, 27 años, Caballito).

(6) La comodidad. Está todo cerca. Transporte, comercio, todo. Todo al alcance de la mano. Dentro de, en la zona donde vivo todo en una cuadra, media cuadra ya te podés viajar a cualquier parte de la ciudad (hablante masculino, 31 años, Caballito).

La noción de centralidad geográfica para los hablantes de Caballito es un tópico con el que aún nos vamos a encontrar en varias ocasiones. En los demás barrios, la localización dentro del espacio urbano juega un papel mucho más inferior. Un caso interesante se presenta en el área de La Boca, San Telmo y Barracas, donde, a diferencia de las otras zonas, la ubicación geográfica no corresponde al aspecto de la centralidad, sino a una posición periférica:

(7) Para mí lo distingue de otros barrios la cercanía que tiene con... eh, barrios orilleros, bien orilleros, como... eh, Nueva Pompeya, ehm... Avellaneda, eh, La Boca, y por otro lado la cercanía que tiene con el microcentro, Montserrat, digamos, es, es como una mezcla... o sea, el paso principal de capital a... a provincia pasa por Barracas, eh, lo que me viene es eso. Me viene que es un lugar que está... ubicado como muy en una esquina dentro de la parte de ADENTRO, digamos. Está cerca del borde, no es el borde, y se nota (hablante masculino, 33 años, La Boca).

El ejemplo de este hablante (que aquí habla de Barracas, donde vivió un tiempo igual que en La Boca) devela que localiza su barrio de residencia en la zona «orillera», caracterizándolo por la cercanía con otros barrios «orilleros», concretamente, Nueva Pompeya y La Boca (dentro de la ciudad) y Avellaneda, como sabemos, el primer partido cruzando la frontera hacia el conurbano. El borde entre capital y provincia, que crea una oposición entre "afuera" y "adentro", constituye una referencia geográfica fundamental para este hablante. Se trata de una auto-percepción y de un posicionamiento de sí mismo en un lugar periférico –por no decir marginal.

Un criterio al que frecuentemente recurren los hablantes para distinguir su barrio de los demás es el aspecto **demográfico**, muy prominente sobre todo en Zona Norte, pero también en Recoleta y en La Boca y San Telmo. Los hablantes de Zona Norte a menudo caracterizan su lugar mencionando el «tipo de gente» que vive en esta zona, varias veces designada como de «clase media» o «media-alta». Además, se alude a cierta homogeneidad social, a un sentido de vecindad y un trato más cordial en esta zona:

(8) Tranquilidad, igualdad, paz (hablante masculino, 28 años, Olivos).

(9) Pero me parece es como vivir en un pueblito. Todo el mundo se conoce y se saluda. Hay una tendencia a que la gente sea más cordial (hablante femenina, 31 años, Olivos).

Se deduce de estos enunciados que los hablantes del área suburbana de Zona Norte se distancian claramente de la ciudad de Buenos Aires, no solo a través de la percepción de la materialidad del espacio, sino también estableciendo diferencias a nivel social.
En Recoleta, las alusiones a la estructura demográfica son más extremas y se refieren no tanto a un estilo de vida tranquilo, sino al carácter del barrio como lugar de residencia de los estratos altos. De las 5 menciones de características demográficas por parte de los hablantes de Recoleta, 4 incluyen alguna alusión al nivel social que predomina en el barrio:

(10) Su clase social, para empezar. Que es una clase social alta, y muy tradicional, digamos (hablante masculino, 29 años, Recoleta).

(11) De... la clase social, más que nada. Es un barrio de clase social más alta. Siempre fue así socialmente, fue de ese palo (hablante masculino, 27 años, Recoleta).

(12) Sobre todo en la gente, particularmente. Socioeconómicamente, digamos. El nivel socioeconómico cambia un montón. Es muy abrupto el cambio (hablante masculino, 30 años, Recoleta).

Esta situación socioeconómica y, sobre todo, la conciencia al respecto se debe, como bien señala el hablante del ejemplo (13), a una posición especial que ocupaba esta zona en el transcurso de la transformación urbana de Buenos Aires, relacionada con los sectores históricamente más acomodados de la ciudad, como se mencionó en el capítulo 4.

(13) Como que Recoleta es un barrio más tradicional de la oligarquía porteña que otros barrios. Palermo Chico y Recoleta son como los barrios más... históricamente tradicionales de la oligarquía y el... y el antiperon... y de las familias tradicionales, ¿no? Los Anchorena, este... los Pereira Lucena, todo. Ahora, eso cambió un poco, pero sigue siendo un barrio donde vos ves mucho descendiente de esas familias venido a menos, o ese estirpe social, y, este... pero se sigue teniendo una fuerte conciencia así medio de clase oligárquica, burguesa (hablante masculino, 29 años, Recoleta).

Al mismo tiempo, la percepción y la evaluación de las características sociales y demográficas de Recoleta también lleva a que algunos hablantes se distancien un poco de su barrio de residencia, designándolo como «un barrio de viejos» o, como en el ejemplo (12), indicando el «cambio abrupto» que hay en el nivel socioeconómico frente a otros barrios.
La concepción del barrio sobresaliente por la gente que vive en él, originada en su desarrollo histórico,

se encuentra muy anclada en la representación de los habitantes (no solo de los de Recoleta) y ejercerá una función importante para la perspectiva subjetiva sobre la variación lingüística, como veremos más adelante.
En los barrios en el sur de la capital, no aparece ninguna mención del nivel social de los que viven en esta zona, sino que la referencia a la demografía tiene una implicación distinta; se resalta una heterogeneidad social, una «mezcla, como una mixtura muy interesante» y «mucho tráfico de gente», particularmente en San Telmo, donde se nota la influencia del turismo, que por momentos es masiva, y que ha cambiado la estructura del barrio. El barrio de La Boca, por su parte, también se relaciona con una heterogeneidad social, pero no tanto como consecuencia de la influencia más reciente del turismo, sino basada en el origen del barrio como uno de los principales lugares de asentamiento de los inmigrantes extranjeros.

El factor diacrónico relacionado con el contexto social del barrio nos lleva a la cuarta categoría de asociaciones aquí establecida: las **características históricas** o el tradicionalismo a través de las cuales se percibe el barrio, observable casi de igual manera en todos los barrios menos en Avellaneda, donde no parece ser un criterio muy relevante. Principalmente, se puede establecer una diferencia general aquí: mientras que en Zona Norte y en los barrios Caballito, Villa Urquiza y La Boca / San Telmo, lo histórico se refiere a la conservación de ciertos aspectos de la "barrialidad" (que hemos visto en el capítulo anterior) –el tipo de casa, la vecindad, la tranquilidad frente a lo transitorio, a los edificios altos, a la gente que "no es del palo", para Recoleta significa más bien otro tipo de tradición y de conservadurismo:

(14) Eh, que aunque vive mucha gente tiene algo, conserva algo del barrio clásico donde se conoce al vecino y las casas grandes. Eso. Me parece que es lo más lindo (hablante femenina, 33 años, Caballito).

(15) Y a mí lo que me viene a la mente es justamente es muy lo que llamamos "barrio". Es muy barrio porque se mantiene eso de, no hay muchos edificios... bueno, Villa Urquiza por ahí hay un poco más. Pero acá no hay tanto edificio, es como más tranquilo. No está ese ritmo de como en el centro. Es como un barrio muy tranquilo (hablante femenina, 27 años, Villa Urquiza).

(16) Sí, para mí lo que tiene La Boca es que es barrio barrio. Barrio de verdad donde está la vecina en la calle, el perro, los gatos. Que te conocés, que te saludás, es otra la interacción que hay con la gente. Que por ahí en otros barrios que tienen más tránsito, no sé por qué cómo será, pero es diferente (hablante femenina, 29 años, La Boca).

(17) Y es como el lugar un poco más conservador de la ciudad. Más tradicional, bah, de las tradiciones de acá de Recoleta, ¿no? Hay una cantidad de tradiciones de otros lados. Pero sí, como más conservador digamos (hablante femenina, 28 años, Recoleta).

En los ejemplos (14), (15) y (16), el concepto de "barrialidad" se presenta de manera muy similar, lo que muestra que entre los hablantes que mencionan este criterio hay un consenso en cuanto a lo que significa para su respectivo barrio. Como ya hemos visto, se trata de una categoría muy importante en la representación de los porteños con la que a lo largo de este trabajo aún nos toparemos en varias ocasiones, particularmente cuando contemplemos los mapas mentales de nuestros informantes. Recoleta, en cambio, no se vincula con dicho concepto; el ejemplo (17) explícitamente marca una diferencia en cuanto a la noción de tradición que hay en Recoleta frente a los aspectos tradicionales propios de otros barrios. Más bien se relaciona esta zona con un conservadurismo elevado respecto del resto de la ciudad, lo cual tiene que ver, muy probablemente, con lo que hemos comentado acerca del ejemplo (13).

Por último, la quinta categoría según la cual hemos estructurado los criterios con los que los informantes caracterizan su barrio de residencia se refiere a **asociaciones personales y emotivas**. Evidentemente, se trata aquí de una esfera amplia, no del todo independiente de las que hemos comentado hasta el momento, por lo cual recibe muchas menciones en casi todos los barrios. Además, como ya hemos indicado, no solo nos referimos aquí a experiencias personales que los hablantes relaten en relación a su barrio, sino también a sensaciones subjetivas más generales o abstractas, asociaciones también muy personales que permitirán formarnos una imagen más acabada de la compleja construcción de la "barrialidad" como elemento de identificación social.
En este sentido, un criterio que se menciona con mucha frecuencia y que ya hemos visto en varios ejemplos es la tranquilidad que se designa al barrio, una asociación que comparten los hablantes de casi todos los barrios (menos los de Recoleta), pero sobre todo los de Caballito y Villa Urquiza así como los habitantes de las dos zonas en el conurbano, donde la tranquilidad se expresa reiteradamente para establecer una oposición con el área de la capital. Ahora bien, la noción de "tranquilidad" en la representación social de los porteños es compleja, porque no remite solamente a un nivel meramente acústico, sino que implica una serie de imágenes que conciernen de igual manera a la materialidad, al movimiento social, a la estabilidad del barrio así como a la sensación que una persona tiene caminando "por la calle", es decir, la percepción de la seguridad. Además, como señala (Gravano 1991: 71), «la *tranquilidad* es el rasgo que se utiliza con mayor asiduidad no solo para definir al barrio sino para presentar un *ideal* de barrio» (énfasis del texto original). Los siguientes ejemplos de hablantes de distintos barrios dan cuenta de estos matices del término:

(18) Eh... la tranquilidad. Aunque vivo muy cerca de avenidas, siempre viví en calles muy de barrio, con empedrado, árboles, eh, hasta hace un tiempo no había tantos edificios, pero los últimos años como que se construyó mucho, pero, digamos que eso más que nada (hablante femenina, 28 años, Caballito).

(19) Tranquilidad, mucha. Casas bajas. Y muy poco tránsito, casi nada (hablante masculino, 30 años, Villa Urquiza).

(20) Qué es lo que lo distingue... la tranquilidad me parece. La tranquilidad o en más que nada en movimiento, ¿no? (hablante masculino, 33 años, Olivos).

(21) Y no sé. Yo creo que la tranquilidad. En realidad vivo sobre una avenida, pero al ser el barrio que uno vivió toda su vida es como que camino sin miedo. O sea, a cualquier hora de la noche. Igual es muy transitado también, pero... (hablante femenina, 26 años, La Boca).

Mientras que los ejemplos (18), (19) y (20) remiten a la tranquilidad de su barrio en términos de materialidad, de tránsito y de movimiento, el ejemplo (21) muestra, claramente, una alusión a una quietud no en el sentido acústico (la hablante incluso precisa que vive sobre una avenida y que su barrio es muy transitado), sino a la percepción de seguridad y de confianza en la calle.
El único barrio que no es clasificado como tranquilo por ninguno de sus habitantes es Recoleta. Aquí sobresale otro tipo de asociación personal o emotiva: el sentido de pertenencia o de afiliación al barrio, reflejado en los ejemplos (22), (23) y (24):

(22) [Y si pensás en el barrio, ¿qué es lo que te viene a la mente?] – Mucha felicidad. Sí. Me gusta porque crecí ahí. Cada vez que camino me acuerdo de algo (hablante masculino, 26 años, Recoleta).

(23) Recoleta para mí es como mi patio, es mi casa (hablante femenina, 28 años, Recoleta).

(24) Pero sí vive toda mi familia, así que... cariño le tengo (hablante masculino, 27 años, Recoleta).

Estas alusiones reflejan una identificación relacionada sobre todo con el pasado, con tiempos vividos y lazos familiares en el barrio. La manera en la que estos hablantes expresan su sentimiento de pertenencia o de «cariño» al barrio reflejan nítidamente las tres dimensiones de la construcción del espacio: lo material, el barrio que se camina, que se vive, que se convierte en un «patio», es decir, que se apropia; lo social, es decir, el entorno de relaciones familiares o amistosas que se teje en el espacio; y, finalmente, todo lo simbólico que está estrechamente vinculado con la materialidad, con la experiencia del espacio y los lazos sociales. Además, al relacionarse el espacio con la memoria y el tiempo, adquiere una función de cronotopos para los que lo habitan. Esta identificación del barrio con el tiempo vivido en él no la encontramos únicamente en Recoleta. Aunque con menor frecuencia, los hablantes de Avellaneda manifiestan alusiones muy similares:

(25) Me vienen muchos recuerdos porque soy... desde siempre tengo la escuela, el jardín de infantes, la plaza, los lugares donde me junté siempre con mis amigos [...], eh nada, mi casa, yo qué sé, los lugares donde crecí (hablante masculino, 30 años, Avellaneda).

(26) El tiempo. Claro. El tiempo que pasé en él. Entonces como que bueno nada. Para mí es mi entorno (hablante masculino, 33 años, Avellaneda).

La forma de referirse al barrio en estos ejemplos es sumamente parecida a la de los hablantes de Recoleta. Los habitantes de los barrios en el sur de la ciudad, en cambio, expresan el sentimiento de pertenencia de manera mucho más general, sin mencionar tanto su propia experiencia en el barrio:

(27) Y tiene como una cosa que la gente que vivía mucho tiempo acá en La Boca hace, le gusta quedarse acá. [...] Genera como una cosa de pertenencia (hablante femenina, 33 años, La Boca).

(28) Y la pertenencia. Yo siempre pensé eso, que es como un barrio de pertenencia muy fuerte. No solo La Boca, sino los barrios alrededor. Como que la gente que vive ahí se queda ahí, no

> hay... no tienen aspiraciones de irse a otro lado. Nací, nacés ahí, te morís ahí, básicamente. Sí (hablante femenina, 30 años, La Boca).

Se desprende de estos ejemplos que el barrio, al generar sensaciones de arraigo, de pertenencia y de familiaridad, para los habitantes actúa como elemento de identificación sociogeográfica en la ciudad, y, como tal, entra en los procesos de construcción de identidad social, expresados de manera más o menos explícita por nuestros informantes.

Después de todo, los diferentes tipos de asociaciones y vínculos que los hablantes manifiestan en relación a sus respectivos barrios demuestran, claramente, que el lugar de residencia sigue siendo un elemento de identificación muy marcado para los habitantes de Buenos Aires. La famosa cita de Keeling (1996: 211) expuesta en la introducción a este trabajo pues sigue teniendo vigencia hoy en día. Quizás a pesar de, tal vez justamente como consecuencia de los procesos recientes de transformación urbana, de la fragmentación y de la segmentación del espacio urbano, el barrio con su función de cronotopos figura como parte de la construcción de identidades sociogeográficas dentro de la ciudad. Como hemos visto, esta construcción identitaria se realiza con diferentes matices y a través de distintos criterios que conciernen a toda la dimensión espacial –su nivel material, social y simbólico.
Ahora, la manera en que los habitantes de los distintos barrios se identifican con su lugar de residencia y las asociaciones que sobresalen en relación con su arraigo geográfico repercutirán también en su percepción y su categorización de la ciudad y, no por último, de las variedades lingüísticas que conciben en ella. Por eso, las diferencias que hemos observado en la asociación de los hablantes con sus respectivos barrios nos ayudarán a comprender, a continuación, las representaciones individuales que los informantes de las distintas zonas de la ciudad trazarán en sus mapas mentales.

8.2. Cartografías mentales

> Speaking in the social world involves a continual analysis and interpretation of categories, groups, types, and personae and of the differences in the ways they talk [...]. These emerge as we come to notice differences, to make distinctions, and to attribute meaning to them. Thus we construct a social landscape through the segmentation of the social terrain, and we construct a linguistic landscape through a segmentation of the linguistic practices in that terrain (Eckert 2008: 455).

El objetivo de este capítulo es, precisamente, examinar los paisajes lingüísticos que los hablantes de los distintos barrios de Buenos Aires construyen a través de la división del espacio, de la delimitación de categorías (de diferente índole) y prácticas lingüísticas en la ciudad así como mediante la atribución de significados a estas diferencias, representadas en los mapas mentales dibujados sobre una hoja en blanco. El análisis individual y cualitativo de estos mapas, junto con los metacomentarios con los que los informantes describen y explican su dibujo, nos proporcionará información detallada sobre las representaciones espaciales y lingüísticas que manifiestan los hablantes en distintos lugares de la urbe.

Para obtener una visión de conjunto sobre los mapas que se trazaron, primero daremos un panorama general y descriptivo del material gráfico del que disponemos de los hablantes de cada barrio seleccionado, para luego poner de relieve los fenómenos que se observan a través de una interpretación más detallada de determinados ejemplos concretos. Al final de esta primera parte volveremos sobre diferencias y patrones en común comparando las representaciones desde una perspectiva más general.

8.2.1. Caballito

Iniciemos nuestro recorrido por algunos barrios de Buenos Aires en el centro geográfico de la ciudad y veamos, primero, los mapas trazados por los informantes del barrio de Caballito. Entre los residentes de este barrio, 9 de los 10 informantes empezaron su esquema dibujando el contorno de la ciudad, sea de manera abstracta mediante un círculo, o bien representando la forma casi rombal del territorio de la capital. Varios partieron, además, desde el barrio de Caballito, que desde un punto de vista geográfico se encuentra en el centro de la ciudad (mapas Ca4, Ca5, Ca6, Ca8, Ca9). Luego, se pueden diferenciar tres patrones generales según los cuales se representa el espacio urbano: en primer lugar, y claramente predominante, una división norte-sur (mapas Ca3, Ca5, Ca7, pero también Ca1 y Ca6) que o bien se marca dividiendo toda el área urbana en tres zonas "norte", "centro" y "sur" (mapa Ca3), o bien resaltando determinados barrios que se incluyen en estas, así como, por ejemplo, Recoleta, "Barrio Norte", Palermo, Belgrano o Núñez para el norte y Lugano, Mataderos, Caseros o Pompeya para el sur (mapas Ca4, Ca6, Ca7). Con el centro se asocian, además de Caballito, los barrios Villa Crespo, Almagro, Villa Devoto, Villa del Parque y Flores (mapas Ca4 y Ca6).
Otro procedimiento que se observa es el de marcar solo algunos barrios emblemáticos como, por ejemplo, Retiro (mapa Ca9), Puerto Madero (mapas Ca2, Ca9), Belgrano (mapas Ca2, Ca6, Ca8), Recoleta (mapas Ca4, Ca7), Flores (mapas Ca1, Ca8), o también el area denominada "Once"[2] (Ca9). Algunos establecen una relación de oposición entre los barrios que mencionan, o bien comparando el propio barrio con otro (mapa Ca8) o poniendo de relieve dos casos extremos (mapas Ca1, Ca7, Ca9). Si se mencionan solo algunos barrios, generalmente hay una superficie amplia dentro del territorio inicialmente trazado que queda sin ninguna designación (mapas Ca1, Ca4, Ca7, Ca8, Ca9). Uno de los informantes describe las diferencias en el habla como un «cambio gradual hacia afuera o hacia adentro» (hablante masculino, 28 años, Caballito, mapa Ca2) y otro dice que es imposible hacer una división de la ciudad por lenguajes y opina, en cambio, que cada barrio es sumamente heterogéneo y engloba «varios manejos

2 "El Once" no es un barrio desde un punto de vista administrativo sino que se refiere a una zona en el barrio de Balvanera, en la intersección de las avenidas Corrientes y Pueyrredón, alrededor de la Plaza Miserere, un área fundada por «el relato y las prácticas de los habitantes de la ciudad» (Montes 2014: 201). El origen de su nombre se debe, supuestamente, a la estación ferroviaria 11 de septiembre que se encuentra en la misma Plaza Miserere. Históricamente, el sector es conocido por ser un enclave judío. En las décadas del 80 y del 90 del siglo pasado, su carácter se ha ido modificando por los grandes flujos migratorios particularmente de los países limítrofes de Argentina (véase http://www.pagina12.com.ar/diario/suplementos/radar/9-3001-2006-05-14.html [20/11/15]. Tristemente, "el Once" también se hizo conocido por varios acontecimientos trágicos: el atentado a la Asociación Mutual Israelita Argentina (AMIA) en 1994, el incendio de la discoteca Cromañón en 2004 y el choque del tren en el Andén 2 de la estación del ferrocarril Sarmiento en 2013 ocurrieron todos en un radio que no abarca más de cinco kilómetros cuadrados y marcaron el espacio de este barrio en mucho aspectos (http://www.perfil.com/ediciones/elobservador/-20131-746-0063.html [20/11/15]).

del lenguaje diferentes» (hablante masculino, 30 años, Caballito, mapa Ca10).

En ninguno de los mapas dibujados por los informantes de Caballito se presentan categorías que no sean las denominaciones administrativas de los barrios (a excepción de "Once" y de "Barrio Norte", denominaciones populares para áreas que se encuentran entre varios barrios, como ya hemos visto). Consultando el metatexto que acompaña el proceso del dibujo, sin embargo, encontramos varios tipos de categorización geográfica, social y lingüística que subyacen en el mapa que se ve sobre el papel. El punto en común que tienen casi todas las representaciones de Caballito es el posicionamiento de sí mismo y de su barrio en el centro geográfico de la ciudad. Esta centralidad (que no se debe confundir con lo que comúnmente se denomina como "centro" o "Microcentro", el distrito comercial que se encuentra entre los barrios Montserrat y San Nicolás en el este de Buenos Aires[3]) se entiende no solo geográficamente, sino también respecto de la jerarquía social:

(29) Digamos como que el medio es el medio en todo sentido [...] los que estamos en el medio somos del medio. Y la clase alta en general está en la zona norte, y en el sur está la clase como que... es justo viste van para arriba van para abajo, y estamos en el medio. Estamos en el medio (hablante femenina, 33 años, Caballito).

Esta noción de "estar en el medio" también se refleja en la división lingüística que hacen los hablantes en sus mapas (téngase en mente que la formulación de la tarea para dibujar el mapa se refería explícitamente a las diferencias lingüísticas). Varios de los informantes de Caballito relacionan su forma de hablar con el centro:

(30) El centro por ahí... no sé, el centro sería la forma como YO hablaría (hablante masculino, 35 años, Caballito).

Esta franja en el medio correspondería, según el ejemplo (29), a una clase media que se distingue de los sectores sociales en el norte y en el sur, y uno de los criterios de distinción es, justamente, el uso del habla (cf. *supra*, las denominaciones para el sector medio en los mapas analizados cuantitativamente). El norte se asocia en varios enunciados con una forma de hablar «diferente» –un término que en algunos casos queda sin especificarse. Otros ven la diferencia en un uso del lenguaje «más cuidado» (Ca6), «más estructurado» (Ca2) o «más elaborado» (Ca1) en el norte, oponiéndolo, al mismo tiempo, a una manera de hablar «más auténtica» del propio barrio (Ca6), haciendo evidente, de esta manera, una actitud lingüística implícita algo ambigua, asunto sobre el cual volveremos más adelante (cf. *Estilización, 10*). Por el otro lado, el sur, del que la mayoría de los hablantes de Caballito también se distancia («toda la parte del sur se habla distinto» (Ca3)), se vincula con un lenguaje «más de barrio» (Ca1) o «más

3 «El "centro de la ciudad" o "área central actual" coincide con el centro histórico, es el *downtown*, conocido como "la City" o "el Microcentro", donde se agrupan el principal distrito bancario y financiero del país, la sede de los poderes públicos, las dependencias de la curia, entre otros, dispuestos en unas pocas manzanas alrededor de la Plaza de Mayo, la plaza mayor que desde la fundación de la ciudad (1580) constituyó el centro gravitacional de la región» (Tella 2000: 68). La documentación *[Micro]historias del [Micro]centro*, descargable en http://www.buenosaires.gob.ar/noticias/el-microcentro-esta-de-fiesta [27/10/15] ofrece una impresión de lo que es el Microcentro desde la perspectiva de sus habitantes y vecinos.

lunfardo» (Ca3), en muchos casos también sin precisar más estos términos.

A continuación, comentaremos con más profundidad dos ejemplos de mapas que presentan los patrones de división del espacio urbano que encontramos entre los informantes provenientes de Caballito así como algunos de los fenómenos de categorización mencionados. En primer lugar, veamos el dibujo de una informante femenina, de 31 años, que trabaja de administrativa y estudia diseño de indumentaria en la Universidad de Buenos Aires. Hace 12 años que vive en Caballito y dice de sí misma que se identifica mucho con el barrio:

(31) Sí. Yo creo que... yo creo que sí. Me pasa que cuando... estoy, [...] paso mucho tiempo afuera. Entonces me pasa que extraño mucho la sensación de estar, de caminar por el barrio. Ves, eso lo extraño. Me pasa. Y siento que se... esta sensación de cercanía con todo, de tener el Parque Centenario, [...] por ahí las panaderías del lugar, o las fábricas de pastas de por acá, el lugar donde compro... entendés, como... no sé, los lugares donde compro la comida, esas cosas.

A pesar de no haber nacido en el barrio, se siente el fuerte arraigo que tiene la informante en Caballito. Su práctica social está estrechamente vinculada con el espacio, con las calles del barrio, con el parque, con los pequeños negocios. La materialidad –las calles, el parque, los locales que frecuenta– pues adquiere un valor simbólico de identificación y de sentirse en casa.

En su mapa (8.2), el barrio destaca en el centro del área urbana. La ciudad de Buenos Aires está trazada

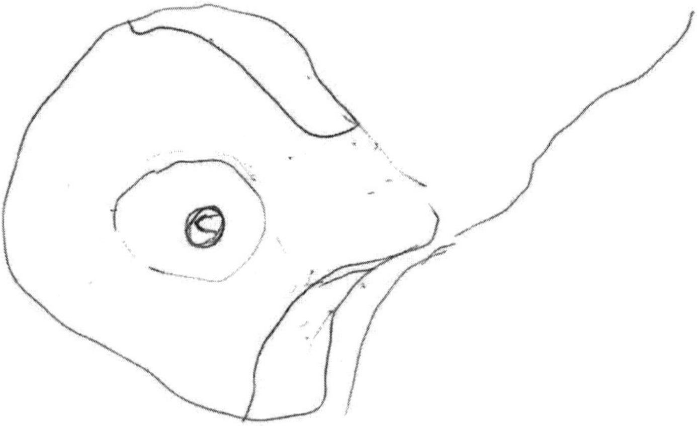

Cuadro 8.2.: Mapa Ca5: informante femenina, 31 años, Caballito

con una forma romboidal, delimitada en el sureste por una línea que representa el Riachuelo como referencia geográfica. Se dividen cuatro zonas: una franja en el norte, una franja en el sur, aproximadamente del mismo tamaño, y un área amplia en el medio que incluye Caballito (marcado con la letra «C») en el centro. En el este hay un sector marcado con puntos apenas visibles del que la hablante comenta que lo sacaría, que «no hablaría tanto de esta parte del centro y eso porque no es un lugar que mucha gente vive y que también hay mucha gente de afuera». Se refiere aquí al Microcentro, que excluye de su esquema porque no lo entiende como barrio residencial y lo considera demasiado heterogéneo. Tampoco habla explícitamente del sector situado en el medio ni de su propio barrio, sino que se limita a señalar las diferencias que ve en el norte y en el sur. Las líneas que traza para distinguir estas zonas se pueden leer como fronteras sociales y lingüísticas. Sin especificarlo mucho al principio y sin dar ejemplos concretos, la hablante opina que en las dos partes «se habla distinto». Atribuyéndolo a una diferencia de clase y de «cultura en el sentido de educación», luego explica que según ella, en el norte vive gente que tiene más posibilidad de viajar, por lo cual la manera de hablar está atravesada por otros idiomas como el inglés. En el sur, por otro lado, ubica un «dialecto más de barrio. Barrio barrio.» Establece entonces una relación entre un "norte" más globalizado en su estilo de vida y, por tanto, en su modo de hablar, y, en el otro extremo, un "sur" al que adjudica un uso de habla más barrial, más local. El hecho de que no se refiera de ninguna manera a la franja media demuestra que este sector social y su uso de habla no le resultan salientes en absoluto.

En este sentido, presenta similitudes con el segundo mapa que analizaremos aquí, el de un informante masculino, también de 31 años, que trabaja como técnico de simulador de vuelo y que además estudia en un conservatorio de música. Este hablante vivió toda su vida en el barrio de Caballito y lo considera un elemento clave de su propia identidad en la ciudad. En su dibujo (mapa 8.3), el territorio de la ciudad está marcado de manera más abstracta mediante un círculo; se indica el norte con una flecha y por medio de dos rectángulos y un óvalo que traspasan el contorno marcado para el territorio urbano se definen tres áreas designadas con los nombres de los barrios Mataderos y Pompeya en el sur y "Barrio Norte"/Recoleta en el norte. Todo el resto del círculo queda vacío. Se establece pues también una oposición entre norte y sur, pero en este caso, el informante lo hace nombrando determinados barrios que para él representan las dos zonas. En su comentario, empieza por describir la forma de hablar de la gente «de la famosa nordel, de la que viene del norte, de Recoleta» con la metáfora corriente de la "papa en la boca", mencionando la publicidad de las papas Lay's que ya hemos comentado en el capítulo anterior. No nombra rasgos lingüísticos más concretos, sino que mezcla la categoría lingüística inmediatamente con la categoría social diciendo que es «supuestamente gente de la clase alta» la que habla así. Este "norte" lo opone a Pompeya y Mataderos en el sur, barrios que ubica «bien en el límite» con el Riachuelo y a cuyos habitantes los describe como «gente que vive en condiciones inhumanas, por así decirlo». La forma de hablar de esta zona la atribuye a un estilo relacionado con la delincuencia, con una jerga propia que viene de la cumbia, nombrando e imitando varias expresiones:

(32) Dicen "guacho" [imita], "eh guacho forro" [imita], o sea, en vez de decir "qué hacés chabón", por ahí, dicen "qué hacé[ø] guacho forro" [imita], "eh puto, gil" [imita]. O sea, es otra sintonía.

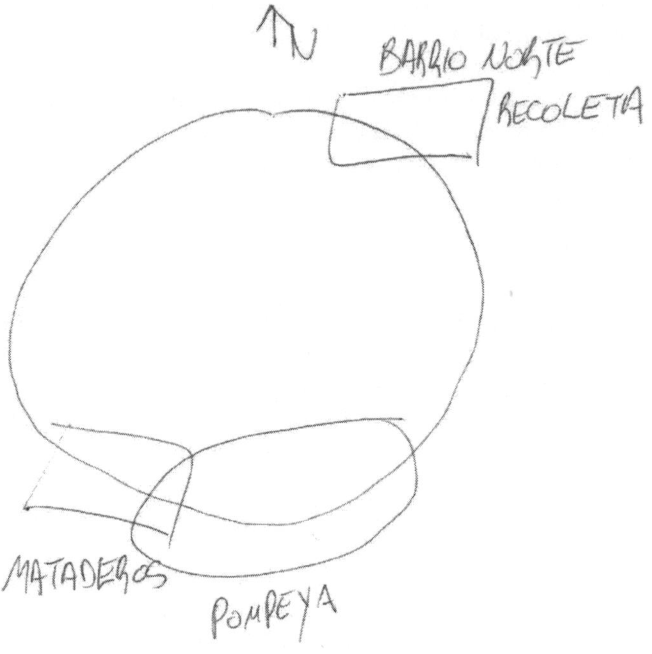

Cuadro 8.3.: Mapa Ca7: informante masculino, 31 años, Caballito

El hablante aquí opone dos fórmulas de tratamiento: la que considera común, propia de un sector medio (en el que él mismo se posiciona), que ejemplifica con «qué hacés chabón» (en el capítulo 9 discutiremos más detalladamente los significados de la expresión *chabón*), y otra que considera ajena, menos pertinente, que asocia con un estilo de sectores sociales bajos que viven en la periferia o en la marginalidad urbana y que estiliza con los vocativos vulgares «guacho», «forro», «puto» y «gil», precedidos por la interjección «eh» y en combinación con la elisión de la /s/ final en «hacé[ø]» (sobre la estilización volveremos en el capítulo 10). Se crea entonces un estereotipo doble: los barrios mencionados –tanto Barrio Norte y Recoleta como Mataderos y Pompeya– representan de manera emblemática un determinado estrato social, indicado a su vez de forma estereotipada mediante ciertos elementos lingüísticos.

En síntesis, entre los hablantes de Caballito predomina claramente una división norte-sur y la noción de centralidad, de encontrarse "en el medio" en todos los sentidos del término, es decir, respecto de lo geográfico, de lo social y de lo lingüístico. Este posicionamiento conlleva la percepción del uso del habla propio como "normal" y "común" y la localización de estilos que divergen de este patrón o bien en el norte y en el sur o bien en determinados barrios emblemáticos. Es decir, se construye una oposición entre formas de hablar salientes, caracterizadas en varias ocasiones como "más barrial" (en el sur) en contraste con "más elaborado" o "más estructurado" (en el norte) y representadas en algunos casos por los rasgos fonéticos de la elisión de la /s/ final y una realización sonora de la palatal rehilada, respectivamente, así como mediante algunos elementos léxicos (como los vocativos estereotipados para los dos sectores). Un aspecto predominante entre los informantes de Caballito es la clasificación general de estos estilos como "diferentes" de su propio uso del habla. Es decir, al situarse en el medio, se adscriben cierta "normalidad" o "autenticidad" en la que se amparan para adjudicar los estereotipos a otros sectores geográficos y sociales.

8.2.2. Recoleta

Al observar los esquemas trazados por los informantes de Recoleta desde una visión de conjunto, lo que salta a la vista, en primer lugar, es que ocho de diez mapas tratan de representar el área urbana de Buenos Aires con su forma romboidal. Cinco de ellos exponen, además, la referencia geográfica del Río de la Plata, simbolizado por medio de una línea o anotado con la palabra *Río* (mapas Re2, Re5, Re6, Re7, Re8). En cuanto a los patrones de división del espacio, las representaciones de los informantes de Recoleta se distinguen de los de Caballito. Completamente ausente en los mapas de Recoleta, por ejemplo, es la división geográfica entre "norte", "centro" y "sur". Hay cuatro mapas que muestran una división en zonas (mapas Re1, Re3, Re6 y Re7), pero las categorías que emplean no son geográficas, sino o bien administrativas, nombrando barrios o comunas (mapas Re3 y Re6), sociales (Re7) o lingüísticas (Re1, Re3). Es decir, en comparación con los mapas de Caballito, donde en el papel solo aparecen categorías geográficas (norte, centro, sur) o administrativas (los nombres de los barrios), las personas de Recoleta ya en sus dibujos presentan distintas formas de clasificación, poniendo mayor énfasis en categorías sociales (muy notorio, por ejemplo, en el mapa Re7 así como en el mapa Re6, donde una de las áreas marcadas en el noroeste está designada como «Bolivia», a veces muy estereotipadas (mapa Re8) y anotando, además, varios elementos lingüísticos (fonéticos y léxicos), como un uso mayor del lunfardo en el sur (mapa Re1), la pronunciación de la /s/ (mapa Re3, Re5), la metáfora "papa en la boca" (mapas Re5, Re8) o la palatal rehilada (representada a través de las grafías «Y» y «LL» en el mapa Re9).

Cabe detenernos un momento en los mapas Re6 y Re7 (mapas 8.1 y 8.4). Comparando la estructura general de los dos dibujos, se nota que la división tripartita entre una zona «cheta» en el noreste (y cerca del río), una zona de «clase media» en el noroeste y una zona «popular» en el sur que se hace en el mapa Re7 –una representación bastante abstracta que no necesariamente indica una menor percepción del espacio, sino también puede dar cuenta de cierta capacidad de abstracción– resulta casi coincidente con la división que se ve en el mapa Re6, solo que en este se hace una diferenciación de las zonas con los nombres de los barrios que constituyen cada una. En el mapa Re6 se representa una franja de barrios –iniciada por Recoleta/"Barrio Norte", simbolizados con un semicírculo más grande y atados mediante cruces– que lindan con el río y que, según la informante, «son las [áreas] más parecidas» en cuanto a la forma de hablar. El informante que dibujó el mapa Re7 marca una zona casi igual con un cuadrado don-

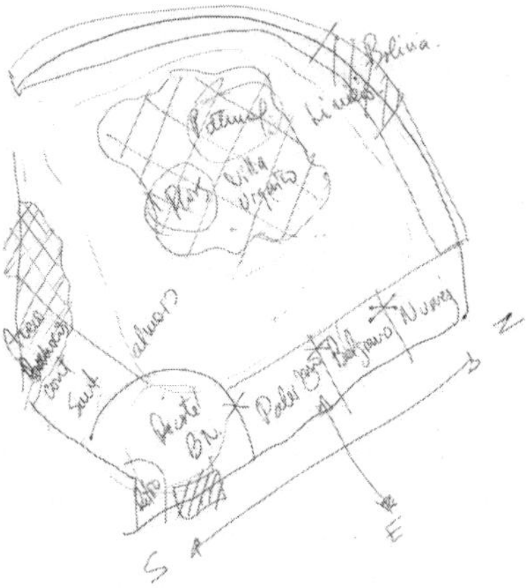

Mapa 8.1.: Re6: informante femenina, 28 años, Recoleta

Cuadro 8.4.: Mapa Re7: informante masculino, 30 años, Recoleta

de «sale como un lenguaje más cheto que se va expandiendo y modificando» –proceso que representa a través de una flecha desde el «núcleo» hacia el norte. Después, lo que en el mapa Re7 se determina como «clase media», en el mapa Av6 se constituye por los barrios Paternal, Villa Urquiza y Flores, que se ubican en el centro y se relacionan –destacando Flores, sobre todo,– con una forma de hablar «más tradicional» y «con más lunfardo». Por último, en el sur se traza un área denominada «popular» en el mapa Re7 que en el mapa Re6 estaría representada por los barrios San Telmo, Constitución, Barracas y Avellaneda, una zona «más periférica» con un lenguaje «más elemental» y «más parecido a la zona del conurbano». En el mapa Re6, además, se agrega otra zona periférica que abarca los dos lados de la avenida Gral. Paz, que a su vez marca la frontera de la capital en el noroeste. Dentro de esta franja de transición al conurbano se resalta Liniers, un barrio que se caracteriza, según la informante, por «una gran comunidad boliviana» que, refiriéndose al uso del habla, «tienen como su... su cuestión», por ejemplo, «en vez de "coser" dicen "costurar"». Finalmente, mientras que la informante del mapa Re6 menciona únicamente diferencias léxicas, el informante del mapa Re7 se refiere de modo fundamental al rasgo fonético de la palatal rehilada: «Pero el porteño, el clásico es la "[ʃ]e", ¿no? Va haciendo como un recorte demográfico como decís la "[ʃ]e"».

Otro procedimiento que destaca, al igual que entre los informantes de Caballito, es el de esquematizar varios barrios determinados, como en los mapas Re2 y Re9, dos dibujos que también presentan un alto grado de coincidencia, juntando los barrios Recoleta y Retiro (y Belgrano, en el mapa Re2) con un circulo, marcando, así su carácter parecido. En algunos esquemas, también se marcan solamente algunas zonas emblemáticas dentro del territorio urbano, como bien se ve en el mapa Re8, que luego comentaremos en detalle. Dos mapas se diferencian de esta división zonal y muestran un esquema gradual tomando como orientación las principales avenidas de Buenos Aires (mapa Re5, cf. *infra*) o, de manera más abstracta, dibujando círculos concéntricos que indican un *continuum* de formalidad del lenguaje desde el centro hacia la periferia (mapa Re4) y que el informante organiza en «primera», «segunda» y «tercera clase». Se asocia aquí el mayor grado de formalidad y un lenguaje «exclusivamente más profesional» con los barrios de Retiro y Recoleta. Mientras más uno se aleja de este núcleo, según dice el informante, más «mezcla» hay en el lenguaje y más difusa se hace la imagen del espacio urbano («después no conozco tanto»). Por último, un mapa que sobresale completamente entre todos los esquemas es el mapa Re10, que muestra una representación del espacio mucho más concreta, trazando mediante un dibujo algunos lugares que representan la materialidad del espacio en la ciudad de Buenos Aires. Se representan las siluetas de la Facultad de Medicina de la Universidad de Buenos Aires[4], la plaza Houssay que queda en frente de la misma, los barrios Recoleta y La Boca, divididos por el puente Avellaneda[5], y la plaza Once en el borde derecho de la imagen. Se le da mayor importancia al espacio abierto y a las plazas, bordeadas por edificios o monumentos característicos. Esta representación del espacio urbano podría tener sus raíces en el hecho de que la informante que dibujó el mapa se mueve mucho en monopatín –una práctica que implica un uso del espacio particular y donde la materialidad de la ciudad, especialmente la de las plazas, adquiere un significado fundamental. Este mapa se puede ver pues como un ejemplo muy ilustrativo de cómo el uso del espacio urbano condiciona la representación mental de la ciudad.

Adentrémonos ahora un poco más en algunos ejemplos. En primer lugar, un mapa de un hablante masculino, de 30 años, que es periodista y que actualmente está coordinando el área de prensa de la escuela que depende del Gobierno Nacional. Casi toda su vida vivió en Recoleta y a la pregunta de si se identifica con el barrio, contesta:

(33) Mirá, te digo la verdad. Yo soy peronista. Y la Recoleta es muy, digamos, contrapuesta al peronismo. Y soy militante. Así que, peor todavía. Pero la verdad que viví toda mi vida ahí, le tengo cariño al barrio. O sea, no puedo no tenerle cariño.

Se percibe entonces cierta ambigüedad en el hablante, quien por un lado se distancia y, políticamente hasta se opone, al sector social de Recoleta, pero a la vez creció en este barrio, se identifica con él y «no puede no tenerle cariño». Esta situación hay que tenerla en cuenta para el análisis del mapa que dibuja. Salta a la vista que se hace una división de zonas en el noreste, en el centro y en el sur. En el noreste se delimitan los barrios de Palermo y Recoleta como una zona pegada a otra que incluye Retiro y Puerto Madero (los números 14, 2 y 1 se refieren a las comunas[6] a las que pertenecen estos barrios). En el área central, el más grande, no delimita ningún barrio, sino que solo marca una franja en el oeste que no especifica más. En el sur distingue los barrios de Liniers, Matanza, Pompeya, Lugano, Soldati

4 Cf. http://www.uba.ar/comunicacion/noticia.php?id=3608 [30/10/15].

5 Cf. http://www.buenosaires.gob.ar/areas/cultura/cpphc/sitios/detalle.php?id=11.

6 Desde 2005, la ciudad de Buenos Aires está organizada en comunas –«unidades descentralizadas de gestión política y administrativa que, en algunos casos, abarcan a más de un barrio porteño» (http://www.buenosaires.gob.ar/comunas [12/11/15]).

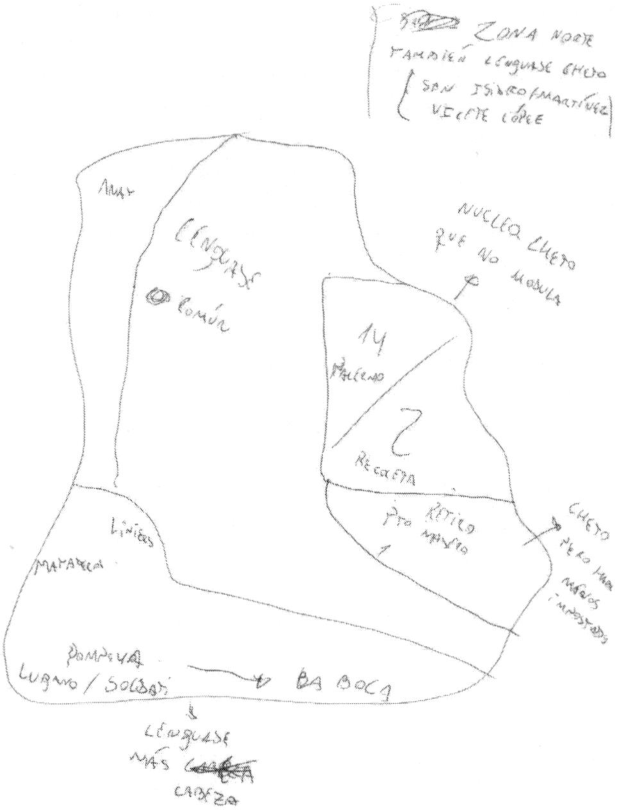

Cuadro 8.5.: Mapa Re3: informante masculino, 30 años, Recoleta

y, marcado con una flecha, La Boca, pero los incluye todos dentro de una misma zona sur-oeste, que de cierto modo constituye el polo opuesto a los barrios delimitados en el este. Dado que el hablante viene de Recoleta, no sorprende que sea ahí donde su mapa sea más específico y que marque las fronteras con los barrios colindantes, mientras que en las áreas más ajenas generalice mucho más. En cuanto a la lengua, la zona de Palermo y Recoleta se caracteriza como «núcleo cheto que no modula». Retiro y Puerto Madero, en cambio, aunque también caracterizados como «cheto», se señalan con un «habla menos impostada». Es decir, Recoleta junto con Palermo es la zona considerada más emblemática para la forma de hablar «cheta». En el centro ubica un «lenguaje común», o sea, no marcado, y en el sur-oeste nota un lenguaje «más cabeza». Es decir, el hablante construye una oposición geográfica y lingüística entre dos zonas extremas, divididas en el medio por un amplio sector calificado con un «lenguaje común». A la hora de dibujar, el hablante precisa su esquema dando explicaciones más concretas:

(34) Sí bueno. Sí hay. Hay diferencias. Sí sí. Vos tenés, qué sé yo, todo lo que es la zona norte, tiene una tonada más cheta. No sé cómo... explicarlo, pero. Se pronuncia más la ese, eh... hay palabras, qué sé yo, es como, se modula menos, la palabra, ¿no? Me da esa sensación de como que... se habla "sí le dije a Facu que tal y tal cosa bolo", [imita] o sea... "qué bueno que estuvo" viste, es un tono más... más Mauricio Macri, digamos, últimamente. Y después hay zonas más... en las zonas más cabezas digamos. Se habla más parecido al conurbano "eh, amigo, la concha de tu madre", [imita] digamos eh... más tumbero el el lenguaje. Y después en el medio tenés una zona de clase media que es más intelectualoide como habla, por ahí.

Tal como lo dibuja en el mapa, el hablante delimita tres zonas generales con su respectiva forma de hablar: en toda la zona norte[7] nota una «tonada más cheta», que especifica diciendo, en primer lugar, que «se pronuncia más la ese». Distingue la zona norteña en relación con los demás barrios (sobre todo los del sur), muy frecuentemente asociados con una mayor tendencia a elidir la –s a final de palabra. Es decir, en el norte, en la forma de hablar del «cheto», a diferencia del sur, sí se pronuncia la ese. Después señala que «hay palabras», o sea, se refiere también a un léxico característico de esta zona, aunque no da ejemplos más concretos. Y por último, diciendo que «se modula menos» se mueve en un plano fonético y suprasegmental, indicando que se trata de un estilo con una pronunciación menos marcada de las consonantes (fenómeno que comentaremos más detalladamente en el capítulo *Estilización*, 10). Cuando imita la tonada la compara con «un tono más Mauricio Macri», refiriéndose a una figura pública que personifica cierto sector social y cuya forma de hablar se menciona reiteradamente como representativa y emblemática del estilo que se denomina como «cheto»[8]. No sorprende que el hablante muestre una conciencia bastante desarrollada respecto de la forma de hablar que él denomina «cheta», porque es la variedad urbana con la que supuestamente está más en contacto en su barrio, pero a la vez se distancia de este estilo, lo imita, y lo relaciona con el jefe del Gobierno de la Ciudad, cuya posición política

7 Suponemos que con la denominación *zona norte* se refiere, en este caso, tanto a los barrios que quedan en el norte del área de la capital como a la franja suburbana norteña del conurbano, comúnmente llamada *Zona Norte*.

8 De 2007 a 2015, el actual presidente Mauricio Macri ocupó el cargo de jefe del Gobierno de la Ciudad de Buenos Aires. Durante este período, la materialidad del espacio urbano pasó a ocupar un lugar dominante en el proyecto político y se consolidó en el imaginario popular del ciudadano porteño, no menos en su experiencia cotidiana que en su valor simbólico-ideológico. Las siguientes imágenes dan un ejemplo de este fenómeno (fotos: M. Würth, julio de 2013):

Cuadro 8.6.: Uso político del espacio por parte del Gobierno de la Ciudad de Buenos Aires (foto: M. Würth, julio 2013)

tampoco comparte. Por otro lado, en las zonas que denomina «más cabeza», opina que la forma de hablar se parece más a la del conurbano y que se trata de un «lenguaje más tumbero». Se refiere, en este caso, tanto a una determinada entonación y fonética («un tono» o «una tonada») como también a ciertas expresiones léxicas muy vulgares, de las que menciona algunas en su imitación (p. ej. «la concha de tu madre»). La «jerga tumbera», sumamente estereotipada, como hemos visto, corresponde al uso del habla común en el ámbito carcelario y se caracteriza sobre todo por el uso de determinado léxico (influenciado por las letras de la cumbia y la jerga de la cárcel, y determinados lunfardismos que siguen teniendo la connotación de ser de los ambientes más bajos), así como, por ejemplo, *gato*, *guacho*, o *pibe*. Finalmente, pasa a tratar el sector medio, que para él constituye la mayoría de los hablantes y que «habla más normal», pero también «más intelectualoide». Atribuye pues al sector medio una forma de hablar más común, menos estilizada, pero, según su opinión, de corte pseudo-intelectual. Es decir, no se inscribe del todo en el área del centro, sino que muestra igualmente un leve distanciamiento o una perspectiva desde afuera, muy probablemente debido a su apego hacia su barrio de residencia. De todos modos, las variedades del centro son mucho menos marcadas y los estereotipos se refieren principalmente al norte y al sur.

El segundo mapa que queremos analizar aquí es el de una hablante femenina, también de Recoleta, periodista, de 33 años. Esta informante vivió el mayor tiempo de su vida en Recoleta, primero con su familia y después sola, y hace tres años se mudó a Palermo con su pareja. Hoy en día, como afirma en la entrevista, se identifica más con Palermo que con Recoleta, porque es un barrio «más tranquilo, más verde, de casitas más bajas», si bien en su dibujo (mapa 8.7) no lo menciona. Lo que se ve es un círculo con la referencia geográfica de la orilla del Río de la Plata (es decir, el norte geográfico estaría en este dibujo a la izquierda). Dentro del círculo, se distinguen tres zonas: a la izquierda, un área denominada «zona sur», que comprende los barrios de La Boca y San Telmo. La informante caracteriza la forma de hablar de esta zona mediante la palabra «sho», con lo que se refiere a una variante estereotipada más sorda de pronunciar la palatal rehilada, en oposición a la realización de este rasgo en otras partes de la ciudad. Después, en el medio, delimita un cuadro para el barrio de Recoleta, cuya forma de hablar caracteriza con la «papa en la boca». Tercero, más hacia el norte, dibuja otro cuadro para el área de Cañitas, una denominación no oficial para un sector de muchos negocios, bares y restaurantes dentro del barrio de Palermo[9]. Usa, pues, una parte de un barrio que le resulta sumamente saliente por un estilo estético particular, que determina con los atributos «falso» y «plástico». Para captar el significado de estas denominaciones hay que recurrir a sus explicaciones acerca del dibujo:

(35) Sí sí, no la tengo muy clara... No sé [se ríe]. Acá está el río. Eh bueno, por acá está Recoleta, yo qué sé, por acá. No, acá es notorio. Cuando vas a Recoleta, es notorio. Te pongo "papa en la boca". Ehm... Bueno, por ahí la zona de La Boca y eso es una zona más humilde, tampoco lo tengo tan claro como hablan en La Boca, eh, pero... [ʃ]o. A ver, después a ver, por Las Cañitas... a Las Cañitas lo veo como plástico. Muy plástico. No sé si en la forma de hablar, pero como... como que en... acá está, acá es, en Recoleta también lo veo como un barrio plástico, pero... Las

9 Para más información consúltese http://www.barriolascanitas.com.ar/ [29/10/15]

Cuadro 8.7.: Mapa Re8: informante femenina, 33 años, Recoleta

> Cañitas más. Como mucho, mucho operado, ¿viste? Mucha operación de cirugía estética. Pero no sé si tiene que ver con la forma de hablar.

Antes de empezar a dibujar, la hablante se disculpa por no tener una imagen muy clara de la capital. Después, empieza con el río como referencia geográfica y ubica Recoleta, su barrio de origen, en el centro, diciendo que ahí hay una diferencia notoria en la forma de hablar y que va a anotar «papa en la boca», metáfora que se repite para clasificar la variedad lingüística de esta zona. Siguiendo con su dibujo, traza La Boca, que caracteriza como zona más humilde, destacando, como hemos visto, la realización más sorda de la palatal rehilada. Al mismo tiempo, el adverbio *por ahí*, la justificación «tampoco lo tengo tan claro» y la tercera persona plural evidentemente indican un cierto desconocimiento y, por lo tanto, una distancia tanto geográfica como social y lingüística de esta zona de la ciudad.
Luego, la informante hace un salto a Las Cañitas, de donde tiene un estereotipo de «plástico», de «mucha cirugía estética» que, según ella, se ve también en Recoleta, pero de forma mucho menos palpable que en Las Cañitas. Como dice ella, esta estilización no se refiere directamente a una determinada forma de hablar, pero sí a un estereotipo social que se relaciona indirectamente también con cierto uso de

habla. Un poco más adelante, explicando todavía las diferencias lingüísticas que ella nota en la capital, da un ejemplo:

(36) Por ejemplo en eh... el hermano de una amiga, fuimos al cumpleaños de una amiga mía y estaba el hermano y no podía creer la forma en que hablaba, entendés, porque... y genera mucho rechazo esa forma de hablar, porque... es como que... parece que la persona... para quien no pertenece es como que... parece que el otro quisiera generar una distancia. Yo, que estoy un poco del otro lado, entiendo que... "bueno, aprendiste a hablar así, no es tu culpa", es como... es tu forma de hablar, así como en otros barrios el pronun-... se... no sé... se pronuncia más la "[ʃ]e" o la ese, o, o no se pronuncia la ese, se comen las eses, viste, como que...

Al resaltar en esta anécdota que la forma de hablar tan característica de Recoleta genera rechazo para «alguien que no pertenece», la informante remarca incluso que esa realización le resultó chocante a ella misma, curiosamente también habitante de Recoleta: «no podía creer la forma en que hablaba». Asimismo, la hablante también lo defiende y lo justifica, diciendo que si aprendió a hablar así, no es su culpa, así como en otros barrios «se pronuncia más la [ʃ]e» o «no se pronuncia la ese». Es decir, que la hablante, moviéndose entre diferentes grupos sociales (o, como ella dice, «estoy un poco del otro lado»), percibe los rasgos lingüísticos marcados, se distancia de ciertas formas de hablar pero a la vez las justifica, ya que tampoco le son completamente ajenas. Una vacilación que puede indicar cierta ambigüedad o cierto conflicto en la identificación social, entre lo familiar y el entorno en el que se mueve en la actualidad.

Veamos ahora un tercer mapa de Recoleta, en el que también se hacen visibles los estereotipos fonéticos de la realización de la palatal, por un lado, y la pérdida de la –s final, por otro. El hablante es masculino, de 27 años, estudia ingeniería y pasó toda su vida en Recoleta, hasta que a los 26 se mudó a Núñez, un barrio más en el norte de la ciudad. Dice de Recoleta que es un «barrio de viejos» y que «los precios están excesivamente caros» y agrega que le gusta vivir en Núñez, pero que tiene toda la familia en Recoleta y que no quiere desligarse de ese barrio tampoco. Su mapa (8.8) se distingue de los que hemos visto hasta ahora. Si bien el hablante parte igualmente del Río de la Plata como referencia geográfica, después, a diferencia de muchos otros, no hace una división en barrios, sino que traza las avenidas principales como escalas de un *continuum* de desigualdad social y lingüística. Aunque vacila un poco con las avenidas que quiere mencionar y la dirección de estas mismas en el mapa, como se desprende de su explicación, tiene una representación distinta del espacio urbano centrada en las principales vías de tráfico y no en la división barrial. En su dibujo también marca un *continuum* de dos rasgos lingüísticos estereotipados: la «papa (en la boca)» y la –s final. Mediante dos flechas expresa, por un lado, que en dirección hacia el río, más «papa» hay en la forma de hablar. Y por otro lado, con otra flecha que va desde el río hacia el oeste de la ciudad, indica «+s», «más eses en la terminación». Esta indicación en un primer momento puede resultar algo sorprendente, porque va en contra de la representación tan común y frecuente de que en el sur y en el oeste cae más la /s/ final. Ahora bien, como veremos más adelante, la variable /s/ tiene doble valor indexical, según la realización y el contexto en el que aparezca: por un lado, como ya sabemos, la elisión de /s/ en posición final de palabra se relaciona con el estilo de un sector más bajo, pero por otro lado, particularmente desde la perspectiva de los hablantes de Recoleta,

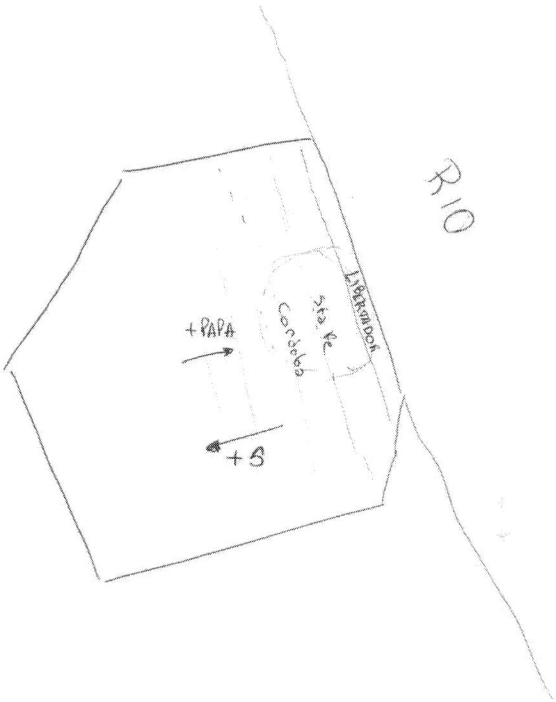

Cuadro 8.8.: Mapa Re5: informante masculino, 27 años, Recoleta

una variante más dental y más marcada de la sibilante también se considera desprestigiada, oponiéndose a una /s/ «menos modulada» (o «arrastrada», según los hablantes de otros barrios). Volveremos sobre este fenómeno en el capítulo 10.

El *continuum* geográfico, social y lingüístico que establece este informante se refuerza aún más en su comentario:

(37) Así... Todo este sector es el Río de la Plata, ¿no? Todo ese... es como... las formas de hablar para mí van junto con el poder... precio inmobiliario. A medida que vos te alejás del río, va cayendo el precio, y van cambiando las formas. Yo lo que siempre digo, son como... ponele acá tenés Libertador. Es como vas pasando líneas. Libertador, eh... Libertador no es la mejor opci... eh, el mejor ejemplo. Eh... Callao... no bueno, volvamos a Libertador. Libertador, Santa Fe, Córdoba, Corrientes, Rivadavia, entonces a medida que vos vas cruzando las avenidas, cada vez más temprano tenés que volver a tu casa [se ríe]. Más o menos. Sí. Yo lo separaría así. [...] Y... yo pondría, para acá, más eses. Más eses en la terminación. Eh... pero es muy general esto. Ehm... para acá, y más específicamente acá, eh... más papa.

En su comentario del mapa manifiesta también un estereotipo social bastante acentuado: indicando que «a medida que vos vas cruzando las avenidas, cada vez más temprano tenés que volver a tu casa», acompañado de risas, muestra que en su visión de la ciudad aumenta la inseguridad gradualmente desde la zona que linda con el río, considerada como la más segura, hacia el sur-oeste de la ciudad. La generalización y la ironía lograda mediante la exageración y la risa ponen en evidencia la enorme distancia que el informante construye entre el sector donde se posiciona a sí mismo y el gran resto del espacio urbano. Siendo del barrio de Recoleta y viviendo actualmente en Núñez, el hablante se mueve sobre todo en la franja norte de la capital –la mencionada Avenida del Libertador es una de las avenidas principales de esta zona y une los barrios de Retiro y Núñez. Es el área que conoce, donde se siente seguro, y mientras más se aleja de ahí, más lo desconoce y más miedo le da, sin dar más especificaciones. El tema de la inseguridad y el miedo a moverse en ciertas zonas de la ciudad se presenta de forma recurrente en nuestras entrevistas, hecho que se debe también a que el tópico actualmente está muy presente en la política y en los medios de comunicación de Buenos Aires[10].

Resumiendo los mapas mentales de los hablantes de Recoleta, varios son los fenómenos que destacan: en cuanto a la división espacial, hemos visto que o bien se construye una oposición entre una zona en el (nord)este que abarca el barrio de Recoleta, a veces junto con Palermo y Retiro, y una franja en el suroeste que se considera marginal, periférica o popular, representada por barrios como La Boca, San Telmo, Nueva Pompeya, Villa Soldati, Mataderos o Liniers, o bien la representación de la ciudad se manifiesta en un *continuum* desde el centro (que corresponde a los barrios Recoleta, Retiro y "Barrio Norte") hacia la periferia. La cercanía con el río es un elemento muy importante en esta categorizacion espacial, manifestándose en cinco de los diez dibujos de los informantes de Recoleta. A diferencia de la centralidad geográfica que hemos observado entre los hablantes de Caballito y que implica una situación de "estar en el medio", aquí se construye otro tipo de centralidad, partiendo de un centro geográficamente ubicado en el este, cerca del río, constituyendo un punto neurálgico en el sentido estructural, social y lingüístico. En cuanto al uso del habla, este «núcleo», como lo designan algunos (Re3, Re7, Re9) es sumamente saliente. Algunos hablantes de Recoleta se identifican con el estilo de su barrio y establecen una relación de contraste entre la zona en la que se ubican y el "otro", que supone el resto de la ciudad o, a veces, determinadas áreas o barrios emblemáticos que sitúan en el otro extremo de la estructura social, en algunos casos de manera hiperbólica (como en el ejemplo (38)), y en otros señalando su identificación con Recoleta y la construcción de la centralidad de este barrio (ejemplo (39)):

(38) La Boca sí es otro mundo, totalmente. Esto es otro mundo. [...] Y no se entiende nada (hablante femenina, 28 años, Recoleta).

(39) Pero si tuviera que señalar como zona recoletense, te diría que acá es el núcleo y se va dispersando hasta ahí. Y va perdiendo fuerza. Es una visión recoletocentrista, sí (hablante masculino, 26 años, Recoleta).

10 Véase, al respecto Janoschka (2002). Para el tema del miedo en espacios de frontera, consúltese Reguillo (2010).

Por el otro lado, también hemos visto ejemplos de habitantes de Recoleta que muestran una actitud algo vacilante o cierto distanciamiento respecto de su barrio, del sector social que se asocia con él así como de su forma de hablar, un fenómeno que en esta medida no se encuentra en ninguno de los demás barrios analizados –algunos mapas y metacomentarios reflejan este aspecto de manera explícita, mientras que otros reaccionan de modo más implícito a través de un comportamiento irónico.
La marcada conciencia de la estereotipación que hay entre los porteños acerca de este barrio y del estilo lingüístico particular, muchas veces objeto de burla o de estigmatización, es, por último, un denominador común de todos los informantes de Recoleta, fenónomeno de autopercepción que se terminará de reflejar de manera integral cuando analicemos la estilización lingüistica en la ciudad.

8.2.3. La Boca y San Telmo

Ocupémonos ahora de los mapas mentales de hablantes de otros barrios que, opuesto a los barrios del norte, se consideran muchas veces como representantes del sur, de un estrato social más bajo y, por tanto, de otro estereotipo: San Telmo y, particularmente, La Boca[11]. Partiendo de una visión general, vemos que en su estructura son bastante diversos. Cuatro dibujos (LB1, LB5, LB9, LB10) intentan representar el contorno romboidal del área urbana de la capital, dos de ellos indicando tanto el Río de la Plata como el Riachuelo como referencias geográficas. En dos mapas se puede ver una clara bipartición de la ciudad entre una zona en el norte y una zona en el sur, y la frontera entre las dos coincidiría con el trazado de la avenida Rivadavia, una referencia administrativa que constituye una frontera material, social y simbólica entre el "norte" y el "sur" de la ciudad, como ya hemos visto.

(40) Pero sí, lo que, vos me preguntabas eso... Yo lo pienso también en la forma de votar de la gente. Viste que la avenida más grande que tenemos es la avenida Rivadavia. Bueno, la avenida Rivadavia pasa por acá, pasa por Caballito. Yo creo que la gran diferencia está acá. De acá a acá. Cuando vos mirás por ejemplo cómo se votan para las elecciones del jefe de gobierno de la ciudad -viste, que ganó Macri- está, yo siempre, lo que yo siempre veía cuando miraba el plano de Buenos Aires y cómo la gente votaba, que una cosa es de avenida Rivadavia para abajo y otra cosa de avenida Rivadavia para arriba. Eso es lo que marca -no sé si alguien te lo habrá dicho- pero marca la diferencia. O sea, lo que yo veo es eso, básicamente (hablante masculino, 30 años, San Telmo).

Respecto a esta división entre "norte" y "sur", en el metacomentario del mapa LB10 se explica que el sur es muy heterogéneo y que «una cosa es vivir en San Telmo, Microcentro, otra cosa es vivir en Lugano, otra cosa es vivir en Soldati. Son cosas distintas». Es decir, a pesar de la clara oposición que se hace entre dos zonas, en la zona que se clasifica como "sur", se diferencia entre distintos barrios, resaltando las condiciones de vida diferentes que implica vivir en cada uno de ellos. Por lo tanto, la categorización

11 Debido a que una situación de entrevista particular llevó a que un informante no pudiera realizar el dibujo, de este barrio solo disponemos de nueve mapas.

que se hace no es tanto lingüística sino social. Esto mismo se observa en el mapa LB9, que hace su división según el criterio del nivel socioeconómico, pero a diferencia del mapa LB10 especifica mucho más los barrios que incluye en lo que denomina "norte" (Núñez, Belgrano, Palermo, Recoleta/"Barrio Norte" con un nivel económico alto, Villa Urquiza y Coghlan también en el norte, pero con un nivel socioeconómico un poquito más bajo, y Caballito y Almagro en el centro). En el área que traza como "sur" incluye los barrios La Boca, Parque Patricios y Villa Luro, pero salvo para el último no determina sus territorios. El "sur" se ve pues mucho más como una única zona. En el este, además, se delimita una zona que incluye los barrios de San Nicolás y Retiro y que se denomina como «área céntrica céntrica», lo cual alude, otra vez, a la distinción entre el centro geográfico y el centro comercial –"Microcentro" de la ciudad.

Al igual que en los mapas de los informantes de los otros barrios, en La Boca también se ve el procedimiento de marcar solo algunos barrios o algunas zonas determinadas dentro del área trazada (mapas LB3, LB5, LB6 y LB8). En el mapa LB5, por ejemplo, según una cuestión «residencial» o «de origen», se divide el espacio urbano en 4 sectores; una zona «más tradicional» en el norte (marcada con la letra «B»), una zona «neutra» en el centro-este, una zona «A» en el sureste y una última zona sin designacion en el oeste. En el comentario acerca del mapa, se establece primero una categorización social explicando que la zona «B» tiene una «impronta más anticuada», que el área en el centro es la más neutra porque es «el área neurálgica de actividad» y «más profesional», donde hay «más tránsito de gente de otro lugar» y, por lo tanto, «no está tan atravesado por el barrio», mientras que la zona «A» sí es una zona más de «barrio barrio». Comparando los sectores en el norte y en el sureste (denominados «B» y «A»), el informante declara que son «igual de barrio», pero que uno «es del Riachuelo» y el otro es «del norte» y establece, así una división claramente geográfica. Luego, en el comentario acerca del mapa, refiriéndose a las diferencias en el uso del habla, el informante especifica que la particularidad entre «A» y «B» reside en que «B» es «más tradicional CHETÓN» y «A» «más tradicional BARRIAL» y que se trata de una búsqueda de diferenciarse y de tratar de defender un linaje u otro a través del lenguaje. El último sector que se determina en el mapa no se designa ni se especifica mucho en el comentario, lo cual el informante justifica diciendo que es la parte que menos visita de la capital. Sin embargo, resalta que es una zona «un poco menos porteñAZA», «menos agrandada» o «menos magnificada».

Los mapas LB3, LB5 y LB8 muestran semejanzas significativas: en los tres esquemas hay un área vacía en el medio y una oposición evidente entre una zona en el norte y una zona en el sur. En el mapa LB5 se incluyen determinados barrios en estas zonas, que en los mapas LB3 y LB8 se especifican en el comentario (más adelante veremos más en detalle los esquemas LB5 y LB8). Por último, hay dos dibujos que contrastan bastante con los demás: en primer lugar, el mapa LB7, que muestra tres lugares: La Boca en el medio, separado por una línea de lo que se designa como «Centro Bs. As.» en el norte, y el barrio vecino de Barracas en el sur. Este dibujo refleja de manera palpable la movilidad espacial de la hablante que lo realizó, que vivió toda su vida en La Boca y dice de sí misma:

(41) y yo te puedo, ponele, hablar de esta parte porque en sí capital más para allá nunca he ido. [...] Ponele, si vos definís La Boca y ponele que allá todo el centro, sí ves diferencias. Pero que yo por ejemplo fui o voy. Pero después del otro lado no te puedo decir porque no salgo, digamos,

de acá el centro para hacer un trámite y volver y nada más, ¿viste? (hablante femenina, 30 años, La Boca).

Se desprende de este ejemplo que la vida de esta persona transcurre en su barrio, del que sale en muy pocas ocasiones cuando tiene que «hacer trámites» en el centro (que aquí correspondería al "Microcentro" de la ciudad, pero el realizar este viaje supone pasar una frontera (trazada a través de una línea en su mapa), que no es el caso con Barracas, el barrio colindante con La Boca que, según se deduce del mapa, también le es familiar. La movilidad reducida de la hablante no se representa solo en su mapa, sino también en su percepción lingüística: a la pregunta de si nota diferencias en el uso del habla dentro de la ciudad responde con «No. No.»

El segundo dibujo que se presenta divergente de los demás es el mapa LB4, en el que se traza no el territorio de la ciudad de Buenos Aires, sino el barrio de La Boca, representado por un cuadrado que contiene algunas de las calles principales y varios edificios, entre los que uno de los informantes lo señala como «la cancha de Boca». La hablante explica su dibujo diciendo que el lugar del «que más puedo hablar, que sé, porque lo viví, es mi barrio» y declara que dentro del mismo barrio hay «cosas totalmente distintas» respecto de la forma de hablar, «palabras» o «modismos», por ejemplo (sin proporcionar ningún ejemplo concreto), y que estas diferencias se dan dentro de un espacio muy reducido:

(42) Y como te decía antes, o sea, es media cuadra. Es hacer ESTO, entendés [señala en el mapa el movimiento de cruzar una calle]. Es casi la misma calle. Y son formas de hablar, o sea, palabras o modismos también, ¿no?, que uno, alguno yo no había escuchado, que uno no está acostumbrado, que directamente no habla. No digo que esté ni mal ni bien, lógico, cada uno... (hablante femenina, 26 años, La Boca).

Se señala pues una heterogeneidad lingüística dentro del mismo barrio, y estos diferentes usos del habla están arraigados en el espacio, relacionados con esquinas o cuadras –territorios que se marcan a través de un estilo lingüístico.

Veamos, ahora, tres ejemplos un poco más detallados de las representaciones de informantes de La Boca. En primer lugar, un mapa de una hablante femenina, maestra de secundario, de 30 años, que vivió toda su vida en el barrio, aunque se ha movido mucho dentro de la capital debido a sus estudios y diferentes trabajos. A la pregunta de qué es lo que distingue su barrio, contesta:

(43) Y... la pertenencia. Yo siempre pensé eso, que es como un barrio de pertenencia muy fuerte. No solo La Boca, sino los barrios alrededor. Como que la gente que vive ahí se queda ahí, no hay... no tienen aspiraciones de irse a otro lado. Nací, nacés ahí, te morís ahí, básicamente. Sí.

Se nota pues una identificación muy fuerte con su barrio de residencia, pero un conocimiento bastante amplio del mapa de la capital y de los barrios porteños que, seguramente, se debe a su movilidad geográfica y, tal vez, también a su formación profesional como maestra de historia. Al igual que en los mapas anteriores, aparece la referencia geográfica del Río de la Plata en el sureste, complementada, en este caso, por la referencia del Riachuelo en el suroeste (aunque desde un punto de vista estrictamente

Cuadro 8.9.: Mapa LB1: informante femenina, 30 años, La Boca

geográfico este se ubicaría un poco más en el sur) que representa la frontera natural entre los barrios del sur de la capital con los partidos de la provincia de Buenos Aires. Dentro de la capital, esquematizada de una forma redondeada, la hablante hace su división también a partir de los barrios. Así, distingue una zona constituida por Palermo, Belgrano y Recoleta en el noreste, Devoto, Villa Urquiza y Villa del Parque en el noroeste, Flores, Paternal, Caballito y Almagro en el centro, Barracas y San Telmo en el centro-sur y, por último, una franja que se extiende a lo largo de la frontera sur-oeste de la capital, denominada «marginal», constituida por los barrios de La Boca (que no señala de modo especial), Soldati, Pompeya, Lugano y Mataderos (aunque el orden de anotación no corresponde a su ubicación geográfica, *strictu senso*). Es evidente, pues, que la representación del espacio urbano de esta hablante, como ya lo hemos visto en algunos de los casos anteriores, está fuertemente anclada en la división barrial de la ciudad. Veamos ahora de qué manera comenta su mapa:

(44) Y el tema del lenguaje, a ver, cómo podría decirlo... Eh... Y... yo creo que todo responde a lo social, ¿no?, o sea, porque el lenguaje, o sea, de esta gente de clase alta, por así decirlo, es como un... que ni siquiera es un lenguaje refinado, ¿no? [...] quizás una persona de Palermo, no sé cómo explicarlo, tiene como... sí, como variaciones, como dialectos, creo, no sé si se dice así, pero es como un dialecto de esa zona, ¿no? El "boludo", el "sorry", fue una época, ¿no? Como el el... no sé. Lo definiría así. Y bueno esta zona, acá te das cuenta realmente la falta de educación, ¿no? [...] como que todo es "eh amigo, dame una moneda" eh o... ¿viste?, esta cosa de "me como las eses", eh, "pronuncio mal las palabras", ¿no?

La hablante subraya reiteradamente que la forma de hablar responde a lo social y le da importancia fundamental al grado de formación que una persona tiene para su capacidad de «hablar bien». Influenciada por su profesión, refiriéndose a los barrios que ella denomina «marginales», especifica que ahí falla la educación y que por eso a la gente le cuesta armar oraciones correctas. Dice que ahí es todo «eh amigo, dame una moneda», que «se comen las eses» y «se pronuncian mal las palabras». Por el otro lado, dice que la clase alta tiene un lenguaje distinto, que primero quiere caracterizar como «refinado», pero inmediatamente corta la frase y se corrige diciendo «que ni siquiera es un lenguaje refinado». Es decir, para ella la gente de clase alta no habla «mejor», sino que una persona de Palermo (que, por tanto, equipara con una persona de clase alta) tiene «variaciones» o «dialectos». Menciona, por ejemplo, las palabras *boludo* o *sorry* como típicas de esta zona en un determinado momento. En la reflexión de la hablante se nota una alta conciencia de las diferencias sociales y de cómo estas repercuten en la forma de hablar, intentando, de este modo, no caer en los estereotipos comunes. No muestra una actitud negativa o de rechazo hacia ninguno de los dos sectores, sino que explica la forma de hablar de la clase alta a través de una cuestión de pertenencia, mientras que en el lenguaje del sur se hace evidente la falta de educación.

Otro mapa que muestra de manera muy evidente los estereotipos opuestos de norte y sur es el de una hablante femenina de 33 años de La Boca. La persona es docente en una escuela pública y hace 10 años que vive en La Boca, después de haber vivido durante mucho tiempo en la Zona Sur de la provincia de Buenos Aires. Como característico de La Boca también menciona que los habitantes de este barrio se quedan viviendo en el barrio, no se van a otros lugares, que «genera como una cosa de pertenencia». Por su formación profesional, la informante también presenta un grado relativamente alto de movilidad geográfica dentro de la capital, la cual, sin embargo, no se refleja de la misma manera en su mapa. Dentro de la capital, nuevamente representada mediante un círculo, vemos otra vez una división de

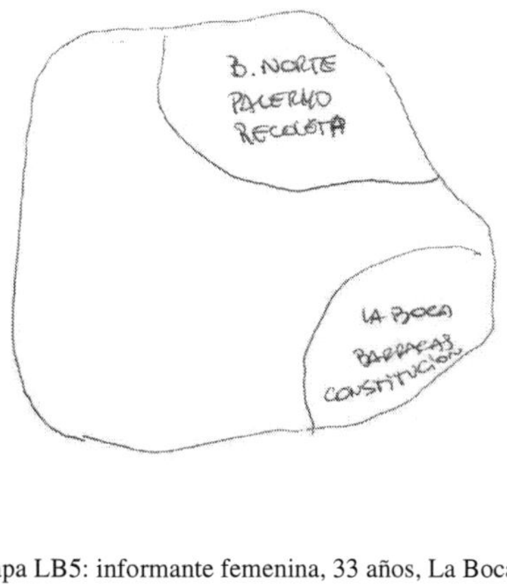

Cuadro 8.10.: Mapa LB5: informante femenina, 33 años, La Boca

una zona en el noreste que contiene Barrio Norte, Palermo y Recoleta (aunque, como hemos visto, la denominación no oficial de "Barrio Norte" incluye gran parte de Recoleta) y, por el otro lado, una zona en el sureste constituida por La Boca, Barracas y Constitución. Toda el área del medio no está clasificada. Veamos, ahora, algunos fragmentos de su comentario respecto del mapa:

(45) Y no sé, ponele por acá por el barrio lo que se estila mucho es el lenguaje así pibe chorro. "Eh gato, eh no sé qué" [imita], bueno, este... [...] Por acá por el barrio yo veo, no sé, aparte estoy muy influenciada por los chicos de la escuela y que tienen más ese lenguaje así de la cumbia y todo eso.

En primer lugar, la hablante se refiere a la forma de hablar de su barrio («por acá por el barrio»), haciendo evidente su propio posicionamiento geográfico. Menciona que «se estila mucho el lenguaje así pibe chorro». Es decir, presenta el uso de la lengua como parte de un estilo, un modelo a seguir, el del «pibe chorro», un término que está muy relacionado con el estereotipo del "negro" o "villero", pero se refiere de manera más concreta a un grupo determinado de jóvenes (mayormente masculinos) relacionados con la delincuencia y presentes en las esferas públicas de la ciudad[12]. Según la hablante, la cumbia y las letras de los temas de cumbia –un medio que también ha tenido un papel central en la formación y la reapropiación del estereotipo del "pibe chorro", como aún veremos más en detalle al final de este trabajo– tienen mucha influencia en la forma de hablar de los jóvenes de su barrio. Menciona, por ejemplo, la palabra *gato*, término despectivo y con connotación de agresividad que hoy en día se usa con función de vocativo (nótese la interjección *eh* que casi siempre acompaña los vocativos despreciativos, como ya hemos visto). En cuanto al modo de hablar de otros barrios, la hablante menciona, luego, que en esas zonas hay pocas expresiones que pertenezcan al lunfardo, de lo que se desprende que el lunfardo, que tiene sus orígenes en el sur de la ciudad, se sigue asociando con esos barrios[13]. Además, pasando al nivel fonético, la hablante señala una pronunciación «rara» o «arrastrada» de la ese, rasgo mencionado también por otros hablantes, a veces con la indicación de que «se parece más a la ese de España», o sea, se percibe más como variante alveolar. Se trata pues de la misma variante que apareció en el caso del mapa Re5 de Recoleta (y sobre la que volveremos en el capítulo 10). Y por último, volviendo al léxico, dice que en las zonas norteñas no es tan frecuente el uso del «che» pero sí, en cambio, el emplear las "muletillas" «tipo» y «tipo que», que ya hemos mencionado para el estereotipo del "cheto":

---

12 Según Míguez (2004: 39), los jóvenes definidos hoy como pibes chorros representan una de las consecuencias de los procesos de transformación económocia y social de los años –que, como sabemos, terminaron en una crisis profunda marcada por el desempleo y el empobrecimiento de amplios sectores de la sociedad. Se trata de jóvenes que tienen «como rasgo compartido el haber sufrido desde su infancia desestructuración y privaciones» (Míguez 2004: 39). Ante la disolución de la estructura laboral y familiar, según indica el mismo autor, el barrio y la calle se vuelven centrales como espacios en los que se construye la pertenencia social y donde se generan sistemas de valores, hábitos y actitudes que se relacionan con la transgresión y el delito (Míguez 2004: 41). La construcción mediática de la inseguridad y de la relación entre la juventud, la calle y la delincuencia contribuye de forma significativa a la difusión del término *pibe chorro* como lugar común y al desarrollo de un estigma muy marcado frente a este grupo social y a la imagen de que «ser joven pobre hoy no solo es sinónimo de delincuente, sino que la sanción y la corrección no alcanzan y es necesario la extirpación de estos jóvenes del cuerpo social» (Saintout 2002: 101).

13 Sin embargo, a pesar de su arraigo en el sur de la ciudad, muchas voces del lunfardo se extendieron sobre todo el territorio urbano y a todas las capas sociales (véase Teruggi (1978)). Habría que realizar un análisis más profundo de cuáles son los lunfardismos que se generalizaron en el español porteño y perdieron su marca socio-geográfica, y cuáles todavía mantienen esta connotación.

(46) Se nota por... Qué sé yo, a ver cómo decirlo que no sea un prejuicio. No sé, se nota más en... no sé, no hay expresiones, muy pocas expresiones que de lo que parece tiene como el lunfardo, qué sé yo. Y después hay como una pronunciación de la ese que es muy rara, que no sé un tipo más cercano a la "[ʃ::]" [imita], no sé. Como una pronunciación más arrastrada de la ese, este... Y no usar el "che", casi nada, casi nada, eso seguro. Y... qué otra cosa, y el "tipo", "tipo que"...

El último mapa que queremos traer a la luz de nuestro análisis de las representaciones de los hablantes de La Boca y San Telmo es el de un informante masculino, de 32 años, también de La Boca. El hablante estudió para cocinero y hoy en día trabaja haciendo eventos de cocina en proyectos sociales, y que a su vez muestra una gran movilidad social, sobre todo en el norte de la capital, ya que juega rugby en un equipo de esa zona, muestra también una fuerte sensación de pertenencia respecto del barrio, que él hasta llama «enamoramiento». Al observar su dibujo (8.11), a primera vista, el esquema parece bastante

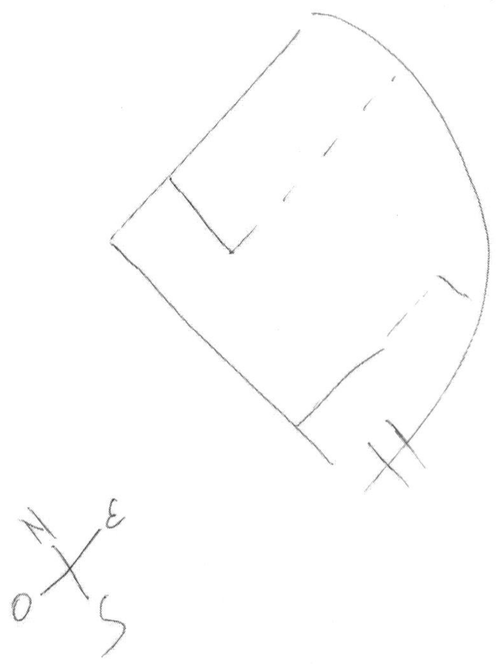

Cuadro 8.11.: Mapa LB8: informante masculino, 32 años, La Boca

rudimentario. Tiene la forma de un cuarto, con una línea recta en el oeste, otra línea que delimita el norte, y una línea más redonda hacia el sureste, hacia el río. Las dos líneas cortas en el sur representan el "puente Avellaneda" que (desde La Boca) comunica la capital con Avellaneda en la zona sur de la provincia de Buenos Aires y que, por tanto, constituye una referencia física importante para el hablante de La Boca. Ya no sorprende la delimitación de zonas que realiza en su mapa: de forma relativamente abstracta, marca una zona rectangular en el sur y otra parecida en el norte, lo cual comenta de forma explícita en su comentario:

(47) Y... norte sería, más o menos... Sería este y oeste. Por acá el río, y el norte... No sé exactamente dónde terminaría, ¿no? Pero más o menos... De esta parte para allá, hacia el norte sería un poco... Pasa que también abarcaría Palermo, viste, partes central y centro-norte de la capital. Y después el sur, una cosa así, por acá, viste, lo más pegado al río, más cerca de la provincia, la parte de Avellaneda, teniendo en cuenta que el mapa está bien... Acá estaría el puente. Todo para estos lados... Igual... qué sé yo, no sé cómo va Palermo en el diagrama este que te hice en el dibujito, más o menos es algo así.

Se repite pues la división norte-sur con una zona central no muy marcada, como se ha podido observar en varios casos que hemos analizado en este trabajo. En cuanto al uso del habla, también realiza una estilización palpable entre norte y sur:

(48) Tenés, no sé, el que habla muy cheto "muy, ¿no?, así" [imita] en general se lo identifica con el norte. Después está el que habla medio cabeza, viste, "eh pibe" no sé, "eh guacho" [imita] se lo identifica más con el sur, qué sé yo, puede ser, pero sí, sí hay maneras de hablar por zonas.

Al ser el hablante de un barrio del sur y moviéndose con frecuencia en las zonas norteñas, muestra una conciencia desarrollada de los estereotipos lingüísticos. Al que habla «muy cheto», que imita tratando de pronunciar un tono más nasal, lo relaciona específicamente con el norte de la ciudad, oponiéndolo a una persona que «habla medio cabeza» y que imita mencionando sobre todo características léxicas y que relaciona con el sur. Afirma, también, que sí hay maneras de hablar por zonas, y lo demuestra con los propios estereotipos que menciona e incluso imita, sin mencionar rasgos concretos, no obstante. El uso del aumentador *muy* para clasificar lo que él denomina «cheto» a diferencia del adverbio *medio* para referirse a la forma de hablar «cabeza» indica que hay un distanciamiento más grande hacia el norte, que correspondería con la identificación fuerte que presenta respecto de su barrio de vivencia.

En los mapas mentales de La Boca y San Telmo, bastante heterogéneos entre sí, se pueden observar dos tendencias: por un lado, en varias ocasiones se remite a la sensación de pertenencia que produce el hecho de vivir en estos barrios (como hemos visto en el capítulo anterior, sobre todo en relación con La Boca), una percepción que probablemente esté relacionada con la imagen del barrio como "más barrial", una alusión que también surge en varios enunciados y, al mismo tiempo, también puede tener su origen en la estructura demográfica y la movilidad de los habitantes de esta zona que, según lo formula una hablante, constituye un lugar donde la gente «se queda», «no tiene aspiraciones de irse a otro lado» (véase el ejemplo (28) en el capítulo 8.1). Por el otro lado, en cuanto a la división espacial, destacan de forma reiterada las referencias a la cercanía con el Riachuelo o al puente Avellaneda como punto fronterizo entre la capital y la provincia. Es decir, la representación de los hablantes de estos barrios incluye la localización de su propio barrio en el sur y en la periferia de la ciudad. Salvo pocas excepciones, el medio entre estos dos sectores opuestos no se comenta explícitamente, lo cual sugiere que para los hablantes de los barrios en el sur no resulta saliente respecto de su uso del habla. Al ubicarse en el sur, en varios mapas se construye una relación de contraste con el norte, una oposición que abarca los niveles geográfico, social y lingüístico, representados mediante términos como «cabeza» vs. «cheto», «barrio barrio» vs. «chetón», «lenguaje de cumbia villera» vs. «otro tipo de lenguaje», categorías que ya hemos analizado en profundidad al hablar de las segregaciones en el capítulo anterior.

8.2.4. Villa Urquiza

Pasemos ahora nuevamente a un barrio ubicado en el norte de la ciudad. Al ver los diez dibujos de los informantes de Villa Urquiza en conjunto, en primer lugar, destaca que, salvo los mapas VU1, VU8 y VU9, todos intentan representar el contorno de la ciudad de Buenos Aires mediante una forma romboidal. En tres mapas se señala el Río de la Plata (VU7, VU8, VU9); el Riachuelo solo aparece una vez (mapa VU8). En segundo lugar, dos mapas presentan una serie de barrios determinados sin agregar más información (VU2 y VU6, este último abarcando toda el área de la provincia de Buenos Aires), es decir, usan el barrio como principal categoría de orientación. Siete mapas, en cambio, establecen una evidente división norte-centro-sur (mapas VU1, VU3, VU5, VU7, VU8 y también VU9 y VU10, un poco más diferenciada). Esta tripartición se hace sobre la base de categorías geográficas (VU7, VU8, VU9), sociales (VU1 en el comentario, VU3, VU5, VU9, VU10) así como lingüísticas (VU5, VU10). A veces también se mezclan las diferentes categorías, como, por ejemplo, en el mapa VU9, donde se opone un sector "sur" delimitado con una línea a la categoría "clase alta" ubicada en el norte, pero menos separada del resto del territorio trazado. Más adelante volveremos en detalle sobre este mapa. La división en tres zonas también se observa en el mapa VU5, donde los sectores en el norte y en el centro quedan sin designación en el dibujo, mientras que el área en el sur se clasifica como «+ bulgar» (nótese el error ortográfico algo irónico), explicando en el comentario que «en el sur el hecho de hablar más vulgar [...] implica el hecho de decir tal cual como se te aparecen las cosas en la cabeza sin racionarlas mucho o sin procesarlas». El "norte", por el otro lado, se relaciona con «frases armadas» y, además una «forma de hablar un poco más nasal» que el hablante (del mapa VU5) vincula con un prejuicio social:

(49) Y además, es gracioso, ¿no?, pero me da a que, justamente hay, es como... cómo se dice, un prejuicio de... esto de que a la gente rica, para decirlo de una forma, se les dice "nariz parada". Como que... Y en general se los suele cargar con una forma de hablar un poco más nasal, justamente. Como que tiene todo que ver con todo (hablante masculino, 30 años, Villa Urquiza).

El mapa 4, por el otro lado, marca, además del barrio de Villa Urquiza representado por un círculo en el noroeste, tres áreas; una denominada «el bajo» en el este, en la que incluye los barrios Constitución y Parque Patricios así como el Microcentro, y la opone a las dos áreas que dibuja en el norte y que señala como los barrios Recoleta y Núñez, agregando, al mismo tiempo, que esa sería «la zona más de noreste en realidad, no norte norte». Es decir, también hace una división geográfica, pero opone la zona del «bajo» del este a un área en el noreste, que el informante también caracteriza con una «tonalidad mucho más nasal».

Dos mapas trazan la avenida Rivadavia como frontera entre "norte" y "sur" (mapas VU7 y VU10), referencia que hemos visto ya en los mapas de otros barrios y que aquí se presenta de manera aún más explícita, marcando la avenida con una raya predominante que atraviesa el área urbana. Nos parece interesante comparar y contrastar estas dos representaciones (8.12 y 8.13). El mapa VU10, por un

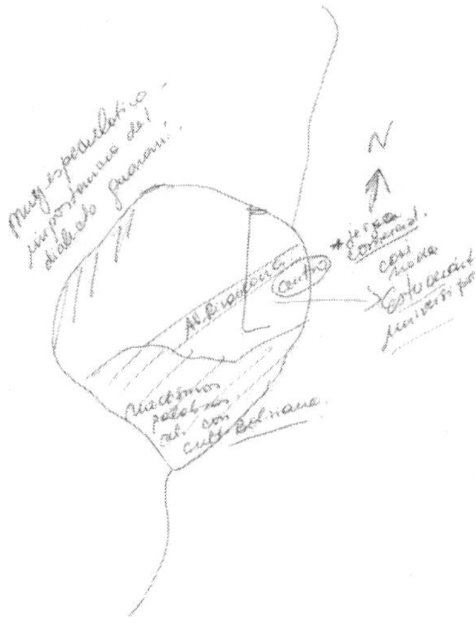

Cuadro 8.12.: Mapa VU10: informante femenina, 29 años, Villa Urquiza

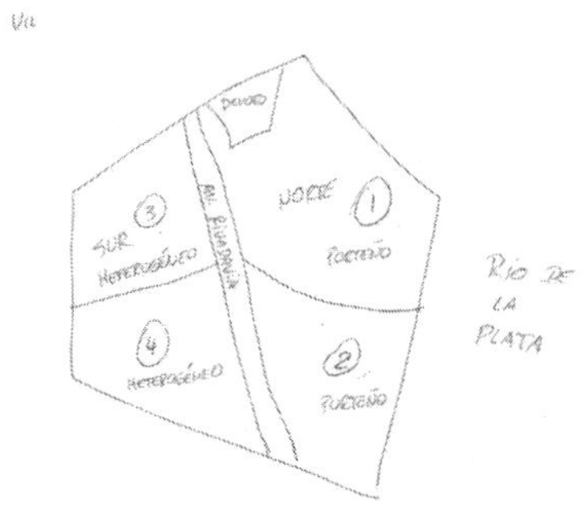

Cuadro 8.13.: Mapa VU7: informante masculino, 28 años, Villa Urquiza

lado, pertenece a una informante femenina de 29 años que es arqueóloga y docente universitaria. En su esquema, la avenida Rivadavia pasa del suroeste al noreste de la ciudad y la divide de manera fundamental:

(50) Quizás la diferencia en Buenos Aires sigue estando acá en la avenida Rivadavia [...] hay un límite ahí. [...] Esta diferencia que establece la avenida Rivadavia, me parece que ahí está la diferencia, sí, sí, sí, sí. Porque es diferencia de clase. Este sector está mucho más abandonado y... y la gente. Puede ser que haya un correlato lingüístico a eso (hablante femenina, 29 años, Villa Urquiza).

La división que hace la hablante por medio de la avenida Rivadavia supone varios niveles. Tanto en el mapa como en su comentario señala que del lado sur de la avenida no hay «casi nada de estudiantes universitarios», lo cual, según ella, tiene su efecto en la forma de hablar porque «la educación universitaria es fundamental para la lengua». Al mismo tiempo, la informante formula una diferencia más general (aunque sin duda relacionada con el factor de la educación) de "clase" entre los dos lados de Rivadavia, división que a su vez implica contrastes materiales en el espacio, como el mencionado abandono del sector sureño.

Dentro de estas dos zonas principales en las que separa la ciudad, especifica dos áreas marcadas por la influencia lingüística de dos grupos migratorios diferentes: en los barrios Bajo Flores, Lugano, Villa Soldati o Mataderos, la hablante encuentra «un montón de expresiones» o «modismos» relacionados con la cultura boliviana y que se deben a la gran inmigración boliviana («que son de nacionalidad argentina porque ya son segunda, tercera generación») que hay en esa zona, así como, por ejemplo, «decir "alto guiso" o "altas llantas"[14]» (aunque luego explica *alto* como una expresión jujeña y aclara que «jujeña y Bolivia no es lo mismo»). Atribuye pues ciertos términos a un grupo migratorio que puede ser tanto de Bolivia como del norte de Argentina pero que han encontrado su lugar en el léxico de la variedad porteña de modo que hoy «todo el mundo, yo hablo así, cualquiera habla así». Sin embargo, a pesar de que se trata de términos ya muy extendidos, los sigue ubicando explícitamente en los barrios sureños que menciona.

En el noroeste, por el otro lado, ubica una zona de inmigración paraguaya donde, según la informante, puede haber «importancia del dialecto guaraní», aunque inmediatamente se relativiza diciendo que era una afirmación «muy especulativa» y no da ejemplos concretos para una influencia lingüística paraguaya. La bipartición de la ciudad que hace la informante a lo largo de la avenida Rivadavia pues se quiebra en algunas zonas o algunos barrios donde predomina el vínculo con un grupo migratorio en particular, reproduciendo en gran medida el imaginario social porteño del nuevo migrante de los países limítrofes como amenaza cultural y lingüística.

El segundo mapa, donde la avenida Rivadavia representa una línea de separación de la ciudad es el mapa VU7, de un informante masculino de 28 años, estudiante del profesorado de historia. Comparando su dibujo con el mapa VU10 y tomando como referencia el Río de la Plata que los dos simbolizaron en el borde izquierdo de su esquema, salta a la vista que la avenida Rivadavia, si bien elemento tan importante de división del espacio urbano («supongamos que avenida Rivadavia pasaría por acá, porque eso es fundamental»), corre en una dirección casi rectangular a como está trazada en el mapa VU10 (que se corrige, sin embargo, en el segundo mapa con la referencia de los barrios). No obstante, separa la ciudad

14 El adjetivo *alto* con significado intensificador en las colocaciones *alto guiso* (para una comida suculenta), *alto rancho* (como sinónimo de buena casa) o *altas llantas* (para calificar un calzado de marca o de último modelo) se ha hecho viral gracias a la difusión masiva de videos como, por ejemplo, https://www.youtube.com/watch?v=Saa86WoG1ng [20/05/16] (¡con más de 3 millones de visitas!) en *TyC Sports*, el canal de deporte más importante de Argentina. También aparece en varios temas de la cumbia villera (que constituye un actor fundamental en la difusión de estereotipos, como veremos en el último capítulo de este trabajo). Véase, por ejemplo, el tema *Altas llantas* de la banda *El Original*: https://www.letras.com/el-original/132037/ [20/05/16]. Como consecuencia, se ha convertido en estereotipo para designar a los sectores bajos, y se encuentra como lugar común en el humor popular y en programas humorísticos (por ejemplo en los vídeos de Peter Capusotto: https://www.youtube.com/watch?v=Q8ZcNtcxu9Q [20/05/16].

en una parte "norte" y una parte "sur", que a su vez se dividen en dos sectores caracterizados por su forma de hablar: más «porteños» en el norte, es decir, «con el [ʃ]e[ʃ]eo»; más «heterogéneos» en el sur, cerca de la General Paz, donde la forma de hablar está más mezclada «con las tonadas del interior». Es decir, el hablante también le atribuye un papel importante a la migración en cuanto a las diferentes variedades lingüísticas que nota en Buenos Aires, aunque en este caso se refiere más a la migración del interior de Argentina. Esta «mezcla» también afectó, según el informante, la forma de hablar de San Telmo, La Boca y Barracas, barrios que mantienen «algo muy porteño», que «en su momento era lo más representativo de lo porteño, porque era donde se juntaban los barrios del tango, los barrios más relacionados con el casco histórico, o sea, donde se formó más la capital».

Veamos, ahora, dos ejemplos que reflejan la división norte-sur, predominante entre los mapas de informantes de Villa Urquiza, y que nos parecen interesantes para comentarlos más detalladamente. En primer lugar, el mapa de una hablante femenina, de 25 años, contadora, quien vivió toda su vida en Villa Urquiza y muestra una fuerte identificación con el barrio («me siento muy cómoda y no me mudaría»). De un modo abstracto, su esquema (8.14) muestra una clara bipartición de la ciudad en una zona muy extensa, por un lado, que en el norte incluye la categoría "clase alta", conectada mediante una flecha hacia arriba y abajo con el barrio de San Isidro en el conurbano. Por el otro lado, se aparta por medio de una línea un sector denominado "sur" en la parte inferior del círculo, conectado, a su vez, con los partidos de Quilmes y Avellaneda ubicados en el conurbano sureño de Buenos Aires. Como ya hemos visto, se opone una referencia geográfica ("sur") a una categoría social ("clase alta"). El hecho de que funcione esta oposición hace notorio el vínculo inherente que tiene "sur" con una determinada posición social. Esta división norte-sur que hace la informante se manifiesta ya cuando habla de la capital en general, de la que dice que «tiene distintas áreas. Si vas más a zona norte, es más lindo y si vas a zona sur, es otro tipo. Claro. Es depende donde estés». Es decir, se establece un *continuum* de belleza entre «más lindo» en el norte y «otro tipo» en el sur, un eufemismo que refleja no solo un cierto desconocimiento de lo que ella determina como el "sur", sino también una actitud negativa implícita y un distanciamiento de la informante respecto de esta parte de la ciudad. Esta exclusión se repite luego cuando la hablante se refiere a las diferencias lingüísticas:

(51) No. Hay distintos tipos. También depende de la clase social como habla la gente. Si son más alta, usan mucho el "tipo" o una forma de hablar. Y quizás si vas a un lugar, una zona más en la villa y eso, tienen otra forma de hablar de palabras que quizás ni yo entiendo. O sea, a ese nivel. [...] Que no digo que sea feo o algo, pero me suena que es otro tipo de hablar...

Nuevamente se establece la oposición entre "clase alta" que tiene una determinada forma de hablar, caracterizada, aquí, por un mayor uso de la "muletilla" *tipo*, y una zona geográfica de la ciudad, por ejemplo los barrios precarios donde, según la informante, usan distintas palabras, a tal extremo que ella misma no las entiende. Al mismo tiempo, justifica la separación que hace e intenta no mostrar ninguna actitud explícita al respecto («no digo que sea feo o algo»). Sin embargo, la informante indica que

(52) [v]os quizás, si hablás con gente de clase más baja, quizás te dicen cosas, no sé, o "manzana" o "rescatate", y esas cosas que... no existen, o sea, no es que son palabras aprobadas. Es como

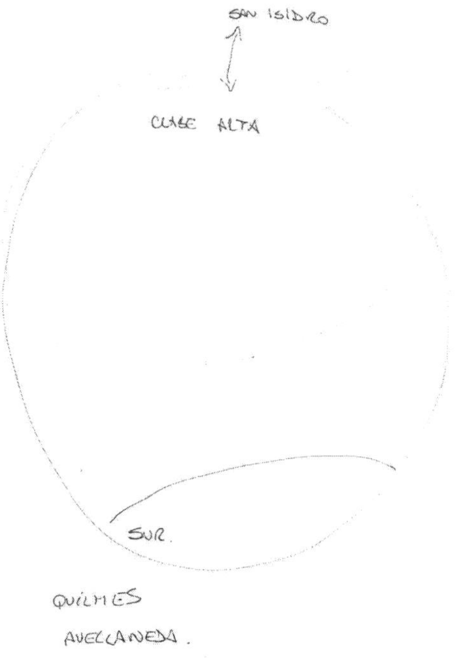

Cuadro 8.14.: Mapa VU9: informante femenina, 25 años, Villa Urquiza

> que se adoptaron esas palabras y les cambiaron el sentido. Y después quizás, si vas a otro sector, que si quizás el que yo más me... estoy en el medio, o sea, no me siento ni del uno ni del otro... usan más o menos, palabras normales o aceptadas con el idioma y agregan algún, no sé, "tipo" o esas cosas que son, son básicas. Pero más que, o sea, es como que lo entendés completo. En cambio el otro, tenés que tratar de codificar qué es lo que te quisieron decir. No usan el mismo idioma por decirlo de una forma. [...] Es como... no sé si es... está bien dicho así, pero... como más bien hablado. Y en cambio los otros que usan esas palabras, hablan todo "eh amigo" o qué sé yo. Es diferente. No es lo mismo. O sea, la voz cambia.

Se desprende de este enunciado una evidente actitud normativa que la informante manifiesta frente al uso del habla que asocia con los estratos bajos, un estilo que caracteriza como «otro idioma» difícil de entender («tenés que tratar de codificar qué es lo que te quisieron decir»), remitiendo a elementos léxicos («manzana[15]», «rescatate[16]» y «eh amigo») que, según ella, pasaron por un proceso de resignificación y no estarían "aceptados" desde el criterio de la corrección lingüística. A esto opone un estilo considerado "más correcto", "más normal", o «más bien hablado» en otro sector, un estilo que a pesar de ciertos rasgos que le resultan salientes (como el uso de la "muletillas" *tipo*) percibe como 'más entendible". En un primer momento dice identificarse con este estilo, pero luego se sitúa a sí misma en el medio, señalando que no se siente parte de ninguno de los dos extremos que describe.

El segundo mapa que queremos comentar aquí es el de un informante masculino, de 30 años, quien trabaja como programador en una productora. Al igual que la persona anterior, el hablante vivió toda su vida en el barrio de Villa Urquiza, pero a diferencia de ella dice que se identifica cada vez menos con el barrio, porque antes lo que le gustaba era que fuese «mucho más barrio» y ahora nota un proceso de cambio, de aumento de la población, de la construcción y del tránsito que no le gusta y que le da «ganas de irme». En su mapa (8.15) establece una división en cuatro zonas basadas en categorías sociales. Aparte de las áreas de clase "alta", "media" y "baja" en el norte, en el centro y en el sur, en el este

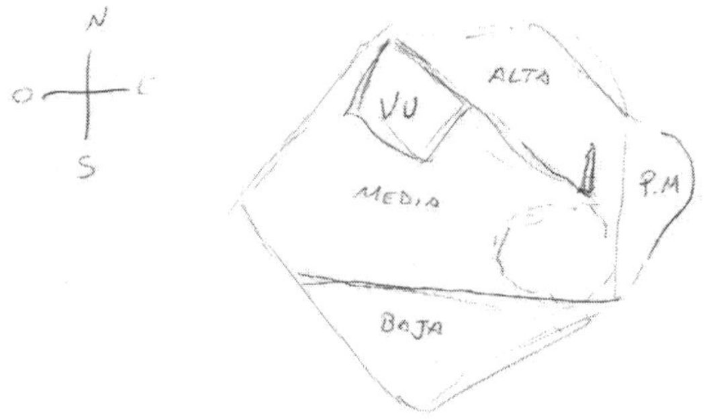

Cuadro 8.15.: Mapa VU3: informante masculino, 30 años, Villa Urquiza

separa el barrio de Puerto Madero, que, por lo tanto, excluye del resto de la jerarquía social. Es uno

15 Expresión popular que se utiliza para negar: Manzana que yo te encaré. ¡Manzana! No le voy a dar nada hasta que no me pague (DIEA, *s.v. manzana*.

16 La expresión *rescatarse*, en su origen relativamente nuevo se refiere al autocontrol respecto del consumo para mitigar las consecuencias de su ingesta, que en el contexto del uso del habla relacionado con la marginalidad comprende también abandonar las actividades criminales y salir del síndrome de abstinencia de la droga. El grado en que un sujeto puede "rescatarse" lo hace más o menos valioso, casi a la par de su "aguante" (categoría físico moral que implica resistencia y capacidad de sobreponerse a la adversidad) (Míguez 2004: 51; Lardone 2007: 100; Semán y Vila 2011: 58-59). Sobre todo la forma del imperativo del verbo está muy estereotipada en el habla popular.

de los pocos informantes, además, que en su dibujo indican la referencia de un monumento (en este caso, el Obelisco dibujado en el centro de la ciudad). Relaciona las diferencias en el uso del habla con las categorías sociales, diciendo, en primer lugar, que la clase media (en la que incluye Villa Urquiza) habla «un poco más correcto», mientras que la clase alta «tiende a tirar más palabras en inglés» y «es un poquito mas cheto el lenguaje» y la clase baja, que ubica en los sectores de La Boca, Villa Soldati y Lugano «tiende a deformar por completo muchas palabras y usar muchas palabras callejeras o carceleras». El informante no da ejemplos o especificaciones para la forma de hablar que relaciona con lo que él clasifica como "clase baja", pero la evalúa según un criterio normativo señalando que «se deforman por completo» algunas palabras. Por el otro lado, sí trata de aclarar qué es lo que entiende bajo la denominación "cheto":

(53) Suele ser como... o sea, usan más diminutivos, meten algunas palabras más en inglés... es medio difícil, es... a veces es como una tonada, ¿no?, como uno suena, de expresar, como muy nasal, ¿no?, a veces. "Ay sorry gordo" [imita], esas cosas así. Es como algo muy, como, es el, como la frase así como que me resuena a mí, ¿no? Creo que sí, creo que... Pero no sabría decirte exactamente qué es lo que lo distingue perfectamente. Pero algunos tienen más y otros menos, te das cuenta. O sea, algunos es como que tuvieran el chetaje, lo llevan a full y otros que no, que intentan hablar bien o más centrado, ¿no?, una posición más central.

En su intento de explicar las características del modo de hablar que define como «diferente», menciona, primero, el uso de anglicismos en el nivel léxico y un mayor uso de diminutivos en el nivel morfológico, para luego resumirlo en "una tonada nasal". Debido a la dificultad de mencionar rasgos lingüísticos concretos, recurre a la técnica de estilizar la frase altamente estereotipada «ay sorry gordo», que ya hemos mencionado anteriormente. Lo que llama la atención es que presenta el estilo "cheto" como un atributo «que uno puede tener» en diferente intensidad. Es decir, entiende la forma de hablar como parte de un estilo, que por un lado puede, según él, forzarse activamente y llevarse a un extremo, pero por el otro lado también dice que hay personas que «intentan hablar bien». Visto de este modo, se trataría más bien de una característica que uno puede –o incluso tendría que– intentar controlar activamente. Lo que se hace evidente es que adopta una actitud algo normativa y entiende el modo de hablar del "medio" o del "centro" como el más común o correcto. Dentro de la franja "media", sin embargo, delimita un círculo que relaciona sobre todo con la zona de Constitución y que caracteriza como un sector donde «hay más mestizaje», donde ubica grandes grupos migratorios provenientes de Paraguay y Bolivia, gente que, según él, también pertenecería a una "clase baja", si bien distingue la manera de hablar de estos grupos de la que sitúa en el sector denominado "clase baja" en el sur. Según él, los migrantes bolivianos y paraguayos tienen su propio lenguaje que por lo general «es difícil que se mezcle con el español. O sea, que alguna palabra paraguaya entre, o alguna palabra boliviana o algo así, del guaraní, entre en el lenguaje de [los argentinos]». Aunque se refiera no a la variedad boliviana o paraguaya del español sino a las lenguas indígenas habladas en estos países, esta afirmación deja ver la gran distancia social así como geográfica y lingüística que el informante crea entre sí y los inmigrantes de los países limítrofes.

En las cartografías trazadas por los informantes de Villa Urquiza predomina, claramente, una división norte-centro-sur, delimitada mayormente mediante categorías sociales. De forma similar a como lo hemos podido observar para el barrio de Caballito, varios hablantes de Villa Urquiza se ubican en el medio entre dos estilos opuestos, distanciándose de esta manera del "norte" (entendido no en términos geográficos sino más bien como categoría social y lingüística).
Un tópico recurrente en los mapas de este barrio es, además, el factor de la migración, representado en el hecho de que algunos barrios (tales como La Boca, San Telmo, Barracas y Constitución, ubicados en el sur, pero también Liniers en el este) están estrechamente vinculados con distintos grupos migratorios cuyas variedades, según la impresión de los hablantes, impactan en el estilo que asocian con estas zonas, incrementando su hetereogeneidad social y lingüística. Como ya hemos visto, la percepción de la población migrante de otros países latinoamericanos ubicada en determinados lugares de la ciudad lleva a que tales barrios destaquen como puntos salientes (y muchas veces considerados "menos porteños") dentro de la sino tan marcada estructura entre "norte", "centro" y "sur".

8.2.5. Avellaneda

Como hemos visto en los mapas anteriores de informantes de barrios de la capital, Avellaneda es un partido que aparece con frecuencia como ejemplo de la zona sur del conurbano. Por esta razón, nos interesa la perspectiva que los habitantes de esta región tienen de la ciudad de Buenos Aires, si bien ellos mismos viven en su periferia inmediata. Al igual que para los otros barrios, miremos estos mapas primero desde una visión de conjunto para ver tendencias o pautas generales en la división espacial y lingüística.
En primer lugar, destacan dos mapas casi idénticos (mapas Av1 y Av7) que presentan una clara separación entre "norte" y "sur", representada de manera abstracta a través de un círculo dividido en la mitad, que el informante que dibujó el mapa Av7 comenta: «norte y sur. Y sí, porque ahí se distingue todo». El

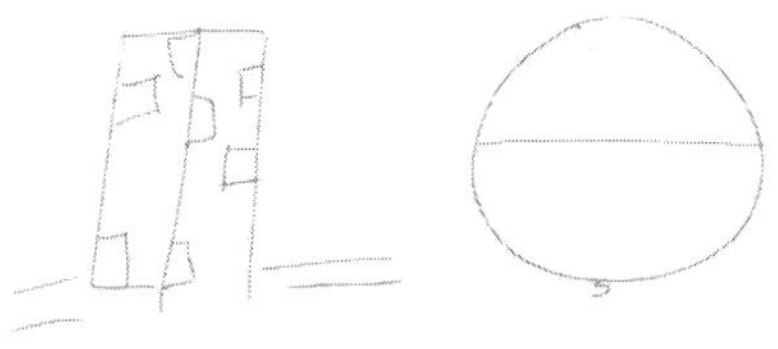

Mapa 8.2.: Av1: informante femenina, 34 años, Avellaneda

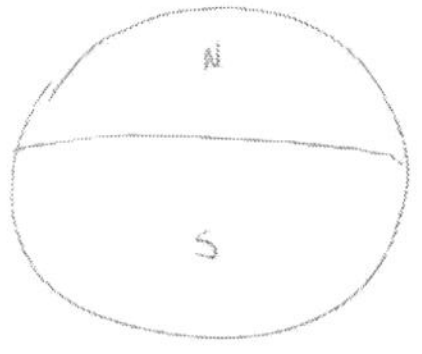

Cuadro 8.16.: Mapa Av7: informante masculino, 31 años, Avellaneda

mapa Av1, no obstante, se completa con un dibujo de un edificio alto que simboliza, según dice la informante, el hecho de que en la capital estén «todos amontonados» e indica ya un cierto distanciamiento de la forma de vivir que se relaciona con la ciudad en comparación con su propio barrio. Además de geográficas, las categorías de separación que se hacen en los comentarios acerca de los dos dibujos son de índole social y, sobre todo, lingüística. Mientras que el informante del mapa Av7 denomina a las personas que ubica en el norte como «conchetos» o «que tienen más conchetaje» (disculpándose inmediatamente por la palabra), caracterizando esta forma de hablar, al mismo tiempo, como «bien hablado» o «bien expresado», la informante del mapa Av1 (al señalar, también, que los de zona norte son «más chetos») califica este uso del habla a través de la estilización nasal de la frase «que te hablan todo así», lo cual le causa mucha gracia. A esto le opone que «acá no, es como que son más básicos, más... más cortos. Es otro el trato». Al usar el deíctico «acá» se incluye a sí misma en el sector del sur, pero refiriéndose a la manera de hablar de las personas del sur en tercera persona, al mismo tiempo no se identifica del todo con esta variedad lingüística. Además, el informante del mapa Av7 describe el "sur" de la ciudad como una región donde «la mayoría de la gente vive en viviendas precarias, villas, digamos» y da dos ejemplos de barrios que incluye en esta zona (Pompeya y Bajo Flores). A diferencia del "norte", que él relaciona con una forma de hablar más correcta, en el "sur" ubica otro tipo de hablar, que caracteriza mediante la expresión «qué hacés chabón» y del que luego dice que es «cualquier cosa». Podemos decir pues que estos mapas tan similares, más allá de una evidente división norte-sur, reflejan actitudes ambiguas: un distanciamiento del grupo social en el norte, denominado como «(con)cheto» y de su forma de hablar que, no obstante, se considera más correcto, y, por el otro lado, cierta identificación o cercanía con el uso del habla en el sur, aunque al mismo tiempo se lo considera más simplificado o más informal.

Otro mapa que hace una oposición muy similar, aunque por medio de un dibujo completamente diferente, es el mapa 6, que, con la referencia muy prominente del Obelisco en el centro y el Río de la Plata en el borde izquierdo del dibujo, principalmente opone el sector de "zona norte" donde ubica «lo más lujoso» o «lo más paqueto» al partido de Avellaneda en el otro extremo. En cuanto a la forma de hablar, nota

(54) que sí, que tal vez tienen... hablan con más propiedad, tal vez. Que sí, que los que vivimos en zona sur [se ríe]. Bah, nunca me lo puse a pensar, sería, con más propiedad sería la palabra, creo.

A través de la primera persona plural, esta hablante se incluye claramente en el sur, mientras que el norte lo asocia con un estatus socioeconómico más alto y una forma de hablar «con más propiedad», es decir, más correcta, tal como discutimos en el capítulo sobre las categorías y divisiones espaciales.

En los otros siete mapas podemos observar tres estructuras generales de categorización de la ciudad: a) una división basada en las avenidas principales; b) la delimitación y designación de algunos barrios determinados; y c) una opoisición norte-sur o norte-centro-sur.

Por un lado, se nos presenta un dibujo (mapa Av3) que se orienta a las avenidas principales de la capital, determinando un sector desde la avenida Libertador hasta cierta altura de Corrientes donde el informante ubica un sector social «de plata», que, según él, «se diferencia en todo, en el habla, en el barrio, en todo», y donde la gente habla «más respetuoso», pero «en lo creído». Es decir, también se trata de una división bipartita basada en el criterio del estatus socioeconómico, pero la referencia en el espacio urbano no es el barrio, sino el trazado de las avenidas principales –una representación que se parece, por lo tanto, a algunos ejemplos ya mencionados (véase, por ejemplo, el mapa Re5).

Luego, se pueden agrupar cuatro mapas (mapas Av2, Av4, Av9, Av10) que determinan solo algunos barrios o zonas en particular, como también ya lo hemos visto entre los informantes de otros barrios. En el mapa Av4, por ejemplo, entre varias zonas trazadas sin designación, se destacan el barrio de Recoleta (mediante la letra «R»), el (micro)centro (a través de un semicirculo en el borde derecho) y una zona que incluye, según el comentario, los "barrios del sur", es decir, Barracas y La Boca, donde, segun la informante, hay diferencias en el uso del habla. A esto opone Recoleta, que, como dice, también tiene sus particularidades, sobre todo en el léxico (p. ej. «colorado» en lugar de «rojo» o «traje de baño» en lugar de «malla») pero también en la pronunciación («más nasal») que, segun opina, «muchas veces [es] marcado a propósito». Más adelante volveremos sobre lo que la informante menciona aquí, el aspecto de reforzar y exagerar ciertos estilos lingüísticos como parte de la construcción de identidad sociogeográfica (cf. *Procesos de transformación de significado social*, 11).

El procedimiento de establecer oposiciones entre determinados barrios también lo encontramos en el mapa Av9, que usa como principal referencia de orientación la línea del tren Sarmiento[17] (representada por la línea recta en el medio del dibujo), que para la hablante constituye un elemento importante para su movilidad en el espacio urbano y, como tal, influye en la representación geográfica de la ciudad. En el barrio de Liniers, el cual atraviesa la línea del tren en el oeste de la ciudad, –tal como lo hemos observado también en otras representaciones– la informante ubica una colectividad boliviana cuya forma de hablar describe como difícil de entender:

(55) Acá tenés estación Liniers. Y todo esto es un, está TODA la colectividad boliviana que te venden en la calle, ¿viste? Cereales, frutos... y ahí se habla en boliviano. O sea, andá a entender lo que te dicen, viste. Te hablan cerrado, ¿viste? Como que como cuando vas, cruzas la Villazón[18], ponele, ahí se habla distinto.

Tal como lo hemos visto en ejemplos anteriores, se presenta el barrio de Liniers como lugar fuertemente relacionado con una comunidad de migrantes de Bolivia, de tal modo que la hablante califica el uso del habla de esta zona como «boliviano», caracterizado como más «cerrado» y, según ella, difícil de entender. Por el otro lado, en el noreste de su dibujo determina la Villa 31, una de las villas más grandes y –debido a su ubicación al lado de la estación Retiro y muy cerca del Microcentro y de Recoleta– más conocidas de la ciudad de Buenos Aires, y la designa como «Paraguay», destacando que en esta zona hay «muchos paraguayos» que «venden todas comidas paraguayas». Aparte de estos dos grupos migratorios, la informante establece una oposición entre una franja en el sur en la que incluye los barrios Mataderos, Lugano, Flores, Barracas y La Boca, que caracteriza con un «lenguaje callejero», mientras que en el norte distingue una zona que engloba Saavedra, Palermo, Villa Urquiza, Belgrano y Devoto

17 Para seguir el recorrido del tren Sarmiento, véase http://www.trensarmiento.com.ar/mapa.php [19/11/15].
18 Ciudad boliviana en la frontera con Argentina: http://www.villazonbolivia.com/ [10/11/15].

en un cuadrado agregado, donde ubica «otra forma de hablar». No puede especificar más las diferencias entre estas dos zonas, al afirmar que «no te sé decir cómo habla esta gente, digamos. Pero si escucho hablar a uno y a otro me doy cuenta, digamos, quién viene de acá y quién viene de acá» (los deícticos se deben a que la informante estaba señalando los dos lugares en el mapa).

Veamos, ahora, en profundidad tres ejemplos diferentes de mapas de informantes de Avellaneda. En primer lugar, el mapa de un informante masculino de 27 años, quien trabaja en la capital como empleado en una empresa multinacional. Vivió mucho tiempo en el partido de Lanús, muy cerca de donde vive ahora, y hace 8 años se mudó a Avellaneda. Sin embargo, se sigue identificando más con Lanús: «Pero sí, sí. Si me preguntan de dónde soy, siempre digo que soy de Lanús». El hecho de que trabaje en el Microcentro en la capital y de que, por lo tanto, viaje mucho en colectivo entre Avellaneda y la ciudad de Buenos Aires (viaje que en hora pico conlleva aproximadamente una hora), se refleja en el contraste que hace entre su barrio y la capital:

(56) La capital para mí me parece un caos, un caos constante, es una cosa, es una psicosis, una locura, o sea yo lo diferencio mucho con el barrio donde vivo, o sea. Si bien obligatoriamente trabajar la mayoría es allá porque no te queda otra, tenés que viajar sí o sí, ya sea al Microcentro, ya sea Caballito, Belgrano, o sea. Se nota mucho que la gente está sobrepasada, está, yo que sé, a dos veinte, viste. Es muy diferente acá, o sea ya en el transporte, en el tránsito, no sé, los quioscos. Te das cuenta que hay una diferencia y la gente está como todo el tiempo al borde de estallar o al borde del colapso, como que, no tiene paciencia para nada. Acá no es que somos más tranquilos, ni nada eso, pero es como que quizás son dos cambios menos[19], ¿viste?

Se hace evidente la identificación de este hablante con su barrio en la provincia y el distanciamiento y la actitud negativa que muestra hacia la capital y la gente que la habita, sobre todo en términos de tránsito, población y ritmo. Es decir, se establece una frontera entre la "ciudad caótica" y el "suburbio tranquilo", diferencia que, según dice el informante, se nota hasta en los quioscos. En su mapa de la capital (8.17) distingue las formas de hablar sobre la base de la clase social. En el Microcentro, que señala mediante un semicírculo con un punto en el medio, ubica la "clase media" («C.M»), la "clase alta" la determina en el noroeste («C.A»), y la "clase baja" la posiciona en el sur («C.B»), no sin especificar que dentro de esos tres escalones hay «modismos o idiolectos que van de punta a punta» y que dentro de la capital, las tonadas cambian muchísimo según la clase social y las condiciones de vida. El contraste que establece en su dibujo se da según el criterio de si las personas de diferentes sectores logran establecer una comunicación exitosa. De este modo, señala que la "clase media" «tiene alguna que otra diferencia tanto con la clase alta como con la clase baja, pero se entienden». Los dos extremos, en cambio, «[o]lvidate». Los dos extremos, según él,

(57) chocan mucho, y no solo en el habla, sino en todo: en la imagen, en la forma de vestirse. Y es, se arma un prejuicio que de repente es una estupidez, ¿no?, porque son todas, todas son personas, todas quizás tienen su forma de ver las cosas diferente. Pero sí, en lo que es lo

19 *Bajar un cambio/dos cambios*: col. 'tranquilizarse' (DIEA, *s.v. bajar*).

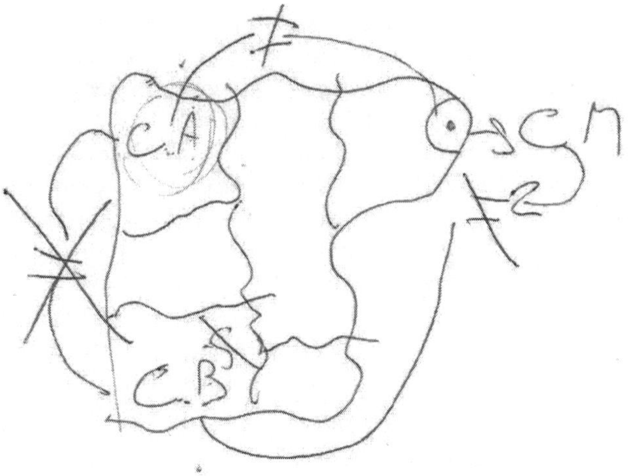

Cuadro 8.17.: Mapa Av5: informante masculino, 27 años, Avellaneda

lingüístico difiere mucho. O sea que yo creo que el experimento es juntar a uno de clase baja y uno de clase alta y que se pongan a hablar y bueno, terminan a las piñas[20], pero bueno.

Esta dificultad de comprensión se representa en el mapa a través del símbolo «≠» entre "clase media" y "clase alta" así como "clase baja" y el más enfático «≭» entre la "clase alta" y la "clase baja". Además de un contraste enorme en el uso del habla, este ejemplo implica un choque y un conflicto entre los extremos sociales que determina, porque se comprenden, pues, como dos realidades completamente distintas que raras veces se encuentran en el espacio urbano –muestra de la fuerte segregación sociogeográfica de la ciudad. Esta contraposición lo ejemplifica con algunos rasgos lingüísticos concretos, en primer lugar léxicos:

(58) Y por ejemplo cómo llaman a la misma cosa de un lado y del otro. Por ejemplo, de la zona precaria, por ejemplo la palabra "gato", ¿no? "Gato" es un animal, pero ahí viene, el "gato" es, no sé, el pibe que no sé, que se hace el canchero[21], que le gusta, o sea, conseguiría a todas las minas, es un "gato". ¿Entendés? Entonces, el "gato". La clase alta, no sé si tanto se usa "gato", me entendés. Se usa, no sé, otra palabra. No sé, mucho de esta no, no juno[22] tampoco, ¿viste? Pero es es eso, bueno. A ver otra que se me ocurra ahora. (...) Las "rochas", por ejemplo, la

20 *A las piñas*, col. 'agrediéndose físicamente' (DIEA, *s.v. piña*).

21 *Canchero, -ra*: col. 'que actúa de modo arrogante y soberbio', 'una persona que es buena o hábil en determinada actividad', 'una persona que tiene inteligencia práctica y sabe qué es lo más conveniente en cada situación' (DIEA, *s.v. canchero*).

22 *Junar*: col. 'conocer bien la manera de ser, los rasgos característicos y/o las intenciones de alguien' (DIEA, *s.v. junar*).

palabra "rocha" es "chorra"[23] al revés[24]. Entonces como la piba canchera, la piba, ¿entendés? Y acá ni en pedo[25] se usaría esa palabra. Y así, ves, o sea, se van que quizás tan modifi- ..., digamos, yendo a la misma persona o a la misma situación, pero son palabras totalmente diferentes, que estos no van a hacer nunca, estos tampoco y así al revés. Y que la clase media quizás las entiende. O sea, entiende tanto de acá, tanto de allá y como que...

Con el objetivo de subrayar las discrepancias en el uso del habla entre la "clase alta" y la "clase baja", el informante menciona dos expresiones que, según él, son muy características del "sector social bajo" (ubicado en el sur de su mapa dibujado) y que jamás se usarían en el sector alto (ubicado en el norte): «gato» y «rocha». Dice que en la clase alta se usarían «otras palabras», y el hecho de que no se le ocurran ejemplos concretos y su inmediata aclaración de que no tiene tanto conocimiento de esta zona dejan ver que se acerca mucho más a la forma de hablar del sur, aunque sin identificarse con la clase baja (se considera clase media, como dice explícitamente al inicio de la entrevista). Luego, el informante subraya que no solo hay discrepancias léxicas, sino también tonalidades distintas entre los dos extremos, señalando ahora las áreas de "clase alta" y de "clase baja" que ha trazado en el mapa:

(59) Y en tonalidades, sí (...) Lo que pasa es difícil explicarlo con palabras, ¿no? Uno ya le entra por el oído y se da cuenta "eh gato qué hacé[ø] vo[ø]" [imita], o sea suprimir letras, sacar las eses es totalmente de acá. O sea, sacale todas las eses a todas las palabras que puedas y sos de acá. Y después acá es como también tienen ciertas... cortar palabras. "Tipo naa" [imita], ¿entendés? Son todas así que, como "ah bueno, vos pertenecés acá, bueno, vos pertenecés acá". O sea. Pero que son muy, o sea, son difíciles de explicarlas, pero al oído uno las escucha y ya sabe. Es como que ya se siente identificado para donde va.

Si bien al principio no puede definir qué es lo que caracteriza las diferentes «tonalidades», en el momento de estilizar espontáneamente la que le resulta más cercana, se da cuenta de un rasgo para él esencial de este estilo: la caída de la /s/ (final, aunque eso queda implícito). La afirmación –un poco humorística– de que basta con «sacarle todas las eses a todas las palabras que puedas» para ser identificado con el sector en el sur (representado mediante el símbolo «~~s~~» en su dibujo) demuestra el grado de saliencia que posee este rasgo. Por el otro lado, refiriéndose al sector de la "clase alta" (que indica también con el adverbio «acá», pero el uso de este deíctico se debe al acto de señalizarlo en el mapa) menciona el fenómeno de «cortar palabras» como rasgo característico de esa «tonalidad», lo cual ejemplifica por medio de la "muletilla" «tipo naa», que ya como expresión resulta altamente estereotipada. Llama la atención, sin embargo, que no es tanto el fenómeno de «cortar la palabra» el que la hace saliente, sino la caída de la –d– intervocálica, particularmente en determinada expresión, como aún veremos más adelante (cf. *Estilización*, 10). Por último, el hablante hace evidente la fuerza identificadora que tienen estos rasgos y de qué manera, en su representación, dividen el espacio urbano en dos.
El vocablo estereotipado *gato*, ya previamente mencionado, se repite en el mapa de otro informante, un

23 *Chorro, -rra*: col. 'ladrón' (DIEA. *s.v. chorro*).
24 Se refiere aquí a la costumbre de hablar en *vesre* (inversión silábica de *revés*), que consiste en invertir el orden de algunas o de todas las sílabas de una palabra, ocasionalmente con algún tipo de alternancia u omisión de letras (DIEA, *s.v. vesre*).
25 *Ni en pedo*: col. 'de ninguna manera' (DIEA, *s.v. pedo*).

hombre de 30 años, recibido en ciencias políticas, actualmente desocupado. El informante vivió toda su vida en Avellaneda, pero pasó mucho tiempo en la ciudad de Buenos Aires porque trabajaba en un hostal en Palermo. Su actitud respecto de la capital es similar a la del informante anterior, sobre todo en lo que concierne a los problemas para desplazarse en transporte público. Dice que «al no estar laburando adentro prefiero escaparle», estableciendo, así, una división entre "adentro" (de la capital) y "afuera" (en la provincia). Se identifica con Avellaneda, aunque apunta a que el barrio tiene la «impronta de la geografía de lo que fue hace tiempo, que era un barrio industrial» mencionando, por ejemplo, la zona portuaria donde hay destilerías de petróleo que pertenece al distrito de Dock Sud[26] –zona a la que reiteradamente hace énfasis–, donde él nació pero que hoy en día le parece «un espanto». Además, destaca que Avellaneda está muy marcado por la cercanía al Riachuelo, conocido por su enorme contaminación («yo me acuerdo de ser chico e ir a tirar piedras y la piedra haga [hace sonido de la piedra cayendo en barro], porque entraba en un petróleo. No te acercás. Te aseguro que no te acercás»). Estos aspectos materiales del espacio también sobresalen en su dibujo (8.18). El mapa destaca por ser extenso; todo el área trazada está dividida en barrios, aunque no todos con designación. En el centro, representado mediante un círculo, se encuentra Parque Chas, como subraya el informante. En el sureste se perfila Dock Sud, como parte de Avellaneda, que a su vez linda con Lanús («capital internacional del pozo», según el hablante), bordeando el Riachuelo, representado por una línea y ubicado en la frontera con la capital. De Dock Sud dice:

(60) Si voy a Dock Sud empiezo a hablar como más así "eh guacho" y... porque sino sos... estás afuera de la manada[27]... te comen crudo. Lugares digo, cuanto más indig-... no indigente pero en cuanto más pobre o más polémico se pone el lugar, eh... digo más acortás el lenguaje, y más tenés que aponer [sic] el acento en la palabra justa. Para que no te rompan la cabeza. Si viene uno y dice "eh amigo dame una moneda", no le podés contestar "no disculpame, pero... eh, me podés decir dónde está la parada del subte... es que me perdí soy de Belgrano..." [imita] y te rompen la cabeza. Eso está clarísimo. Yo convivo mucho con eso. Porque... [...] No... son cosas feas de decir, pero no... No me gusta decir, es un comentario de Belgrano, "no habla como uno", "la gente esta no habla como uno". No, pero es cierto. Digo, se comen las eses, no... el universo de palabras que manejan es muy acotado, digo hay muchas palabras que tienen muchísimos significados para todo lo mismo, te dicen "boludo", "guacho", "gato", "gato" es para todo, "eh gato" de acá "eh gato" de allá "eh gato" de acá "eh gato" de allá. No sé. No sé. Ven gatos nada más. Yo veo un montón de cosas más en el mundo pero ellos ven un montón de gatos.

Lo que se desprende de esta cita es, en primer lugar, el peso socioindexical que tienen determinados estilos o rasgos lingüísticos, y cómo estos estilos pueden chocar a tal extremo que el "no pertenecer a un lugar", que se hace notar a través de la forma de hablar, en ciertos ámbitos incluso puede llegar a ser peligroso. Se efectúa pues una negociación –para no decir una lucha– violenta por un lugar que, entre otros elementos, se marca a través de determinados rasgos lingüísticos. El hablante tiene mucha

26 http://www.mda.gob.ar/index.php?s=56 [11/11/15].
27 *Manada*: col. 'grupo numeroso o gran cantidad de personas' (DIEA, *s.v. manada*).

Cuadro 8.18.: Mapa Av8: informante masculino, 30 años, Avellaneda

conciencia de esta fuerza del uso del habla porque, como dice, convive con eso y, gracias a su movilidad geográfica, conoce tanto la realidad de un barrio de estatus socioeconómico bajo como la de otros barrios muy distintos como, por ejemplo, Palermo o Belgrano. Como elementos característicos del estilo de Dock Sud también menciona la pérdida de la /s/ final en el nivel fonético y las palabras *boludo*, *guacho* y *gato* en el plano léxico, este último de un modo muy extremo e irónico. Del mismo estilo explica que «en toda la ribera del Riachuelo, de ambos lados» se habla así «eh eh eh gato». Así lo indica en su mapa con la palabra «gato» para toda la periferia sureste-sur-suroeste de la ciudad, mencionando los barrios La Boca y Villa Luro dentro de la capital y Villa Fiorito, Villa Madero, Valentín Alsina, Lanús y Morón en el conurbano. Toda esta zona la reduce de modo muy estereotipada a «eh gato». Por el contrario, en los barrios que ubica en el norte, en Palermo, en Caballito, en Villa del Parque, en Villa Urquiza y en Coghlan determina un «acento un poco más engomado» [imita] que denomina «rosa» (no hace más especificaciones acerca del término, pero aclara que se trata de «pibitos tranquilos», de lo que se desprende que el informante le otorga a "lo rosa" las propiedades que el color tiene culturalmente en Argentina, asociado a lo femenino, desde la ropa de bebé hasta la vestimenta de mujer). En el mapa, esta zona termina, sin embargo, en Paternal, que junto con Chacarita y Bajo Flores pertenece a otro sector, que el informante caracteriza con la expresión «eh vieja[28]»:

(61) "[ɜ:] vieja" [imita]. No "[e:] [e:] gato" [imita], no. "[ɜ:] vieja, qué te pasa" [imita], o acá "Qué hacés acá en el barrio, que estás molestando a las pibas?" [imita, risas]. Eso es Paternal, qué más puede ser, cómo se llama el otro que está por acá... Chacarita, esto es así Chacarita, el Bajo Flores, por qué no. ¿Entendés? El oeste está al agite. Divididos puro.

Lo que llama la atención es que entre la estilización de «eh eh gato» y la de «eh vieja» cambia notoriamente la apertura de la vocal [e:] a [ɜ:], lo cual se puede entender como indicio de la saliencia de la calidad vocálica, por lo menos en el caso de la interjección *eh*. Además, caracteriza esta parte en el oeste como la zona donde está el «agite», frase que se hizo famosa con la banda de rock argentino *Los Divididos*[29], que el informante usa para referirse metonímicamente a toda una zona, que a su vez contrasta luego con los barrios de Recoleta, Retiro y Belgrano, donde «está toda la gente bien». La forma de hablar de estos barrios la estiliza como «un poco más educadi::tos, más tranqui::los, muchos profesiona::les, que estiran las pala::bras» y la diferencia, sin embargo, del modo de hablar de los que denomina «rosa», diciendo que estos últimos «son un poco más avantgarde. Más chetos». Es decir, a diferencia de muchos otros mapas, en esta representación, el estereotipo del "cheto" no está preponderantemente vinculado a los barrios de Recoleta, sino que lo ubica de forma más general en el norte (geográfico), en los barrios como Palermo, Coghlan o Villa Urquiza.
La división que hace este hablante del espacio urbano se establece sobre la base de un criterio claramente estilístico. Contrasta el grupo designado mediante el rasgo léxico «gato» con el grupo que relaciona con una posición de «agite» con otro grupo denominado «rosa» o «cheto» que a su vez se distingue de otro sector «más profesional» o «más educadito», cuyo modo de hablar se caracteriza por el rasgo de alargamiento de las vocales. Estos estilos, sin embargo, están muy arraigados con los barrios, porque es desde la división en barrios que le van surgiendo al hablante las asociaciones con los diferentes grupos o sectores –señal evidente de que el barrio o el arraigo sociogeográfico actúa como elemento fundamental del estilo como conjunto de rasgos verbales y no verbales.

En síntesis, en la representación que los informantes de Avellaneda manifiestan respecto del espacio urbano de Buenos Aires destaca, en primer lugar, el contraste que se establece entre la ciudad y la provincia, una frontera que engloba una dimensión material (ya que está marcada por el Riachuelo y el puente Avellaneda), social (las diferencias en cuanto a la densidad de la población, al tránsito y al ritmo de vida que mencionan los informantes son muy notorias) y, también, una dimensión simbólica (dado

28 La expresión *vieja* es otra fórmula de tratamiento que se extendió entre los sectores humildes, utilizado tanto para referirse a mujeres como a varones (Conde 2011: 500).

29 Véase su página oficial: http://divididos.com.ar/ [11/11/15]. En el año 1991 en el tema *El 38* (http://www.rock.com.ar/letras/2/2839.shtml [11/11/15]) hablan del "agite" como algo turbio, excesivo, provocador y una actitud de rebelión contra la realidad cotidiana. Hoy en día, la expresión a veces también se relaciona con la cumbia villera.

que el vivir en Avellaneda implica "estar del otro lado" del Riachuelo, en el conurbano, en la periferia de la ciudad, con todas las connotaciones que esto puede conllevar). Esta distancia se refleja en algunos mapas, sobre todo de informantes que no suelen viajar frecuentemente a la capital, que proporcionan información muy simplificada. Al mismo tiempo, en algunos casos se construye una oposición entre el uso del habla del "norte" y el del "sur", relacionando el primero con un estilo más "cheto", pero a su vez también "más correcto" o "más respetuoso", y el segundo como más local y con "otro trato", pero también "más básico" y "más corto". Esto muestra una percepción de la forma de hablar del "norte" como superior según el criterio normativo, si bien no provoca siempre actitudes positivas.

Sin embargo, los hablantes de Avellaneda no siempre se incluyen en el contraste que establecen, sino que en varias ocasiones oponen la forma de hablar del "norte" o de los sectores sociales altos a un estilo que asocian a los estratos más bajos o incluso a la gente que vive en las villas, grupos de los que, si bien los ubican en el sur, se distancian expresamente.

8.2.6. Zona Norte

Dando un salto de sur a norte, de una punta de la periferia de la ciudad a otra, por último analizaremos los mapas de informantes que viven en la así llamada Zona Norte. Como en el caso de Avellaneda, barrio emblemático de la "Zona Sur", el barrio de San Isidro a menudo es mencionado como lugar representativo (y estereotipado) de la "Zona Norte". Por esta misma razón, nos interesa la perspectiva "de periferia" de informantes que habitan esta área (aunque algunos viven en Olivos, no en San Isidro) de la ciudad de Buenos Aires y sus variedades lingüísticas.

En lo que concierne a los patrones generales de los diez mapas, a diferencia de los informantes de Avellaneda, casi todos los informantes de Zona Norte (con la excepción de los mapas ZN3 y ZN5) incluyen su región de residencia en el dibujo, sea a través del nombre del barrio o la referencia a "Zona Norte". Algunos de ellos (mapas ZN2, ZN4 y ZN9) no establecen una frontera nítida entre lo que es el área de la capital y la Zona Norte en el conurbano, mientras que otros sí la marcan a través de una línea (mapas ZN1, ZN6, ZN7, ZN10) o con la referencia de la avenida General Paz, que es la que divide la capital y el conurbano. La estructura que predomina mayormente es un *continuum* norte-sur, como lo vemos a través de una serie de barrios nombrados en los mapas ZN1, ZN6 y ZN8, en una tripartición en el mapa ZN3, en un un semicírculo concéntrico que representa el mapa ZN7 o en un esquema parecido pero basado en las avenidas principales en el mapa ZN9 y, de manera más rudimentaria, también en el mapa ZN2, que establece una oposición entre dos cruces: una especificada como «Olivos» en el norte y otra sin denominación en el sur. Un dibujo muy abstracto es el mapa 10, donde se ve la capital representada por un círculo, dentro del cual se divide un cuarto en el noreste que la informante define como una zona que incluye Palermo, Belgrano y Recoleta y donde, según ella, «hay un dialecto un poco más parecido a lo que hablamos nosotros acá». San Isidro, el lugar al que se refiere con el deíctico *acá*, lo dibuja en el norte, bastante alejado del área de la capital. Es decir, hay un vacío y por ende una distancia notoria entre su lugar de identificación y la ciudad de Buenos Aires. Sin embargo, en lo que se refiere a la forma de hablar, hace una comparación entre San Isidro y otros barrios en el norte de la ciudad, lo cual es un fenómeno que aparece en varias ocasiones:

(62) Lo que hablamos, capital, Recoleta, Barrio Norte, eso es un submundo, que es como San Isidro que fuera una burbuja (hablante masculino, 29 años, San Isidro).

(63) Acá está Recoleta. Estos capaz que hablan un poco como los de San Isidro, son de clase más alta. [...] Acá hablan un poco más parecido a San Isidro. Después... en Puerto Madero creo que pasa un poco lo mismo también que en Recoleta. Hay gente más de clase alta como en San Isidro (hablante femenina, 31 años, Olivos).

(64) Como que se va... este es más "cheto" [refiriéndose a Recoleta], este un poco menos y este un poco menos [yendo hacia el norte, todavía dentro la capital], y después vuelve a empezar [refiriéndose a Zona Norte, risas] (hablante femenina, 30 años, Olivos).

Estos comentarios muestran cierta relación económica, sociocultural y lingüística, en parte estereotipada bajo el término "cheto" entre San Isidro y Recoleta. Sin embargo, también hay quienes viven en Zona Norte y se distinguen de estos barrios en la capital, tanto en lo que se refiere al estatus social como respecto de la forma de hablar:

(65) O sea, a veces con el habla te das cuenta, digamos, de donde puede ser, digamos. Quién es de Recoleta, quién es de Palermo, quién es del conurbano, quién es de San Isidro. [...] Pero por ahí en Barrio Norte [...] y Recoleta son los lugares más de clase muy alta, digamos donde estaba originalmente la aristocracia. Y ahí se nota, digamos, cierto tipo de lenguaje, digamos, más de clase alta. [...] Pero eso de la forma de hablar me parece que es más de Barrio Norte, Recoleta, Palermo. Acá si bien es una clase media un poco más acomodada, no se nota tanto en el escuchar cuando hablan (hablante masculino, 35 años, Olivos).

El hecho de que este hablante muestre cierta necesidad de distanciarse explícitamente de Recoleta y Barrio Norte, no obstante, también indica que quizás sea un vínculo que se establece con frecuencia en la representación o en el discurso de los hablantes. Pero incluso dentro de la Zona Norte se hacen diferencias, como se observa en el mapa 7, donde en el norte, dentro de lo que representaría el primer cordón del conurbano, se dibujan dos círculos que se ubican en Zona Norte, uno que incluye Olivos y Vicente López y se caracteriza como «jerga», y otro que se refiere a San Isidro y que se clasifica con la expresión «nasal». La hablante dice, al respecto, que «acá hay un dialecto, que es el de San Isidro. Después está el nuestro que es más normal, me parece, tipo Olivos, Vicente López». Es decir, se distancia claramente de la forma de hablar de San Isidro y considera la suya como «más normal», lo cual demuestra una actitud negativa hacia el estilo particular que ella encuentra saliente y relaciona con este barrio.

Veamos, ahora, cuáles son los barrios mencionados por los informantes de Zona Norte, un aspecto que nos da información sobre su representación mental de la ciudad: Palermo es el barrio del que más se habla, es mencionado por siete informantes, seguido por San Isidro y Belgrano con cinco menciones cada uno, Olivos y Recoleta con cuatro, "Barrio Norte" con tres, mientras que Puerto Madero, Retiro y Vicente López aparecen dos veces. Finalmente, los barrios que solo aparecen mencionados por un/a informante son los barrios Abasto, Almagro, Avellaneda, Caballito, Cañitas, Constitución, Villa Devoto, el Microcentro, Once, Paternal, Quilmes, San Telmo, Villa Crespo y Villa del Parque. Todos los demás barrios no aparecen en los comentarios de los informantes de Zona Norte.

Dos de las representaciones (mapas ZN1 y ZN8) presentan un dibujo esquemático mencionando varios barrios, tanto de Zona Norte como de la capital. El informante que dibuja el mapa ZN8, si bien determina Zona Norte, hace un cuadro designado como «capital» donde ubica los barrios Almagro, Villa Urquiza y Belgrano y, separado por otra línea, el Microcentro, y dice que las diferencias en la forma de hablar dependen de «cada zona o de cada, digamos, nivel social o estilo social», pero que «se diversificó mucho» y que se ve «a lo largo de todo», «que no se puede aislar» por zonas. En el mapa ZN1, en cambio, se agrupan determinados barrios según una jerarquía social, en "clase alta" (Palermo, Cañitas, Belgrano en la capital y San Isidro en Zona Norte), "clase media" (Vicente López, Olivos en Zona Norte y Paternal, Villa Crespo, el centro y Once en la capital, al igual que el "sur" y el "oeste") y "clase baja" (Retiro). Según ella, «cada clase también tiene su dialecto, [...] por ahí no en lo que dice, pero cómo lo dice». Insiste que «se nota un montón. [E]n Palermo hablan de una manera que en... o en Cañitas, en estas zonas que yo te digo donde son los enclaves de consumo de la elite, sí se re nota». Es decir, encuentra la diferencia en las formas de hablar entre distintos sectores sociales en un plano fonético o suprasegmental, y la atribuye sobre todo a una cuestión de estilo, ejemplificándolo con «los enclaves de consumo de la elite», mencionando Palermo o Cañitas como los lugares donde más se destaca.

Otro mapa que exhibe una categorización social es el mapa ZN3, que en su dibujo determina una zona en el norte, donde ubica una "clase media alta", una zona en el medio en la que incluye los barrios "Barrio Norte", Recoleta, Palermo, que relaciona con una "clase muy alta", un estilo "cheto" y que respecto del uso del habla estiliza con una imitacion nasal de la frase «che gordo, vení. Te voy a contar de esto». En la misma zona, aunque ya más en el oeste, anota los barrios Villa Devoto y Villa del Parque, a los que también les asigna un «alto poder adquisitivo», si bien, como afirma, esto no se nota en el lenguaje, ya que el estatus social no es el único factor que influye en el uso del habla, sino que el componente geográfico tiene una función importante como elemento constitutivo de un determinado estilo lingüístico. Por último, el hablante delimita un sector en el sur, respecto del cual comenta que «ahí yo no sabría decirte de cómo hablan y demás», si bien luego menciona la elisión de la /s/ final así como la expresión «gato», altamente estereotipada, como ya hemos visto en otros mapas. Es decir, aunque se justifica y dice que no sabe decir cómo hablan en la zona que denominó en el sur, luego menciona dos rasgos que sí relaciona con este sector y que, por lo tanto, pueden entenderse como los más salientes para este hablante:

(66) Pero lo que es característico en general en todos los lugares por ahí, digamos una clase más baja con menos educación. Eso, que no pronuncian por ahí todas las eses, y... y hay ciertas palabras que por ahí, por ejemplo lo que medio son como moda también, como que en algún momento decían "eh che, sos un gato" [imita], ¿entendés? Una cosa así.

Ahora bien, nos gustaría comentar más detalladamente dos últimos mapas de los dibujados por informantes de Zona Norte. En primer lugar, el de una informante femenina, de 26 años, actriz. Actualmente vive en Olivos, y pasó toda su vida en el partido de Vicente López. Se identifica con su barrio de residencia y destaca la tranquilidad de este en comparación con la capital, pero al mismo tiempo dice que «fantaseo a veces con irme para allá» debido a la mayor oferta laboral, y que en ese caso tendría que acostumbrarse al «ruido y al movimiento de gente». Su mapa (8.19), a primera vista, aparece bastante elemental. Traza un área extensa que por su forma no se asociaría ni con el espacio de la capital ni con

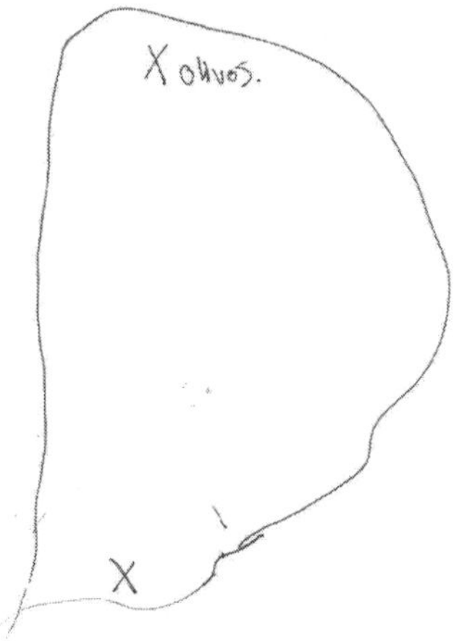

Cuadro 8.19.: Mapa ZN2: informante femenina, 26 años, Olivos

el territorio que ocupa el Gran Buenos Aires. El área incluye dos cruces, una en el norte donde ubica el barrio de Olivos, y otra en el sur sin designar. Repite varias veces que «no [tiene] idea de la capital» y que sobre todo frecuenta la zona de Belgrano y Palermo en el norte. Sin embargo, a pesar de tener un mapa mental bastante reducido de lo que es la ciudad de Buenos Aires, luego nombra varias diferencias en la forma de hablar que allí percibe:

(67) Y bueno. Acá en zona norte se marca mucho y también se jodió[30] mucho. Pero, hay como toda un habla que es distinta y que por eso también joden con esto de la clase social alta, donde las "[ʃ]" [imita] se pronuncian distintas, [...] las "[ʒ]" [imita], marcarlas como en vez de "[ʃ]" [imita] como "[ʒ]" [imita], que en realidad es la manera correcta fonoaudiológicamente hablando, de nombrarlas, pero... como que en este sentido se juzga un poco a... ehm, también, como todas estas palabritas como que se agregan como el "tipo", "o sea"...

Se hace evidente la carga simbólica que tiene la variante sonora de la palatal rehilada para la informan-

30 *Joder*: col. 'molestar', 'hacer bromas con algo' (DIEA, *s.v. joder*).

te. Al tratarse de un rasgo asociado a la Zona Norte y, por tanto, a una clase más alta, se usa como objeto de burla, de "joda" o de juicio, cuando «en realidad», ella lo ve como «la manera más correcta» de pronunciarlas –una postura normativa que tal vez se deba al proceso de ensordecimiento que ha atravesado este rasgo en un tiempo no muy remoto (cf. *Estilización*, 10). Junto con este elemento fonético, nombra las "muletillas" «o sea» y «tipo» ya varias veces mencionadas como estereotipo de un sector en el norte. La cita ejemplifica claramente la conciencia que la hablante tiene respecto de estos rasgos y, al mismo tiempo, la actitud un poco a la defensiva que adopta hacia la estilización de los mismos. Siguiendo el comentario acerca de las variedades lingüísticas de Buenos Aires surge otro elemento de su propia representación mental, aunque no manifestado en el dibujo sobre el papel: la relación de ciertos lugares del espacio urbano con determinados grupos migratorios, como también ya lo hemos visto en otros mapas. Ella ubica a los migrantes de China en el famoso barrio chino en Belgrano, una zona que ella misma dice frecuentar con regularidad (y que los fines de semana se convierte en una atracción turística con una gran oferta gastronómica y de ferias típicas). Por el otro lado, vincula el Abasto, una zona dentro del barrio de Balvanera que debe su nombre al antiguo Mercado de Abasto Proveedor de Buenos Aires (Duran y col. 2005: 414)[31], y que desde 1998 funciona como centro comercial[32] con migrantes peruanos. Al igual que en otras representaciones, se revela la asociación que tienen ciertos lugares en la ciudad con diferentes grupos migratorios:

(68) Bueno sí, sobre todo cuando hay lugares como, en Belgrano está el barrio chino, están... digo, hay como otra cosa. En el Abasto hay todo un asentamiento peruano, donde también se van armando como otras culturas.

Finalmente, la misma informante también se refiere a la forma de hablar de las "clases más bajas", de la que se distingue explícitamente:

(69) En general es como... se usa mucho menos la ese al final de las palabras. Y después usan palabras como "gato" para nombrarse. Bueno, ahora con todo esto de las bandas estas que se pusieron de moda también... "guachiturro" y... a las zapatillas también se les dice "llantas". Y como que tienen todo un dialecto ahí distinto.

Una vez más, y ahora geográficamente en la otra punta de la ciudad, aparece el estereotipo del "gato" con su función apelativa. Además, pone de relieve la influencia de las bandas de cumbia en el uso del habla, con el ejemplo de las palabras «guachiturro» y «llantas», también ya mencionadas en repetidas ocasiones. Este mapa es un ejemplo de cómo la representación del espacio urbano puede representarse

31 De acuerdo con Duran y col. (2005: 414), «el Abasto no es, *strictu sensu*, un barrio reconocido oficialmente como tal sino que está comprendido dentro del barrio de Balvanera y, en menor medida, de Almagro». Debido a su historia, sin embargo, la zona está muy arraigada en la memoria colectiva de la ciudad. Por eso, Duran y col. (2005: 414) retoman «la denominación de Abasto que se encuentra consolidada en el imaginario urbano, y los límites que más se corresponden con las singulares características físicas y simbólicas de ese espacio. La zona, entonces, está delimitada por la Av. Córdoba y las calles Ecuador, Billinghurst y Perón». Muestra de la "identidad barrial" de esta zona es, por ejemplo, la Revista Abasto: http://www.revistaelabasto.com.ar/ [13/11/15].

32 Duran y col. (2005: 414-415); http://www.abasto-shopping.com.ar/ [13/11/15].

de manera muy diversa y cómo el dibujo no necesariamente tiene que corresponder del todo con la imagen mental. Al contrario, tanto el grado de complejidad como las asociaciones pueden divergir muchísimo. Si bien su mapa es a priori muy sencillo, su comentario refleja una representación y una competencia metalingüística mucho más diferenciada.

Por último, analizaremos otro mapa que sobresale, entre otros factores, por el impacto que tiene la movilidad de una persona en su representación del espacio: el de un informante masculino de 29 años, quien trabaja como fabricante de anteojos de madera en su propio taller y vive en el Bajo de San Isidro. Nació en este barrio y a pesar de haber pasado varios años en Italia y España muestra una fuerte identificación con el mismo:

(70) Sí, [...] me identifico mucho con el Bajo de San Isidro. Más bohemio, artista, y... sí, eso mismo. Con el Bajo. [...] Y sí, un poco lo que me planteaba en España últimamente era que si tenía ganas de que me pase algo que sea acá, en mi barrio y en Argentina.

Su apego al barrio, sin embargo, se refiere, como repite en varias ocasiones, al «Bajo» de San Isidro, es decir, a la parte que linda con el Río de la Plata, que él caracteriza como «más bohemio» y «más artístico». La cercanía del río también se manifiesta en su dibujo (8.20). El mapa representa la forma de un semicírculo que, según el hablante, marca el curso del Río de la Plata. En el norte marca su barrio, San Isidro, «que estamos al lado del río» y que ubica en la frontera con la capital. El semicírculo está dividido en cuatro zonas: un área en el noreste, donde sitúa Recoleta, Belgrano y Puerto Madero y «toda la parte del centro de la capital». En esta zona traza algunas de las avenidas principales que le sirven de orientación:

(71) Nosotros más o menos dividimos, porque acá, tenemos eh, las avenidas que van bajando, esto sería lo que es eh, Centenario, que se convierte en Santa Fe, y se convierte en Cabildo. [...] Santa Fe, Corrientes, Córdoba, y bajan todas estas, y esto es Cabildo, Santa Fe, eh, Libertador, esto es lo que más controlo, eh a donde voy a diario, y no hay problema.

Desde el punto de vista de un «nosotros» en el que se incluye y que se refiere, muy probablemente, a las personas de San Isidro o, más general, de Zona Norte, estructura la ciudad a través de las principales avenidas que llevan del norte hacia el centro de la capital. Según menciona, se mueve mucho en moto, por lo que la red viaria constituye una referencia importante. No obstante, se hace evidente que el radio que frecuenta es del norte hacia el centro, una zona que «más control[a], a donde [va] a diario, y no hay problema», es decir, un área que conoce y se siente seguro. Todas las avenidas que menciona se encuentran en la parte norteña de la ciudad, de un lado de la avenida Rivadavia. Después, separada por dos líneas, hay una zona que denomina como «Quilmes», «Avellaneda» y «Sur», que en su representación se diferencia notoriamente del norte:

(72) Y acá es donde empieza Zona Sur, Avellaneda, Quilmes, para este lado también. Todo este lado, este lado, y para acá, es más o menos donde está la clase más marginal. Y bueno, lo ves, muy sucia, toda la parte sur huele horrible, no hay manutención, no ponen dinero en transporte, no ponen dinero en nada, se viene abajo. Lleva no sé desde que yo tengo conocimiento y recuerdo,

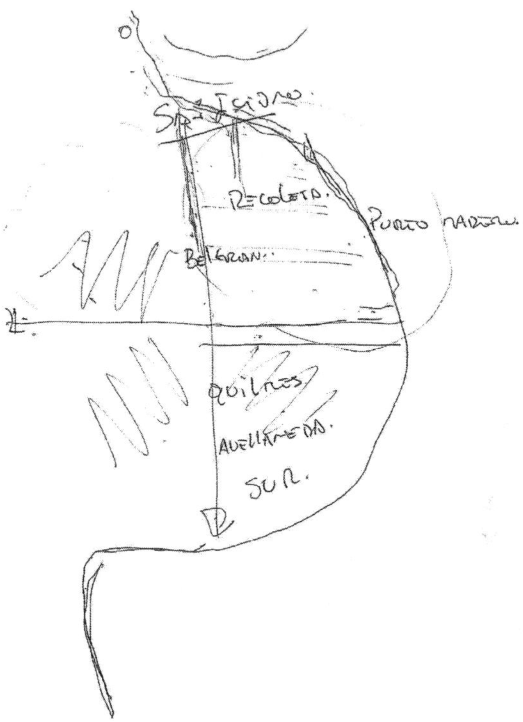

Cuadro 8.20.: Mapa ZN9: informante masculino, 29 años, San Isidro

> no le ponen, entonces si no ponés, no mejora. Y... inseguridad y robo, toda la parte sur. [...] Acá ya si dejás la moto, tenés problema que te roben, toda esta zona, acá no sé ni qué hay, la tengo desconocida del mapa.

Aparentemente, el hablante hace una separación muy clara entre el norte –el área en el que se siente cómodo– y el sur –donde él ve deterioro, mucha falta de inversión, inseguridad y robo–, por un lado, y, además, hay toda una zona en el oeste donde también sitúa la clase baja pero de la que prácticamente no tiene conocimiento. El comentario acerca de su mapa refleja no solo la –evidente– influencia del radio de acción de una persona en su representación de la ciudad: la práctica social, el uso del espacio, los medios que usa para trasladarse, los barrios que frecuenta con mayor o menor regularidad, todo ello se ve representado en lo que aparece (o no) en el mapa trazado. Al mismo tiempo, lo desconocido también se carga con significado, como bien muestra este ejemplo: «toda la parte sur» que, como hemos visto, para este hablante empieza después del microcentro, se percibe como una zona de peligro que se intenta evitar. El lado oeste de la ciudad, además, está prácticamente inexistente en su representación.

Los mapas de los informantes de Zona Norte, que entre sí muestran una imagen bastante heterogénea, en su mayoría también remiten a la frontera entre el conurbano y la capital, como lo hemos visto en el área geográficamente opuesta en el sur, Avellaneda. A diferencia de los dibujos de los informantes de ese partido, sin embargo, los hablantes de San Isidro y de Olivos marcan su área de residencia en el mapa, que en varios casos no se reduce al territorio de la capital, sino que presenta un *continuum* norte-sur que abarca tanto las zonas del norte como del sur del conurbano. Por el otro lado, también se manifiesta la distancia geográfica y social que se establece entre el "norte" y el "sur", expresada tanto en la representación mucho más detallada de los barrios en el norte de la ciudad en comparación con las áreas situadas en el "sur" (que a veces se ubica en un sector que en otros mapas correspondería al "centro" o en algunos dibujos incluso está completamente ausente) como en los metacomentarios acerca de estas áreas, designadas generalmente como "diferentes", pero respecto de las cuales los hablantes reiteradamente expresan no tener conocimientos detallados.

En este capítulo se han analizado los mapas mentales que los informantes de los seis barrios trazaron sobre una hoja en blanco, sin ninguna información de base que condicionara su dibujo. Para ello, el foco principal estaba centrado en las representaciones individuales, estudiando la composición de algunos esquemas seleccionados, la información que proponen así como la que omiten, las áreas y las fronteras que se establecen y los criterios sobre los que se basan estas divisiones, siempre en relación con la persona que está detrás del mapa dibujado. Aunque cada mapa manifiesta una representación individual del espacio urbano, filtrado por la experiencia y la posición (social y geográfica) de la respectiva persona que lo pone sobre papel, hemos podido observar paralelos y semejanzas tanto entre los informantes de un mismo barrio como en comparación con los que viven en los otros barrios. Hemos visto que, además, se repiten tipos de división espacial como, por ejemplo, la oposición norte vs. sur (a veces norte-centro-sur) o la degradación desde el centro (o el Río de la Plata) hacia la periferia de la ciudad. Las categorías que se construyen en este proceso de división evidentemente no son solo lingüísticas, sino que las diferencias que se divisan en el uso del habla en la ciudad están estrechamente vinculadas con segmentaciones sociales y geográficas. Dichas representaciones individuales visibilizaron las construcciones espaciales de los diversos actores sociales, de diferentes partes de la ciudad y de diferentes estratos socioeconómicos, en una búsqueda no de confirmar, sino de enriquecer los complejos patrones que fuimos presentando en diferentes puntos de este trabajo. Estos mapas mentales permitieron, además, percibir cómo a partir de las diferencias que existen en el lenguaje los hablantes interpretan la ciudad en la que viven, y se sirven de ellas para completar la propia cartografía mental del espacio.

9. Percepción y localización de rasgos lingüísticos aislados

Tal como hemos visto en el capítulo anterior, los rasgos lingüísticos que aparecen en las representaciones sociales con la función de establecer una división sociogeográfica se refieren sobre todo a los niveles fonético y léxico. Dos de los elementos mencionados con mayor frecuencia y mayor grado de especificación son, por un lado, las distintas realizaciones de la palatal rehilada y, por el otro, la realización o la pérdida de la /s/ a final de palabra. Ademas, de modo menos concreto aunque no menos frecuente apareció el carácter "nasal" o "gangoso" de la forma de hablar de determinados sectores, expresado también mediante la metáfora de la "papa en la boca". En lo que se refiere al nivel léxico hay más variedad, aunque también se pueden determinar algunas expresiones que surgen con más menudeo y en forma de estereotipo, así como, por ejemplo, la "muletilla" *tipo (que)* o el vocativo *gordo* para referirse a los grupos socioeconómicos altos, y los vocativos *guacho*, *boludo* o *gato*, generalmente precedidos de la interjección *eh*, para categorizar a los grupos de estratos considerados más bajos.

Ahora bien, para complementar nuestro estudio primordialmente cualitativo y examinar la percepción lingüística desde un enfoque interno y subconsciente (según la taxonomía de Preston discutida en la sección metodológica), el objetivo de este capítulo es someter estos rasgos a una prueba de percepción para comprobar su grado de saliencia como variable aislada, es decir, para ver cuán sensibles se muestran los informantes de los distintos barrios a las variantes de estos rasgos fuera de su contexto de interacción, cómo las evalúan y si las atribuyen a determinadas zonas geográficas dentro del espacio urbano. Como se ha explicado en el capítulo sobre la metodología, a través de un experimento en línea se les pedía a los informantes que juzgaran diferentes estímulos fonéticos y léxicos según distintos criterios (culto vs. vulgar, agradable vs. desagradable, familiar vs. extraño, "cheto" vs. "negro" y, en el caso de los estímulos léxicos, masculino vs. femenino) y que, en un segundo paso, ubicaran estos mismos estímulos en un mapa de Buenos Aires dividido en tres zonas ("norte", "centro" y "sur"). Este método nos ha permitido testar la sensibilidad y las actitudes de los informantes respecto de estos rasgos, ya que si una variante es evaluada de alguna u otra manera frente a los criterios mencionados, se supone que la perciben como saliente (en mayor o menor grado). Si la variante no provoca ninguna reacción (es decir, al no adjudicarla con ninguno de los criterios, el regulador se deja en el medio), entendemos por ello que la variante no es percibida como saliente.

A continuación, analizaremos primero las tres variables fonéticas, y pasaremos luego al examen de los diversos estímulos en el nivel léxico.

9.1. Estímulos fonéticos

9.1.1. Realización sorda o sonora de la palatal rehilada

Tal como ha sido expuesto en el capitulo 5, la palatal rehilada puede considerarse uno de los elementos más emblemáticos del español porteño, por lo cual no sorprende el interés que han despertado los procesos diacrónicos que ha atravesado este rasgo. Recientemente, la discusión científica respecto de la palatal rehilada gira alrededor del avance del proceso de ensordecimiento de [ʒ] a [ʃ] y de los factores sociales que influyen en el uso y en la percepción de una u otra variante (cf. Rohena Madrazo (2011, 2015), King (2009), Chang (2008)). El hecho de que, como hemos visto en el capítulo anterior, tanto la variante sonora como la variante sorda aparezcan reiteradamente como marcadores de la división espacial en las representaciones sociales demuestra claramente que el cambio lingüístico del ensordecimiento está lejos de haberse cumplido y que se trata de un rasgo de cuyo valor socioindexical hay conciencia entre los hablantes porteños. Veamos, ahora, el grado de saliencia que posee y las actitudes que se observan al respecto –como sabemos, un factor fundamental para la evolución del cambio lingüístico (cf. *Marco teórico*, 3.4.3), Caravedo (2014)). En primer lugar, nos interesa la calificación de las dos variantes según el criterio de agrado, como se desprende del cuadro 9.1, que comprende las respuestas de todos los 60 informantes respecto de los dos tipos de estímulos, independientemente del sexo de la voz recordada. En el eje x se representan los dos criterios "agradable" y "desagradable" entre los que los informantes podían mover la barra de acuerdo a cómo les pareciera lo que habían escuchado. Es decir, se ven los juicios que se hicieron entre los dos extremos: mientras más a la izquierda, más "agradable", mientras más a la derecha, más "desagradable", y el medio corresponde a una posición indiferente. El eje de las ordenadas representa el número de juicios para cada posición. El total de juicios es de 480 (2 estímulos, cada uno con la realización sorda y sonora, grabado con voz femenina y masculina, por 60 informantes), 240 por cada variante.

Por un lado, hay un número relativamente alto de jueces que no califican ninguna de las dos variantes ni como agradable ni como desagradable, es decir, o no percibieron la diferencia o no les resulta saliente. Por el otro lado, entre los que sí distinguen entre las dos realizaciones, se ve una tendencia notoria de calificar la variante sorda como más agradable y la variante sonora como menos agradable. Lo que sorprende es que las dos se evalúen más o menos con la misma intensidad (la variante sorda incluso recibe más evaluaciones positivas), porque al ser el uso de la variante sonora mucho más reducido y exclusivo, podría haberse esperado que esta realización fuera más saliente, mientras que la sorda se percibiera como más neutra. Si diferenciamos estos juicios según el sexo de la voz grabada, se ve que prácticamente no hay diferencia, a excepción de que la variante sorda masculina se califica como más agradable, a diferencia de la variante sorda femenina, que se percibe como más neutra. La evaluación de la realización sonora, en cambio, es casi igual para los dos sexos, quizás levemente más negativa en el caso del estímulo femenino, como se ve en el cuadro 9.2. Esta situación se da en todas las evaluaciones de la palatal rehilada, por lo que concluimos que el sexo no es un factor significativo para la evaluación positiva o negativa de esta variable. Tampoco tiene importancia significativa el tipo de estímulo ("llegamos" o "ayer"), es decir, la variable se juzga de manera parecida independientemente de

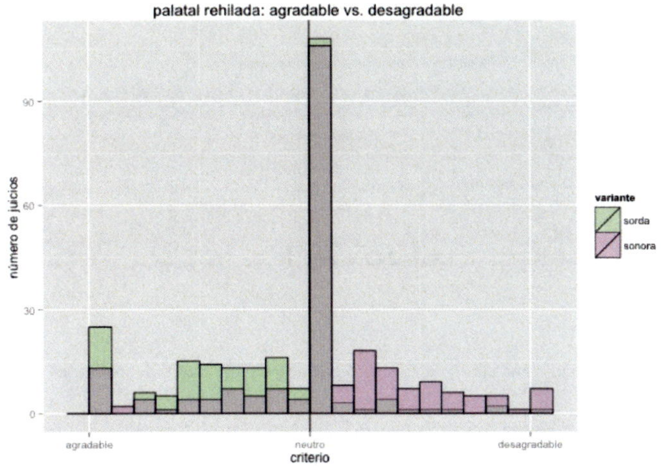

Cuadro 9.1.: Palatal rehilada, agradable vs. desagradable

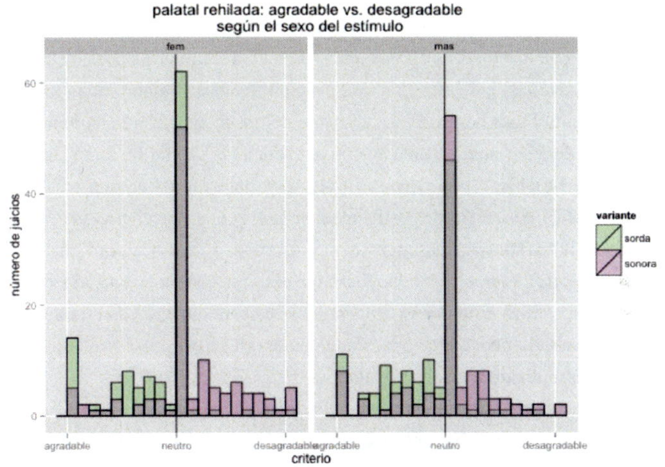

Cuadro 9.2.: Palatal rehilada, agradable vs. desagradable, según el sexo del estímulo

la posición (inicial o intervocálica) que ocupa en la palabra y, en el caso de los estímulos seleccionados, de la palabra misma. Lo que nos interesa ahora es si estas actitudes difieren según el barrio de residencia de los jueces, expuesto en el cuadro 9.3. Hay que tener en cuenta que el total de juicios para cada barrio es de 80 (480 dividido por 6), es decir, 40 para cada variante.

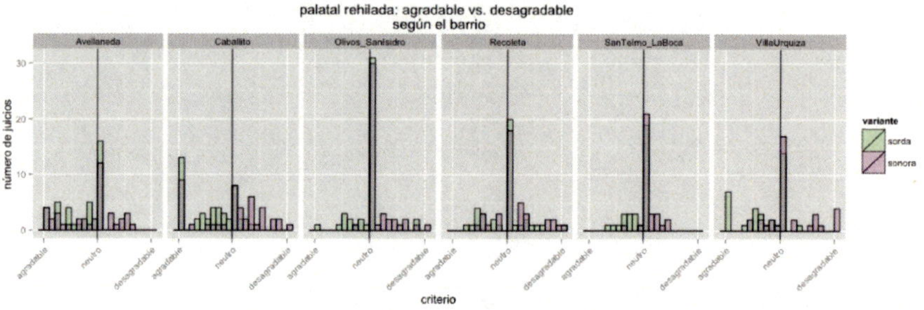

Cuadro 9.3.: Palatal rehilada, agradable vs. desagradable, según el barrio de los informantes

Lo que salta a la vista, en primer lugar, es que en Zona Norte (los informantes de Olivos y San Isidro) hay un número notoriamente más alto de juicios neutros, lo cual significa que en este sector hay menos conciencia de la variable, o, simplemente, que hay menos actitudes positivas o negativas al respecto. Por un lado, se podría pensar que este resultado se da por la distancia y el poco contacto que tienen los habitantes de este sector con las variedades lingüísticas de la capital[1]. Sin embargo, en las representaciones mentales individuales hemos visto que muchos de ellos o bien comparan el uso de habla en Zona Norte con el de Recoleta, con el que a menudo se vincula la variante sonora de la palatal rehilada, o bien se distancian rotundamente de esta zona de la capital. Ambos comportamientos dejarían esperar una conciencia y una actitud más desarrolladas respecto del rasgo en cuestión. Además, si el hecho de vivir en el conurbano y de tener menos contacto con el habla de la capital fuera un factor decisivo para el reconocimiento de la variable, tendría que serlo de modo parecido (si no aún más) en la Zona Sur. Pero si miramos los juicios del barrio de Avellaneda, vemos que la percepción del rasgo es más alta, sobre todo respecto de la variante sonora, que solo en 12 casos se califica como neutra (a diferencia de 30 juicios en Zona Norte). No obstante, hay bastante ambigüedad en la actitud frente a la variante: mientras que la sorda se califica como neutra o agradable, la sonora provoca actitudes tanto negativas como positivas. Este resultado puede estar vinculado con el criterio de corrección o cierto prestigio de este rasgo, tema que profundizaremos más adelante (cf. *Estilización*, 10).

La conciencia más desarrollada respecto de la palatal rehilada la encontramos entre los informantes de Caballito, donde se ve una tendencia bastante evidente de calificar la variante sonora como desagradable y la sorda como más agradable, aunque también hay 9 menciones que evalúan la sonora como muy agradable. El mayor grado de percepción de la realización sonora puede explicarse con la cercanía –

1 King (2009: 22-24), aunque sobre la base de un corpus no muy amplio (19 participantes, de los que 8 eran residentes de la Provincia de Buenos Aires y de ellos 2 vivían en San Isidro, Zona Norte) establece una relación entre la distancia de un hablante de la capital (medida en horas de viaje en autobús) y su capacidad de reconocer la variable. Dados el número reducido y la diversidad geográfica de los participantes residentes en Provincia, no obstante, nos parece que habría que profundizar un poco más el análisis para comprobar estos resultados.

tanto geográfica como social– de este barrio con los barrios donde más frecuentemente se encuentra la variante [ʒ].

Es interesante comparar los barrios de San Telmo y La Boca y Villa Urquiza (geográficamente ubicados en los dos polos opuestos del área urbana): en los dos casos, la variante sorda resulta ligeramente menos neutra que la variante sonora, y en Villa Urquiza se nota una percepción un poquito más alta del rasgo que en los barrios del sur. Pero mientras que en San Telmo y La Boca, las actitudes (negativa en el caso de la sonora y positiva en el de la sorda) giran alrededor del medio, es decir, no son tan pronunciadas, en Villa Urquiza sobresalen más los extremos. Sobre todo la variante sorda se califica como muy agradable. En Recoleta, finalmente, donde se esperaría una actitud más positiva respecto de la variante sonora, que es la que a menudo se vincula con este barrio, también se presenta un panorama algo ambiguo. No hay una valoración muy positiva de la realización sorda como la observamos en otros barrios, pero tampoco se califica la sonora como mucho más agradable. Esta autopercepción de los informantes de Recoleta y las actitudes que muestran acerca de una variante atribuida a su barrio es un aspecto que aún merece ser investigado con más profundidad de aquí en adelante.

Fijémonos, ahora, cómo la misma variable se percibe según el criterio de familiaridad, ya diferenciado por los barrios (cuadro 9.4). Lo que se desprende de este cuadro es que de forma general en todos

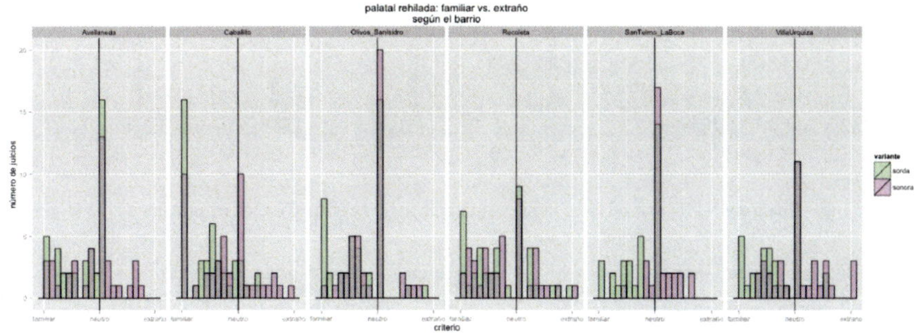

Cuadro 9.4.: Palatal rehilada, familiar vs. extraño, según el barrio de los informantes

los barrios la variante sorda resulta sumamente familiar, en primer lugar, porque sobresale el número de juicios que la caracterizan así, y segundo, porque entendemos que si se califica como neutra, esto también implica que no es saliente y, por lo tanto, que los informantes están más acostumbrados a escucharla. Se hace evidente, pues, que para la mayor parte de la generación de hablantes aquí analizada, la realización sorda de la palatal rehilada es la variante común y no marcada. Por el otro lado, se ve que la realización sonora tampoco se percibe como completamente extraña; en casi todos los barrios, sobre todo en Caballito y en Recoleta, hay un número elevado de juicios que la caracterizan como familiar, lo que significa que los informantes están acostumbrados a escucharla. En estos dos barrios, así como en Villa Urquiza, también disminuye significativamente el número de los que la califican como neutra, es decir, aquí los hablantes presentan más conciencia respecto de ambas realizaciones. Por último, dos son los aspectos que han de resaltarse: primero, el hecho de que en La Boca se nos presente un panorama más claramente dividido que en los otros barrios, siendo la variante sorda evaluada como más familiar y la sonora como más extraña, lo cual indica que en este sector, los hablantes están mucho menos habituados a la realización sonora. Segundo, nos parece llamativo que el barrio de Recoleta sea el único lugar donde la sorda se califique como la variante extraña en varias ocasiones, lo cual indica que aquí, a diferencia de los demás barrios, hay personas a las que les "molesta" la realización sorda y que, por lo tanto, están más familiarizadas con el uso de la variante sonora (consúltese, a este respecto, el mapa 8.7 en el capítulo anterior o, más adelante, los casos de estilización de esta variable).

Si vemos ahora el mismo cuadro (9.5) para la oposición "culto" vs. "vulgar", resulta que en general este criterio provoca mucha menos reacción. En todos los barrios, el número de juicios que se mantienen

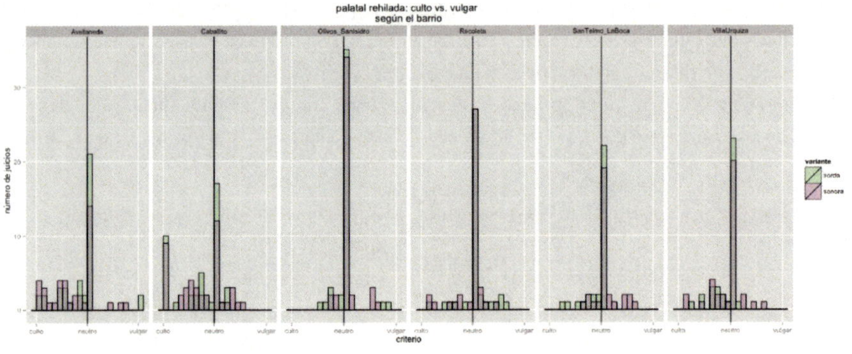

Cuadro 9.5.: Palatal rehilada, culto vs. vulgar, según el barrio de los informantes

en el medio es bastante alto. Queremos hacer hincapié en solo dos aspectos: primero, que en Recoleta (que de este modo nuevamente se diferencia de los demás barrios) se caracteriza la variante sorda como más vulgar. Y segundo, que en Avellaneda, en comparación con los otros barrios, se muestra un número elevado de juicios que consideran la variante sonora como más culto. Como ya hemos visto respecto del criterio de agrado, en Avellaneda se presenta una actitud más positiva respecto de este rasgo, lo cual probablemente se deba a que se lo considera más correcto o más prestigioso.

Los últimos dos cuadros que reflejan las actitudes acerca de las variantes de la palatal rehilada se refieren a la oposición de los estereotipos "cheto" y "negro"; en primer lugar, de forma general para todos los informantes (9.6). De manera asombrosamente nítida, este gráfico documenta la relación que se establece entre la realización sonora de la palatal rehilada y el estereotipo del "cheto". Disminuye drásticamente el número de juicios que la perciben como neutra a favor de una caracterización estereotipada. Como este estereotipo, cuando se menciona espontáneamente, casi siempre se refiere a una persona femenina, se esperaba que el sexo de la voz grabada fuera a dar resultados distintos. Sin embargo, esto no fue el caso, por lo cual prescindimos de incluir tal cuadro aquí. La variante sorda, por el otro lado, no resulta saliente respecto de la oposición entre los dos estereotipos, es decir, se trata de la realización más

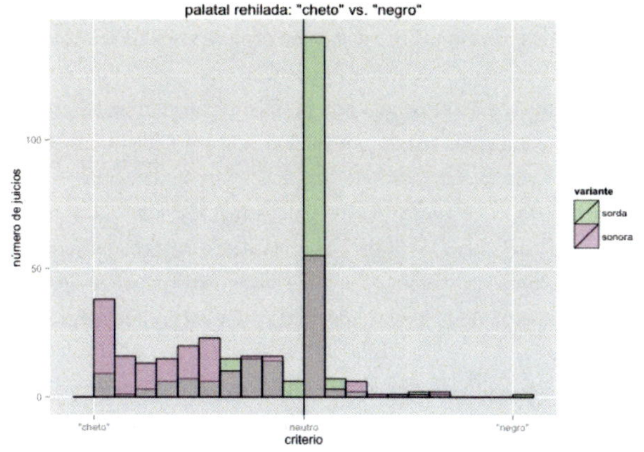

Cuadro 9.6.: Palatal rehilada, "cheto" vs. "negro", todos los informantes

común que no se vincula con un determinado estilo. Al mismo tiempo, los informantes generalmente mostraban cierta reserva respecto de caracterizar algo como "negro", como se mostró a menudo en sus comentarios acerca del experimento. Les resultaba mucho más fácil, en cambio, clasificar algo como "cheto", porque no sentían el peso discriminatorio de tal juicio de valor. Es decir, los informantes suelen ser mucho más explícitos en lo que se refiere a la categorización de los grupos socioeconómicos altos y bastante más reservados y retiscentes con los bajos, hecho que aún observaremos en varias ocasiones en este trabajo.

Ahora bien, veamos estos resultados diferenciados según los seis barrios analizados, representados en el cuadro 9.7. Con variaciones mínimas, se presenta un panorama prácticamente idéntico en todos los

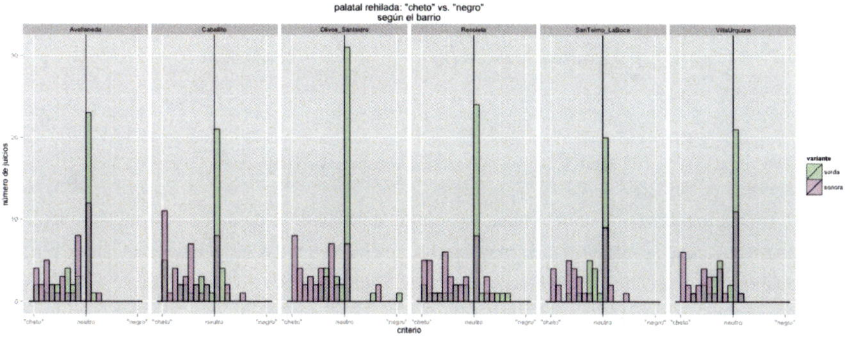

Cuadro 9.7.: Palatal rehilada, "cheto" vs. "negro", según el barrio de los informantes

barrios. La variante sonora es estereotipada como "cheta", mientras que la sorda se considera claramente como más neutra y no provoca reacción si se escucha de manera aislada. Se observa, sin embargo, que en algunos casos (aunque claramente con menor frecuencia) esta realización se vincula con el mismo estereotipo. Muy probablemente esto se deba a una posible evaluación de los estímulos grabados por otras características, sea la calidad de voz, la entonación o la velocidad que, aunque se trata de una palabra aislada, jamás se puede excluir del todo. Lo que llama la atención es que Recoleta y, muy ocasionalmente, los barrios de Zona Norte son los únicos lugares donde la variante sorda se llega a relacionar con el estereotipo del "negro". Si bien se trata de un número de juicios muy reducido, se puede interpretar otra vez como un indicio de que en estos barrios puede aparecer una evaluación diferente y cierto distanciamiento de la realización sorda –fenómeno que surgió ya en algunas de las representaciones dibujadas.

Luego de haber visto que las actitudes respecto de las dos variantes de la palatal rehilada difieren según el barrio de residencia de los informantes, ahora interesa ver si existe un orden en la localización geográfica de las mismas (según las tres áreas que establecimos para el experimento, como ya hemos explicado), expuesta en el cuadro 9.8[2].

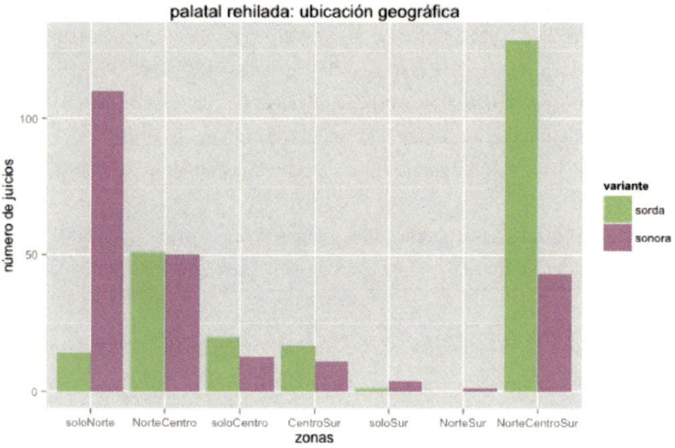

Cuadro 9.8.: Palatal rehilada, localización geográfica

La distribución geográfica que se determina a partir de las respuestas de todos los hablantes habla por sí misma: mientras que la variante sorda mayormente se ubica en todas las zonas, en lo que se refiere a la realización sonora, predomina claramente su localización exclusiva en el norte. No cabe duda pues de que se trata de un rasgo al que la mayoría de los hablantes se muestra particularmente sensible y que

2 Téngase en mente que, como en esta tarea se podía seleccionar una, dos o tres opciones, el número total de juicios no es constante.

evidentemente se vincula con una zona urbana determinada.

Para diferenciar un poco más este resultado, cabe contemplar la ubicación geográfica de las dos variantes por parte de los hablantes de los diferentes barrios (cuadro 9.9). En síntesis, se observa aquí que

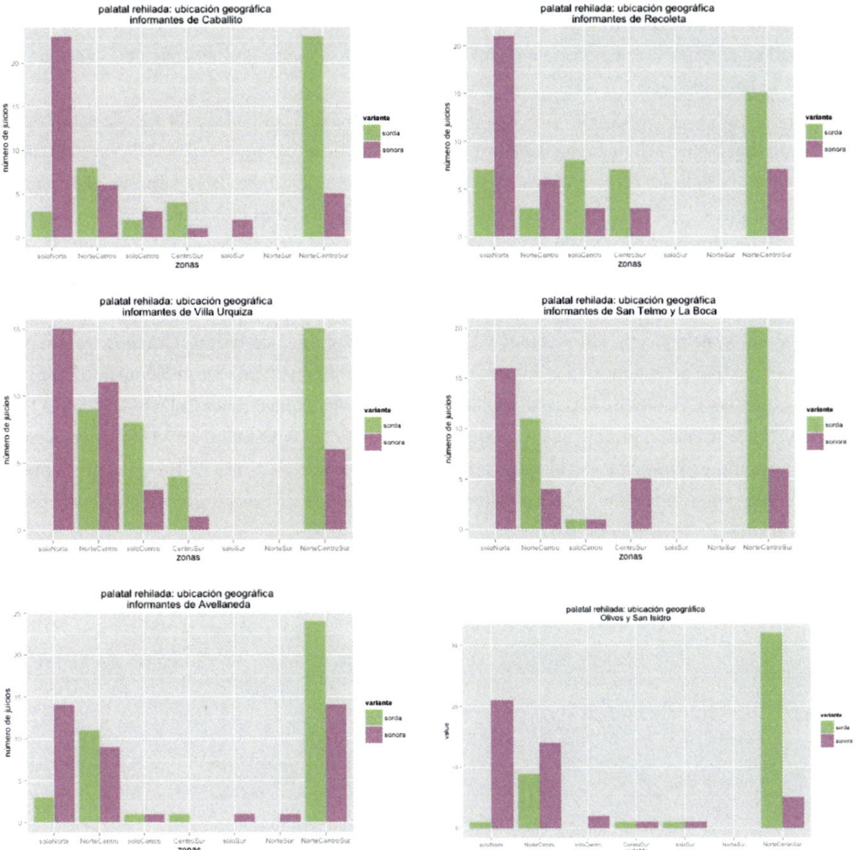

Cuadro 9.9.: Palatal rehilada, localización geográfica según el barrio de los hablantes

la situación descrita en el cuadro 9.8 se repite de manera casi idéntica en todos los barrios: la variante sorda tiende a considerarse como más común en toda el área urbana, mientras que la realización sonora en la percepción de los hablantes de todos los barrios se reduce a las zonas más norteñas de la ciudad. Aún así, merecen comentarse brevemente algunos aspectos que se presentan aquí. En primer lugar, el barrio de Recoleta se destaca levemente de los demás: entre los hablantes de esta zona, la variante sorda de la palatal rehilada menos frecuentemente se ubica en todo el espacio urbano, sino que tiende a relacionarse más con las zonas céntricas y sureñas. Esto puede entenderse como indicio de que en este barrio coexisten las dos variantes y que, por lo tanto, la realización sorda se hace más saliente y se relaciona con el estilo de otros sectores de la ciudad. Al mismo tiempo, la variante sonora se percibe claramente como propia de la zona norteña. Esta particularidad del barrio de Recoleta en lo que concierne a la percepción de las variantes de la palatal rehilada ya la hemos observado en algunos de los cuadros anteriores y se volverá a comprobar en algunos enunciados concretos más adelante (cf. *Estilización*, cap. 10).

En segundo lugar, si contemplamos los cuadros de los barrios en el sur de la ciudad, podemos observar que entre los hablantes de San Telmo, La Boca y Barracas también hay quienes ubican la variante sonora únicamente en la zona del centro y del sur, y que en Avellaneda, por el otro lado, aumenta notoriamente el número de juicios que asignan esta misma variante a todas las áreas de la ciudad. Estas reacciones indican que, muy probablemente debido a la distancia geográfica y social de estos barrios de las zonas norteñas, no todos los hablantes del área del sur perciben la diferencia entre las dos realizaciones de la palatal rehilada, de ahí que la variante sonora pierda saliencia.

Aún así, al ver la percepción, las actitudes y la ubicación geográfica de los dos alófonos, ya no queda duda alguna de que no estamos ante un proceso de cambio lingüístico de ensordecimiento casi cumplido, sino que las variantes de la palatal rehilada se encuentran, como señala Colantoni (2008: 81), en una compleja distribución sociolingüística o de variación estable (Wolf 1984: 185-186) y que, siempre según la posición geográfica y social de un/a hablante en el espacio urbano de Buenos Aires, tanto la variante sorda como la sonora se hacen salientes y se cargan de diversos valores indexicales (cf., al respecto, el capítulo *Estilización*, 10).

9.1.2. Elisión de /s/ final

La sibilante en posición implosiva (final de la palabra y absoluto), como hemos visto, en varias regiones del mundo hispano constituye una variable muy afín a la variación, y su debilitamiento o elisión, según el contexto, puede tener diversas connotaciones diatópicas y/o diastráticas (Caravedo 2001). También sabemos que el español rioplatense presenta una aspiración muy pronunciada en el contexto preconsonántico (cf. Fontanella de Weinberg (1973b); Barrios (2002)) y que la aspiración y la elisión de la sibilante en posición prevocálica y final absoluta están cargadas de valor social y distinguen hablantes de variedades con más o menos prestigio social (cf. Kubarth (1986: 206) y Correa y Couto (2012: 167)). Dado que se trata de una variable cuyo valor social se ha demostrado desde hace mucho tiempo, la incluimos en nuestro experimento con el objetivo de investigar la percepción y las actitudes que los hablantes hoy en día muestran al respecto y de ver, asimismo, si estos fenómenos difieren según el barrio de residencia de los informantes y si contribuyen a la construcción del espacio social a través del uso del habla. Tres son los estímulos mediante los cuales hemos testado la sibilante final ("vamos", "hacelo vos" y "cómo es"), por lo que en este caso el total de juicios es de 720 (3 estímulos, con dos variantes cada uno, masculino y femenino, por 60 informantes) o de 120 si se diferencia por barrio.

Al igual que en el caso de la palatal rehilada, el primer cuadro que presentamos (cuadro 9.10) es el que muestra las reacciones según el criterio de agrado para la retención y la elisión de la sibilante por parte de todos los hablantes. Evidentemente, hay una diferencia significativa entre las dos variantes. La realización de [s] se considera mucho más neutra que la elisión, y si se marca la diferencia, recibe una calificación claramente más positiva. La variante [ø] en cambio, aparece como más saliente y se caracteriza con más frecuencia como "desagradable". Destaca sobre todo el número alto de juicios en el máximo del eje x, es decir, más de 45 veces la variante ha sido calificada como extremadamente desagradable. Igual que en el caso de la palatal, el sexo del estímulo no influye mucho en el resultado, lo que nos parece algo sorprendente ya que, tal como la variante sonora de la palatal rehilada frecuentemente se atribuye al estilo de hablantes femeninas, la caída de la /s/ final en el español porteño tradicionalmente se considera un elemento de un estilo masculino (Fontanella de Weinberg 1973b).

Veamos, ahora, si el tipo de estímulo tiene importancia en la evaluación de la realización de la sibilante. Al comparar los tres estímulos recordados en el cuadro 9.11, no hay prácticamente diferencia entre los primeros dos ("como es" y "hacelo vos"): la elisión de /s/ resulta igual de saliente en los dos casos y recibe una valoración negativa independientemente de la expresión y de la clase de palabra en la que aparezca y de la vocal que la preceda. Si nos centramos ahora en el tercer estímulo ("vamos") sí notamos una leve diferencia: mientras que la evaluación de la variante [s] se mantiene igual, la calificación neutra de la omisión de la /s/ aumenta y los casos que la caracterizan como muy desagradable disminuyen, e incluso hay quienes la valoran positivamente. Aunque no se trata de un margen de diferencia muy grande, nos permite presumir que la percepción de la elisión de la sibilante final, si bien no parece ser influenciada por el entorno lingüístico, sí depende del tipo de palabra en la que se dé y de cuán acostumbrado esté el oyente a escuchar determinada palabra con la /s/ final omitida. Esto demuestra que los hablantes no perciben el rasgo independientemente del contexto, sino que funcionan cognitivamente

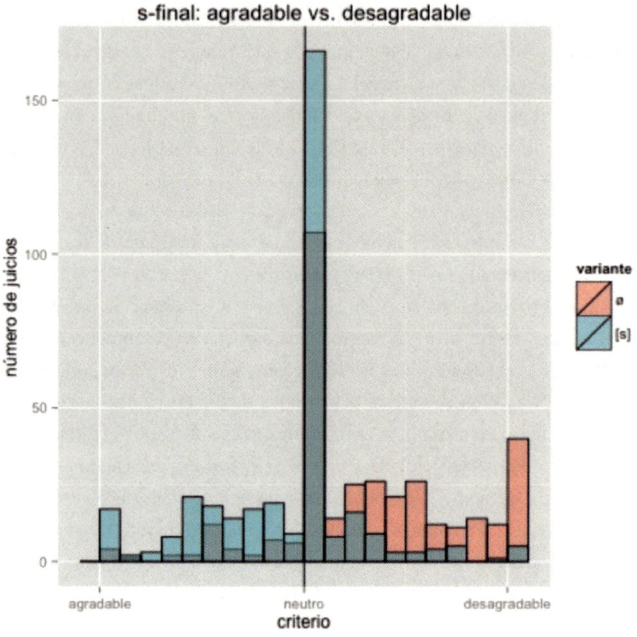

Cuadro 9.10.: /s/ final: agradable vs. desagradable, todos los barrios

con "trozos" de palabras prototípicas que relacionan con un determinado fenómeno y que se han anclado en su representación. Además, tampoco puede subestimarse el impacto de factores externos –discursos mediáticos y populares a través de los cuales se desarrolla un conocimiento metalingüístico, vinculado también con determinadas palabras emblemáticas. No obstante, para corroborar esta hipótesis debería realizarse un estudio más amplio con mayor variedad de estímulos, que no era objetivo de este trabajo. Aquí nos interesa, ahora, si la percepción y la evaluación de la caída de la sibilante difieren según el lugar geográfico de los informantes, lo cual se presenta en el cuadro 9.12. Destacan nuevamente los barrios de Zona Norte con una calificación más neutra de las dos variantes en comparación con los demás sectores. Es decir, igual que respecto de la palatal rehilada, los hablantes de Zona Norte se muestran menos sensibles a la variación de la sibilante final. Recoleta, San Telmo/La Boca y Villa Urquiza, en segundo lugar, presentan un panorama bastante parecido, con una evaluación más negativa de la caída de /s/ y con actitudes o más neutras o más positivas hacia la retención del rasgo. En Recoleta, asombrosamente, aparecen algunos casos más de valoración positiva de la /s/ omitida. En Avellaneda y en Caballito, en cambio, se ve una clara tendencia a clasificar la elisión de la /s/ final como desagradable, mientras que la retención se considera o neutra o agradable.

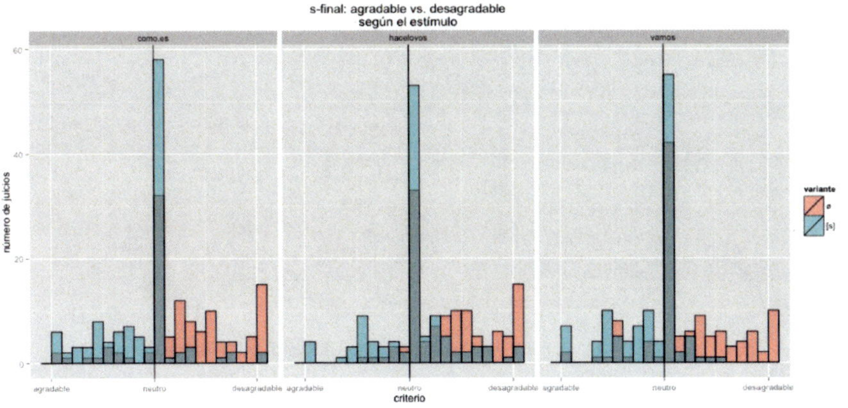

Cuadro 9.11.: /s/ final: agradable vs. desagradable, según el estímulo

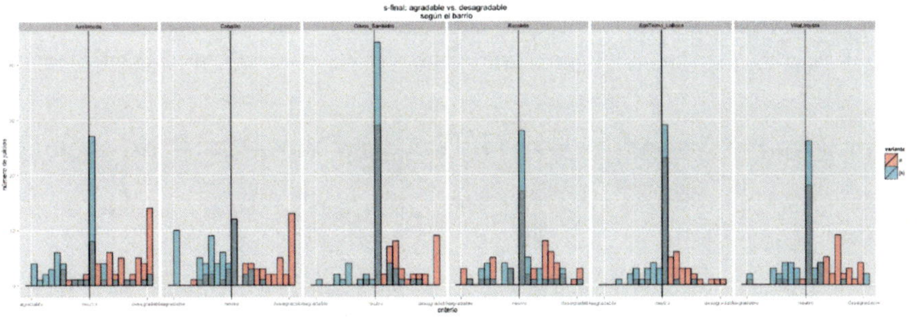

Cuadro 9.12.: /s/ final: agradable vs. desagradable, según el barrio de los informantes

Observemos, ahora, las reacciones acerca del mismo fenómeno según el criterio de familiaridad, expuesto en el cuadro 9.13. Del número de juicios que aparecen situados en el medio deducimos que Caballito es el barrio cuyos informantes se muestran más sensibles a la elisión de /s/, mientras que en los barrios de Zona Norte y de Zona Sur, así como en Villa Urquiza, hay más indiferencia al respecto. La variante [s] es claramente familiar a todos los hablantes; casi nunca se caracteriza como "extraña" y, además, hay que tener en cuenta que una clasificación neutra también implica cierta familiaridad con un rasgo, por lo que no sorprende el número alto de juicios localizados en el medio tal como se ve, por ejemplo, en Avellaneda o en San Telmo y La Boca. Ahora bien, la distribución de las reacciones frente a la caída de la sibilante final es bastante equilibrada entre "familiar" y "extraño", lo cual indica que la mayoría de los hablantes en todos los barrios está acostumbrada a escucharla. Asombrosamente, el barrio al parecer menos familiar con la elisión de /s/ es Avellaneda en Zona Sur –justamente uno de

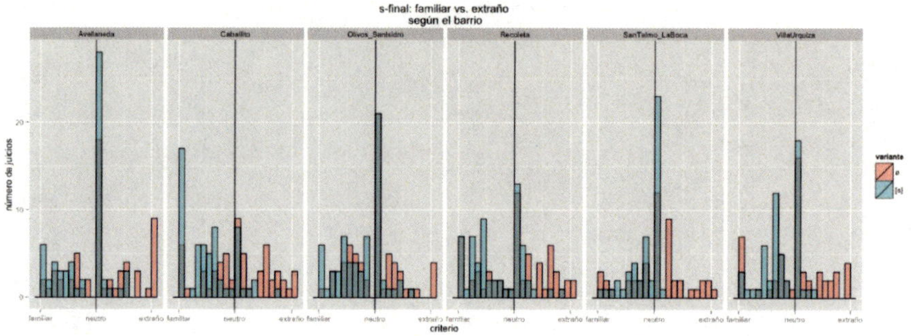

Cuadro 9.13.: /s/ final: familiar vs. extraño, según el barrio de los informantes

los sectores que en las representaciones sociales más se vincula con esta variante. Este resultado podría explicarse con que, al ser la caída de la sibilante un rasgo desprestigiado, justamente, en esta zona se desarrolle mayor conciencia al respecto y se entienda la pronunciación de la /s/ como rasgo emblemático para un estilo "más correcto". Por esta razón, nos parece interesante contemplar las actitudes acerca de tal criterio ("culto" vs. "vulgar"), representadas en el cuadro 9.14. Mientras que la variante

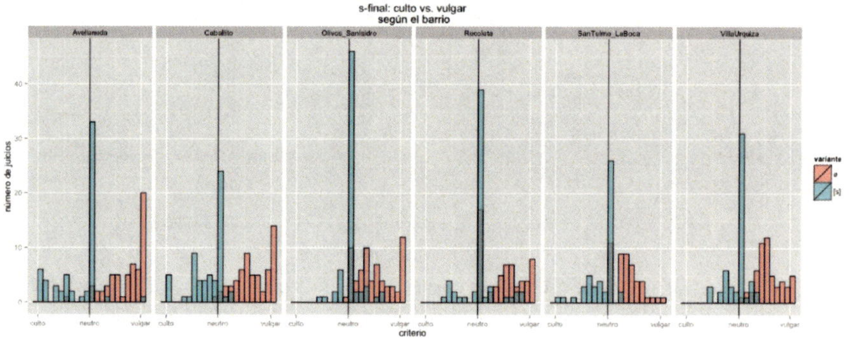

Cuadro 9.14.: /s/ final: culto vs. vulgar, según el barrio de los informantes

[s], como era de esperar, se considera neutra o ligeramente más culta, de este gráfico se desprende, claramente, que la elisión de la sibilante en posición final de palabra es considerada un rasgo vulgar de manera general en todos los barrios, pero de manera extrema en la zona de Avellaneda. Esta actitud de los informantes de Zona Sur explica, quizás, la tendencia de no mostrarse tan familiares con la variante. Tal vez sea justamente el hecho de verse relacionados frecuentemente con el estereotipo de "comerse las eses" el que lleve a una mayor conciencia y un mayor distanciamiento de este rasgo (véanse, a este respecto, los ejemplos concretos de estilización en el cap. 10).

Por último, veamos la función que desempeña la omisión de la sibilante final respecto de los estereotipos "cheto" y "negro", también según los seis barrios analizados. En el cuadro 9.15 se puede observar una

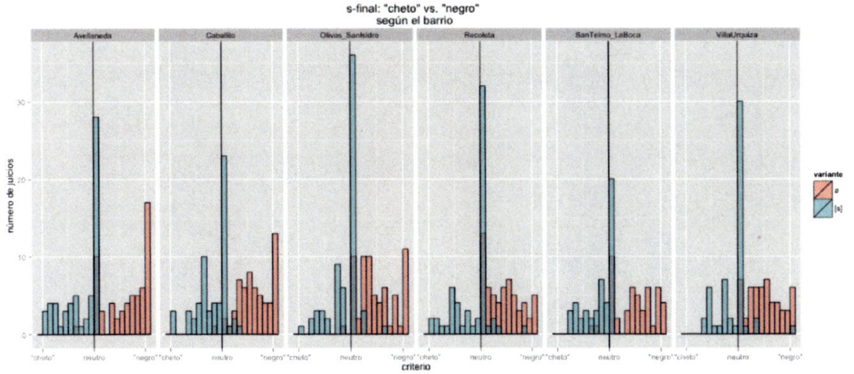

Cuadro 9.15.: /s/ final: "cheto" vs. "negro", según el barrio de los informantes

clara distinción entre las dos variantes: la [s] se considera mayormente como neutra. Sin embargo, no hay pocos juicios que la atribuyen al estereotipo "cheto". Esto se puede entender como un indicio de que una realización muy pronunciada de la sibilante se vincula con determinado estilo. Al mismo tiempo, también puede ocurrir que los estímulos se hayan clasificado así por otros componentes lingüísticos, como ya hemos explicado. Por el otro lado, la caída de la /s/ provoca mucha reacción y evidentemente está estrechamente relacionada con el estereotipo del "negro". Destacan, otra vez, el barrio de Caballito y los barrios del conurbano, de Zona Norte y de Zona Sur, donde el estereotipo aparece de modo más marcado. En Avellaneda, particularmente, la elisión de la sibilante provoca reacciones extremas, lo cual otra vez puede atribuirse a la conciencia de los hablantes de este sector frente a la estigmatización de este rasgo, fenómeno que ya hemos señalado anteriormente.

Queda por exponer, ahora, la localización geográfica que se hace de las variantes de la sibilante, representada en el cuadro 9.16. El gráfico habla por sí solo. Es muy notoria la distribución geográfica que se hace de la variante marcada, es decir, de la elisión de la sibilante, que casi solo se ubica en el centro y en el sur o hasta exclusivamente en el sur, mientras que la variante no marcada, la /s/ pronunciada, se localiza mayormente en toda el área urbana, con una tendencia hacia el centro y el norte. Cabe examinar, ahora, si dentro de este resultado tan nítido aún se muestran discrepancias en la ubicación de las dos variantes por parte de los hablantes de los distintos barrios (cuadro 9.17). A pesar de que en todos los barrios se presenta una imagen muy parecida, merecen resaltarse algunos aspectos: En primer lugar, se hace evidente que en los barrios en el norte de la ciudad, Caballito, Recoleta y Villa Urquiza, la elisión de la /s/ final se localiza claramente en las zonas del centro y del sur; los juicios que asocian este rasgo con el norte o con todas las zonas urbanas se aproximan a cero, a diferencia del caso de Avellaneda, San Telmo, La Boca y Barracas y, asombrosamente, en la Zona Norte. Por el otro lado, como ya hemos

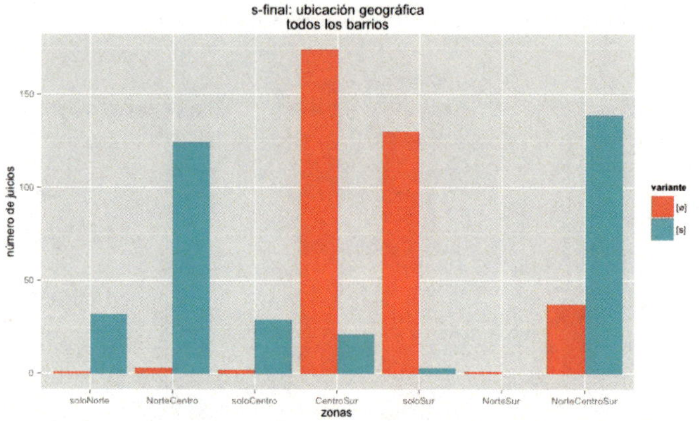

Cuadro 9.16.: /s/ final: localización geográfica, todos los informantes

visto, la pronunciación de la sibilante constituye el rasgo menos marcado, presentando números muy altos de juicios que lo ubican en todas las áreas urbanas. Al mismo tiempo, si el elemento se percibe como saliente, se relaciona con mayor frecuencia en las zonas del norte y del centro de la ciudad, de modo particularmente notorio en Caballito y en San Telmo, La Boca y Barracas. En Recoleta, en cambio, se observa una distribución relativamente uniforme en cuanto a la ubicación de la variante no elidida: aquí es donde más frecuentemente se asocia este rasgo con los sectores sureños. Este resultado puede parecer algo sorprendente, pero según nuestra opinión remite a que en esta zona se dan algunas particularidades en lo que concierne a la percepción y la evaluación de la sibilante en general, hecho que discutiremos más en detalle en el cap. 10. Allí también nos ocuparemos de los valores indexicales de las dos variantes según la posición socio-geográfica de un/a hablante a partir de ejemplos concretos de nuestro corpus.

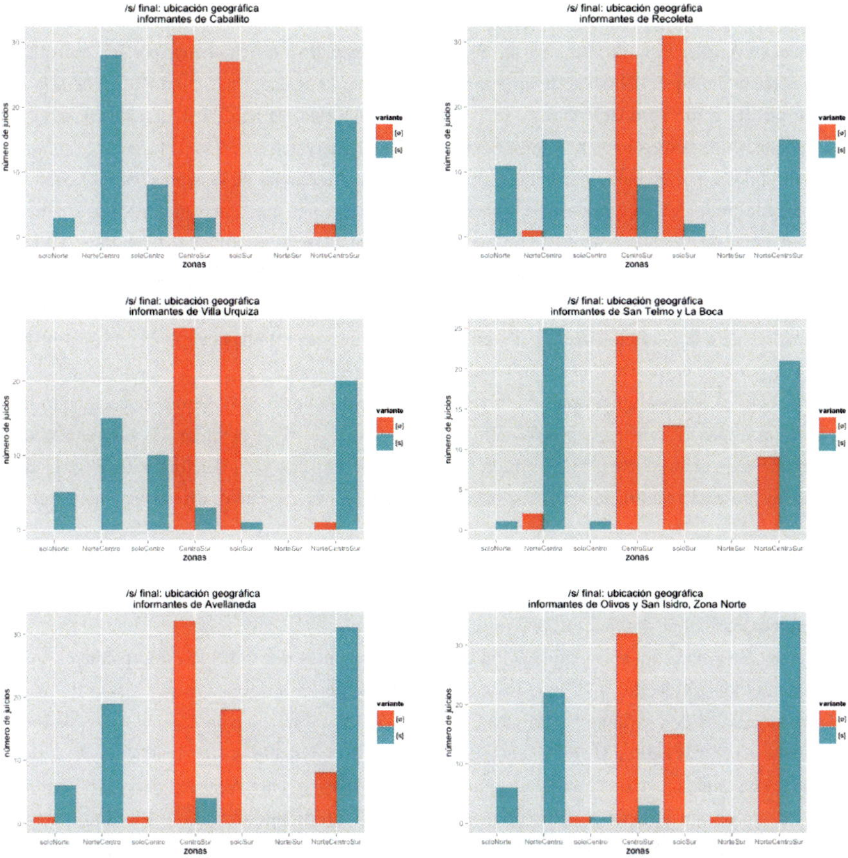

Cuadro 9.17.: Variantes de /s/ final, localización geográfica según el barrio de los hablantes

9.1.3. Apertura vocálica de /o/ final

La tercera variable que sometimos a nuestro experimento de percepción y actitudinal es el grado de apertura de la vocal /o/ en posición final de palabra. Como hemos explicado en la parte metodológica, la calidad de las vocales finales en el español porteño es un rasgo que, según nuestro conocimiento, carece de estudios que lo investiguen, tanto respecto de su producción como de su percepción. Su inclusión aquí se debe a tres factores: en primer lugar, en nuestro estudio preliminar de 2009, «otra forma de decir las vocales» (Würth 2009: 60) ha sido un elemento mencionado explícitamente por los informantes para referirse a la manera de hablar de los barrios norteños en la ciudad. En segundo lugar, hemos visto que este mismo estilo se relaciona muy frecuentemente con una forma de hablar «más nasal». Esta nasalidad percibida por los hablantes puede explicarse con la mayor frecuencia de la variante sonora de la palatal rehilada, por un lado, y atribuirse, por otro lado, a diferencias en la calidad de las vocales, ya que un mayor grado de apertura vocálica generalmente es percibida como más nasal. Y tercero, hemos podido observar que en el momento de imitar la forma de hablar del sector sociogeográfico del norte, los informantes tienden a recurrir a una pronunciación más abierta de la vocal en posición final de palabra, mientras que cuando se estiliza el estilo del sur, la vocal final se tiende a cerrar (en la palabra esterotipada *loco* o la interjección *eh*, por ejemplo), una diferencia retomada también en la estilización cómica por parte de humoristas, es decir, "estilizadores profesionales"[3].

Por estos factores, resulta interesante examinar la vocal final (en este caso, hemos seleccionado la /o/ por ser la que más se estilizaba por los informantes) acerca de si se perciben las diferencias entre una variante más abierta y una más cerrada (definidas por la frecuencia del formante F1), de si los informantes presentan valoraciones al respecto y de si ubican estas variantes diferentemente en el área urbana.

Los estímulos que hemos usado para testar la apertura vocálica fueron las palabras "tengo" y "pasado"[4], que con las variantes cerradas y abiertas de la vocal final, grabadas con voz femenina y masculina, nos proporcionan un total de 480 juicios, 80 por cada barrio.

Observemos, en primer lugar, la calificación de las dos variantes por todos los informantes según el criterio de agrado. El cuadro 9.18 muestra que un número alto de informantes responden de manera indiferenciada a las dos variantes de la vocal final, aunque la pronunciación cerrada [o] es calificada como ligeramente más neutra. De los juicios que varían entre "agradable" y "desagradable" no se puede determinar una tendencia muy clara; el rasgo no parece ser muy saliente. Veamos, ahora, la diferenciación de las evaluaciones según el barrio de residencia de los informantes (cuadro 9.19). Sobresale aquí el número de respuestas indiferentes que encontramos en Olivos y San Isidro, lo cual indica que los informantes de Zona Norte se muestran mucho menos sensibles a esta variable que los de la capital y de Avellaneda, donde, a diferencia de todos los demás barrios, la variante abierta se califica más frecuen-

3 A modo de ejemplo, consúltense los fragmentos *Son todos unos villeritos* o *Diferencia entre chetos de San Isidro y de Recoleta* de Fernando Peña (https://www.youtube.com/watch?v=1jHZF66vK54: 2.05-3.00 y https://www.youtube.com/watch?v=8VSEfM9vN_w) [03/06/16].

4 Cabe aclarar que la palabra que más se usa para estilizar una vocal final más abierta en nuestras entrevistas ha sido "yo", que, al contener la palatal rehilada, no ha podido emplearse como estímulo para el experimento.

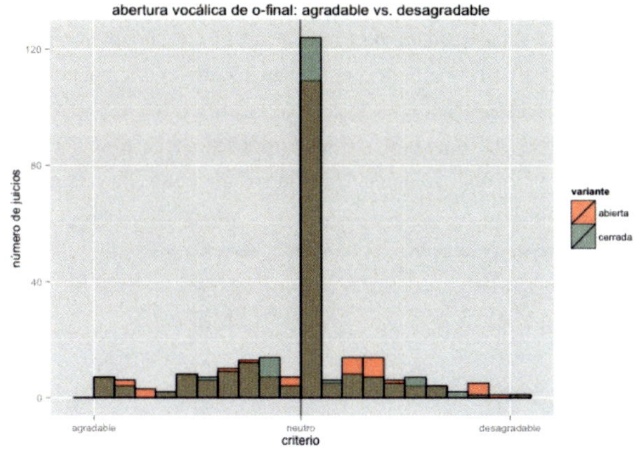

Cuadro 9.18.: Apertura vocálica de /o/, agradable vs. desagradable, todos los informantes

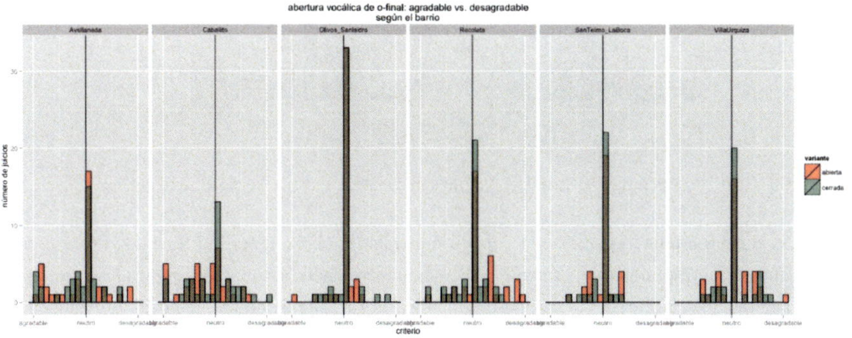

Cuadro 9.19.: Apertura vocálica de /o/, agradable vs. desagradable, según el barrio de los informantes

temente como neutra que la variante cerrada. Los hablantes que más notoriamente reaccionan hacia la variable son los de Caballito, calificando la variante abierta como más agradable. En Recoleta, San Telmo y la Boca y Villa Urquiza, la variante abierta se califica como menos neutra, pero solo en Recoleta se puede diferenciar una tendencia hacia una evaluación más negativa de [ɔ]. En los barrios del sur y en Villa Urquiza en el norte, la clasificación de las dos variantes es muy equilibrada. La reacción (aunque levemente) más desfavorable de los informantes de Recoleta hacia la variante abierta sorprende, puesto que en los pasajes de estilización de los demás hablantes es justamente con este barrio que más se asocia dicha variante. Tal como hemos señalado en el caso de la palatal rehilada, donde los hablantes de Recoleta no reaccionan de manera muy positiva hacia la variante sonora, muchas veces relacionada con su propia forma de hablar, su calificación de la variante abierta de la vocal posiblemente también se

deba a una mayor sensibilidad al respecto, que puede resultar tanto de un contacto más frecuente como de una sensación de estigmatización general de este rasgo en el espacio urbano de Buenos Aires.
Entre los dos vocablos usados como estímulos, no se ha encontrado diferencia notable en cuanto a la percepción y la evaluación del fenómeno, por lo cual no incluimos los respectivos cuadros aquí. Sí se han encontrado resultados más claros en lo que concierne al sexo del estímulo, como se desprende del cuadro 9.20. Aquí se ve, primero, que pronunciada por la voz masculina, la variante abierta es percibida

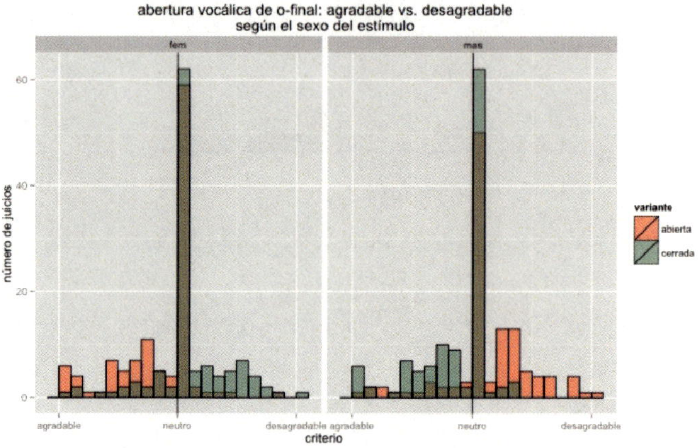

Cuadro 9.20.: Apertura vocálica de /o/, agradable vs. desagradable, según el sexo del estímulo

como menos neutra, mientras que en la versión femenina, las reacciones indiferentes respecto de las dos variantes alcanzan números parecidos. Además, se presenta un panorama invertido entre las dos voces: mientras que en el caso del estímulo femenino, la variante abierta de la vocal es evaluada más positivamente que la variante cerrada, en el caso de la voz masculina es al revés, la variante cerrada se califica como más agradable que la abierta. Aunque la calidad de los estímulos haya podido condicionar en algún grado las respuestas de los informantes[5], la diferencia en la calificación de las dos variantes según el sexo de la voz grabada sigue siendo bastante notoria. El hecho de que las mujeres suelan tener mayor grado de apertura vocálica y de que, en general, la vocal abierta se asocie con una manera de hablar (a veces estereotipada) femenina mientras que la cerrada se relaciona más con un uso del habla masculino, puede resultar en la actitud desfavorable respecto de la variante cerrada en la versión femenina y de la variante abierta en la voz masculina, simplemente porque es lo que se percibe como más diferente de lo habitual. Además, una vocal final cerrada pronunciada por una mujer puede hacerla

5 Este resultado puede deberse a ciertas particularidades en la manera en que los dos hablantes grabados para crear los estímulos pronunciaron las dos variantes de la vocal (que fue el estímulo que les causó más dificultad y puede ser que no resulte del todo natural). Puede descartarse, sin embargo, una evaluación distinta de las dos voces en general, ya que este no ha sido el caso para las demás variables.

parecer más masculina, al mismo tiempo que la variante más abierta enunciada por un hombre puede sonar a una manera de hablar más "afeminada" –un aspecto que también puede llevar a una evaluación negativa de los respectivos estímulos.

Para indagar un poco más en este asunto, cabe contemplar la calificación de la variable según el sexo de la voz grabada y el criterio de familiaridad. El cuadro 9.21 muestra una pequeña diferencia en el

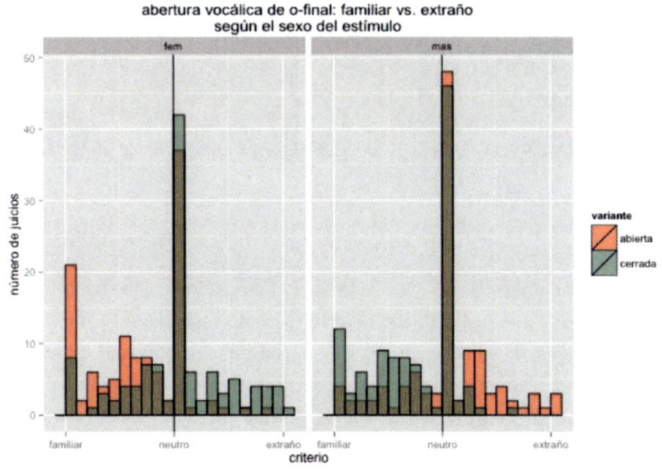

Cuadro 9.21.: Apertura vocálica de /o/, familiar vs. extraño, según el sexo del estímulo

número de respuestas, clasificando las dos variantes como neutras: los estímulos femeninos provocan más reacción, sobre todo en el caso de la variante abierta, que se percibe claramente como más familiar, mientras que la variante cerrada alcanza una distribución relativamente equilibrada entre "familiar" y "extraño", o sea, tampoco se distingue como rasgo completamente insólito. En el caso de la voz masculina, la variante cerrada se presenta notoriamente como la más habitual, y la pronunciación abierta resulta más extraña aunque, al mismo tiempo, también haya varios juicios que la califican como familiar. La conclusión que nos permiten sacar los cuadros 9.20 y 9.21 es que la variante más abierta de la vocal final /o/ aparece como más familiar y por tanto con una actitud más favorable si es pronunciada por una voz femenina. La misma variante enunciada por un hablante masculino resulta más extraña y por ende provoca una calificación más negativa. La variante cerrada en un estímulo de voz femenina no se percibe como mucho más extraña, pero sí se califica levemente como menos agradable, mientras que en el caso del estímulo masculino, claramente se percibe como la variante más habitual y más agradable.

Veamos, ahora, la evaluación de la vocal final /o/ según el criterio de familiaridad diferenciada por el barrio de residencia de los informantes (cuadro 9.22), que revela algunos aspectos interesantes de la percepción de la variable en cuestión: los informantes de Avellaneda, en primer lugar, se muestran sumamente indiferentes respecto de las dos variantes, de lo que se puede deducir que en esta zona no

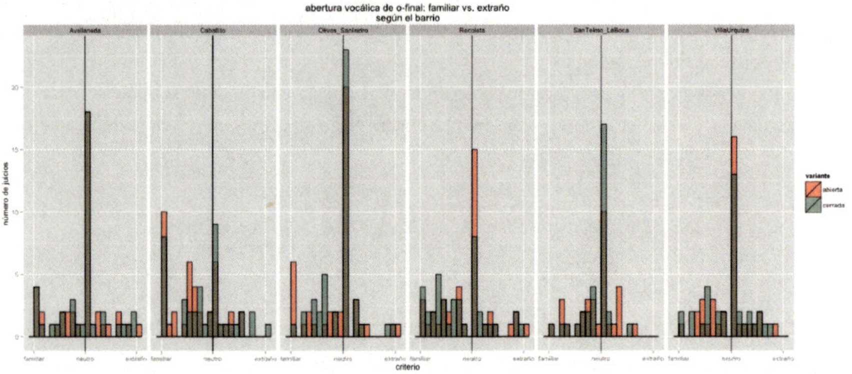

Cuadro 9.22.: Apertura vocálica de /o/, familiar vs. extraño, según el barrio de los informantes

se trata de un rasgo saliente. En Olivos y San Isidro, por el otro lado, aunque también hay un número alto de respuestas neutras, la variante abierta se califica como más familiar. No es este el caso en San Telmo y La Boca, donde la variante cerrada resulta considerablmente más neutra y más familiar, mientras que la realización abierta se percibe como más extraña. Caballito es el barrio en el que los hablantes más reaccionan ante los estímulos (son relativamente pocos los juicios neutros), mostrándose habituados tanto a la variante abierta como a la variante cerrada de la vocal final /o/. Para los hablantes de Recoleta, la variante abierta es menos saliente que la pronunciación cerrada, pero también califican las dos realizaciones como familiares, al igual que los habitantes de Villa Urquiza, donde la variante abierta también resulta levemente más neutra, pero no se puede distinguir una tendencia muy clara.

La evaluación de las variantes de la vocal final /o/ según los criterios "culto" vs. "vulgar" muestra un panorama parecido a lo que hemos visto hasta el momento y, por lo tanto, no proporciona información nueva. Observemos, ahora, si se asocian las variantes a uno de los dos estereotipos ("cheto" o "negro"), expuestos en el cuadro 9.23. El número muy alto de juicios en el medio demuestra que la mayoría de los informantes no relaciona ninguna de las dos variantes de la /o/ final a un determinado estereotipo. Si se observa solamente la parte de los juicios que sí se inclinaron por uno de los dos lados, se puede ver que la variante más cerrada [o] se atribuye a los estereotipos de forma relativamente equilibrada, pero que la variante abierta [ɔ] se tiende a asociar más frecuentemente con el estereotipo "cheto". Si bien el número es reducido, este resultado correspondería a la hipótesis que establecimos sobre la base de las menciones explícitas y las imitaciones de los hablantes en nuestro trabajo preliminar. Ahora bien, si diferenciamos estas respuestas según el sexo de la voz grabada, el cuadro que se nos presenta (9.24) es muy parecido a los que se refieren a los criterios de agrado y de familiaridad. Con la diferencia de que aquí, en los estímulos grabados con voz femenina, la variante cerrada de la vocal /o/ se percibe menos neutra que la variante abierta (cf. *supra*, cuadros 9.20 y 9.21) y de que no hay tantas evaluaciones extremas (cf. cuadro 9.21), se nos presenta un panorama ya muy conocido: enunciada por una voz

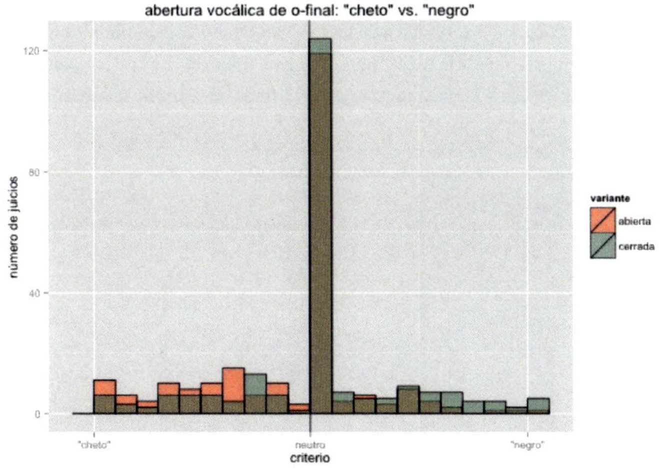

Cuadro 9.23.: Apertura vocálica de /o/, "cheto" vs. "negro", todos los informantes

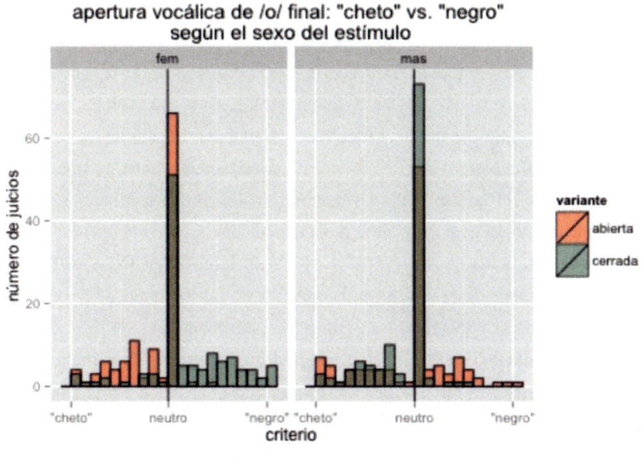

Cuadro 9.24.: Apertura vocálica de /o/, "cheto" vs. "negro", según el sexo del estímulo

femenina, la variante abierta se relaciona claramente con el estereotipo del "cheto" y la variante cerrada se atribuye a una forma de hablar "negra". Cuando se pronuncia por una voz masculina, en cambio, la variante cerrada se percibe de manera mas indiferente y se tiende a asociar más con el estereotipo del "cheto", mientras que la variante abierta se relaciona con casi igual frecuencia con los dos criterios. Antes de contemplar la localización geográfica de las dos variantes, veamos, por último y brevemente, la diferencia de su clasificación como "cheto" o "negro" según el barrio de residencia de los informantes, representada en el cuadro 9.25. Es evidente que si se diferencia por los seis barrios, el número de

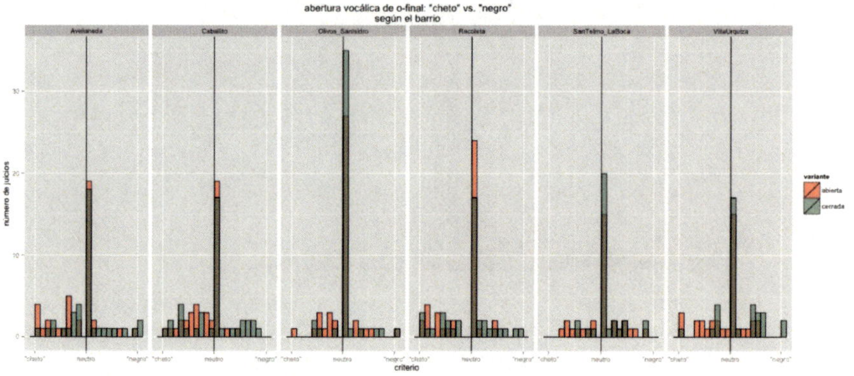

Cuadro 9.25.: Apertura vocálica de /o/, "cheto" vs. "negro", según el barrio de los informantes

juicios que asocia una de las dos variantes con algunos de los dos estereotipos en cada barrio es aún más reducido y no permite hacer una conclusión definitiva. Lo que sí se desprende de este cuadro, sin embargo, es que los hablantes de los barrios de Avellaneda, Caballito y Recoleta reaccionan de manera muy parecida frente a las variantes de la vocal final /o/, con una percepción de la variante abierta como ligeramente más neutra en Recoleta. En Zona Norte es donde menos saliente aparece la variable, y, finalmente en La Boca y San Telmo y en Villa Urquiza se clasifica la variante cerrada como más neutra y no se puede distinguir una tendencia muy clara de actitudes hacia uno o el otro lado.

Observemos, ahora sí, la localización geográfica que los informantes hacen de las dos variantes de la vocal (cuadro 9.26). A diferencia de la ubicación geográfica de las variantes de la palatal rehilada y de la sibilante final, en el caso de la vocal final /o/ predomina claramente la tendencia de localizar las dos variantes en toda el área urbana de Buenos Aires. Sin embargo, aunque no de manera tan palpable como en el caso de las otras variables, se puede observar que la variante más cerrada [o] se tiende a ubicar más en el sur, mientras que la variante más abierta [ɔ] se suele asociar más con la forma de hablar del norte de la ciudad. Sobre todo la comparación de la ubicación de las dos variantes en el centro y el norte ("NorteCentro") con la localización exclusiva en el sur ("soloSur") permite esta interpretación. Fijémonos, ahora, si este resultado difiere según el barrio de los hablantes. Se desprende de los gráficos en el cuadro 9.27 que tal como se ha vislumbrado ya en el cuadro que representa la ubicación de las variantes de /o/ por parte de los hablantes de todos los barrios (9.26), no se pueden determinar tendencias evidentes de situación geográfica de una u otra realización. En la mayoría de los barrios estamos ante una distribución bastante equivalente de las dos variantes entre las zonas urbanas, con un

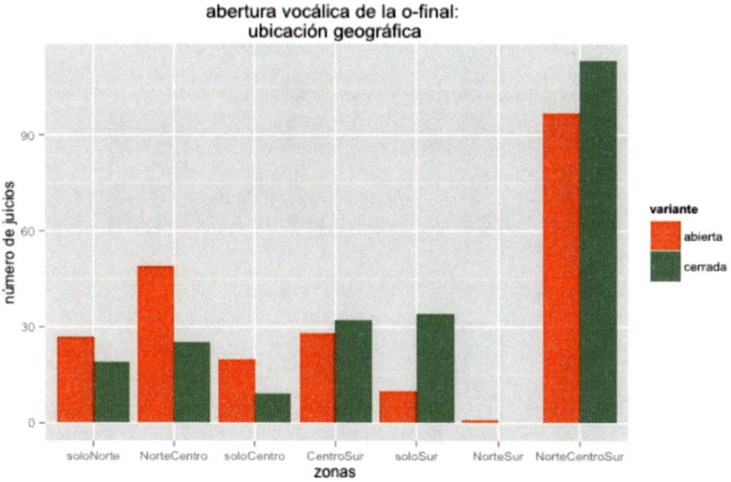

Cuadro 9.26.: Apertura vocálica de /o/, localización geográfica, todos los informantes

número muy elevado de juicios que ubican ambas en todas las áreas. Cabe señalar, sin embargo, que los hablantes de Villa Urquiza destacan con su reacción frente a la variante abierta de la /o/ final; aquí es donde, en comparación con los otros barrios, más frecuentemente se ubica o solo en el norte o bien en el sector norte-centro. En Avellaneda y en los barrios del sur se presenta una imagen parecida, aunque mucho menos marcada, mientras que en los demás barrios la realización abierta no parece asociarse con el norte. En Caballito, en Recoleta y en Villa Urquiza, por el otro lado, se presenta un mayor grado de juicios que sitúan la variante más cerrada en los sectores del sur, lo cual no es el caso en los restantes barrios, e indica, pues, que para los hablantes de los barrios más norteños se trata de un rasgo saliente, asociado más bien con estilos lingüísticos ajenos a los que se asignan a sí mismos.

De toda la información presentada aquí respecto de la percepción del grado de apertura de la vocal final /o/ podemos concluir que se trata de un rasgo evidentemente mucho menos saliente que las dos variables anteriormente discutidas, ya que en todos los cuadros, el número más alto de juicios se refiere a una posición neutra. No obstante, se pueden determinar tres tendencias: en primer lugar, que la valoración de las variantes abierta y cerrada difiere notablemente según el sexo de la voz grabada. Se ha podido observar, sin embargo, que enunciada por una voz femenina, es la variante abierta la que se percibe como más agradable y más familiar, mientras que si la voz del estímulo es masculina, se invierte esta situación y es la variante cerrada la que aparece evaluada con estos atributos. En segundo lugar, hemos visto que si bien en cantidad reducida, la variante abierta tiende a asociarse con el estereotipo del "cheto", lo cual coincide con las menciones explíticas y el comportamiento de los informantes en el momento de imitar

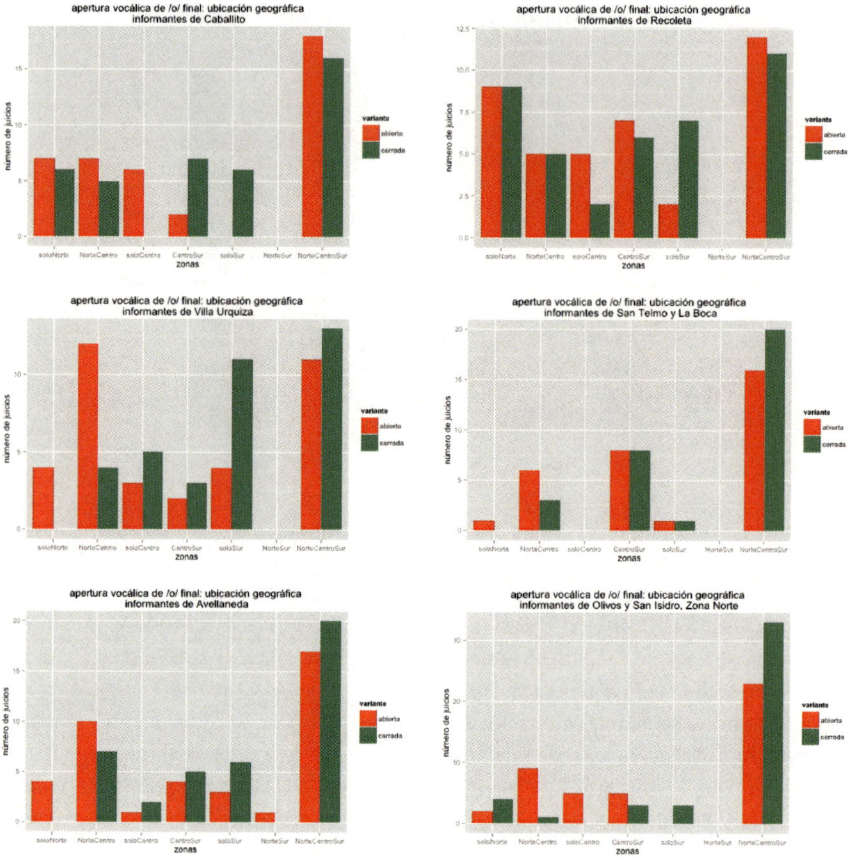

Cuadro 9.27.: Apertura vocálica de /o/ final, localización geográfica según el barrio de los hablantes

este estilo. Y por último, probablemente como consecuencia de ello, la variante abierta se localiza más frecuentemente en el norte del espacio urbano, mientras que la realización cerrada se tiende a ubicar mayormente en el sur de la ciudad.

De todos modos, los resultados aquí presentados indican que el rasgo de la calidad de las vocales en posición final de palabra que, tal como se ha mencionado inicialmente, aún no ha sido investigado en el español de Buenos Aires, merece un estudio más amplio y más profundo, tanto acerca de su producción (y distribución en el espacio urbano) como de su percepción y evaluación por parte de los hablantes.

Luego de haber examinado los tres rasgos del nivel fonético-fonológico en cuanto a la percepción de sus variantes, a las actitudes que los hablantes presentan al respecto y a su localización en el espacio geográfico, en lo que sigue pasaremos al nivel léxico y examinaremos algunos términos seleccionados respecto de su grado de saliencia, su evaluación y su ubicación en el área urbana.

9.2. Estímulos léxicos

Tal como se ha comentado en la parte metodológica, la selección de los vocablos integrados en el experimento de percepción (y presentados aquí en orden alfabético) no es arbitraria, sino que se hizo en base a los enunciados metalingüísticos de los propios hablantes (Würth 2009) para caracterizar o imitar el uso del habla de determinados sectores sociogeográficos en la ciudad. Tales menciones también surgieron en nuestro corpus: muchos de los vocablos que examinamos en el experimento de percepción fueron comentados explícitamente por parte de los informantes en algún momento de la entrevista semi-guiada. Estos registros los incluiremos en este capítulo para complementar los resultados cuantitativos con ejemplos concretos.

Salvo muy pocas excepciones, que comentaremos en su momento, todos los términos presentados aquí se consideran, según la definición de Conde (2004) (discutida ya en el cap. 5), elementos del lunfardo –o de diferentes lunfardos– entendido como vocabulario popular y de confianza (Conde 2004: 8; Kubarth 1986: 205). Como tales, echarán luz sobre el la percepción, las connotaciones sociales, y la asociación geográfica de algunas expresiones de este fenómeno en Buenos Aires hoy en día.

A diferencia de los estímulos fonéticos, los estímulos léxicos se presentaron en el cuestionario digital de forma escrita, o bien aislados o bien integrados en frases cortas, para así evitar alguna influencia de la voz grabada. Además, esto nos permitió agregar el criterio del sexo para ver si el vocablo se asocia más con una forma de hablar femenina o con un estilo masculino. Por el otro lado, esto significa que cada expresión aparece solo una vez en el experimento, es decir, que el número de juicios para cada variable corresponde al número total de los 60 hablantes y, por lo tanto, es mucho menor que en el caso de los estímulos fonéticos, sobre todo cuando, además, se diferencia por el barrio de residencia de los hablantes. Pero aún así, las respuestas que veremos a continuación revelan algunos aspectos trascendentes de la carga social y geográfica que implica el uso de ciertos vocablos en la ciudad de Buenos Aires. Y aunque el número de juicios en los cuadros diferenciados por los barrios de residencia es reducido y de ninguna manera se puede considerar representativo, en algunos casos sí resulta interesante realizar tal diferenciación para algunos aspectos puntuales entre los hablantes de las distintas áreas.

9.2.1. *"Amigo"*

La primera palabra que analizaremos más detalladamente es la voz *amigo*, que en el cuestionario estuvo presentada de manera aislada, pero como vocativo «¡Amigo!». Ya que se trata de una expresión muy común, pero que en combinación con la interjección *eh* se usa con regularidad como estereotipo –parecido a "eh loco", como hemos explicado en el capítulo 7–, el objetivo de incluirla aquí es, precisamente, ver las reacciones que los hablantes muestran cuando esta aparece sola, fuera de contexto. Veamos, primero, la evaluación del término según los 5 criterios establecidos. El panorama actitudinal que el cuadro 9.28[6] refleja para la palabra en cuestión deja ver dos tendencias: por un lado, un número

6 En lo que concierne al resto de este capítulo, los gráficos que presentan el espectro actitudinal para los distintos términos seleccionados muestran los cinco criterios de evaluación uno al lado del otro, denominados en la barra superior y con el

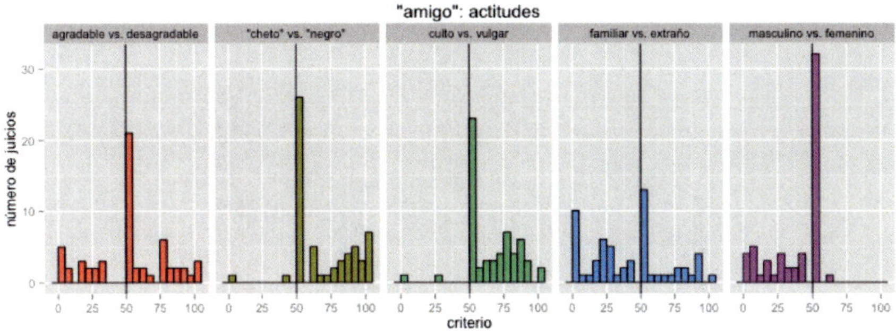

Cuadro 9.28.: *Amigo*, evaluación por todos los informantes

elevado de informantes (más de 20 personas, salvo en el caso del criterio de familiaridad) reacciona de manera indiferente al estimulo "amigo". Como era de esperar, se trata de un vocablo sumamente familiar, y su clasificación según el criterio de agrado también es relativamente equilibrada. En cuanto a los demás criterios, sin embargo, los hablantes que no perciben el término como neutro se inclinan notoriamente hacia una evaluación del mismo como "más negro", "más vulgar" y "más masculino" –calificaciones que indican la conciencia de su carga social en determinado contexto de interacción. La misma conclusión se puede sacar de la localización geográfica del término (cuadro 9.29), donde se ve que o bien se clasifica como expresión que se usa en toda el área de la ciudad ("NorteCentroSur") o bien se asocia con la zona del centro y del sur ("CentroSur" y "soloSur"). Se hace evidente que a pesar de aparecer de manera aislada, fuera de contexto y sin la interjección *eh*, el término *amigo* contiene implícito el estereotipo mencionado, por lo cual su clasificación en el cuestionario digital causó cierta ambigüedad, manifestada también de manera explícita por los informantes después de haber terminado el experimento:

(1) Algunas son medio ambiguas igual, porque hay algunas que entran como en el negro y en el cheto, depende. Por ahí algunos que no se escuchan, "amigo" por ejemplo, "amigo" es re normal, pero si decís "eh amigo" [imita], lo escuchaste vos alguna vez, la ponés en lo negro, y si te dicen "amigO: no sé quÉ:" [imita] es más cheto. Pero "amigo" en seco es norm-... (hablante masculino, 30 años, Villa Urquiza).

(2) Igual la flasheé[7] como que era como "amigO" [imita] y no "amig[ɔ]" [...]. Sí, depende mucho de la pronunciación, es eso, la pronunciación y la intención. No es lo mismo decir "eh amigo, cómo andá[ø], tené[ø] una moneda" [imita] que "eh amigo cómo estás". Como son, estás hablando de amigo o alguien te está hablando y te está diciendo "eh amigo" para algo (hablante masculino,

respectivo porcentaje en el eje x. Cabe recordar que el 50 % se refiere a una evaluación "neutra", el 0 % al máximo del primer par y el 100 % al máximo del segundo par en cada criterio.

7 *Flashear*: 'imaginar algo muy fantasioso', col. 'sentirse deslumbrado o muy impresionado con algo o alguien' (DIEA, *s.v. flashear*).

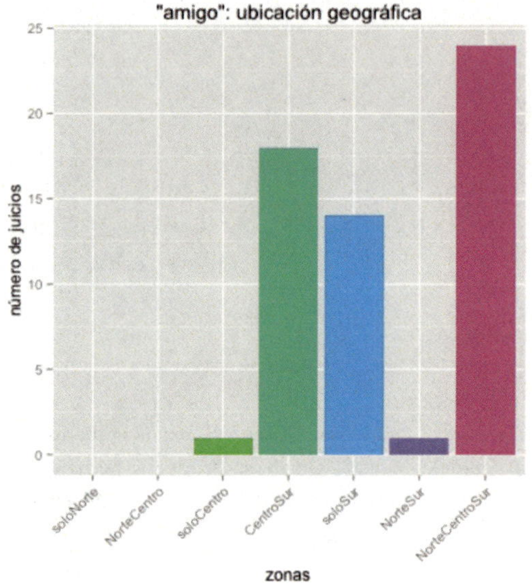

Cuadro 9.29.: *Amigo*, localización geográfica, todos los informantes

30 años, Villa Urquiza).

(3) No sé, por momentos me di cuenta que hay expresiones que por ahí se me hace que puede cambiar más de zonas por la entonación que se le da. O lo que se le pone antes. "Eh amigo" no es lo mismo que "amigo", qué sé yo (hablante femenina, 29 años, La Boca).

De manera palpable, se desprende de estos ejemplos que el vocablo *amigo* recibe su valor indexical tanto por la combinación con la interjección *eh* («lo que se le pone antes») como por la realización de la vocal /o/ final de la palabra («la entonación que se le da»), y, además, por la combinación con otros elementos salientes como la elisión de la sibilante final o determinados contextos de interacción, como, por ejemplo, el lugar donde se enuncie el vocativo o la intención pragmática que esté detrás (por ejemplo la situación de alguien pidiendo una moneda, como se ve en el ejemplo (2)). En función de estos elementos, la palabra incluso puede representar dos estereotipos opuestos, tanto el "negro" como el "cheto", según indica el hablante del ejemplo (1). Sin embargo, el cuadro 9.29 ha demostrado que si aparece fuera de contexto, la expresión *amigo* suele caracterizarse o de manera indiferente o como parte de un estilo más relacionado con el "sur", lo cual significa que los valores indexicales de los elementos combinatorios antes señalados por parte ya se han extendido al término en sí.

9.2.2. *"Boludo"*

Algo parecido ocurre con el término *boludo*, una expresión que, como hemos visto en el capítulo 7, en su función de vocativo y de "muletilla" en el habla bonaerense de hoy en día alcanza un uso extremadamente difundido (por no decir casi inflacionario), de modo que los mismos hablantes la consideran representativa para el español de Buenos Aires frente a otras variedades diatópicas, como hemos visto en el capítulo introductorio sobre el porteño. En el experimento de percepción aparecía integrada en la frase «No, boludo, escuchame». Fijémonos, ahora, en su evaluación de acuerdo a los criterios del experimento. El cuadro 9.30 demuestra que, en efecto, se trata de una expresión sumamente familiar para

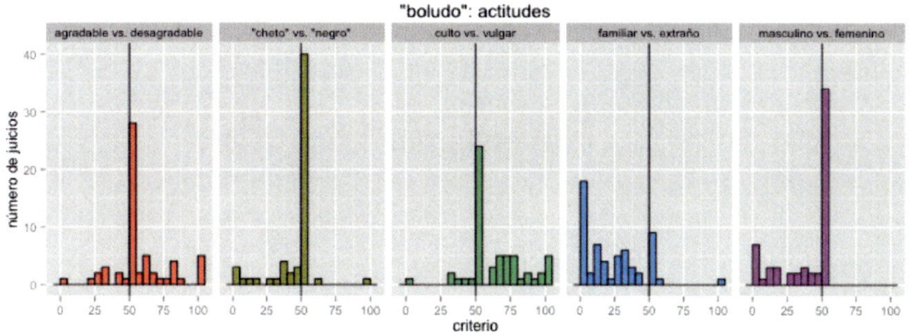

Cuadro 9.30.: *Boludo*, evaluación por todos los informantes

todos los hablantes. Además, se asocia claramente con un uso del habla más masculino. Sin embargo, su evaluación no es del todo favorable: mientras que respecto del criterio de agrado solo se califica como levemente más desagradable, en el criterio de formalidad o corrección ("culto" vs. "vulgar") claramente se considera como más vulgar. Lo que resulta interesante, ahora, es la reacción de los hablantes hacia el vocablo *boludo* frente al criterio de los dos estereotipos: aunque la mayoría no atribuye la palabra a ninguno de los dos extremos, los que sí la consideran emblemática la asociaron más con el estereotipo del "cheto". Esta situación se refleja de igual manera en la ubicación geográfica del término, representada en el cuadro 9.31. Evidentemente, la gran mayoría de los informantes considera que el término *boludo* se usa en toda el área urbana de Buenos Aires, lo cual coincide con lo que hemos mencionado en el capítulo 7. Sin embargo, destacan algunos juicios –aunque en un número reducido– que tienden a ubicarlo más en el sector del norte y del centro, mientras que solo en dos casos se clasifica como característico de la zona centro-sur o sur, lo que a su vez encaja con el resultado que arrojó la evaluación del término, que, respecto del criterio de los dos estereotipos, mostró una tendencia a clasificarlo más como "cheto". Si diferenciamos estas respuestas por el barrio de residencia de los hablantes, se presenta la imagen expuesta en el cuadro 9.32. Está claro que al diversificar tanto el resultado, el número de juicios para cada barrio queda muy reducido. Aún así, se puede observar que los barrios donde la expresión *boludo* más notoriamente se ubica en el área del norte y del centro son los de Zona Norte, Recoleta y

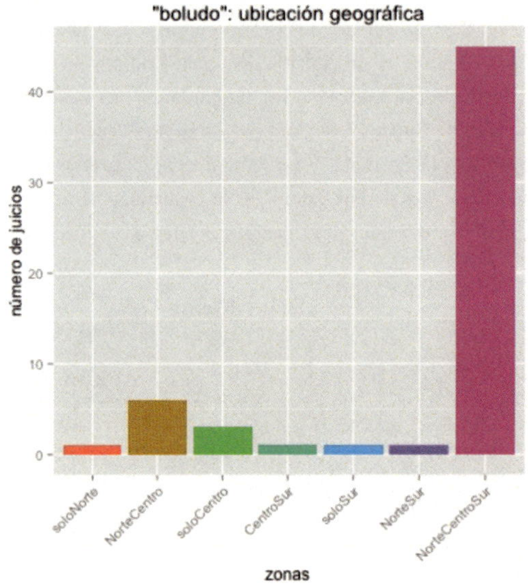

Cuadro 9.31.: *Boludo*, localización geográfica, todos los informantes

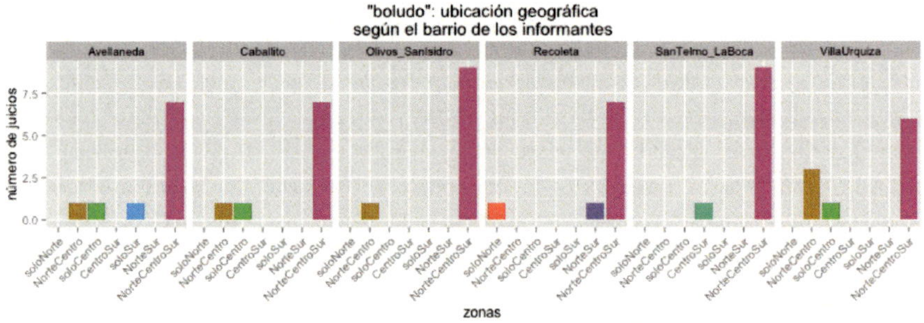

Cuadro 9.32.: *Boludo*, localización geográfica, según el barrio de los informantes

Villa Urquiza, es decir, los barrios que se sitúan en el "norte" geográfico y social. Entre los hablantes de Avellaneda y en San Telmo y La Boca, en cambio, el término se ubica más en el sur o en el centro-sur. Los hablantes se expresan de modo explícito respecto de este vocablo:

(4) Pero sí, Palermo, Recoleta lo puedo re identificar, es como... así como hablo yo: muy acelerada, [...] Como que sin modular, sin... sin descansar. Mucho el "boludo", mucho el "che", mucho el... eso. [...] Y acá ya nos vamos más a... barrio. Podemos llamarlo barrio, como que es el... [...]

el modo de hablar como más relajado, mas con otro ritmo, más... más modulado, [...] creo que usan el "che" también y el "boludo", no sé si es algo particularmente de acá. pero quizás acá pecamos de "[bol'ɔ]" [imita], aunque puede ser que esté cayendo en el estereotipo, y acá quizás no (hablante femenina, 28 años, Recoleta).

(5) Pero también reconozco que si te criás en un ambiente que todo el tiempo estuvieron diciendo "boludo", "tipo que, tipo que" [imita], aprendés a hablar así (hablante femenina, 35 años, Recoleta).

(6) Y acá es más "boludo", más gritando, más... Cosa difícil... (hablante femenina, 35 años, Recoleta).

(7) También está más, bueno, por acá también está todo el tema del fútbol, con lo cual toda le jerga futbolera se mezcla con todo. Pero bueno, está todo esto del lenguaje más de, bueno, más de cancha de... de "che, loco, boludo, maricón" [imita] (hablante femenina, 33 años, La Boca).

Estos ejemplos reflejan las situaciones disímiles que se presentan respecto del término *boludo*. En primer lugar, la hablante de Recoleta del ejemplo (4), al momento de comentar su mapa mental, menciona la palabra *boludo* como propia del estilo de los barrios de Recoleta y Palermo, un estilo con el que notoriamente se identifica, poniéndose a sí misma como ejemplo. No obstante, líneas abajo opone este estilo a una variedad que sitúa en el sur, denominándola como «más barrio», declarando nuevamente la expresión *boludo* (junto con la interjección *che*) como típica de esta forma de hablar. Tal doble mención la lleva a reflexionar al respecto, y ahí es cuando indica que la diferencia «quizás» resida en la pronunciación ([bol'ɔ] vs. [bo'luðo]), fenómeno que ya hemos comentado anteriormente. En el ejemplo (5) se da una situación parecida, pero en este caso, la hablante de Recoleta no se identifica con el estilo atribuido a su barrio, sino que presenta una actitud algo negativa al respecto, pero al mismo tiempo justifica dicha forma de hablar con una influencia del entorno social de la que uno difícilmente se puede desligar. Por otro lado, en el ejemplo (6) la misma hablante también se refiere metonímicamente a una forma de hablar que ubica más en el sur (señalándola en el mapa dibujado) a través de la palabra *boludo*, junto a una caracterización de dicho estilo como «más gritando». En el último de los ejemplos presentados arriba (7), una hablante de La Boca, a su vez, recurre al mismo término junto con la interjección *che* y vocativos más vulgares para describir un uso del habla característico que asocia con ciertos grupos en su barrio (en los que ella no se incluye) y que está influenciado, según ella, por una jerga futbolera y local.

La situación de *boludo* es pues mucho más compleja de lo que aparenta a primera vista. Por un lado, se trata de un vocativo sumamente común en el habla informal de los porteños, empleado entre jóvenes para construir intimidad, pero que al mismo tiempo también puede usarse como insulto con el significado de 'tonto' o 'imbécil', como ya hemos indicado. Dada su enorme frecuencia, el término incluso adquirió carácter de estereotipo para referirse a la variedad porteña en su totalidad, como también hemos visto en el capítulo 7. Al mismo tiempo, dentro del contexto urbano, su percepción es algo ambigua, porque se vincula tanto con un estilo más "cheto" ubicado en el norte, con los respectivos valores indexicales que implica esta relación y, probablemente, activando la asociación con determinados rasgos fonéticos, como también con un estilo considerado "más barrial", más vulgar, más local y más sureño, que implica otros significados completamente distintos. Además, usado en este contexto, al tratarse quizás de uno de los lunfardismos más conocidos, el vocablo probablemente cumple cierta función metonímica para determinados usos del lunfardo, a su vez un término difícil de definir y de atribuir a determinado contexto geográfico o social, como hemos visto. Con todo, se observa que ocurre cierto proceso de negociación o apropiación acerca del término para construir el propio estilo, como también, al mismo tiempo, su uso para delimitar el estilo de otros.

9.2.3. *"Chabón"*

Otra palabra a la que ya hemos hecho alusión (cf. cap. 7.4) es *chabón*, con el significado de 'persona joven' (DIEA, *s.v. chabón*) o 'muchacho', usado para referirse a otra persona o como forma de tratamiento desde mediados de 1980 (Conde 2004: 122). Se trata de un término recuperado del viejo lunfardo (creado por síncopa del esp. *chambón* 'de escasa habilidad, poco hábil'), en el que significaba 'torpe', 'inexperto' (Conde 2011: 499-500). Según Conde (2004: 12), *chabón* prácticamente había desaparecido del habla popular, pero fue revitalizado en los años 80 a través del rock nacional. El disco *After chabón* de la banda *Sumo* del año 1987 ha contribuido de manera decisiva a la recuperación de esta palabra (Conde 2004: 12)[8].

En algunos ejemplos de los mapas individuales ya hemos visto que el término se usa para referirse a distintos grupos. Veamos, pues, los resultados del experimento de percepción, donde estaba integrado de manera aislada como estímulo «chabón». El número elevado de juicios neutros en el gráfico 9.33 y, sobre todo, las calificaciones respecto del criterio de familiaridad demuestran de manera notoria que *chabón* hoy en día se considera como una expresión común por parte de los hablantes porteños. En cuanto al criterio de agrado, casi la mitad de los informantes lo evaluó de manera neutra, y en los juicios que lo califican o bien de manera positiva o bien negativamente no se puede delimitar ninguna tendencia clara. Tampoco se adjudica de modo evidente a uno de los dos estereotipos. Los criterios que sí causaron más reacción fueron el de corrección o formaliad y el del sexo: evidentemente, el término *chabón* indexicaliza un estilo más vulgar, es decir, más coloquial o también popular y se asocia más con un hablante masculino.

Veamos, ahora, de qué manera los informantes ubicaron el término en el espacio geográfico, representado en el cuadro 9.34. Tal como en el cuadro actitudinal, se observa aquí la gran difusión que la palabra presenta hoy en día como expresión popular; la gran mayoría de los informantes la asocian con todo el área urbana de Buenos Aires. Otro grupo relativamente numeroso la ubica únicamente en el

8 En los años 1990, en Buenos Aires surgió una corriente del rock nacional llamada *rock chabón* (o también *rock barrial* o *rock cabeza*), un estilo musical que en esa época representaba las clases populares, la calle, la marginalidad social y geográfica y la cultura futbolera, y a través de su estética y de sus letras constituía cierta antípode frente a la clase media y alta (Semán y Vila 2002: 70). Las letras hacían constante referencia al barrio como el lugar privilegiado y definitorio del actor social, mediante repetidas alusiones geográficas concretas en las canciones –que simbolizaban la valoración del barrio como tal así como también de la existencia social anclada en el barrio (Semán y Vila 2002: 83). El hecho de que el término *chabón* se haya prestado como denominación para este estilo también ha contribuido de manera significativa a la difusión y, no en último término, al valor socioindexical que posee hoy en día.

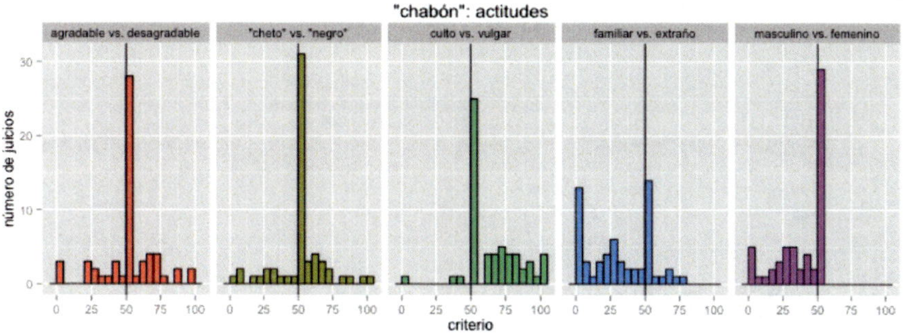

Cuadro 9.33.: *Chabón*, evaluación por todos los informantes

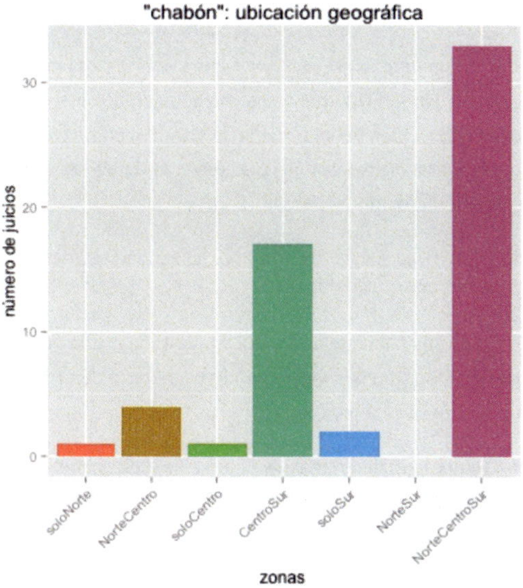

Cuadro 9.34.: *Chabón*, localización geográfica, todos los informantes

centro y en el sur, lo cual indica que se vincula con la forma de hablar de los sectores más populares, un valor indexical que no sorprende en vista de su caracterización como más vulgar y más masculino. Más sorprendente resulta, en cambio, la ubicación del término en el norte y en el centro que realiza un grupo limitado. Si contemplamos la división por el barrio de residencia de los informantes, vemos que estas reacciones se dan sobre todo entre habitantes de los barrios de Zona Norte, lo cual apunta a que estas personas, que se sitúan a sí mismas en el sector norteño, estén familiarizados con el uso de la palabra (cuadro 9.35). Ahora, no solo cambia la localización del término según el posicionamiento

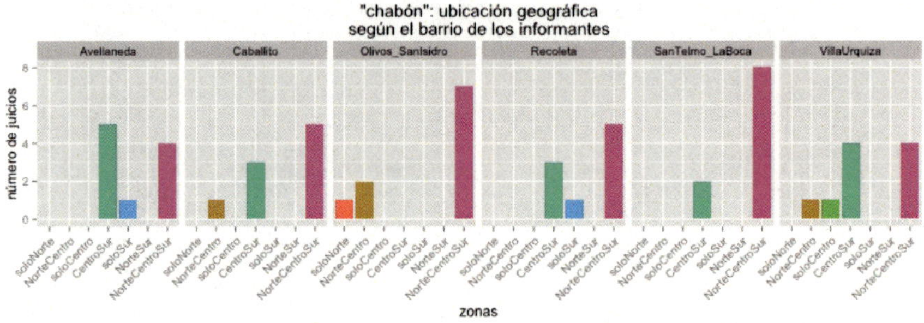

Cuadro 9.35.: *Chabón*, localización geográfica, según el barrio de los informantes

de un/a hablante en el espacio geográfico y en la estructura social de la ciudad, sino también su valor indexical. De este modo, en el ejemplo (8), que ya hemos comentado en el capítulo anterior, el hablante de Caballito considera el uso de *chabón* en su función de vocativo como parte de su variedad, de un uso del habla "normal", oponiéndolo a otros términos que según él tienen un valor más vulgar (vinculados con la pérdida de la sibilante final, como ya hemos visto).

(8) O sea, en vez de decir "qué hacés chabón" por ahí dice "qué hacé[ø] guacho forro" [imita] (hablante masculino, 31 años, Caballito).

Por otro lado, el ejemplo (9) de una hablante de La Boca muestra que ella misma no incluye la expresión en su propia forma de hablar, sino que la asocia con el vocabulario de otro grupo social (dentro de su barrio) relacionado con un estilo "cumbiero".

(9) Y después, bueno, todo ese dialecto más de cumbia, de "eh chabón, eh loco, vieja" [imita], qué sé yo (hablante femenina, 29 años, La Boca).

Chabón, entonces, se adjudica de manera estereotipada a diferentes grupos sociales. Además, se trata de un término que, según los comentarios metalingüísticos que surgen al respecto, parece haber cambiado considerablemente en cuanto a su difusión y su significado social:

(10) Y sería interesante también pensar en los términos que emergen desde el centro, ¿no? [...] Son... como el ejemplo de "chabón". [...] "Chabón", que es el nombre de un disco de un músico acá muy como entre popular y culto porque es un europeo de clase alta, digamos, que es un adicto que viene a Buenos Aires y dijo "chabón". "Chabón", qué onda. "After chabón". O sea, los chabones eran los que, los pibes de barrio, ¿no? Pero él era una especie de cheto también. ¿No? Europeo, ¿viste? Llegó y dijo "after chabón, esto es el nombre de mi hijo porque chabón". Ese pibe de barrio es el roquero, ¿no? Es el pibe de Almagro, de Caballito, digamos, de la zona... [...] Es como que surge de la zona centro, ¿no? y se expande hacia el norte y

hacia el sur. El rock chabón, ¿no?, que este músico grandioso Luca Prodan[9], ¿viste?, que en los ochenta, ¿viste?, vino. Hizo cosa increíble de lo musical con todo un arrastre de lo que pasaba en Europa, ¿no? Del movimiento más under de Europa se instaló en la zona céntrica, ¿no?, y reivindicó el "chabón", al rock chabón, o sea (hablante masculino, 30 años, Recoleta).

(11) "Chabón", por ejemplo. "Chabón" no creo que haya salido de arriba. Salió de abajo. Para mí fue escalando bastante. "Chabón" es una palabra que ha escalado mucho [se ríe] (hablante masculino, 27 años, Recoleta).

La reflexión detallada acerca del término en cuestión y de su origen en la corriente del *rock chabón* en el ejemplo (10) muestra una conciencia muy marcada del hablante tanto acerca del fenómeno musical como también respecto de la palabra *chabón*. Siendo el primer vocablo que se le viene a la mente cuando piensa en expresiones que hayan «salido» del centro, lo vincula con un movimiento popular en el que uno de los líderes era un inmigrante europeo (considerado algo "cheto" por el hablante) y que se arraigó, según él, en las zonas céntricas (representadas en el enunciado por los barrios de Almagro y de Caballito). Desde esta zona, la expresión, aparentemente emblemática para el estilo musical y estético, se difundió «hacia el norte y el sur», es decir, sobre todo el espacio urbano. Otra posición se expresa en el ejemplo (11), también de un informante de Recoleta: sin dejar claro si él mismo incluye la palabra en su propio vocabulario, pero posicionándose en un sector medio o alto, el hablante atribuye el origen de la palabra *chabón* a un lugar (geográfico-social) «abajo» de donde, según él, se ha ido expandiendo «hacia arriba», un fenómeno que aparentemente le resulta gracioso.
El significado social atribuido al término *chabón* es, pues, diverso y ambiguo, y dada su evolución y su estrecha asociación con un movimiento cultural popular se trata de una palabra muy saliente cuyo uso puede indexicalizar valores muy determinados en cuanto a una posición social, geográfica y estilística dentro de la ciudad.

9.2.4. *"Gato"*

El siguiente término que examinaremos en detalle respecto de las actitudes que provoca y la ubicación geográfica que se le adjudica es la expresión *gato*, que ha sido objeto de varios ejemplos concretos en los comentarios metalingüísticos sobre los mapas mentales (cf. *Representaciones individuales*, 8) y que, como hemos visto, presenta un alto grado de saliencia como estereotipos para un sector social bajo ubicado generalmente en el sur de la ciudad. Aquí nos interesan entonces las evaluaciones y la ubicación geográfica que los informantes asocian al término, aplicando el método de pares falsos y de identificación dialectal, donde el estímulo consistía en una frase corta que incluía la palabra: «Este es un gato». Veamos, primero, las actitudes según los cinco criterios establecidos, expuestas en el cuadro 9.36. Este estímulo, como era de esperar, provoca reacciones muy notorias: claramente, se relaciona

9 Luca Prodan, «(un italiano educado por ingleses que vino a alejarse del mundo de las drogas y que apenas dominaba el español) trajo a la Argentina el pensamiento punk de la mano de su grupo Sumo; encarnándose en una banda mítica del rock vernáculo que desde el underground revolucionó con sus letras y con su poderosa fuerza musical el rock nacional» (Urbaitel 1999: 234).

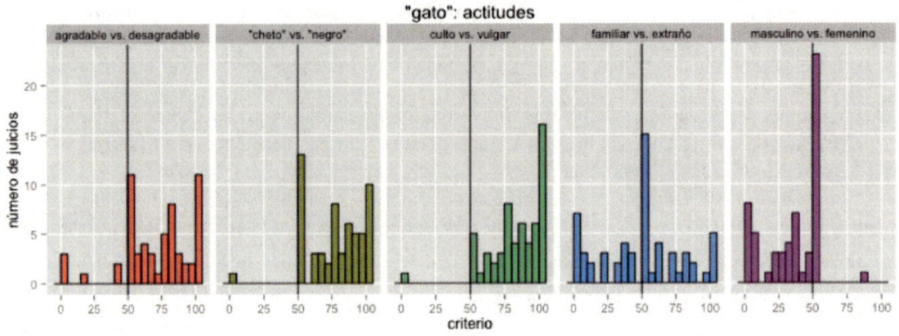

Cuadro 9.36.: *Gato*, evaluación por todos los informantes

con una forma de hablar vulgar, se atribuye al estereotipo del "negro" y se considera desagradable. En cuanto al sexo, se observa un número elevado de respuestas neutras, pero también se tiende a vincular el término con un estilo masculino. El único criterio que presenta un resultado no muy claro es el que se refiere a la familiaridad con la palabra, donde el número de juicios se distribuye de manera relativamente equilibrada entre los que la consideran familiar y los que la notan extraña. Podría haberse esperado aquí una diferencia entre los hablantes de distintos barrios, lo cual no ha sido el caso (por lo que no incluimos el gráfico aquí). Es decir, aunque se trata de una expresión claramente desprestigiada, no resulta ni desconocida ni muy extraordinaria, lo cual seguramente se debe a su fuerte presencia estereotipada.

Veamos, ahora, la localización geográfica que los informantes adjudican al término en cuestión. El gráfico 9.37 también corrobora la hipótesis (desarrollada a partir de los ejemplos vistos anteriormente) de que el término *gato* primordialmente se vincula con un estilo de los sectores en el sur de la ciudad: de manera notoria predominan las respuestas que lo sitúan en el centro y en el sur, pero sobre todo los que únicamente lo ubican en el sur. Sin embargo, también aparecen algunos juicios que lo atribuyen a toda la zona urbana, así como también, algo más sorprendente, al norte y al sur (excluyendo el área del centro). Tal como hemos podido observar en el caso de *chabón*, estas respuestas (aunque las cifras son muy reducidas) provienen también de los barrios de Zona Norte y de Recoleta, como muestra el cuadro 9.38. El resultado que se presenta aquí indica, nuevamente, que el uso de la palabra *gato*, a pesar de estar estigmatizado, para algunos informantes de los barrios norteños resulta familiar. Además, estas respuestas incluso podrían remitir a determinados fenómenos de apropiación (que comentaremos más en detalle en el capítulo 11).

9.2.5. *"Heavy"*

Pasemos, ahora, a una palabra que aún no ha sido mencionada con frecuencia en este trabajo: la expresión *heavy*, un anglicismo con el significado equivalente al que tiene la lengua de origen, 'pesado',

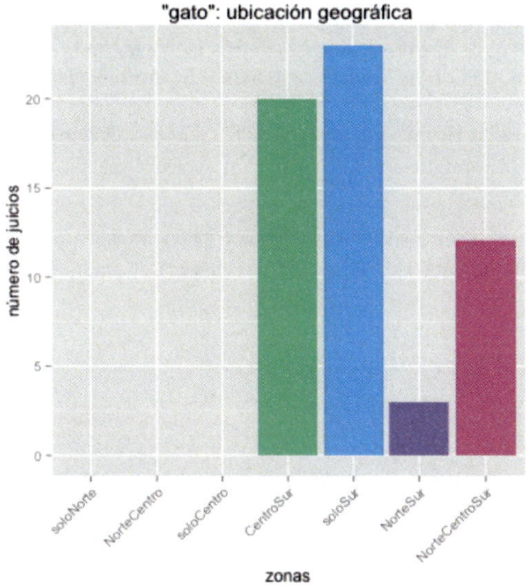

Cuadro 9.37.: *Gato*, localización geográfica, todos los informantes

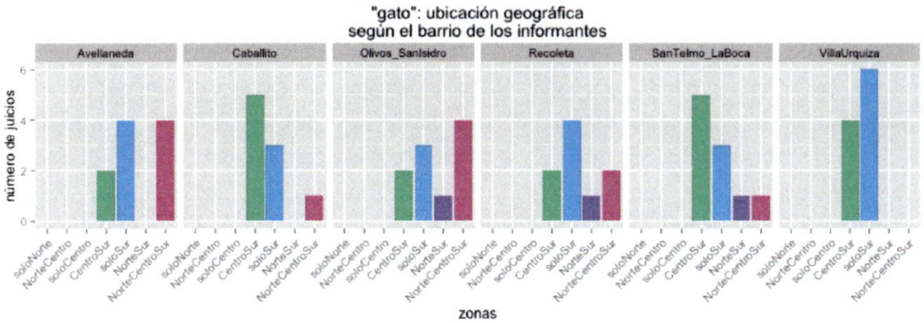

Cuadro 9.38.: *Gato*, ubicación geográfica según el barrio de los informantes

'de mucho peso', y que según la definición de Conde (2004, *s.v. heavy*) se considera como vocablo del lunfardo con las variantes *jévi*, *jevy* y *jeavy*. En nuestro corpus, la palabra aparece cuatro veces en el texto de un mismo hablante de Avellaneda, pero no en un plano metalingüístico sino como forma de designar determinadas zonas en la ciudad:

(12) ¿Qué áreas, las **heavy metal**? [...] Yendo un poco más al norte y al sur tenés el pedazo de

> Avellaneda acá que es **heavy metal** que es Dock Sud. [...] Después toda esta parte ya es mucho más **heavy metal**. Más difícil, más peligrosa, es mucho más fabril, es mucho más industrial. [...] En algunos otros distritos donde estaba más **heavy metal** la cosa, me parece que todavía se notan más las diferencias (hablante masculino, 30 años, Avellaneda).

El hablante usa la expresión siempre en combinación con *metal*, aludiendo de manera lúdica al respectivo estilo musical, para referirse reiteradamente al carácter pesado o peligroso de ciertas zonas urbanas.

Observemos, ahora, las reacciones actitudinales frente a *heavy*, término incluido en el experimento de percepción en el estímulo «Lo que pasó el otro día es heavy». Del cuadro 9.39 se desprende que *heavy*

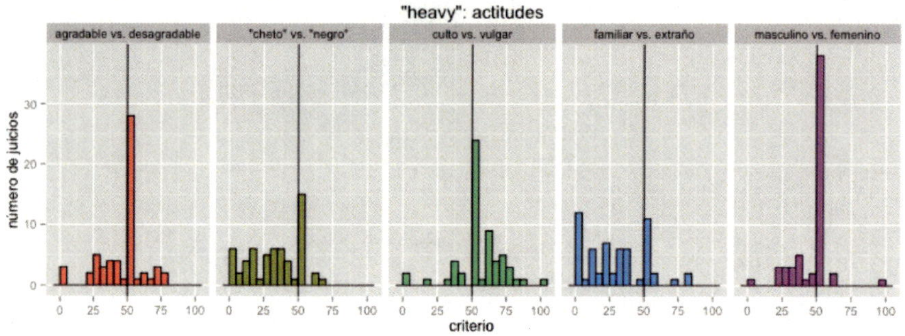

Cuadro 9.39.: *Heavy*, evaluación por todos los informantes

constituye una expresión familiar para todos los hablantes, que no se valora ni muy positiva ni muy negativamente, ni se asocia claramente con un determinado sexo, pero que sí resulta tendencialmente más vulgar. De manera notoria, sin embargo, se relaciona con el estereotipo del "cheto". Este resultado se confirma también por las respuestas respecto de la ubicación geográfica del término, representada en el cuadro 9.40. La mayoría de los informantes sitúa la expresión *heavy* o bien solo en el norte o bien en el norte y en el centro. Solo un número reducido de hablantes considera la palabra como propia del sur, pero también hay quienes la ubican en todo el territorio urbano. Al diferenciar este resultado nuevamente por el barrio de residencia de los hablantes, se nos presenta la siguiente imagen expuesta en el cuadro 9.41 Aquí observamos, claramente, que los juicios que sitúan la palabra solo en el norte provienen casi todos de los barrios norteños (de Zona Norte, Recoleta y Villa Urquiza). También predominan aquí los que la adjudican tanto al norte como al centro. En los barrios ubicados en el sur, en Avellaneda y en La Boca, aunque también hay informantes que sitúan la palabra en el norte y en el centro, aumenta el número de los que la consideran de toda el área urbana. Esto indica, otra vez, que los hablantes del "norte" perciben la expresión como más propia, lo cual no es el caso en los demás barrios. Todos coinciden, sin embargo, en su asociación con el estereotipo "cheto", lo cual probablemente se deba a que, por lo general, dicho estilo se caracteriza por un uso más frecuente de anglicismos. Es

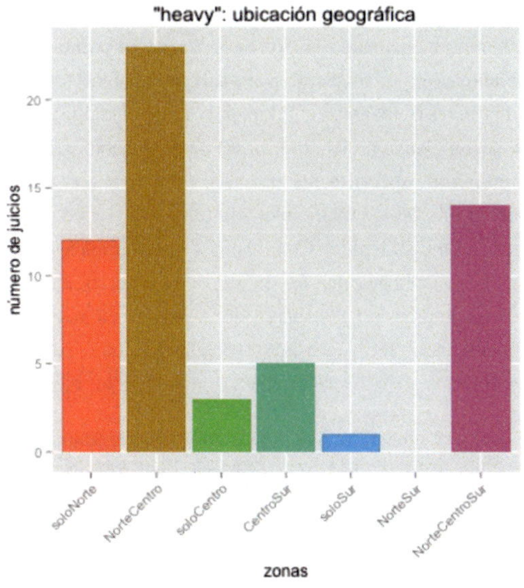

Cuadro 9.40.: *Heavy*, localización geográfica, todos los informantes

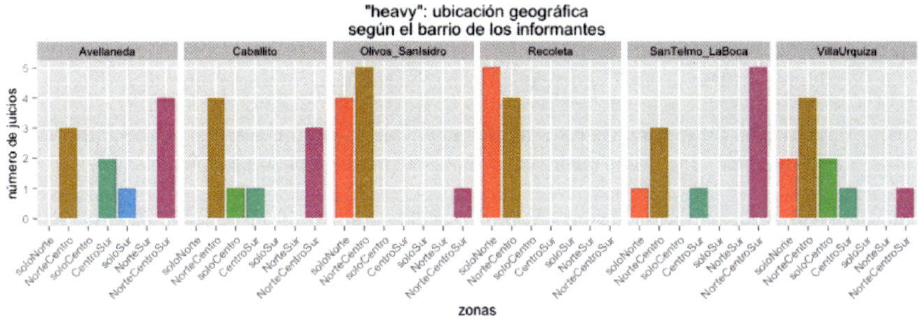

Cuadro 9.41.: *Heavy*, localización geográfica según el barrio de los informantes

decir, tal vez no sea primordialmente el contenido semántico de la expresión sino el hecho de que se trate de un anglicismo el que provoqa las reacciones actitudinales y la ubicación geográfica respecto de la palabra.

9.2.6. *"Llanta"*

En el capítulo anterior hemos mencionado la expresión *llanta* en combinación con el adjetivo *alto*, interpretada por una hablante como un modismo integrado en el habla porteña a través de la influencia de la variedad de los inmigrantes bolivianos (cf. el mapa 8.13 en el capítulo 8). *Llanta* (con su variante gráfica *yanta*) se define, según Conde (2004, *s.v. llanta*) como vocablo del lunfardo con el significado de 'calzado en general, en plural especialmente zapatillas de marca, con suelas gruesas y en modelos llamativos' y se creó por un proceso de metaforización (de llanta 'cerco de goma que cubre la rueda de los coches para suavizar el movimiento'). Como hemos visto también, la expresión *altas llantas* se convirtió en lugar común en el habla porteña, fomentado por su aparición en ciertas letras de cumbia y su estilización en programas cómicos (cf. los vídeos de Capusotto ya mencionados en el capítulo 8) y se usa de modo estereotipado para referirse a estratos sociales más bajos, especialmente a los "pibes de la calle" (cf. también *Estilización*, 10), lo cual también se refleja en los ejemplos de nuestro corpus:

(13) Sí, en el colectivo, en el subte... Ya uno, dice el pibe este, campera, gorrita y las llantas, te va a decir "eh cómo estás" [imita], qué sé yo , "eh, todo bien, guacha" [imita] (hablante femenina, 27 años, Villa Urquiza).

(14) Alta llanta (hablante femenina, 29 años, Villa Urquiza).

(15) Pero porque la gente que está en el medio, es gente que tiene otro poder adquisitivo que por ahí la clase media o la clase baja. Entonces obviamente no vas a ver a nadie que hable comiéndose la ese o que diga "guacho", "llanta", esa palabra que se usa en la calle (hablante femenina, 26 años, La Boca).

Al mismo tiempo, la palabra también aparece en enunciados de hablantes de otros barrios refiriéndose a un contexto muy distinto, lo cual sugiere que su uso no se restringe a los sectores mencionados:

(16) Y ves mucho las mujeres, la rubia de Belgrano, que va al gimnasio con las zapatill-... con las llantas a correr y que habla medio cheta (hablante masculino, 30 años, Recoleta).

El hablante aquí incluso corta la palabra *zapatilla* y decide usar *llantas* en su lugar, en el momento de describir un estereotipo de una persona "cheta" del barrio de Belgrano, es decir, una situación comunicativa que no está de ninguna manera relacionada con las que se describen en los ejemplos (13) y (15).

Veamos, ahora, los resultados que arrojó el término en el test de percepción, donde estaba integrado en la frase «Qué buenas llantas». Según muestra el cuadro 9.42, el término en cuestión provoca reacciones muy claras respecto de casi todos los criterios: claramente se relaciona con una forma de hablar masculina, más vulgar, y con el estereotipo del "negro". La mayoría de los informantes además lo evalúa de manera desfavorable. En cuanto al criterio de familiaridad, las respuestas nuevamente están repartidas de manera prácticamente equivalente entre "familiar" y "extraño". Si contemplamos la distribución geográfica que se atribuye a esta palabra, también se presenta una imagen muy clara (cuadro 9.43. La gran mayoría de los hablantes sitúa el término *llanta* en el centro y en el sur, e incluso el grupo que lo ubica

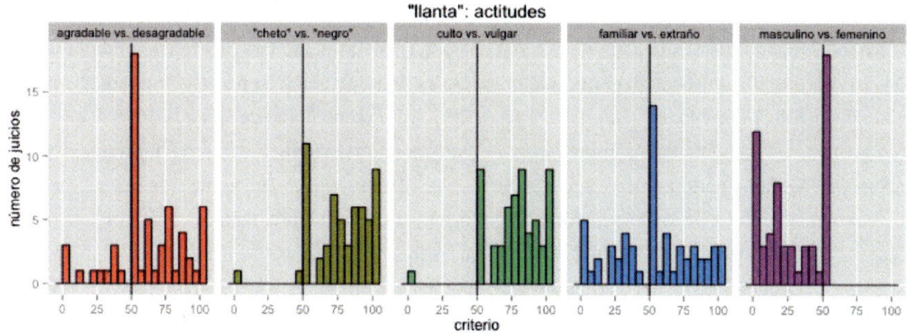

Cuadro 9.42.: *Llanta*, evaluación por todos los informantes

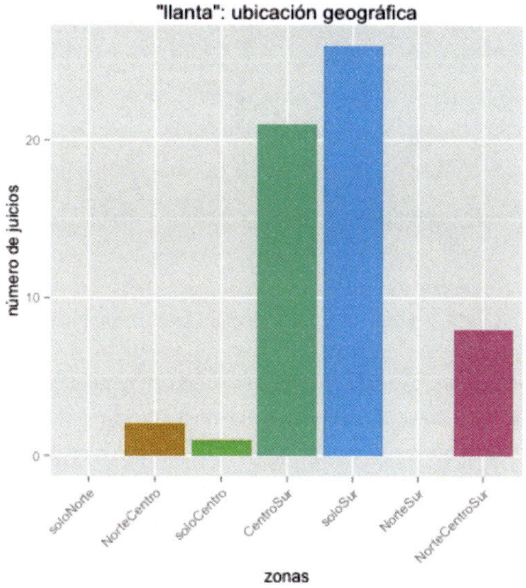

Cuadro 9.43.: *Llanta*, localización geográfica, todos los informantes

en todas las zonas no alcanza un número muy elevado. Junto con el resultado del text actitudinal, esto confirma de modo palpable que se trata de un vocablo estigmatizado, estereotipado y estrechamente vinculado con los sectores en el sur de la ciudad.

9.2.7. *"Loco"*

El término *loco* también es una expresión que aparece (generalmente en combinación con la interjección *eh*) con función de vocativo para caracterizar un estilo relacionado con los sectores en el sur, como ya hemos visto (cf. *Categorías y divisiones espaciales*, 7). Frecuentemente aparece estereotipado junto a otros vocativos ya comentados como *boludo* o *gato*, así como también con otros términos usados de manera emblemática para referirse al uso de habla considerado vulgar de los estratos bajos. Sin embargo, *loco* se usa también de manera general como fórmula de tratamiento, tanto para hombres como para mujeres (Conde 2004, *s.v. loco*). Quizás por ello, las respuestas en el experimento de percepción (representadas en el cuadro 9.44), del estímulo donde aparecía de forma aislada («Loco.»), se presenten algo diferentes en comparación con los términos *llanta* o *gato*, por ejemplo. En general, la palabra en cues-

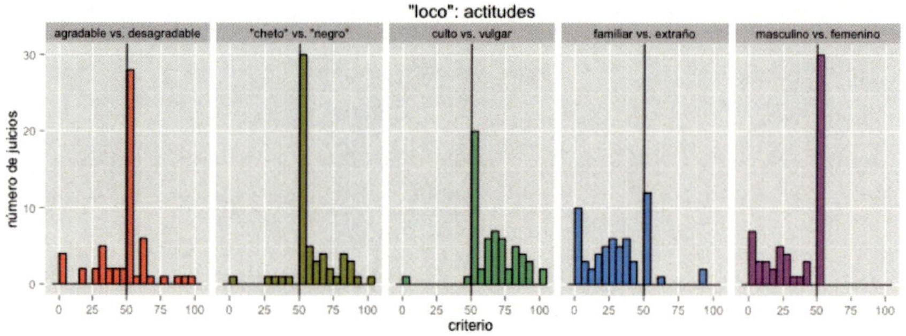

Cuadro 9.44.: *Loco*, evaluación por todos los informantes

tión se califica de manera menos extrema, visible sobre todo en el número elevado de juicios neutros respecto del criterio de agrado, así como también en el número de respuestas que la consideran familiar. Si bien se asocia tendencialmente con el estereotipo del "negro" y con una forma de hablar masculina y más vulgar, la expresión *loco* en un contexto aislado resulta menos saliente que el vocativo *gato*, lo que confirma que su uso es más común y que en este caso, lo que produce un valor indexical más concreto es su vínculo con la interjección *eh*. Este resultado se refleja también en la distribución geográfica que los informantes realizaron a partir de este estímulo léxico. En el cuadro 9.45 se observa que la mayoría de los informantes ubica el uso del término *loco* en todo el territorio de la ciudad, pero que a su vez también se suele relacionar frecuentemente con las zonas en el centro y en el sur. Cinco personas lo asocian con el norte y el centro, y en este caso, a diferencia de otros vocablos que hemos visto, son los habitantes de los barrios en el sur y de Villa Urquiza que reaccionan de esta manera (cuadro 9.46). Mientras que en Avellaneda, en San Telmo y La Boca y en Villa Urquiza se presentan hablantes que asocian el término solo con las áreas en el norte y en el centro, aquí destaca Recoleta, donde disminuye el número de juicios que consideran que el uso de la palabra se extiende por todo el espacio urbano y aumenta el número de los que lo califican como solamente del centro y del sur. Suponiendo que los

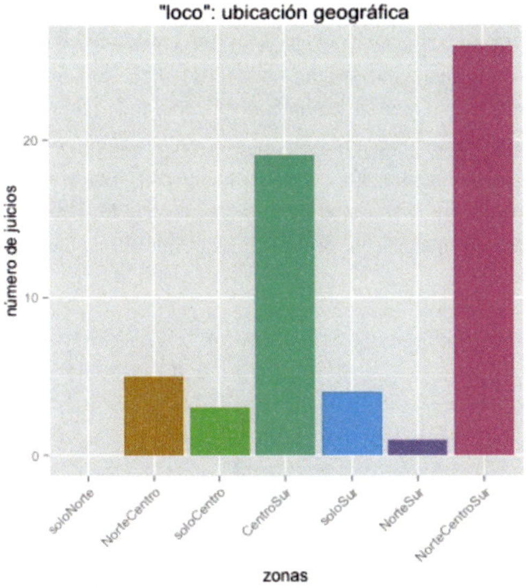

Cuadro 9.45.: *Loco*, localización geográfica, todos los informantes

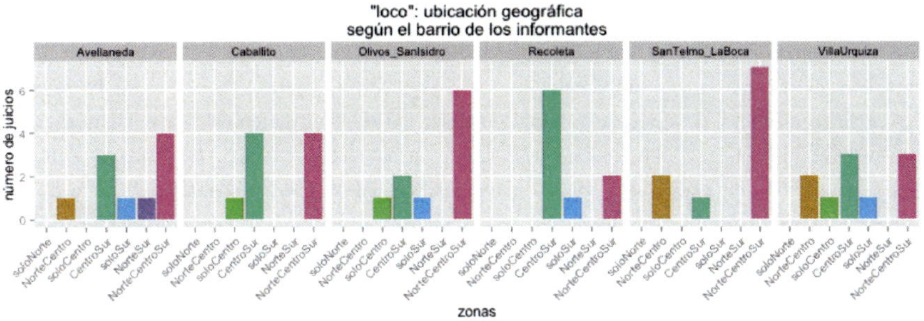

Cuadro 9.46.: *Loco*, localización geográfica, según el barrio de los informantes

hablantes de este barrio se ubican en el "norte", esto indica que para ellos, el uso de *loco* aún como fórmula de tratamiento es poco común.

9.2.8. *"Man"*

La palabra que analizaremos a continuación no ha aparecido todavía en los capítulos anteriores. Se trata de la expresión *man*, un anglicismo que según Conde (2011: 197, 499) surgió a partir de la década de 1980 como modo de tratamiento (con la variante *men*), sobre todo entre los jóvenes de clase media y alta. El hecho de que el vocativo aparezca de manera estilizada en programas humorísticos como el de Peter Capusotto[10] indica que hoy en día, el término presenta un uso estereotipado para referir a tales sectores, por lo que resulta interesante ver las actitudes que los hablantes presentan al respecto (en el experimento, el término aparecía en forma de la expresión «Todo bien, man»). En el gráfico 9.47

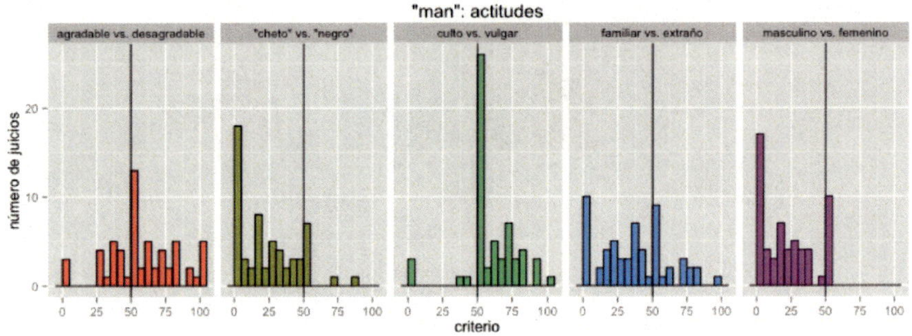

Cuadro 9.47.: *Man*, evaluación por todos los informantes

destaca sobre todo la muy evidente asociación del término en cuestión con el estereotipo del "cheto" (fenómeno que tal vez se vio aún acentuado por el contexto de la frase en la que estaba integrado en el experimento) en una versión masculina (es decir, no se confirma en este caso la suposición de que el estereotipo "cheto" generalmente se vincula con hablantes femeninas). Al mismo tiempo, la palabra resulta familiar para casi todos los hablantes, lo cual se debe, probablemente, a su difusión como estereotipo. A pesar de estar vinculada con los sectores sociales altos, la palabra tendencialmente es calificada como más vulgar. Su evaluación negativa en cuanto al criterio de agrado, en cambio, no resulta sorprendente, porque refleja la actitud desfavorable que manifiestan muchos hablantes frente al grupo considerado "cheto" (cf. también *Estilización*, cap. 10). Esta estigmatización incluso se refleja en la conciencia metalingüística de un hablante de Recoleta, como muestra el ejemplo (17):

(17) Ahora estoy, estaba usando demasiado el "man", y lo estoy tratando de eliminar también, porque no me... no me gusta. Eh... nada, tratar de hablar como una persona común [se ríe] (hablante masculino, 27 años, Recoleta).

Se desprende de este enunciado que el hablante se adjudica un uso muy frecuente del vocativo *man* y

10 Véase, por ejemplo, https://www.youtube.com/watch?v=7m3yQIeft9s [12/05/16].

que al desarrollar conciencia respecto de la saliencia y de la estigmatización de dicho término (tal vez a través de la confrontación con otros estilos, que llevó a su autopercepción) empieza a cuestionar su uso y a eliminarlo conscientemente de su forma de hablar para adaptarlo a un estilo más «común», que en este contexto, y teniendo en cuenta los resultados del test actitudinal, también puede interpretarse como más formal o menos vulgar.

Veamos, ahora, la localización geográfica que los informantes asocian con la expresión *man*, representada en el cuadro 9.48. De manera extremadamente nítida, se observa aquí que el término se relaciona

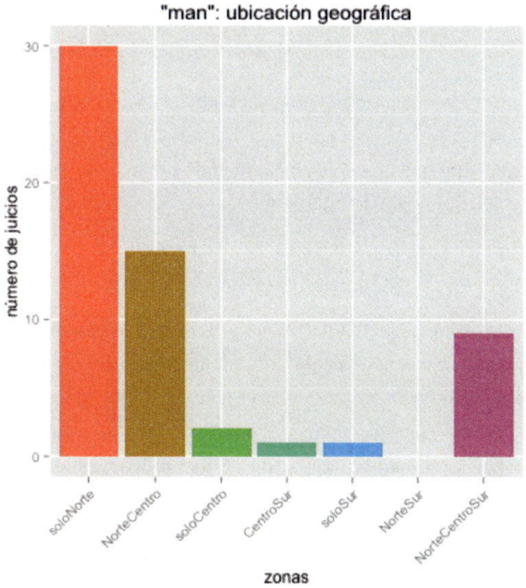

Cuadro 9.48.: *Man*, localización geográfica, todos los informantes

casi exclusivamente con el área en el norte, que a veces también incluye el sector del centro. Se trata pues de una palabra con un evidente arraigo geográfico dentro del espacio urbano, percibido e interpretado de esta manera por casi todos los hablantes, lo cual indica su fuerte carácter estereotipado. Los pocos informantes que no la relacionaron con la zona en el norte se distribuyen entre los barrios en el centro y en el sur, como muestra el cuadro 9.49. El hecho de que sobre todo en Avellaneda, pero también en San Telmo y La Boca se presenten hablantes que sitúan el término o bien en todas las zonas o incluso solo en el centro y en el sur demuestra que para estos hablantes el término no resulta del todo extraño y que tal vez hasta han notado su uso en esta área (es decir, se presenta el mismo fenómeno que hemos detectado para los barrios en el norte en el caso de vocablos como *chabón* o *gato*, por ejemplo). Al mismo tiempo, los hablantes que más claramente califican la palabra *man* como propia de una zona exlusiva en el norte son los de Recoleta, lo cual indica –nuevamente suponiendo que estos se ubican a sí

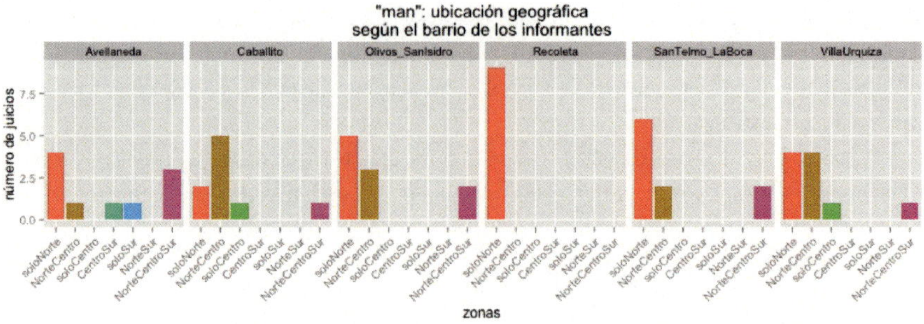

Cuadro 9.49.: *Man*, localización geográfica según el barrio de los informantes

mismos en dicha área– que aquí hay una conciencia metalingüística muy marcada respecto del arraigo geográfico del término y de su función de estereotipo.

9.2.9. *"Piola"*

El adjetivo *piola*[11] (del esp. *piola*, 'cuerda delgada, cordel') con los significados 'vivo, astuto, sagaz, avispado, rápido', 'simpático, de trato agradable', 'excelente, magnífico' y 'tranquilo, impasible' (Conde 2004, *s.v. piola*) ocurre como elemento de varias locuciones muy frecuentes en el habla coloquial bonaerense, tales como *hacerse el piola*, 'pretender pasar por listo', *quedarse piola*, 'abstenerse de actuar para no comprometerse' y *todo piola*, 'todo bien'. Sobre todo en estas locuciones generalmente se asocia con un estilo de los estratos bajos, como muestra el ejemplo (18) de un hablante de Recoleta:

(18) Pero, creo que el estereotipo está más generado acá o la gente que habla como, viste, con la imagen más de cumbia: "che, qué haces, todo piola" [imita] (hablante masculino, 26 años, Recoleta).

Sin embargo, las menciones explícitas al término como estereotipo en nuestro corpus son relativamente escasos. Aún así, al tratarse de una expresión que aparece como lugar común en diversas producciones culturales (revistas, obras de teatro o cortometrajes con el título *Todo Piola*) podemos suponer que se trata de una expresión que puede resultar saliente e indexicalizar diferentes significados sociales. Observemos, por eso, los resultados que arrojó en el test actitudinal, donde se presentó en el estímulo «muy piola». El cuadro 9.50 refleja, en primer lugar, que las reacciones de los informantes respecto de *piola* no son muy extremas. El único criterio donde se observa un consenso notorio entre los hablantes es el de la formalidad; la mayoría de los jueces califica el uso del término en cuestión como "vulgar", lo cual no resulta sorprendente ante los significados comentados arriba. También se relaciona más frecuente-

11 Como sustantivo, *piola* se refiere al órgano sexual masculino (Conde 2004, *s.v. piola*).

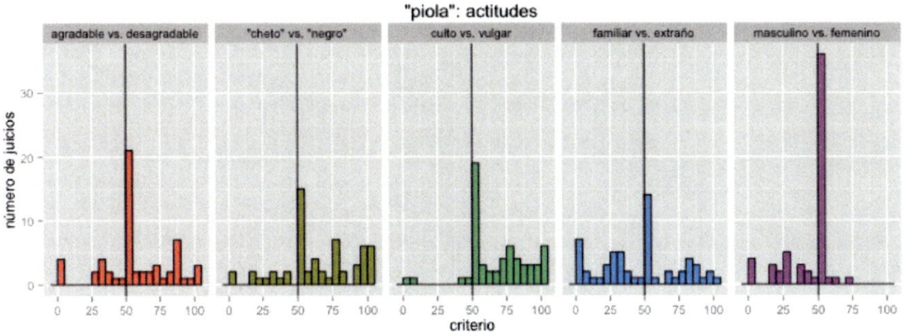

Cuadro 9.50.: *Piola*, evaluación por todos los informantes

mente con un estilo masculino, aunque respecto de este criterio predomina el número de respuestas que lo evalúan de manera neutra. Asimismo, las reacciones frente al estímulo en lo que concierne a los criterios de agrado y de familiaridad también se presentan de forma relativamente equitativa –no se puede determinar una tendencia evidente en estas evaluaciones, aún si se diferencian las respuestas por el barrio de residencia de los hablantes (lo cual se podría haber esperado). En cambio, el criterio de los estereotipos "cheto" y "negro" sí provocó más reacción: se observa que la palabra *piola* se relaciona más a menudo con un estilo "negro", aunque también hay informantes que lo asocian con una forma de hablar "cheta". Estos resultados indican que el vocablo en cuestión generalmente se relaciona con un uso del habla coloquial, tendencialmente adjudicado a los sectores populares (y, por lo tanto, más frecuentemente asociado con el estereotipo "cheto"), pero que su valor indexical puede cambiar considerablemente según el contexto comunicativo en el que se enuncie (el empleo de la locución *todo piola* como estímulo quizás hubiese dado otro resultado). Veamos, ahora, la localización geográfica del término por parte de los informantes, representada en el cuadro 9.51.

Teniendo en cuenta los resultados actitudinales expuestos arriba, esta imagen no sorprende. La mayoría de los informantes ubica el uso del término *piola* o bien en las áreas del centro y del sur o en todo el territorio urbano. Sin embargo, también destaca un grupo (aunque con menor número) que lo asocia exclusivamente con la zona del norte o del centro. Al diferenciar estas respuestas por el barrio de residencia de los hablantes, se nos presenta una situación parecida a la que hemos visto respecto de otras expresiones. De manera palpable (hasta el grado que lo permiten los números reducidos) se desprende del cuadro 9.52 que los barrios que tienden a situar el término en los sectores del norte y del centro son Recoleta, Caballito, particularmente. En los distritos de la Zona Norte sobresale el número de jueces que lo ubican en todo el espacio urbano, mientras que los habitantes de los barrios en el sur de la ciudad vinculan el vocablo casi únicamente con las áreas del centro y del sur. Esto apunta, nuevamente, a distintas percepciones basadas en el uso de la expresión en el propio uso del habla.

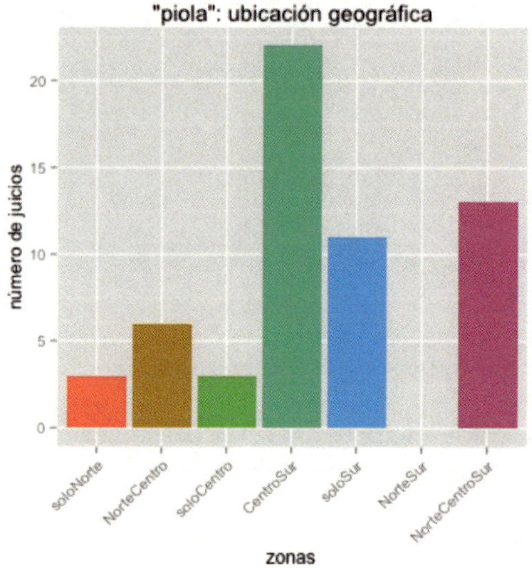

Cuadro 9.51.: *Piola*, localización geográfica, todos los informantes

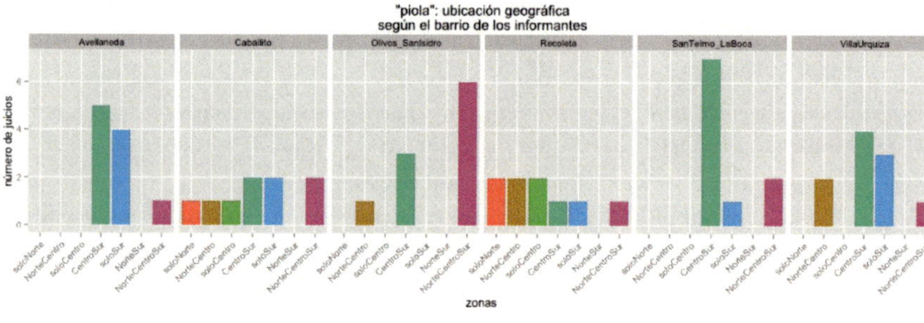

Cuadro 9.52.: *Piola*, localización geográfica según el barrio de los informantes

9.2.10. *"Tipo que"*

El último término léxico que discutiremos en este análisis es *tipo que*, una expresión que ya hemos comentado en los capítulos anteriores y que, muchas veces en combinación con el adverbio *nada* aparece de modo explícito y sumamente estereotipada en los mapas mentales y en el discurso metalingüístico, así como también nos volverá a ocupar cuando analicemos los rasgos que surgen en la estilización espontánea (10.2). En principio, se trata de una "muletilla", pero al funcionar como estereotipo con un evidente valor socioindexical, ya no se puede considerar como mera "muletilla" en el sentido de una

palabra que se repite o se intercala en el discurso sin agregarle significado.
Las menciones de las que disponemos en nuestro corpus respecto a dicha expresión son varias:

(19) En lo que hace a palabras (...) también creo que hay algunas... no sé cómo se llaman, pero como que el "tipo" por ejemplo, "tipo esto", "tipo el otro", como que es característico como por ahí de... (hablante masculino, 35 años, Zona Norte).

(20) Y el "tipo", "tipo que"... (hablante femenina, 33 años, La Boca).

(21) Y otros tipos de dialectos de, con voces más nasales y esas cosas. El "tipo que"... (hablante femenina, 29 años, La Boca).

(22) Estos modismos "tipo nada", "tipo esto", "tipo aquello", no sé. Propio, viste, de las chicas más... no sé, denominadas chetas o demás (hablante femenina, 30 años, Villa Urquiza).

Dada la función estereotipada del término que resulta de los otros procedimientos metodológicos aplicados aquí, se espera que el test actitudinal, donde aparecía en el estímulo «O sea, **tipo que**, nada» presente reacciones notorias. Veamos, primero, la evaluación del término según los cinco criterios establecidos. Efectivamente, el cuadro 9.53 habla por sí mismo. El único criterio que arroja respuestas

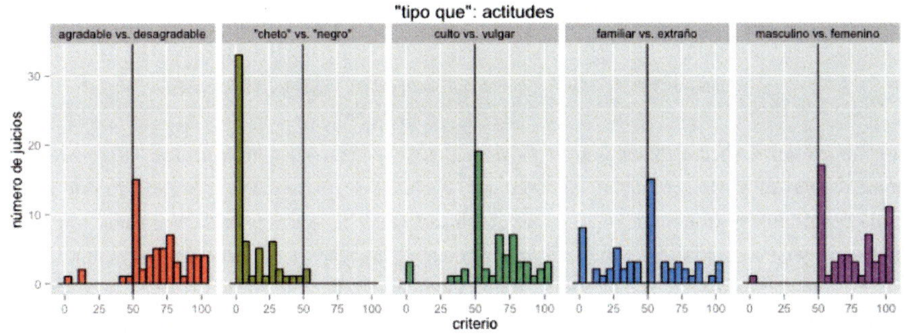

Cuadro 9.53.: *Tipo que*, evaluación por todos los informantes

equilibradas es el de la familiaridad: el término es calificado casi a partes iguales como "familiar" y "extraño", y no se puede determinar aquí una tendencia según el barrio de residencia de los hablantes. En todos los demás criterios, las reacciones son tajantes: *tipo que* se relaciona claramente con un estilo femenino, se califica como vulgar y desagradable y, de manera extrema, se asocia al estereotipo del "cheto". Este resultado se extiende a través de todos los barrios analizados y confirma, así, el grado de estereotipación que posee el término.
Veamos, por último, la localización geográfica que le adscriben los informantes, representada en el cuadro 9.54. Esta imagen corresponde a los resultados expuestos arriba. La expresión *tipo que* se ubica prácticamente de manera exclusiva en el norte y en el centro, lo cual comprueba, además, la relación que se establece entre el estereotipo y determinados sectores geográficos.

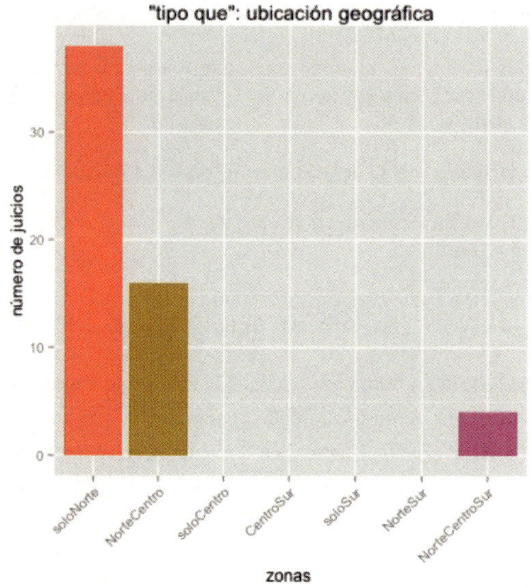

Cuadro 9.54.: *Tipo que*, localización geográfica, todos los informantes

En resumen, la perspectiva cuantitativa y sistemática sobre cómo los informantes (en general, pero también según su barrio de residencia) perciben y evalúan los rasgos seleccionados para este análisis nos ha permitido desarrollar una imagen más amplia acerca de la saliencia de determinados fenómenos lingüísticos y de los patrones actitudinales que se manifiestan respecto de ellos. En este sentido, los resultados aquí complementan las menciones individuales que han surgido en el discurso metalingüístico y en los comentarios de los mapas mentales. El estudio de la localización geográfica que los hablantes atribuyen a distintos rasgos ha mostrado, además, que algunos fenómenos de la variación lingüística se perciben casi de manera unánime con un fuerte arraigo geográfico, estrechamente vinculado con determinados estereotipos sociales y valores indexicales. Esto comprueba que, efectivamente, algunos rasgos por sí solos, independientemente del contexto, pueden remitir a todo un sector social y a una pluralidad de significados. Otros, en cambio, son concebidos y evaluados diferentemente por los hablantes de los distintos barrios, o bien porque no resultan tan evidentemente salientes o bien porque sí precisan de otros elementos lingüísticos para que se construya (y se perciba) un significado claro. Por último, las discrepancias en la percepción y la evaluación de determinados rasgos (sobre todo en lo que se refiere a las entidades léxicas) también indican procesos de competencia o de negociación de significados, fenómenos en los que indagaremos en los capítulos siguientes, para los que cambiaremos nuevamente la perspectiva de análisis, colocando el foco otra vez en los detalles y en lo cualitativo.

10. Estilización

Cuando se trata de "hablar sobre la lengua" o, más concretamente, de describir determinadas variedades o usos del habla concretos, un método al que solemos recurrir con frecuencia es el de la imitación directa de la forma de hablar que queremos explicar, poniendo de relieve (muchas veces de forma exagerada) los rasgos que de ella nos resultan más característicos (es decir, salientes). Como hemos visto en el marco teórico, tal estilización de otro estilo determinado constituye un recurso metalingüístico particular (clasificado por Preston (2004: 75) dentro de lo que denomina *Metalanguage I*): *bounded moments when others' voices are, in a somewhat more literal sense, displayed and framed for local, creative, sociolinguistic effect* (Coupland 2004: 249). Los hablantes legos muchas veces se sirven de la imitación porque no disponen de conocimientos metalingüísticos más específicos, es decir no pueden (o no quieren) nombrar rasgos concretos del estilo al que se refieren. Estos casos de representación de usos del habla (y de aspectos comunicativos), según Coupland y Jaworski (2004: 32-33), al revelar diversos fenómenos sociolingüísticos (tales como la construcción ideológica, el control social y la estilización estratégica, por ejemplo) constituyen la esencia de la concepción del metalenguaje como categoría de análisis fructífera, inscribiéndose, así, en un modelo socio-pragmático más amplio regido por la organización comunicativa (Coupland y Jaworski 2004: 33). En tanto representación de una mezcla de elementos de discursos (o textos) reales o imaginados, la estilización además tiene un inherente carácter polifónico, lo cual será de gran relevancia aquí, como se verá a lo largo de este capítulo.

En nuestro trabajo, en el que nos movemos en una dimensión completamente metalingüística, disponemos de dos tipos de datos de estilización, que analizaremos a continuación: en primer lugar, la estilización suscitada a partir de la lectura de un texto predefinido (cf. *Metodología*, cap. 6.10.3), donde utilizamos la caricaturización como procedimiento metodológico, aprovechándonos de que, precisamente, el proceso de imitación de otras formas de hablar devela los rasgos más salientes de estas; y segundo, las imitaciones espontáneas enunciadas por parte de nuestros informantes en el momento de explicar o representar distintas formas de hablar. Dados los distintos procesos en los que se generaron, estos dos tipos de datos se distinguen fundamentalmente: mientras que en el primer caso se trata de una situación construida y en cierto grado artificial (pudiendo resultar incluso algo desconcertante para los informantes), en el segundo se trata de estilizaciones evocadas de manera espontánea y que constituyen un recurso cómodo o fácil en la descripción metalingüística. El análisis de los resultados de la estilización habrá de tener en cuenta estas diferencias. Se centrará, primero, en los estereotipos caricaturizados a partir del texto predefinido, con especial interés en los cambios que hacen los informantes entre la lectura regular y la imitación. En lo que concierne a las estilizaciones espontáneas, también nos interesa cuáles son los rasgos que se manifiestan de manera natural o indeliberada con función de estereotipo (y si se diferencian de los que se observan en el primer tipo de estilización) y qué estilo/grupo/sector geográfico indexicalizan. Los contextos y enunciados en los que aparecen nos permitirán, además, inducir los campos indexicales y las actitudes de los respectivos hablantes acerca del uso del habla que están imitando.

10.1. Estilización "suscitada"

Tal como se ha explicado en la metodología, la base para la estilización "estandarizada" constituía un texto previamente elaborado del que se realizó una lectura "normal" y una lectura imitando otra forma de hablar (dentro de la ciudad de Buenos Aires). El texto estaba redactado en un estilo coloquial que permitía interpretaciones distintas.
En total, de los 60 informantes disponemos de 55 lecturas grabadas (siempre una vez "regular" y una vez en forma de imitación)[1]. Como hemos explicado en la parte metodológica, los informantes podían elegir libremente el objeto de su imitación. De este modo, de las 55 lecturas, 26 se refieren (según indican los informantes antes de realizar la tarea) al estereotipo del «norte» o del «cheto» y 27 a una forma de hablar «más negra» o «más cabeza»[2], lo que evidencia claramente que se trata de los dos estereotipos más comunes en la ciudad de Buenos Aires. Solo dos imitaciones no se sitúan entre estos dos polos: una persona de Avellaneda que lee el texto como si fuera una persona no porteña y «más formal» y una informante de Villa Urquiza que también opta por estilizar (fragmentos de) la forma de hablar de una persona no porteña. La tabla 10.1 ilustra, además, cómo se reparten las imitaciones de uno u otro estilo por los distintos barrios de residencia de los informantes:

Imitaciones suscitadas

	"cheto"	"cabeza"	otros	sin imitación
Caballito	4	6		
Villa Urquiza	5	3	1	1
Recoleta	3	7		
La Boca/San Telmo	4	5		1
Zona Norte	6	3		1
Avellaneda	4	3	1	2
Total	26	27	2	5

Cuadro 10.1.: Estilización suscitada a partir de un texto, imitación por la que optaron los informantes de los distintos barrios

1 Cuatro personas (una de Villa Urquiza, una de La Boca y dos de Avellaneda) prefirieron abstenerse de esta tarea porque se sentían incómodas con la imitación. De una persona de Zona Norte no disponemos de la grabación por un problema técnico con la grabadora.

2 Optamos por emplear en este capítulo los términos "cheto" y "cabeza" para referirnos a los dos polos de la dicotomía geográfica-social, dando por entendido que como designaciones estereotipadas indexicalizan y engloban al mismo tiempo las categorías geográficas y sociales así como determinadas prácticas que se asocian con los respectivos grupos.

Se observa aquí que las imitaciones suscitadas se dividen de manera relativamente equitativa entre los estilos "cheto" y "cabeza", sin mostrarse una clara preferencia por estilizar uno o el otro en ninguno de los barrios (siendo Recoleta el barrio que más desequilibrio presenta, con 7 imitaciones del estilo "más cabeza" y solo tres que se refieren al estilo "cheto").

Veamos, ahora, los rasgos lingüísticos a los que los hablantes recurren en la estilización suscitada de los dos estereotipos. La tabla 10.2, en primer lugar, presenta los rasgos fonéticos y léxicos empleados en la imitación del "cheto" según el barrio de residencia de los informantes[3]. En lo que se refiere al plano

Rasgos lingüísticos utilizados en la estilización suscitada del "cheto"

Barrio	rasgos fonéticos y suprasegmentales	rasgos léxicos
Caballito	palatal rehilada sonora [ʒ] nasalidad énfasis en la /s/ implosiva y final apertura de vocal /o/ más despacio	agregación de intensificador *re* ("*re* bien")
Villa Urquiza	nasalidad (3) apertura de vocal /o/ (2) énfasis en la /s/ final	*pesos* por *mangos* *tomar* por *chupar* *poner* por *colaborar* agregación de "muletillas" *viste, tz, onda* y *qué sé yo* y de la palabra *garrón*[4]
Recoleta	nasalidad (2) palatal rehilada sonora [ʒ]	*copitas* y *drinks* por *vinito* y *birrita* *re tranqui* por *piola* agregación del vocativo *men* agregación de "muletillas": *ay, qué sé yo*
La Boca	énfasis en la /s/ final nasalidad (2) apertura de vocal /o/ más rápido	agregación de la "muletilla" *tz*
Zona Norte	nasalidad palatal rehilada sonora [ʒ] (2) apertura de vocal /o/ (2) énfasis en la sílaba final más rápido	*escabiar* por *chupar* *tranqui* por *piola* agregación de "muletilla" *tz*
Avellaneda	nasalidad (2) apertura de vocal /o/ énfasis en la /s/ final énfasis en la sílaba final	*tomar* por *chupar* *vino* y *cerveza* por *vinito* y *birrita* *tranquilo* por *piola* agregacion de "muletillas": *viste, qué sé yo*

Cuadro 10.2.: Rasgos estilizados en la imitación suscitada del estilo"cheto", según el barrio de los informantes

3 Complementariamente a las tablas presentadas acerca de la estilización suscitada consúltese la tabla en el apéndice en línea (https://blog.rombach-verlag.de/?p=2058), que proporciona información más amplia (que por cuestiones de espacio y de disposición hemos tenido que reducir en las tablas que se mostrarán aquí), presentando un panorama de todas las imitaciones realizadas, los cambios entre la lectura "común" y la estilización así como los audios que permiten escuchar los fragmentos analizados.

fonético y suprasegmental, primero hay que tener en cuenta la dificultad que puede presentar la tarea de la estilización suscitada para algunos hablantes y, por tanto, el hecho de que los resultados dependan en sumo grado de la capacidad y de la disposición de las personas entrevistadas. De este modo, la ausencia de ciertos elementos estilizados no necesariamente indica que el fenómeno no resulta saliente; también pueden deberse a ciertos problemas en la producción activa de un sonido que en forma de estímulo auditivo (como se presentó en el test actitudinal) o en el discurso metalingüístico sí puede aparecer como rasgo saliente o estereotipado. Por esta razón, aquí nos vamos a concentrar en los elementos que se expresan y se reconocen como imitados en la comparación de las lecturas "regular" y estilizada de nuestros informantes.
Un rasgo que aparece en la estilización del "cheto" en todos los barrios es la nasalidad, un fenómeno que ya hemos visto en diversas ocasiones, también en menciones explícitas en los mapas mentales y en la reflexión metalingüística. En varios casos (en todos los barrios menos Recoleta), la estilización nasal implica también la apertura de la vocal /o/, realizada como [ɔ], lo cual demuestra que estos dos elementos se encuentran estrechamente vinculados. Otro rasgo relacionado con la nasalidad (aunque aquí aparece en menor medida, tal vez precisamente por la dificultad que presenta su producción en comparación con la imitación de una forma de hablar más nasal, por ejemplo) es la realización sonora de la palatal rehilada, que aparece en las imitaciones de los hablantes de Caballito, de Recoleta y de Zona Norte. En casi todos los barrios (menos Recoleta, otra vez), se enfatiza la sibilante en contexto final (y a veces también en posición implosiva en medio de palabra), lo cual indica que el estilo "cheto" se asocia con una pronunciación cuidada y quizás incluso marcada de la /s/, percepción que diverge entre algunos hablantes de Recoleta, como veremos en los ejemplos de estilización espontánea más adelante. Por último, se presentan dos características que conciernen al nivel suprasegmental: en primer lugar, una mayor énfasis en la última sílaba, que se observa en algunos casos de imitaciones por hablantes de Zona Norte y de Avellaneda (véanse los ejemplos Av1 y ZN3 en la tabla *estilización suscitada* en el apéndice en línea), y, segundo, algunas diferencias en el tiempo de la enunciación, respecto al cual, sin embargo, no hay coincidencia –dos hablantes (LB/ST4 y ZN) imitan el estilo en cuestión leyendo notoriamente más rápido, y una informante (Cab3) disminuye la velocidad en su imitación.

Respecto de los rasgos léxicos que aparecen en la estilización del "cheto", cabe mencionarse que en todos los casos se trata de "desviaciones" del texto de base para la lectura, cambios a los que se intentó incentivar a los hablantes previamente a la imitación, pero que, obviamente, surgen de manera mucho menos frecuente. Aún así, destacan algunos elementos que dan cuenta de distintos estereotipos: por un lado, se observa una tendencia a reemplazar los términos que se consideran socialmente connotadas y se relacionan con otros usos del habla por expresiones que se perciben como más formales o neutrales. Tal es el caso, por ejemplo, del uso de *pesos* por *mangos*, de *tomar* por *chupar*, de *tranqui* o *tranquilo* por *piola* o de *vino* y *cerveza* (o, más estereotipado, *copitas* y el anglicismo *drinks*) por *vinito* y *birrita*. Todos estos cambios indican que las palabras usadas en el texto de base, según los hablantes, no corresponden a un estilo "cheto". Por otro lado, se agrega el intensificador *re* en dos casos (ejemplos Cab1 y Re3), la palabra *garrón* en una ocasión (ejemplo VU2) así como varias "muletillas" que se consideran típicas de dicha forma de hablar (y que, por ende, ya no actúan solo con función de "muletilla" sino que adquieren significado sociogeográfico), tales como *qué sé yo* (Av2, LB/ST8, VU2) *viste* (Av2, Re3, VU2, ZN1), *onda* (VU2) o las interjecciones *ay* (Re3) y *tz* (VU2, ZN1, ZN3, ZN6, LB/ST2). Varios de estos rasgos apuntan a la percepción de este estilo como más formal, pero también más afectado y relacionado con determinadas prácticas sociales.

Contemplemos, ahora, los rasgos que se emplean en la imitación del estilo que se considera "opuesto" en la dicotomía social, designado como "más cabeza". En lo que concierne al nivel fonético, en primer

Rasgos lingüísticos utilizados en la estilización suscitada del estilo "más cabeza"

Barrio	rasgos fonéticos y suprasegmentales	rasgos léxicos
Caballito	elisión de /s/ final (6)	*pibes* por chicos
	elisión de /s/ implosiva en medio de palabra (3)	agregación de *viste*, *cuestión*
	alargamiento de sílaba acentuada (4)	agregación de interjección *eh*
	cierre de vocal /e/ (2)	
Villa Urquiza	elisión de /s/ final (2)	
	alargamiento de sílaba acentuada	
Recoleta	palatal rehilada sorda [ʃ] (3)	agregación de vocativos *boludo* y *chabón*
	pronunciación marcada de /s/ final (2)	agregación de interjección *eh*
	elisión de /s/ final (5)	
	alargamiento de sílaba acentuada (2)	
	elisión de /s/ implosiva en medio de palabra	
	cierre de vocal /e/	
	más despacio	
La Boca	elisión de /s/ final (5)	agregación de vocativo *gato*
	alargamiento de sílaba acentuada	*pibes* por *chicos*
	elisión de /s/ implosiva en medio de palabra	*papear algo* por *cenar*
	cierre de vocal /e/	*poner una moneda* por *colaborar*
		cagarse de risa por *reirse*
		agregación de *negra* y *guacho*
Zona Norte	elisión de /s/ final (3)	agregación de interjección *eh* (2)
	palatal sorda [ʃ]	*morfar* por *cenar*
	elisión de /s/ implosiva en medio de palabra	
	cierre de vocal /e/	
Avellaneda	elisión de /s/ final (3)	*poner unos mangos* por *colaborar*
	elisión de /s/ implosiva en medio de palabra	*pesos* por *mangos*
	más rápido	*comer* por *cenar*

Cuadro 10.3.: Rasgos estilizados en la imitación suscitada del estilo "más cabeza", según el barrio de los informantes

lugar, la tabla 10.3 revela un rasgo notoriamente predominante y, por lo tanto, fuertemente estereotipado: la elisión de la /s/ final, que aparece de manera reiterada en todos los barrios analizados. Pero la elisión de la sibilante no se da solamente en posición final; también se estiliza la variante elidida en contexto implosivo en medio de palabra (véase, por ejemplo, Av5, Cab7, Cab9, LB/ST7, Re6), oponiéndola a la realización aspirada (común y no marcada en el español de Buenos Aires, como sabemos). Esto indica que la pérdida de la sibilante no depende tanto de su contexto, sino que resulta saliente y estereotipada en cualquier posición de la palabra, un fenómeno que de esta manera no se ha revelado todavía en este trabajo. Al mismo tiempo, en dos casos de Recoleta (Re4 y Re8) se imita una realización más marcada de la /s/ final, un comportamiento significativo que está relacionado con ciertas peculiaridades que ya hemos comentado en el análisis del test actitudinal en el capítulo anterior y que aún veremos de manera más nítida en las estilizaciones espontáneas. Entre los hablantes de este barrio también se manifiesta la estilización de una palatal rehilada sorda en contraste con la realización sonora que presentan en su lectura "regular" (ejemplos Re4, Re8 y Re10), lo cual (como también veremos aún más en detalle en la estilización espontánea) indica que en esta zona, la variante sorda está más marcada, indexicalizando un estilo ajeno y relacionado con otros sectores sociogeográficos en la ciudad. Un tercer rasgo que se manifiesta en el plano fonético y en la estilización de hablantes de varios barrios es una variante más cerrada de la vocal /e/, que aparece sobre todo en la interjección *eh*, pero también en palabras donde la vocal /e/ precede una sibilante final (elidida). En este último caso, el cierre de la vocal podría estar causado por la caída de la /s/, ya que es muy común que el contraste fonémico entre /s/ y /ø/ neutralizado por la caída de la sibilante se marque a través de un contraste en el sistema vocálico[5]. Por el otro lado, también podría ser un rasgo opuesto a la apertura vocálica que, como hemos visto, suele relacionarse con el estilo de otros sectores geográficos y sociales.

En el plano suprasegmental se pueden determinar dos rasgos que aparecen en la estilización suscitada de un estilo "más cabeza": por un lado, se destacan algunas diferencias en la velocidad del enunciado (que, sin embargo, no coinciden: el hablante del ejemplo Re8 lee notoriamente más despacio, mientras que en la estilización del ejemplo Av5 se nota un evidente aumento en la velocidad). Por otro lado, en varias ocasiones se observa un alargamiento de la sílaba acentuada en la primera palabra del texto de base, *callate* (véase, por ejemplo, Cab6, Cab7, LB/ST7, Re6, Re9, VU7), un fenómeno que hasta cierto punto puede estar relacionado con una mayor énfasis debida a la situación de imitación. No obstante, el hecho de que no se observe de la misma manera en la estilización del "cheto", donde, como hemos visto, se tiende a poner énfasis en la última sílaba, apunta a que los dos estilos divergen en el nivel entonacional, una hipótesis cuya corroboración evidentemente requeriría un análisis mucho más sistemático.

5 La apertura vocálica ante una sibilante final elidida es una característica muy conocida de la variedad oriental del español andaluz (Narbona Jiménez, Cano Aguilar y Morillo-Velarde (2003: 170), citados por Ruch (2013: 46)). Honsa (1965: 277-278) describe el mismo fenómeno en el español de la Argentina, señalando que la marca de plural neutralizada por la elisión de la /s/ se realiza mediante las vocales adicionales /ɛ/, /ɑ/ y /ɔ/, resultando en pares como /ˈxefe/ (sg.) – /ˈxefɛ/ (pl.), /ˈpoko/ (sg.) – /ˈpokɔ/ (pl.), /ˈkasa/ (sg.) – /ˈkasɑ/ (pl.). Sin embargo, si, tal como sugieren nuestros datos de la estilización suscitada, la pérdida de la sibilante final impactara el cierre de la vocal precedida, estaríamos ante un fenómeno contrario. De todos modos, se trata de un aspecto que merecería un estudio más detallado, sobre todo en cuanto a su producción, para completar y ampliar los datos émicos.

En lo que se refiere a la dimensión léxica, en la estilización suscitada de la forma de hablar "cabeza" se destacan dos aspectos muy parecidos a los que comentamos en el caso de la imitación del "cheto", solo que en una dirección "invertida": en primer lugar, se reemplazan expresiones que se perciben como demasiado formales y por tanto inapropiadas para un estilo "cabeza" por otras más coloquiales. Tal es el caso de *pibes* en lugar de *chicos* que surge en varias ocasiones (ejemplos Cab9, Cab10, LB/ST8), de *papear* o *morfar* en lugar de *cenar* (LB/ST8, ZN9), de *poner una moneda* o *poner unos mangos* en lugar de *colaborar* (LB/ST8, Av5) o *cagarse de risa* en lugar de *reírse* (LB/ST8). En segundo lugar, se agregan varios de los vocativos que hemos determinado como estereotipados para el estilo en cuestión: *boludo* (Re7), *chabón* (Re5), *gato*, *guacho* y el femenino *negra* (LB/ST8). En varios casos, además, se añade la interjección *eh*, otro rasgo sumamente estereotipado que, como hemos visto, a menudo determina el significado social de los vocativos mencionados.

Ahora bien, para completar los resultados arrojados en este tipo de estilización "ordenada", a continuación contemplaremos los pasajes de imitación que surgieron de manera espontánea en el discurso metalingüístico de nuestros informantes.

10.2. Estilización espontánea

En nuestras entrevistas contamos con un total de 118 ocurrencias de estilización espontánea (véase la tabla 10.4 y la tabla *estilización espontánea* en el apéndice digital en línea (https://blog.rombach-verlag.de/?p=2057), así como los comentarios respecto de los criterios de delimitación de estos fragmentos en la metodología (6.9.2). Evidentemente, no todos los hablantes hacen uso de este recurso: los 118 casos de estilización espontánea que se observan en nuestro corpus se dividen entre 41 hablantes, a su vez repartidos heterogéneamente entre los distintos barrios (Cuadro 10.4).
Motivo común que subyace en todas las estilizaciones espontáneas era señalar(le a la entrevistadora) determinadas peculiaridades que los informantes notaran en el uso del habla de otros grupos o sectores de la ciudad. Después de lo expuesto en los capítulos anteriores, teniendo en cuenta la dicotomía geográfica y social tan marcada entre "norte" y "sur" que se presenta en la ciudad de Buenos Aires y que se manifiesta anclada, como también hemos visto, en dos estereotipos concretos, no es de sorprender que las estilizaciones espontáneas –tal como las estilizaciones suscitadas– se refieran en su gran mayoría a uno de los dos "polos opuestos" en la construcción de la dicotomía sociogeográfica. Efectivamente, 47 de las ocurrencias de estilización espontánea remiten a un estilo "cheto" asociado con el "norte" y una clase social alta, a los que se oponen 50 imitaciones del estilo "más cabeza" relacionado con el "sur", los barrios periféricos y una clase social más baja (tabla 10.4). Es decir, la estilización de los dos polos parece realizarse de manera equilibrada, sin que los informantes muestren una tendencia de imitar más frecuentemente uno o el otro. Dicho de otra manera, no es que las personas de los barrios en el norte tiendan a estilizar más el uso del habla del "sur" o viceversa. Por lo tanto, lo que interesará en este capítulo es ver cuáles son los rasgos lingüísticos que se utilizan para la imitación de los dos estilos, si se presentan diferencias en la estilización de uno u otro de los dos polos, si los informantes de los distintos barrios muestran divergencias en la manera de estilizar a otros grupos y, por último, sobre todo, qué características implícitas y qué actitudes revelan las estilizaciones espontáneas. Para ello, cabe recordar brevemente la diferencia entre los conceptos de *estilo* y *estilización* que (en base a las definiciones de Coupland (2007, 2001a), Eckert (2008) y Auer (2007), entre otros) hemos establecido en el marco teórico y aclarar sus implicaciones para los datos que estamos a punto de examinar: de manera resumida, entendemos *estilo* como práctica social constituida por elementos tanto verbales como no verbales utilizados en la interacción social para construir significado. El uso de un determinado estilo, pues, corresponde a cierto sistema ideológico y posiciona a un hablante en la estructura sociogeográfica de la ciudad, siempre bajo la condición de que la producción de significado sea percibida e interpretada en el contexto social. Las variables de un estilo, además, no tienen un valor fijo, sino que crean campos indexicales en el sentido de «constelaciones de significados ideológicamente relacionados» (Eckert 2008: 454) y remiten a categorías sociales de manera indirecta a través de su asociación con calidades y posturas que entran en la construcción de estas categorías (Eckert 2008: 455). La estilización, por el otro lado, es la representación de dichos estilos por la voz de "otro", una puesta en escena muchas veces enfática e hiperbólica con el fin de crear efectos creativos o sociolingüísticos. Como dice Coupland (2004: 253), la estilización es fundamentalmente metafórica, porque pone en juego valores

semióticos e ideológicos estereotipados asociados con otros grupos sociales, instigando, así, procesos de comparación y de re-evaluación. Es decir, relatar la voz de "otro" no es una representación "neutra" de un discurso anterior, sino que se trata de un recurso metalingüístico con una función importante: *«representing other people and their social realities. This, in turn, helps the speaker project desirable images of self and create interpersonal or intergroup closeness and distance, and power imbalances»* (Coupland y Jaworski 2004: 32). La estilización del "otro" siempre implica también una definición de uno mismo (cf. Bell (1999) y Coupland (2004, 2001a), entre otros).

En el caso de los datos aquí recopilados, las estilizaciones espontáneas precisamente surgieron como recurso metalingüístico en el marco de una conversación sobre la lengua. Esto significa, en primer lugar, que se trata de la reproducción de estilos (o elementos estilísticos) salientes cuya producción de significado es percibida e interpretada por los hablantes. En segundo lugar, las referencias a las categorías estilizadas son explícitas, es decir, los informantes dejan ver siempre cuál es el discurso al que remite su imitación, precisamente un componente intrínseco de la definición de *styling* que propone Coupland (2004: 252-253). Esta referencia explícita, no obstante, varía según el posicionamiento de un hablante en la estructura socio-geográfica de la ciudad y de si se siente parte del grupo a cuyo uso del habla alude (es decir, si considera el objeto de su imitación como característico de su propia forma de hablar o de la variedad de un exogrupo). La manera en que se representan determinados estilos y los valores que se asignan a sus elementos constitutivos revelan pues los campos indexicales desde la perspectiva de los hablantes que los estilizan y sus actitudes y posturas al respecto.

La tabla 10.4 ofrece un panorama general de las estilizaciones espontáneas que se presentan en nuestro corpus y las principales categorías[6] a las que remiten, dividido por los barrios analizados. Además de la estilización de los dos extremos de la dicotomía geográfica-social, también examinaremos las ocurrencias de imitación espontánea que se refieren a un estilo común (3) y algunos casos especiales (18), entre ellos los que explícitamente repiten un discurso mediático, fenómeno muy relevante para la estilización, como se verá más adelante.

6 Aquí también elegimos usar los términos "cheto" y "cabeza", aunque está claro que se trata de una simplificación a favor de una mejor comprensión y que no necesariamente todos los informantes usarían estos mismos términos.

Imitaciones espontáneas

Barrio	total	núm. de inf.	"cheto"	"cabeza"	"común"	otros
Caballito	12	3	5	3	2	2
Villa Urquiza	14	6	6	8		
Recoleta	32	9	10	15		7
La Boca/San Telmo	18	7	7	8	1	2
Zona Norte	15	7	8	2		5
Avellaneda	27	9	11	14		2
Total	118	41	47	50	3	18

Cuadro 10.4.: Ocurrencias de estilización espontánea, según el barrio de residencia de los informantes

Se observa aquí, en primer lugar, que en nuestro corpus los informantes de Recoleta y de Avellaneda son los que más ocurrencias de estilización espontánea presentan, mientras que los informantes de Caballito y de Villa Urquiza aparentemente utilizan este recurso metalingüístico con mucho menos frecuencia. En segundo lugar, se refleja la dicotomía social anteriormente expuesta en la estilización prevaleciente de los dos "polos opuestos" sin que se presente una clara tendencia hacia la estilización de uno u otro tipo en la mayoría de los barrios. Solo en Zona Norte se presenta una leve inclinación hacia la imitación del estilo "cheto" y, por el otro lado, los hablantes de Recoleta parecen tener una ligera preferencia de imitar el estilo "más cabeza".
Examinemos, ahora, algunas particularidades de la estilización "hacia arriba" y "hacia abajo", como los informantes en repetidas ocasiones denominan la referencia metalingüística a los dos extremos de la dicotomía geográfica-social[7].

10.2.1. Estilización espontánea del "cheto"

En el caso de la estilización del "cheto", las designaciones del grupo de referencia responden en su mayoría a las categorías sociales y geográficas que se han delimitado al principio de este trabajo (cf. *Categorías y divisiones espaciales*, 7), es decir, el objeto de estilización –un determinado uso del habla– se asocia con una «clase alta», con el «norte» (especificando determinados barrios como Recoleta, Palermo, Belgrano, "Barrio Norte" o San Isidro en la Zona Norte), o con un «lenguaje cheto» o la forma de hablar de los «chetos» (precisando, a veces, un estereotipo femenino de las «chicas chetas»). Salvo en Recoleta, en todos los barrios se manifiesta un evidente distanciamiento de este estilo (tratándose, por lo tanto, de una estilización del exogrupo) a través del uso de la tercera persona verbal en plural, de

7 Tal como en el caso de la estilización suscitada, consúltese, para ello, la tabla *estilización espontánea* en el apéndice en línea (https://blog.rombach-verlag.de/?p=2057), que muestra una lista de todos los 109 casos de estilización espontánea en su contexto de aparición, la categoría a la que se refieren y la transcripción de los rasgos lingüísticos estilizados. Los audios incluidos permiten, además, escuchar todos los fragmentos mencionados.

deícticos personales («ellos», «los de clase alta») y espaciales («allá en clase alta») o mediante varios comentarios evaluadores (como «toda la pelotudez[8]», «se dedicaron a gastar la plata de los padres y hablar "tipo oh"» o «me moría de la risa», marcados en negrita en la tabla *estilización espontánea*). En Recoleta, en cambio, no se puede determinar una posición uniforme de los informantes. Mientras que un hablante se refiere a un sector «muy cheto muy reducido» en la clase alta, distanciándose de este grupo, los demás informantes que estilizan el uso del habla relacionado con este sector lo hacen desde una perspectiva interna (del endogrupo) empleando los mismos recursos pragmáticos que los que se distancian de él: la primera persona verbal en plural, así como deícticos personales («nosotros») y espaciales («acá»).

Antes de adentrarnos en las diferencias actitudinales, sin embargo, veamos los rasgos lingüísticos que en los distintos barrios se emplean para la imitación del estereotipo "cheto", es decir, del "norte" o de la "clase alta". En primer lugar, nos centraremos en los rasgos fonéticos (y suprasegmentales), alistados en la tabla 10.5[9]. De ahí se desprende que la estilización espontánea del "cheto" en el nivel tonal se efectúa, básicamente, a través de 5 elementos: la nasalidad, la calidad vocálica (de /o/ y /a/), la palatal rehilada, las sibilantes, y, aunque en mucho menor medida, la /d/ intervocálica.

Claramente, el rasgo que con más frecuencia aparece en todos los barrios (los números en paréntesis se refieren al número de informantes que lo usan) es la nasalidad, en el sentido de una «manera más gangosa de hablar» en el nivel suprasegmental así como respecto de una calidad vocálica en el nivel fonético, por ejemplo cuando en un enunciado se estiliza solo la vocal de manera independiente («tipo [ɔ̃]» o «[nɔ̃]»). Además, no se trata aquí de una nasalidad medida en valores absolutos (por lo que en la transcripción no se especifica el grado de nasalidad), sino de una nasalidad relativa que expresa el hablante en el momento de enunciar la voz estilizada, es decir, en contraste a su forma de hablar "regular" o auténtica (creando, así, diferenciación o *distinctiveness* en términos de Irvine (2001)[10]). Al mismo tiempo, como ya se ha señalado varias veces, el fenómeno de la nasalidad está estrechamente vinculada con la calidad vocálica, ya que las vocales nasales generalmente tienen mayor apertura y, por lo tanto, una vocal más abierta se suele percibir como más nasal. No sorprende, pues, que la estilización de un modo de hablar más nasal casi siempre vaya aparejada de la estilización de las vocales medias y bajas más abiertas, como se observa en varios de los ejemplos aquí presentados de informantes de todos los barrios. Aparte de la apertura, algunos hablantes también utilizan un alargamiento de las vocales en su imitación del estilo en cuestión («educadi::tos, tranqui::los», etc.).

En segundo lugar, teniendo en cuenta las representaciones ilustradas en los mapas mentales y los resultados del experimento de percepción, no asombra que en cinco de los seis barrios analizados (a

8 *Pelotudez*, col. 'dicho o acto que denota poca viveza, falta de inteligencia o falta de seriedad' (DIEA, *s.v. pelotudez*).

9 Las tablas presentadas a continuación resumen los rasgos estilizados por parte de los hablantes de los distintos barrios respecto de los estereotipos "cheto" y "cabeza". En la columna a la izquierda se indica el barrio de residencia de los informantes, en el medio se presentan los rasgos que aparecen estilizados (entre paréntesis, el número de hablantes que los pronunciaron) y en la última columna se dan algunos ejemplos de los contextos de imitación. Una presentación más completa y más amplia ofrece la tabla *estilización espontánea* en el apéndice en línea.

10 Véase, al respecto, también Chun (2007: 212-213), quien describe el mismo fenómeno en la estilización del estilo *prep* en una escuela secundaria norteamericana (en inglés).

Rasgos lingüísticos utilizados en la estilización del "cheto"

Barrio	rasgos fonéticos	transcripción y contexto
Caballito	palatal rehilada sonora (2)	dicen [ʒ]o, pavadas, el [ʒ]e,
	alargamiento de /o/ final	hola lindo: ǀ qué amoroso:
	nasalidad (2)	[ˈãβlãn‿ˈmẽðjõ] más gangoso
	apertura y alargamiento de las vocales	[ˈãβlãn‿ˈtɔ̃ðɔ̃‿aˈs̺ĩː]
	/o/ y /a/, /s/ apicoalveolar	[ˈgɔ̃ɾdɔ̃‿ˈkẽ‿ãˈsẽs‿ˈkõmõ‿ãndãːs]
Villa Urquiza	nasalidad (2), apertura de /o/	[ˈɔ̃ː ˈsɔ̃ɾi‿ˈɣɔ̃ɾdɔ̃ː]
	palatal rehilada sonora	ese [ʒ]
	realización marcada de /s/ final	tomateS::
Recoleta	nasalidad (3), apertura de la vocal /o/	tal y tal [ˈkõsã‿ˈβõlɔ̃ː] ǀ qué [ˈβwẽnɔ̃]
		que [esˈtuβɔ̃]
		tip[ɔ] n[ɔ] menti:ra
	palatal rehilada sonora (4)	en vez de [ʒ]o dije [ʃ]o ǀ [ʒ]o ǀ [ʒ]
	debilitamiento de /d/ intervocálica	[boˈlũɔ̃] ǀ [boˈlɔ̃]
	/s/ apicoalveolar	mas [ãˈs̺ĩ]
La Boca / San Telmo	nasalidad (4)	[ˈãβlã‿kõn‿ˈtõðõ ˈβlãˈβlãˈβlã]
	apertura de la vocal /o/	chet[ɔ̃] ǀ [rɛ̃ˈkɔ̃ntrã] ǀ papa en la [ˈβɔ̃kã]
		y con la [ã] y la [ɔ̃]
	/s/ apicoalveolar	muy [nɔ̃] y [aˈs̺ĩ] ǀ [s̺::]
Zona Norte	nasalidad (5), alargamiento de las voca-	[aˈs̺i‿ˈɣõɾdõ] y [ˈβwẽːnõː] ǀ che [ˈɣõɾdõ]
	les, /s/ apicoalveolar	vení
	apertura de la vocal /o/	[ˈtõðõ‿ˈβjen‿βoˈlɔ̃]
	palatal rehilada sonora	las [ʒ] se pronuncian distintas
Avellaneda	nasalidad (7), /s/ apicoalveolar	tipo n[ãː] ǀ [ˈmãs‿ẽŋɣõˈmãðõs] que los
		de [s̺ãnĩs̺ĩðrõ] ǀ
		[ˈgõɾdõ ˈãi̯ ˈkõmõ‿ẽsˈtãβã ǀ
		ˈfwĩmõs‿ãl‿ˈʃõpĩn ǀ ãi̯ː‿ˈnõ‿sãˈβẽːs
		ˈkẽ‿ˈpãsã‿kẽ‿tẽˈãβlõ‿ãˈs̺ĩ ǀ
		porke‿mẽ‿pũˈs̺jẽɾõn‿un‿ˈβõtõgs ǀ
		ãl‿õtro‿ˈðiã‿lãs‿ĩnʃẽkˈsjõnẽs ǀ
		ẽsˈtũβẽ‿ˈβlãˈβlã]
	alargamiento de las vocales	educadi::tos ǀ tranqui::los ǀ profesio-
		na::les ǀ pala::bras
	apertura de la vocal /o/	tipo [ɔ̃ː]
	caída de la /d/ intervocálica	tipo más [nãː]
	africada postalveolar sonora	[ʤ]a ǀ [ʤ]egamos

Cuadro 10.5.: Rasgos fonéticos estilizados en la imitación espontánea del "cheto", según el barrio de los informantes

excepción de La Boca y San Telmo), se observen varios casos de estilización de la variante sonora de la palatal rehilada para referirse a un estilo "cheto"[11]. Al igual que en el caso de la nasalidad, no consideramos relevante el grado de sonoridad de la variante estilizada, sino la diferencia y el distanciamiento que se crean mediante una sonoridad relativa. En el caso de una hablante de Avellaneda, la imitación incluso se produce a través de una variante africada sonora, lo cual puede interpretarse como realización aún más exagerada del rasgo estereotipado.

Por lo que respecta a la sibilante, dos son los fenómenos que se observan en la estilización del "cheto": por un lado, en todos los ejemplos vemos una tendencia a subrayar la /s/ a final de palabra. Es decir, aunque tal vez no siempre del todo conscientes, al estilizar el uso del habla relacionado con el "norte", los informantes "cuidan" la realización de la /s/ final o, en otras palabras, en este contexto no les resultaría coherente su elisión. Una persona de Villa Urquiza hace una referencia aún más explícita a este fenómeno, poniendo particular énfasis en la sibilante final en la estilización de «tomateS::».

Además de la sibilante en contexto final, los ejemplos de estilización espontánea también sacan a la luz la percepción de una característica saliente en la sibilante en general, independientemente de su posición en la palabra: en varias ocasiones se estiliza una variante más apicoalveolar [s̺], parecida a la sibilante peninsular (y a diferencia de la variante predorso-alveolar o dental común del español latinoamericano normativo (Hualde 2014: 147-148)). Entre los informantes que mencionan este rasgo (a través de la estilización o mediante un comentario metalingüístico), se lo caracteriza habitualmente como «s arrastrada», como revela el ejemplo de la estilización de una hablante de La Boca (consúltese el ejemplo auditivo chetoLB/ST5 en la tabla *estilización espontánea* en el apéndice en línea):

(1) Y después hay como una pronunciación de la ese que es muy rara, que no sé, un tipo más cercano a la "[ʃ::]", no sé. Como una pronunciación más arrastrada de la ese (hablante femenina, 33 años, La Boca).

A diferencia de la aspiración y la elisión de la sibilante implosiva, se trata de un fenómeno que, según nuestro conocimiento, carece de análisis en el español porteño. Su evidente percepción por parte de varios hablantes, expresada en la estilización del rasgo y en los comentarios metalingüísticos explícitos al respecto (véase también el análisis del mapa Re5 en el capítulo 8), aluden a que la diferencia en la calidad de la sibilante merecería un estudio más sistemático tanto en lo que se refiere a su percepción como a su producción y su variación sociolingüística.

Por último, cabe mencionar brevemente la estilización de un debilitamiento de la /d/ intervocálica que se presenta en Recoleta y en Avellaneda. Este rasgo aparece estilizado únicamente en el contexto del vocativo «boló» (como variante de *boludo*, probablemente generada por el debilitamiento de la consonante y una pronunciación más nasal de las vocales, como hemos visto) y en la "muletilla" «tipo [nãː]» (variante de *tipo nada*). O sea, no se observa un debilitamiento de la /d/ intervocálica en participios

11 No ha sido fácil en todos los casos delimitar la diferencia entre la estilización del sonido y su simple mención. Decidimos incluir aquí todas las ocurrencias en el que el sonido se imitara, es decir, donde se percibiera un evidente cambio de voz, aunque el rasgo se mencionara de manera aislada.

verbales, por ejemplo, ni en otras palabras con la terminación -udo o -ada. Esto hace suponer que se trata aquí no de un rasgo individual con función emblemática para un determinado estilo, sino de un estereotipo anclado en la representación social precisamente en forma de estos dos contextos fijos. Sin embargo, merecería profundizarse el fenómeno del debilitamiento de /d/ intervocálica, tradicionalmente un rasgo atribuido al uso del habla de estratos más bajos y, por lo tanto, estigmatizado, un elemento que acaso contribuya a la percepción del estilo "cheto" como "poco modulado" (mencionado en el mapa 8.5 en el capítulo sobre las representaciones individuales) en contraste con una forma de hablar considerada "más lenta".

A nivel léxico, veamos, ahora, cuáles son los vocablos que se emplean en la estilización espontánea del "cheto" (y que sirven de contexto para los elementos fonéticos), representados en la tabla 10.6 (para un panorama más detallado véase, otra vez, la tabla *estilización espontánea* en el apéndice en línea).
En el vocabulario utilizado para la estilización espontánea del "cheto" destacan algunos términos que se repiten en casi todos los barrios y que ya hemos visto en varias ocasiones: el vocativo «gordo», muchas veces en combinación con el anglicismo «sorry», los vocativos «boludo» y «boló» y la "muletilla" «tipo que» aparecen claramente con más frecuencia. Otro anglicismo que aparece es «cool», en combinación con el intensificador «re». En segundo lugar, y de forma aislada, también aparecen adjetivos como «lindo», «amoroso», «bárbaro» (palabras que al ser estilizadas para este sector no se perciben como comunes en el habla coloquial), el prefijo intensificador «re» y, en general, un léxico más formal. Las expresiones «bomba de humo[12]», «divague[13]», «mal[14]», así como «colorado», «comida», «colegio» y «cuarto» son objeto de la estilización desde una perspectiva interna (del endogrupo) de hablantes de Recoleta, las últimas cuatro en relación con los vocablos correspondientes «rojo», «escuela», «aula», «cena» (completado con «malla») del estilo del exogrupo (cf. tabla 10.8). En el caso del uso de diminutivos que se manifiesta en una estilización por un hablante de La Boca, en cambio, más que de una expresión de un rasgo saliente se trata de un elemento morfológico usado como recurso de distanciamiento de una determinada actitud que se asocia con alguien que vive en un *«country»* (chetoLB/ST4).

Aparte de algunas ocurrencias individuales, se observa, pues, que la estilización espontánea del "cheto" tanto en el nivel fonético como en el nivel léxico recurre casi siempre a los mismos elementos, es decir, se reduce a un número de rasgos altamente estereotipados que se repiten prácticamente en todos los barrios. A través de las características lingüísticas se proyectan, pues, perfiles culturales que se basan en conocimientos compartidos y que derivan de repertorios preexistentes (véase el marco teórico y

12 Cuando coloquialmente alguien se refiere a tirar *bomba de humo* ante una situación complicada, se trata de una estrategia para desaparecer disuadiendo la atención del resto y sin tener que dar explicaciones.

13 *Divague*, col. 'pensamiento o juicio desorganizado, con cierta incoherencia, que no sigue un objetivo preciso o no se ajusta al asunto que se está tratando', 'asunto desorganizado', 'asunto descabellado e imposible de realizar' (DIEA, *s.v. divague*). Conde (2004, *s.v. divague*) lo define como lunfardismo con el significado de 'discurso cortado y lleno de digresiones', 'discurso oral o escrito sin concierto ni propósito fijo y determinado'.

14 *Mal*, adv. 'mucho, desmesuradamente', adj. 'admirable, increíble, llamativo', 'muy bueno, buenísimo, excelente' (por antífrasis al esp. insuficientemente, poco) (Conde 2004, *s.v. mal*).

Rasgos lingüísticos utilizados en la estilización del "cheto"

Barrio	rasgos léxicos	contexto de aparición
Caballito	gordo	así, "gordo, que hacés cómo andás"
	lindo, amoroso	"hola lindo, qué amoroso"
Villa Urquiza	sorry, gordo	"oh sorry gordo", esas cosas así
	tipo (nada)	todos estos modismos "tipo nada, tipo esto, tipo aquello"
	re cool	"vamos a un boliche que está re cool
Recoleta	boludo, boló	en Recoleta como dicen "boludo" o "boló"
	bomba de humo, divague, mal	"que divague eso ¿no?, tiró bomba de humo, mal, divague"
	tipo (no)	hay una frase "tipo no mentira" como que es un chiste, es como que también muy de acá
	colorado, comida, colegio, cuarto	acá tenés el "colorado", la "comida", el "colegio" y "cuarto" en vez de "habitación"
La Boca / San Telmo	boló	o sea, el que "habla con todo bla bla boló qué hacés Claudito" y toda la pelotudez
	sorry, gordo (2)	el famoso mito de que en Palermo se habla todo "ay sí gordo, cómo estás, todo bien"
		en Recoleta "gordo" o "ay, sorry"
	tipo que	era muy gracioso porque era "tipo que, tipo que"
	re	decían "hicimos una re protesta y re luchamos y ahora tipo que nos queremos inscribir"
	bárbaro	"ay eso no me importa a mí yo estoy bárbaro...
	diminutivos (casita, autito, Claudito)	...acá en mi casita en el country con mi autito"
Zona Norte	gordo (2)	como "así, gordo y bueno"
		se le dicen "che gordo, vení"
	todo bien, boló	"todo bien" o "boló"
	tipo no	"tipo no, yo no conozco"
Avellaneda	tipo que / tipo nada	se dedicaron a gastarse la plata de los padres y hablar "tipo oh" y listo.
		Recoleta es como tipo más "tipo más nada"
		tipo "naa"
	gordo	es "todo esto así gordo"
	léxico más formal	no le podés contestar "no disculpame, pero..." eh, "me podés decir dónde está la parada del subte... es que me perdí soy de Belgrano..."

Cuadro 10.6.: Rasgos léxicos estilizados en la imitación espontánea del "cheto", según el barrio de los informantes

Coupland (2001a: 350)). Lo que interesa, ahora, es ver los valores (o campos) indexicales (cf. *Marco teórico* y Eckert (2008)) que estos rasgos poseen para los informantes en los distintos barrios así como las actitudes o posiciones propias que ellos (explícita o implícitamente) develan con respecto a la voz que están imitando.

Campos indexicales y actitudes en la estilización del "cheto"

Al funcionar como elementos estereotipados, remitiendo de manera metonímica a un polo extremo de la dicotomía geográfica y social, los rasgos lingüísticos aquí presentados desde luego abren campos indexicales muy anclados en la sociedad bonaerense. Ya hemos señalado al principio de este trabajo las categorías sociales y geográficas que están interactuando en la construcción de este estereotipo y las prácticas sociales que generalmente suelen vincularse con él. A partir de las estilizaciones espontáneas de nuestros informantes pretendemos precisar y diferenciar un poco más estos aspectos para mostrar que, justamente, se trata de campos indexicales «fluidos» o «constelaciones de significados ideológicamente vinculadas» (Eckert 2008: 454). Para este motivo, en la tabla *estilización espontánea*, que expone los pasajes de estilización en su contexto de aparición, hemos intentado separar los valores indexicales de los rasgos lingüísticos constituyentes de un estilo "cheto" y las actitudes que los hablantes muestran al respecto, una división que, evidentemente, no resulta siempre inequívoca. Aún así, nos facilita reconocer, en primer lugar, que ciertos valores indexicales aparecen en casi todas las estilizaciones, independientemente del barrio de residencia de los informantes: el estilo del "cheto" se vincula con un sector social, económica y políticamente dominante, con mayor nivel de formación y un modo de vida exclusivo. En segundo lugar, las ocurrencias de estilización espontánea del "cheto" se realizan desde dos posturas: o bien el/la informante usa el recurso de la imitación desde una posición externa (exogrupo), marcando distancia hacia el estilo en cuestión, o bien se posiciona dentro del grupo estilizado (endogrupo), lo cual generalmente implica la identificación con (y cierta defensa de, como veremos) la forma de hablar imitada. Al representar sistemas ideológicos muy distintos, esta diferencia es central para los valores indexicales que se asocian con los rasgos lingüísticos que constituyen el estilo en cuestión.

Entre los informantes de los barrios analizados en este trabajo, la gran mayoría de los que hacen uso de la imitación espontánea para referirse a la forma de hablar del "cheto" lo hace desde una perspectiva externa y adoptando una actitud de distanciamiento. Significativamente, solo en el barrio de Recoleta (con 9 ocurrencias de 6 hablantes (véase los ejemplos chetoRe1, chetoRe2, chetoRe4 chetoRe10 en la tabla *estilización espontánea*)) y en la Zona Norte (5 ocurrencias de 2 hablantes, (chetoZN2 chetoZN4, chetoZN7, chetoZN8)) se encuentran quienes se posicionan dentro del grupo estilizado. Ellos tienen en común la identificación con la forma de hablar que imitan y que todos relacionan con su respectivo barrio, lo que indica que el uso de los rasgos lingüísticos mencionados les sirve para posicionarse en determinados sectores geográficos de la ciudad y, así, construir una identidad local (basada, como declara Eckert (2008: 462), en ideologías locales y creando una oposición con otras identidades locales). Como ya hemos señalado, esta construcción de la identidad local aún se refuerza a través del uso del deíctico personal («nosotros»), de la primera persona verbal en plural («somos», «hablamos»), del deíctico espacial («acá») y con referencias directas a los barrios de Recoleta, Palermo o a la Zona Norte. El uso del habla actúa pues como medio para crear una oposición entre «nosotros» y «ellos», un proceso de inclusión y exclusión o de *distinctiveness* (Irvine 2001), que se hace evidente de manera particular en el caso de la variante sonora de la palatal rehilada, como se observa en los ejemplos (2) y (3) (chetoRe8 y divRe1 en la tabla *estilización espontánea*):

(2) En colegio una vez estaban tomando lista y, no sé, mi nombre es Santibañez, y en vez de decir "[ʒ]o" [imita] dije "[ʃ]o" [imita]. Y el profesor se burló de mí. Dijo "cómo [ʃ]o, [ʃ]o" [imita]. No mal, bien, pero. Como a ese punto llegaba. Y había uno que pronunciaba mal la <y>o también el "[ʃ]" [imita] y también se burlaban de él (hablante masculino, 26 años, Recoleta).

(3) Pero por ejemplo cuando yo era de chica en el colegio me acuerdo que, que era como una joda de hablar con [ʃ]e, "[ʃ]o, [ʃ]o me [ʃ]amo [ʃ]esica [ʃ]olanda" [imita] y era una forma... yo no me... no te das cuenta porque sos chiquita, pero era una forma de BURLAR, ¿entendés? A las personas que hablan así (hablante femenina, 33 años, Recoleta).

Estos enunciados dan cuenta de que la variable de la palatal rehilada constituye un rasgo convencionalizado en este sector desde un discurso institucional, y la realización de una u otra variante por sí sola puede provocar inclusión o exclusión. El valor indexical de las variantes de la palatal está estrechamente vinculado con ciertos lugares muy específicos (el barrio o incluso el tipo de colegio) dentro del espacio urbano. A través de *space* y *place* se construye pues un paisaje normativo (*normative landscape*, en términos de Cresswell (1996: 8)) en el que el espacio o el lugar (*space* y *place*) funciona como factor determinante de lo que es (o se percibe como) correcto, justo y apropiado: *«something may be appropriate here but not there»* (Cresswell 1996: 8). Es decir, sobre la base de un modelo ideológico, determinados lugares se conectan con determinados significados y se define cuáles son las prácticas apropiadas o adecuadas en tal lugar –en nuestro caso, el uso de un determinado estilo o, aún más específico, una variante lingüística en particular: la realización "demasiado" sorda de la palatal rehilada en un colegio en Recoleta.

Pero el significado que se construye a través de los elementos del estilo «recoletense» (usando la denominación de un hablante de Recoleta) no es unidimensional. Es decir, la construcción de una identidad local no solo implica procesos de inclusión o exclusión en el plano geográfico, sino que también comprende una clara jerarquía en el nivel socioeconómico. El uso de los rasgos lingüísticos del estilo en cuestión para los que se identifican con esta forma de hablar indexicaliza cierta exclusividad o superioridad en el ámbito profesional, como muestra el ejemplo (4) (chetoRe4 en la tabla *estilización espontánea*):

(4) Dónde estoy en la industria del petróleo y las empresas privadas, las gerencias o los puestos jerárquicos altos, la gente es más de hablar más "[ã's̺ĩ]" [imita]. Y por ahí si vos hablás mucho "[ʃ]" [imita] así, no vas a llegar. O tenés que ser ultra capaz en otro aspecto (hablante masculino, 27 años, Recoleta).

El hablante aquí usa la nasalidad y una sibilante más apicoalveolar metonímicamente para el estilo del ámbito laboral de un sector económico alto, oponiéndolo a una forma de hablar de un sector más bajo, menos educado, representado (de manera estereotipada) por la variante sonora de la palatal rehilada. Expone, pues, cierto uso del habla como restricción o limitación para ascender en el mercado laboral, por un lado, porque es un indicio de un nivel de formación menor o de cierta incapacidad, pero también porque, nuevamente, en estos sectores se trata de una práctica inapropiada que, según él, tendría que compensarse con calidades sobresalientes en otros aspectos. Este ejemplo demuestra, claramente, que desde la perspectiva interna, el uso de ciertos rasgos estilísticos comúnmente asociados con el estereotipo del "cheto" se valora positivamente y se emplea activa y muy conscientemente en la construcción de poder (en el sentido de poder simbólico de Bourdieu (1982: 238-239)).

Ahora bien, los ejemplos presentados demuestran que los hablantes que se posicionan dentro del grupo estilizado, es decir, los que se identifican con el uso del habla en cuestión, en su mayoría también son conscientes del uso estereotipado (y paródico) que se le da a los elementos de este estilo en otros sectores de la ciudad, precisamente por su alto grado de saliencia y el poder de construcción de significado que poseen. Esto se expresa en algunos casos en una postura algo defensiva o en el intento de justificar el uso de un estilo denominado "cheto", como ya lo hemos visto en el análisis de las representaciones individuales en los mapas mentales (el ejemplo chetoZN2 en la tabla *estilización espontánea* ilustra este fenómeno), a tal punto que algunos hablantes se muestran discriminados por la «caricaturización» que se hace de su estilo:

(5) Vamos a poner "cheto". Yo estudié esta palabra. Al principio esta palabra era referida a los sectores tradicionales de la sociedad. Como que veían como bienes la familia, la iglesia, la religión. Posteriormente era sinónimo como de tradicionalismo. Ahora, no sé, los noventa, 2000, esta palabra "cheto" se fue esparciendo hacia todo lo que era alguien que tenía plata. O sea, de cualquier lado. O sea, si te comprás zapatillas, no sé, si alguien se compraba las zapatillas de acá. Y capaz le decían "eh cheto, careta". Y... parece que también esa burla que vos decías de agarrarse del, de los acentos para, para discriminar distintos barrios, también parte como un, de resentimiento, de un preconcepto de que esta gente es mala, la gente de Zona Norte es mala o... (hablante masculino, 26 años, Recoleta).

Esta reflexión metalingüística sobre el significado de la designación "cheto" y su uso estilizado revela una conciencia marcada respecto del término así como cierta preocupación del hablante por ser categorizado como "cheto", pero también un posicionamiento de sí mismo en los sectores del "norte" o en el barrio de Recoleta, defendiéndose contra la burla o la discriminación que siente que se hace de su forma de hablar. A este respecto, no obstante, entre quienes notan una estigmatización de su estilo por ser considerado "cheto" también aparece una reflexión sobre la práctica social propia que muchas veces implica cierta autocrítica, muy notoria en el ejemplo (6) (chetoZN7):

(6) Hay, o sea, claramente la gente de San Isidro o de Zona Norte reniega de esa idea –yo no, yo lo acepté, pero...– renegamos de esa idea de que somos, vivimos dentro de un tupper, viste, dentro de un raviol. De que estamos encerrados en una burbuja. Podemos llegar a admitir entre nosotros, pero no nos gusta que nos lo refrieguen, como que no sabemos de qué se trata en un mundo exterior porque... "no, no, tipo no, yo conozco, yo iba, no bla bla" y hacés como una especie de... sí. Yo no, yo me río. Yo decidí, soy raviol, no sé donde queda nada,... (hablante

femenina, 30 años, San Isidro).

Esta hablante se encasilla a sí misma en la categoría geográfica y social de "San Isidro" o "Zona Norte", perfectamente consciente del estereotipo que existe en relación con este sector. Sin embargo, aunque también apunta a cierta recriminación hacia su sector, algo que, según ella, suele provocar una reacción de negación y de defensa en su entorno, ella manifiesta una actitud de "reconocimiento" de la postura y de la práctica social que se adjudica a su grupo (por ejemplo, el excluirse social y geográficamente y no ubicarse en la ciudad). En cierto modo, "acepta" pertenecer al estereotipo que se construye y se conforma con esta situación.

Por el otro lado, aunque Recoleta y Zona Norte claramente destacan como los sectores geográficos más vinculados con un estilo "cheto", no todos los informantes de estos barrios se identifican con él, sino que para algunos –sobre todo en lo que concierne a Recoleta– dicho estilo representa un sector reducido dentro del barrio y del que procuran distanciarse (véase el ejemplo chetoRe3, de un hablante que muestra cierto desapego hacia el sector «muy cheto muy reducido» en la clase alta con una posición política (determinada con un «tono más Mauricio Macri») que, además, no comparte).

Observemos, ahora, los valores indexicales y las actitudes con los que el mismo estilo es presentado por los hablantes que lo estilizan desde una posición "externa". Como hemos indicado anteriormente, con la excepción de Recoleta y del caso de una hablante en Zona Norte, en todos los demás barrios se recalca un distanciamiento respecto de la voz imitada a través del uso de deícticos personales («ellos», «estos») y espaciales («allá»), referencias a categorías sociales («los de clase alta») y espaciales («los de Zona Norte», Recoleta, Palermo, Belgrano, Barrio Norte) y la tercera persona verbal en plural («hablan», «tienen», etc.). Se establece pues una oposición general a la identidad local construida mediante los elementos del estilo "cheto", aunque no tanto desde un "nosotros" compartido.

Ya hemos señalado que algunos valores indexicales del estilo "cheto" se repiten en casi todos los barrios, aunque provocando actitudes muy diferentes. De este modo, varios enunciados muestran que el uso del habla estilizado se relaciona con una clase alta con mayor estatus socioeconómico. Entre los hablantes que no se sienten parte de dicho sector, esta asociación entre los rasgos lingüísticos y un posicionamiento social frecuentemente causa rechazo, expresado de diferentes modos: en algunos casos, se realiza una calificación negativa explícita de ciertos elementos lingüísticos (por ejemplo, «asqueroso» en chetoZN1, «adjetivos poco comunes» en chetoCa1 y chetoCa2, «toda la pelotudez» en chetoLB/ST1, «una pronunciación de la ese que es muy rara» en chetoLB/ST5 o también «cosas así que vos decis, por qué decís "tomateS::"» en chetoVU3), a sabiendas de que raras veces se percibe un rasgo lingüístico de por sí como "raro" o "feo", sino que tal valoración se origina siempre en la valoración del grupo con el que se asocia (cf. *Marco teórico*, 3.4.5).

En segundo lugar, el estilo "cheto" o ciertos elementos del mismo se enlazan repetidamente con determinadas posturas o prácticas sociales que se evalúan de manera negativa, como se observa en los siguientes ejemplos (chetoAv5 y chetoAv8 en la tabla *estilización espontánea*):

(7) Como que son más chetos de los (inent.). O sea, como "somos más intelectual", ese [ʤ]a,

[ʤ]egamos”, eso que... como que siento que es, para ellos es sinónimo de dinero, de estatus. Más que dinero, estatus (hablante femenina, 31 años, Avellaneda).

(8) Sino que se dedicaron a gastarse la plata de los padres y hablar “tipo [ɔ̃ː]” y listo (hablante masculino, 30 años, Avellaneda).

(9) San Isidro, por ejemplo, que es lo que sigue acá de Vicente López, tiene su acento particular que es todo este así “[ˈgõrdõ ˈãi̯ ˈkõmõ‿ẽsˈtãβã | ˈfwĩmõs‿ãl‿ˈʃõpĩn | ãi̯ː | ˈnõ‿sãˈβẽːs | ˈkẽ‿ˈpãsã‿kẽ‿tẽˈãβlõ | ãˈs̺ĩ | porke‿mẽ‿pũˈs̺jẽrõn‿un‿ˈβõtõgs | ãl‿õtro‿ˈðiã lãs ĩnʃẽkˈsjõnẽs | ẽsˈtũβẽ | ˈβlãˈβlã]” [imita]. Es un poco así (hablante masculino, 30 años, Avellaneda).

En el primer caso, la hablante interpreta la construcción de significado mediante la variante sonora de la palatal rehilada (que ella estiliza con una realización africada sonora) como muestra de superioridad, de intelectualidad y de estatus, lo que ella claramente percibe y discrimina como marca de distancia. En el segundo caso, el hablante presenta al grupo estilizado con la nasalidad y una variante abierta de la vocal /o/ como personas que no tienen necesidad de trabajar porque pueden vivir del dinero de los padres, distanciándose claramente de este modo de vida. El mismo hablante luego estiliza con una nasalidad marcada todo un pasaje en el que muy irónicamente asocia el estilo lingüístico con la práctica de someterse a cirugías plásticas que atribuye al sector imitado y que descalifica como un modo de vida muy ajeno al suyo. Al final del enunciado, la nasalidad llega a estilizarse incluso en una serie de sílabas sin sentido, supuestamente imitando el efecto acústico que el estilo “cheto” provoca con el objetivo de caricaturizarlo aún más[15], un fenómeno que también observamos en el ejemplo chetoLB/ST1 y que requiere cierta capacidad de interpretación del oyente sobre la base de un conocimiento compartido respecto del elemento del estilo en cuestión. En tanto elemento recurrente en la estilización del “cheto” por parte del exogrupo, la nasalidad, pues, muy a menudo implica cierta ironía y ridiculización del sector imitado –un recurso muy frecuente y eficaz para crear distancia y estigmatizar al que ocupa una posición más dominante en la estructura social y económica (un aspecto sobre el que volveremos con más profundidad en el último capítulo).

Por último, si en la estilización del “cheto” desde una perspectiva interna hemos constatado la construcción de un paisaje normativo en el que ciertas prácticas (es decir, el uso de determinados elementos de un estilo lingüístico) resultan inapropiadas, en la imitación del mismo estilo desde una posición externa se presenta una situación análoga con un significado opuesto: contextos donde un estilo (de hablar) “cheto” se percibe como chocante, como *out of place*, ilustrado en los ejemplos (10) y (11) (chetoAv1 y chetoLB/ST6 en la tabla *estilización espontánea*):

(10) Bueno, y ahí estudian muchas pibas de Palermo porque es en Núñez. Y bueno... y en el verano han hecho una lucha muy grande porque les habían sacado el curso de verano. [...] Y bueno, hicieron quilombo[16] y lograron que se lo volvieran a dar. Y entonces ahí me vinieron al centro

15 Preston (2004: 86-87) observa el recurso de imitar cierta acústica en sílabas sin sentido en la estilización del inglés afroamericano, pero a diferencia de su ejemplo, en el que dicha *performance* tiene el fin de indicar ininteligibilidad y pereza, en nuestro caso alude a una postura soberbia y elitista.

16 *Quilombo*, col. ‘situación de desorden o descontrol’, ‘escándalo, conflicto o situación problemática’ (DIEA, *s.v. quilom-*

a preguntar dónde había que anotarse. Entonces era muy gracioso porque era "tipo que, tipo que, nosotros hicimos en el verano, hicimos la protesta" decían "hicimos una re protesta y re luchamos y ahora tipo que nos queremos inscribir, no sabemos bien dónde es". Y entonces como tenían como un lenguaje medio como del que va a la marcha, mezclado con lo de ellas, [..] me moría de la risa, estaba, no, te juro que hasta que no se fueron, cuando se fueron me reí tanto... porque eran RE chetas, pero RE chetas. Aparte la forma de vestirse (hablante femenina, 33 años, La Boca).

(11) Si viene uno y dice "eh amigo dame una moneda", no le podés contestar "no disculpame, pero... eh, me podés decir dónde está la parada del subte... es que me perdí soy de Belgrano..." y te rompen la cabeza. Eso está clarísimo (hablante masculino, 30 años, Avellaneda).

En el primer ejemplo, una hablante de La Boca cuenta acerca de una experiencia que hizo cuando estaba trabajando en un centro de estudiantes de arquitectura de la universidad pública (ubicada en Núñez, en el norte de la ciudad). Relata una situación de protesta de las estudiantes de dicha universidad (se refiere a ellas como las «pibas de Palermo») en la que el uso del habla (que estiliza sobre todo mediante la "muletilla" «tipo que» y el prefijo intensificador «re») no encajaba con la práctica social que se llevó a cabo. En su reflexión metalingüística sobre la situación, en la que relata la gracia que le causó tal contraste y lo refuerza haciendo énfasis en lo «chetas» que eran las chicas a las que se refiere, la hablante también revela cierta burla y ridiculización del comportamiento imitado. El *out of place* se refiere, en este caso, no tanto a un lugar geográfico (porque la situación ocurre en un barrio en el norte en una facultad frecuentada por gente del "norte", según la perspectiva de la hablante), sino a una determinada práctica social y de actividad política que no se relaciona con este sector.

El segundo enunciado, en cambio, constituye un ejemplo muy notorio de una situación en la que el estilo "cheto" (asociado con una persona de Belgrano, en este caso) se percibe como *out of place* en el sentido geográfico. Anteriormente a la cita representada en el ejemplo (11), el hablante de Avellaneda describe cómo adapta su uso del habla en determinados barrios y señala que «en cuanto más pobre o más polémico se pone el lugar», más tiene que cuidar uno la forma de hablar. En este contexto, un estilo más formal (tal como lo imita) resulta sumamente chocante y puede hasta volverse peligroso: «te rompen la cabeza». La formalidad en el uso del habla se asocia con un sector muy ajeno en la estructura social y denota "falta de barrio" (cf. *Categorías y divisiones espaciales*, cap. 7) o "falta de calle"[17], valores que, como ilustra el ejemplo del DIEA, van de la mano de cierto desdén o de una denigración de dicho grupo social y que en determinados lugares o contextos se usan, incluso, para legitimar la violencia verbal y no verbal. En la percepción del acto performativo de este estilo lingüístico, el poder físico visibilizado "en la calle", se opone, de este modo, a la construcción de poder simbólico de otro grupo socioeconómico determinado.

---

bo).

17 *Tener calle* con el significado 'tener experiencia y saber cómo comportarse en diferentes situaciones y ámbitos sociales' es una expresión fija en el español porteño a la que se opone la *falta de calle*, que el DIEA define como 'no tener experiencia y no saber cómo comportarse en diferentes situaciones y ámbitos sociales relacionados con la vida en la ciudad', dando como ejemplo *Sos un nene de mamá, te falta calle a vos* (DIEA, *s.v. faltarle calle (a alguien)*).

En síntesis, los campos indexicales y las actitudes que emergen con respecto a los elementos estilizados del uso del habla denominado "cheto" se inscriben en la dicotomía social y parten de diferencias ideológicas sobre la base de conocimientos compartidos: mientras que los que adjudican dicho estilo o se identifican con el uso de ciertos elementos de él, lo perciben como prestigioso y lo emplean para construir identidad local, marca de distancia y clave de acceso a un sector privilegiado y dominante; los que lo estilizan desde una perspectiva externa lo interpretan como elitista, soberbio y amanerado, adoptando una postura de rechazo, de distancia y de burla al respecto. Estos valores indexicales se interpretan y reinterpretan constantemente en la interacción y en el contexto social, como muestran los ejemplos presentados.

Además, entre los hablantes de los diferentes barrios se observan divergencias respecto del criterio de corrección, sobre todo en lo que concierne a la variante de la palatal rehilada: mientras que en Recoleta y, aunque en menor grado, en Zona Norte, los hablantes tienden a calificar la realización sonora como más correcta (véase, además de los los casos comentados en los ejemplos (2) y (3), el ejemplo chetoZN2, donde la hablante señala que la palatal rehilada sonora [ʒo] «en realidad es la manera correcta fonoaudiológicamente hablando»), en los demás barrios generalmente no se comparte esta postura (véase, por ejemplo, chetoCa1, donde el uso de la locución «en vez de» indica que la hablante percibe la variante sonora como anomalía). Es decir, varios enunciados de hablantes de otros barrios muestran una actitud normativa que privilegia los rasgos lingüísticos considerados más «comunes» (concretamente en los ejemplos comCab1 y comCab2, aunque esta posición «neutra» también da lugar a una estilización con una evidente actitud negativa o irónica (comLB/ST1)). Sin embargo, también se dan algunas ocasiones en las que se concibe el uso del habla relacionado con los barrios en el norte como estilo más formal o correcto (chetoAv1 y chetoAv2, por ejemplo), lo cual también se refleja en los resultados del experimento de percepción, donde particularmente los informantes de Avellaneda califican la variante sonora de la palatal rehilada como más culta en comparación con los hablantes de los otros barrios (cf. cap. 9, gráfico 9.5).

No se observa, pues, un pensamiento normativo compartido entre los hablantes de los diferentes barrios, al menos no en el caso de todos los rasgos mencionados. A pesar de que el estilo "cheto" se relacione con la clase socioeconómica dominante, desde la posición externa no siempre se valora como más prestigioso. En definitiva, no puede asumirse un modelo consensual en el que todos los miembros de una comunidad coincidan respecto de su propia posición en la jerarquía social y, por consiguiente, del valor de determinados signos lingüísticos relacionados con los diferentes sectores (Rickford (1986: 218-219) cuestiona tal enfoque de «normas compartidas» (*«shared norms»*) para el ámbito de la Sociolingüística). Eckert (2000: 226) declara que no se puede reducir el significado de la variación a una oposición abstracta entre «prestigio» y «estigma», sino que la noción de prestigio depende siempre de un determinado punto de vista y puede asignarse diferentemente en comunidades de habla (o sectores sociales) diversos, donde entran en juego varios sistemas de evaluación:

> While vernacular speakers know that their speech is stigmatized in the context of a global hierarchy, their day-to-day life unfolds in a place that is in many ways orthogonal to global prestige and stigma. And linguistic variables that are prestigious or stigmatized in the

abstract are full of positive meaning in the concrete everyday (Eckert 2000: 226).

De este modo, como señala Campbell-Kibler (2006: 653), determinados signos lingüísticos pueden indicar significados como resistencia, exuberancia o intimidad, que no tienen que ver directamente con una noción de prestigio y que están entrelazados entre sí en complejos sistemas de significado social. Muchos de estos significados se indexicalizan indirectamente a través de la conexión de variantes lingüísticas con puntos particulares en el paisaje social, como hemos visto en el marco teórico.

Los ejemplos comentados aquí respecto del estilo designado "cheto" muestran, precisamente, que la calificación de sus elementos constitutivos depende de sistemas de evaluación e ideológicos muy diversos dentro del espacio urbano y que la asociación de determinados rasgos con diferentes puntos tanto en la estructura social como en el paisaje geográfico de la ciudad condicionan en sumo grado los campos indexicales que se perciben a través de estos elementos lingüísticos.
En contraste con ello, veamos, ahora, la estilización que se hace del estilo relacionado con el otro extremo de la dicotomía social.

10.2.2. Estilización espontánea del "cabeza"

A diferencia de la estilización del uso del habla de los sectores socioeconómicos altos, donde las referencias al grupo imitado se reducen principalmente a las categorías sociales («clase alta») y geográficas («norte» o barrios específicos) así como, y con mucha frecuencia, con el término estereotipado "cheto", en lo que concierne a la estilización del estilo ubicado en el "sur" de la ciudad, las denominaciones son mucho más diversas. Respecto de la categoría social, las designaciones se diferencian entre «clases populares», «clase (más) baja», «más modestos», «gente que vive en condiciones inhumanas» o «gente de la villa» o el estereotipo «más cabeza». Las referencias geográficas abarcan las denominaciones «sur», «sureste», «suroeste», «orilleros», «cerca del Riachuelo», «periferia», así como la mención de varios barrios específicos como La Boca, Pompeya, Mataderos, Bajo Flores, Villa Soldati, Villa Lugano, Avellaneda o Dock Sud (una parte de Avellaneda, cf. *Representaciones individuales*, 8.18). Además del concepto de "barrialidad", expresado en las referencias «(más de) barrio» o «los jóvenes del barrio», en varias ocasiones se recurre a la descripción de prácticas sociales o, directamente, a estilos (verbales y estéticos) para referirse al grupo estilizado: «los pibes villeros», «los pibes chorros», «el pibe con gorra y zapatillas», «gente que no usa la ese» o «gente que habla con la imagen de la cumbia» o también, despectivamente, «sectores vaguines». Toda esta diversidad de términos y designaciones revela cierta reserva o vacilación cuando se trata de nombrar el sector socioeconómico más bajo; primero, porque (como ya hemos visto reiteradamente), no hay un barrio tan emblemático para el estilo del "sur" como quizás se puede considerar Recoleta para el "norte" y, además, porque generalmente resulta más chocante y más discriminatorio pronunciar los estereotipos que se suelen vincular con esta zona. De todos modos, junto con el propio acto de imitación, la manera de referirse al grupo estilizado definitivamente delata actitudes y posturas muy diferentes, de las que nos ocuparemos un poco más adelante, después de contemplar los elementos lingüísticos que aparecen en dicha estilización. Las tablas 10.7 y 10.8

representan los rasgos fonéticos y morfosintácticos así como los elementos léxicos que los informantes de los distintos barrios utilizaron para referirse a la forma de hablar ubicada en el "sur" (complementariamente consúltese, otra vez, la tabla *estilización espontánea* en el apéndice en línea).

Rasgos lingüísticos utilizados en la estilización del "cabeza"

Barrio	**rasgos fonéticos**	**contexto de aparición**
Caballito	elisión de /s/ final (2)	[ˈeː ˈβoːø] [ˈeː] qué hac[ˈeːø]
Villa Urquiza	elisión de /s/ final (5)	qué hac[ˈeːø] gato | vo[ø] [laøˈpiβaø] | vamo[ø] pibe vamo[ø] a tomar una birra
Recoleta	realización más sorda de la palatal rehilada (3)	el que habla [ʃ] no llega | hace más fuerza en el tipo [ʃo] y en otros lugares todos dicen [ʃo]
	realización marcada de una sibilante dental	vo[S]
	consonantes más marcadas	hablan como "hola, ¿cómo estás? ¿estás bien? ¿todo bien?"
	más lento, más pausado	"che, qué bueno [sic] que está esta lapicera"
La Boca / San Telmo	elisión de /s/ final	[ˈeː ˈeː ˈeː ˈke‿asˈeːø] cabeza
Zona Norte	elisión de /s/ final	e: guacho [ˈke‿asˈeːø] | [ˈbamoø] a tomar una birra
Avellaneda	elisión de /s/ final (4)	[ˈeː ˈeː ˈβoːø] [ˈke‿asˈeːøˈβoːø] [ˈke‿asˈeːøˈkomo‿anˈdaø] amiguito no [teˈneːø] una moneda
	rasgos morfosintácticos	
Caballito	/s/ analógica del indefinido	ponen eses donde no van, como "visteS"
Recoleta	ir + de + complemento de lugar	un montón de gente dice "voy de mi mamá" y le parece totalmente correcto
	vesre	rioba | nerca | "me voy al asado con los pibes y compré la nerca"
Villa Urquiza	vesre	"la llavi"
La Boca / San Telmo	voseo en subj. pres.	"no te zarpés"

Cuadro 10.7.: Rasgos fonéticos y morfosintácticos estilizados en la imitación espontánea de "cabeza", según el barrio de los informantes

En la estilización del uso del habla "más cabeza" en el plano fonético se presenta una situación muy interesante: por un lado, se manifiesta de manera palpable que el rasgo fonético claramente más común y frecuente para la estilización de un uso del habla asociado con el "sur" es la elisión de la /s/ final, siendo en este nivel el único elemento estilizado en 5 de los 6 barrios analizados. La sibilante final puede entenderse, por ende, como rasgo con función de estereotipo muy eficaz y anclado ampliamente en el espacio urbano (lo cual se confirma también en los resultados de los mapas mentales y el experimento de percepción). No obstante, hay un barrio donde la estilización de la forma de hablar "más cabeza" ocurre de manera completamente divergente de la de los demás distritos: entre los informantes de Recoleta no se observa ninguna ocurrencia de elisión de la sibilante final para imitar el estilo en cuestión. Por el contrario, ellos presentan particularmente una variante más sorda de la palatal rehilada, una realización más marcada de una sibilante dental y, en general, una forma de hablar más pausada, más lenta y con más énfasis en las consonantes. Esto es importante, porque significa que la percepción de los informantes de Recoleta del estilo "más cabeza" se basa en otros elementos, es decir, los rasgos salientes de dicho uso del habla (o sea, los que más contrastantes perciben respecto de su propio estilo) en Recoleta no son los mismos que en los demás barrios. Se evidencia aquí la importancia de la propia variedad que funciona como «punto de partida» y «unidad de referencia» para procesos de percepción extraindividual (Caravedo 2013: 14-15): no solo se percibe exclusivamente aquello que es diferente a la propia variedad, sino que, en este caso particular, donde los hablantes de Recoleta divergen de los de los demás barrios, la percepción –que sale a la luz en la estilización– también está orientada hacia determinados fenómenos de la forma de hablar de "otros" a través del contraste que se establece con los rasgos percibidos como más salientes y más relevantes en la construcción de significado en la propia variedad. Es decir, no es que los hablantes de Recoleta no perciban la elisión de la sibilante final (véase los resultados del experimento de percepción, donde clasifican el fenómeno mayormente de manera negativa), pero en el proceso activo de la estilización dan prioridad a otros rasgos, lo cual se debe a la autopercepción de la propia variedad y los rasgos que de ella se consideran salientes, que a su vez influyen en cuáles son los elementos que se conciben como más salientes del estilo del exogrupo que por ende aparecen en la estilización.

Además de los rasgos fonéticos, en la estilización del uso del habla relacionado con una clase más baja también surgen tres elementos en el nivel morfosintáctico: en primer lugar, se menciona e imita una forma verbal del pretérito indefinido con la terminación -s, un fenómeno relativamente frecuente en el español bonaerense (pero no exclusivo de él)[18], en segundo lugar, el uso del verbo *ir* con un complemento de lugar precedido de la preposición *de*[19], en tercer lugar, tres ejemplos del *vesre* (*rioba* por *barrio*, *nerca* por *carne* y *llavi* por *villa*), un fenómeno que se considera parte del lunfardo y que consiste en la inversión silábica basada «en un pasaje de la última sílaba de una palabra lunfarda o castellana a la primera, de la penúltima a la segunda y así en forma sucesiva hasta invertir las sílabas ordenadamente» (Conde 2011: 345)[20] y, por último, aparece el uso de la forma voseante en el subjuntivo

18 La forma de la segunda persona del singular del pretérito indefinido con -s en el español de Buenos Aires originalmente se debe a la monoptongación de las formas de segunda persona plural en el voseo (RAE (2005) *s.v. voseo*). De este modo, en 1992, Donni de Mirande (1992b: 659) comprueba que «siempre en la ciudad de Buenos Aires, el pretérito simple admite oscilaciones de formas con -s y sin -s (cantastes, cantaste) aún en el nivel culto, aunque en éste la mayoría (88,73 %) emplea solo la forma sin -s, mientras que entre los hablantes que muestran oscilación también prevalece esa forma sin -s». Por el otro lado, el mismo fenómeno hoy en día se da (en varias regiones del ámbito hispanohablante) por causa de un proceso de establecer analogía a las formas de la segunda persona singular del presente (Morales Pettorino 1998: 841), y en el que puede tener influencia la connotación negativa de la elisión de la sibilante final.

19 Es propio del habla popular [...] encabezar [el] complemento [de lugar] con *en* o *de* (lo que ocurre, normalmente, cuando se quiere decir *a casa de*): [...] «*Ya que lo toma así, ¿por qué no va de otra modista*» (Cortázar *Rayuela* [Arg. 1963]) (DPD, *s.v. ir(se)*).

20 Según el mismo autor, este procedimiento puede haberse originado con el objetivo de «dificultar la comprensión de la palabra dicha» o, más probablemente aún, por el motivo de «enriquecerla con un matiz lúdico, escéptico o burlón» (Conde 2011: 345).

del presente. Teniendo en cuenta el contexto de aparición de las estilizaciones que emplean elementos morfosintácticos, se observa que los cuatro casos se enuncian desde una postura claramente normativa (salvo en el ejemplo del voseo en el subjuntivo presente, donde no se puede delimitar del todo si la forma verbal es parte de la estilización o si pertenece al uso del habla del hablante que estiliza, en cuyo caso sería solo el término *zarpar* objeto de la imitación), aunque con matices diferentes que tendrán que examinarse más en detalle cuando nos ocupemos de las actitudes acerca del estilo en cuestión.

En cuanto a los elementos léxicos que aparecen en la imitación de la forma de hablar "cabeza", representados en la tabla 10.8, destaca, sobre todo, que en la gran mayoría de los casos se trata de la serie de expresiones con función apelativa que ya hemos visto en varias ocasiones durante este trabajo –palabras como *guacho*, *gato*, *boludo*, *loco* o *amigo*, casi siempre precedidos de la interjección *eh*, que también ya hemos mencionado. Además, de forma general, se trata de un vocabulario sumamente vulgar, grosero y agresivo, cuyas imitaciones dan cuenta de situaciones de interacción conflictivas.

Al igual que en el caso de la estilización del "cheto", la imitación del "cabeza" también se reduce a un grupo muy limitado de rasgos estereotipados, especialmente en el nivel fonético, donde (con la excepción de la situación particular que hemos visto en Recoleta) se concentra en la elisión de la sibilante final, pero también en lo que se refiere al plano léxico, donde los mismos vocablos se repiten a través de todos los barrios y evidencian la base cultural compartida subyacente. Sin embargo, así como lo hemos hecho acerca de la estilización del "cheto", en el caso de la imitación del estilo "cabeza" también cabe indagar los valores indexicales que poseen estos rasgos y las actitudes que los informantes que los enuncian revelan al respecto.

Campos indexicales y actitudes en la estilización del "cabeza"

Así como los rasgos empleados en la estilización del "cheto" son producto (y la concretización) de un estereotipo consolidado en la representación social de los porteños, los elementos imitados que se aplican a un estilo "más cabeza" también resultan de un conocimiento compartido, refiriéndose metonímicamente al otro extremo en la estructura social. Pero mientras que en el primer caso se puede determinar cierto consenso en cuanto a las categorías (geográficas y socioeconómicas) y las prácticas sociales que constituyen el estereotipo (aunque desde distintas perspectivas y con actitudes divergentes, como hemos visto), el caso de su polo contrario parece ser algo más complejo. Aunque los elementos aquí presentados, en principio, indican "clase baja", "sur" y "falta de educación", es necesario examinar y diferenciar un poco más los campos indexicales que abren y, así, los significados y sistemas ideológicos que sacan a la luz.

La división entre campos indexicales y actitudes en la tabla *estilización espontánea* nos permite ver, en primer lugar, que en lo que concierne a la estilización de la forma de hablar "más cabeza", prácticamente todos los informantes (con la excepción de cabAv1 y cabAV2, cabAV7 y cabVU5, que todavía comentaremos) se distancian claramente de la voz que imitan, usando la tercera persona verbal en singular («el que dice», «la gente que habla», etc.), en plural («hablan», «dicen», etc.) o enunciando frases impersonales («lo que se estila», «se habla»). Esta distancia, sin embargo, se crea sobre la base de distintas categorías y, además, no necesariamente implica una lejanía geográfica, como veremos a

Rasgos lingüísticos utilizados en la estilización del "cabeza"

Barrio	rasgos léxicos	contexto de aparición
Caballito	(eh) guacho, forro, puto, gil	en vez de decir "que hacés chabón" por ahí, dice "que hacé[ø] guacho forro", "eh puto gil"
Villa Urquiza	(eh) amigo	hablan todo... "eh, amigo" o qué sé yo.
	gato	"que hacé[ø] gato"
Recoleta	(eh) gato (2)	en las clases populares el "eh, gato, eh"
	boludo (2)	"sos un boludo"
	(eh) amigo, (eh) guacho, vocabulario vulgar	"eh, amigo, la concha de tu madre", digamos eh... los sectores más vaguines más cabeza que hablan "eh guacho, se va a pudrir, la concha de tu madre"
		"uh, me estoy cagando de frío"
	limar, flaca	"no me limes, dale flaca, no seas gato"
	negro	las chicas hablan de "mi negro, tal cosa, negro negro", o te llaman así, "negra", "negro"
La Boca / San Telmo	(eh) cabeza	el otro huevón de "eh eh eh qué hacé[ø] cabeza"
	(eh) pibe, (eh) guacho (2)	habla medio como cabeza, viste, "eh pibe" no sé, "eh guacho"
	(eh) boludo	yo vivo en La Boca no digo "guacho, eh boludo" qué sé yo.
	(eh) gato	y hablando así qué sé yo "eh gato, eh"
		lenguaje así pibe chorro: "eh gato, eh no sé qué"
	(eh) amigo	como que todo es "eh amigo, dame una moneda"
	piola, vago, zarparse	"piola, vago, no te zarpés"
	(eh) chabón, (eh) loco, vieja	ese dialecto más de cumbia, de "eh chabon, eh loco, vieja", qué sé yo
Zona Norte	(eh) guacho	"eh guacho qué hacé[ø], vamo[ø] a tomar una birra", ¿no?
	gato	"eh che, sos un gato"
Avellaneda	(eh) guacho (3), vocabulario vulgar	si voy a Dock Sud empiezo hablar como más así "eh guacho"
		pasan las chicas "eh guacha vení que te voy a cagar a..." [...] "eh guacha, pendeja de mierda"
		"la concha de tu madre, la puta que te-..."
	(eh) gato (2)	y acá hablan así muy "eh eh eh gato"
	(eh) amigo	si viene uno y dice "eh amigo dame una moneda"
	amiguito, viejita	"viejita, amiguito"
		cuando en la calle, ponele, que no sabés si te van a robar o no, que te dicen "¿amiguito, no tené[ø] una moneda?"
	chabón	"qué hacés chabón"

Cuadro 10.8.: Rasgos léxicos estilizados en la imitación espontánea de "cabeza", según el barrio de los informantes

continuación.

En los barrios más norteños de la ciudad (Villa Urquiza, Caballito y Recoleta) y en Zona Norte, la actitud de distancia respecto de la forma de hablar estilizada por lo general se establece a una escala más amplia y más abstracta, asociando los elementos del estilo en cuestión de manera estereotipada con toda la "clase baja", las "clases populares", con el "sur" o la "periferia" de la ciudad (cabCab2, cabRe1, cabRe4, cabRe8 y cabVU2, por ejemplo). Se trata, pues, de una distancia tanto social como geográfica que concuerda con las categorías de la dicotomía social expuestas en los capítulos anteriores y que en algunos casos se presenta de manera extrema, demostrando, así, que dentro de la ciudad se construyen "mundos ajenos" con los que se evita el contacto (cabRe2, cabRe11, cabVU1, cabVU2, a veces incluso con una actitud explícitamente discriminatoria, como en el ejemplo cabRe1). En varias ocasiones ya hemos visto que entre la zona "sur" y la zona "norte" se crea un contraste de forma general y categórico, destacando que con dificultad llegarían a una comunicación (postura reflejada también en el ejemplo cabVU5 de una hablante de Villa Urquiza que "admite" tener elementos de zona sur y que así se permite «poder comunicar con cualquiera de las zonas»).

Por el otro lado, se observa la construcción de un estereotipo a través de los mismos rasgos icónicos pero remitiendo a un personaje concreto –el "pibe" con la "gorrita", las "zapatillas" ("llantas"), la "camperita" y el "corte de pelo" y en el que el uso de los rasgos lingüísticos estereotipados (que en su mayoría consiste en vocablos con función de vocativo, como hemos visto), indexicaliza "peligro", "robo", "alerta" o "una situación de enfrentamiento en la calle" que se quiere evitar. Es decir, mediante los elementos estereotipados verbales y no verbales se construye un tipo de "persona non grata" atemorizante en el espacio público[21] (visible, por ejemplo, en cabVU1, cabVU6, cabVU8 o cabRe4). El ejemplo (12) (cabVU6 en la tabla *estilización espontánea*) ilustra la conciencia que hay respecto de este estereotipo (con el que uno se enfrenta en el transporte público, en este caso) pero también una actitud de reprobar dicho prejuicio:

(12) Sí, en el colectivo, en el subte... Ya uno, dice, el pibe este, campera, gorrita y las llantas, te va a decir "eh, cómo estás", qué sé yo , "eh, todo bien, guacha". Y por ahí no. O por ahí sí lo utiliza, pero no hay que tomarlo como algo ofensivo, me parece. Que es lo que mucha gente quizás lo toma de esa forma (hablante femenina, 27 años, Villa Urquiza).

En los barrios en el sur de la ciudad (La Boca y San Telmo) así como en Avellaneda, en cambio, el valor indexical de los elementos estilizados refleja un contexto distinto. Si bien la gran mayoría de los informantes de estas zonas también se distingue del estilo que imitan, la distancia que establecen con dicha forma de hablar no es tanto la de una lejanía geográfica y social, sino que se refiere a estereotipos que se encuentran "más cerca". En Avellaneda, en primer lugar, se hacen varias referencias a la gente que vive en la villa o en condiciones precarias (cabAv2, cabAv3, cabAv9, cabAv10, cabAv11, cabAv12), por un lado, muchas veces representada por el estereotipo masculino del «pibe», y a la que se atribuye

21 Respecto de la construcción del miedo asociado con los "niños en la calle" véase el siguiente tema: https://www.youtube.com/watch?v=VDfBe5HQ8v4 [12/05/16].

un estilo lingüístico propio del que uno se distancia y que –igual que en el caso del estereotipo del «pibe» señalado para los barrios en el norte, indican "robo", "calle" y cierto estado de alerta, como muestra el ejemplo (13) (cabAv12 en la tabla *estilización espontánea*):

(13) Hay, no sé cómo decir, un vocabulario de pibe villero, entre comillas. No, no lo digo... que nosotros no usamos, qué sé yo. Cuando en la calle, ponele, que no sabés si te van a robar o no, que te dicen "¿amiguito, no tené´ una moneda?". Este... ¿viste?, y te meten palabras que uno no usa (hablante femenina, 33 años, Avellaneda).

Por el otro lado, entre los informantes de Avellaneda también se observan varias estilizaciones que apuntan a un determinado uso del habla dentro del mismo barrio, o bien de un lugar concreto, como Dock Sud en el ejemplo cabAv1, pero particularmente de los (o las) «jóvenes» en el barrio (cabAv4, cabAv5, cabAv6, cabAv7). En este caso, los elementos del estilo representado indexicalizan la práctica social de la juventud (y en algunos casos «gente nueva que se mudó al barrio») valorada negativamente como «hablar mal» o como «moda» de «hacerse el guachiturro», pero, aún así, considerada «normal» en el barrio. O sea, la estilización de determinados usos del habla se origina más bien en situaciones de interacción concretas en el entorno en el que se mueven los hablantes y no tanto en un estereotipo abstracto.

Un fenómeno parecido se observa en los casos de estilización de un uso del habla "más cabeza" por parte de los informantes de La Boca y San Telmo: por un lado, en un enunciado se nota la presencia del estereotipo del «pibe» con una estética y una forma de hablar determinada, pero desde una perspectiva de reflexión y de cuestionamiento, precisamente sobre la «construcción» que hay detrás de este estereotipo. Por el otro lado, se remite a una tendencia «por el barrio» de hablar «como cabeza» (cabLB/ST1, cabLB/ST2), de «estilar» un «lenguaje pibe chorro» (cabLB/ST6), un «dialecto más de la cumbia» (cabLB/ST4) o el «lenguaje más de cancha» (cabLB/ST7), señalando que se trata de estilos apropiados (sobre el aspecto de la apropiación volveremos en el último capítulo) comunes en la zona pero, al mismo tiempo, marcando siempre la distancia de dicha práctica social (cabLB/ST4, por ejemplo).

Estos ejemplos revelan que en el caso de Avellaneda y los barrios de La Boca y San Telmo, el uso del deíctico espacial «acá» no necesariamente es inclusivo (a diferencia de lo que hemos podido observar en Recoleta). Son muy pocos los casos que se identifican con ciertos elementos de un estilo más del "sur", y definitivamente no hay quienes se incluirían en el estereotipo del "pibe (villero)"[22]. Es decir, no se realiza un proceso de inclusión y exclusión sobre el criterio del barrio como elemento constitutivo del estereotipo, como lo hemos determinado en la estilización del "cheto", sino más bien una actitud de distanciamiento con respecto a ciertas prácticas o grupos sociales más concretos dentro del mismo barrio de residencia.

22 Cabe tener en cuenta que por razones de factibilidad, en la recopilación de nuestro corpus quedó afuera tanto la villa como el barrio cerrado (*country* o *gated community*) al ser lugares más cerrados y de difícil acceso. Es decir, no entrevistamos a personas que vivan en los dos extremos de la segregación urbana, lo cual posiblemente hubiera podido arrojar resultados diferentes.

10. Estilización

Un denominador común de muchos casos de estilización de una forma de hablar "más cabeza" a través de todos los barrios analizados es una postura normativa (implícita o explícita) expresada desde distintas perspectivas o mediante distintos recursos. Por un lado, ciertos rasgos de dicho estilo se imitan calificándolos vehementemente como "hablar mal" o como parte de un uso del habla que se reprueba, pero que se considera como la consecuencia de las condiciones de vida y la falta de educación en ciertos lugares o sectores de la ciudad (comprendiendo, como en el ejemplo que hemos comentado ya de una hablante de La Boca (cabLB/ST3), una actitud de reflexión y de preocupación). Tal es el caso respecto de la elisión de la /s/ final (en los ejemplos cabAv10, cabCab1, cabCab2), respecto del uso de un vocabulario «más vulgar» o «más acotado» (en cabAv3, cabAv10, cabLB/ST3, cabRe10) y respecto de los dos fenómenos morfosintácticos de la /s/ analógica del indefinido y el uso de la construcción del verbo *ir* con un complemento de lugar precedido de la preposición *de* (en cabCab2 y cabRe5). Sintomáticamente, es en el barrio de Avellaneda donde los informantes mostraron especial preocupación por «hablar bien», como se ve de manera notoria en el ejemplo (14):

(14) Y... es como vos te expresÁS, de acuerdo a como vos hablés es como te van a tratar en otro... en algún lado donde vayas y... como vos hablás es como tu carta de presentación, aparte de la presencia. Eso es lo que yo siempre le trato de explicarle a mi hija que se olvida las eses generalmente [se ríe], entonces yo le digo, "vos tenés que hablar bien", considero que sí. Es una carta de presentación el hablar bien, saber ubicarse, bueno, yo lo considero así (hablante femenina, 34 años, Avellaneda).

Se desprende de este enunciado que para esta hablante, pronunciar la sibilante final, representativa para lo que denomina «hablar bien», implica, pues, la posibilidad de posicionarse mejor y, por consiguiente, recibir más aceptación en la estructura social –actitud que demuestra la fuerza de la estigmatización social a través de determinados rasgos lingüísticos. Respecto de la sibilante pues sí se impone un modelo normativo compartido según el cual la elisión de la /s/ a final de palabra corresponde a un uso del habla se considera descuidado y más vulgar, lo cual no impide, sin embargo, que el rasgo pueda adquirir prestigio en una situación comunicativa local determinada.

Por el otro lado, se observan una actitud negativa y un desprecio hacia el uso de determinados rasgos estigmatizados no por falta de competencia o de educación («no porque no lo sepan usar», como en cabVU3) sino por una cuestión de pertenencia a determinado grupo o de construcción de identidad social. Esto se muestra igualmente para el caso de la elisión de la sibilante final (cabAv6, cabAv7, cabVU3, cabVU4, cabLB/ST1, cabZN1) como para el uso de los elementos léxicos (cabAv3, cabAv4, cabAv6, cabLB/ST1, cabLB/ST5, cabLB/ST7, cabRe1, cabRe10, por ejemplo). Los casos mencionados de *vesre*, además, también se estilizan claramente desde esta postura, como ilustran los ejemplos (15) y (16) (cabRe6 y cabVU8 en la tabla *estilización espontánea*):

(15) O me peleo con mi novio porque él es de Lanús, del sur. Y... y también pasa que me da vuelta las palabras, pese al lunfardo que para mí, yo no lo acepto, no me gusta que me digan ni "rioba" ni "nerca" ni nada de eso. Me dice "no, me voy al asado con los pibes, compré la nerca". ¡Hablame bien! No es que... y siempre le digo "pero, qué te hacés, qué te querés hacer". No sé, lo puedo aceptar a otro tipo de gente... pero o sea, no me gusta (hablante femenina, 35 años,

Recoleta).

(16) Capaz el pibe está en la casa y habla perfecto. Pero se junta con los amigos y se hacen los cancheros y hablan mal. Y hablan al revés. Viste, que ahora está de moda. En vez de decir "villa", "la llavi" y todo al revés (hablante femenina, 30 años, Villa Urquiza).

La hablante de Recoleta en el ejemplo (15) expresamente califica el uso de la inversión silábica como «hablar mal», despreciándolo como intento de "fingir algo" cuando lo escucha de su pareja, porque se trata de un fenómeno que relaciona con «otro tipo de gente». Para ella, pues, el uso de palabras en *vesre* indexicaliza la construcción de una identidad social de la que se distancia y que no acepta en su novio. El segundo ejemplo, en cambio, se refiere de manera más general al estereotipo del "pibe", cuyo estilo de «hablar mal» (hablando «al revés») también se adjudica no tanto a la falta de competencia sino a una práctica social (de «hacerse los cancheros») en determinado círculo de amigos. El uso del *vesre* se entiende aquí, además, como fenómeno reciente que «está de moda» entre los jóvenes.
Estas posturas indican, pues, que a pesar de ser estigmatizados por la mayoría de los informantes, los rasgos del estilo "más cabeza" en ciertos lugares o contextos adquieren un valor positivo y forman parte de la construcción de identidades sociales y locales. De este fenómeno –de las reflexiones metalingüísticas en nuestro corpus respecto de la apropiación de ciertos elementos con el fin de construir nuevos significados– nos ocuparemos en el último capítulo de este trabajo.

10.2.3. La estilización mediada

Ahora bien, si volvemos a contemplar los elementos que aparecen en las estilizaciones presentadas, tanto en lo que concierne al estilo "cheto" como a la forma de hablar "más cabeza", se observa que, con la excepción de algunas particularidades (sobre todo el caso especial que constituye Recoleta, como hemos visto), la estilización tanto a nivel fonético como a nivel léxico no solo se realiza mediante casi los mismos rasgos lingüísticos en todo el espacio urbano, sino que incluso los propios enunciados estilizados se presentan casi idénticos. Es decir, para la imitación de otras voces, prácticamente se repiten siempre las mismas expresiones y los mismos pasajes textuales –básicamente (y de manera algo simplificada), la estilización se reduce a «ay sorry gordo» y «tipo que nada» frente a «eh amigo» y «eh guacho, qué hacés» (por cierto, las expresiones que hemos utilizado para exponer la oposición estereotipada entre "norte" y "sur" en el capítulo 7). Dada la semejanza palpable de los enunciados estilizados, se plantea pues la siguiente cuestión: en un espacio tan fragmentado como lo hemos presentado para el caso de la ciudad de Buenos Aires, en el que los habitantes se aíslan cada vez más en urbanizaciones cerradas y se tiende a evitar el contacto con el "otro" en el espacio público; ¿en qué "voz" se origina la estilización del "cheto" y del "pibe cabeza"? ¿Por qué la estilización casi idéntica en barrios tan distintos y tan dispersos dentro del espacio urbano? –La respuesta es evidente y hasta se encuentra en varios ejemplos de estilización: los medios de comunicación, junto con las redes sociales, desempeñan un papel fundamental en la difusión de estereotipos sociales.
En el marco de la investigación reciente acerca de estilización (cf. Coupland (2007) y Androutsopoulos (2001, 2007)), varios autores concuerdan con que los medios de comunicación masivos pueden pro-

porcionar modelos que transgreden las experiencias locales (Androutsopoulos 2001: 3), considerando esto como consecuencia de la era de la globalización, donde se da *«[a] dense interpenetration of local performance with styles of speech that are reflexively designed, produced and disseminated through mass institutional and/or electronic communication systems, whether mainstream or counter-cultural»* (Rampton 1999: 423). Coupland (2007: 171), por su parte, señala que muchas prácticas estilísticas originan en los medios masivos, particularmente en programas de televisión, telecomedias, telenovelas y publicidades, estableciéndose así muy rápidamente en un uso a nivel nacional. Androutsopoulos (2001), a su vez, demuestra que los patrones de esta práctica se trasladan como en un «ciclo de vida» *«from the streets to the screens and back again»*, es decir, pasan desde la comunidad de origen de una variedad a través de un discurso mediado a la comunicación cara a cara, sin involucrar necesariamente un contacto personal entre los hablantes de origen y los que estilizan su discurso. Los elementos lingüísticos que estos usan para su estilización no provienen de una interacción directa (o de la percepción inmediata de un estilo en su entorno original), sino de diferentes géneros mediáticos (por lo que el autor define el fenómeno como *«media-induced crossing»*) (Androutsopoulos 2001: 1)[23]. Desde luego, los textos producidos y emitidos en los medios de comunicación a su vez ya constituyen una versión estilizada de los estilos originales, representando los rasgos semióticos (verbales y no verbales) más salientes para facilitar un rápido reconocimiento del significado que se quiere transmitir (Androutsopoulos 2001: 4). De este modo, al establecer vínculos entre determinados fenómenos lingüísticos y grupos sociales, los medios adquieren una función importante como entidades responsables de la difusión de modelos culturales, sistemas ideológicos y patrones de humor social (Androutsopoulos 2001: 122; Irvine y Gal 2000: 35). La reproducción de estos elementos por parte de los hablantes en la comunicación directa (*«back again»*) tiene que entenderse pues como la apropiación de estereotipos y proyecciones, a veces a través de citas prácticamente literales de frases mediáticas (como ocurrió, posiblemente, con la metáfora de la "papa en la boca" según hemos determinado en el cap. 7) (Androutsopoulos 2001: 4). Al mismo tiempo, sin embargo, los mismos elementos pueden ser recontextualizados infinitamente para la creación de nuevos significados y circulan entre los hablantes dándoles la sensación de compartir una experiencia en común (Androutsopoulos 2001: 4).

Al observar la evidente semejanza que se presenta entre los ejemplos de imitación aquí presentados, enunciados por informantes de muy distintos barrios, no podemos evitar pensar en un discurso mediático subyacente, que acentúa los estereotipos, sirve como referente para la estilización y, de este modo, se ancla en la representación popular. En Argentina, dicho impacto de los medios de comunicación parece ser especialmente extremo, dado el carácter particular de la televisión nacional que, como ya destaca Kubarth en 1986, refleja en sus programas la estructura social: «la marcada diferenciación social, con sus tipos de habla correspondientes, aparece en la televisión a través de frecuentes emisiones cuyo único propósito parece ser la caricatura de tales diferencias» (Kubarth 1986: 198). Además, según indica

23 El trabajo de Androutsopoulos (2001) se basa en el concepto de *language crossing* de Rampton (1995). Aquí optamos por usar la teoría de *bricolage* empleada por Eckert (2008), considerando que se trata de fenómenos muy parecidos sino incluso coincidentes (cf. *Marco teórico*, 3.4.2).

el mismo autor, los espectadores argentinos son «perfectamente conscientes de la presentación exagerada de los personajes televisivos y su respectiva forma de hablar, de lo caricaturesco de los programas y de «lo artificial con que ciertos elementos lingüísticos estereotipados [...] venían a servir de señales sociales» (Kubarth 1986: 198-199).

Si bien el objetivo de este trabajo no es el de reconstruir el "ciclo de vida" de los elementos estilizados (como lo hace Androutsopoulos (2001) para el caso del etnolecto "Türkendeutsch" en alemán), sí nos parece pertinente señalar algunos ejemplos de influencias mediáticas que pueden haber actuado (y estar actuando) como factores externos en la conciencia metalingüística de los hablantes de Buenos Aires (particularmente los que se mencionaron por parte de los informantes de este estudio). Así, entre los ejemplos de estilización espontánea de nuestro corpus se presentan ocho ocurrencias que explícitamente imitan un discurso mediático. En cuatro de ellas se cita algún fragmento de la publicidad *Lay's Restó*[24] (divCab1, devRe3, divZN1, divZN2, además de tres informantes que la mencionan sin imitarla), una referencia que ya hemos discutido también en el capítulo 7 respecto de la metáfora de la "papa en la boca". Como elementos estilizados de la publicidad aparecen «ay gordo», «congrats», «ah no, quiero morir» del personaje femenino y «colorada, man», del personaje masculino, expresados siempre con una nasalidad exagerada.

El hecho de que una publicidad de una compañía norteamericana con su variedad de papas fritas específica para cada mercado (en Argentina, *Frenchitas* y *Chizitos*) juegue con elementos lingüísticos locales y una metáfora popular relacionada con la percepción que los hablantes porteños tienen de una forma de hablar determinada dentro de su espacio urbano demuestra en qué modo los medios masivos conectan lo global con lo local. Influencias globales se vuelven parte del aspecto generativo en el contexto de la producción de localidad y de la manera en la que comunidades locales construyen su entorno social, cultural y lingüístico.

Lo que resulta interesante, ahora, es cómo los informantes se posicionan respecto del discurso mediático citado, porque ello implica, a su vez, un posicionamiento y ciertas actitudes respecto de los grupos estereotipados por los medios. En primer lugar, un hablante de Caballito (divCab1) expresa una clara actitud positiva respecto de la propaganda y se sirve de ella para explicar las particularidades que percibe en la forma de hablar de la «supuesta clase alta». Es decir, toma la estilización de la publicidad como equivalente al estilo de determinado sector. En segundo lugar, una hablante de Recoleta (divRe3) ve la publicidad como «forma coloquial» (evitando el adjetivo «vulgar») de designar el uso del habla de «esta gente que habla como». Siendo ella de Recoleta pero distanciándose al mismo tiempo del estereotipo relacionado con dicho barrio, revela cierta actitud crítica hacia el discurso mediático y hacia la metáfora de la "papa en la boca". Los ejemplos divZN1 y divZN2, por último, son de una misma hablante de San Isidro, que cita una vez el vídeo del personaje femenino y una vez el del personaje masculino de la publicidad, presentándolos como estereotipo de su propio sector socio-geográfico. Se reconoce

24 Véase https://www.youtube.com/watch?v=F6eOxO3RF7A y https://www.youtube.com/watch?v=nebg0Z-rMN8g [21/02/16]. La publicidad, que consiste en dos videos titulados *Mike* y *Mecha* así como en algunos fragmentos adicionales de los dos personajes, fue lanzada en noviembre 2012, de ahí que en el momento de la recopilación del corpus (en la primera mitad de 2013) estuviera bastante presente en el discurso popular en Buenos Aires.

en los elementos estilizados, relativizando que se trata de una acumulación exagerada de expresiones estereotipadas, pero "admite" (casi con cierta culpa) usar palabras como «congrats». Esto se muestra aún más cuando se refiere al segundo ejemplo, del cual cita la expresión «colorada, man», según ella muy común en su entorno, pero diciendo que recién al escucharlo uno se da cuenta «lo pelotudo que suena», porque sería «roja», no «colorada». Evidentemente, la hablante se posiciona dentro del grupo estilizado y hasta se identifica en parte con el estereotipo, pero la confrontación con la estilización hiperbólica hace que cuestione su propia forma de hablar y adopte una actitud algo ambigua al respecto. Otras dos ocurrencias de estilización de un discurso mediático concreto vienen también de un mismo hablante de Recoleta, quien afirma que los medios de comunicación fomentan los estereotipos que hay en la sociedad bonaerense, sobre todo, según él, cuando el objetivo es representar a una clase baja («los pobres»). Menciona la serie *Okupas* y cita la forma de hablar de un personaje «pobre» (denominándolo «cabeza») con un vocabulario vulgar y los vocativos «eh amigo», «eh loco», «mascapito», «guacha». En el capítulo 7 ya hemos remitido a *Okupas* (Bruno Stagnaro, 2001)[25] y *Tumberos* (Adrián Caetano, 2002)[26], señalando su posible influencia en la constitución del término *tumbero* como estereotipo social y lingüístico. Las dos producciones pueden entenderse como «el traspaso a la pantalla chica» de una etapa designada como Nuevo Cine Argentino, inaugurada por la película *Pizza, birra, faso* (Bruno Stagnaro y Adrián Caetano, 1996), que, al igual que las sucesoras televisivas, tuvo una gran repercusión de audiencia y un enorme éxito. A partir de este momento, considerado un punto de quiebre en la cinematografía argentina, empezaron a representarse desde la ficción sectores hasta entonces ignorados (ladrones, ocupantes ilegales de propiedades ("ocupas") o prisioneros de cárceles ("tumbas")), a través de un realismo urbano basado en la representación –por momentos con registros casi documentales– de la violencia lumpen, su declive material y desamparo social (Amado 2009: 222; Soria 2012: 7). Utilizando el espacio urbano real como escenografía, trabajando con actores no profesionales, registrando una estética de "fealdad" y, sobre todo, usando los signos de un estilo marginal (el habla propia de los jóvenes lúmpenes que constituía una nueva oralidad, vestimentas, peinados, música, conductas), las producciones de ficción del Nuevo Cine Argentino reflejan la situación decadente de la sociedad argentina en los años noventa y las consecuencias inmediatas de la crisis de fines del 2001: representaciones de la desocupación, de la marginalidad, de la exclusión, de la delincuencia y de precarización social

25 *Okupas* es una miniserie de once capítulos estrenada en octubre de 2000 y nuevamente programada en mayo de 2001 y a finales de 2002 en *Canal 7*. Con un «hiperrealismo desconocido hasta ese momento en la televisión argentina», *Okupas* muestra «la dura realidad en la que viven los marginados de las grandes urbes» (Amado 2009: 223). En la trama, Ricardo, un muchacho de clase media, abandona los privilegios de su clase (la vivienda segura, la familia, la universidad, el trabajo) con el impulso interior de conocer otra forma de vida. Su prima le ofrece quedarse en una casona de Congreso que había sido tomada y acababa de ser desalojada por la fuerza de la ley. Ricardo se instala en la vivienda para evitar que la misma sea tomada. Pero allí conoce al "Pollo", a Walter y al "Chiqui", tres marginales que le brindarán experiencias nuevas e irresistibles. Es la historia de la iniciación de Ricardo en un mundo totalmente desconocido por él, desde sus problemas con las drogas hasta la lealtad y el amor por los amigos (Amado 2009: 223 y http://www.lanacion.com.ar/39436-okupas-tv-de-alto-nivel [12/05/16]).

26 *Tumberos* es una miniserie de 11 capítulos estrenada en septiembre de 2002 con una segunda programación a principios de 2003, en *América TV*. «La historia de *Tumberos* se desarrolla entre dos búsquedas: la que emprende una joven abogada para conocer la verdad sobre el crimen adjudicado a Ulises Parodi, el protagonista; y el sondeo que este lleva dentro de la cárcel para penetrar sus códigos feroces y moverse entre quienes, alguna vez, envió a ese mismo lugar en nombre de la ley. Esa doble exploración motoriza un relato marcado por la violencia latente o desbordada en la cárcel o fuera de ella» (Amado 2009: 224).

y económica (Amado 2009: 222-223; Beker 2011: 5; Soria 2012: 7). Lanza y Soria (2012: 3) incluso afirman que las ficciones como *Okupas* o *Tumberos* permiten al espectador el acceso a un mundo «que de otra forma no visitaría», y que en el caso de ambas series es logrado a través de una «figura mediadora [...], un personaje de clase media que, en el trayecto hacia comarcas no tan lejanas donde habita "el pueblo", debe despabilarse y perder los modales de su clase –la clase media– como condición de supervivencia» (Amado 2009: 222). Este encuentro de personajes «desclasados» con el "otro" popular, en lugares amenazantes por su "fuera de lugar" (*out of place*) ofrece, según la misma autora, «un flanco necesario de identificación» para los espectadores, que a su vez origina en el fenómeno de una «oscura seducción de la clase media por la estética de los márgenes –a cuyo espejo se aproximaba» (Amado 2009: 223).

El éxito comercial y artístico de *Okupas* y *Tumberos* generó rápidamente un aluvión de programas televisivos con códigos similares (Lanza y Soria 2012: 5)[27], en los que, según Amado (2011: 223, recurriendo al concepto de "políticas de la pose" desarrolladas por Sylvia Molloy (1994)), «los cuerpos marginales se leen –y se presentan para ser leídos– como declaraciones ideológicas, políticas y simultáneamente culturales».

Teniendo en cuenta las características descritas de este nuevo tipo de ficción que surge en una época social muy problemática, por un lado, y su enorme difusión mediática, por otro lado, sugieren claramente que los programas mencionados (junto con discursos mediáticos de otros géneros, como programas humorísticos[28] o las mencionadas publicidades, por ejemplo) deben haber tenido (y aún tienen) un impacto decisivo en el anclaje de los estereotipos sociales y de los elementos lingüísticos y estéticos vinculados con ellos en la representación social, y es muy probable que su proyección mediática sirva de fuente directa para su estilización. Los hablantes mismos muestran una conciencia marcada respecto del rol que ejercen los medios de comunicación en la acentuación de los estereotipos y en la construcción de la oposición social y geográfica, lo cual se refleja en los dos casos de estilización que consisten en comentarios metalingüísticos generales acerca de la influencia del discurso mediático, empleando, por ejemplo, rasgos lingüísticos salientes como la elisión de la /s/ final o vocativos como «viejita» o «loco», por un lado, para la representación de «la gente que está por fuera de las posibilidades de acceso a determinadas cosas» (divCab2), o, por otro lado, elementos de una determinada práctica social («ir al shopping») para simbolizar una «distinción de clase» (divLB/ST8). Por cierto, estos ejemplos no son en absoluto los únicos comentarios en nuestro corpus que tratan el aspecto de los medios de comunicación, puesto que hemos abordado el tema de manera explícita en la entrevista. Aunque no necesariamente recurriendo a la imitación o a la cita directa de un discurso mediático en concreto, casi

27 Entre ellos, *Disputas* (Adrián Caetano, 2003), sobre un grupo de prostitutas y *Sol negro* (Alejandro Maci, 2003), en el que un "niño rico" ingresa a un neuropsiquiátrico para escapar de la cárcel (Lanza y Soria 2012: 5). Un poco más tarde, surgieron *La liga* (2005-2007) y *Cárceles* (2007-2010), dos programas periodísticos sobre problemáticas sociales y políticas, que a su vez «cedieron el paso al realismo teñido de ficción que condensan las series actuales como *Policías en acción* (2008), *Cámara testigo* (2008) o *Emergencias 24* (2007)» (Lanza y Soria 2012: 6) (la cursiva es nuestra).

28 Véanse, a modo de ejemplo, los vídeos cómicos de Peter Capusotto, quien se burla del habla de los jóvenes tanto de las clase alta como de la clase baja, empleando explícitamente los elementos lingüísticos estereotipados (www.youtube.com/user/petercapusottotv) o de Fernando Peña, quien para su programa de radio *Parquímetro* creó más de 20 personajes diferentes de la sociedad bonarense (https://www.youtube.com/watch?v=0EAZNteKXhg [16/06/16]).

todos los hablantes presentan reflexiones metalingüísticas al respecto, mencionando varios ejemplos concretos de programas[29] y, en la mayoría de los casos, expresando una postura crítica acerca de las consecuencias sociales y, específicamente, lingüísticas que se generan por la influencia de los medios de comunicación. Por un lado, en reiteradas ocasiones se subraya la fuerza homogeneizadora de los medios masivos, señalando patrones lingüísticos que desde el discurso mediático se difunden en todo el espacio urbano, transgrediendo las escalas sociales, como se observa en los ejemplos (17) y (18), pruebas muy evidentes de la difusión mediática que alcanzan programas como el citado en toda la estructura social de Buenos Aires:

(17) Lo mismo pasa con Tinelli, ¿no? Que son tipos que homogeneizan la cultura popular. Entonces [...] te puede escuchar alguien tanto de clase alta como de clase baja. Y se va a sentir representado con las expresiones. Y eso del "manzana", sí, es algo que está en cualquier ámbito. Pero, porque llega desde la *mass media* (hablante femenina, 29 años, Villa Urquiza).

(18) Ya te digo, la televisión abierta. [...] Yo creo que mirando canales de aire también hay una masificación, o sea, Tinelli lo mira desde el que tiene un televisor y una habitación de una pieza hasta el que tiene quince habitaciones y siete baños. O sea, entonces lo que surge en Tinelli lo van a decir todos (hablante femenina, 30 años, Zona Norte).

Varios informantes hacen mención concreta de la función de los medios masivos en la construcción y el refuerzo de estereotipos sociales opuestos. De este modo, el ejemplo (19) muestra la actitud de una hablante de Zona Norte quien es consciente de ser clasificada como "cheta" («yo soy considerada "cheta" porque vivo en San Isidro») respecto de la construcción de tal estereotipos por parte de los medios:

(19) Me parece que hay como una tendencia, [...] ¿no?, que pintan como a la sociedad de clase media baja como con una onda muy simpática y muy amable y muy honesta y muy trabajadora. Y generalmente tiende a pintar a la clase alta como muy, como tiranos. Bueno, porque apelan a las masas. Y entonces en este país tenés gente más de clase media, media baja que clase media alta. [...] Sí, me parece que eso lo fomenta. Esa cosa de... personificar a la persona de clase alta como un cheto preocupado por lucirse todo el tiempo –si bien es verdad que existe mucha gente así– la realidad es que hay de todo en todos lados (hablante femenina, 30 años, Zona Norte).

Se desprende de este enunciado la percepción de la construcción mediática del estereotipo del "cheto" desde la perspectiva de una hablante que se ve confrontada y, hasta cierto punto, identificada con dicha etiqueta. Por esta razón, descalifica el procedimiento mediático como discriminador y apuntado hacia las masas (de las que ella se excluye) y, al mismo tiempo, aunque también legitimiza un poco el estereotipo, se molesta por el proceso de generalización que se hace. En contraste con ello, el ejemplo (20)

29 Entre ellos, por ejemplo, los programas de Andy Kusnetzoff (particularmente, *Argentinos por su nombre* (http://www.eltrecetv.com.ar/argentinos-por-su-nombre-2008 [12/05/16]), de Susana Giménez (http://telefe.com/susana/ [12/05/16]) y, sobre todo, de Marcelo Tinelli (http://www.eltrecetv.com.ar/perfil/marcelo-tinelli [12/05/16]), que desde los años 90 posee una enorme influencia política (que Palazzolo (1997: 117) significativamente denomina como «efecto Tinelli»).

muestra la postura de un hablante de Avellaneda respecto de la proyección de cierto sector social en los medios de comunicación (en este caso, en una serie cuyo nombre no recuerda) de las desigualdades sociales:

(20) Y yo creo que... hay... hubo un programa... ¿cuál era? De chicos eh... que iban al... a los colegios privados, una serie era. Eh, no me acuerdo cómo era el programa, pero... que se diferenciaban mucho, los padres de plata, eh, les pagaban el colegio privado, y... bueno, ellos hablaban de distinta manera, porque "yo me iba de shopping, me iba a París, qué sé yo" y creo que eso sí, les dio a... a ver, entender a otra, eh... ¿cómo te puedo decir? A otra gente que no está en esa imagen de vida, y ellos queriendo ser parte de eso, imitan una manera de hablar. No me acuerdo cuál era el programa. Está en un programa para chicos que... que estaban todos en una, en un colegio, así, muy PRIVADO, muy FASHION, muy TOP, todo. Y esa manera de hablar de ellos, muchos lo han copiado (hablante masculino, 34 años, Avellaneda).

Según el hablante, la visibilización de determinados sectores sociales con su respectivo estilo de vida genera cierto resentimiento en otros grupos que se ven excluidos de esta forma de vida, lo cual, si no causa rechazo, lleva a la apropiación de distintos elementos del uso del habla estilizado en los medios de comunicación.

El ejemplo (21), en cambio, presenta la observación de un proceso muy parecido –de la apropiación de ciertos rasgos lingüísticos de otro sector social– pero en la dirección opuesta y por parte de los mismos conductores de programas televisivos; el uso de determinados elementos lingüísticos por parte de ciertas figuras públicas, aunque provengan de un origen más humilde, resulta chocante, porque no corresponde con el lugar y el contexto en el que se mueve la persona y, por lo tanto, se entiende como un comportamiento «forzado» para aparentar algo que (ya) no es.

(21) Hablando de un programa de televisión, por ejemplo, para ser puntual, obviamente va a tener ciertas palabras que van hacia, que identifiquen a cierta, al sector al que apuntan. Pero por otro lado también a veces hay como algo forzado en eso. Lo veo más desde, en lo popular. Como... por ahí programas muy masivos. Que conduce gente que en algún momento fue gente más humilde en cuanto al poder adquisitivo que tenía, tiene, me parece que sutilmente sigue forzando una forma de hablar que ya no le es propia. No sé si es solo en la forma de hablar, pero... que ya no tiene nada que ver con esa gente. No sé, o sea, lo pienso, digo cosas muy obvias como no sé, Susana Giménez y Tinelli. Que ya no tiene nada que ver con esa gente. [...] No sé ahora, pero creo que lo he escuchado a Tinelli comerse las eses que... para hacerse el más... y no, no... (hablante femenina, 31 años, Caballito).

En conclusión, los fragmentos de reflexión metalingüística de los hablantes acerca del papel de los medios de comunicación muestra, claramente, que se establece una conexión entre los usos del habla en el discurso mediático y la comunicación cara a cara en el espacio urbano. En esta interacción, el discurso mediático no solo refleja la variación y la proyecta de manera estilizada, sino que puede desempeñar una función aún más activa, como hace constar Androutsopoulos:

> However, the life-cycle metaphor still remains useful, because it underlines certain connections between language in the media and in face-to-face interaction. It suggests looking

> at media language as a part of the global sociolinguistic condition of a speech community, which reflects existing variation, but also introduces new variation resources into the community's repertoire (Androutsopoulos 2001: 3).

Ahora, estos ejemplos no solo develan el inmenso impacto que tienen los medios de comunicación en la construcción y la difusión de patrones lingüísticos así como en su percepción y su estilización por parte de los hablantes sobre la base de un conocimiento compartido de los medios (*shared media knowledge*, en palabras de Androutsopoulos (2001: 17)), sino que también apuntan a procesos de acomodación y de apropiación lingüística –fenómenos que analizaremos más en detalle en el último capítulo. En ese contexto también nos ocuparemos más en detalle de otro fenómeno fundamental para la difusión de estereotipos y, por lo tanto, patrones de estilización: la cumbia villera.

11. Procesos de transformación de significado social

Los pasajes de estilización y de contextualización metalingüística de nuestros informantes –objeto de análisis del capítulo anterior– reflejan la construcción de significado social a través del uso del habla en el espacio urbano de Buenos Aires, un proceso que, si retomamos la cita de Eckert (2008: 455), *«involves a continual analysis and interpretation of categories, groups, types, and personae and of the differences in the ways they talk»*. Hemos visto que determinados rasgos lingüísticos (y estéticos) que se atribuyen a determinados estilos a su vez relacionados con determinados lugares en la ciudad adquieren significados muy diversos según dónde se posicione el/la informante en la estructura social. A pesar de que los rasgos estereotipados muchas veces se repitan casi literalmente (debido a factores externos como los medios de comunicación, como hemos visto), los campos indexicales a los que remiten son sumamente fluidos y se encuentran en un constante proceso de cambio, de reinterpretación y de negociación, condicionado por sistemas ideológicos muy diferentes que salen a la luz cuando los hablantes contrastan diferentes usos del habla.

Ahora, una vez que un/a hablante percibe un rasgo lingüístico aislado como saliente y le atribuye determinado significado social, tal elemento se convierte en un recurso que la persona puede incorporar en su propio estilo y recontextualizarlo para construir nuevos significados (cf. Coupland 2007: 83 y ss.), [457]Eckert2008b. Particularmente en el contexto superdiverso de la metrópolis moderna, la concepción de la lengua como complejo dinámico de recursos concretos (Blommaert 2010: 47) es muy pertinente, tomando en consideración siempre que tales «repertorios» (Wardhaugh 2006: 129; Coupland 2007: 82; Blommaert 2010: 102) no consisten en catálogos predefinidos de los que un/a hablante pueda elegir libremente[1], sino que los hablantes disponen de determinados estilos en virtud de su socialización y, por ende, tienen un control limitado sobre los significados de su forma de hablar:

> Repertoires are grounded in people's biographies and in the wider histories of the places where they were composed. They are "placed" resources, some of which will allow mobility while others will not, and repertoire analysis can explain what goes on when people, carrying their language luggage, so to speak, move around, or when their messages move around (Blommaert 2010: 23-24).

Además, como hemos visto, los elementos de un estilo están cargados de significados múltiples vinculados ideológicamente («campos indexicales» (Eckert 2008: 454)), a su vez muy dinámicos e inestables, y a través de procesos de de- y contextualización, los hablantes pueden enmarcar los recursos que tienen a disposición de manera creativa para construir nuevos significados, incluso para socavar

1 Véase la discusión del concepto de repertorio estilístico entendido como "vestuario" en Coupland (2007: 82 y ss.).

ideologías dominantes (Coupland 2007: 84 y 89). Estos procesos de transformación de significado o de *style-shifting* solo se hacen efectivos en la interacción con el "otro", en una situación de contraste y de interpretación (cf. *Marco teórico*, 3.4.2), momento que, al mismo tiempo, pone a prueba su eficacia: «*style-shifting [is] a highly risky business, subject to social monitoring and threatening further sanctions when it "goes wrong"*» (Coupland 2007: 89)[2]. En el presente capítulo nos ocuparemos de tales procesos de construcción y de negociación de significado, examinando diferentes casos donde determinados rasgos estilísticos (verbales y no verbales, como veremos), sufren cambios en su campo indexical. Distinguiremos aquí entre fenómenos de acomodación, de apropiación, de refuerzo y de burla, aunque notaremos en el análisis de los ejemplos concretos que no siempre es tarea fácil establecer una delimitación tajante entre los distintos conceptos. Los fenómenos mencionados se estudiarán, además, siempre desde una perspectiva metapragmática. En estas reflexiones sobre lo que otros hacen con el habla emergen ideas sobre la identidad de ese otro, representadas en constructos metapragmáticos –estereotipos metapragmáticos sobre fenómenos pragmáticos (Agha 1998: 151). Tales estereotipos no solo *interpretan* determinados comportamientos pragmáticos, reconociéndolos y vinculándolos con determinadas categorías sociales; a su vez también *activan* ciertas conductas:

> Such metapragmatic stereotypes are themselves of some pragmatic use to us: They are ways of "fixing" the variability of their pragmatic objects into static, typifiable categories of conscious awareness. Such essentializations or reifications are not only based on what others do; they also help us to deal with others, to do whatever we do with them or to them. In this sense, metapragmatic stereotypes about identity mediate between two pragmatic orders: the pragmatic phenomena that they construe, and the pragmatic phenomena that they enable. The fact that such stereotypes are consciously grasped makes them culturally preeminent in certain ways: They become reportable, discussable, open to dispute; they can be invoked as social standards, or institutionalized as such; they allow (and sometimes require) conscious strategies of self-presentation; they serve as models for some individuals, counter-models for others (Agha 1998: 151-152).

Partiendo de reflexiones émicas sobre los procesos de transformación de significado que se realizan en el contexto geográfico-social de la ciudad de Buenos Aires, a continuación veremos, pues, estas dos dimensiones: la descripción y el análisis de fenómenos pragmáticos por parte de los hablantes y, al mismo tiempo, discusiones, disputas y controversias acerca de estos estereotipos y su institucionalización en la sociedad bonaerense.

11.1. Acomodación de estilos

El primer proceso de transformación de significado mencionado por nuestros informantes se da cuando en la interacción cara a cara, en lugares o situaciones de encuentro de personas de distintos sectores

2 Coupland se refiere aquí a países occidentales anglófonos, donde, según él, se ha establecido un clima ideológico en el que se aspira la transgresión de un estilo estigmatizado hacia otro más prestigioso si esto implica la posibilidad de escapar de asociaciones indexicales punitivas de clase y raza. Nuestro contexto sociolingüístico es otro, pero el control social sobre procesos de *style-shifting* está igualmente muy vigente, como veremos en este capítulo.

o grupos dentro la ciudad, contextos que visibilizan el contraste social y, como hemos visto (cf. el capítulo anterior) pueden generar incomodidad o enfrentamientos, el uso del habla tiende a ajustarse. Es decir, determinados rasgos característicos del propio estilo que un/a hablante percibe como socialmente estigmatizados e inconvenientes en dicho contexto se suavizan o se reducen, mientras que, al mismo tiempo, otros elementos asociados con el estilo de otro sector o con cierto lugar se adoptan y se enfatizan. Según la *teoría de acomodación lingüística* (Giles 1973; Giles y Powesland 1975; Coupland y Giles 1988; Giles, Coupland y Coupland 1991) desarrollada con un enfoque psicosocial, se trata aquí de un proceso de *convergencia* en el que un/a hablante modifica su comportamiento comunicativo –que puede referirse a una gama amplia de rasgos lingüísticos, prosódicos y no verbales– por dos motivos: para buscar atractivo social y parecer *«more likeable»*, por un lado, y, por otro, para buscar efectividad comunicacional (Giles, Coupland y Coupland 1991: 7; Coupland 2007: 62). El modelo de la acomodación lingüística parte entonces de la idea de que el uso del estilo es maleable, motivado y estratégico, condicionado de manera fundamental por los participantes de la interacción y basado en conceptos tales como intenciones, creencias, percepción y normatividad (Coupland 2007: 63). Este enfoque orientado al destinatario (*«audience design approach»*) (Coupland 2007: 80; Schilling-Estes 2002: 383)) lo comparte Bell (1984) en su abordaje del estilo (*«Language style as audience design»*), según el cual un/a hablante acomoda su forma de hablar en relación con un interlocutor, tanto en una situación comunicativa de contacto inmediato (*«responsive style shift»*) como también por la influencia de grupos sociales hipotéticos (*«initiative style shift»*)[3] que pueden actuar sobre un/a hablante y provocar variaciones estilísticas (Rickford y Eckert 2001: 4). Así, por ejemplo, los hablantes pueden concebir su estilo estratégicamente en anticipación a determinadas reacciones o consecuencias sociales potenciales (Coupland 2007: 79), un comportamiento que se reflejará también en nuestros datos, como veremos en breve.

Ahora bien, aunque no cabe duda de la relevancia de los modelos de acomodación y de *audience design* para la comprensión de procesos de cambio de estilo, la priorización del impacto del destinatario (real o imaginado) ha sido objeto de discusión (cf. Rickford y Eckert 2001: 4-6; Coupland 2007: 74-81). De este modo, tanto Rickford y Eckert (2001) como Coupland (2007) proclaman abarcar el estilo (y los cambios estilísticos) desde un enfoque de construcción identitaria y entendido como proceso sumamente dinámico, performativo y, por tanto, más activo (Rickford y Eckert 2001: 5; Coupland 2007: 80). Estas consideraciones basadas en cuestiones identitarias se habrán de tener en cuenta en el análisis de los procesos de transformación de significado estimados como momentos de acomodación de estilo. A partir de los ejemplos de nuestro corpus examinaremos, a continuación, cuáles son los rasgos que se ajustan, en qué situaciones y con qué motivos, y qué se puede desprender del comentario metalingüístico acerca de estrategias, procesos de percepción y de evaluación así como de construcción de significado social y geográfico en la ciudad de Buenos Aires.

3 Véanse los modelos de *«audience design»* y *«referee design»*, desarrollados posteriormente como complemento al primero, en Bell (1984, 1999, 2001).

11.1.1. «Para camuflarse»

Un primer motivo de acomodación lingüística, que podría corresponder al principio de parecer *«more likeable»* definido por Giles, Coupland y Coupland (1991: 19) y que ha sido mencionado reiteradamente en nuestro corpus es el de "camuflarse" en un determinado contexto, es decir, no llamar la atención en un momento de encuentro con el "otro", en un entorno sociogeográfico no familiar:

(1) A mí me pasa meterme en un lugar, tener que meterme en un lugar, entonces sí como las eses, sí, hablo de esta manera, pero porque es una estrategia que uno hace para camuflarse en un lugar que no pertenece, de que no es del palo[4], digamos. Pero así es (hablante femenina, 29 años, Villa Urquiza).

(2) Sí. Sí, sí, soy consciente y de hecho muchas veces lo usás para reconocerte o intentás no usarlo para... como integrarte o amalgamarte, sí. O sea, yo cuando capaz trabajo en la parte social, intento no decir tanto "tipo" o "divague". "Divague" es una palabra muy como... muy cheta. O... "como que"... Como esas cosas, sí (hablante femenina, 28 años, Recoleta).

(3) Pero bueno, acá también en Argentina hay un poco, es una tendencia más de ahora... tal vez de más de resentimiento que puede haber. Pero en realidad igual siempre se da, siempre se dio. Pero capaz viste ahora como una manera de cuidarse a veces uno como habla. Si está en un lugar, viste, de tal manera. No quedar en evidencia que es tan cheto, porque, ¿entendés? Es como... Yo tenía [se ríe] un amigo que decía que cuando fue a ver a los Rolling Stones, a la popular, me decía una frase muy graciosa, que decía "fui a un colegio inglés toda mi vida y cantaba las canciones mal a propósito para no quedar en evidencia" [se ríe] (hablante masculino, 27 años, Recoleta).

El primer ejemplo (1), de una hablante de Villa Urquiza, consiste en una reflexión respecto de su propio comportamiento de adaptarse a determinado lugar (que no especifica pero del que no se siente parte) a través de la elisión de la /s/ final (fenómeno al que se refiere con la metáfora de "comerse las eses"). El comentario implica que, en principio, la hablante no considera la elisión de la sibilante como rasgo propio de su estilo y del lugar donde ella se ubica en la ciudad. Por el otro lado, cuando se mete (o se tiene que meter) en otro lugar al que no pertenece, dice usar el mismo rasgo de manera estratégica para «camuflarse», es decir, para pasar desapercibida, lo cual indica que hay una percepción tanto del elemento lingüístico como parte de un estilo de otros sectores de la ciudad así como, al mismo tiempo, de que en estos lugares su propio estilo resultaría llamativo, "extraño", o quizás simplemente demasiado formal. Se usa entonces la variación de la sibilante final como recurso para construir informalidad y para moverse en diferentes zonas o contextos del espacio urbano.

En las reflexiones metalingüísticas de los hablantes de Recoleta (ejemplos (2) y (3)) también se manifiestan estrategias de acomodación, pero desde una conciencia más centrada en el propio estilo y sus elementos salientes. La primera hablante cuenta de su propio comportamiento lingüístico cuando se encuentra en una situación de trabajo social (trabaja en una fundación para combatir la violencia familiar

4 *Ser del palo*, 'estar al corriente de lo que ocurre en un determinado ámbito y saber desenvolverse en él', 'ser seguidor de alguien o pertenecer a un deterinado grupo, ideología, etc.' (DIEA, *s.v. palo*).

en los barrios en el sur de la ciudad), en la que con el motivo de «integrarse» o «amalgamarse» trata de reducir los rasgos que ella misma percibe como salientes de un estilo "cheto" –expresiones como *divague* o *tipo* que la hablante cuenta entre su uso del habla regular. Es decir, por un lado se identifica como hablante de un estilo de Recoleta, pero al mismo tiempo reconoce la distancia social que esto puede causar, que intenta disminuir adaptando su forma de hablar para generar empatía presentándose como menos "cheta".

La anécdota que cuenta el hablante en el segundo ejemplo de Recoleta (3) muestra un fenómeno muy parecido: en el sector popular de un concierto de los *Rolling Stones*, una banda que en Buenos Aires en los años ochenta ha dado origen a una tribu urbana denominada *rollinga*[5], una pronunciación "correcta" del inglés expondría a una persona como "cheta", evocando así un posible conflicto, por lo cual uno acomoda intencionalmente el uso del habla –precisamente, la pronunciación del inglés– para no llamar la atención, para «no quedar en evidencia». Al mismo tiempo, el hablante se identifica con el grupo social denominado "cheto" y explica el ejemplo señalando que hoy en día hay mucho resentimiento respecto de este sector, lo cual lleva a un mayor cuidado del modo de hablar propio. Es decir, en este caso, el hablante presenta el proceso de acomodación no tanto como convergencia por motivos de construir empatía o de reducir la distancia social, sino como estrategia de pasar desapercibido por miedo a una reacción potencial del entorno en el que se metió (y donde su estilo está *out of place*) la persona en el caso de que fuera delatado como "cheto".

Esta sensación de miedo o de inseguridad, relacionada, aquí, con una situación concreta, es parte de la representación del hablante y como tal puede haberse constituido tanto por situaciones anteriores de enfrentamiento concreto en las que sufriera reacciones negativas hacia su estilo como también desde una construcción mental, influenciada por el entorno social y los discursos mediáticos (véase también los ejemplos al final del presente capítulo (11.6) en en cuanto a este aspecto).

Anclada en la representación social, esta percepción de inseguridad también puede ser construida de manera general, desprendida de una situación concreta. De este modo, el espacio público de la ciudad, la "calle" (sin que necesariamente sea un lugar definido), ha adquirido el significado de "peligro". La "calle" es el lugar de enfrentamiento y de alerta, y como tal, también ejerce un impacto sobre el comportamiento estilístico en el sentido de un grupo de referencia al que un/a hablante puede llegar a ajustar su práctica social:

(4) Yo creo que el miedo a veces de la clase alta le lleva a... Y es más. Hay muchos chicos, yo he visto chicos en San Isidro también, que hablan así o que vos los ves con gorritas. Y que después van a su casa, entendés... Por lo general la gorrita siempre fue identificada con la clase baja. Y vos de repente ves chicos que no sé, o ahí en San Isidro, paseando y que están medio vestidos como si fueran de clase baja, ¿no? Y después van a su casa, que tienen terrible casa que no tiene nada que ver con como se están vistiendo. Me parece que tiene más que ver... empiezan a adaptar ese lenguaje por miedo, ¿no? [...] Capaz que lo que piensa la persona es que si se viste igual entonces no le van a robar, por ejemplo, ¿no? [...] O sea, "no tengo plata yo porque

5 Cf. http://www.pagina12.com.ar/diario/suplementos/no/12-3573-2008-08-28.html [10/06/16].

> soy igual que vos". Que en algún momento yo de adolescente te digo que hasta se te pasa. Yo también era de estar súper desarreglado y te das cuenta que inconscientemente era un poco por el miedo. Porque en su momento de adolescente estabas más tiempo en la calle. [...] Y no andabas bien vestido porque te adaptabas un poco a la calle, ¿no? Y en realidad no era la calle de todos los días sino la calle cuando te podía llegar a pasar, cuando vos veías que te podías, no sé, encontrar con alguien que era de clase baja y te quería sacar las zapatillas o algo, si vos tenías unas zapatillas todas rotosas... no las iba a querer. ¿No? Tiene un poco eso, me parece que... y un poco de vocabulario me imagino también,... se empieza a meter... no solo es la vestimenta, ¿no? (hablante masculino, 30 años, Villa Urquiza).

Se desprende de este ejemplo que el hablante percibe una acomodación del estilo entre el espacio privado y el espacio público, un cambio que se realiza a través de la adopción de elementos semióticos estéticos relacionados con la "clase baja" (la gorra y las zapatillas) así como lingüísticos (en este caso, «un vocabulario»). Atribuye esta práctica sobre todo a la "clase alta" (que ubica en el "norte", representado metonímicamente por el barrio de San Isidro), pero también reconoce haber recurrido a la misma estrategia en su adolescencia. La calle, que especifica entre «la calle de todos los días» y «la calle cuando te podía llegar a pasar [algo]» se convierte pues en espacio cargado de significado (cf. el concepto de "barrialidad" discutido ya en distintas ocasiones), en la representación material de la construcción de inseguridad, en el lugar de encuentro hipotético con personas de otros sectores sociales (a las que adjudica cierta disposición de violencia). Para evitar esta confrontación, se intenta no llamar la atención, "parecer igual", adaptando el estilo de vestimenta y lingüístico.

Los cuatro ejemplos comentados, en distintos grados de extremidad, presentan procesos de acomodación del estilo en situaciones de contraste social, de encuentro con el "otro", e implican la anticipación de la reacción de un grupo de referencia (real o imaginado) así como un acto performativo de construcción de informalidad o de presentación de sí mismo como "menos diferente", reduciendo los rasgos salientes del propio estilo. El ejemplo (5), abordado ya con referencia a otros aspectos en este trabajo, revela un comportamiento parecido, pero desde la perspectiva de un hablante de Avellaneda respecto de un lugar específico dentro de su propio barrio:

(5) Yo por ejemplo si voy a Dock Sud empiezo a hablar como más así "eh guacho" y... porque sino sos... estás afuera de la manada ... te comen crudo. Lugares digo, cuanto más indig... no indigente pero en cuanto más pobre o más polémico se pone el lugar, digo más acortás el lenguaje, y más tenés que aponer el acento en la palabra justa. Para que no te rompan la cabeza (hablante masculino, 30 años, Avellaneda).

El hablante se refiere aquí no solo a un lugar, sino también a una situación social concreta a la que acomoda su forma de hablar «acortando» el lenguaje y usando elementos como el vocativo *guacho* precedido de la interjección *eh*. Recurre, pues, a elementos estereotipados que relaciona con determinado lugar sociogeográfico para referirse a un proceso de acomodación que realiza. La manera en que alude a su propio cambio de estilo demuestra, además, que el hablante siente familiaridad con el barrio que menciona (nació en Dock Sud y vivió toda su vida en Avellaneda) y que dispone de los recursos necesarios –elementos con un valor indexical de "calle" o "barrio", como hemos visto en reiteradas ocasiones–

para prevalecer en un ámbito sociogeográfico que él mismo presenta como peligroso para alguien que no maneja estos recursos (véase también los ejemplos de estilización en el capítulo anterior). A diferencia de los hablantes en los ejemplos anteriores, aquí no se trata de un proceso de acomodación de un estilo a un lugar o un entorno ajeno en la ciudad, sino que el hablante se identifica hasta cierto grado con los elementos mencionados y los considera parte de su propia identidad.

11.1.2. Por aspiración profesional

Así como en ciertos contextos sociogeográficos más coloquiales como los que hemos visto en los ejemplos comentados, determinados elementos estilísticos se reducen o se refuerzan; en otras situaciones más formales, evidentemente, se resaltan otros rasgos considerados más apropiados. Sin embargo, pocos son los comentarios en nuestro corpus que hacen mención de este tipo de comportamiento lingüístico, y todos ellos se refieren a un contexto laboral –tal vez la situación de formalidad por excelencia:

(6) Y por ahí si vos hablás mucho "sh" [imita] así, no vas a llegar. O tenés que ser ultra capaz en otro aspecto. Entonces vos decís "bueno, sí, aprendo a hablar así y... no pierdo una oportunidad" (hablante masculino, 27 años, Recoleta).

Como ya hemos señalado, el hablante de Recoleta presenta la realización muy sorda de la palatal rehilada como obstáculo para acceder a ciertos ámbitos del mercado laboral. En este sentido, considera que una persona con ciertas aspiraciones profesionales ajustará su manera de hablar –concretamente, su variante de la palatal rehilada que el hablante usa metonímicamente para referirse a determinado estilo– para adaptarse a estas exigencias y para recibir más oportunidades en el mundo laboral (que para su caso designa como «la industria del petróleo y las empresas privadas» (cf. el ejemplo (4) en el capítulo anterior)). El hecho de que formule el proceso de acomodación en discurso directo, indicando que una persona en un contexto como lo describe toma la decisión de adaptar su estilo lingüístico significa que el hablante entiende la acomodación como proceso activo y completamente consciente, en el que determinados elementos lingüísticos por su mayor prestigio se eligen como recursos para poder tener más «oportunidades» de trabajo. Evidentemente, la capacidad de «aprender a hablar así» depende no solo de la decisión de una persona, sino, en sumo grado, de la disposición y los recursos que tenga, como hemos visto. Para el hablante, una realización más sonora de la palatal rehilada –para enfocar el rasgo estereotipado con el que se refiere a determinado estilo– consiste en una especie de clave para lograr ascender en el mundo laboral, en claro contraste con la estigmatización y las diversas asociaciones negativas que esta variante tiene para una amplia mayoría de los porteños.

Los ejemplos de acomodación lingüística presentados hasta ahora se refieren, por lo tanto, a un comportamiento estratégico en determinados contextos de interacción particulares donde ciertos elementos lingüísticos adquieren un prestigio momentáneo del que los hablantes son conscientes y que incorporan en su acto performativo de adaptarse a la situación y a sus interlocutores. Se trata pues de un cambio de estilo situacional, lo que implica que aunque en un momento determinado, ciertos rasgos se consideren más apropiados o más prestigiosos, no significa en absoluto que el/la hablante que los usa cambie su actitud al respecto. El ejemplo del concierto de los *Rolling Stones* quizás es donde más notoriamente se observa esto: en el relato del hablante que acomoda su pronunciación del inglés se perfila cierta actitud de superioridad, de distancia y hasta de ironía frente a "lo popular" y el uso "incorrecto" del inglés que adopta en el momento, pero que jamás incorporaría en su estilo de forma permanente.

Además, los hablantes recurren a rasgos aislados y estereotipados para describir los fenómenos de acomodación, es decir, se refieren al estilo comentado de manera iconizada (cf. *Marco teórico* y Irvine (2001)), remitiendo mediante estos elementos de manera categórica a todo un grupo o un sector sociogeográfico, adjudicándole no solo un cierto uso del habla pero también determinados atributos (como, por ejemplo, una actitud discriminadora o una disposición a la violencia)[6].

Los ejemplos de acomodación que comentaremos ahora reflejan otro proceso de comportamiento lingüístico, menos momentáneo o transitorio, y, además, con otras motivaciones, como veremos a continuación.

11.1.3. Por re-evaluación de lo propio

Tal como hemos señalado, el proceso de acomodación lingüística presupone siempre la percepción de divergencias entre el estilo propio y el uso del hablar del interlocutor o del grupo de referencia (aunque este conocimiento metalingüístico no necesariamente se genera en la interacción inmediata, sino que también se fundamenta en experiencias anteriores, en la socialización de una persona a través de su entorno y por influencia de discursos mediáticos, como también hemos visto). Cuando hemos abarcado el fenómeno de la percepción desde un enfoque teórico (cf. *Marco teórico*, 3.4.3), siguiendo las definiciones deCaravedo (2014: 79-88, 2010, 2013), hemos hecho referencia a que la evolución de la percepción lingüística de una persona se divide en tres fases cronológicas: la fase primaria o de «percepción interna», en la que el individuo adquiere una variedad local, entrelazada con un sistema de valores que servirá como punto de referencia para la producción y la percepción de otras variedades (Caravedo 2010: 15-16); la fase secundaria o de «percepción externa», en la que debido a la extensión de las relaciones sociales se captan variedades ajenas, las cuales se reconocerán en referencia al primer modelo adquirido en la fase primaria (Caravedo 2010: 16); y, por último, la fase terciaria o de «autopercepción», que supone el desarrollo de una conciencia de la propia variedad o de ciertos elementos asignados a ella, como consecuencia de la disparidad entre la percepción interna y externa, y que puede generar una evaluación positiva o negativa de la propia variedad (Caravedo 2010: 17). Este progreso se ve reflejado de manera palpable en los dos ejemplos siguientes:

(7) Quizás ahora ya siento que es más particular, como que hay algo donde bueno, sí, tomé unas cosas de acá, otras de allá y las fui mezclando. Pero, al principio cuando no sé, digo, esta de los quince por ahí, cuando me marcaban así como "ah, bueno, vos sos una cheta de zona norte" o

6 Sería interesante examinar en las situaciones comunicativas concretas hasta qué grado un cambio de estilo ocurre "afinado" al efectivo comportamiento lingüístico de un destinatario o si se trata más bien de un *«categorical or stereotyped shifting»* (Ervin-Tripp 2001: 47) basado más bien en atributos sociales del grupo de referencia así como de tópicos implicados en conversaciones anteriores Rickford y McNair-Knox (1994).

lo que sea, como me chocaba mucho. Pero después me daba cuenta que, claro. Estoy diciendo "tipo" cada cuatro palabras, estoy, ¿viste?, como me empezó a molestar, como era algo que no había mamado[7] y que no... (hablante femenina, 26 años, Zona Norte).

(8) Como que reniego un poco de mi origen, ¿entendés?, en un punto. Como que... como que no me gusta esta forma de... cuando lo escucho me genera RECHAZO. Entonces no es que yo estoy como aferrada a mi forma de hablar, ¿no? Por otro lado es la forma de hablar que tengo, digamos. Es re identificatorio de mi SER. No, no puedo... no puedo negarlo, digamos. No es que intento cambiarlo, pero... pero creo que con los años lo fui cambiando un poco. Como que lo fui suavizANDO (hablante femenina, 33 años, Recoleta).

El ejemplo (7) indica que la hablante de Zona Norte en la época de su adolescencia («a los quince») aparentemente entró en contacto con hablantes de otras zonas de la ciudad, lo cual originó no solo la percepción externa de otras variedades urbanas, sino también la confrontación con la estigmatización y la estereotipación de su forma de hablar propia. Este momento, que la hablante describe como «chocante», llevó a una reflexión y un cuestionamiento de su estilo y a una actitud negativa respecto de ciertos elementos de él (en este caso, el uso muy frecuente de la "muletilla" *tipo*, como señala la hablante), de lo que antes no tenía conciencia. El resultado de este proceso cognitivo es, según ella, un estilo mezclado de elementos de diferentes lugares y entornos. O sea, a partir del contacto con otras variedades y actitudes lingüísticas ha ajustado su forma de hablar, incorporando de modo duradero los elementos que a su parecer son más prestigiosos o menos estigmatizados.

En el segundo ejemplo, de una hablante de Recoleta, también se desprende un proceso de acomodación lingüística a largo plazo. A diferencia de la hablante en el ejemplo anterior, sin embargo, esta persona ha ido adaptando su estilo a medida que se ha ido distanciando de su origen, de un sector social con el que ya no se identifica (véase también el mapa mental 8.7 de la misma hablante, comentado en el capítulo 8). Es decir, por un lado, considera su forma de hablar como parte importante de su identidad, pero por el otro lado, al mismo tiempo, también es consciente de que ciertos elementos de su estilo están vinculados con un grupo social que hoy en día le genera «rechazo». Como en el primer ejemplo, esta percepción también se ha desarrollado a través del contacto con otros sectores urbanos y otras formas de vivir a las que la hablante se ha ido acercando, y promovió una re-evaluación sobre todo de su origen, pero con él también de su forma de hablar. Se crea, así, cierta ambigüedad o conflicto identitario, reflejado en la vacilación de la hablante entre la identificación con su propio estilo («re identificatorio de mi ser») y un proceso de acomodación más o menos intencional («no es que intento cambiarlo... pero creo que con los años lo fui cambiando») por sus valores indexicales.

A diferencia de los ejemplos de acomodación que hemos visto al principio de este capítulo, en estos dos casos se trata de procesos de acomodación más duraderos, basados en cambios actitudinales o de identificación persistentes. Es decir, como reacción a la estigmatización de determinados rasgos de la forma de hablar de estas hablantes y su vinculación con cierto sector sociogeográfico en la ciudad, el

7 *Mamar*, 'adquirir ciertos hábitos en la infancia, generalmente por haber estado en contacto con personas o entornos con los mismos hábitos' (DIEA, *s.v. mamar*).

campo indexical de estos elementos sufre un cambio general y permanente.

Ahora bien, como hemos indicado al inicio de este capítulo, citando a Coupland (2007: 89), un cambio de estilo supone una empresa muy arriesgada, expuesta a un monitoreo social y vigorosamente sancionada cuando queda en evidencia. La mayoría de los ejemplos de acomodación comentados hasta ahora implican la perspectiva metalingüística de un/a hablante sobre su propio comportamiento lingüístico, lo cual no permite estimar el grado de éxito o de aprobación que tiene o que ha tenido su cambio de estilo. El ejemplo (9), no obstante, muestra de qué manera evalúa una hablante de Caballito la intención de quienes ella denomina como «chetos» de «parecer uno más»:

(9) Es más, lo que pasa es que el que es cheto, eh, como que se lo burla más, a los chetos. Entonces el que es un tipo sencillo o hasta a veces modesto, de, no quiere ser cheto. Reniega. En cambio el cheto a veces como que quiere parecer uno más. Entonces nivela para abajo. Y peor, porque... es que se nota, "eh vo[ø]", es como que lo diga yo, se me nota que no es mío, no me pertenece. No es como yo hablaría naturalmente. El que habla así naturalmente te das cuenta. Y no intenta ser cheto. Por ahí se esmera en hablar mejor, porque sabe que puede. Pero no reniega de ser así. Por ahí el cheto como está más estigmatizado y se lo burla viste, se los gastan[8] todo el tiempo, entonces por ahí tratan un po-... y sí [se ríe]. Y sí, mirame a mí, re forra[9], y sí. Se lo merece [se ríe]. Porque es un poco gracioso escucharlos hablar. Y es como muy obvio, ¿entendés? Es como muy obvio. Ellos y el resto. Y se nota. Pero bueno, es divertido (hablante femenina, 33 años, Caballito).

La reflexión de esta hablante, que se ubica en el medio de la estructura social (y geográfica, fenómeno típico de los hablantes de Caballito, como hemos visto en varias ocasiones), muestra, claramente, que percibe la intención de hablantes con un estilo "cheto" de acomodarse a otros estilos. Es decir, se realiza una interpretación de tal comportamiento lingüístico (que ella designa como «nivelar para abajo») en el contexto social y se lo juzga como inapropiado y poco auténtico, lo cual significa que la acomodación no ha sido exitosa. La hablante pues no acepta la práctica de cambio de estilo, sino que la percibe como acto de estilización, de imitación de un estilo que «no les pertenece» (donde al quedar en evidencia que la voz adoptada no es la del hablante que la usa se quiebra la autenticidad Coupland (2007: 182)). Es decir, estamos frente a un proceso de negociación y de reclamación de posesión de determinados estilos o elementos estilísticos, que según la actitud que presenta la hablante se puede concebir como reacción ante una supuesta actitud diferenciadora («ellos y el resto») de dicho sector social, conducta que a su vez, según ella, justificaría la estigmatización y la burla.

Tales momentos de choque o de conflicto en el encuentro de estilos diferentes pero también de negociación de elementos estilísticos se extienden por todo nuestro corpus y se harán aún más visibles en los procesos de apropiación y de refuerzo de estilos que contemplaremos a continuación.

8 *Gastar*, 'reírse de una persona o de una cosa, poniendo de relieve alguna característica considerada negativa o ridícula' (DIEA, *s.v. gastar*).

9 *Forro, -a*, 'que se comporta de un modo que perjudica a los demás y resulta despreciable' (DIEA, *s.v. forro*).

11.2. «Para hacerse el...»: apropiación de estilos

Tal como hemos visto (cf. *Marco teórico*, 3.4.2) el estilo en tanto práctica social se concibe como un proceso de bricolage, *«in which individual resources (in this case, variables) can be interpreted and combined with other resources to construct a more complex meaningful entity»* (Eckert 2005: 101, 2008: 456-457). Esta recombinación con significados nuevos, tal como el estilo, puede construirse a través de elementos lingüísticos en combinación con otros elementos semióticos (como, por ejemplo, determinadas preferencias estéticas o musicales) –rasgos salientes que se aíslan y se reintegran en otros estilos, modificando el significado tanto del recurso individual como del estilo original, y resultando en un cambio del paisaje semiótico (Eckert 2008: 457).

En el contexto de Buenos Aires, donde se enfrentan distintos estilos (con elementos extremadamente salientes, como hemos visto a lo largo de este trabajo), la apropiación de determinados rasgos de determinados estilos y su recontextualización en otros usos del habla constituye un fenómeno muy frecuente. A diferencia de los procesos de acomodación, donde un/a hablante en una situación comunicativa dada intenta "sumergirse" en el estilo de un interlocutor o un grupo de referencia, la apropiación consiste, pues, en la decontextualización de elementos determinados de su estilo de origen y la incorporación en el propio estilo para construir nuevos significados.

La reflexión metalingüística al respecto, que en lo que sigue examinaremos a partir de algunos ejemplos concretos, demuestra que tales procesos se perciben de manera consciente y que tanto los motivos de estos cambios de estilos como su evaluación por parte de los hablantes porteños pueden ser muy diversos. En primer lugar, se menciona una tendencia de adoptar ciertos elementos estilísticos estereotipados de determinados sectores sociogeográficos para incorporar sus valores indexicales y crear, así, pertenencia con dichos grupos. Muchas veces, esta conducta se atribuye a «gente del centro» (10) que se orienta hacia uno u otro extremo de la dicotomía social:

(10) Sí sí sí sí con seguridad. De hecho me parece que muchas veces se adopta un lenguaje en pos de pertenecer a diferentes ámbitos sociales o económicos, muchas veces... yo lo veo por ahí con chicos de secundaria que adoptan un lenguaje como decíamos así medio carcelario o medio... de comerse las eses o de usar palabras... más para pertenecer por ahí al ámbito al que pertenecen muchos de los compañeros, eh, que por realmente [...] por su origen, por venir de una familia de... nada, o sea, o carenciada o con menos formación. Y mismo pasa con gente del centro que quiere pertenecer por ahí a círculos sociales más elitistas o más, más de clase alta también adoptar una postura, hablar, eh, esa cuestión que decíamos lo del esnob, o del seudosnob. Sí. Me parece que sí que hay una identidad que no siempre es la de la que uno proviene sino que más a lo que uno quiere pertenecer (hablante masculino, 28 años, Villa Urquiza).

(11) Sí. Sí, porque mucha gente lo utiliza como tal. Las chicas que quieren pertenecer a ciertos sectores empiezan a hablar de esta manera... las vedetongas[10], las modelos... hablan de esta

10 La expresión *vedetonga* viene del término *vedette* (con las alternativas *vedét* y *bedét*, 'artista femenina principal en un espectáculo de revista o de varieté', 'figura muy importante, famosa y destacada en determinada actividad', 'persona o cosa que es o queda en el centro de la atención' (DIEA, *s.v. vedette*). El sufijo *-tonga* le da un significado despectivo

manera. Se frecuentan ciertos bares, hablan de esta manera... y los adolescentes que quieren parecer un pibe chorro, también. Empiezan a hablar sin la ese, digamos. Y de un lugar o del otro genera cierta identidad (hablante femenina, 27 años, Villa Urquiza).

(12) Sí. Pasa con los dos extremos: con querer fingir ser top y cool y... salimos por Recoleta y... Pasa también con el, [...] de decir "yo tengo barrio entonces por eso salgo con las llantas". Y por ahí salís y te comen crudo (hablante femenina, 27 años, Villa Urquiza).

(13) Por ejemplo en los programas de humor en la RADIO, no sé, hacen personajes de... del cheto o... o en las publicidades, como que... como que hubo un momento como que el cheto... como que se... se exhibiÓ, como se prototip-... ese estereotipo de cheto, y a la vez creo que hay como una cosa de que... de que a la gente le genera rechazo, pero... pero también genera como una cosa de... de desEO. Porque... porque bueno, por TODO lo que... lo que el cheto tiene a su alrededOR, que es camioneta, Punta del Este y glamOUR, entre comillas, ¿no? Entonces creo que... creo que también debe haber mucha gente que se fuerza a hablar así. Como que... y eso, eso es lo que yo te decía por ejemplo de Cañitas, que veo que hay como un... un querer forzar ser algo que uno no es, ¿entendés? Como que... No sé (hablante femenina, 33 años, Recoleta).

Con una actitud relativamente neutra, el hablante en el ejemplo (10) percibe un fenómeno de construcción de identidades a través de la incorporación de rasgos tanto de un estilo «carcelario» (por ejemplo, mediante la elisión de la /s/ final o determinados vocablos) como de un estilo que denomina más «snob» o «seudosnob» y que implica la adopción de una postura «elitista». Se refiere pues sobre todo a la apropiación de elementos verbales. Los ejemplos (11) y (12), además de rasgos lingüísticos, mencionan elementos semióticos no verbales que se incorporan en la construcción de un estilo: la frecuencia de ciertos lugares nocturnos, el estilo de vida de modelos y "vedetongas" y, particularmente, el barrio de Recoleta, por un lado, y el elemento de las «llantas», por otro lado, como recurso para identificarse con un estilo «pibe chorro», para el que también usa de manera metonímica la elisión de la sibilante final, o para construir barrialidad. De los tres ejemplos se desprende una posición de distanciamiento, una especie de "observación desde afuera" respecto del fenómeno. Pero mientras que el hablante en el ejemplo (10) no hace ninguna evaluación, en el ejemplo (11) se refleja una actitud negativa implícita, sobre todo respecto al estilo aspirado por las designadas «vedetongas». El ejemplo (12), por último, califica la práctica de apropiación de estilos como «fingir» y advierte que tal comportamiento implica cierto riesgo, porque el cambio de estilo y el intento de construir significado (en este caso, la "barrialidad") a través de determinados elementos salientes pueden ser "descubiertos" y, así, generar una situación de conflicto, de confrontación o hasta de violencia en el espacio público.

El ejemplo (13), por último, alude a la construcción de un estereotipo "cheto" a través de los medios de comunicación, lo cual, según la hablante, puede dar lugar a actitudes opuestas: por un lado, siente el rechazo y hasta la denigración de tal estilo, pero por otro lado, reconoce que este puede generar cierta

(Conde 2011: 336). La construcción de un estilo "vedetonga" es objeto de caricatura popular y mediática, como se refleja en estos ejemplos: https://valeriaschapira.wordpress.com/2010/03/24/que-hace-falta-para-ser-una-vedetonga/ [21/5/16] y https://www.youtube.com/watch?v=HCp0FH0X4XQ [21/5/16] (el vídeo es bastante vulgar, pero véase la oposición que se realiza a través de la estilización de la "vedetonga" y su destinatario, denominado "cabeza").

atracción e identificación, reflejadas en la apropiación de determinados elementos semióticos para la construcción identitaria, que ella misma percibe –igual que en los casos de construcción de un estilo "más pibe chorro" como «forzada» y poco auténtica. Repite aquí la mención de la zona de Cañitas donde más encuentra dicho comportamiento (definido en otro momento como «más plástico» (cf. el mapa mental 8.7 de la misma hablante en el capítulo sobre las representaciones individuales).

Aún más extrema se hace la evaluación de la práctica de apropiación de elementos semióticos cuando se trata de procesos de bricolage entre estilos "opuestos", como veremos a continuación:

(14) Sí, porque hay chetos que son de barrios "así muy cool" por ahí quieren hacerse los wachiturros hablando como wachiturros [se ríe]. O al revés también pasa. Que los de acá, los, digamos, más negros entre comillas quieren capaz que hablar mejor y hacerse los chetos hablando también (hablante femenina, 27 años, Avellaneda).

Esta hablante de Avellaneda observa el fenómeno de apropiación de estilos lingüísticos entre los dos lados extremos y estereotipados de la sociedad, categorizados como "chetos" y "negros" que «quieren hacerse» el "otro", es decir, intentan construir, según ella, un significado opuesto a su propio estilo, en el caso del "cheto" a través de la incorporación de elementos relacionados con los "wachiturros" (un estilo fuertemente relacionado con la cumbia, como hemos visto), y en el caso de los "negros", que ubica en su mismo barrio («los de acá») y donde relativiza la designación («entre comillas») mediante el intento de «hablar mejor». Esto es interesante, porque aunque la hablante manifiesta una actitud algo negativa respecto del estilo "cheto", al mismo tiempo lo relaciona con una forma de hablar «mejor», es decir, más correcta. Además, confirma la conclusión de que en Avellaneda, el estilo asociado con el sector sociogeográfico del "norte" se considera más cuidadoso o educado, contrariamente a lo que hemos visto en los demás barrios de la ciudad (cf. sobre todo los capítulos 9 y 10). Según el enunciado de la hablante, en su entorno quizás un estilo considerado más formal es calificado como "cheto". De todos modos, la actitud que presenta respecto de la práctica social que describe es bastante irónica (y parecida a la que hemos visto en el ejemplo (9)): tanto la expresión «hacerse» como su risa apuntan a que descarta la apropiación de rasgos de estilos ajenos (tanto en una como en otra dirección) como fingida y algo ridícula.

Aunque el ejmplo (14) señala que la apropiación de estilos ocurre en las dos direcciones de la (o)posición social (si bien la hablante no menciona ejemplos concretos de elementos que se adopten), la gran mayoría de referencias a este fenómeno remite a que son sobre todo las personas de sectores sociales más altos o del "norte" que tienden a incorporar rasgos semióticos de un estilo de sectores "más bajos":

(15) Sí, la palabra "gato", por ejemplo, así "eh gato" [imita] era, antes era cosa del villero, por decirlo de algún modo, era un insulto terrible, ¿viste?, que te decían "gato", ¿viste?, era lo peor que te podían decir, ahora lo usa cualquiera, "eh gato", hace un año en una villa vos decías "eh

gato" y te tiraban un tiro. Hoy por Libertador[11] escuchás hablando de un Audi a un Mercedes Benz "eh gato"... ¿Qué pasa, qué pasa muchachos? Sí, cambia mucho, la gente adopta acá [...]. Sí, es como que... el que tiene mucho poder adquisitivo se quiere hacer el pobre... Qué sé yo... No sé para qué, pero bueno. Pasa. Pasa mucho (hablante masculino, 32 años, La Boca).

(16) Sí, es que, creo como que lo toman, lo revalorizan, ¿me entendés? O sea, ¿no?, el tema es como decir "bueno, si bien sabemos de donde viene, sabemos que como que es la contra y todo, pero en cierto punto nos gustó. Entonces qué hacemos. Bueno, lo transformamos en nuestro modo", ¿me entendés? Lo hacen propio. O sea, no creo que lo hagan para decir "bueno, sí, estamos con la gente del sur". Igual esto de sur y norte, parece una guerra, ¿no? Digamos, yo lo llevo al extremo, al hecho de, bueno, diferenciarlo. [...] Pero yo creo que es eso, ¿viste? Como que si bien el término no es de ellos, les gustó, quizás les pareció piola o lindo o lo que sea. Y bueno, lo intentan revalorizar o convertir o transformar en su idioma entre comillas y de ahí sí, lo dicen (hablante masculino, 27 años, Avellaneda).

Estos dos ejemplos, los dos de hablantes de barrios en el sur de la ciudad, muestran de manera palpable la percepción y la reflexión acerca del fenómeno de apropiación de elementos estilísticos, particularmente por parte de personas de los barrios del "norte" que incorporan en su estilo elementos de una forma de hablar relacionada con el "sur". El primer hablante (15) nota un cambio en el uso de la palabra *gato* en la ciudad, indicando que dentro de un lapso temporal de un año, la expresión pasó de ser un insulto muy fuerte vinculado únicamente con un estilo "villero", a un vocablo que se escucha incluso entre las capas sociales más altas (representadas por el hablante por la mención de la avenida Libertador y el tipo de auto que manejan determinadas personas), frente a lo que expresa su asombro, porque el uso de tal rasgo lingüístico en un entorno social ajeno le resulta chocante. Según él, hay una tendencia de los sectores sociales más altos de «hacerse los pobres», un comportamiento para el cual no encuentra explicación.

El segundo hablante (16), en cambio, resaltando el mismo fenómeno de la apropiación de rasgos considerados propios de un estilo del "sur" por parte de hablantes del "norte", explica, precisamente, que se realiza un proceso de revaloración o de transformación de determinados rasgos para construir nuevos significados, de apropiación de estos elementos por parte de personas a las que originalmente no les pertenecen. Es decir, por un lado, supone que la gente a la que adjudica tal comportamiento lo hace por cierto "afecto" a estos elementos, a pesar de que son de un estilo totalmente "opuesto" («sabemos que como que es la contra y todo») y, por otro lado, desde una posición en el "sur" también reclama cierta posesión de estos rasgos lingüísticos. Estos procesos de negociación y de apropiación de elementos semióticos reflejan la negociación de espacios y los conflictos entre los grupos sociales en la ciudad (representada en el ejemplo a través de la metáfora expresiva de una «guerra» entre "norte" y "sur").

Claramente, la motivación detrás de estos procesos de apropiación estilística que perciben los hablantes no es el intento de pasar desapercibido o el miedo que se reflejaba en ejemplos anteriores, sino la incorporación de elementos semióticos para cambiar el propio estilo y agregarle un significado de

11 La avenida del Libertador en el barrio de Recoleta es una zona muy exclusiva, sobre todo por la concentración de inversión inmobiliaria (CEDEM 2003: 58)).

"frescura" (en el sentido de *coolness*), de "viveza", "picardía" o "astucia". Se trata, por lo tanto, de la reinterpretación del valor indexical de un determinado rasgo lingüístico, que, de este modo, según los términos de (Silverstein 2003) adquiere un valor *n + 1st*, resultado de un desplazamiento ideológico (Eckert 2008: 463-464). El significado construido mediante este procedimiento luego se dispone a nuevas reinterpretaciones y evaluaciones, que pueden ser muy diversas según la situación comunicativa y los interlocutores, como se manifiesta en las reflexiones metapragmáticas que hemos visto aquí.

11.3. «Para remarcar...»: refuerzo de estilos

Ahora, tal como los hablantes registran y evalúan procesos de bricolage por apropiación de elementos de estilos ajenos, también distinguen un comportamiento contrario: el refuerzo de elementos de estilos propios. Todos los elementos verbales y no verbales que los hablantes perciben como objetos de procesos de apropiación son rasgos extremadamente estereotipados –es precisamente su carácter emblemático y su función representativa para todo un grupo social que permite usarlos para construir nuevos significados, fácilmente interpretables sobre la base de un conocimiento cultural y social compartido. La estereotipación, como hemos visto (cf. *Marco teórico*, 3.4.6), es un procedimiento inherente de la construcción de una identidad social: a través de la categorización de su entorno, de la identificación con determinadas categorías (junto a los valores emotivos vinculados con esta identificación) y de la comparación con otros grupos, un individuo se posiciona dentro de la estructura social (y geográfica, ya que, como sostenemos, la identidad social también puede derivarse de un sentimiento de afiliación a un lugar concreto). Dada esta identificación, en la relación de comparación con exogrupos, el endogrupo suele valorarse de manera más favorable. De no ser así, si el endogrupo sufre una fuerte estigmatización, por ejemplo, o si la pertenencia a determinado sector es causado por una exclusión social impuesta por las relaciones de poder en una sociedad, el individuo buscará revalorizar el grupo en el que se encuentra (cf. *Marco teórico*, 3.4.6 y Kristiansen (2001: 135)). Tal revalorización frecuentemente ocurre a través de la reapropiación de estereotipos que se refieren al endogrupo. Es decir, el conocimiento y la confrontación con categorizaciones muy perjudiciales puede provocar una reacción de refuerzo de tales elementos y su recontextualización para construir significados alternativos y para remarcar la identificación con determinado grupo o lugar en la ciudad (Chun 2007: 163; Reyes 2004: 174). Esto ocurre tanto con las etiquetas estereotipadas como con los elementos semióticos entendidos como emblemáticos para el propio estilo, como veremos a continuación:

(17) Sí, sí, lo remarcan. Y sí. Y también de los más wachiturros también. "Que soy bien wachiturro y lo remarco y lo recontra remarco". También de los dos lados también (hablante femenina, 27 años, Avellaneda).

(18) Los sectores sociales más acomodados, yo creo que no lo necesitan. Pero, ponele, yo en el barrio veo mucho que, no sé, los chicos en la escuela por ejemplo que se apropian mucho como una forma de identificarse y de diferenciarse y de separarse del que es cheto. O sea, ellos tienen que demostrar que no son chetos. Entonces lo toman como una cosa reivindicativa también la forma de expresarse (hablante femenina, 33 años, La Boca).

(19) Es que sí... Claro, los chetos como tipo "ay, y eso" [imita], como no saben ni hablar o usamos palabras que seguramente no saben ni lo que son. Los negros como diciendo "no, con esos chetos nosotros no". Entonces usan todas palabras que claramente un cheto quizá no entienda. O esa jerga de la calle o... Como que cada uno se diferencia y obviamente no quiere parecerse ni tener nada que ver con el otro (hablante femenina, 26 años, La Boca).

(20) Claro. Sí, yo eso lo veo en muchas cosas, incluso en la forma de vestirse, en muchas cosas hay como una reacción me parece acá, ponele, no sé "vos me pusiste en este lugar de que yo soy villero, así soy el villero, me la banco[12], entonces me visto así, hablo así, escucho la música que escucho...", desafiante incluso a la sociedad (hablante femenina, 33 años, La Boca).

Estos ejemplos, todos de informantes femeninas de los barrios en el sur de la ciudad (La Boca y Avellaneda), presentan la construcción de la oposición entre los grupos estereotipados a través de un refuerzo y de la revaloración de lo propio, una práctica que, según los ejemplos (17) y (19), se nota «de los dos lados» aunque, claramente, se destaca más la reapropiación del estereotipo (en todas sus dimensiones semióticas) por parte de hablantes que se identifican con un estilo del "sur" (designados, aquí, como «wachiturros», «negros» o «villeros»). Sin tomar posición evidente, las hablantes indican que la necesidad de diferenciarse del "cheto" es lo que lleva al refuerzo del estilo propio. Además, sobre todo en el ejemplo (20) se remite a una reacción respecto de la exclusión social, particularmente para el caso de los que viven en condiciones precarias y revalorizan su identificación con el lugar marginal de la villa a través de un estilo (verbal, estético y musical) característico y un cambio de connotación de estos elementos.

La misma conducta, más adjudicada todavía a los hablantes del "sur" o de las "clases populares", y ahora sí con posturas y actitudes más explícitas, se refleja también en la percepción de los hablantes de los barrios más norteños de la ciudad:

(21) Y te das cuenta del que habla como un cheto pero no es cheto. También te das cuenta el que habla como, busca un lenguaje más barrial y no lo tiene. En cambio, las clases populares veo que hay una reivindicación del lenguaje popular, del... la pertenencia ahí es... es una reivindicación muy, es muy claro eso. Porque veo que en las clases populares un poco la manera de, la manera de hablar que los define es un un poco reivindicativa del origen, ¿no? Como orgullo. Y ahí no buscan cambiar. Lo exacerban... (hablante masculino, 30 años, Recoleta).

(22) Yo creo que también lo que pasa o al menos me parece a mí que... Sobre todo pasa en las clases bajas, ¿no?, al no poder acceder a ciertos círculos sociales, ciertos bienes, eh, tratan de, todavía radicalizar más su marginalidad. O sea, pasa más que nada, yo lo veo con los adolescentes. Eh, como no pueden quizás comprarse esto, ir a tal lado, todavía se vuelven más marginales, o sea, cuánto más marginales mejor y hasta buscan esa cuestión de asustar al otro... y refuerzan eso, sí. Sí sí, sí sí sí (hablante masculino, 28 años, Villa Urquiza).

(23) Sí, sí, sí, porque digamos la parte de los barrios bajos, como te decía antes, ellos buscan tener su propia identidad, digamos. Ellos al no poder tener nada o tener acceso a las cosas que quizás

12 *Bancársela*, 'soportar algo sin protestar', 'hacerle frente a algo', 'hacerse responsable por lo que se dice o se hace, asumiendo las consecuencias' (DIEA, *s.v. bancar*).

alguien de clase media pueda acceder, o clase media alta, ellos buscan su forma de pertenecer a algo o alguien. Y lo hacen mediante la forma de vestirse, la forma de hablar, la forma de tratarse. Van a lugares que yo no voy. Digamos, es una forma de autodiscriminarse inclusive, ¿no? Yo, sí lo veo mal porque, digamos, en vez de buscar e insertarse en una sociedad correcta o lo que digamos los años han dicho que esto lo que está bien a través de cualquier país o de los siglos, ellos buscan excluirse. Digamos, buscan marcar el territorio. No así la gente que habla, digamos, la gente de zona norte o la gente bien. Ellos buscan excluirse también, pero por una cuestión más que nada me parece para demostrar, ¿no? O sea, forman rancho aparte[13] pero para ellos poder demostrar. Que ellos pertenecen a esto. Que quizás vos no vas a poder pertenecer nunca en tu vida (hablante masculino, 31 años, Caballito).

(24) Por ejemplo hay una cuestión identitaria en las clases populares en la actualidad que hace que se mantenga, digamos, uno. Como algo, una pertenencia que es muy propia. Y vos lo ves en la forma de vestir de las chicas, en los piercings, en la forma de cortarse el pelo que es completamente antiestética. Completamente antiestética. Y vos decís, ¿cómo puede ser?, y se mantiene. Y es algo que es completamente, son signos de pertenencia que... son signos de pertenencia en la comunidad. Que es una comunidad GIGANTE. O sea, no es un ghetto, para nada, no es un ghetto. Pero sí te distingue del cheto. Sí te distingue. Hay una necesidad de que, de una construcción del ego, digamos, del "[ʃ]o" ahí. Y que es de la clase popular (hablante femenina, 29 años, Villa Urquiza).

A diferencia de los ejemplos (17)-(20), de estos enunciados se desprende, en primer lugar, un distanciamiento notorio tanto social como geográfico del sector estereotipado. Las designaciones empleadas para su categorización –«clases populares», «barrios bajos», «clases bajas»– son mucho más amplias y generales que las categorías mencionadas por las hablantes del "sur", que más bien revelan matices de estereotipos que ellas encuentran en su alrededor. En segundo lugar, de manera más o menos extrema, los ejemplos (21)-(22) manifiestan actitudes negativas hacia la reapropiación y el refuerzo de estereotipos que perciben en los sectores que ubican en el "sur". En el ejemplo (21), el hablante opone una conducta reivindicativa que observa en las «clases populares» a los intentos de apropiación de estilos ajenos, tanto respecto de un estilo «cheto» como de alguien que a través de determinados elementos lingüísticos quiere construir "barrialidad", dos comportamientos que, según él, siempre quedan en evidencia. En los sectores populares, sin embargo, el hablante no ve ningún motivo de cambio de estilo, al contrario, al ser «reivindicativa del origen» y elemento de «orgullo» (local), la forma de hablar de estos grupos, por más estigmatizada que sea, se «exacerba», un verbo que implica cierta connotación negativa.

Los ejemplos (22) y (23) atribuyen el comportamiento reivindicativo a través del refuerzo de elementos semióticos estereotipados que perciben en las «clases bajas» a un acceso acotado y negado a ciertos círculos sociales, a ciertos bienes y a ciertos lugares a los que otros sectores sociales sí tienen la posibilidad de acceder. Según el hablante en el ejemplo (22), esta marginalidad creada por la exclusión social y geográfica se revaloriza y se refuerza, hasta convertirse en una postura amenazante. Este enunciado

13 *Hacer rancho aparte*, referido a una o varias personas, 'aislarse o separarse del grupo con el que comparten alguna actividad' (DIEA, *s.v. rancho*).

refleja las negociaciones de poder (simbólico e incluso físico) y la percepción por parte de hablantes de barrios en el "norte" de una violencia construida en los sectores marginales.

El hablante en el ejemplo (23) adjudica a los «barrios bajos» un intento de «autodiscriminarse» a través de elementos estéticos, del uso del habla y por frecuentar lugares muy distintos en el espacio urbano, un comportamiento que juzga explícitamente considerando que la exclusión social es intencional y acusando a las personas de los sectores más bajos de «marcar territorio» y no querer adaptarse a una «sociedad correcta», a diferencia de la gente del "norte" o la «gente bien», que, según él, también busca separarse, pero más bien a través de una actitud elitista o hasta de superioridad, aunque no excluyéndose de la sociedad.

En el ejemplo (24), por último, se destaca la percepción de la mantención y la revaloración de elementos estereotipados que no corresponden a las normas estéticas de la hablante. Es decir, se trata de rasgos que sufren una fuerte estigmatización pero que a través del cambio de connotación sirven para construir pertenencia social y distinción del estereotipo del "cheto" en un sector de la clase popular «gigante» que no se reduce a las villas. La pretensión de crear distinción del "cheto", provoca la necesidad de construir una identidad opuesta, designada emblemáticamente a través de la expresión "[ʃ]o", que implica tanto el deíctico de la primera persona y el significado de la construcción de un "ego" como también una realización muy sorda de la palatal rehilada, considerada un rasgo estereotipado del uso del habla relacionado con estos sectores.

Las reflexiones metapragmáticas aquí comentadas demuestran, claramente, que la reapropiación de estereotipos, que implica la revaloración y la recontextualización de elementos que se reconocen como peyorativos y, por ende, consiste en un proceso de cambio de significado, sirve para posicionarse a sí mismo y al "otro" dentro de la estructura geográfica y social de la ciudad (cf. también Reyes (2004: 183)). Este posicionamiento es parte esencial de la manera en que el refuerzo de elementos estereotipados se emplea como reacción y resistencia frente a un comportamiento opresivo (más notorias en el ejemplo (20)) y como un recurso para establecer relaciones sociales y construir identidades en contraste con otras identidades (cf. Reyes 2004: 185-186). La dicotomía social y geográfica se agudiza: a un sector reducido pero económica y políticamente dominante, cosmopolita, globalizado y –si hablamos en términos raciales– "blanco" se opone una revaloración de lo local, de lo popular, de lo marginal y de lo "negro"[14].

Este proceso de revaloración de lo "negro" se muestra también en el ejemplo (25), uno de los pocos ejemplos que revelan una reflexión metapragmática sobre el propio uso del habla y respecto de los estereotipos en cuestión, aunque con algunos elementos que divergen de la tipificación generalmente difundida:

14 La reapropiación y revaloración de la categoria "negro" como recurso de identificación y símbolo de resistencia se presenta, por ejemplo, en la expresión *vamo' lo' negro'*, tópico común y frecuente en las redes sociales, en el ámbito del fútbol o de la cultura popular, y hoy en día, dado el dualismo político en Argentina, también como símbolo de resistencia política.

(25) Mi manera de... es lo que te digo, por más que se haya adaptado, reconozco dentro de mi identidad... comerme eses, entonaciones de... de "negro re cabeza", mezclada cosa de lunfa, que el, que el esquiafo[15], que el zaraza[16] y... palabras que las asocio a... no sé, mi abuelo, mi tío, los pibes del barrio, este... [...] O sea, yo veo, soy un negro, pero no hablo... no me reviento el habla, este, a lo lunfa callejero, pero sí me gusta, o sea, es un código que [...] me resulta, este, simpático, familiar y hasta casi un juego de identidad. Sí, no de sobre o subvaloración, sino simplemente de una cuestión de identidad, como ser de Boca o de River o de Racing[17] o de... (hablante masculino, 33 años, La Boca).

El hablante se sitúa a sí mismo en la categoría que él denomina –no sin un dejo de ironía– "negro re cabeza" y manifiesta una autopercepción de rasgos lingüísticos que considera desestimados (lo cual indica mediante el verbo «reconozco»): la elisión de la /s/ final y el uso del lunfardo, si bien los vocablos que menciona no coinciden con los que aparecen en la estereotipación común desde el exogrupo (que ya hemos visto en numerosas ocasiones), lo cual el hablante también indica al distanciarse de un lunfardo «callejero». Se trata pues de una tipificación más diferenciada y más local. De todas maneras, emplea estos elementos con una evidente connotación positiva y un valor de "tradición", "intimidad" y "barrialidad" para la construcción de su propia identidad, un proceso que compara con la afiliación a un club de fútbol y que, por lo tanto, puede interpretarse como un comportamiento activo en el sentido de una toma de partido.

Dado que la oposición social y geográfica construida por los estereotipos metapragmáticos está muy marcada, anclada en la representación social y difundida en el espacio urbano, dichos estereotipos circulan como modelos que pueden invocarse para realizar acciones sociales (Reyes 2004: 176), entre ellas, el juego con determinados elementos estereotipados, que veremos a continuación.

11.4. «Para joder...»: la estilización como juego social

Volviendo a aspectos más propiamente lingüísticos, en la discusión de los procesos de acomodación y de apropiación de elementos semióticos de estilos ajenos, hemos visto que tal comportamiento queda en evidencia cuando el interlocutor no interpreta los rasgos incorporados como propios del hablante (expresado, como hemos visto, con declaraciones como «no le pertenece», enunciadas en los ejemplos (9) o (16), por ejemplo), sino que percibe una distancia entre el estilo del hablante y los elementos que este intenta integrar para construir nuevos significados. Se percibe, en tal caso, un proceso de estilización, definido aquí, precisamente, por la "puesta en escena" de estilos que no suelen pertenecer al repertorio de un hablante (cf. *Marco teórico*, 3.4.7 y Coupland (2007: 154)). Esta práctica no solo se usa como recurso metalingüístico en una situación concreta de reflexión sobre contrastes en el uso del

15 *Esquiafo*, 'bofetada' (del ital. *schiaffo*, 'bofetón') (Conde 2004, *s.v. esquiafo*).
16 *Zaraza*, 'pañuelo de seda', 'tela de algodón', 'especie de percal', 'género ordinario' (http://www.todotango.com/comunidad/lunfardo/termino.aspx?p=zaraza) [21/5/16]).
17 Boca Juniors, River Plate y Racing son clubes de fútbol de Buenos Aires, los primeros dos conocidos como los más populares y más rivalizados.

habla (analizada en el cap. 10), sino que también se puede entender como un proceso de transformación de significado, en el que un/a hablante adopta la voz de "otro" de manera hiperbólica, poniendo en juego valores semióticos estereotipados vinculados con grupos, lugares o situaciones, muy a menudo con fines lúdicos. Se trata pues de un cambio de estilo «metáforico» (cf. *Marco teórico*, 3.4.7 y Coupland (2007: 154)). Sobre la base de un conocimiento compartido y en la interacción con miembros del endogrupo, la estilización de rasgos estereotipados de otro estilo puede utilizarse como recurso para realizar una parodia, construida a través de la disociación del hablante de un estilo imitado, generalmente con la intención de desprestigiarlo (Coupland y Jaworski 2004: 35). De este modo, como afirma Coupland (2004: 251) (refiriéndose a Wolfowitz (1981)): *«The stylization of 'as-if' closeness is itself a kind of distance marker»*, porque a través de la exageración y de la de- y recontextualización de los elementos estilizados, en cada momento de la interacción el/la hablante transmite constancia de que no se identifica con la voz imitada, lo cual solo funciona si el interlocutor sabe interpretar el valor pragmático de tal comportamiento.

Ahora bien, al mismo tiempo, la estilización se convierte en un juego, que hace que determinados elementos del estilo del "otro" adquieran prestigio en la interacción, creando humor, empatía y complicidad –siempre con la conciencia de que se trata de un acto performativo y deliberado, como se ve en los ejemplos (26) y (27):

(26) Sí, bueno, yo... no... yo no juego no soy ni muy... como que te decía... muy cabeza, en hablar muy "eh eh" [imita], hay muchos que están con "eh eh, vo[ø], eh" [imita], no, a mí no... Por ahí en el taller entre mi hermano [sic] para matarnos de risa... como cargando a otro que hablan [sic] así, sí, nos descostillamos ... o al revés, como, eh "re top, re fashion", algo así, nos reímos. Pero después, el vocabulario ese usarlo en otras partes, en otros sectores, no no, no me gusta (hablante masculino, 34 años, Avellaneda).

(27) Nosotros muchas veces hacemos frases o "eh boludo, vení, vamo[ø] pa'[ʃ]a" a propósito, poniéndote vos en un estereotipo. Pero también para hacer la situación un poco más o divertida o más amena, más descontracturada. Sí, para meter la diversión en el asunto. No ser todo el tiempo correcto y estructurado (hablante masculino, 33 años, Zona Norte).

En estos ejemplos se comenta el uso de la estilización con motivos humorísticos: en el primer caso, el hablante de Avellaneda dice utilizar tanto elementos de un estilo que designa como «muy cabeza», concretamente, la interjección *eh* y la elisión de la /s/ final, como también «al revés», mencionando el prefijo intensificador *re* y los anglicismos *top* y *fashion*[18], dos formas de hablar que percibe como extremas y de las que claramente distancia su propio estilo. En el segundo caso, el hablante de Zona Norte declara que en su entorno es muy frecuente utilizar elementos estereotipados de otros estilos para crear diversión, ejemplificando dicha práctica también con rasgos parecidos: la interjección *eh* y

18 Curiosamente, en el momento de realizar el experimento de percepción, donde además de la palabra *top* también aparecen otros anglicismos, como hemos visto, el hablante no reconoció las expresiones inglesas *please* y *man* como tales, lo cual permite concluir que no tiene dominio del inglés y que, por lo tanto, los anglicismos que usa en su estilización entraron en su conocimiento metalingüístico no por la percepción directa, sino a través de discursos anteriores.

la omisión de la /s/ final, así como el uso del vocativo *boludo*, de una variante marcadamente sorda de la palatal rehilada y la elisión de silábas en *para allá*.
En los dos casos, se trata de una conducta explícitamente situacional, vinculada a un entorno o un endogrupo concreto («nosotros», «entre mi hermano») que –gracias a un conocimiento y valores compartidos– permite la estilización humorística. Esta situación incluso puede limitarse a un lugar concreto, como se observa en el ejemplo (26), donde la mención de «en el taller» indica que el hablante solo recurre a la estilización de estos elementos en un espacio privado. Es precisamente la situación comunicativa –el lugar, los interlocutores y sus conocimientos compartidos– la que permite jugar con elementos de estilos ajenos, que, al servir para construir humor, ironía o intimidad, en la misma situación comunicativa adquieren un prestigio interaccional momentáneo. Al mismo tiempo, los dos hablantes establecen una clara divergencia entre su propio uso del habla y el acto performativo («usarlo en otras partes, en otros sectores, no me gusta», «a propósito, poniéndote vos en un estereotipo»), lo cual indica que en general, la actitud que tienen frente a los rasgos mencionados es desfavorable y que, por lo tanto, la estilización implica una parodia, una burla y cierta estigmatización de las personas que relacionan con dicho estilo (en el ejemplo (26) explícitamente expresada a través de la frase «cargando a otro que hablan así»). Esta discrepancia entre el prestigio situacional y una parodia que puede comprender una actitud muy discriminadora e incluso una caricatura racista encubierta representa un ejemplo de indexicalidad indirecta en el sentido de Ochs (1990: 295), que señala que un rasgo del evento comunicativo se evoca de modo indirecto a través de la indexicalización de otro rasgo, que de esta manera se encuentra convencionalmente vinculado al significado que contribuye a construir indirectamente. Estos significados no referenciales requieren que los interlocutores hagan inferencias a partir de una serie de conocimientos compartidos sobre los estereotipos sociales y geográficos, necesarios para entender la construcción de humor y, a su vez, su función indirecta (Hill 2005: 114). Por lo tanto, los ejemplos expuestos aquí reflejan también la fuerte conciencia que los hablantes de Buenos Aires muestran acerca de los estilos que representan los polos opuestos de la dicotomía social. A través de diferentes factores (internos y externos), los elementos estereotipados se convirtieron en lugar común en la representación (y en el humor popular) de los porteños, permitiéndoles transformar su valor indexical para construir nuevos significados en la interacción, siempre en relación con la situación, el lugar, el interlocutor y reflejando la posición del hablante en la estructura sociogeográfica e ideológica dentro del espacio urbano.

11.5. Un actor fundamental: la cumbia

En el capítulo anterior hemos comentado el papel que ejercen los medios de comunicación tanto en el refuerzo de estereotipos sociales en la ciudad así como en la difusión de patrones de estilización generales en el espacio urbano. Cabe contemplar, ahora, otro actor mediático cuyo impacto en los procesos aquí comentados no debe ser subestimado: la cumbia. Este género musical se hizo masivo en

Argentina a finales de los años 90[19], en un momento en que debido a las consecuencias de la política neoliberal y el colapso económico se agrava la fragmentación del espacio urbano y con ello la exclusión social de gran parte de la población (Tessi 2004: 142). Surgieron conjuntos con nombres como *Pibes Chorros*, *Damas Gratis*, *Meta Guacha*, *Flashito Tumbero* o *Yerba Brava*, representantes de la *cumbia villera* que, con una rétorica *villera* anti autoridad, una estética determinada y letras con fuertes contenidos vulgares, influenciadas, particularmente, por un vocabulario carcelario[20], era hostil, molesta y profundamente incómoda para ciertos sectores dominantes, pero a la vez tuvo un gran éxito comercial e invadió la radio y la televisión (Atala, García y Rodríguez Kedikian 2012: 1). Emergida desde la marginalidad y la estigmatización[21], la *cumbia villera* daba voz a los jóvenes de las barriadas más humildes y a la multiculturalidad que se expresaba desde la marginalidad de la urbe, contribuyendo, de este modo, a la construcción de una identidad grupal alrededor de las categorías peyorativas "negro" o "villero" (Cragnolini 2006: 1; Atala, García y Rodríguez Kedikian 2012: 1): «Es precisamente en lugares simbólicos "musicales" que los adolescentes encuentran representaciones con las que identificarse» (Cragnolini 2006: 1). Más que mera expresión o reflejo de la realidad, la cumbia funciona, pues, como elemento constitutivo de una identidad geográfica y social en oposición a los sectores dominantes:

> La construcción del Yo viene de la mano con la definición de un otro. Un otro que no posee las mismas prácticas, bienes ni capitales culturales adquiridos. El plebeyismo exasperado de la cumbia villera opone a los del palo (los propios: los negros, los vagos, los chorros) con los caretas (que son, o bien la autoridad, o bien los que no se la bancan, no "aguantan"[22]).

19 De origen colombiano, la cumbia llega a Argentina a mediados de los años 90 en una versión modificada, introduciéndose como producto en el "mercado tropical". A finales de los años 90, frente a esta cumbia denominada "romántica", aparece la *cumbia villera* (Martín 2011: 209). Hoy en día, el género *cumbia argentina* reúne a un conjunto de variaciones regionales o estilísticas (entre ellas, la cumbia norteña, peruana, santafesina, grupera, mexicana o romántica, cumbia tradicional y villera, así como «media docena de variaciones identificables al interior de esta última» (Martín 2011: 213).

20 Conde (2004, *s.v. cumbia*) define la cumbia villera como 'género musical caracterizado por un enorme desparpajo en sus letras, la mayoría de las cuales se sirven de un lenguaje muy grosero y tienen un alto contenido en materia sexual; en muchas de sus canciones hay invectivas feroces contra la policía, una defensa de la utilización de drogas y alcohol y una revalorización de la villa como medio social y de sus habitantes'.

21 En Buenos Aires, la periferia urbana y las expresiones musicales marginales han sido constitutivas para varios actores sociales. Para nombrar el ejemplo mas famoso, el tango, surgido hacia finales del siglo XIX en las *orillas* de la ciudad, el *arrabal*, lugares que en la memoria colectiva de ese entonces representaban un espacio vago, indefinido, una zona fronteriza entre ciudad y campo, entre *civilización* y *barbarie*, asociada con una imagen difusa de delincuencia y "mala vida" (Cecconi 2009: 52). Para los que vivían en estos lugares, en su mayoría inmigrantes y criollos, el tango, producto de la hibridación cultural de ese momento, era la expresión simbólica de la pertenencia geográfica y social. Mientras que las clases acomodadas buscaban trasladarse a lugares geográficos de diferenciación (los barrios norteños), en el sur y en el conurbano convivían las expresiones culturales de los "excluidos" con manifestaciones locales, luchando por la negociación de significado (Lardone 2007: 90). «El tango –como la *cumbia villera*– le dio voz a quiénes no la tenían» (Lardone 2007: 90). Ambos representaban la voz de la marginalidad, ambos en sus inicios sufrieron enorme repulsión por parte de los sectores medios y altos, y ambos fueron censurados por organismos de control gubernamentales (Gallego 2007: 19) (en 2001, el Comité Federal de Radiodifusión (COMFER) emitió una serie de pautas para la evaluación y el control de los contenidos de la cumbia villera, debido al incremento de la difusión del subgénero en la radio y en la televisión y a la relación de esta música con gran cantidad de adolescentes con "mayor riesgo y vulnerabilidad" a las temáticas referidas al consumo de drogas y a prácticas delictivas, porque el hecho de que en un momento de fuerte crisis económica y social, una parte importante de las clases populares y medias estuviera apropiándose de esta música para expresar el estado general de descontento social era percibido por el Estado como una amenaza para el mantenimiento de un orden social (Alabarces y Silba 2014: 66-67)).

22 El *aguante*, término acuñado en la jerga de las hinchadas de fútbol, es un concepto esencial en la construcción de la identidad "villera" (Garriga Zucal y Moriera 2006: 69). Según Martín (2011: 223), «define el valor central del mundo de los pibes. Refiere al coraje, al valor y a la resistencia física y moral. Es una arenga, un grito de guerra y una exigencia. Tener "aguante" es no retroceder, no huir, no quejarse. Es soportar el dolor y aquello que lo provoca. Es aceptar las afrontas, aún cuando se esté en inferioridad de condiciones».

El Otro por excelencia es el cheto, es un otro de clase (Atala, García y Rodríguez Kedikian 2012: 4).

A través de la diferencia del "otro" y de la exageración de lo propio se busca pues afianzar y ritualizar la pertenencia (Lardone 2007: 94). Además, esta alteridad necesita ser construida y reconstruida permanentemente por los propios actores sociales (Lardone 2007: 94). Varias son las letras de cumbia que dan cuenta de la construcción de este contraste: *El súper cheto* o *Sufre Cheto* (*Damas Gratis*), *Sos un cheto* (*Yerba Brava*) o *Anti Chetos* y *Concheto No* (*La Liga*) y, por el otro lado, *Las manos de todos los negros arriba* (Pablo Lescano[23]), *Tumbero*, *Yerba Brava*, *El chorro* y *Sentimiento villero* (*Los Pibes Chorros*) o *Negro del plan* (*Meta Guacha*), para nombrar solo algunos ejemplos[24]. Este posicionamiento frente al "cheto" en la cultura de la violencia y de la exclusión social significa a su vez (tal como lo hemos visto en el proceso de refuerzo de estilos) la reapropiación, la revaloración y la reafirmación de elementos semióticos desestimados. A través de la cumbia villera se construye una «retórica que da vuelta el estigma "negro" y "villero", y lo vuelve emblema, señal de pertenencia, bandera» (Atala, García y Rodríguez Kedikian 2012: 5). Es decir, la cumbia villera y su estética se inscriben como «significante sonoro» (Cragnolini 2006: 1) en el cúmulo de significantes verbales y no verbales que constituyen el estilo como práctica social y proceso de producción de significado y que se encuentran en una relación de interacción constante. Con la irrupción de la cumbia villera emerge un argot carcelario y delictivo junto con un sistema cognitivo y actitudinal que habilita un conjunto de prácticas, reelaboradas como recursos para enfrentar una situación estructural en transformación (Míguez 2006: 53-54).
Curiosamente, la construcción de "localidad", "marginalidad" y "negritud" convertidas en valor (Atala, García y Rodríguez Kedikian 2012: 6) frente a un sector dominante y cosmopolita se construye particularmente también a través de elementos difundidos desde la cultura popular global –la estética deportiva, parecida a la expresión del *hip hop* estadounidense, por ejemplo, o la hibridación musical por la fusión de distintos estilos, especialmente la música electrónica y el reggaetón, o la apropiación de temas concretos (versiones de canciones de reggaetón puertorriqueño o de *rap* o *hip hop* estadounidenses, por ejemplo) (Atala, García y Rodríguez Kedikian 2012: 7). Atala, García y Rodríguez Kedikian (2012: 8) definen estas formas híbridas como «post cumbia villera» y detectan un deplazamiento no solo en la música, sino también en la estética y en los territorios que ocupa: según estos autores, los sectores populares han ido incorporando en su vestuario prendas de marcas que claramente pertenecen a otras clases, y la cumbia y el reggaetón se han ido extendiendo desde su ubicación marginal hacia casi todo el espacio urbano, ascendiendo, al mismo tiempo, en la escala social[25], gracias a que, al mismo tiempo, las clases sociales altas empezaron a apropiarse de la cumbia y de los elementos semióticos

23 Pablo Lescano es señalado como el "creador" de la cumbia villera y, sin lugar a duda, es el principal representante del género (Míguez 2004: 81; Martín 2011: 215).

24 Debe señalarse que si bien la cumbia villera desde sus comienzos instaló cierta identificación colectiva dentro de un determinado estrato social, inmediatamente surgieron dentro del género subgrupos y actores diversos con identificaciones, moralidades y matices semióticos divergentes, que también se reflejan en las letras (Míguez 2006: 38). El análisis de estas diversificaciones, sin embargo, no es el objetivo aquí y superaría el marco de este trabajo.

25 Un proceso que pudo observarse de manera prácticamente equivalente hace aproximadamente un siglo en el caso del tango (cf. Cecconi (2009) y Würth (2014)).

de su estilo. Ya desde hace tiempo, el público de la *cumbia villera* no se reduce a los habitantes de los estratos bajos o de las villas. «El "gran público" se completa con los otros, individuos de clase media y alta que, sin cuestionar demasiado (véase el ejemplo (32), que comentaremos más tarde), la bailan en cualquier ocasión de festejo o la usan para tener más *rating* en sus programas de radio o TV en la *sociedad del espectáculo*»[26] (Lardone 2007: 95, énfasis del texto original). Este proceso se expresa también en las letras, con canciones como *Bailan las rochas*[27]*, también las chetas* de *Nene Malo*, por ejemplo (Atala, García y Rodríguez Kedikian 2012: 1). Los medios de comunicación actúan pues otra vez como «agentes culturales constructores de sentido» que acercan la *cumbia villera* «–distanciada y mediáticamente–» (Lardone 2007: 97) a los estratos sociales más altos, convirtiéndola en «música de divertimento» y comercializando su estilo estético y lingüístico (Lardone 2007: 97-98).

Los ejemplos (28)-(31) muestran que estos procesos se arraigaron en la conciencia de los hablantes (de los distintos barrios), dando lugar a varias reflexiones metapragmáticas:

(28) Hubo una temporada hace diez años así, que hubo como un cambio cultural. El negro empezó a escuchar música electrónica y a vestirse más apretadito, y el rico escuchaba cumbia e iba más villero. Fue como un cambio cultural que se empezó a mezclar bastante. La cumbia pegó MUCHO en cuanto a clase social alta lo que fuera, y sí, empezaron a usar gorrita, lo veía en el colegio, yo en esa época iba al colegio y el padre lo venía a buscar en un porsche, pero sin embargo a él le gustaba ir con la gorrita, el arito, la remerita sueltita, y "eh qué pasa, eh" [imita] haciéndose el... es como que sí, no sé, tuvo su... entonces está muy identificado, muy marcado y uno sabe dónde se quiere meter o dónde quiere pertenecer, o... sin querer dónde estás (hablante masculino, 29 años, Zona Norte).

(29) Bueno, pero eso es para sentirse... por ahí muchas veces... está a la moda eso... la cumbia villera se puso de moda en un momento donde en la Argentina de 2001 había marginalidad, miseria y pobreza como no hubo nunca, y era difícil escapar esa realidad. Entonces se tomó... [...]. Mis amigos eran chetos pero de todos los... yo iba a la cancha y andaba vestido todo el día de... de cabeza digamos... y mis amigos... para mis amig-... te levantabas minas[28] por andar mal vestido. Por ser poronga[29], digamos, por ser bardero[30] (hablante masculino, 29 años, Recoleta).

El fenómeno de la apropiación de rasgos semióticos (musicales, estéticos y lingüísticos) se presenta

26 Ejemplo de este fenómeno es el uso casi inflacionario del ritmo de la cumbia en publicidades. A modo de ejemplo: *Pepsi* (2016): https://www.youtube.com/watch?v=O8eb_55HlXQ, *Brahma* (2014): https://www.youtube.com/watch?v=Hq0lxr23i4c o *Italcred* (para el mundial de fútbol 2010): https://www.youtube.com/watch?v=IBhOzA9GAoo. Pero un punto culminante en la apropiación de este género, aunque más precisamente el género romántico de la cumbia (concretamente, el tema *No me arrepiento de este amor* de *Gilda*), por parte de los sectores altos es, sin duda, su uso para la propaganda política, representado en el ya famoso "baile" de Mauricio Macri en el momento de asumir la presidencia de la Nación, el 10 de diciembre de 2015: https://www.youtube.com/watch?v=3xBPZp_aAWA [02/06/16].

27 *Rocho, -a*, vesre de *chorro, -ra*, 'ladrón' (Conde 2004, *s.v. rocho*).

28 *Levantar*, 'seducir a una persona para entablar una relación sexual o amorosa' (DIEA, *s.v. levantar*), *mina*, 'mujer' (DIEA, *s.v. mina*).

29 *Poronga*, 'pene', 'cosa de mala calidad o mal hecha', 'persona que en un ámbito o actividad cumple una función de dirección o mando' (DIEA, *s.v. poronga*).

30 *Bardero*, 'que es ruidoso, molesto y generalmente también causa desorden', 'persona que molesta, agrede y/o provoca' (DIEA, *s.v. bardero*).

aquí desde la perspectiva de dos hablantes de barrios del "norte" de la ciudad que relatan su propia experiencia de los procesos mencionados. De estos enunciados se desprende de manera palpable la hibridación cultural y estilística que tuvo lugar y que llevó a la transformación de significado de determinados elementos: rasgos anteriormente desprestigiados y denigrados como parte de un estilo construido como "opuesto" y del que uno se quería distinguir a toda fuerza, empiezan a incorporarse en el estilo propio con una connotación positiva, con un prestigio situacional. Resultado de este proceso son estilos nuevos percibidos como algo ambiguos por los hablantes (el tipo de auto que representa un estatus socioeconómico que contrasta con el estilo estético y lingüístico (28), por ejemplo, o el prestigio de «andar mal vestido» en un círculo de jóvenes denominados "chetos" (29)).
Los ejemplos (30) y (31), por el otro lado, expresan la reflexión de dos hablantes que observan el fenómeno en cuestión desde una posición exterior:

(30) Sí. Sí, lo que pasa es que se da un proceso por el cual eh se terminan apropiando de eso, lo terminan reconvirtiendo en otra cosa, ¿no? Qué sé yo, por el tema de la cumbia. El tema de la cumbia es como que ahora no sé, los grupos de cumbia tocan en otro tipo de lugares, eh, llegan por ahí a teatros que antes no llegaban, y se terminan apropiando de esa música quizás otros círculos u otros grupos, entonces vos te das cuenta que aparece cada vez cumbia más, lo que se llama más cabeza o más eh, que que usa más el uso de lo que decíamos, las palabras carcelarias, eh las cuestiones de los ladrones, el uso, bueno, o de la droga, cada vez aparecen más, cuánto más villero, más cumbia villera, más cumbia de negro, como que va, ¿no? Bajando la cuestión (hablante masculino, 28 años, Villa Urquiza).

(31) Y sí. Sí, porque obviamente el... igual ahora es como, no sé, está todo medio raro porque, o sea, a un pibe de clase alta o que va al boliche, no sé, que te cobran trescientos pesos la entrada hace tres años ni loco escuchaba cumbia, que eso es de negro. Ahora está, no sé, este grupo Agapornis que es cumbia pero son rugbier, los pibitos están corbata, la minita es divina (hablante femenina, 26 años, La Boca).

Estos enunciados reflejan la perspectiva de hablantes de otros barrios sobre la difusión espacial y el ascenso social de la cumbia y la apropiación de rasgos de la estética "villera" o "negra" por otros sectores (con los que no se identifican). Este proceso, a su vez, da lugar a nuevas bandas de cumbia, formadas por personas con un estilo asociado a los estratos altos (el rugby, en Buenos Aires considerado un deporte elitista, la corbata, la mujer «divina»[31]). *Agapornis*[32], el conjunto que menciona la hablante en el ejemplo (31), es el exponente más famoso de esta nueva corriente denominada *cumbia cheta* o *cumbia pop*[33], que contribuyó a la «universalización» de la cumbia, que Alabarces y Silba (2014: 69)

31 El adjetivo *divino* no solo se refiere a la aparición física de una mujer que corresponde al modelo de belleza de los estratos altos (probablemente, una mujer bella de otros sectores sociales no se designaría con la misma etiqueta) sino que también se trata de una expresión asociada más con un estilo "cheto", como hemos visto en varias ocasiones.

32 Un conjunto formado por un grupo de amigos de un club de rugby que en los años 2012 y 2013 se convirtió en una de las bandas más escuchadas en Argentina (Alabarces y Silba 2014: 69). Entre sus canciones destacan versiones de éxitos de los años 80 y 90 y, significativamente, temas en inglés (http://noticias.perfil.com/2013/08/27/el-boom-de-la-cumbia-cheta/ [02/06/16]).

33 Las representaciones mediáticas acerca de un *boom* de la cumbia cheta en Buenos Aires son infinitas. Véase, por ejemplo:
http://www.lanacion.com.ar/1518874-el-boom-de-la-cumbia-pop,

definen como un «desenfadado blanqueamiento», en el que solo permanece el patrón rítmico como base para el reversionamiento de distintas melodías del pop y rock y que permitió el ascenso de la cumbia a la categoría de «para toda la familia» y su asentamiento en todas las clases sociales[34]. Por el otro lado, también ocurre un proceso de transformación complejo: la creación de una «cumbia políticamente correcta, inmune a toda estigmatización popular, pero adecentada, estilizada, "seleccionada y curada" de todo aquello más vinculado a su costado plebeyo, incómodo y en parte impugnador» (Alabarces y Silba 2014: 70), una cumbia cambiada de territorio y de públicos. Lo que ayer era un símbolo de marginalidad pasa a estar de moda, multiplicado por los medios de comunicación y la industria cultural. Pero, según Lardone (2007: 98), «la TV no funciona sino en la medida en que asume –y al asumir legitima– demandas que vienen de los grupos receptores pero a la vez no puede legitimar esas demandas sin re-significarlas en función del discurso social hegemónico». Esta descontextualización se pone de relieve en el ejemplo (32):

(32) Acá se pone de moda una música y es eso lo que escuchamos, ¿no? Y generalmente hay como una... tal vez, por ejemplo, las letras de las canciones de ciertas cumbias apelan a vivencias de otra... de otra clase. Y de alguna manera la clase alta las toma, pero no con la misma, no es del mismo lugar. Sino como "bueno, ay mirá, esa canción, uh, bailamos" y bailamos todos. Pero no tenemos ni idea de qué, qué realmente está diciendo. En cambio, por ahí la clase baja que escucha esa música sí se relaciona con las vivencias de los que están hablando y... nosotros la agarramos por el ritmo. Queremos bailar, nos hacemos los "uy, mira qué loca que soy yo, rewachiturra" y tipo, no, estúpida. Estás bailando en pleno San Isidro en un boliche donde están todos los rugbier de San Isidro... No sos una wachiturra total (hablante femenina, 30 años, Zona Norte).

Desde una perspectiva interna, ubicándose a sí misma en el "norte" y en una clase alta, pero adoptando cierta postura crítica, esta hablante describe la transformación de la cumbia como significante sonoro: la "clase alta" se apropia del ritmo como música de diversión porque está de moda, sin cuestionarlo mucho, completamente desvinculado de su origen como elemento de identificación de la marginalidad. Solo esta decontextualización y la reconversión en el endogrupo (y en una situación de *in place*) permite la apropiación de la cumbia con el fin de hacerse la «wachiturra». Estos usos de la cumbia constituyen «apropiaciones de segundo grado» (Silba 2011: 293), es decir, implican a la vez el reconocimiento del carácter festivo de la música y su resemantización para construir nuevos significados, pero también, de forma indirecta, una toma de distancia, donde persiste el estigma y el estereotipo hacia los estratos, el lugar y el ambiente que le dieron origen (Atala, García y Rodríguez Kedikian 2012: 4; Lardone 2007: 98). La apropiación de la cumbia por los sectores medios y altos, de este modo, se asemeja a (y cabe preguntarse cuánto impacta en) las conductas de apropiación y de burla de estilos lingüísticos que, como hemos visto, cumplen una doble función indexical.

---

http://www.diariopopular.com.ar/notas/134483-crece-la-cumbia-cheta-la-mano-agapornis, http://noticias.perfil.com/2013-08-27-35317-el-boom-de-la-cumbia-cheta/ o http://www.clarin.com/espectaculos/musica/Cumbia-Cheta_0_1063093802.html [02/06/16].

34 http://noticias.perfil.com/2013/08/27/el-boom-de-la-cumbia-cheta/ [02/06/16].

Ahora bien, a pesar de su difusión masiva y su ascenso social, la apropiación de la cumbia por los sectores altos –al igual que la apropiación de estilos estéticos y lingüísticos asignados a estratos más bajos por los estratos altos, como hemos visto–, todavía no es aceptada de modo unánime:

(33) Sí, pero quedan como... ponele la cumbia. Ahora ya no tanto, pero hace, cuando yo era adolescente, no sé hace como quince años un poco más, si ibas a bailar a Once eras un cabeza, escuchabas cumbia eras un cabeza. Después se puso de moda y ahora eh, pero es como que para el que la escucha como... de corazón, ¿entendés?, porque yo crezco con esa música, "eh este es un careta[35] que se la quiere dar de guacho y escucha...". Y no le queda. Esa es la sensación que tenés. Como que no le queda. Es un cheto que escucha cumbia. No es alguien que escucha cumbia digamos de las entrañas (hablante femenina, 33 años, Caballito).

Además de la transformación de significado de la cumbia, antes asociada con la categoría del "cabeza" y con determinados lugares en la ciudad (como la zona de Once, que, como hemos visto, designa un área alrededor de Plaza Miserere en el barrio de Balvanera, marcada por el asentamiento de varios grupos migratorios y que se convirtió en una especie de *"no-go-area"*) y ahora reconocido como un fenómeno de moda, se desprende de este ejemplo que la hablante distingue, claramente, entre el consumo de la cumbia original y, por ende, auténtico, y la apropiación y la transformación de la música por parte de grupos ajenos a este contexto, un comportamiento que, según ella, queda en evidencia y que juzga negativamente porque «no le queda», es decir, no le pertenece:

> Si en la llamada "cumbia romántica", a inicios de los ´90, los productores profesionales escogían a jóvenes bonitos, delgados y con trazos considerados "blancos" para formar los grupos, la villera preferirá a los "negros". [...] La cumbia villera, en las letras y en el estilo, asume no solo el contenido que "negro" tiene en Argentina –contenido de clase que incluye pero no se reduce a lo étnico– sino también a la duplicación que significa ser, además de negro, *villero* (Martín 2011: 216).

La cumbia, como fenómeno popular surgido de las clases bajas marginadas durante la crisis neoliberal de fines de los 90, funciona como elemento paradigmático y ejemplar de la cultura como el ámbito de producción, circulación y consumo de significaciones (García Canclini (1998: 28), citado por Lardone (2007: 88)). En la Argentina, las expresiones periféricas y marginales como el tango en la primera mitad del siglo XX o la cumbia en las últimas dos décadas, «han jugado y juegan un papel protagónico en la identidad en los procesos sociohistóricos» (Lardone 2007: 99). Los "pibes chorros", héroes fundadores de este género musical, no son sin embargo, por definición, héroes individuales, a la manera de los cantores del pop y del rock, sino que ese "yo" refiere a un "nosotros", al colectivo al que le dan voz: «son los "pibes", el grupo de "pibes", que representan y condensan los valores de la masculinidad villera» (Martín 2011: 225). Identidad que, como hemos visto, se refuerza no solo hacia adentro del propio grupo, sino sobre todo en oposición y confrontación con el "otro", es decir, con otras identidades y subjetividades permeadas por relaciones jerárquicas y binarias a lo largo de un proceso histórico (en

35 *Careta*, 'persona que le agrada mostrarse en público y exhibir el dinero o los bienes que tiene, especialmente frecuentando los lugares caros y ostentando objetos materiales que están de moda' (DIEA, *s.v. careta*).

el espacio, en el lenguaje), que permanecen en constante negociación y en constante disputa.

11.6. «Poner fin a la guerra»: reflexión y deconstrucción de estereotipos

Luego de haber analizado y comentado la construcción lingüística del espacio reflejada en algunas de las dicotomías más recurrentes entre los hablantes porteños, cabe reflexionar, por último, acerca de cómo esta concepción a priori binaria (donde sus elementos opuestos parecen transitar caminos constantemente paralelos), forma parte de una competencia cultural heterogénea y compleja, resultado de la superdiversidad urbana que constantemente produce y crea nuevos símbolos y significados. Los hablantes de Buenos Aires, como hemos visto, construyen estereotipos y se sirven de ellos para categorizar el espacio urbano y posicionarse en él, pero a la vez, en mayor o menor medida, presentan conciencia y sensibilidad al respecto. Un factor central al que remiten con frecuencia en su reflexión metalingüística acerca de los estereotipos sociales, geográficos y lingüísticos es la fuerza y la influencia que ejercen los medios de comunicación en la construcción de la dicotomía tan acentuada, una conciencia que ya hemos observado en algunos ejemplos de estilización espontánea de diferentes discursos mediáticos:

(34) Sí. Creo que son los, los culpables. Qué sé yo, la sociedad también es culpable, [...] desde los medios, creo que todo está apuntado a, o a abarcar a ciertos segmentos, para seguir alimentando algo, o está apuntado a abarcar una gran parte para... también para que no tenga mucha libertad de pensamiento. Pero creo que desde los dos lados, digamos, [...] desde un lado de la clase alta siempre se busca como todo el tiempo, desde los medios que apuntan hacia ese sector para seguir fomentando eso y para seguir haciendo diferencias. Y desde el otro lado también (hablante femenina, 31 años, Caballito).

(35) Entonces cuando pueden mostrar un estereotipo cheto y un estereotipo capaz más como socialmente vulnerable... cuando pueden generar esa diferencia, me parece que la generan. Ya sea para, o para enbanderarse de lo que consideran que está bien entre comillas o de lo que consideran que es como... más pobre o más humilde (hablante femenina, 28 años, Recoleta).

(36) Y la función que tienen los medios de comunicación, la televisión, las propagandas, el marketing y demás, lo único que hace es alimentar eso y profundizarlo, ¿entendés? No hay mucha... voluntad de la gente de modificar estos estereotipos y de poder bajar un poco los prejuicios. Sí, somos una sociedad todavía muy prejuiciosa en ese sentido, más allá de la forma en que hables (hablante masculino, 30 años, San Telmo).

(37) Sí, hay de todo un poco. Lo que pasa es jodido, en los medios de comunicación, hay una tela larga para costar. [...] Tenés programas que quizás son más de derecha, ¿viste?, que apuntan a ciertas cosas como una de las opiniones que decia "está todo mal, todo está sucio, que nos roban, que nos matan, que nos violan". Y, sí, apunta a cierta clase de gente para reforzarle esa idea de "todo esto es un caos y destruyámonos". Como, a ver, el contraste es: está todo bien, no hay inflación, no hay inseguridad, ¿entendés? [...] Porque esto también moviliza mucho a la gente y la puede llevar de un lado al otro (hablante masculino, 27 años, Avellaneda).

(38) Pero hay por ahí el estereotipo que demuestra la tele, qué sé yo, es como ya el extremo, ¿viste?, el extremo de que ya no te dice una palabra que no sea algo que haga referencia a ese estereotipo, pero... No es todo así, digamos. [...] Hay muchos matices. Pero bueno, siempre lo que muestran los medios es el extremo (hablante femenina, 33 años, La Boca).

Estos ejemplos, de hablantes de distintos barrios, reflejan de manera muy similar la conciencia que los hablantes porteños tienen de la construcción extrema de los estereotipos opuestos que está dada mediáticamente y la actitud crítica que expresan frente a la conducta de los medios de comunicación que, según enuncian varios hablantes, no solo representan la dicotomía social sino que participan activamente en la construcción de ella, instalando valores normativos (ejemplo (35)) y fomentando sensaciones como, por ejemplo, la inseguridad, el caos y el miedo (ejemplo (37)). Aquí, evidentemente, entra en juego un fuerte componente político –sobre todo en un momento en que el gobierno (tanto nacional como de la ciudad) se identifica como pocas veces con un sector social determinado y específico (como comprueban varios ejemplos comentados en este trabajo que toman el presidente Mauricio Macri como figura emblemática para un determinado estrato social, con su práctica social y, específicamente, su estilo lingüístico). Se plantean, además, varias preguntas acerca de la función de los medios de comunicación en una situación política turbulenta en la que se exacerban las pasiones y se polarizan las diferencas (sociales, lingüísticas, espaciales) –una interrogante cuyo abordaje, sin embargo, excedería los límites de este trabajo.
Los hablantes de Buenos Aires constantemente producen y emplean categorías sociogeográficas y lingüísticas, pero en su reflexión metalingüística, como hemos visto, a su vez las relativizan, las diversifican y las descomponen –un proceso de "deconstrucción" de estereotipos que permite y justifica usarlos (sobre todo de forma humorística).

Al mismo tiempo, la dicotomía social, espacial y lingüística también se trastorna y se pluraliza por la estructura de la ciudad, cada vez más segregada, como muestran los siguientes ejemplos:

(39) Sí el, es que como el... algunas expresiones que por ahí son más características de la zona sur o de ciertos barrios. Van tomando popularidad. Y también porque esta ciudad te permite estar en contacto con todos los estereotipos, con todas las pertenencias distintas. Es como que estamos muy mezclados. Estamos muy mezclados y muy separados también a la vez, eso no está tan bueno. Eso no está tan bueno (hablante femenina, 27 años, Villa Urquiza).

(40) Yo creo que en realidad lo que pasa en los medios de comunicación es que aparecen esas cosas de las que hablamos antes. Como que de algo que no tiene nada que ver se transforma como en una moda de otros o como bien... creo que lo que hacen es reforzar más como la idea, la noción de que existen como esas diferencias. Pero en realidad, aunque sea por reírte o por tratar de diferenciarte o como por la ironía, en definitiva te terminan acercando porque estás hablando como habla otro, aunque sea por el chiste, que es lo que te decía. Yo ya no sé si, cuando digo algo estoy diciendo algo que es cheto o que es cheto porque en algún momento era negro y ahora es cheto. Está bien (hablante femenina, 30 años, Zona Norte).

Se refleja aquí que la dinámica que produce el espacio urbano fuertemente segregado, como lugar de conexión y de diferencia, donde se crean identidades y «pertenencias» muy diversas, que a su vez solo entran en función en el sistema de distinción, en la confrontación con el "otro" que, según indica la hablante del ejemplo (39), no está distanciado geográficamente (lo cual, en cierto modo, desmonta la noción de la ciudad dual y, a la vez, implica la autodelimitación a través de otros elementos semióticos). Este contacto, al mismo tiempo, permite la percepción de otros estilos y lleva al uso creativo de rasgos de estos como recursos para construir nuevos significados y nuevas identificaciones. En estos procesos de apropiación o de bricolaje, como hemos visto, se transforman los valores indexicales de determinados rasgos lingüísticos empleados en otros contextos sociales y geográficos, a tal punto que hasta se puede perder su significado social original (es decir, su indexicalidad indirecta), como se desprende del ejemplo (40), en el que la hablante, al afirmar que a veces ya no percibe si un elemento pertenece a un estilo "cheto" o a una forma de hablar "negra" descompone o relativiza el valor indexical de ciertos usos lingüísticos.

Como ya hemos señalado, la concepción binaria de la ciudad y la construcción de las dicotomías aquí señaladas tienen sus orígenes en complejos fenómenos socioculturales e históricos que dejan su marca en fronteras materiales, sociales y simbólicas del espacio, que forman parte del bagaje con que los habitantes de Buenos Aires producen, decodifican y reconfiguran significados y prácticas culturales muy visibles e identificables (incluso para los propios hablantes, como hemos hecho notar). Dichas intervenciones, materializadas recurrentemente como una oposición entre un "yo" y un "otro", lejos están de poder reducirse a una concepción binaria y no pueden ser aisladas como meras luchas de fuerzas opuestas en el espacio urbano, sino que son elementos activos en la construcción, reconstrucción y deconstrucción de la identidad del hablante porteño.

12. Discusión

El objetivo de este trabajo ha sido el de investigar la construcción del espacio urbano a través de la percepción y la evaluación de los usos del habla por parte de los habitantes de Buenos Aires. Partiendo como variable principal del barrio de residencia –como hemos visto, un lugar común en la ideología de los porteños en tanto que indexicaliza «todo un mundo de significados» (Gravano 1991: 66)– nos hemos propuesto examinar la variación lingüística en la ciudad desde una perspectiva émica y en relación con el espacio en su dimensión material, social y simbólica: las representaciones que los hablantes de distintos lugares de Buenos Aires tienen de la lengua en la ciudad, los significados que atribuyen a determinados estilos o a sus rasgos lingüísticos salientes y las fronteras, delimitaciones o categorías socioespaciales que establecen a través de estos significados. De este modo, el presente trabajo se inscribe en los ámbitos de la Dialectología Perceptiva y de los estudios sociolingüísticos que adoptan una posición constructivista respecto de la producción de significado a través de la variación lingüística. Dadas las dificultades prácticas que supone el análisis de los aspectos subjetivos en la variación lingüística, hemos desarrollado un complejo metodológico que abarca tanto la dimensión conceptual como perceptiva (Preston 2010b), apuntando a respuestas más conscientes y menos conscientes (o explícitas e implícitas) y empleando procedimientos con y sin estímulos auditivos directos, inspirados por un enfoque interdisciplinario entre la Sociolingüistica y la Geografia Cultural. La recopilación del corpus se ha realizado a través de entrevistas semi-guiadas (que consistían en dos fases de charla semi-guiada, dos tareas de mapas mentales, un experimento de percepción, la imitación lingüística sobre la base de un texto y la identificación de diez estímulos de habla natural) con 60 personas –30 mujeres y 30 hombres– de alrededor de 30 años de seis barrios diferentes de la ciudad y del conurbano de Buenos Aires. Efectivamente, el análisis de las interrogantes planteadas según los distintos barrios seleccionados ha sacado a la luz diferencias geográficas sustanciales en cuanto a la reacción de los hablantes frente a la variación lingüística en la ciudad.

El diseño metodológico llevado a cabo con los informantes ha determinado la estructura del presente trabajo, que en su parte empírica se divide en cuatro capítulos: en *Categorías y divisiones espaciales* (cap. 7) hemos analizado de forma cuantitativa y gráfica los criterios mediante los cuales los informantes dividen el espacio lingüístico de la ciudad y las designaciones que aplican para determinar distintos barrios o zonas urbanas (tarea de mapas mentales II), lo cual nos permitió determinar estructuras y categorías generales de la segregación del espacio. En el capítulo 8, titulado *Cartografías mentales*, hemos estudiado de manera más detallada y cualitativa las representaciones lingüísticas y geográficas que manifiestan los hablantes de los distintos barrios a partir de los mapas mentales que trazaron sin ningún tipo de información de base (tarea de mapas mentales I). El capítulo 9, *Percepción y localización de rasgos lingüísticos aislados*, tiene como objetivo el análisis del grado de saliencia de algunos

rasgos en particular y se dedica a examinar de modo cuantitativo (a través de un test de pares falsos) las respuestas actitudinales de los informantes frente a tres variables fonéticas (la palatal rehilada, la /s/ en contexto final y la apertura vocálica de /o/ final) según cuatro criterios (agrado, formalidad, familiaridad, la estereotipación como "cheto" o "negro") así como de algunos estímulos léxicos seleccionados (para cuya evaluación se agregó el criterio del sexo). Además de las actitudes, también se ha analizado la localización geográfica en el espacio urbano de Buenos Aires que los hablantes adjudican a las variantes de las variables mencionadas. En el capítulo 10, *Estilización*, nos hemos concentrado, en primer lugar, en los rasgos que aparecen de forma estereotipada en la imitación suscitada (o "estandarizada") por parte de los hablantes de los distintos barrios a partir de un texto previamente elaborado y, en segundo lugar, en los pasajes de estilización espontánea que surgieron como recurso metalingüístico en las entrevistas y que han permitido analizar en detalle los campos indexicales que abren diferentes rasgos estilizados según el posicionamiento de un/a hablante y la situación comunicativa. El capítulo 11, por último, amplía el tema de los campos indexicales indagando en diferentes *procesos de transformación de significado social* –acomodación, apropiación, refuerzo y burla– que experimentan diferentes estilos o determinados elementos de ellos.
A continuación se discutirán los resultados más importantes que han arrojado los distintos ejes temáticos (y procedimientos metodológicos) de este trabajo, primero estableciendo una relación entre los distintos métodos aplicados para ver correlaciones, divergencias o incluso ambigüedades entre ellos (en el sentido de una triangulación metodológica), y segundo, exponiendo su relevancia para el contexto más amplio de los estudios perceptivos e interdisciplinarios en la Sociolingüística Hispánica.

12.1. Patrones y categorías en la construcción espacial

Una de las cuestiones centrales que nos ha ocupado en este trabajo es la manera en que los hablantes de Buenos Aires construyen su espacio urbano a través de la lengua, es decir, a partir de la percepción de diferencias lingüísticas y la adjudicación de determinados rasgos a determinados sectores sociales y geográficos en la ciudad. Especialmente los primeros dos capítulos, que se basan en la técnica de los mapas mentales empleada dė dos formas distintas y representan, por tanto, un método interno y consciente (Preston 2010b: 24), sacan a la luz diferentes modelos y categorías de segregación espacial desde una perspectiva visual y (geo)gráfica. El análisis de las divisiones que los hablantes realizaron sobre el mapa que les proporcionaba la información administrativa de los barrios de la ciudad y las designaciones que adjudicaron a las distintas zonas delimitadas concede una visión de conjunto y general sobre las representaciones espaciales predominantes en la sociedad porteña. Los mapas elaborados con ayuda del Sistema de Información Geográfica (QGIS) –una herramienta que por su gran potencial en la conexión de lengua y espacio encuentra cada vez más aplicación en los estudios de la Dialectología Perceptiva– permitieron ver, primordialmente, una marcada dicotomía norte-sur del espacio urbano, una representación tradicional que está fuertemente anclada en el imaginario porteño y que se expresa en la dimensión material, social y simbólica del espacio, como hemos visto. Asimismo, varias son las categorías a las que los hablantes recurren para establecer dicha oposición: criterios de caracter geográfico, social y lingüístico, que muchas veces se constituyen recíprocamente.

La frontera entre "norte" y "sur", no obstante, es dinámica: según la categoría que se tome en consideración, o bien se traza en el medio del territorio urbano, orientada hacia el transcurso de la avenida Rivadavia y partiendo la ciudad en dos, o bien se amplía la dicotomía a un *continuum* norte-centro-sur y se establece una franja de algunos barrios lindantes con el río en el noreste en oposición a un sector que abarca los barrios periféricos en el sur. Sobre todo la primera, que comprende los distritos Recoleta, Palermo, Belgrano, Núñez (y a veces Retiro) resulta sumamente saliente, siendo la que más frecuente y más notoriamente se separa del resto de la ciudad respecto de varios criterios de clasificación (se caracteriza, como "norte", "clase alta", "cheta", a través de la metáfora "papa en la boca", el rasgo de la nasalidad, una realización sonora de la palatal rehilada, una menor frecuencia de la elisión de la /s/ final, y se le adjudica un uso del habla "más correcto" pero "menos barrial"). La delimitación de la zona generalmente opuesta al "norte" resulta menos nítida, y los elementos atribuidos a esta área, salvo su denominación geográfica como "sur" y la caracterización a través de la pérdida de la sibilante final ("clase baja", los estereotipos "cabeza" y "tumbero", un estilo "menos correcto" y la localización de ciertos grupos migratorios en esta zona) aparecen en números menos extremos que los que se presentan en la designación del "norte".

La visión global sobre las categorías más frecuentes que los hablantes usan para segregar el espacio es completada luego por los resultados de los mapas dibujados sobre una hoja en blanco. Aunque, al no tener ninguna información estructurante de base, estos mapas se presentan mucho más diversos y, así, requirieron un análisis cualitativo de lo visual (es decir, de la materialidad del dibujo y su implicación social y simbólica) junto con el metatexto mediante el cual los hablantes comentaron sus respectivos dibujos, estas representaciones individuales especifican la información obtenida en el primer capítulo y nos brindan una imagen aún más precisa sobre los patrones de división espacial a partir de la percepción de diferencias lingüísticas en la ciudad. De este modo, hemos podido observar que si bien predomina la estructura norte-centro-sur, también se manifiestan representaciones muy diferentes donde la variación lingüística en el espacio se estructura con referencia a las principales avenidas de la ciudad o a través de un *continuum* desde un supuesto centro hacia la periferia (categorías que, como hemos visto, no necesariamente corresponden a una división meramente geográfica, sino que también responden a la percepción de la estructura social y económica). Un tercer procedimiento de construir el espacio que hemos podido distinguir en los mapas individuales es el de señalar determinados barrios emblemáticos, a veces ordenados geográficamente, a veces dibujados de modo relativamente arbitrario, y relacionarlos con distintas categorías o distintos rasgos lingüísticos. En cuanto a las categorías y los fenómenos mencionados, en estos mapas se repiten varios de los criterios de segregación y de los estereotipos que se han presentado en el primer capítulo; sin embargo, no siempre se construyen oposiciones que se refieran a una misma dimensión. Así, por ejemplo, se oponen (y se mezclan) rasgos lingüísticos, estereotipos, prácticas sociales o sectores sociogeográficos –según el elemento o la categoría que resulte más saliente para el o la hablante.

Está claro que un factor importante en estas representaciones individuales es la movilidad que ostenta su respectivo autor, que impacta de manera significativa en el grado de especifidad y el patrón de división espacial que aparece en el dibujo. Además, no obstante, se han revelado diferencias notorias según el lugar sociogeográfico que los hablantes ocupan en el espacio urbano –es decir, su barrio de residencia. Al estar vinculado con un posicionamiento social y geográfico en la ciudad y como un significante que puede indexicalizar una serie de valores, modelos culturales e ideologías, el barrio constituye un elemento importante (aunque, sin lugar a duda, no el único) para la división del espacio urbano, la conciencia metalingüística y la construcción del "yo" en relación a un "otro", un fenómeno que también se destaca en los resultados de la estilización, sobre los que volveremos en breve.

A diferencia de los mapas mentales que se realizan sobre la base de una referencia geográfica (que, por tanto, pueden ser analizados y procesados con ayuda de Sistemas de Información Geográfica), que han experimentado un gran auge en los estudios recientes de la Dialectología Perceptiva (cf. Montgomery (2010) y Montgomery y Stoeckle (2013) y varios artículos en el volumen Cramer y Montgomery (2016)), la técnica de trazar mapas mentales sobre una hoja en blanco sin ningún tipo de información de base, que en el campo de la Geografía constituye el método en su forma clásica, debido a las dificultades de análisis que plantea aún ha encontrado poca aplicación en esta disciplina. El valor adicional que supone dicho método para el presente trabajo, sin embargo, demuestra que se trata de un procedimiento sumamente fructífero que no merece ser excluido de la investigación actual.

Con todo, se evidencia que ambos métodos de mapas mentales empleados aquí han dado resultados muy pertinentes para comprender la construcción y la división que los hablantes de Buenos Aires realizan en su espacio urbano sobre la base de las diferencias lingüísticas que en él perciben y delimitan; resultados además complementarios que justifican el uso de los dos métodos con un enfoque cualitativo y cuantitativo, respectivamente.

12.2. Actitudes, estereotipos y campos indexicales

Otra interrogante principal que hemos planteado para este trabajo concierne a la percepción y la evaluación de rasgos lingüísticos concretos: ¿qué rasgos destacan como más salientes en las variedades lingüísticas del porteño? ¿Qué elementos se emplean para referirse estereotipadamente a determinados sectores geográficos o sociales en la ciudad? ¿Y cuáles son los significados que se construyen a través de este procedimiento? –preguntas que han sido abordadas también mediante métodos que apuntan hacia distintos niveles de la percepción (interno y externo así como consciente y subconsciente (o "menos consciente") según la taxonomía de Preston (2010b)).

En el experimento de pares falsos se han sometido a un análisis actitudinal cuantitativo dos rasgos que, como hemos visto al principio de este trabajo, gozan de una amplia investigación sobre todo variacionista pero también sociolingüística: la palatal rehilada y la /s/ en posición final de palabra. La mención explícita de estos elementos en relación con el uso del habla de distintos sectores geográficos en los mapas mentales comprueba que se trata de rasgos salientes con un valor indexical geográfico y social; los resultados del test actitudinal y del análisis de la estilización han ayudado a precisar aún más este hecho.

12.2.1. La palatal rehilada –lejos de un ensordecimiento cumplido

Las realizaciones sorda [ʃ] y sonora [ʒ] de la palatal rehilada aparecen en los dos tipos de mapas mentales. Sobre todo la variante sonora se atribuye en varias ocasiones (por parte de hablantes de distintos barrios) a un estilo del "norte", de la "clase alta", designado como "cheto", más notoriamente vinculado con el barrio de Recoleta. Pero también se menciona la variante sorda (por hablantes de Recoleta, precisamente) como relacionada con un uso del habla del "sur".

Los resultados del experimento de percepción demuestran que la realización sorda, como era de esperar, constituye la variante común y no marcada para la gran parte de los hablantes de la generación aquí analizada, siendo mayormente calificada como "familiar" y "agradable" en todos los barrios. Esta imagen coincide con las conclusiones a las que han llegado los diversos estudios sobre el proceso de ensordecimiento de la palatal rehilada en el español porteño (Wolf y Jiménez 1977; Wolf 1984; Colantoni 2008; Rohena Madrazo 2011). Pero en nuestro experimento también se confirma de manera notoria que la variante sonora sigue siendo un rasgo vigente en la variedad bonaerense: el estímulo [ʒ] evidentemente se percibe como saliente. De manera general, se califica como familiar en algunos barrios (Recoleta, Caballito y Villa Urquiza), se evalúa como menos agradable que la realización sorda y aparece estrechamente vinculado con un estereotipo "cheto". La saliencia de la variante sonora de la palatal rehilada se muestra también en la práctica de la estilización, donde aparece como uno de los rasgos fonéticos más frecuentes en la imitación de un estilo "cheto" (en particular por los hablantes de los barrios norteños de la ciudad). El análisis de los campos indexicales que produce este elemento, por último, resulta sumamente revelador, ya que evidencia que gran parte de los hablantes de casi todos los barrios asocian la variante sonora a un estilo de un sector socioeconómico dominante y elitista, del que se distancian claramente. Una distancia que en varias ocasiones se marca por medio de la estilización paródica de dicho rasgo. Por el otro lado, en el caso de algunos hablantes de Recoleta (y en menor medida, de la Zona Norte) se destaca una actitud opuesta: mientras que la variante sonora se percibe como rasgo del propio estilo y, por tanto, como elemento tradicional, de prestigio y de identificación, representativa para una forma de hablar de un sector exclusivo, esto implica una actitud más negativa hacia la realización sorda, la cual se califica (y se estiliza) como más extraña y más vulgar.

Los resultados que arrojan los mapas mentales, el test actitudinal y las estilizaciones demuestran que hoy en día siguen coexistiendo los dos alófonos en el español bonaerense, y que las dos realizaciones (y, particularmente la variante sonora), además, están cargadas de valores indexicales dinámicos y se emplean para la construcción y la delimitación de espacios y de sectores sociales dentro de la ciudad. En este sentido, el estudio perceptivo realizado en este trabajo no solo confirma la suposición planteada por Rohena Madrazo (2015) de que el barrio de residencia junto con el estrato socioeconómico de un hablante puede actuar como factor esencial para la realización sorda o sonora de la palatal, sino que contribuye de forma importante a ampliar los conocimientos sobre los significados sociales de las variantes y su anclaje geográfico y social en el espacio urbano de Buenos Aires.

12.2.2. La sibilante –entre «comerse la ese» y una «ese arrastrada»

En cuanto a la /s/ en contexto final de palabra y absoluto, otro rasgo del español porteño ya extensamente estudiado en el ámbito de la Sociolingüística, los resultados del presente trabajo a primera vista no parecen ser más que una constancia de lo que ya es conocido: la caída de la sibilante final está marcada socialmente y constituye un rasgo claramente estigmatizado (cf. Kubarth (1986) o Correa y Couto (2012)). Tanto en los dos tipos de mapas mentales como en el experimento perceptivo y en la estilización aparece como elemento desprestigiado, relacionado con los estratos sociales bajos ubicados en el "sur" de la ciudad. La metáfora «comerse la ese» funciona como estereotipo fuertemente instalado en la representación porteña para referirse a estos sectores sociogeográficos. De este modo, en el experimento perceptivo, el rasgo aparece calificado como "más desagradable" y "vulgar" en todos los barrios, se relaciona con un estilo "negro" y se ubica claramente en el sur de la ciudad. Asimismo, destaca en la estilización (tanto suscitada como espontánea) como rasgo fonético claramente predominante en la imitación de una forma de hablar "más cabeza". El barrio donde más reacción provoca la elisión de la sibilante, como hemos visto, es Avellaneda, donde al parecer hay una conciencia muy marcada respecto de la estigmatización de este rasgo y donde la realización [s] está más notoriamente asociada con una forma de hablar "más correcta" –y se emplea entonces de manera emblemática para lo que se percibe como "hablar bien", entendido como clave para recibir aceptación social.
A pesar de su evidente estigmatización, la elisión de la /s/ se califica como "familiar" en todos los barrios, lo cual significa que es un rasgo muy conocido por todos los hablantes. Dados sus valores indexicales, la marcada conciencia al respecto y el hecho de que sea relativamente "fácil" de imitar, no sorprende que se trate de uno de los recursos más mencionados (aparte de los rasgos léxicos) para la acomodación lingüística o la apropiación de otros estilos. En estos casos, la variante elidida adquiere un prestigio situacional y se emplea para construir significados como los de "tener barrio" o "tener calle". Además, también hemos visto que la elisión de la sibilante constituye un elemento fundamental en la revaloración y la reapropiación del estereotipo del "pibe" o del "negro", proceso en el que se transforma su valor indexical y se convierte en elemento de una identidad social y local dentro de la ciudad.
De este modo, aunque en los resultados del experimento de percepción y actitudinal, la caída de la /s/ final se presenta como rasgo fuertemente estigmatizado, la observación más profunda y cualitativa de los campos indexicales que se vinculan con esta variante en la estilización y en la reflexión metalingüística demuestran que no se trata de un fenómeno tan fácil de clasificar, ya que según el posicionamiento geográfico y social que adopte un/a hablante puede adquirir y construir significados totalmente diferentes.

Ahora bien, el análisis de la percepción y de la representación respecto de la sibilante mediante diferentes procedimientos metodológicos ha sacado a la luz otro fenómeno, menos evidente: entre los hablantes de Recoleta, particularmente, se observa una percepción y una evaluación algo distintas de la /s/ final, expresadas a través de menciones como «más ese en el sur» en los mapas mentales individuales, a través de la relación más frecuente de la variante no elidida [s] con el sur en el experimento de percepción y, asimismo, a través de los rasgos empleados en la estilización espontánea, donde Recoleta se distingue por el empleo de una variante más marcada de la sibilante para la estilización de la forma de hablar "cabeza" (a diferencia de todos los demás barrios, donde se usa de manera uniforme la elisión). Estos resultados, inicialmente algo desconcertantes, remiten a ciertas diferencias en la realización de la sibilante entre los hablantes de dicho barrio y el resto del área urbana. Efectivamente, algunos hablantes de Recoleta califican su propia variante de la /s/ como "poco modulada", un fenómeno que en otros barrios se designa como "ese arrastrada". Según los enunciados de nuestros informantes, se trata de una variante más alveolar que se acerca, curiosamente, a la realización sorda de la palatal rehilada.

La autopercepción de los informantes de Recoleta de su propio estilo, en el que dicha realización peculiar de la sibilante resulta saliente, lleva a que en este grupo el estilo del "otro" se caracterice no primordialmente por la caída de la /s/ final, como en todos los demás barrios, sino a través de una /s/ más pronunciada, más dental. De este modo, la sibilante llega a indexicalizar significados múltiples y complejos: su elisión, por un lado, destaca como rasgo estigmatizado muy anclado en la representación porteña, pero al mismo tiempo actúa como elemento de identificación y de resistencia en determinados sectores sociales y geográficos. Una realización dental muy marcada, por otro lado, también puede indexicalizar un uso del habla "más popular" o más relacionado con el "sur" en determinados grupos, oponiéndose a una variante más alveolar, considerada prestigiosa en estos mismos estratos y objeto de burla y de rechazo en otras áreas de la ciudad.

12.2.3. ¿Qué ocurre con la vocal?

A diferencia de las dos variables anteriores, el contexto vocálico, como hemos señalado, ha sido muy poco estudiado en el español porteño. La decisión de incluir en el presente trabajo la variable de la vocal final (en este caso, la vocal media /o/) con el objetivo de examinar la saliencia de su grado de apertura surgió desde datos propiamente émicos en investigaciones preliminares, donde los enunciados de los hablantes apuntaron a ciertas peculiaridades y diferencias en la producción de este rasgo. En los diferentes métodos aplicados aquí, la calidad vocálica se menciona muy pocas veces de manera explícita. No obstante, los resultados del test de pares falsos y de las dos formas de estilización demuestran que la realización de la vocal sí ejerce un papel importante en la percepción y la evaluación de distintas variedades dentro del espacio urbano bonaerense. En el experimento de percepción hemos visto que los hablantes de los distintos barrios analizados reaccionan de modo diferente respecto de las realizaciones abierta y cerrada de la vocal /o/: mientras que en Avellaneda no parece ser un rasgo saliente y en La Boca y San Telmo se percibe la variante cerrada como más común, en los barrios norteños de la ciudad y de Zona Norte, la variante abierta resulta más o igual de familiar que la variante cerrada. Además, de forma general, se observa una diferencia en la calificación de las dos variantes según el sexo del estímulo grabado: expresada por una voz femenina, la realización abierta se evalúa como más agradable y más familiar, pero al mismo tiempo se relaciona con el estereotipo del "cheto" y se sitúa más frecuentemente en el norte; en el estímulo masculino, en cambio, se califica la variante cerrada como más agradable y más familiar, vinculándose, a su vez, con un uso del habla estereotipado como "negro" y ubicado en el sur de la ciudad. Estas reacciones frente a la apertura vocálica de /o/, como ya hemos dicho en su momento, indican que definitivamente no se trata de un rasgo neutro para los hablantes porteños. Donde más se muestra la saliencia de la calidad de la vocal es, sin embargo, en la estilización tanto suscitada como espontánea: aquí sobresale particularmente una realización más abierta de la vocal en la imitación de un estilo "cheto", mayormente en combinación con la estilización de una forma de hablar más nasal, lo cual no sorprende si recordamos que un mayor grado de apertura vocálica generalmente se percibe como más nasal.

De los resultados arrojados por la combinación de métodos más y menos conscientes se desprende, en síntesis, que si bien la calidad de la vocal no está arraigada en la conciencia de los hablantes porteños de igual manera que la palatal rehilada y la sibilante (mencionadas de modo aislado y explícito) de todas maneras constituye un rasgo lingüístico saliente que suele aparecer estereotipado en combinación con otros elementos tales como la nasalidad o la variante sonora de la palatal rehilada. Esto comprueba que los rasgos estereotipados muchas veces se presentan en un conjunto, generalmente constituido por elementos verbales y no verbales, de los cuales no todos se pueden nombrar de manera aislada y explícita (Chun 2007: 223). De ahí que la oposición [ʒɔ] vs. [ʃo], que combina dos rasgos salientes e indexicaliza significados totalmente distintos cumpla una función prototípica para la diferenciación social dentro del espacio urbano de Buenos Aires.

Aparte de la apertura de la vocal /o/, rasgo que hemos analizado y comentado en varias partes de este trabajo, la estilización espontánea ha sacado a la luz otro fenómeno relacionado con la calidad vocálica: el cierre de la vocal /e/ en la interjección *eh* y en sílabas que preceden una sibilante final elidida. Como hemos dicho, esta variante puede estar impactada, precisamente, por la caída de la /s/ (lo que no justifica su empleo en la interjección, sin embargo), como también podría tratarse de una reacción frente a la apertura vocálica de otros estilos –dos hipótesis que requerirían un estudio más sistemático de este fenómeno.

12.2.4. La percepción de rasgos léxicos: ¿varios lunfardos?

En lo que concierne a la dimensión léxica, por último, a través de los distintos procedimientos metodológicos se ha perfilado un puñado de expresiones fuertemente estereotipados que aparece de forma repetida a lo largo de todo nuestro trabajo. Por un lado, sobresale un grupo de vocablos –en su mayoría vocativos– considerados vulgares y usados emblemáticamente para referirse a una forma de hablar "negra" o "cabeza", relacionada con los estratos bajos ubicados en el sur de la ciudad (y muchas veces estereotipados con la figura del "pibe (chorro)": *gato*, *guacho*, *amigo*, *boludo*, *vieja*, *piola* son vocablos que se presentan tanto en los mapas mentales, en el discurso metalingüístico como en la estilización, y algunos de ellos precisan de la interjección *eh* para adquirir un significado social y geográfico explícito, como hemos visto. A estos términos se oponen, por otro lado, voces expresamente asociadas a un uso del habla denominado como "cheto", también con un carácter fuertemente estereotipado. Tal es el caso de la "muletilla" *tipo que*, los vocativos *gordo* y *man*, junto con una serie de otros anglicismos. El

intensificador *re*, además, también se vincula con esta forma de hablar. Como hemos observado en el test actitudinal, estos estereotipos no se califican como menos vulgares que los que se asocian al estilo "opuesto"; al contrario, muchas veces incluso provocan reacciones aún más extremas.
Luego, hemos detectado algunas expresiones cuyo significado indexical no es tan unívoco: *chabón*, en primer lugar, se adjudica en algunos casos al vocabulario de los sectores bajos; en otras ocasiones, en cambio, se considera como "más común" y como parte de un estilo de los estratos medios. El caso de *boludo*, en segundo lugar, es especialmente particular, ya que se trata de un término que representa de manera emblemática la variedad porteña en su conjunto, pero a su vez se vincula con determinados sectores geográficos y sociales dentro de la ciudad donde se apropia con una respectiva pronunciación distinta, de modo que ya no es el término en sí que engloba determinado valor indexical, sino su realización fonética. Las peculiaridades respecto de estos dos vocablos –*chabón* y *boludo*– se reflejan en resultados algo ambiguos en el experimento de percepción así como también en el discurso metalingüístico de los hablantes, donde constituye un tópico recurrente.

Varios resultados del experimento de percepción, sobre todo en la tarea de identificación dialectal, donde los hablantes situaron los estímulos presentados en tres zonas de la ciudad, han dado cuenta de procesos de negociación de significado de determinadas entidades léxicas –en diversos casos hemos visto que los hablantes de los distintos barrios divergen en su localización geográfica de determinados términos, atribuyéndolos únicamente a su respectiva zona y, por tanto, concibiéndolos como característicos de su propio uso del habla. Puesto que en todos los casos se trata de expresiones coloquiales, la mayoría de ellas consideradas como lunfardismos según la definición de Conde (2004), este resultado encaja con la constatación de que, según el posicionamiento social y geográfico en el espacio urbano, los hablantes porteños presentan distintas concepciones del lunfardo, como hemos indicado al principio de este trabajo: por un lado, se percibe como expresión coloquial general (un fenómeno que también señala Wunderlich (2014: 112-113)) y, por otro lado, en sus reflexiones metalingüísticas los hablantes también remiten a "distintos lunfardos" dentro de la ciudad de Buenos Aires y difieren en la definición de determinados términos como lunfardismos (cf. Wunderlich 2014: 108-109). Tal como ha de comprenderse hoy en día, como variante diafásica coloquial y sociolecto dinámico con distintas funciones identitarias (Conde 2011: 43), el lunfardo no es uno solo, sino que forma parte de un constante proceso de negociación y de apropiación de significados en el espacio urbano.
El análisis de la estilización espontánea de los estilos "cheto" y "cabeza", por último, ha mostrado que no solo se reducen los términos usados con función de estereotipo a un puñado de vocablos extremadamente salientes; su mención en los pasajes de estilización se repite de manera casi literal e idéntica, lo cual hemos interpretado como consecuencia de un impacto fundamental de un discurso constituido e instalado por diferentes géneros mediáticos (cf. Androutsopoulos (2001)), fenómeno que repercute en la reflexión crítica de los propios hablantes acerca de la influencia de los medios de comunicación masivos en la construcción de la dicotomía social y geográfica en la ciudad (comentada sobre todo en el último capítulo del análisis).

12.3. Conclusión y futuras direcciones

En toda su complejidad y amplitud, el diseño metodológico mixto e interdisciplinario aquí aplicado, constituido por enfoques cualitativos y cuantitativos y técnicas externas e internas que aplicaron a diferentes niveles de conciencia de los hablantes, nos ha permitido desarrollar una imagen amplia y diferenciada acerca de los procesos de percepción, de las representaciones sociales y de las actitudes que los hablantes porteños manifiestan respecto de la variación en su espacio urbano. Estamos, como hemos visto, frente a modelos culturales y sistemas ideológicos muy diversos, que implican posturas normativas muy distintas respecto del prestigio de determinados rasgos lingüísticos así como campos indexicales dinámicos y cambiantes. Al mismo tiempo, estos procesos de construcción identitaria y de posicionamiento en el espacio urbano solo entran en vigor a través del contraste con el "otro", cuya percepción está muy marcada entre los hablantes porteños (como resultado de la experiencia propia en la superdiversidad del espacio, pero también, y particularmente, de un discurso mediático y popular así como de sistemas ideológicos transmitidos de generación en generación). De este modo, la conciencia del "otro", estereotipado y estilizado constantemente en el día a día de los porteños, también lleva a procesos de acomodación en situaciones de *out of place*, de reapropiación y refuerzo de elementos estereotipados para reivindicar lo propio y distanciarse aún más de lo ajeno, a una enorme creatividad en lo que concierne a la estilización lúdica y el juego con la lengua y, por último, constituye un manantial de recursos que se apropian con el fin de construir nuevos significados y establecer nuevos posicionamientos dentro del espacio urbano superdiverso.

Con su orientación interdisciplinaria y el enfoque centrado en la perspectiva subjetiva de los hablantes sobre la variación lingüística en el espacio urbano, el presente trabajo es uno de los primeros en analizar los significados sociales y geográficos dentro de una variedad urbana según los planteamientos de la Dialectología Perceptiva y de la "tercera onda" sociolingüística (Eckert 2001, 2004a, 2008, 2012) en la metrópolis latinoamericana (con la excepción de los trabajos ya citados de Caravedo (2014) y Bürki (2014)). Los resultados arrojados aquí no solo evidencian la importancia de complementar distintos métodos (sin coartarse por fronteras disciplinarias o posturas epistemiológicas) para abordar en un trabajo empírico la construcción de significado y de identidades socioespaciales en un espacio de la dimensión y de la complejidad de la urbe contemporánea; también subraya de manera palpable la relevancia de estudios centrados en la percepción lingüística de hablantes legos para acceder a sus representaciones, sus estereotipos y sus actitudes, así como a los sistemas ideológicos y modelos socioculturales compartidos que subyacen en estos fenómenos.

Para el contexto del español de Buenos Aires, el análisis de la perspectiva subjetiva de los hablantes, precisamente, ha proporcionado algunos resultados que merecen ser ampliados y profundizados en siguientes investigaciones o que dan pie a futuras interrogantes y planteamientos. De este modo, habrá de observarse la evolución de los rasgos concretos que se analizaron de manera detenida en este trabajo –la palatal rehilada, la pérdida de la sibilante implosiva en contexto medio y final, la apertura vocálica y el lunfardo– tanto respecto de su percepción como también de su producción. Sobre todo la realización sonora de la palatal rehilada será un caso a seguir, ya que, como hemos demostrado, su uso

sigue vigente en determinados lugares de la ciudad y, hoy en día, está estrechamente vinculado con un determinado sector político influyente, representado por un determinado modelo cultural y ciertas prácticas sociales (entre ellas, el estilo lingüístico). Los fenómenos de la apertura vocálica y la calidad de la sibilante, dos rasgos surgidos como salientes en nuestra investigación, definitavemente requieren análisis más amplios y más sistemáticos en lo que concierne a su producción y su percepción. Además, nos parecería de gran interés completar este estudio perceptivo mediante trabajos centrados en el análisis interaccional y con el objetivo de examinar la construcción de significados sociales y espaciales en situaciones comunicativas concretas, tanto entre personas de un mismo grupo o sector social como también en momentos de contacto con el "otro", con miembros de otros estratos de la jerarquía urbana. La conciencia marcada y la actitud crítica que manifiestan los hablantes porteños acerca del papel de los medios de comunicación en la construcción de estereotipos y de la polarización social (un fenómeno que ya observa Kubarth (1986)) apunta a la necesidad de indagar en este aspecto, examinando sobre todo la fuerza de los diferentes géneros en la producción y el fomento de sistemas ideológicos y dicotomías sociales, espaciales y lingüísticas, así como en la difusión de patrones de estilización (de modo sistemático como lo hizo Androutsopoulos (2001, 2007), por ejemplo).
Por último, en este trabajo nos hemos centrado en la percepción de los diferentes estilos en la variedad bonaerense por parte de hablantes porteños nativos. Con ello, hemos tratado solo de forma muy marginal (en los casos donde explícitamente aparece en el discurso metalingüístico) el aspecto de la migración y de las variedades del español de países limítrofes que vienen a completar cada vez más el paisaje lingüístico de Buenos Aires. Además de los trabajos que analizan estas variedades respecto de su producción y su adaptación a la variedad porteña (cf. Grimson (1999) y Dreidemie (2008), entre otros), en vista de las reacciones que nuestros informantes manifestaron respecto del español de diferentes grupos migratorios (en particular, los paraguayos, los bolivianos y los peruanos) sería sumamente interesante estudiar de forma detallada tanto la percepción y la evaluación de los hablantes porteños de estas variedades como también la perspectiva subjetiva de los hablantes de los distintos grupos migratorios frente a la variedad de la ciudad que los acoge (tal como lo hicieron Caravedo (2009a,b, 2010, 2012, 2014) en varios contextos migratorios, Bürki (2014) respecto de la forma de hablar de jóvenes provenientes de la Sierra peruana percibida por hablantes limeñas o también Sancho Pascual (2013) para el caso de inmigrantes ecuatorianos en Madrid).

En un contexto más amplio, finalmente, dadas las estructuras, dinámicas y problemáticas similares que presenta la mayoría de las metrópolis latinoamericanas de hoy en día, creemos que tanto el enfoque teórico adoptado en este trabajo, la concepción del espacio y su aporte para el análisis lingüístico, como también el complejo metodológico desarrollado para responder a las interrogantes planteadas aquí, además de haber puesto la Lingüística en contacto con la Geografía Urbana, puede adaptarse y aplicarse a otros contextos urbanos y, así, contribuir a ampliar los conocimientos en esta línea de investigación que cada vez goza de más reconocimiento en la Sociolingüística actual.

Bibliografía

Aboy, Rosa (2003). «La vivienda social en Buenos Aires en la segunda posguerra (1946-1955)». En: *Scripta Nova. Revista Electrónica de Geografía y Ciencias Sociales* VII.146(031).

Agha, Asif (1998). «Stereotypes and registers of honorific language». En: *Language in Society* 27.02, págs. 151-193.

– (2007). *Language and social relations*. Cambridge: Cambridge University Press.

Alabarces, Pablo y Malvina Silba (2014). «"Las manos de todos los negros, arriba": Género, etnia y clase en la cumbia argentina». En: *Cultura y representaciones sociales* 8.16, págs. 52-74.

Alfaraz, Gabriela (2002). «Miami Cuban Perceptions of Varieties of Spanish». En: *Handboook of Perceptual Dialectology*. Ed. por Daniel Long y Dennis Preston. Amsterdam/Philadelphia: John Benjamins, págs. 1-11.

Alfaraz, Gabriela G. (2014). «Dialect perceptions in real time: A restudy of Miami Cuban perceptions». En: *Journal of Linguistic Geography* 2.2, págs. 74-86.

Allen, John, Doreen B. Massey y Steve Pile (2005). *City Worlds*. Taylor & Francis e-Library.

Amado, Ana María (2009). *La imagen justa: cine argentino y política, 1980-2007*. Buenos Aires: Colihue.

Amin, Ash y Stephen Graham (1997). «The ordinary city». En: *Transactions of the Institute of British Geographers* 22, págs. 411-429.

Anders, Ada Christina (2010). «Die wahrnehmungsdialektologische Rekodierung von laienlinguistischem Alltagswissen». En: *Perceptual Dialectology. Neue Wege in der Dialektologie*. Ed. por Ada Christina Anders, Markus Hundt y Alexander Lasch. Berlin/New York: Walter de Gruyter, págs. 69-87.

Anders, Ada Christina, Hundt Markus y Alexander Lasch (2010). «Gegenstand und Ergebnisse der Wahrnehmungsdialektologie (Perceptual Dialectology)». En: *Perceptual Dialectology. Neue Wege der Dialektologie*. Ed. por Markus Hundt, Ada Christina Anders y Alexander Lasch. Berlin / New York: Walter de Gruyter, págs. XI-XXI.

Androutsopoulos, Jannis (2001). «From the streets to the screens and back again: On the mediated diffusion of ethnolectal patterns in contemporary German». En: *LAUD Linguistic Agency* 522, págs. 1-24.

– (2007). «Ethnolekte in der Mediengesellschaft. Stilisierung und Sprachideologie in Performance, Fiktion und Metasprachdiskurs». En: *Standard, Variation und Sprachwandel in germanischen Sprachen*. Ed. por Christian Fandrych y Reinier Salverda. Tübingen, págs. 113-157.

Arizaga, Cecilia (2000). «Murallas y barrios cerrados. La morfología espacial del ajuste en Buenos Aires». En: *Nueva Sociedad* 166, págs. 22-32.

Arizaga, María Cecilia (1999). «Los barrios cerrados y el mito de la comunidad purificada». En: *Revista de Arquitectura de la Sociedad Central de Arquitectos* 193, págs. 148-153.

Atala, Ariana, Rodrigo García y Martín Rodríguez Kedikian (2012). «Bailan las rochas, también las chetas. De "sufre cheto" a "bailan las rochas, también las chetas". De "las palmas de todos los negros arriba" a "todo el mundo bailando". Conciliación o alianza de clases en las semantizaciones de las letras y en la». Buenos Aires.

Auer, Peter (2004). «Sprache, Grenze, Raum». En: *Zeitschrift für Sprachwissenschaft* 23.2004, págs. 149 -179.

– (2007). *Style and Social Identities: Alternative Approaches to Linguistic Heterogeneity*. Berlin / New York: Mouton de Gruyter.

Avilés, Tania y Darío Rojas (2013). «Actitudes hacia dialectos del español usados por inmigrantes en Santiago de Chile». En: *Boletín de Filología* 2, págs. 97-117.

Babel, Anna M. (2014). «Stereotypes versus experience : Indexing regional identity in Bolivian Valley Spanish». En: *Journal of Sociolinguistics* 18.5, págs. 604-633.

Bajtín, Mijaíl (1986). *Speech Genres and Other Late Essays*. Austin: University of Texas Press.

Bajtín, Mijaíl M. (1981). *The Dialogic Imagination*. Austin: University of Texas Press.

Barrios, Graciela (2002). «Uso de s-final de palabra». En: *Marcadores sociales en el lenguaje*. Ed. por Graciela Barrios y Virginia Orlando. Montevideo: Universidad de la República, págs. 21-28.

Barrios, Romina (2008). «(Con)vivir con el peronismo». En: *Actas del Primer Congreso de Estudios sobre el Peronismo: La Primera Década*, págs. 1-19.

Beker, Osvaldo (2011). «La cuestión de la oralidad en el cine argentino de los últimos años». En: *VIII Jornadas Nacionales de Investigación en Arte en Argentina (La Plata, 2011)*. La Plata: Facultad de Bellas Artes, págs. 1-10.

Bell, Allan (1984). «Language Style as Audience Design». En: *Language in Society* 13.2, págs. 145-204.

– (1999). «Styling the other to define the self: A study in New Zealand identity making». En: *Journal of Sociolinguistics* 3.4, págs. 523-541.

– (2001). «Back in style: reworking audience design». En: *Style and Sociolinguistic Variation*. Ed. por John Rickford y Penelope Eckert. Cambridge: Cambridge University Press, págs. 139-168.

Berger, Peter L. y Thomas Luckmann (1966). *The social construction of reality*. London: Penguin.

Bertolotti, Virginia (2010). «Notas sobre el che». En: *Lexis* XXXIV.1, págs. 57-93.

Birle, Peter, Bodemer Klaus y Andrea Pagni (2010). *Argentinien heute. Politik, Wirtschaft, Kultur.* Frankfurt am Main: Vervuert.

Bizer, Georges (2004). «Attitudes». En: *Encyclopedia of Applied Psychology: A-E*. Ed. por Charles Spielberger. London: Elsevier Academic Press., págs. 245-249.

Blanco, Isabel, Lilia Otero y Elizabeth M. Rigatuso (1977). *Actitudes linguísticas en la comunidad bahiense*. Bahía Blanca: Universidad Nacional del Sur.

Blas Arroyo, José Luis (1995). «De nuevo el español y el catalán, juntos y en contraste. Estudio de actitudes lingüísticas». En: *Sintagma* 7, págs. 29-41.

Blommaert, Jan (2010). *The Sociolinguistics of Globalization*. Cambridge: Cambridge University Press.

Blommaert, Jan y Ben Rampton (2011). «Language and superdiversity». En: *Diversities* 13.2, págs. 1-22.

Boersma, Paul y David Weenink (2012). *Praat: Doing Phonetics by Computer*.

Boomershine, Amanda (2006). «Perceiving and Processing Dialectal Variation in Spanish: An Exemplar Theory Approach». En: *Selected Proceedings of the 8th Hispanic Linguistics Symposium*. Ed. por Timothy L. Face y Carol A. Klee. Somerville, MA: Cascadilla Press, págs. 58-72.

Bordelois, Ivonne (2011). *El país que nos habla*. Buenos Aires: La Nación. Editorial Sudamericana.

Boretti de Macchia, Susana y María C. Ferrer de Gregoret (1977). «Actitud del hablante del litoral frente a la lengua materna». En: *Estudios sobre la lengua de Santa Fe*. Ed. por Nélida Donni De Mirande y col. Santa Fe: Fondo Editorial de la Provincia de Santa Fe, págs. 235-249.

Borges, Jorge Luis (1944a). «El Sur». En: *Ficciones*. Ed. por Jorge Luis Borges. Buenos Aires / Barcelona: Emecé, págs. 179-187.

– (1944b). «Funes el memorioso». En: *Ficciones*. Buenos Aires / Barcelona: Emecé, págs. 113-122.

Bosco, Fernando y Zia Salim (2012). «Urbanization: Socio-Spatial Dimensions, Challenges, and Prospects». En: *Placing Latin America. Contemporary Themes in Geography*. Ed. por Edward Jackiewicz y Fernando Bosco. Lanham / Boulder / New York / Plymouth: Rowman & Littlefield, págs. 57-82.

Boughton, Zoe (2006). «When perception isn't really: Accent identification and perceptual dialectology in French». En: *French Language Studies* 16.277-304.

Bourdieu, Pierre (1982). *Language and symbolic power*. Cambridge: Blackwell Publishing.

– (1991). «Physischer, sozialer und angeeigneter physischer Raum». En: *Stadt-Räume*. Ed. por Martin Wentz. Frankfurt am Main: Campus, págs. 25-33.

– (2001). *Langage et pouvoir politique*. Segunda ed. Paris: Éditions du Seuil.

Brade, Julia (2010). «Sprach-Einstellungen in Mexiko». En: *Perzeptive Varietätenlinguistik*. Ed. por Thomas Krefeld y Elissa Pustka. Frankfurt a.M: Peter Lang, págs. 431-455.

Bridge, Gary y Sophie Watson (2000a). «City differences». En: *A companion to the City*. Ed. por Gary Bridge y Sophie Watson. Oxford/Massachusetts: Blackwell Publishing, págs. 251-260.

– (2000b). «City imaginaries». En: *A companion to the City*. Ed. por Gary Bridge y Sophie Watson. Oxford/Massachusetts: Blackwell Publishing, págs. 7-17.

Britain, David (2011). «Conceptualizations of geographic space in linguistics». En: *Language and space: an international handbook of linguistic variation*. Ed. por Alfred Lameli, Roland Kehrein y Stefan Rabanus. Vol. 2. Berlin: De Gruyter Mouton, págs. 69-97.

Bulot, Thierry y Nicolas Tsekos (1999). *Langue urbaine et identité*. Ed. por Thierry Bulot y Nicolas Tsekos. Paris / Montréal: L'Harmattan.

Bürki, Yvette (2014). «"Dime cómo hablas y te diré dónde vives". Percepción lingüística y representaciones geosociales en la ciudad de Lima». En: *Versants* 61.3, págs. 43-66.

Buttimer, Anne (1971). *Society and Milieu in the French Geographic Tradition*. Chicago: McNally.

– (1993). *Geography and the Human Spirit*. Baltimore, MD: The John Hopkins University Press.

Buttimer, Anne y David Seamon (1980). *The Human Experience of Space and Place*. Ed. por Anne Buttimer y David Seamon. New York: St Martin's Press.

Calsamiglia Blancafort, Helena y Amparo Tusón Valls (2001). *Las cosas del decir. Manual de análisis del discurso*. Barcelona: Ariel.

Campbell-Kibler, Kathryn (2006). «Listener perceptions of sociolinguistic variables: the case of (ING)». Tesis doct. Stanford University.

– (2008). «I'll be the judge of that: Diversity in social perceptions of (ING)». En: *Language in Society* 37.5, págs. 637-659.

Caravedo, Rocío (2001). «La dimensión fonética y la dimensión morfosintáctica. Norma y variación en la fonética del español americano.» Valladolid.

– (2006). «La percepción en la fonética del español». En: *Filología y lingüística : estudios ofrecidos a Antonio Quilis*. Ed. por CSIC Consejo Superior de Investigaciones Científicas. Madrid: Consejo Superior de Investigaciones Científicas ; Universidad Nacional de Educacin a Distancia ; Universidad de Valladolid, págs. 113-128.

– (2007). «El espacio en la lingüística de la variación». En: *In memoriam Manuel Alvar, Archivo de Filología Aragonesa, 59-60 (2002-2004)*. Ed. por Rosa María Castaner y José María Enguita, págs. 1119-1129.

– (2009a). «La percepción selectiva en situación de migración desde un enfoque cognoscitivo». En: *Lengua y migración* 1.2, págs. 21-38.

– (2009b). «Percepción, espacios mentales y variedades lingüísticas en contacto». En: *Neue Romania* 39, págs. 171-195.

– (2010). «La dimensión subjetiva en el contacto lingüístico». En: *Lengua y migración* 2.2, págs. 9-25.

– (2012). «Las ciudades como espacios mentales y lingüísticos. Reflexiones sobre la variación diatópica del español». En: *Orillas* 1, págs. 1-17.

– (2013). «La valoración como modo de percepción y de significación». En: *Conciencia y valoración del habla andaluza*. Ed. por Antonio Narbona. Sevilla: Universidad Internacional de Andalucía, págs. 45-71.

– (2014). *Percepción y variación lingüística. Enfoque sociocognitivo*. Madrid / Frankfurt am Main: Iberoamericana / Vervuert.

Castells, Manuel (1974). *La cuestión urbana*. Siglo XXI. Madrid.

– (1985). *Crisis urbana y cambio social*. México / Madrid / Buenos Aires / Bogotá: Siglo XXI.

– (1989). *The Informational City: Information Technology, Economic Restructuring and the Urban-Regional Process*. Oxford/Cambridge: Blackwell Publishers.

Cecconi, Sofía (2009). «Territorios del tango en Buenos Aires: aportes para una historia de sus formas de inscripción». En: *Iberoamericana* IX.33, págs. 49-68.

CEDEM (2003). *El sur en la Ciudad de Buenos Aires. Caracterización económica territorial de los barrios de La Boca, Barracas, Nueva Pompeya, Villa Riachuelo, Villa Soldati, Villa Lugano y Mataderos*. Inf. téc. Buenos Aires: Centro de Estudios para el Desarrollo Económico Metropolitano, Gobierno de la Ciudad Autónoma de Buenos Aires.

– (2004). *Caracterización económico territorial de la Recoleta. Gastronomía, diseño y diversidad comercial en el norte de la Ciudad*. Inf. téc. Buenos Aires: Ciudad de Buenos Aires, Centro de Estudios para el Desarrollo Económico Metropolitano.

Cerrutti, Marcela (2009). *Diagnóstico de las poblaciones de inmigrantes en la Argentina*. Inf. téc. Buenos Aires: Serie de Documentos de la Dirección Nacional de Población.

Cerrutti, Marcela y Alejandro Grimson (2008). «Buenos Aires, neoliberalismo y después. Cambios socioeconómicos y respuestas populares». En: *Ciudades latinoamericanas. Un análisis comparativo en el umbral del nuevo siglo*, págs. 61-121.

Cerrutti, Marcela y Alicia Maguid (2007). «Inserción laboral e ingresos de los migrantes de países limítrofes y peruanos en el gran Buenos Aires». En: *Notas de población* 83, págs. 75-98.

Certeau, Michel de (1984). *The practice of everyday life*. Berkeley/Los Angeles/London: University of California Press.

Chang, Charles B (2008). «Variation in palatal production in Buenos Aires Spanish». En: *4th Workshop on Spanish Sociolinguistics*, págs. 54-63.

Cherryholmes, Cleo H. (1992). «Pragmatism». En: *Educational Researcher* 21.6, págs. 13-17.

Chiquito, Ana Beatriz y Miguel Ángel Quesada Pacheco (2014). *Actitudes lingüísticas de los hispanohablantes hacia el idioma español y sus variantes*. Ed. por Ana Beatriz Chiquito y Miguel Ángel Quesada Pacheco. Bergen: Bergen Language y Linguistic Studies (BeLLS), 5.

Chun, Elaine Wonhee (2007). «The meaning of mocking: Stylizations of Asians and preps at a United States high school». En: *ProQuest Dissertations and Theses*.

Ciccolella, Pablo (1999). «Globalización y dualización en la Región Metropolitana de Buenos Aires: Grandes inversiones y reestructuración socioterritorial en los años noventa». En: *EURE (Santiago)* 25.76.

– (2012). «Revisitando la metrópolis latinoamericana más allá de la globalización». En: *riURB* 8, págs. 9-21.

Ciccolella, Pablo e Iliana Mignaqui (2002). «Buenos Aires: Sociospatial Impacts of the Development of Global City Functions». En: *Global Networks, Linked Cities*. Ed. por Saskia Sassen. New York / London: Routledge, págs. 309-326.

Clarke, John (2006). «Style». En: *Resistance through Rituals. Youth subcultures in post-war Britain*. Ed. por Stuart Hall y Tony Jefferson. London/New York: Routledge, págs. 147-160.

Clopper, Cynthia G. y David B. Pisoni (2004). «Perception of Dialect Variation». En: *The Handbook of Speech Perception*. Ed. por David B Pisoni y Robert E. Remez. Blackwell Publishing, págs. 313-337.

Colantoni, Laura (2008). «Variación micro y macro fonética en español». En: *Estudios de fonética experimental* 17, págs. 66-104.

– (2013). «On the Regularity of Coronalization in Buenos Aires Spanish». En: *Variación yeísta en el mundo hispánico*. Ed. por Rosario Gómez e Isabel Molina Martos. Madrid / Frankfurt am Main: Vervuert / Iberoamericana, págs. 313-332.

Colantoni, Laura y Celeste Rodríguez Louro, eds. (2013). *Perspectivas teóricas y experimentales sobre el español de la Argentina*. Madrid/Frankfurt am Main: Vervuert/Iberoamericana.

Coloma, Germán y Laura Colantoni (2012). «Variación fonética y el efecto de la audiencia: el debilitamiento de /s/ en dos géneros musicales». En: *Revista de Lingüística Teórica y Aplicada* 50.2, págs. 121-143.

Conde, Oscar (2004). *Diccionario etimológico del lunfardo*. Buenos Aires: Taurus.

– (2011). *Lunfardo. Un estudio sobre el habla popular de los argentinos*. Buenos Aires: Taurus.

Correa, Paulo Antonio y Leticio Rebollo Couto (2012). «Sociolingüística rioplatense: principales fenómenos de variación». En: *Español actual: revista de español vivo* 98, págs. 161-216.

Cosacov, Natalia (2014). «Trayectorias residenciales y decisiones de localización residencial de hogares de clase media residentes en el barrio porteño de Caballito». En: *Argumentos* 16, págs. 41-70.

Coupland, Nikolas (1980). «Style-shifting in a Cardiff work-setting». En: *Language in Society* 9.1, págs. 1-12.

– (2001a). «Dialect stylization in radio talk». En: *Language in Society* 30.3, págs. 345-375.

– (2001b). «Language, situation, and the relational self: theorizing dialect-style in sociolinguistics». En: *Style and Sociolinguistic Variation*. Ed. por John Rickford y Penelope Eckert. Cambridge: Cambridge University Press, págs. 185-210.

– (2004). «Stylised deception». En: *Metalanguage. Social and Ideological Perspectives*. Ed. por A. Jaworski, N. Coupland y D. Galasinski. Berlin / New York: Mouton de Gruyter, págs. 249-274.

– (2007). *Style*. New York: Cambridge University Press.

Coupland, Nikolas y Howard Giles (1988). «The communicative contexts of accommodation». En: *Language and Communication* 8.3-4, págs. 175-182.

Coupland, Nikolas y Adam Jaworski (2004). «Sociolinguistic perspectives on metalanguage: Reflexivity, evaluation and ideology». En: *Metalanguage. Social and Ideological Perspectives*. Ed. por Adam Jaworski, Nikolas Coupland y Dariusz Galasinski. Berlin / New York: Mouton de Gruyter, págs. 15-51.

Cragnolini, Alejandra (2006). «Articulaciones entre violencia social, significante sonoro y subjetividad: la cumbia villera en Buenos Aires». En: *Trans. Revista Transcultural de Música* 10.

Cramer, Jennifer (2010). «The Effect of Borders on the Linguistic Production and Perception of Regional Identity in Louisville, Kentucky». PhD dissertation. University of Illinois at Urbana-Champaign.

Cramer, Jennifer y Chris Montgomery (2016). *Cityscapes and Perceptual Dialectology: Global perspectives on non-linguists' knowledge of the dialect landscape*. Boston / Berlin: Mouton de Gruyter.

Cresswell, Tim (1996). *In Place/Out of Place: Geography, Ideology, and Transgression*. Minneapolis / London: University of Minnesota Press.

– (2013). *Geographic Thought. A critical introduction*. Oxford: Wiley-Blackwell.

Creswell, John W. (2003). *Research design Qualitative quantitative and mixed methods approaches*. Thousand Oaks, CA / London / New Delhi: SAGE Publications.

Creswell, John W. y Vicky L. Plano Clark (2011). *Designing and Conducting Mixed Methods Research*. Thousand Oaks, CA: SAGE.

Crot, Laurence (2006). «"Scenographic" and "cosmetic" planning: Globalization and territorial restructuring in Buenos Aires». En: *Journal of Urban Affairs* 28.3, págs. 227-251.

Cueto, Carla del y Mariana Luzzi (2008). *Rompecabezas. Transformaciones en la estructura social argentina (1983-2008)*. Vol. 1. Buenos Aires: Universidad Nacional de General Sarmiento.

– (2010). «Betrachtungen über eine fragmentierte Gesellschaft. Veränderungen der argentinischen Sozialstruktur (1983-2008)». En: *Argentinien heute. Politik, Wirtschaft, Kultur.* Ed. por Peter Birle, Klaus Bodemer y Andrea Pagni. Frankfurt am Main: Vervuert, págs. 33-54.

Dangschat, Jens S. y Jörg Blasius (1994). *Lebensstile in den Städten*. Ed. por Jens S. Dangschat y Jörg Blasius. Opladen: Leske+Budrich.

De Alba, Martha (2004). «Mapas mentales de la ciudad de México: una aproximación psicosocial al estudio de las representaciones espaciales». En: *Estudios demográficos y urbanos* 055, págs. 115-143.

– (2009). *Representaciones sociales y el estudio del territorio: aportaciones dede el campo de la Psicología Social*. Cuajimalpa: Laboratorio de Anlisis Socioterritorial Universidad Autnoma Metropolitana.

– (2011). «Social Representations of Urban Spaces: A Comment on Mental Maps of Paris». En: *Papers on Social Representations* 20, págs. 1-14.

De Fina, Anna (2007). «Style and stylization in the construction of identities in a card-playing club. In Auer, P. (ed.), Style and Social Identities: Alternative Approaches to Linguistic Heterogeneity. Berlin: Mouton de Gruyter, 57-84.» En: *Style and Social Identities: Alternative Approaches to Linguistic Heterogeneity*. Ed. por Peter Auer. Berlin: Mouton de Gruyter, págs. 57-84.

Dematteis, Giuseppe (1998). «Suburbanización y periurbanización. Ciudades anglosajonas y ciudades latinas». En: *La ciudad dispersa*. Ed. por Francisco Javier Monclús. Barcelona: Centre de Cultura Contemporània de Barcelona.

Deppermann, Arnulf (2007). «Playing with the voice of the other: Stylized Kanaksprak in conversations among German adolescents». En: *Style and Social Identities: Alternative Approaches to Linguistic Heterogeneity*. Ed. por Peter Auer. Berlin / New York: Mouton de Gruyter, págs. 325-360.

Di Tullio, Angela y Rolf Kailuweit (2011). *El español rioplatense: lengua, literatura, expresiones culturales*. Madrid/Frankfurt: Iberoamericana/Vervuert.

Díaz-Campos, Manuel e Inmaculada Navarro-Galisteo (2009). «Perceptual Categorization of Dialect Variation in Spanish». En: *Selected Proceedings of the 11th Hispanic Linguistics*. Ed. por Joseph Collentine y col., págs. 179-195.

DIEA (2008). *Diccionario integral del español de la Argentina*. Ed. por Federico (coord.) Plager. Buenos Aires: Voz activa.

Dishman, Amalia C. (1982). «Sobre el origen y uso del che argentino». En: *Hispania* 65.1, págs. 93-97.

Donni de Mirande, Nélida Esther (1979). «Actitud, valoración y normas linguísticas regionales y suprarregionales». En: *Revista Universidad* 93, págs. 39-49.

– (1986). «Problemas y estado actual de la investigación del español de la Argentina hasta 1984». En: *Anuario de Letras* 24, págs. 179-236.

– (1991). «Variación sincrónica e histórica del español en la Argentina». En: *III Congreso Internacional de "El Español de América"*. Valladolid, págs. 43-63.

– (1992a). «El español actual hablado en la Argentina». En: *Historia y presente del Español de América*. Ed. por César Hernández Alonso. Valladolid: Pabecal, págs. 383-411.

Donni de Mirande, Nélida Esther (1992b). «El sistema verbal en el español de la Argentina: rasgos de unidad y de diferenciación dialectal». En: *Revista de Filología Española* LXXII.3/4, págs. 655-670.

– (2000). «Sistema fonológico del español en la Argentina». En: *Español actual: revista de español vivo* 74, págs. 7-24.

Downs, Roger M. y David Stea (1973). «Cognitive Maps and Spatial Behavior: Process and products». En: *Image and Environment: Cognitive Mapping and Spatial Behavior*. Ed. por Roger M. Downs y David Stea. Chicago: Aldine Publishing, págs. 8-26.

Dreidemie, Patricia (2008). «Formas de poder y regulación social a través del habla: el caso de los migrantes quechua-bolivianos en Buenos Aires (Argentina)». En: *IX Congreso Argentino de Antropología Social. Facultad de Humanidades y Ciencias Sociales - Universidad Nacional de Misiones, Posadas*.

Dresing, Thorsten y Thorsten Pehl (2013). *Praxisbuch Interview, Transkription & Analyse. Anleitung und Regelsysteme für qualitativ Forschende*. Marburg.

– (2015). *F4/F5 Audiotranskription*.

Duran, Valeria y col. (2005). «Mapas barriales: ¿marca de las nuevas centralidades? Los casos de San Telmo, Abasto, Palermo Viejo y Lanín». En: *Buenos Aires a la deriva: transformaciones urbanas recientes*. Ed. por Max Welch Guerra. Buenos Aires: Biblos, págs. 409-429.

Eckert, Penelope (1989). *Jocks and Burnouts: Social Categories and Identity in the High School*. New York: Teach. Coll. Press.

– (1996). «Vowels and Nail Polish: the Emergence of Linguistic Style in the Preadolescent Heterosexual Marketplace». En: *Gender and Belief Systems* 1996, págs. 183-190.

– (2000). *Linguistic Variation as Social Practice. The Linguistic Construction of Identity in Belten High*. Malden / Oxford.

– (2001). «Style and social meaning». En: *Style and Sociolinguistic Variation*. Ed. por John Rickford y Penelope Eckert. Cambridge: Cambridge University Press, págs. 119-126.

– (2004a). «The Meaning of Style». En: *Texas Linguistic Forum* 47, págs. 41-53.

– (2004b). «Variation and Sense of Place». En: *Sociolinguistic Variation. Critical Reflections*. Ed. por Carmen Fought. Oxford: Oxford University Press, págs. 107-118.

– (2005). «Stylistic practice and the adolescent social order». En: *Talking Adolescence: Perspectives on Communication in the Teenage Years*. Ed. por Angie Williams y Crispin Thurlow. New York: Peter Lang, págs. 93-110.

– (2008). «Variation and the indexical field». En: *Journal of Sociolinguistics* 12.4, págs. 453-476.

– (2012). «Three Waves of Variation Study: The Emergence of Meaning in the Study of Sociolinguistic Variation». En: *Annual Review of Anthropology* 41.1, págs. 87-100.

Eckert, Penelope y John R Rickford, eds. (2001). *Style and Sociolinguistic Variation*. Cambridge: Cambridge University Press.

Edwards, J. (1999). «Refining Our Understanding of Language Attitudes». En: *Journal of Language and Social Psychology* 18.1, págs. 101-110.

Edwards, John (2009). *Language and identity*. New York: Cambridge University Press.

Engels, Kathrin y Rolf Kailuweit (2011). «Los italo-lunfardismos en el sainete criollo. Consideraciones léxico-semánticas». En: *El español rioplatense: lengua, literatura, expresiones culturales*. Ed. por Rolf Kailuweit y Angela Di Tullio. Madrid / Frankfurt: Iberoamericana / Vervuert, págs. 227-247.

Entrikin, Nicholas J. (1976). «Contemporary humanism in geography». En: *Annals of the Association of American Geographers* 66, págs. 615-632.

Ervin-Tripp, Susan (2001). «Variety, style-shifting, and ideology». En: *Style and Sociolinguistic Variation*. Ed. por John Rickford y Penelope Eckert. New York: Cambridge University Press, págs. 44-56.

Evans, Betsy E. (2002). «An Acoustic and Perceptual Analysis of Imitation». En: *Handbook of perceptual dialectology*. Ed. por Daniel Long y Dennis Preston. Amsterdam/Philadelphia: John Benjamins, págs. 95-112.

Farr, Robert M y Serge Moscovici (1984). *Social representations*. Cambridge: Cambridge University Press.

Fasold, Ralph (1996). *La Sociolingüística de la sociedad. Introducción a la Sociolingüística*. Madrid: Visor.

Flick, Uwe (2008). *Triangulation*. Wiesbaden: VS Verlag für Sozialwissenschaften.

Flick, Uwe, Ernst von Kardorff e Ines Steinke (2010). *Qualitative Forschung*. Reinbek bei Hamburg: Rowohlt.

Fontanella de Weinberg, María Beatriz (1944). «El idioma rioplatense». En: *Revista Nacional. Literatura Arte Ciencia (Montevideo)* VII/79, págs. 115-133.

– (1973a). «Comportamiento ante -s de hablantes femeninos y masculinos del español bonaerense». En: *Romance Philology* XXVII.1, págs. 50-58.

– (1973b). «El rehilamiento bonaerense a fines del siglo XVIII». En: *Thesaurus* XXVIII, págs. 338-343.

– (1977). «La constitución del paradigma pronominal de voseo». En: *Thesaurus* XXXII, págs. 227-241.

– (1978). «Un cambio lingüístico en marcha: las palatales del español bonaerense». En: *ORBIS* 27.2, págs. 215-247.

– (1983). «El lunfardo: De lengua delictiva a polo de un continuo lingüístico». En: *Primeras Jornadas Nacionales de Dialectología*. Tucumán: Universidad Nacional de Tucumán, págs. 129-138.

– (1986). «Perspectivas de la lingüística en la Argentina». En: *Anuario de Letras*, págs. 375-385.

– (1992a). «Historia del español de la Argentina». En: *Historia y presente del español de América*. Ed. por Cesar Hernández Alonso. Valladolid: Junta de Castilla y Len: Pabecal, págs. 357-381.

– (1992b). «Historia del español de la Argentina». En: *Historia y presente del Español de América*. Ed. por César Hernández Alonso. Valladolid: Junta de Castilla y León, págs. 357-381.

– (1992c). «La estandarización del español bonaerense». En: *Scripta Philologica*. México: Universidad Nacional Autónoma de México, págs. 425-437.

– (1993). *El español de América*. Madrid: Editorial Mapfre.

– (2000a). *El español de la Argentina y sus variedades regionales*. Buenos Aires: Edicial.

– (2000b). «El espanol bonaerense». En: *El español de la Argentina y sus variedades regionales*. Ed. por María Beatriz Fontanella de Weinberg. Buenos Aires: Edicial, págs. 37-59.

Foucault, Michel (1984). «Des espaces autres». En: *Architecture, Mouvement, Continuité* 5, págs. 46-49.

Freytag, Tim (2014). «Raum und Gesellschaft». En: *Schlüsselbegriffe der Kultur- und Sozialgeographie*. Ed. por Julia Lossau, Tim Freytag y Roland Lippuner. Stuttgart: Eugen Ulmer, págs. 12-24.

Fridland, Valerie y Kathryn Bartlett (2006). «Correctness, pleasantness, and degree of difference ratings across regions». En: *American Speech* 81.4, págs. 358-386.

Fridland, Valerie, Kathryn Bartlett y Roger Kruez (2004). «Do you hear what I hear? Experimental measurement of the perceptual salience of acoustically manipulated vowel variants by Southern speakers in Memphis, TN». En: *Language Variation and Change* 16.1, págs. 1-16.

Frigerio, Alejandro (2006). «"Negros" y "Blancos" en Buenos Aires: Repensando nuestras categorías raciales». En: *Temas de Patrimonio Cultural* 16, págs. 77-98.

Gallego, Mariano (2007). «Identidad y Hegemonía: el tango y la cumbia como "constructores" de la nación». En: *Papeles del CEIC. International Journal on Collective Identity Research [en línea]* 2, págs. 1-23.

Garatea, Carlos (2009). «Dinamismo urbano, espacio de praxis y cambio. A propósito del español de Lima». En: *Neue Romania* 39, págs. 155-170.

García Canclini, Néstor (1997). *Imaginarios urbanos*. Buenos Aires: Editorial Universitaria de Buenos Aires.

– (1998). *La globalización imaginada*. Buenos Aires: Paidós.

Garrett, Peter (2001). «Language attitudes and sociolinguistics». En: *Journal of Sociolinguistics* 5.4, págs. 626-631.

– (2010). *Attitudes to Language*. Cambridge: Cambridge University Press.

Garrett, Peter, Nikolas Coupland y Angie Williams (2003). *Investigating Language Attitudes. Social Meanings of Dialect, Ethnicity and Performance*. Cardiff: University of Wales Press.

Garriga Zucal, José y María Verónica Moriera (2006). «"El aguante": hinchadas de fútbol, entre la pasión y la violencia». En: *Entre santos, cumbias y piquetes. Las culturas populares en la Argentina reciente*. Ed. por Daniel Míguez y Pablo Semán. Buenos Aires: Editorial Biblos, págs. 55-74.

Gee, James Paul (1999). *An introduction to discourse analysis. Theory and method*. London / New York: Routledge.

Germani, Gino (1964). «La inmigración masiva y su papel en la modernización del país». En: *Política y sociedad en una época en transición*. Ed. por Gino Germani. Buenos Aires: Paidós.

– (1987). *Estructura Social de la Argentina*. Buenos Aires: Ediciones Solar.

Gibson, Katherine (1998). «Social Polarization and the Politics of Difference: discourses in collision or collusion». En: *Cities of Difference*. Ed. por Ruth Fincher y Jane Margaret Jacobs. New York: Guildford, págs. 301-316.

Giddens, Anthony (1990). *The Consequences of Modernity*. Cambridge: Polity.

Giles, Howard (1973). «Accent mobility: A model and some data». En: *Anthropological Linguistics* 15, págs. 87-105.

Giles, Howard, Nikolas Coupland y Justine Coupland (1991). «Accomodation theory: Communication, context, and consequence». En: *Contexts of accommodation: Developments in applied sociolinguistics*, págs. 1-68.

Giles, Howard y Peter Powesland (1975). *Speech style and social evaluation*. London: Academic Press.

Giménez, Gilberto (2009). «Memoria, relatos e identidades urbanas». En: *Versión* 23, págs. 197-209.

Gobello, José (1996). *Aproximación al Lunfardo*. Buenos Aires: Ediciones de la Universidad Católica Argentina.

Gobierno de la Ciudad de Buenos Aires (1999). *Diagnóstico Socioterritorial de la Ciudad de Buenos Aires. Buenos Aires y su contexto metropolitano*. Inf. téc. Buenos Aires.

Gorelik, Adrián (1993). «Der Ort der Zeit. Die Peripherie von Buenos Aires». En: *Daidalos* 50, págs. 106 -115.

Gorelik, Adrián y Graciela Silvestri (2002). «Das Ende der Expansion. Stadt und Stadtkultur in Buenos Aires 1976-2000». En: *Argentinien heute. Politik, Wirtschaft, Kultur.* Ed. por Peter Birle, Klaus Bodemer y Andrea Pagni. Frankfurt am Main: Vervuert, págs. 437-460.

– (2010). «Das Ende der Expansion. Stadt und Stadtkultur in Buenos Aires 1976-2010». En: *Argentinien heute. Politik, Wirtschaft, Kultur.* Ed. por Peter Birle, Bodemer Klaus y Andrea Pagni. Frankfurt am Main: Vervuert, págs. 301-327.

Gould, Peter (1972). «On mental maps». En: *Man, space, and environment*. Ed. por Paul English y Robert Mayfield. New York / London / Toronto: Oxford University Press, págs. 260-282.

Gravano, Ariel (1991). «La identidad barrial como produccion ideologica». En: *Barrio sí, villa también: dos estudios de antropología urbana sobre producción ideológica de la vida cotidiana*. Ed. por Ariel Gravano y Rosana Gúber. Buenos Aires: Centro Editor de América Latina.

– (2008). «Imaginarios barriales y gestión social». En: *IX Congreso Argentino de Antropología Social*, págs. 1-12.

Greene, Ricardo (2008). «Imaginando la ciudad: revisitando algunos conceptos claves». En: *Bifurcaciones* 7, págs. 1-14.

Grimson, Alejandro (1999). *Relatos de la diferencia y la igualdad: los bolivianos en Buenos Aires*. Buenos Aires: Editorial Universitaria de Buenos Aires SEM.

– (2005). «Nuevas xenofobias, nuevas políticas étnicas en la Argentina». En: *Migraciones regionales hacia la Argentina. Diferencia, desigualdad y derechos*. Ed. por Alejandro Grimson y Elizabeth Jelin. Buenos Aires: Prometeo, págs. 69-99.

– (2013). «Räumliche Grenzen und Politik in der Stadt. Der Fall Buenos Aires». En: *Stadtforschung aus Lateinamerika. Neue urbane Szenarien: Öffentlichkeit – Territorialität –g Imaginarios*. Ed. por Anne Huffschmid y Kathrin Wildner. Bielefeld: transcript, págs. 81-104.

Guevara, Tomás (2014). «Transformaciones territoriales en la Región Metropolitana de Buenos Aires y reconfiguración del régimen de acumulación en la década neo-desarrollista». En: *QUID - Revista del Area de Estudios Urbanos del Instituto de Investigaciones Gino Germani de la Facultad de Ciencias Sociales (UBA)* 4, págs. 115-136.

Guitarte, Guillermo (1955). «El ensordecimiento del žeísmo porteño». En: *RFE* XXXIX, págs. 261-283.

– (1991). «Notas para la historia del yeísmo». En: *Siete estudios sobre el español de América*. Ed. por Guillermo Guitarte. México: Universidad Nacional Autónoma de México, págs. 136-166.

Gumperz, John J. (1982). *Language and social identity*. Cambridge: Cambridge University Press.

Günzel, Stephan (2010). *Raum. Ein interdisziplinäres Handbuch*. Stuttgart: J. B. Metzler.

Guzmán, Martha (2010). «Das Spanische in der Karibik. Selbst- und Fremdwahrnehmung». En: *Perzeptive Varietätenlinguistik*. Ed. por Thomas Krefeld y Elissa Pustka. Frankfurt a.M: Peter Lang, págs. 31-59.

Hall, Stuart (1997). *Representation. Cultural Representations and Signifying Practices*. Ed. por Stuart Hall. London/California/New Delhi: SAGE Publications.

Halliday, Michael A K (1978). *Language as social semiotic*. New York: Routledge.

Hannerz, Ulf (1980). *Exploring the city. Inquiries towards an urban anthropology*. New York: Columbia University Press.

Harvey, David (1989). *The Condition of Postmodernity*. Cambridge / Oxford.

Hebdige, Dick (1981). *Subculture: The Meaning of Style*. Vol. 10. 6. London/New York: Routledge, pág. 129.

Heineberg, Heinz (2006). *Stadtgeographie*. Paderborn: Ferdinand Schöningh.

Hermanns, Harry (2005). «Interviewen als Tätigkeit». En: *Qualitative Forschung. Ein Handbuch*. Ed. por Ines Steinke, Ernst von Kardorff y Uwe Flick. Reinbek bei Hamburg, págs. 360-368.

Hernández-Campoy, Juan Manuel (2004). *El fenómeno de las actitudes y su medición en sociolingüística*.

Hill, Jane H. (2005). «Intertextuality as Source and Evidence for Indirect Indexical Meanings». En: *Journal of Linguistic Anthropology* 15.1, págs. 113-124.

Hoenigswald, Henry (1966). «A proposal for the study of folk-linguistics». En: *Sociolinguistics: Proceedings of the UCLA Sociolinguistics Conference*, págs. 16-26.

Hofer, Lorenz (2002). *Zur Dynamik urbanen Sprechens: Studien zur Spracheinstellungen und Dialektvariation im Stadtraum*. Tübingen / Basel: A. Francke.

Honsa, Vladimir (1965). «The Phonemic Systems of Argentinian Spanish». En: *Hispania* 48.2, págs. 275 -283.

Hopf, Christoph (2005). «Qualitative Interviews – ein Überblick». En: *Qualitative Forschung. Ein Handbuch*. Ed. por Ines Steinke, Ernst von Kardorff y Uwe Flick. Reinbek bei Hamburg: Rowohlt, págs. 349-359.

Hora, Roy y Leandro Losada (2011). «Clases altas y medias en la Argentina, 1880-1930. Notas para una agenda de investigación». En: *Desarrollo Económico* 50.200, págs. 611-630.

Hualde, José Ignacio (2014). *Los sonidos del español*. New York: Cambridge University Press.

Hubbard, Phil, Rob Kitchin y Gill Valentine (2004). *Key Thinkers on Space and Place*. London / California / New Delhi: SAGE Publications.

Hundt, Markus, Ada Christina Anders y Alexander Lasch (2010). «Gegenstand und Ergebnisse der Wahrnehmungsdialektologie». En: *Perceptual Dialectology*. Ed. por Ada Christina Anders, Markus Hundt y Alexander Lasch. Berlin/New York, págs. XI-XXI.

Hymes, Dell (1972). «Models of the interaction of language and social life». En: *Directions in Sociolinguistics*. Ed. por John J. Gumperz y Dell Hymes. New York: Holt, Rinehart y Winston, págs. 35-71.

Irvine, Judith T. (2001). «"Style" as distinctiveness: the culture and ideology of linguistic differentiation». En: *Style and Sociolinguistic Variation*. Ed. por John Rickford y Penelope Eckert. Cambridge: Cambridge University Press, págs. 21-43.

Irvine, Judith T. y Susan Gal (2000). «Language Ideology and Linguistic Differentiation». En: *Regimes of Language: ideologies, polities and identities* 1979, págs. 35-84.

James, Danny (2012). «Quemando el parquet: cabecitas negras, urban legends and abjection. The construction of regional identity in an Argentine working class community».

Janoschka, Michael (2002). «Die Flucht vor Gewalt? Stereotype und Motivationen beim Andrang auf barrios privados in Buenos Aires». En: *Geographica Helvetica* 57.4, págs. 290-299.

Jauretche, Arturo (2007). *Manual de zonceras argentinas*. Buenos Aires: Corregidor.

Jaworski, Adam, Nikolas Coupland y Dariusz Galasiński (2004). «Metalanguage: why now?» En: *Metalanguage: social and ideological perspectives*. Ed. por Adam Jaworski, Nikolas Coupland y Dariusz Galasiński. Berlin: Walter de Gruyter, págs. 3-8.

Jodelet, Denise (1982). «Les representations socio-spatiales de la ville». En: *Conceptions de l'espace*. Ed. por P.-H. Derycke. Nanterre: Recherches pluridisciplinaires de l'Université Paris X, págs. 145-177.

– (1989). *Les représentations sociales*. París: PUF.

Johnson, R. B., J. Onwuegbuzie y L. Turner (2007). «Towards a Definition of Mixed Methods Research». En: *Journal of Mixed Methods Research* 1, págs. 112-133.

Johnstone, Barbara (2004). «Place, Globalization, and Linguistic Variation». En: *Sociolinguistic Variation. Critical Reflections*. Ed. por Carmen Fought. Oxford: Oxford University Press, págs. 4-83.

– (2010). «Language and geographical space». En: *Language and space: An international handbook of linguistic variation. Theories and Methods*. Ed. por Peter Auer y Jürgen Erich Schmidt. Berlin/New York: Mouton de Gruyter, págs. 1-18.

– (2011). «Dialect enregisterment in performance». En: *Journal of Sociolinguistics* 15.5, págs. 657-679.

Johnstone, Barbara, Jennifer Andrus y Andrew E. Danielson (2006). «Mobility, Indexicality, and the Enregisterment of "Pittsburghese"». En: *Journal of English Linguistics* 34.2, págs. 77-104.

Keeling, David J. (1996). *Buenos Aires: Global Dreams, Local Crises*. Chichester: John Wiley & Sons.

Kessler, Gabriel (2002). «Der Abstieg der argentinischen Mittelschicht». En: *Argentinien heute. Politik, Wirtschaft, Kultur.* Ed. por Bodemer Klaus, Andrea Pagni y Peter Waldmann. Frankfurt am Main: Vervuert, págs. 271-295.

King, Christina (2009). «Language Attitudes Toward Devoicing Among Young Adults in Buenos Aires». Tesis doct. Ohio State University, págs. 1-57.

Kitchin, Robert M. (1994). «Cognitive maps: what are they and why study them?» En: *Journal of Environmental Psychology* 14, págs. 1-19.

Knox, Paul Leslie y Steven Pinch (2010). *Urban social geography: an introduction*. Harlow: Pearson Education.

Krefeld, Thomas (2008). *Sprachen und Sprechen im städtischen Raum*. Ed. por Thomas Krefeld. Frankfurt am Main: Peter Lang.

Krefeld, Thomas y Elissa Pustka (2010). «Für eine perzeptive Varietätenlinguistik». En: *Perzeptive Varietätenlinguistik*. Ed. por Thomas Krefeld y Elissa Pustka. Rensink 1955. Frankfurt am Main: Centre for Language y Cognition, págs. 9-28.

Kristiansen, Gitte (2001). «Social and linguistic stereotyping: A cognitive approach to accents». En: *Estudios Ingleses de la Universidad Complutense* 9, págs. 129-145.

Kubarth, Hugo (1986). «El idioma como juego social. La conciencia sociolingüística del porteño». En: *Thesaurus* XLI, págs. 187-210.

– (1988). «Conscience de la langue et variation sociolinguistique illustrées par l'exemple de l'Argentine». En: *XVIII Congrès International de Linguistique et de Philologie Romanes*. Ed. por Dieter Kremer. Tübingen: Max Niemeyer Verlag, págs. 344-352.

Kuckartz, Udo (2010). *Einführung in die computergestützde Analyse qualitativer Daten*. Vol. 1. Wiesbaden: VS Verlag für Sozialwissenschaften.

– (2012). *Qualitative Inhaltsanalyse. Methoden, Praxis, Computerunterstützung*. Weinheim / Basel: Beltz.

– (2014). *Mixed Methods. Methodologie, Forschungsdesigns und Analyseverfahren*. Wiesbaden: Springer VS.

Kvale, Steinar y Svend Brinkmann (2009). *InterViews: Learning the Craft of Qualitative Research Interviewing*. Thousand Oaks: SAGE.

Labov, William (1963). «The Social Motivation of a Sound Change». En: *Word* 18, págs. 1-42.

– (1966). *The Social Stratification of English in New York City*. Washington: Center for Applied Linguistics.

– (1972). *Sociolinguistic Patterns*. Philadelphia, Pennsylvania: University of Pennsylvania Press.

– (2001). *Principles of Linguistic Change. Volume 2: Social factors*. Oxford: Blackwell.

Lameli, Alfred, Roland Kehrein y Stefan Rabanus (2010). *Language and Space: An international Handbook of Linguistic Variation, vol. 2: Language Mapping*. Ed. por Alfred Lameli, Roland Kehrein y Stefan Rabanus. Berlin / New York: De Gruyter Mouton.

Lameli, Alfred, Christoph Purschke y Roland Kehrein (2008). «Stimulus und Kognition. Zur Aktivierung mentaler Raumbilder». En: *Linguistik online* 35.3, págs. 55-86.

Landi, Paolo (1995). *Percezione e inferenza*. Milano: Joppollo Editore.

Lanza, Pablo y Carolina Soria (2012). «Okupas. El realismo de cambio de siglo en la televisión argentina». En: *LaFuga* 14, págs. 1-7.

Lapesa, Rafael (1968). «Las formas verbales de segunda persona y los orígenes del "voseo"». En: *AIH. Actas III*, págs. 519-531.

– (1981). *Historia de la lengua española*. Madrid: Gredos.

Lardone, Luz M. (2007). «El "glamour"de la marginalidad en Argentina: cumbia villera la exclusión como identidad». En: 116, págs. 87-102.

Le Page, Robert y Andrée Tabouret-Keller (1985). *Acts of Identity*. Cambridge: Cambridge University Press.

Lefebvre, Henri (2000). *La production de l'espace*. 4.ª ed. Paris: Anthropos.

Leiner, D. J. (2014). *SoSci Survey (Version 2.5.00-i) [Computer software].*

Lenz, Alexandra N. (2010). «Zum Salienzbegriff und zum Nachweis salienter Merkmale». En: *Perceptual Dialectology*. Ed. por Ada Christina Anders, Markus Hundt y Alexander Lasch. Berlin / New York: Walter de Gruyter, págs. 89-109.

Lipski, John (2007). *El español de América*. Madrid: Ediciones Cátedra.

Löffler, Heinrich y Lorenz Hofer (2010). *Stadtsprachenforschung*. Ed. por Heinrich Löffler y Lorenz Hofer.

Long, Daniel y Dennis Preston (2002). *Handbook of Perceptual Dialectology*. Amsterdam / Philadelphia: John Benjamins.

Lopes, Celia y Uli Reich (2009). *Variaçao Lingüística em Megalópoles Latino- Americanos, Neue Romania 39*. Ed. por Celia Lopes y Uli Reich. München: LINCOM.

López García, María (2013). «El otro yo: la identidad lingüística argentina como conflicto». En: *Amerika. Mémoires, identité, territoires [en línea]* 9, págs. 1-13.

López Morales, Humberto (2004). *Sociolingüística*. Madrid: Gredos.

Losada, Leandro (2008). *La alta sociedad en la Buenos Aires de la Belle Époque*. Buenos Aires: Siglo XXI Editora Iberoamericana.

Löw, Martina (2008). *Einführung in die Stadt- und Raumsoziologie*. Opladen & Farmington Hills: Barbara Budrich.

Luczak, Urs (2010). «Ambivalenz der Ausgrenzung. Der Lebensort Villa Itatí in Buenos Aires als Ressource gesellschaftlicher Teilhabe. Perspektiven einer integrativen Planung». Tesis doct. TU Chemnitz.

Lynch, Kevin (1960). *The image of the City*. Cambridge MA: MIT Press.

Lynch, Kevin y Peter Jackson (1998). «Editorial: Applying Cognitive Mapping Research». En: *Journal of Environmental Psychology* 18, págs. 219 -221.

Mac Giolla Chríost, Diarmait (2007). *Language and the city*. Basingstoke: Palgrave Macmillan.

Maehlum, Brit (2000). «Language and Social Spaces». En: *Language and space: An international handbook of linguistic variation*. Ed. por Jürgen Erich Schmidt. Berlin: De Gruyter Mouton, págs. 18 -32.

Malmberg, Bertil (1950). *Études sur la phonétique de l'espagnol parlé en Argentine*. Lund: Alf Lombard, X.

– (1964). «A propos du "che" argentin. Note sur la dite étymologie phonétique». En: *Studia Lingüística* 18.1, págs. 47-54.

Martín, Eloisa (2011). «La cumbia villera y el fin de la cultura de trabajo en la Argentina de los '90». En: *Cumbia. Nación, etnia y género en Latinoamérica*. Ed. por Pablo Semán y Pablo Vila. Buenos Aires: Gorla y Ediciones de Periodismo y Comunicación (UNLP), págs. 209-244.

Massey, Doreen (1984). *Introduction: Geography Matters*.

MAXQDA, Software für qualitative Datenanalyse. Berlin.

Mayring, Philipp (2002). «Qualitative Inhaltsanalyse». En: *Handbuch Qualitative Forschung in der Psychologie*. Ed. por Günter Mey y Katja Mruck. Wiesbaden: Verlag für Sozialwissenschaften, págs. 601-613.

– (2010). *Qualitative Inhaltsanalyse*. Weinheim / Basel: Beltz.

Meier Kruker, Verena y Jürgen Rauh (2005). *Arbeitsmethoden der Humangeographie*. Darmstadt: Wissenschaftliche Buchgesellschaft.

Meindl, Claudia (2011). *Methodik für Linguisten*. Tübingen: Narr Francke Attempto.

Míguez, Daniel (2004). *Los pibes chorros. Estigma y marginación*. Buenos Aires: Capital Intelectual.

– (2006). «Estilos musicales y estamentos sociales. Cumbia, villa y transgresión en la periferia de Buenos Aires». En: *Entre santos, cumbias y piquetes. Las culturas populares en la Argentina reciente*. Ed. por Daniel Míguez y Pablo Semán. Buenos Aires: Editorial Biblos, págs. 33-54.

Milgram, Stanley y Denise Jodelet (1976). «Psychological maps of Paris». En: *Environmental psychology: people and their physical settings*. Ed. por Harold M. Proshansky, William H. Ittelson y Leanne G. Rivlin. New York: Holt Rinehart y Winston, págs. 104-124.

Milroy, Lesley (1980). *Language and Social Networks*. Blackwell. Oxford.

Ministerio de Desarrollo Urbano (2012). *La dimensión social en el Modelo Territorial*. Inf. téc. Buenos Aires.

Montes, Alicia (2014). «Cartografías de Buenos Aires en la crónica urbana contemporánea». En: *Borges-Buenos Aires: configuraciones de la ciudad del siglo XIX al XX*. Ed. por Roland Spiller. Madrid / Frankfurt am Main: Iberoamericana / Vervuert, págs. 195-209.

Montgomery, Chris (2010). «Sprachraum and its perception A. Lameli, R. Kehrein y S. Rabanus (eds.):» en: *Language and space: An international handbook of linguistic variation. Language Mapping*. Ed. por Alfred Lameli, Roland Kehrein y Stephan Rabanus. Vol. 2. Berlin: Mouton de Gruyter.

Montgomery, Chris y Philipp Stoeckle (2013). «Geographic information systems and perceptual dialectology: a method for processing draw-a-map data». En: *Journal of Linguistic Geography* 1.01, págs. 52-85.

Moore, Emma y Robert J. Podesva (2009). «Style, indexicality, and the social meaning of tag questions». En: *Language in Society* 38.4, págs. 447-485.

Morales Pettorino, Félix (1998). «Panorama del voseo chileno y rioplatense». En: *BFUCh* XXXVII, págs. 835-848.

Moreno Fernández, Francisco (2005). *Principios de sociolinguística y sociología del lenguaje*. Barcelona: Ariel.

– (2012). *Sociolingüística cognitiva. Proposiciones, escolios y debates*. Frankfurt am Main: Iberoamericana/Vervuert.

Moreno Fernández, Francisco y Juliana Moreno Fernández (2002). «Madrid Perceptions of Regional Varieties in Spain». En: *Handbook of perceptual dialectology*. Ed. por Daniel Long y Dennis Preston. Amsterdam/Philadelphia: John Benjamins, págs. 295-320.

Mugerauer, Robert (1985). «Language and the emergence of environment». En: *Dwelling, Place and Environment: Towards a Phenomenology of Person and World.* Ed. por David Seamon y Robert Mugerauer. Dordrecht: Martinus Nijhoff, págs. 51-70.

Myers, David (2010). *Social Psychology.* New York: Mcgraw-Hill.

Narbona Jiménez, Antonio, Rafael Cano Aguilar y Ramón Morillo-Velarde (2003). *El español hablado en Andalucía.* Sevilla: Fundación José Manuel Lara.

Noll, Volke (2002). «Der argentinische žeísmo». En: *Sprachgeschichte als Varietätengeschichte. Beiträge zur diachronen Varietätenlinguistik des Spanischen und anderer romanischer Sprachen.* Ed. por Andreas Wesch y col. Tübingen: Stauffenburg Verlag.

Ochs, Elinor (1990). «Indexicality and Socialization». En: *Cultural Psychology.* Ed. por James W. Stigler, Richard A. Shweder y Gilbert Herdt. Cambridge: Cambridge University Press, págs. 287-308.

Palazzolo, Pablo (1997). «Política plástica. Breve ensayo sobre el menemismo y los valores culturales de la sociedad argentina». En: *Signos universitarios* 32, págs. 109-123.

Ploog, Katja (2009). «¿En qué puede contribuir la sociología urbana a la lingüística? Hacia un modelo de las dinámicas lingüísticas aplicado al contexto urbano». En: *Variação Lingüística em Megalópoles Latino-Americanas (Neue Romania)* 39, págs. 267-286.

Ploog, Katja y Uli Reich (2005). «Rasgos socio-indexicales en la dinámica urbana». En: *Lexis* 29, págs. 47-78.

Podesva, Robert J. (2011). «Salience and the social meaning of declarative contours: Three case studies of gay professionals». En: *Journal of English Linguistics* 39.3, págs. 233-264.

Postlep, Sebastian (2010). *Zwischen Huesca und Lérida. Perzeptive Profilierung eines diatopischen Kontinuums.* Frankfurt am Main: Peter Lang.

Pred, Allan (1977). «The Choreography of Existence: Comments on Hägerstrand ' s Time-Geography and Its Usefulness». En: *Economic Geography* 53.2, págs. 207-222.

Preston, Dennis (1982). «Perceptual dialectology: Mental maps of United States dialects from a Hawaiian perspective.» En: *Hawaii Working Papers in Linguistics* 15, págs. 5-49.

– (1989). *Perceptual Dialectology.* Dordrecht NL: Foris.

– (1992). «Talking Black and Talking White: A study in variety imitation». En: *Old English and new studies in Language and Linguistics in Honor of Frederic G. Cassidy.* Ed. por Joan H. Hall, Nick Doane y Dick Ringler. New York / London: Garland, págs. 327-355.

– (1999a). *Handbook of perceptual dialectology.* Ed. por Dennis Preston. Amsterdam/Philadelphia: John Benjamins.

– (1999b). «Introduction». En: *Handbook of Perceptual Dialectology.* Ed. por Dennis Preston. Amsterdam / Philadelphia: John Benjamins, págs. xxiii-xxxix.

– (2004). «Folk metalanguage». En: *Metalanguage. Social and Ideological Perspectives.* Ed. por Adam Jaworski, Nikolas Coupland y Dariusz Galasinski. Berlin / New York: Mouton de Gruyter, págs. 75-101.

– (2009). «Language, space and the folk». En: *Language and space: An international handbook of linguistic variation.* Ed. por Jürgen Erich Schmidt. Berlin: De Gruyter Mouton, págs. 179-201.

Preston, Dennis (2010a). «Language, people, salience, space: perceptual dialectology and language regard.» En: *Dialectología* 5, págs. 87-131.

– (2010b). «Perceptual Dialectology in the 21st Century». En: *Perceptual Dialectology*. Ed. por Ada Christina Anders, Hundt Markus y Alexander Lasch. Berlin / New York: Walter de Gruyter, págs. 1-30.

– (2011). «The power of language regard - discrimination, classification, comprehension, and production». En: *Dialectología* II.

Preston, Dennis y Nancy Niedzielski (2000). *Folk Linguistics*. Berlin / New York: De Gruyter.

Prévôt Schapira, Marie-France (2002). «Buenos Aires en los años 90: metropolización y desigualdades». En: *EURE (Santiago)* 28.85, págs. 1-15.

Prévôt Schapira, Marie-France y Rodrigo Cattaneo Pineda (2008). «Buenos Aires: La fragmentación en los intersticios de una sociedad polarizada». En: *Eure* 34.103, págs. 73-92.

Proshansky, Harold. M. (1978). «The city and self-identity». En: *Environmental and Behavior* 10.2, págs. 147-169.

Pümpel-Mader, Maria (2010). *Personenstereotype. Eine linguistische Untersuchung zu Form und Funktion von Stereotypen*. Heidelberg: Winter.

Purschke, Christoph (2010). «Imitation und Hörerurteil – Kognitive Dialekt-Prototypen am Beispiel des Hessischen». En: *Perceptual Dialectology. Neue Wege der Dialektologie*. Ed. por Ada Christina Anders, Markus Hundt y Alexander Lasch. Berlin / New York: De Gruyter, págs. 151-178.

Pustka, Elissa (2006). «accent(s) parisien(s) – Auto- und Heterorepräsentationen stadtsprachlicher Merkmale». En: *Sprachen und Sprechen im städtischen Raum*. Ed. por Thomas Krefeld. Frankfurt am Main: Peter Lang, págs. 213-249.

R. A Language and Environment for Statistical Computing (2012).

RAE (2005). *Diccionario panhispánico de dudas*. Madrid: Santillana Ediciones.

Rampton, Ben (1995). *Crossing. Language and Ethnicity among Adolescents*. London: Longman.

– (1999). «Styling the Other: Introduction». En: *Journal of Sociolinguistics* 3.4, págs. 421-427.

Rampton, Ben y col. (2015). «Superdiversity and sociolinguistics». En: *Working Papers in Urban Language & Literacies*, págs. 1-13.

Reguillo, Rossana (2010). «Los miedos: sus laberintos, sus monstruos, sus conjuros. Una lectura socioantropológica». En: *Etnografías Contemporáneas* 2.2, págs. 45-72.

Reich, Uli (2009). «Mille plateaux linguistiques - competência poligramatical e socio-indexicalidade em megalópoloes latino-americanas». En: *Neue Romania* 39.

Reich, Uli y Katja Ploog (2006). «Urbane Prozesse: Migration und Variation in Lima, São Paulo und Abidjan». En: *Modellando lo spazio in linguistica/Modellierung sprachlicher Räume*. Ed. por Thomas Krefeld. Frankfurt am Main: Lang (VarioLIngua), págs. 215-256.

Relph, Edward (1981). *Rational Landscapes and Humanistic Geography*. London: Croon Helm.

Reyes, Angela (2004). «Asian American Stereotypes as Circulating Resource». En: *Pragmatics* 14.2/3, págs. 173-192.

Riaño, Yvonne (2014). «Einführung Qualitative Methoden für Bild- und Sprachanalysen». Bern.

Rickford, John y Penelope Eckert (2001). «Introduction». En: *Style and Sociolinguistic Variation*. Ed. por Penelope Eckert y John R Rickford. Cambridge: Cambridge University Press, págs. 1-18.

Rickford, John y Faye McNair-Knox (1994). «Addressee- and topic-influenced style shift: a quantitative sociolinguistic study». En: *Perspectives on register: situating register variation within Sociolinguistics*. Ed. por Douglas Biber y Edward Finegan. Oxford: Oxford University Press, págs. 235-76.

Rickford, John R. (1986). «The need for new approaches to social class analysis in Sociolinguistics». En: *Language & Communication* 6.3, págs. 215-221.

Rodríguez Louro, Celeste (2013). «Actitudes lingüísticas de los hablantes rioplatenses: un estudio cualitativo». En: *Perspectivas teóricas y experimentales sobre el español de la Argentina*. Ed. por Laura Colantoni y Celeste Rodríguez Louro. Madrid/Frankfurt am Main: Vervuert/Iberoamericana, págs. 453-472.

Rohena Madrazo, Marcos (2008). «Buenos Aires Spanish in real time: the advancement of palatal fricative devoicing.» En: *37th New Ways of Analyzing Variation Conference*.

– (2011). «Sociophonetic Variation in the Production and Perception of Obstruent Voicing in Buenos Aires Spanish». Tesis doct. New York University.

– (2013). «Variación y cambio de sonoridad de la fricativa postalveolar del español de Buenos Aires». En: *Perspectivas teóricas y experimentales sobre el español de la Argentina*. Ed. por Laura Colantoni y Celeste Rodríguez Louro. Madrid/Frankfurt am Main: Vervuert/Iberoamericana, págs. 37-58.

– (2015). «Diagnosing the completion of a sound change: Phonetic and phonological evidence for // in Buenos Aires Spanish». En: *Language Variation and Change* 27.03, págs. 287-317.

Rojas, Darío (2012). «Percepción y valoración de variedades geográficas del español de Chile entre hispanohablantes santiaguinos». En: *Boletín de filología* 47, págs. 227-232.

Rojas Mayer, Elena (1980). *Aspectos del habla en San Miguel de Tucumán*. Tucumán: Universidad Nacional de Tucumán.

Romanello, Maria Teresa (2002). «The Perception of Urban Varieties. Preliminary Studies from the South of Italy». En: *Handboook of Percepual Dialectology*. Ed. por Dennis Preston. Amsterdam: John Benjamins, págs. 329-349.

Rose, Gillian (2012). *Visual methodologies. An introduction to researching with visual materials*. Los Angeles / London / New Delhi / Singapore / Washington DC: SAGE Publications.

Rosenblat, Angel (1962). «Origen e historia del "che" argentino». En: *Filología. Homenaje a María Rosa Lida de Malkiel* 3, págs. 327-401.

Ruch, Hanna (2013). «Lautvariation und Lautwandel im andalusischen Spanisch. Prä- und Postaspiration bei /s/ vor stimmlosen Plosiven». Tesis doct. Ludwig-Maximilians-Universität München.

Saintout, Florencia (2002). «La criminalización de los jóvenes en la TV: los pibes chorros. Un acercamiento a la cultura desde los medios». En: *Signo y Pensamiento* XXI, págs. 98-106.

Sancho Pascual, María (2013). «Integración sociolingüística de los inmigrantes ecuatorianos en Madrid». Tesis doct. Alcalá de Henares.

Sarlo, Beatriz (2000). «The Modern City: Buenos Aires, the Peripheral Metropolis». En: *Through the Kaleidoscope: The Experience of Modernity in Latin America*. Ed. por Vivian Schelling. London / New York: Verso, págs. 108-126.

Sarnoff, Irving (1970). «Social attitudes and the resolution of motivational conflict». En: *Attitudes*. Ed. por Neil Warren y Marie Jahoda. Harmondsworth: Penguin, págs. 279-284.

Sassen, Saskia (1991). *The Global City*. New York / London / Tokio: Princeton University Press.

– (1996). «Rebuilding the global city: economy, ethnicity and space». En: *Representing the City: Ethnicity Capital and Culture in the 21st*. Ed. por A. King. London: Macmillan, págs. 23-42.

– (2005). «The Global City: introducing a Concept». En: *Brown Journal of World Affairs* XI.2, págs. 27 -43.

Schieffelin, Bambi B., Kathryn A. Woolard y Paul V. Kroskrity (1998). *Language Ideologies: Practice and Theory*. Ed. por Bambi B. Schieffelin, Kathryn A. Woolard y Paul V. Kroskrity. New York: Oxford University Press.

Schilling-Estes, Natalie (2002). «Investigating Stylistic Variation». En: *The handbook of language variation and change*. Ed. por John Kenneth Chambers, Peter Trudgill y Natalie Schilling-Estes. Malden / Oxford: Blackwell, págs. 375-401.

Schmid, Christian (2010). *Stadt, Raum und Gesellschaft. Henri Lefebvre und die Theorie der Produktion des Raumes*. Stuttgart: Franz Steiner Verlag.

Schmidt, Jürgen Erich y Peter Auer (2010). *Language and space: an international handbook of linguistic variation*. Berlin/New York: Mouton de Gruyter.

Scholz, Fred (2002). «Die Theorie der "fragmentierenden Entwicklung"». En: *Geographische Rundschau* 54.10, págs. 6-11.

Sclafani, Jennifer (2009). «Martha Stewart behaving badly: Parody and the symbolic meaning of style». En: *Journal of Sociolinguistics* 13, págs. 613-633.

Semán, Pablo y Pablo Vila (2002). «Rock Chabón. The Contemporary National Rock of Argentina». En: *From Tejano to Tango: Essays on Latin American Popular Music*. Ed. por Walter Aaron Clark. New York / London: Routledge, págs. 70-95.

– (2011). «Cumbia villera: una narrrativa de mujeres activadas». En: *Cumbia. Nación, etnia y género en Latinoamérica*. Ed. por Pablo Semán y Pablo Vila. Buenos Aires: Gorla, Ediciones de Periodismo y Comunicación (UNLP), págs. 29-99.

Silba, Malvina (2011). «La cumbia en Argentina. Origen social, públicos populares y difusión masiva». En: *Cumbia. Nación, etnia y género en Latinoamérica*. Ed. por Pablo Semán y Pablo Vila. Buenos Aires: Gorla y Ediciones de Periodismo y Comunicación (UNLP).

Silverstein, Michael (2003). «Indexical order and the dialectics of sociolinguistic life». En: *Language & Communication* 23, págs. 193-229.

Soja, Edward W. (1989). *Postmodern Geographies: The Reassertion of Space in Critical Social Theory*. New York: Verso.

– (1996). *Thirdspace. Journeys to Los Angeles and other real-and-imagined places*. Malden: Blackwell.

Soria, Carolina (2012). «La cuestión del realismo en el Nuevo Cine Argentino». En: *III Congreso Internacional de la Asociación Argentina de Estudios de Cine y Audiovisual*, págs. 1-14.

Suárez, Ana Lourdes, Ann Mitchell y Eduardo Lépore (2014). *Las villas de la Ciudad de Buenos Aires: territorios frágiles de inclusión social*. Buenos Aires: Editorial de la Universidad Católica Argentina.

Svampa, Maristella (1995). *El dilema argentino: civilización o barbarie*. Buenos Aires: El Cielo por Asalto.

– (2000). «Clases medias, cuestión social y nuevos marcos de sociabilidad». En: *Punto de Vista* 67, págs. 1-15.

Tagliamonte, Sali A. (2006). *Analysing Sociolinguistic Variation*. Cambridge: Cambridge University Press.

Tajfel, Henri (1978). «Social Categorization, Social Identity and Social Comparison». En: *Differentiation between Social Groups*. Ed. por Henri Tajfel. London: Academic Press, págs. 61-76.

Tajfel, Henri y John Turner (1979). «An Integrative Theory of Intergroup Conflict». En: *The Social Psychology of Intergroup Relations*. Ed. por W. G. Austin y S. Worchel. Monterey, CA: Brooks / Cole, págs. 33-47.

Teddlie, Charles y Abbas Tashakkori (2009). *Foundations of mixed methods research*. SAGE. London.

Teruggi, Mario E. (1978). *Panorama del lunfardo*. Buenos Aires: Sudamericana.

Tessi, Martín (2004). «Barrios, Moda y Después: consumo y transformaciones urbanas en la Ciudad de Buenos Aires». En: *Imágenes publicitarias / Nuevos burgueses*. Ed. por Ana Wortman. Buenos Aires: Prometeo, págs. 137-160.

Tolman, Edward (1948). «Cognitive maps in rat and men». En: *Psychological Review* 55, págs. 189-208.

Tomasello, Michael (2008). *Origins of Human Communication*. Cambridge, Massachusetts: The MIT Press.

Torres, Horacio A (2001). «Cambios socioterritoriales en Buenos Aires durante la década de 1990». En: *Eure* XXVII.080.

Trudgill, Peter (1975). *Accent, Dialect and the School*. London: Edward Arnold.

Tuan, Yi-Fu (1977). *Space and Place: The Perspective of Experience*. Minneapolis: University of Minnesota Press.

Urbaitel, Pablo (1999). «Adolescencia, tribus urbanas y cultura joven. Algunas reflexiones acerca de las características de los alumnos de nivel medio». En: *Anuario del Departamento de Ciencias de la Comunicación* 4, págs. 227-243.

USIG (2007). *Usos Del Suelo. Caballito*. Inf. téc. Buenos Aires: Gobierno de Buenos Aires, Dirección General de Estadística y Censos, Unidad de Sistemas de Información Geográfica.

Valera, Sergi (1997). «Estudio de Ia relación entre el espacio simbólico urbano y los procesos de identidad social». En: *Revista de Psicología Social* 12.1, págs. 17-30.

Valera, Sergi y Enric Pol (1994). «El concepto de identidad social urbana: una aproximación entre la psicología social y la psicología ambiental.» En: *Anuario de psicología* 62, págs. 5-24.

Vertovec, Steven (2007). «Super-diversity and its implications». En: *Ethnic and Racial Studies* 30.6, págs. 1024-1054.

Vetter, Dirk (2010). «Argenchino – Das Spanisch der Chinesen in Buenos Aires. Lernersprachliche Strategien und narrative Identität». Tesis doct. Albert-Ludwigs-Universität Freiburg.

Wardhaugh, Ronald (2006). *An Introduction to Sociolinguistics*. Malden / Oxford: Blackwell Publishing.

Waugh, David (2002). *Geography: An integrated approach*. Oxford: Scotprint.

Willhelmy, Herbert y Axel Borsdorf (1985). *Die Städte Südamerikas*. Berlin: Borntraeger.

Wolf, Clara (1984). «Tiempo real y tiempo aparente en el estudio de la variación lingüística: ensordecimiento y sonorización del yeísmo porteño». En: *Homenaje a A. María Barrenechea*. Ed. por Lía Schwarz Lerner e Isaias Lerner. Madrid: Castalia.

Wolf, Clara y Elena Jiménez (1977). «El yeísmo porteño». En: *Estudios sobre el español hablado en las principales ciudades de América*. Ed. por Juan M. Lope Blanch. México: Universidad Nacional Autónoma de México, págs. 299-312.

Wunderlich, Janka (2014). *El Lunfardo. Kontaktvarietät der Migrationskultur am Rio de la Plata und in der Welt des Tango*. Frankfurt am Main: Peter Lang.

Würth, Melanie (2009). «La Ciudad como área lingüística: Variación y actitudes en el habla de la Región Metropolitana de Buenos Aires». Tesis doct. Universität Basel.

– (2014). «"Melodía de arrabal". Die sozialgeographische Verankerung des Tangos in der Stadt Buenos Aires». En: *TangoMedia*. Freiburg, págs. 1-14.

Zamora Vicente, Alonso (1949). «Rehilamiento porteño». En: *Filología* 1, págs. 5-22.

Apéndice

A. Metodología

A.1. Informantes

Barrio	código	sexo	edad	profesión	nivel de formación	nivel de ingreso[1]
Avellaneda	AE894332	m	30	docente	terc./univ. compl.	3000-4000
Avellaneda	CB164265	f	33	cadeta	terc./univ. incompl.	<3000
Avellaneda	JQ106602	m	28	empleado	secundaria compl.	4000-5000
Avellaneda	LH663593	m	33	empleado	primaria compl.	<3000
Avellaneda	LY484761	f	27	cadete	primaria compl.	3000-4000
Avellaneda	MA441942	f	32	esteticista	terc./univ. incompl.	3000-4000
Avellaneda	MG363496	m	35	operario	primaria compl.	>8000
Avellaneda	MB659206	f	30	ama de casa	secundaria compl.	<3000
Avellaneda	NC345529	m	31	operario	secundaria compl.	>8000
Avellaneda	AX492328	f	34	docente	terc./univ. compl.	6000-7000
Caballito	AF140708	m	31	periodista	terc./univ. incompl.	>8000
Caballito	BU122189	f	30	ingeniera	terc./univ. incompl.	6000-7000
Caballito	CB008149	f	31	empleada	terc./univ. incompl.	6000-7000
Caballito	EE886493	f	28	empleada	terc./univ. incompl.	5000-6000
Caballito	HU740648	m	31	técnico	secundaria compl.	>8000
Caballito	JV951016	f	33	secretaria	terc./univ. compl.	>8000
Caballito	JR775973	m	29	programador	terc./univ. incompl.	3000-4000
Caballito	OY553050	m	35	administrativo	terc./univ. incompl.	<3000
Caballito	RK024071	f	28	productora	terc./univ. incompl.	6000-7000
Caballito	RT932484	m	29	diseñador	terc./univ. compl.	6000-7000
Barracas	EH444108	m	29	chofer	secundaria compl.	7000-8000
Barracas	JQ770912	m	32	organizador de eventos	terc./univ. incompl.	4000-5000
La Boca	QG181296	f	26	artista	terc./univ. incompl.	<3000
La Boca	DX329062	f	30	docente	terc./univ. incompl.	<3000
La Boca	GR605246	f	33	docente	terc./univ. incompl.	3000-4000
La Boca	GV814676	f	29	organizadora de eventos	terc./univ. compl.	3000-4000
La Boca	NL097622	m	33	diseñador grafico	secundaria compl.	5000-6000
La Boca	PW583275	f	31	promotora de salud	primaria compl.	<3000
San Telmo	BA320834	m	30	médico	terc./univ. compl.	>8000
San Telmo	EF812162	m	31	bancario	terc./univ. compl.	>8000
Recoleta	EF674514	m	30	psicólogo	terc./univ. compl.	4000-5000
Recoleta	BX420414	f	33	periodista	terc./univ. compl.	5000-6000
Recoleta	AK062954	f	28	comunicadora social	terc./univ. compl.	7000-8000
Recoleta	DO298549	f	29	diseñadora	terc./univ. compl.	>8000
Recoleta	GY196722	m	26	abogado	terc./univ. compl.	6000-7000

1 En pesos argentinos y en el año 2013.

Recoleta	JN840719	f	28	cocinero	terc./univ. incompl.	3000-4000
Recoleta	NV520791	m	27	ingeniero	terc./univ. incompl.	>8000
Recoleta	OZ382375	m	27	publicista	terc./univ. compl.	7000-8000
Recoleta	RU687389	m	30	jefe de prensa	terc./univ. compl.	6000-7000
Recoleta	JI777902	f	34	empleada	terc./univ. compl.	5000-6000
Olivos	DP956354	f	34	camarera	terc./univ. incompl.	4000-5000
Olivos	EW243529	f	31	administrativa	terc./univ. incompl.	5000-6000
Olivos	FO063420	m	34	tripulante de cabina	terc./univ. incompl.	>8000
Olivos	IN860368	m	28	vendedor	terc./univ. compl.	7000-8000
Olivos	JO273197	f	26	actriz	terc./univ. incompl.	3000-4000
Olivos	OV584262	m	35	publicista	terc./univ. incompl.	>8000
San Isidro	DC431822	f	30	psicóloga	terc./univ. compl.	4000-5000
San Isidro	HH986557	m	33	diseñador gráfico	terc./univ. compl.	4000-5000
San Isidro	JD350286	f	30	arquitecta	terc./univ. compl.	7000-8000
San Isidro	SH822084	m	29	fabricante	secundaria compl.	7000-8000
Villa Urquiza	JP156356	f	29	ingeniera	terc./univ. incompl.	5000-6000
Villa Urquiza	KO206877	f	30	trabajadora social	terc./univ. compl.	>8000
Villa Urquiza	GG541677	m	30	periodista deportivo	terc./univ. incompl.	>8000
Villa Urquiza	HE635505	m	30	programador	terc./univ. incompl.	>8000
Villa Urquiza	HS532029	f	27	empleada	terc./univ. incompl.	5000-6000
Villa Urquiza	IR267632	m	29	empleada	terc./univ. incompl.	5000-6000
Villa Urquiza	IS785292	m	31	bailarín de tango	terc./univ. compl.	<3000
Villa Urquiza	JS549815	m	30	artista	terc./univ. compl.	3000-4000
Villa Urquiza	LA717130	f	29	arqueóloga	terc./univ. compl.	7000-8000
Villa Urquiza	PP455545	f	25	analista contable	terc./univ. compl.	6000-7000

A.2. Entrevista semi-guiada: guión

1. Entrevista semi-guiada I

   a) Introducción

   ¿Cómo te llamás? ¿Cuántos años tenés?

   ¿Estás estudiando? ¿Qué estudiás?

   ¿Estás trabajando? ¿En qué?

   ¿Hablás algún otro idioma aparte del castellano?

   b) Sobre el barrio

   ¿En qué barrio vivís? ¿Siempre viviste en el mismo lugar? Si no, ¿cuánto hace que vivís en este barrio? ¿Y por qué razones te mudaste?

   ¿Qué es lo que te viene a la mente cuando pensás en tu barrio? ¿Se diferencia de otras zonas?

   ¿Cambió tu barrio en los últimos años?

   ¿Te identificás con tu barrio? ¿Es un elemento de identidad para vos?

   c) Sobre la ciudad de Buenos Aires

   ¿Cómo ves la ciudad de Buenos Aires? ¿Cambió en los últimos años? ¿En qué sentido?

   ¿Notás diferencias sociales en la ciudad? ¿En qué sentido?

   ¿Cómo ves la situación en tu barrio comparado con el resto de la ciudad?

   ¿Ves una distribución geográfica de las clases sociales?

   ¿En tu opinión, se sigue hablando de clases? ¿Te podrías encasillar en una determinada clase social?

   d) Sobre el español de Buenos Aires

   ¿Qué es para vos el habla porteña? ¿Cómo se caracteriza? Tampoco se puede hablar de UNA forma de hablar porteña, ¿no? ¿Qué diferencias ves en el habla dentro de la ciudad de Buenos Aires? En tu barrio, ¿cómo se habla? ¿Te parece que te distinguís de otros por tu forma de hablar?

2. Mapas mentales

   a) Mapa mental I

   Te voy a dar una hoja en blanco y quiero que me hagas un esquema de la Ciudad de Buenos Aires, si querés del Gran Buenos Aires, y que me marques las zonas donde, según vos, se habla distinto. ¿Cuáles son las diferencias en la forma de hablar entre las zonas que dibujaste? Si tuvieras que clasificar la forma de hablar de estas zonas con una palabra, ¿cuál sería?

   b) Mapa mental II

   Ahora, ¿podés hacer lo mismo con el mapa que tiene la referencia de los barrios?

3. Experimento de percepción

   ¿Cómo te pareció el experimento? ¿Muy difícil? ¿En qué criterios te fijaste para contestar las preguntas? ¿Hay algo que te haya llamado la atención?

4. Estilización

   Te doy un pequeño texto y me gustaría que lo leyeras en voz alta.

   Ahora, ¿podrías leerlo imitando a una persona de otro barrio?

5. Percepción de audios de habla natural

   Te voy a presentar 10 audios de hablantes del Gran Buenos Aires y te pido que me los ubiques en el mapa. ¿Podés explicar por qué los situaste en una determinada zona? ¿En qué criterios te fijaste? ¿Habla parecido a vos? Si no, ¿en qué se distingue? ¿Cómo te parece la persona que está hablando?

6. Entrevista semi-guiada II

   Hemos visto varios aspectos de las diferencias geográficas que hay en la forma en Buenos Aires. Para vos, ¿la lengua es un elemento de identificación dentro de la ciudad? ¿En qué sentido? ¿Sos consciente de tu forma de hablar? También hay muchos estereotipos, ¿no? ¿Cómo se ve eso en la ciudad? ¿Dirías que la forma de hablar está relacionado con un determinado estilo de vida? ¿Tiene que ver con la música que uno escucha, por ejemplo? Las diferencias en el habla de ciertos grupos, ¿están presentes en la ciudad? ¿De qué forma? ¿Se reflejan en los medios de comunicación?

A.3. Experimento: estímulos léxicos y significados

Estímulos léxicos

Vocablo	significado en el habla porteña[2]
amigo	Se usa para dirigirse o llamar a otra persona, aun sin tener una relación de amistad con ella.
a full	'De manera intensa y con mucha dedicación'
bárbaro	'Que es muy bueno en muchos aspectos', 'que está muy bien'
boludo	'Que se comporta de manera poco inteligente, ingenua o ridícula'. Su uso puede resultar ofensivo. Se usa también para llamar a una persona con la que se tiene una relación de amistad y mucha confianza.
cabeza	'Persona que se considera que tiene mal gusto, poca cultura y hábitos despreciables'. Su uso es ofensivo.
canchero	'Que actua de modo arrogante y soberbio'. Aplicado a una persona, 'que es buena o hábil en determinada actividad, que tiene inteligencia practica y sabe qué es lo mas conveniente en cada situación. 'Que está a la moda, es moderno y atractivo'
chabón	'Persona, generalmente joven'
cool	'Que está a la moda y es considerado bueno o agradable
de una	'Al toque, de inmediato, sin pensarlos dos veces, directamente (por abreviación de *de una vez* (Conde 2004, s.v. *una*).
gato	'Puta', 'mujer de conducta sexual considerada promiscua',
guita	'Dinero'
heavy	Aplicado a una persona o situación, 'que es intensa, violenta o desagradable'
laburo	'Trabajo', 'lugar al que se va a trabajar'
lija	'Hambre' (por alusión al papel de lija) (Conde 2004, s.v. *lija*)
limar	'Molestar a alguien o hacer que se vuelva loco', 'volverse loco o comportarse como si se estuviera loco, en especial por efecto de las drogas o de un cansancio extremo'
limón	'
loco	'Hombre, generalmente joven'. Se usa como fórmula de tratamiento (Conde 2004, s.v. *loco*).
llanta	'Zapato, calzado en general', en plural especialmente 'zapatillas de marca, con suelas gruesas y en modelos llamativos' (Conde 2004, s.v. *llanta*).
mal	'Mucho, desmesuradamente', 'admirable, increíble, llamativo', 'muy bueno, buenísimo, excelente' (por antífrasis) (Conde 2004, s.v. *mal*.
man	Variante alternativa de *men*, 'hombre', fórmula de tratamiento (del ingl. *man*) (Conde 2004, s.v. *man*).
mango	'Dinero o cantidad indeterminada de dinero', 'peso argentino'.
manzana	Se utiliza para negar: *Manzana que yo te encaré. ¡Manzana! No le voy a dar nada hasta que no me pague.*
morfar	'Comer'.
onda	'Originalidad y atractivo que posee una cosa o una persona, 'estilo'.
piola	Aplicado a una persona, 'que se caracteriza por ser inteligente, astuta y práctica', 'que es tranquila y sin preocupaciones', 'que es bueno o tiene características o cualidades favorables para determinado fin'.
please	'
tarado	'Que se comporta con falta de inteligencia, de lucidez o de seriedad'. Su uso puede ser ofensivo.

2 Salvo indicado de otra manera, las definiciones provienen del Diccionario integral del español de la Argentina (DIEA, 2008)

tipo que	‘
top	Aplicado a una cosa, especialmente a un lugar, ‘que está de moda y generalmente también es exclusivo porque acceder a ella cuesta mucho dinero’. Aplicado a una persona, ‘que tiene algún privilegio sobre las demás de su clase y a menudo es famosa o distinguida socialmente’.
zafar	‘Liberarse de una cosa, situación o persona molesta’, ‘reunir las mínimas cualidades indispensables para algo’, ‘pagar con el dinero justo una cosa’.

A.4. Análisis de contenido cualitativo: codificación

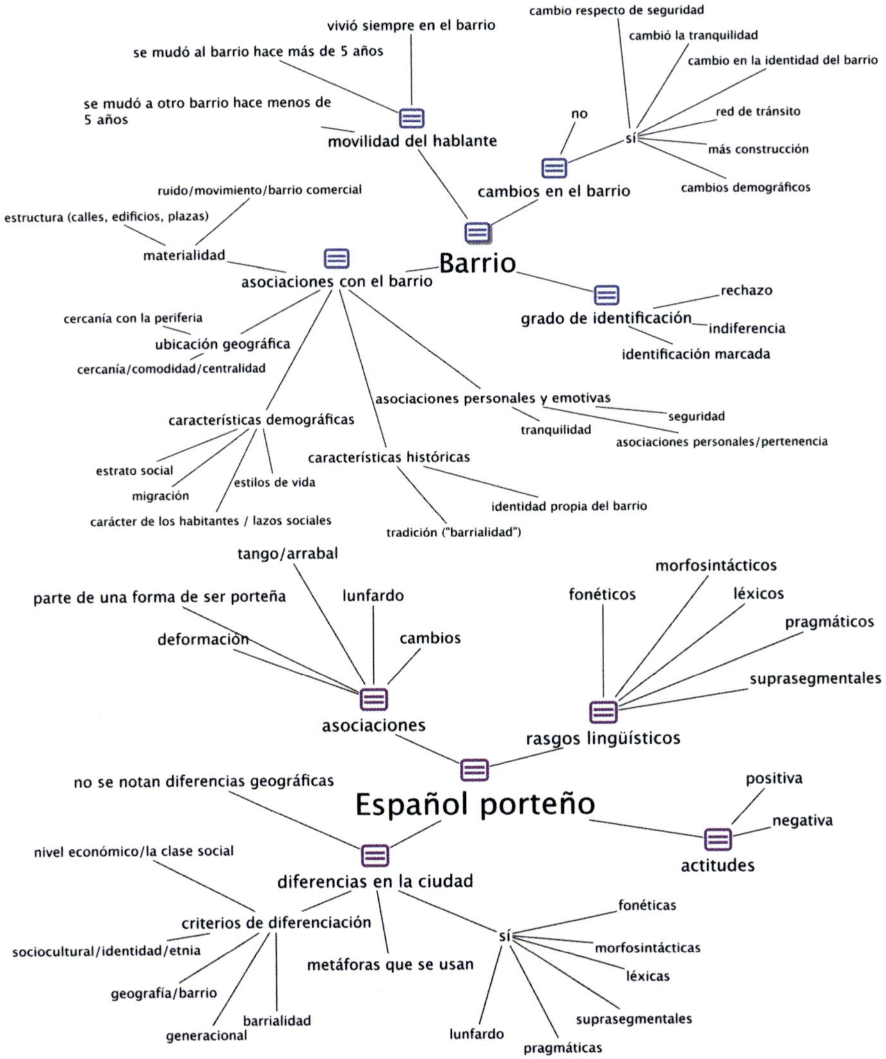

Mapa mental I
cronología del dibujo
referencias geográficas
metáforas
denominaciones
justificación por el dibujo
categorías
lingüísticas
sociales
espaciales
centro-periferia
norte-sur
barrios específicos

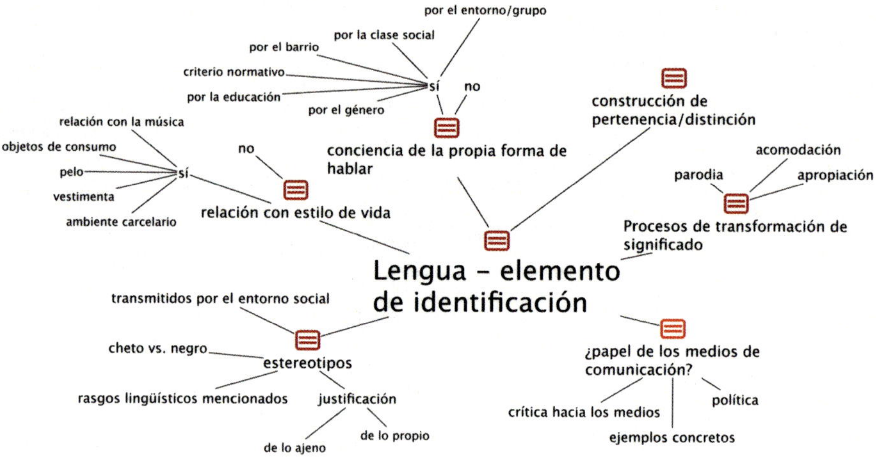
Lengua - elemento de identificación
por el entorno/grupo
por la clase social
por el barrio
criterio normativo
por la educación
por el género
sí
no
conciencia de la propia forma de hablar
construcción de pertenencia/distinción
relación con la música
objetos de consumo
pelo
vestimenta
ambiente carcelario
sí
no
relación con estilo de vida
acomodación
parodia
apropiación
Procesos de transformación de significado
transmitidos por el entorno social
cheto vs. negro
estereotipos
rasgos lingüísticos mencionados
justificación
de lo ajeno
de lo propio
¿papel de los medios de comunicación?
crítica hacia los medios
política
ejemplos concretos